The Rise of a Victorian Ironopolis

製鉄工業都市の誕生

Minoru Yasumoto
安元 稔【著】

ヴィクトリア朝における都市社会の勃興と地域工業化

名古屋大学出版会

製鉄工業都市の誕生　目　次

序章　近代イギリスの地域工業化と都市

——本書のねらいと構成

ウィリアム・ユーアト・グラッドストウン（William Ewart Gladstone）が第一次自由党内閣を組織した一八六〇年代の後半、中期ヴィクトリア朝は、市民社会に対する国家の介入が英国近代史上最も希薄な時代であったと言われている。経済的自由主義が尊重され、公衆衛生・救貧・教育・社会福祉・労使関係をはじめとして、ほぼすべての領域における社会問題の解決が地方の自己責任と自助の原則に委ねられ、「最小の国家」（minimal state, minimalist state）という理念が優越した時代であった。[1]「一八六〇年代の連合王国よりも国家の役割が小さかった産業経済体制は未だかつて存在し得なかった」[2]のである。「実際、最小の国家の拠って立つ基盤は、自発的組織の広範なネットワークが、地方政府と協力しつつ、道徳・慈善・教育・福祉に関わるほぼすべての事業を指揮・監督する能力であった。こうした領域において中央政府の主導権が発揮される範囲が限られていたのは、その前提として、市民の旺盛な参加があった」[3]からである。国家の干渉と介入が相対的に強かった一九世紀三〇年代[4]と八〇年代の間に挟まれた一八四〇年代から一八七〇年代のイギリスにおいては、固有の条件の下で、それぞれの地域が都市化・工業化、あるいは「近代化」一般がもたらす諸問題解決への道を模索していたのである。

本書の目的は、一九世紀後半、「最小の国家」の時代に進展した工業化・都市化がもたらす諸問題を、地方の一工業都市がどのような形で解決していったのかをイングランド北東部クリーヴランド（Cleveland）地域の製鉄工業都市、ミドルズバラ（Middlesbrough）を対象として、解明することである。二〇〇五年末に逝去したモーリス・ベレズフォード（Maurice Beresford）教授は、一九六一年のリーズ大学経済史担当教授就任講演において、歴史研究にとって最も重要な準拠枠は、「時と場所」（Time and Place）であると述べている。本書もまた、ベレズフォード教授に倣って、「時と場所」を分析の基本的な準拠枠に据え、一九世紀後半におけるイギリス経済の発展の一局面を切り取って考察することを目的としている。しかし、この場合でも、一九世紀後半におけるイギリス経済、あるいは世界経済の全般的動向を見渡す態度が是非とも必要であることは言うを俟たない。局限された地域とコミュニティを直接の対象とするマイクロ・ヒストリーという形をとるこの研究では、何よりも全体の状況の中で分析対象が占める位置を確定し、絶えず相対化しなければならない。そうでなければ、社会科学の不可欠の要件である普遍性、遍在性の追究という課題を放棄したことになるであろう。

しかしながら、普遍性は、特殊性（「時と場所」）の文脈を越えて存在することはない。再びベレズフォード教授に倣って、次のように言うことができるであろう。「時と場所」という枠組みで歴史像を構築するという学問的営為は、たとえ研究者を特殊な「地域」経済史家に貶めるかもしれないという懸念があったとしても、具体的な、目に見える史料は、「地域的」にならざるを得ない。「特定」の街路、「特定」の耕地を見ることはできるが、イングランド全体をひと目で見渡すことはできないのである。(5) 局限された特殊な地域を、特定の時間的枠組みの中で分析することによって、普遍性を追究することが本書の基本的立場である。「ダブリンの核心（the heart）に到達できれば、世界の全都市の核心に到達できる」のであり、「特殊（the particular）のなかに、普遍（the universal）が含まれている」(6) とするジェイムズ・ジョイス（James Joyce）の言葉は、社会科学としての経済史にも当てはまると言わなければならない。

ここで、「地域」（region）の概念について、簡単に触れておきたい。本書では、自己完結した場としての固定的な「地域」を分析枠組みとして採用してはいない。「地域」の定義については、これまで少なからぬ数の試みがなされてきた。しかし、いずれをとってみても、長短があり、完全無欠なものはない。本書では、分析の柔軟さを担保するために、予め厳密な定義を構築し、終始それを分析の枠組みとして貫くという立場を敢えて採らなかった。本書においても、「地域をどう定義するかという問題は、ほとんど解決不可能である。地域の内部で起こる経済活動の浮沈にしたがって、地域は繰り返し定義し直されるべきなのである。多くの場合、地域とは特定の経済活動の軌跡を単に不器用に言い換えたにすぎないものだが、それでもその経済活動の浮沈にしたがって、常に定義し直さなければならない。このため、地域という入れ物は、歴史を分析する場合には不安定なものになる。歴史分析は、地域的な集合が不安定な時期の変化をどうしても取扱うことになるからである」[7]とするエリック・ジョーンズ(Eric L. Jones)の立場を踏襲せざるを得ない。

あるいは、産業集積、クラスターの定義との関連で、マイケル・ポーター(Michael E. Porter)が述べているように、「クラスターの範囲をどこまでと理解するかは、多くの場合、程度の問題である。その際に必要になるのは、産業どうし、あるいは各種機関どうしのつながりや補完性のうち、競争上最も大きな意味を持つものについての理解に裏づけられた創造的なプロセス」であり、「クラスターの範囲は、新たな企業や産業の勃興、既存産業の縮小・衰退、地元機関の発達・変化に伴って変化する。技術や市場の発展は新たな産業を生み、新しいつながりをもたらしたり、対象となる市場を変化させる」[8]のである。北東部イングランドの一地域である可変的なクリーヴランドという小宇宙を通して、イギリス経済、あるいは世界経済全体を見通すことを本書は最大の目標としている。

国民経済計算に基づく工業化・産業革命分析という近年の研究動向の意義を否定することはできない。特に、各国の経済発展を比較史的な視点から俯瞰する場合には、この方法は有効である。しかし、いかなる国の、いかなる時期の経済発展においても、地域性を無視して具体的な分析は一歩も進まないことは最早自明のことのように思われる。一九世紀半ばから七〇年代前半までのイギリス経済は、初期工業化を牽引した繊維工業に代わって、製鉄工業を主導部門とする旧産業の最終局面を経験しつつあった。疑いもなく、この時期のイギリス経済の屋台骨の一つは製鉄工業であった。次いで、一九世紀七〇年代後半以降のイギリスは、製鉄工業の覇権を後発のアメリカ・ドイツに譲り、代わって、資本輸出を基盤にして世界経済に君臨することになる。世界資本主義の第二期にイギリス経済を専ら牽引した製鉄工業は、もとよりイギリス全土に均等に分布したわけではない。この時期における主導部門の立地は、第一期の繊維工業地域である北西部のランカシャー（Lancashire）、ヨークシャー（Yorkshire）西部から北東へ向かい、ダラム（Durham）、ノーサンバーランド（Northumberland）、ヨークシャー北部を中心とする北東部イングランドに移動した。これにスタッフォードシャー（Staffordshire）、南ウェールズ（South Wales）を含めた製鉄工業地域こそ中期ヴィクトリア朝英国の繁栄を担ったのである。

本書が分析する北東部製鉄工業地域の中でも、ハドソン（P. Hudson）、ポラード（S. Pollard）が重要視する「移出基地」（*export base*）[9]、ピオリ／セーブル（M. J. Piore/C. F. Sabel）の言う「地域生産共同体」（*municipalism*）[10]としてのミドルズバラを吸引力とするクリーヴランド製鉄工業地域には、とりわけ一九世紀の六〇年代以降、産業集積が顕著に進展する。地域工業化、産業集積、都市、製鉄工業に重大な関心を寄せる本書が、「地域」を基本概念として設定する理由は自ずから明らかであろう。しかし、地域研究には、克服しなければならない限界がある。単に地域性という個性を強調するだけでは、社会科学として備えていなければならない要件を満たすことはできない。他の表現を用いれば、既に述べたように、直接の分析対象を絶えず相対化しなければならないのである。一九世紀後半以降のイギリス経済あるいは世界経済全体の発展の中で、対象地域がおかれた位置を不断に意識しながら追究すること、普遍性を保障する手立てはこれしかない。

（1）本書の目的

一九世紀末期から二〇世紀初頭のイギリスにおいては、都市化・工業化、あるいは「近代化」一般がもたらす諸問題を、国家の介入・干渉によって解決しようとする動きが潮流となりつつあった。それ以前の時期には、各地方が、固有の条件の下で、直面する難問題解決への道を模索していた。本書の目的は、一九世紀後半における工業化・都市化がもたらす諸問題を、一工業都市がどのような形で解決していったのかをイングランド北東部クリーヴランド地域の製鉄工業都市、ミドルズバラを対象として明らかにすることである。一九世紀の三〇年代というごく新しい時期に計画的に建設されたミドルズバラは、成立の時期と背景、拡大の速度、地域経済に占める位置、後の発展の軌跡において、異色の存在であった。短期間に他に例を見ないほど急速に膨張し、製鉄工業をもってヴィクトリア朝英国の繁栄の一翼を担ったこの都市は、工業化・都市化がはらむ諸問題を、短期間に凝縮した形で経験せざるを得なかった。

製鉄工業における労使関係、労働災害、環境問題、単一産業への特化から生じる産業構造と住民の性別・年齢別人口構成の特殊性、都市移住者間の軋轢、異文化接触がもたらす緊張、犯罪、住宅、公衆衛生、医療福祉をはじめとする社会問題を、この都市がどのような形で解決しようとしたのか、その軌跡を辿ることが本書の主要な課題である。更に、ミドルズバラを中心地とするクリーヴランド製鉄工業地域の産業集積、産地形成のプロセスを解明し、その具体像を可能な限り実証的に提示することも本書の重要な目的の一つである。

（2）本書の構成

本書は大別して、第I部「黎明期の都市」、第II部「人口」、第III部「地域工業化と社会」から構成されている。第I部においては、まず、都市建設の進展を「ミドルズバラ土地開発会社」(The Owners of the Middlesbrough

Estate）による市街地の売却、移入人口のための住宅建設、都市自治体・市制の発展と財政基盤の整備を中心に分析する。次いで、一九世紀半ば以降の製鉄工業の導入とその急速な発展を「クリーヴランド式製鉄法」（*Cleveland Practice*）の成立、イギリスおよび世界の製鉄工業におけるその相対的な位置を市場の変遷を通して検討し、ミドルズバラを中心都市・「移出基地」とするクリーヴランド製鉄工業の産業集積を分析する。第II部では、急激な人口増加の背後にあった夥しい人口移入の実態を「センサス個票連結分析法」（record linkage of the census enumerators' books）を用いて解明し、一九世紀後半におけるミドルズバラの人口属性、性別・年齢別人口構成および移入の態様を明らかにする。同時に、定着人口、移出人口についても可能な限り追跡し、この時期の人口移動性向を検出する。また、製鉄工業の急速な発展を支えた遠距離からの熟練・半熟練労働者、近隣およびアイルランドからの未熟練労働者の移入によって短期間に形成された労働市場のあり方を検出する。

第III部の課題は、クリーヴランドにおける地域工業化の過程で重要な意味を持った製鉄工業地域における労使関係の展開と製鉄・鉄道・化学工業労働者自身による労働災害の治療機関、セーフティ・ネットの構築、それと対抗する地域名望家による医療福祉をめぐる主導権争いを検討することである。前者については、イギリス労働史上、一つの画期をなす「北部イングランド可鍛鋳鉄製品製造業労使仲裁・調停委員会」（Board of Arbitration and Conciliation for the North of England Manufactured Iron Trade）の設立とスライディング・スケール（Sliding Scales）制に基づく賃金裁定制度の導入を、国家介入以前の段階における地域あるいは都市の危機回避策の一つとして捉える。ストライキ、ロック・アウトというあからさまな労使の利害の対立・衝突以外の方法で問題解決を図ろうとした事例として、クリーヴランド製鉄工業を舞台に展開した「労使調停委員会」の動向を分析する。

後者に関しては、危険な職場で働く製鉄・鉄道・化学工業労働者の病院への醵金、病院運営への参加、製鉄企業の醵金徴収に見られるように、労働者の自助と企業家のパターナリズム（paternalism）・パトロネッジ（patronage)、私的労災・疾病保障・醵出制保険の魁を思わせる興味深い医療福祉制度の確立を可能な限り具体的に検討する。これは、工業化・都市化がもたらす困難な問題を、労働者自身が「自助努力」で解決しようとした顕著な例である。一九世紀後半労働者医療の特異な一事例として、近代イギリス医療史研究に資するものである。

終章においては、誕生後僅か半世紀あまりの間に、製鉄工業・労使関係・医療福祉の局面で先進的な役割を担い、ある意味ではイギリス近代社会経済史の主流を形成し続けてきたミドルズバラが、前世紀初頭以降、苦難に満ちた歩みを始める歴史的経緯を、地域工業化・製鉄工業・建設都市の固有性から説明し、現代の都市や地域が抱えている諸問題を展望する。統計付録には、著者が公文書館(National Archives, 旧 Public Record Office)、地方文書館(Teesside Archives)、その他地方記録保管機関で発見したクリーヴランド製鉄工業および都市ミドルズバラに関する未公刊史料のうち、特に重要なものを収録した。

(3) 対象都市の特色

本書は、ミドルズバラに製鉄工業が本格的に導入された一八五〇年から、一八七〇年代初頭における銑鉄(pig iron)、錬鉄・可鍛鋳鉄(wrought iron, malleable iron)および加工製品生産に基づく未曾有の好況期を経て、単一工業都市の脆さが露呈し始める一八八〇年代後半に至る時期を直接の分析対象として、人口移動と都市形成の検討を軸に、中期ヴィクトリア朝イギリス工業都市の事例を提供することを目的としている。ミドルズバラの辿った軌跡は、都市化・工業化がはらむ人口急増、住宅問題をはじめとする深刻な諸問題、産業立地、社会的結合関係のあり方、労働者医療等の点で、多くの示唆に富む問題を現代のわれわれに投げかけている。本書を通じて、公的な援助や国家の介入による解決ではなく、地方や都市が自発的にこうした課題の解決にどのように取り組もうとしたかを実証的に分析する。通底する視点として、地域、あるいは個別都市による「自助努力」の形態と結果の解明を中心に据え、工業化・都市化・社会福祉・自発的結社の歴史を照射することが本書の課題である。

歴史人口学的な視点から見ても、ミドルズバラは極めて興味深い事例を提供している。短期間に大量の人口を吸収し、膨張し続けたこの都市は、人口の年齢別・性別構成において、他に例を見ない特異な存在であった。本書では、こうした特異な人口属性を正確に解明する「センサス個票連結分析法」を採用して、その実態に迫る。センサス個票を用いた一九世紀工業都市の人口移動研究としては現在望み得る最良の結果を提示できたと自負している。産業立地・産業集積という点からも、ミドルズバラを中心都市とするクリーヴランド製鉄工業は、恰好の素材を提供している。わが国、あるいはアメリカにおける産業集積の分析結果との比較の素材提供という点でも、本書におけるクリーヴランドの産業集積に関する分析結果が持つ意義は少なくない。

本書の他の重要な目的は、「都市とは何か」をミドルズバラが歩んだ軌跡を追うことによって考察することである。本書で分析する都市はイギリスの都市の中では、むしろ異端に属する。イギリス、あるいはヨーロッパ都市の伝統とはおよそかけ離れた系譜を持ち、極めて異例の軌跡を辿った都市であった。ミドルズバラは、中世都市の系譜を引く都市でもなく、近世において地域経済の凝集点として立地していた市場町が工業化の進展に伴って急速に膨張し、工業都市として成長した地方都市とも異なり、一九世紀の三〇年代に、鉄道都市、輸送基地、石炭輸出港として計画的に建設された場所であった。その後短期間に、内部に製鉄工業を取り込み、生産都市として生まれ変わり、躍進を遂げるこの都市は、少なくともヴィクトリア朝イギリス都市の中でも決して典型的な都市ではなかった。しかし、こうした際立った個性を持つ都市を素材として、「都市とは何か」を逆に照射することも本書の重要な課題の一つである。

ミドルズバラの出発点は、ストックトン・ダーリントン鉄道（Stockton and Darlington Railway）の延伸予定地に、人為的に、ダラム産石炭の輸出港として建設された鉄道都市・輸送基地であった。この都市は、一八三〇年という極めて遅い時期に、北海に面したティーズ川河口の塩性沼沢地に囲まれた農村に計画的に建設された都市である。都市としての物理的・制度的な基盤を時間をかけてゆっくりと充分に整備することなしに、また周辺農村との有機的な関係、都市間のネットワークを無視して、いわば、突如として、出現した新生物であった。都市建設のあり方という点でも、この都市は個性的であった。通常、この時代に建設された鉄道都市の多くは鉄道会社が建設の主体であり、バロウ・イン・ファーネス（Barrow-in-Furness）に見られるように、都市基盤整備への投資も鉄道会社が行うのが通例であった。他方、ミドルズバラにおける土地の大部分は、鉄道の延伸以前に鉄道会社とは別の土地開発会社、「ミドルズバラ土地開発会社」によって予め買収されていた。いわば「拓殖会社」とも言うべき宅地開発業者が市街地を切り売りする形で、都市建設が進んだのである。この土地開発会社は、市内に、石炭積出埠頭・ガス工場・製陶工場・煉瓦製造工場・農場・労働者住宅・その他を所有し、物理的な基盤整備だけではなく、政治的にも市当局と並んで、都市形成に大きな影響を与えた。都市共同体の統治において、二重権力が存在し続けたのである。

第三の特徴は、都市の経済的な機能の劇的な変化である。一八三〇年に石炭積出港、すなわち、流通の拠点として建設されたミドルズバラは、近郊に大量の鉄鉱石を産出する大鉱脈（The Cleveland Main Seam）が一八五〇年に発見されると、従来享受していた燃料資源としての安価で良質なダラム産石炭の潤沢な供給、ストックトン・ダーリントン鉄道、ティーズ川の河川交通、北海への近接という資源立地型産業の典型である製鉄工業には欠かせない比較優位に加えて、長年の懸案であった原料である鉄鉱石の地域内調達に成功し、ほぼすべての比較優位を自らのものにすることになった。そして、当初の目的であった流通の拠点としての都市から、その経済的な機能を急速に変化させ、生産都市としての機能を担う工業都市に変身する。以後、製鉄工業の最盛期である一九世紀の七〇年代中期まで、ミドルズバラは英国屈指の製鉄工業都市としての名をほしいままにしたのである。

ミドルズバラの繁栄が極端に短かかったという点も、この都市の個性として挙げておかなければならない。一九世紀中期から本格的に展開したこの都市における製鉄工業の絶頂期は、一八七〇年代中期までであり、繁栄は僅か二〇年しか続かなかった。勿論、ミドルズバラの製鉄工業は一九世紀の七〇年代後半に、トマス・ギルクリスト（*Thomas Gilchrist Process*）工法を採用し、鋼生産への転換に一応は成功する。また、二〇世紀には化学工業企業（ＩＣＩ）を招致するが、一九世紀の未曾有の製鉄工業の繁栄と比べると、製造業の退潮を否定することはできない。その意味で、辿った軌跡、急速な成長と下降の激しさの点でも、ヴィクトリア朝英国工業都市の中でこの都市は異端児であった。

五番目の特徴は、急激な成長と凋落というこの都市の個性と関連する。第二次大戦中、および戦後の都市計画・戦後都市復興運動の中で、ミドルズバラは再び注目を集めたのである。マックス・ロック（Max Lock）[11]、ルース・グラス（Ruth Glass）[12]、デニス・チャップマン（Dennis Chapman）[13]をはじめとして、イギリスの指導的な都市計画家、社会学者、経済学者たちが、こぞってこの都市を素材にして、アンケート調査を実施し、克明な社会調査に基づく都市復興計画を相次いで発表している。第二次大戦後都市計画の雛形とも言うべき詳細な社会調査と理想的な都市復興計画の舞台に立ったのが、ミドルズバラであった。疲弊した都市共同体再生計画の恰好の素材となったのである。彼らが何故あれほどまでに詳細な報告書を作成し、第二次大戦中、あるいは戦後にミドルズバラの都市再生、戦後復興に情熱を傾けたのか、そこにミドルズバラの都市としての個性が反映されている筈である。残念ながら、彼らの目指した復興計画通りの結果はもたらされなかったが、イギリス都市計画史におけるこの都市の位置も極めて個性的であった。

見方によっては、ミドルズバラは、「都市」というよりも急場しのぎの「工業団地」と呼ぶことができるかもしれない。しかし、この場所は言うまでもなく「農村」ではない。明らかに、ピオリ／セーブルのいう「地域生産共同体」の中心地である。第1章で詳述するように、北東部イングランドにおける他都市の羨望と嫉妬を尻目に、建設後二〇年という短期間のうちに、名実ともに「都市」の象徴である「自治都市特権」(incorporation)を獲得したという事実を考慮すれば、この場所の性格を単なる「工業団地」として分析してしまうことは当を失していると言わなければならない。一九世紀イギリス工業都市の本格的な研究は、残念ながら、わが国では、極めて少ない。また、イギリスにおいても、一九世紀ミドルズバラの都市形成と製鉄工業の発展に関するモノグラフはもとより、金属工業都市の研究は手薄である。工業化がかなり進行した時期に、突如、新興工業都市として興隆し、単一産業に依存しつつ、際立った個性を保ち続けたこの都市の発展を上述の観点から整理し、跡付けることは、ヴィクトリア朝のイギリス工業都市が直面した課題とその解決の具体像を解明するという点において、近代イギリス社会経済史研究に資するところが少なくないように思われる。

尚、本書で用いることになる対象地域の名称について、一言、説明しておくべきであろう。基本的に本書で用いる地域名は、クリーヴランド、あるいは北東部イングランドであり、稀にティーズサイド(Teesside)という名称を使う場合もある。地域概念が、時期、行政区画の呼称、経済変動、統計数値の括り方、住民の意識によって、極めて可変的であるという事実を示すものとして、『オックスフォード英国史手引き』(*The Oxford Companion to British History*)の次のような記述を見ておこう。「クリーヴランドは、一九七二年の英国地方自治体改革によって創出された新しい非大都市圏州(non-metropolitan counties)の一つである。ヨークシャーとダラム州を流れるティーズ川の古い境界線を跨いでいるが、この境界線は河口付近の工業化によって、次第に時代遅れのものになっていた。ミドルズバラとストックトン(Stockton)は、既に一九六八年から一九七四年の間、ティーズサイド特別市(Teesside county borough)として統合されており、ハートリプール(Hartlepool)とミドルズバラに近接するヨークシャー地方がこれに加わって、クリーヴランド州(Cleveland County)となった。しかし、この地域の人々

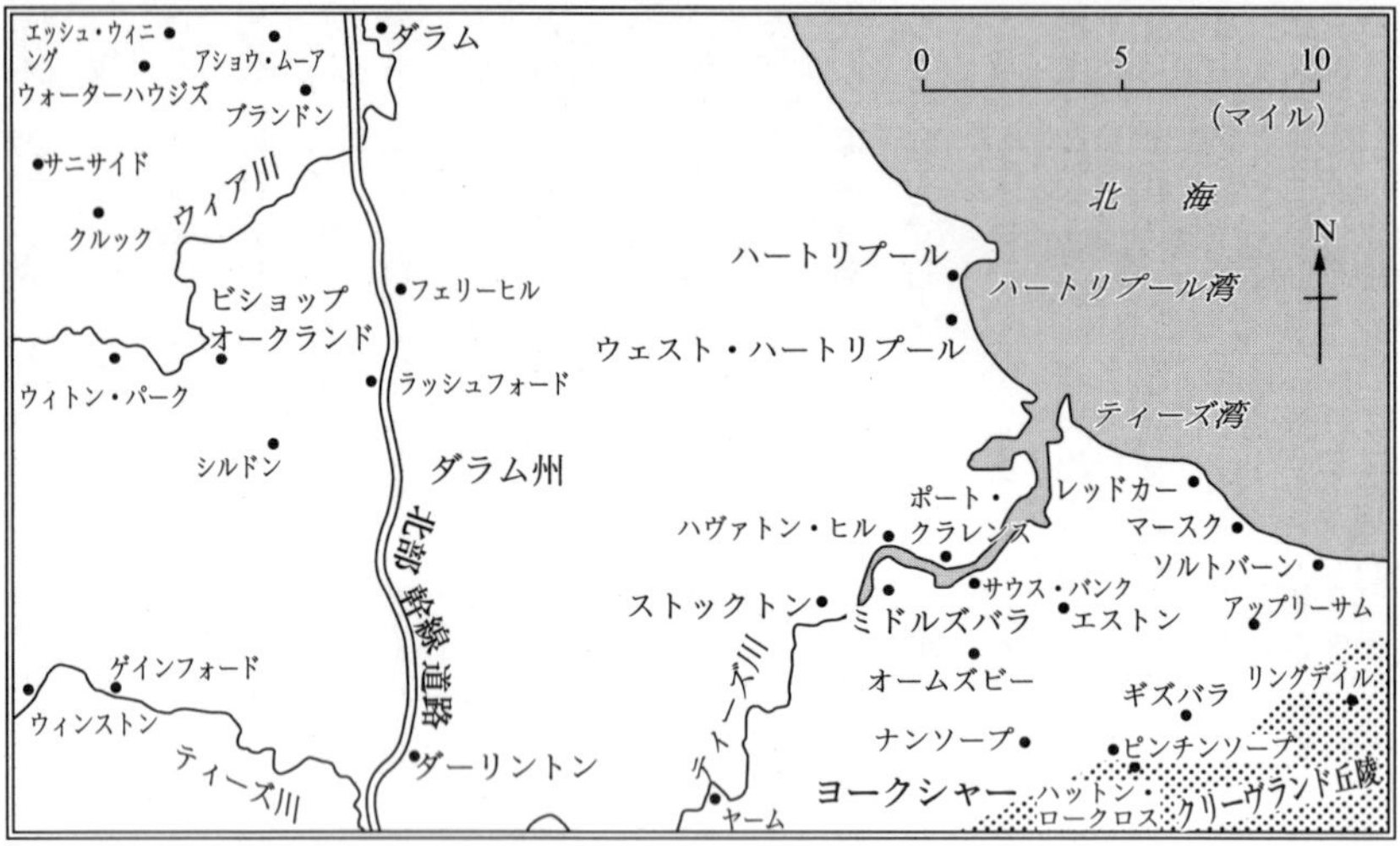

図序-1　クリーヴランド周辺図

の多くは、クリーヴランド州という呼称になじむことができず、一九九六年にバナム委員会（Banham Commission）の勧告に従って、この州の名称は廃止された[14]。

また、「クリーヴランド・ティーズサイド地方史協会」(Cleveland and Teesside Local History Society) のジェフリー・ブラッディ氏（Mr. Geoffrey Braddy）によれば、クリーヴランド周辺図[15]に示すように、「クリーヴランドはティーズ川南部の地域であり、北岸の地域を一切含まない。クリーヴランドは、海岸から一五マイルないし二〇マイルほど内陸へ入った地域に広がり、ティーズ川から南部に向かって、クリーヴランド丘陵（Cleveland Hills）までの一五マイルほどの広がりを持つ地域である。ミドルズバラとソーナビー（Thornaby）のような幾つかの大きな都市を含むが、大部分は農村地帯である。他方、ティーズサイドは、ストックトンから河口までティーズ川の両岸を含む地域であり、それぞれ三ないし四マイルの幅で両岸に広がり、形状は細長い。ティーズサイドはほぼ全域が都市部であり、農村地域は少なく、工業地帯である。尚、歴史的に呼び慣らわされてきたクリーヴランドの境界と一九六八年から一九七四年まで存在した行政区画としてのクリーヴランド州のそれとは一致しない」ということである。

本書で取り上げる都市・地域の歴史的軌跡は、イングランドの他の大方のそれとは明らかに異なっている。この都市とそれを取り巻く地域は、産業革命以降の経済発展の過程において、旧産業から新産業への転換に成功したとは言えず、持続的な経済発展からは取り残されている。クリーヴランド製鉄工業地域の中心都市であり、牽引車であったミドルズバラは、現在では往時の煮えたぎるような活力の漲った鉄の町という面影を失い、失業率と犯罪発生率の高さに悩む問題都市の一つになっている。しかしながら、この都市と地域は、近代の英国が最も輝いていた時代、ヴィクトリア朝期の繁栄の礎石の一つであったことは疑いようがない。「ヴィクトリア朝における都市社会の勃興と地域工業化」という本書の副題の含意は、都市の誕生から都市形成、爛熟、下降への階梯を追うことによって、地域経済における都市の盛衰を浮き彫りにすることである。

I ——黎明期の都市

第1章　都市建設

1　「ミドルズバラ土地開発会社」と都市建設

ヴィクトリア朝英国社会史研究の泰斗エイザ・ブリッグズ（Asa Briggs）が、時代を象徴する都市として挙げたマンチェスター（Manchester）・リーズ（Leeds）・バーミンガム（Birmingham）・ミドルズバラ・ロンドン（London）のうち、本書が対象とする北東部重化学工業地帯の中心都市ミドルズバラは、成立の事情と時期・拡大の速度・地域における機能等、多くの点で異彩を放っている。(1)　古くから都市としての条件を備えていた中世都市では無論なく、マンチェスター・リーズ・バーミンガムをはじめとして、産業革命期に急成長を遂げたかつての小規模な地方都市でもなく、一九世紀の第2四半期というごく新しい時代に誕生し、ほんの僅かの間にイングランド有数の工業都市に登り詰めたミドルズバラは、近代イギリス都市の第三類型に属すると言えるであろう。

主として鉄道建設に伴って簇生した新興の建設都市を構成する第三類型の都市の中でも、ミドルズバラは一九世紀後半以降独自の発展を遂げている。石炭輸送中継基地という当初の建設目的を越えて、製鉄工業都市として大きく飛躍し、ノーサンバーランド、ダラム、北部ヨークシャー（North Riding of Yorkshire）から成るイングランド北東部工業地域統合の核となり、域外および輸出取引の基地として成長したこの都市は、ヴィクトリア朝英国都市の中では、異端に属すると言ってよいのかもしれない。[2] 一九世紀の七〇年代初頭に絶頂期を迎えたミドルズバラは、次章で詳述するように、全英国銑鉄生産量のほぼ三分の一に当たる約二〇〇万トンを生産し、一八六二年にこの都市を訪れた後の宰相グラッドストウンの「イングランド産業企業の最も若き申し子であり、誕生間もないヘラクレスである[3]」という賛辞を裏切らなかった。一八七三年から始まる不況をともかくも乗り切り、少なくとも二〇世紀の半ばまで重化学工業地域の中心として生き残ることができたのである。

写真 1　ミドルズバラの「製鉄業者集積地域」(Ironmasters' District)

注記）本書に掲載した写真図版の大部分は，1910～1930 年代に撮影されたものである。

出所）Araf K. Chohan, *Britain in Old Photographs, Middlesbrough*, Stroud, 1996, p. 33.

写真 2　ミドルズバラ製鉄工業地域とダラム州，ヨークシャーを繋ぐ「ティーズ（ニューポート）橋梁」(1934年建設)

出所）Araf K. Chohan, *Britain in Old Photographs, Middlesbrough*, Stroud, 1996, p. 26.

図 1-1　静かな農村の面影が漂う誕生まもない 1832 年のミドルズバラ

出所）Teesside Archives.

ミドルズバラは、一九世紀第2四半期から始まる鉄道ブームに伴って、鉄道会社によってイングランド各地に建設された鉄道・輸送都市の嚆矢である。[4] ストックトン・ダーリントン鉄道の開通後、五年を経て、当時まだ荒涼としたティーズ川河口の沼沢地に過ぎなかったミドルズバラに都市を建設し、港湾施設を整備して支線延長の終着点とする計画が芽生えたのは、ダラム南部の炭鉱資本の強い要請が背後にあったからである。[5] ビショップ・オークランド（Bishop Auckland）を中心にダラム南部で大量に採掘される石炭をストックトン・ダーリントン鉄道を利用してストックトンに運び、更に河川航路を使って、ティーズ川を下り、海路ロンドン・その他の国内市場に運び、あるいは輸出する際の輸送コストは高かった。ストックトンよりも水深の深い、石炭積出港として良好な港湾を他に探し出すことも困難であった。こうした要因が、一八三〇年におけるストックトン・ダーリントン鉄道のミドルズバラへの支線延伸を促したのである。[6] ミドルズバラが建設当初、ダーリントン港（Port Darlington）と呼ばれたのは、この間の事情を端的に物語っている。当初は、あくまでも南ダラム産石炭の集荷中継基地、ダーリントンの外港として建設された鉄道・輸送都市（railway town, transport town）に過ぎなかった。

後年、「ミドルズバラ建設の父」と称されることになるダーリントン在住のクウェーカー教徒の事業家、ジョージフ・ピーズ二世（Joseph Pease Junior, or the Younger, 以下、ジョージフ・ピーズと略記）の日記から、製鉄工業都市ミドルズバラ誕生前夜の状況を再現してみよう。ストックトン・ダーリントン鉄道本線をミドルズバラまで延伸し、当時ダラム産石炭の積出港であったストックトンよりも水深の深い、輸送基地としてより好適な場所に新たな石炭積出港を築港する計画は既に一八二七年の秋にはかなり煮詰まっていた。(7) 翌一八二八年八月一八日、ジョージフ・ピーズは、「ウィリアム・バックハウス（William Backhouse）、ジェイムズ・ジョナサン（James Jonathan）、チャールズ・ジャクソン（Charles Jackson）とともに、小船でティーズ川河口に入り、早朝、ミドルズバラまで遡行した。計画中の鉄道延伸の予定終着地点を検分するためである。この場所がとても気に入った。自分が抱いた期待を遥かに超えて、われわれの目的に適う場所であった(8)」と記している。

また、「ここでは想像力を大いにかき立てられた。われわれがその時横切っていた何の変哲もない剝き出しの畑が、やがて忙しく動き回る群衆にあふれ、多数の船舶が川岸にひしめく場所となり、にぎやかな海港都市に生まれ変わる日がいつか来るであろうという想像である。しかしながら、そのような大きな変化が現実のものになるまでには長い年月を要するに違いない。けれども、現在の英国の企業・商工業の特色と広がりを考えるならば、この場所に立って、こうした想像を軽蔑し、そんなことは金輪際起こらないと叫ぶ者は誰もいないであろう。そんなことは起こりはしないと声高に叫ぶ者が出てきたら、私は彼とは必ず論争すると思う」と述べている。(9) 石炭積出港ミドルズバラの建設用地買収には、しかし、解決しなければならない幾つかの課題があった。まず、「ミドルズバラの農家が建っている場所の土地価格の高騰は著しい。更に、農家よりも重要な建物の売却の場合にこのような値上がりの兆候が多く見られる」し、土地買収と築港が所期の目的に適うものであるか否かについて、ジョージフ・ピーズ自身も恐らくは半信半疑であったであろう。「われわれの前には、この話は注意深く進めるべきであるとする見解や懐疑的な見方もあった」からである。(10)

一八二八年の暮に、彼は「義父ジョージフ・ガーニィ（Joseph Gurney）と義理の弟ジョナサン・バックハウス

(Jonathan Backhouse) を伴ってミドルズバラに向かう。ここで、ジョージ・コーツ (George Coates) とトマス・リチャードソン (Thomas Richardson) に会い、新しい船着場の建設用地を検分した。そして、私には法外だとは思われない条件でウィリアム・チルトン (William Chilton) が売却しようとしている地所を見た。何人かの友人はこの土地の購入者になることに熱心で、私にも加わるよう勧めている。この土地の価値が上がるであろうこと、またこの地所が持っている重要性について、少なからず楽天的な見通しを持っているというのが私の答えである。そして、私は、いずれこの地所が購入者に利益をもたらすであろうことに何の疑念も抱かなかった[11]」。しかし、「私が現在おかれている状況では、この企てに必要な資本を投下することは実に難しかった[12]」のである。この投資資金の不足という問題は、「義父ジョージフ・ガーニィが非常に気前よく、まことに親切な申し出をしてくれて、必要な額を提供してくれたおかげで、解決した。私はこのことに心からの感謝を捧げた。義父が自分の裁量でこの仕事に臨むことに異存はない」とまで言うことができるようになったのである[13]。

こうして、一八二八年一二月一〇日には、「大方の意見は最終的には投資に肯定的であった。従って、投資をすることに意見はほとんど一致した。この企てが妥当であるか否かについて更に満足を得るためには、リチャード・オトリー (Richard Otley) がジョン・コーツ (John Coates) と協力してこの地所を綿密に調査し、現在の農場の資産価値をはっきりさせるべきであるという点でわれわれの意見は一致した。やがて、将来の値上がりを見込んだ価格として支払う金額が確定されるであろう[14]」という結論に達したのである。「ミドルズバラ建設の父」ジョージフ・ピーズが、後年建設されることになる海港都市とその周辺地域を、鉄道延伸による将来の価格上昇を見越した投資の対象として購入した経緯が彷彿としてくる。

ミドルズバラはこの時代に簇生した他の大方の鉄道輸送基地とは違って、個性的な側面を持つ建設都市であった。まず、都市建設の目的自体が他の鉄道都市とは幾分異なっていた。ミドルズバラの都市建設の主要な目的は、単に鉄道輸送基地の設置だけではなく、南部ダラム産石炭の国内・海外輸送の拠点である港湾の構築であった。また、この時期に多数建設された鉄道都市は、バロウ・イン・ファーネスをほとんど唯一の例外として、その後、当初の建設目的から大幅に外れることはなく、輸送中継基地としての性格・機能を維持し続けた。[15] 他方、ミドルズバラは、後述するように、一九世紀中期以降、その性格を大きく変えていく。製鉄工業都市として成長を遂げ、クリーヴランド工業地域の域外移出基地に変身することになるのである。

都市建設の主体という点でも、ミドルズバラは他の鉄道都市とは異なっていた。通常、鉄道都市の形成期における住宅・街路・上下水道・その他の公衆衛生施設・教育・教会・病院等の基盤整備は、代表的な鉄道都市であるクルー（Crewe）・スウィンドン（Swindon）・ウォルヴァトン（Wolverton）の例が示すように、鉄道会社による全面的な投資の結果であった。その意味で、この時代の鉄道都市は、輸送基地、機関車製造・修理施設を持つ鉄道会社の「企業城下町」（company towns）ともいうべき性格を帯びていた。[16] 他方、ミドルズバラの都市建設を実際に担ったのは、ストックトン・ダーリントン鉄道ではなく、鉄道延伸の二年前、一八二八年に設立された「ミドルズバラ土地開発会社」（パートナーシップ・合名会社）であった。[17] 鉄道会社とは別個に開発専門の組織を設立し、都市建設を委ねた理由は、次のようなものであったと考えられる。すなわち、鉄道会社の本来の目的は、住宅建設と都市開発のための土地所有ではなく、会社設立の目的以外の業務である土地所有・不動産管理・開発・土地販売を行うことに法律的な障害があったからであろう。[18] あるいは、都市建設計画実現の予測が困難であり、危険分散の必要があったこと、鉄道・築港・その他の基盤整備にかかる費用が大規模になるであろうとの懸念が当初からあったことによるのかもしれない。

一八二九年に、ティーズ川南岸の塩性湿地を含む広大な土地、五二七エーカー・二九パーチを、地主である前述のウィリアム・チルトンから三五、〇〇〇ポンドで購入し、唯一水気のない小規模な台地の上に新しい都市作りを手掛けた「ミドルズバラ土地開発会社」は、次のような出資者によって構成されていた。[19] 前述のダーリントンの商人、ジョージフ・ピーズ（出資比率は一〇分の二）、ストックトンの商人でジョージフの弟であるエドワード・ピーズ二世（Edward Pease the younger, 一〇分の一）、ジョージフ・ピーズの従兄弟でミドルセックス（Middlesex）のジェントリーであり、ロンドンのオヴァレンド・ガーニィ（Overend, Gurney & Co.）商会（手形割引業者）の共同出資者でもあるトマス・リチャードソン（一〇分の二）、ノリッジ（Norwich）の銀行家でジョージフ・ピーズの義理の兄弟であるヘンリー・バークベック（Henry Birkbeck, 一〇分の二）、同じくノリッジの銀行家であるサイモン・マーティン（Simon Martin, 一〇分の二）、ジョージフの義理の兄弟で、エセックス（Essex）の醸造業者であるフランシス・ギブソン（Francis Gibson, 一〇分の一）である。[20]

彼らはすべてクウェーカー教徒（Quakers）であった。北東部工業地帯および南東部農業地帯の中心都市ノリッジに、金融・鉄道・石炭・製鉄・毛織物・商業等を通じて、幅広い利害を有するクウェーカー資本家集団である。[21] このうち、ジョージフ・ピーズは、ストックトン・ダーリントン鉄道の創設者であり、鉄道がミドルズバラに延伸される直前、ダラムのオークランド炭田を中心に実際に炭鉱経営に携わることになるから、ダラム産石炭積出港としてのミドルズバラ開発に強い関心を示したのは至極当然である。[22] 先に紹介したように、彼はストックトン・ダーリントン鉄道支線敷設法案通過の翌年、支線開通前年の一八二九年に、血縁・姻戚関係にあったノリッジ市の銀行家を含む五人のクウェーカー教徒から出資を仰ぎ、義父ジョージフ・ガーニィからの融資、七、〇〇〇ポンドを加えて、「ミドルズバラ土地開発会社」を設立している。鉄道敷設以前に沿線や終着地の土地を買収し、敷設以後の地価上昇によって利益を挙げるという鉄道企業の経営戦略の常道をいったものであろう。都市開発に強い関心を示したクウェーカー資本家集団の特質も見て取れる。前述したように、ミドルズバラの土地買収に一応の目処がついた時期に、ジョージフ・ピーズがダラムのオークランド炭田を中心に炭鉱経営に乗り出したという事実を考慮すると、炭鉱業者・鉄道企業家・都市開発業者としての彼の用意周到さと企業家としての資質を窺うことができる。[23] 興味深いことに、これら六人の出資者は、それぞれ、ベアリング商会のフランシス・ベアリング（Francis Baring）、ロスチャイルド家のネイサン・マイヤー・ロスチャイルド（Nathan Meyer Rothschild）、モウゼズ・モンテフィオーレ（Moses Montefiore）というロンドンの著名なマーチャント・バンカー、更にガーニィ商会のサミュエル・ガーニィ（Samuel Gurney）、およびジョン・アーヴィング（John Irving）による資金援助を受けていた。[24]

一九世紀前半という新しい時代に建設され、特異な軌跡を辿ったミドルズバラの黎明期における都市形成の具体像を詳しく復元してみよう。都市建設の事業主体である「ミドルズバラ土地開発会社」は、後年ミドルズバラの市街地となる土地を担保として、一八三〇年にロンドンの保険会社（Alliance Assurance Co.）から事業資金の融資を受けている。ミドルズバラ黎明期の都市建設の具体像を知る上で、そしてまたこの時代の事業集団の性格、投資のあり方を探る上で極めて興味深い事例である。「ミドルズバラ土地開発会社」は、前年に周辺の地主から取得していた建設予定地、五三〇エーカー余の大部分を譲渡抵当に入れ、一〇〇ポンドにつき年四ポンドの利付き融資二〇、〇〇〇ポンドを仰いでいる。借り手名義人は、保険会社の会計元帳（ledgers）によれば、「ミドルズバラ土地開発会社」のパートナーの一人であったトマス・リチャードソンである。[25] 他方、「ミドルズバラ土地開発会社」の不動産権利証書によれば、借り手は「ミドルズバラ土地開発会社」のパートナー全員、すなわち、ミドルセックス州のジェントリー、トマス・リチャードソン、ノリッジ市の銀行家、ヘンリー・バークベック、ダラム州ダーリントンの商人、ジョージフ・ピーズ、ノリッジ市の銀行家、サイモン・マーティン、ダラム州ストックトンの商人、エドワード・ピーズ二世、エセックス州サフラン・ウォルデン（Saffron Walden）の醸造業者、フランシス・ギブソンである。

譲渡抵当による貸し手は、ロンドン在住のジョン・アーヴィング、フランシス・ベアリング、ネイサン・マイヤー・ロスチャイルド、サミュエル・ガーニィ、およびミドルセックス州のモウゼズ・モンテフィオーレである。彼らは、すべて保険会社の共同出資者である。「ミドルズバラ土地開発会社」の不動産権利証書には、保険会社の名はなく、上記五人がいずれも個人の資格で融資を行っている。債務不履行の場合の違約金は、四〇、〇〇〇ポンドであり、抵当物件は、ミドルズバラと呼ばれる法定相続産（hereditaments）である二六の耕地片、計二六四エーカー・一ルード・一九パーチおよびモンクランド（Monkland）と呼ばれる法定相続産である一四の耕地片、計六三エーカー・三ルード・二五パーチ、およびウォーコップ・コンセット（Warcop Consett）が所有していた法定相続産、計一五九エーカー・三ルード・一四パーチ、総計四八八エーカー・一八パーチの土地である。[26]「ミドルズバラ土地開発会社」が一八二九年に購入していた土地、五二七エーカー・二九パーチのほぼ全体、九三％の土地を担保に、返済期限同年一〇月二二日を条件に二〇、〇〇〇ポンドを借り入れたのである。かなり思い切った借り入れであったと思われる。短期資金の不足を補うためのものであろう。

譲渡抵当証書の日付は、一八三〇年七月二二日である。[27] 融資を行った個人によって構成される保険会社は、一八二四年三月二三日に、生命・火災保険業務を行う「アライアンス英国内外火災・生命保険会社」（Alliance, British and Foreign Fire and Life Insurance Company）として、ベアリング商会のフランシス・ベアリング、ロスチャイルド家のネイサン・マイヤー・ロスチャイルド、モウゼズ・モンテフィオーレというマーチャント・バンカー、あるいはガーニィ商会のサミュエル・ガーニィの出資によって設立された。資金の借り手名義人であった「ミドルズバラ土地開発会社」の一員であるトマス・リチャードソンは、この時点でロンドンの有力な手形割引業者、オヴァレンド・ガーニィ商会（Overend, Gurney & Co.）の共同出資者であったが、一八二六年から、「ミドルズバラ土地開発会社」への融資先であるこの保険会社の役員（director）を務めていたのである。[28]

保険会社の出資者の一人で、クウェーカー教徒であったサミュエル・ガーニィは、弟とともに一八〇七年にトマス・リチャードソンが出資者であったロンドンの手形割引業者リチャードソン・オヴァレンド商会（Richardson, Overend & Co.）に入社していた[29]。彼は、既にトマスとは緊密な関係を築いていたであろう[30]。この保険会社と「ミドルズバラ土地開発会社」を結びつけたのは、クウェーカーという信仰、生活規範、価値観を共有する宗教的な紐帯であったと思われる。ガーニィ家は、また、その他のクウェーカー教徒の銀行家の一族、北東部イングランドのダーリントンを拠点に銀行業務を広範に展開していたバックハウス家、バークベック（Birkbeck）家、あるいは同じく、ストックトン・ダーリントン鉄道、製鉄、石炭、繊維産業、商業、都市行政、国政への参加を基礎にダーリントンの名門として、北東部イングランドに強い影響力を行使していたピーズ家と姻戚関係を結んでいる[31]。クウェーカー教徒同士の強い宗教的な絆と姻戚関係という二重の紐帯で結びつけられた事業者集団相互には、企業活動に関する情報の交換、信用供与、融資を通じて、全国的なネットワークが形成されていたのである。

「そもそもは火災保険部門で始まった関係を基礎に、実業家たちは共同で株式会社制度による運河投資、銀行、ドック、水道、ガス、小売業、不動産会社へ関心を移していった[32]」というハドソンの指摘は、細部を除いて、都市ミドルズバラの建設資金融通をめぐる当時の資本家集団のネットワークのあり方と符合する。勿論、この段階では、「ミドルズバラ土地開発会社」は株式会社ではなく、六人のクウェーカー教徒のパートナーシップであったが、出資形態はともかくとして、クウェーカー教徒であるという強い宗教的な紐帯と姻戚関係によって結ばれた事業集団であった。一八世紀後半から一九世紀前半にかけて、北東部イングランドにおいて影響力の強かったクウェーカーという宗教的紐帯による企業家のビジネス・ネットワークの例として興味深いものである[33]。

ミドルズバラの都市建設、特に物質的な基盤整備は、「ミドルズバラ土地開発会社」にとって一大事業であった。広大な土地を予め低廉な価格で購入し、それを切り売りし、建設・開発しつつある都市の内部に、同時にガス、石炭積出埠頭（dock）、煉瓦製造業を起こし、製陶業に投資し、農場を経営し、労働者用の低廉な家作を建設したのも、この組織がすべて事業の一環として行ったのである。宅地開発業者としての「ミドルズバラ土地開発会社」の都市建設事業の一端は、貸借対照表類、資産評価記録、その他からある程度判明する。(34) とりあえず、事業の内容と規模を一八四五年一二月三一日現在の貸借対照表類から大づかみに見てみよう。既に述べたように、「ミドルズバラ土地開発会社」は、まだこの時期には有限責任制の会社組織ではなく、パートナーシップ・合名会社であったから、この貸借対照表類は恐らく共同出資者へ事業内容・収益を開示する目的で作成されたものであろう。

貸借対照表類は、資本勘定計算書（Capital Account）・当座勘定計算書（Current Account）・一般貸借対照表（General Balance）・煉瓦製造工場勘定（The Middlesbrough Brick Yard）・底荷埠頭勘定（The Middlesbrough Ballast Wharves）・農場勘定（Middlesbrough Farm Expenditure Receipts and Valuation）・ガス製造工場勘定（Middlesbrough Gas Works）・売却代金未回収土地勘定（Unpaid Land Accounts with Interest）・ジョージフ・ピーズ「ミドルズバラ石炭積出埠頭会社」勘定（Joseph Pease Junior in account with The Middlesbrough Dock Company）から成っている。半年毎に記帳され、年度によって異なるが、「農場勘定」および「売却代金未回収土地勘定」以外は、貸し方と借り方に分類されている。一般貸借対照表は、資産と負債に、その他の勘定は、借り方欄に支出（Expenditure）、貸し方欄に受け取り（Receipts）、あるいは、支払い（Payments）、受け取り（Receipts）額が記入されている。「農場勘定」は、「ミドルズバラ土地開発会社」が経営する農場における作物、農機具、家畜などの資産評価額を記録したものである。「売却代金未回収土地勘定」には、売却した土地の代金未収額が、売却時期・購入者氏名・割賦期間・面積・一平方ヤード当たり価格・売却代金・地片代金（lot money）・利子・総計・受け取り済み金額・未回収金額ごとに記録されている。

一八四五年一二月三一日現在の一般貸借対照表によれば、資産および負債の詳細は表1-1、表1-2の通りである。後に詳しく見るミドルズバラの都市不動産査定額の規模と比較すると、建設後一五年を経たこの時点において

表 1-1　「ミドルズバラ土地開発会社」の資産（1845 年 12 月）

資　産	
賃貸土地評価額（1844 年 12 月 31 日現在）	£ 45,543 15s. 1d.
所有土地評価額（同上）	£ 28,154 8s. 1d.
建造物用土地評価額（同上）	£ 35,602 19s. 6d.
底荷埠頭施設・その他	£ 3,143 10s. 6d.
煉瓦製造工場	£ 2,102
煉　瓦	£ 4,473 6s. 8d.
ガス製造工場	£ 5,242 18s. 3d.
備蓄ガス	£ 605 12s.
農場設備・家畜・その他	£ 771 4s. 9d.
住宅・埠頭・倉庫・材木置場・農家	£ 9,884 11s.10d.
ティーズ川渡し船	£ 600
水道管・貯水池	£ 3,879
ボルコウ・ヴォーン製鉄所および製陶会社への軌道	£ 1,287 15s.
各種利付き融資	£ 5,448 16s. 2d.
道路・街路・下水設備	£ 815 18s.
建物外壁	£ 1,275 6s. 7d.
売却代金未回収土地代金・利子	£ 6,338 2s. 9d.
未回収地代	£ 321 10s. 9d.
ストックトン・ダーリントン鉄道石炭積出埠頭用地	£ 7,997 10s. 5d.
石炭積出埠頭会社差引勘定	£ 1,103 10s. 9d.
ラムゼイ・エンジン（Ramsays Engine）	£ 150
住宅組合（Building Society）	£ 176 9s. 2d.
取引所協会（Exchange Association）	£ 2,121 11s. 2d.
排水施設・植林・減水増地（Derelict Land）改良による資産評価増	£ 273 17s. 1d.
レッドカー鉄道（Redcar Railway）敷設による資産評価増	£ 2,500
Graham (?) & Bill & Interest（不明）	£ 45 15s. 3d.
ストックトン・ダーリントン鉄道（新道路修繕）	£ 115 12s. 9d.
計	£170,881 8s. 9d.
繰越金（Balance in favour of the Estate）	£ 81,807 12s. 1d.

出所）The Owners of the Middlesbrough Estate, Balance Sheets, 1845–1855, Teesside Archives, U/OME (2) 4/15 より作成。

も、「二重権力」の一方である「ミドルズバラ土地開発会社」の資産規模の大きさが印象的である。一八四五年における「ミドルズバラ土地開発会社」の資産総額は、地方税徴収の基礎となる一八四六年における市内の不動産査定額、一一、七一八ポンド一〇シリングのほぼ一五倍であった。また、市の歳入は一八四五〜一八四六年に僅か二、一三九ポンド四シリング一一ペンスであり、一八四六〜一八四七年のそれは二、〇〇三ポンド一二シリング一一・五ペンスに達したに過ぎなかった。一八四五

表1-2 「ミドルズバラ土地開発会社」の負債（1845年12月）

負　債	
財務担当者差引残高（Treasurers Balance）	
（資本勘定）	£ 25,529　5s.10d.
（当座勘定）	£ 6,886　1s. 6d.
（合計）	（£ 32,415　7s. 4d.）
出資者出資金	£ 27,500
（サイモン・マーティン遺言執行人）	£ 22,000
（ガーニィ商会［Gurneys & Co.］）	£ 2,000
（アン・グレイヴス［Ann Graves］）	£ 700
（同上利子）	£ 279 15s.10d.
（合計）	（£ 24,979 15s.10d.）
石炭積出埠頭会社	£ 4,178 13s. 7d.
繰越金（Balance forword）	£ 81,807 12s. 1d.
総　計	£170,881　8s. 9d.

出所）The Owners of the Middlesbrough Estate, Balance Sheets, 1845–1855, Teesside Archives, U/OME (2) 4/15より作成。

年、一八四六年の貸借対照表には、既に述べたように、「ジョージフ・ピーズ・ミドルズバラ石炭積出埠頭会社」という勘定項目がある。ジョージフ・ピーズ個人のミドルズバラへの関与の仕方の一端を示すものである。石炭積出埠頭は、一八四〇年の初頭に建設が始まり、一八四二年三月一九日に完成し、五月一二日から稼動し始めた。九エイカーの広さを持つ埠頭には、一〇本の引込み線と接続する一〇基の石炭積降ろし口（coal drops）が設置され、それぞれ毎時一六トンの石炭を石炭輸送船に積み込むことができた[35]。事業主体は、「ミドルズバラ土地開発会社」であり、建設費用、総額一一八、三七九ポンド一七シリング一〇ペンスは、ストックトン・ダーリントン鉄道が負担し、完成後、埠頭と通行権および進入路はストックトン・ダーリントン鉄道が所有することとされた。一八四九年六月一八日にミドルズバラ石炭積出埠頭会社は解散し、すべての関連施設とともにストックトン・ダーリントン鉄道に譲渡されている[36]。

前述一八四五年一二月三一日の「ジョージフ・ピーズ・ミドルズバラ石炭積出埠頭会社収支決算書」によれば、受け取り金額（Receipts）の内容は、「ミドルズバラ土地開発会社」の出資者であるヘンリー・バークベックが七、三〇〇ポンド、ジョージフ・

ピーズの妻と思われるエンマ・ピーズ[37]およびその家族（Emma Pease & family）が一一、〇〇〇ポンド、「ミドルズバラ土地開発会社」出資者の一人であり、既に指摘したように、ジョージフ・ピーズの従兄弟でミドルセックスのジェントリーであり、ロンドンのオヴァレンド・ガーニィ商会の共同出資者でもあるトマス・リチャードソンが、一〇、〇〇〇ポンド、計二八、三〇〇ポンド、更にストックトン・ダーリントン鉄道が一〇九、四〇一ポンド一九シリング一ペンス（一八四二年一二月三一日までの利子五八一ポンド一九シリング一ペンスを含む）、ジョージ・アダムソン（George Adamson）が三〇ポンド一〇シリング七ペンス、総計一三七、七三二ポンド九シリング八ペンスを融資している。そして、石炭積出埠頭会社に対する差引勘定（To Balance due to the Dock Co.）として、九、四四六ポンド一八シリング一〇ペンスが計上されている[38]。

写真3　ミドルズバラ石炭積出埠頭

出所）Araf K. Chohan, *Britain in Old Photographs, Middlesbrough*, Stroud, 1996, p. 30.

　これに対する支払い金額（Payments）は、石炭積出埠頭建設費用一二四、六七三ポンド一七シリング四ペンス（一八四二年一二月三一日までの利払いを含む）、一八四二年一二月三一日以降の利子三、六一一ポンド一三シリング六ペンスおよび残高（By Balance forward）九、四四六ポンド一八シリング一〇ペンスである。受け取り金額および支払い金額の下段には、貸借対照表（負債と資産）の記載がある。負債欄には「上記のような各種融資金額」として、二八、三〇〇ポンド、利子三九八ポンド六シリング二ペンス、合計二八、六九八ポンド六シリング二ペンス、ジョージ・アダムソン三〇ポンド一〇シリング七ペンス、差引残高（Balance forward）一、一〇五ポンド一〇シリング九ペンス、総計二九、三八二ポンド七シリング六ペンスが計上されている。他方、資産側には、「上記のようなジョージフ・ピーズからの差引残高」として、九、四四六ポンド一八シリング一〇ペンス、「ストックトン・ダーリントン鉄道の帳簿につき」(S. & D. Railway Co. as per a/c) 一六、二〇六ポンド一五シリング一ペンス、カビット・ドンキン社 (Cubitt & Donkin) の報酬として、「ミドルズバラ土地開発会社」四、一七八ポンド一三シリング七ペンス、総計二九、三八二ポンド七シリング六ペンスが計上されている。更にその下段には、「ストックトン・ダーリントン鉄道への支払利子と受け取り利子の差額として石炭積出埠頭会社への差引益金」(Balance in favour of the Dock Co. being the difference of Interest paid by them & charged by them to the S. & D. Railway Co.) として、一、一〇三ポンド一〇シリング九ペンスが計上されている。「ミドルズバラ土地開発会社」の貸借対照表類の一部を構成する「石炭積出埠頭会社収支決算書」を見る限り、ジョージフ・ピーズの「ミドルズバラ石炭積出埠頭会社」への関与は、この会社がストックトン・ダーリントン鉄道へ全面的に移譲される以前の一八四六年六月三〇日で終わっている。(39)

石炭積出埠頭会社への関与・経営参加、あるいは後述する労働者用住宅の所有を見る限り、ジョージフ・ピーズは、都市建設の当初からミドルズバラを投資の対象としてのみ考えていたようである。そもそもダラムの鉱山村落の建設時に彼が示した鉱夫とその家族へのクウェーカリズムの普及と実践、理想の実現という側面は、(40)少なくともミドルズバラへの関与を見る限り、希薄であったように思われる。小規模な鉱山村落の素朴な労働者の啓蒙とクウェーカリズムの浸透という理想は、鉄道都市・石炭積出港であり、物流の拠点としてのミドルズバラにおいては、イギリス各地から流入する住民の出入りの激しさを考えれば、実現することが困難であったのであろう。彼は、流通過程から挙がる大規模な利益の獲得を優先したと思われる。あるいは、後述するように、急速なミドルズバラの工業発展が彼の予想を遙かに超える速度で進み、手に負えなくなったとも考えられる。美しい海港都市の建設というジョージフ・ピーズの当初の理想が裏切られ、彼が考える方向とは違った方向へミドルズバラが大きく踏み出したことが、彼のこの都市に対する姿勢を変えることになったのかもしれない。

いずれにしても、大半の基盤整備を私的企業である「ミドルズバラ土地開発会社」の手に委ねたことは、黎明期の都市にとって、長所と欠陥を伴っていた。ガス・埠頭・煉瓦製造工場・住宅などの都市基盤整備は、比較的短期に、大規模な資本を用いて効率的に実施された。他方、大半の土地を所有する開発主体は、個人（パートナーシップ）組織であったとしても、営利団体であることに間違いはなく、当然、利益の獲得が優先され、都市の基盤整備における公共的な視点が当初から希薄であったと言えるであろう。都市環境整備を民間営利団体に任せ、生産拠点・工業化の拠点としての機能の整備に公共機関が専念できたことがミドルズバラの思いもかけない急速な成長を実現したことは確かである。しかし、都市建設における公的利害と私的利害の両立は簡単なことではなかった。都市統治機構と「ミドルズバラ土地開発会社」という「二重権力」の存在は、この都市の後の発展に特異な刻印を押すことになる。「ミドルズバラ土地開発会社」、形成途上の都市当局、一九世紀後半以降市政に強い影響力を行使するようになる製鉄資本という、それぞれ独立した機関・利害集団である三者の存在は、都市行財政制度・自治組織・住宅建設・街路・都市の形状・公共施設・景観・教育・教会をはじめとして、ミドルズバラの都市基盤整備のあり方に少なからぬ影響を与えることになった。特に、住宅・街路・上下水処理・居住環境などの点で、ミドルズバラは他の工業都市とは異なった課題を背負うことになる。一例を挙げれば、一八七〇年代初頭に、「ミドルズバラ土地開発会社」が所有・経営する食肉解体処理場（slaughter house）の汚物処理と感染症との関連について、住民から枢密院医務局（Medical Department of the Privy Council Office）へ抗議が寄せられ、調査が実施されている。(41)

こうした側面の傍証として、更に幾つかの事実を指摘しておきたい。一八四五年における旧市街地の売却済み地片と一八五七年と思われる時期の市街地図を比較すると、一九世紀の四〇年代に当初の計画を遙かに超えて、居住

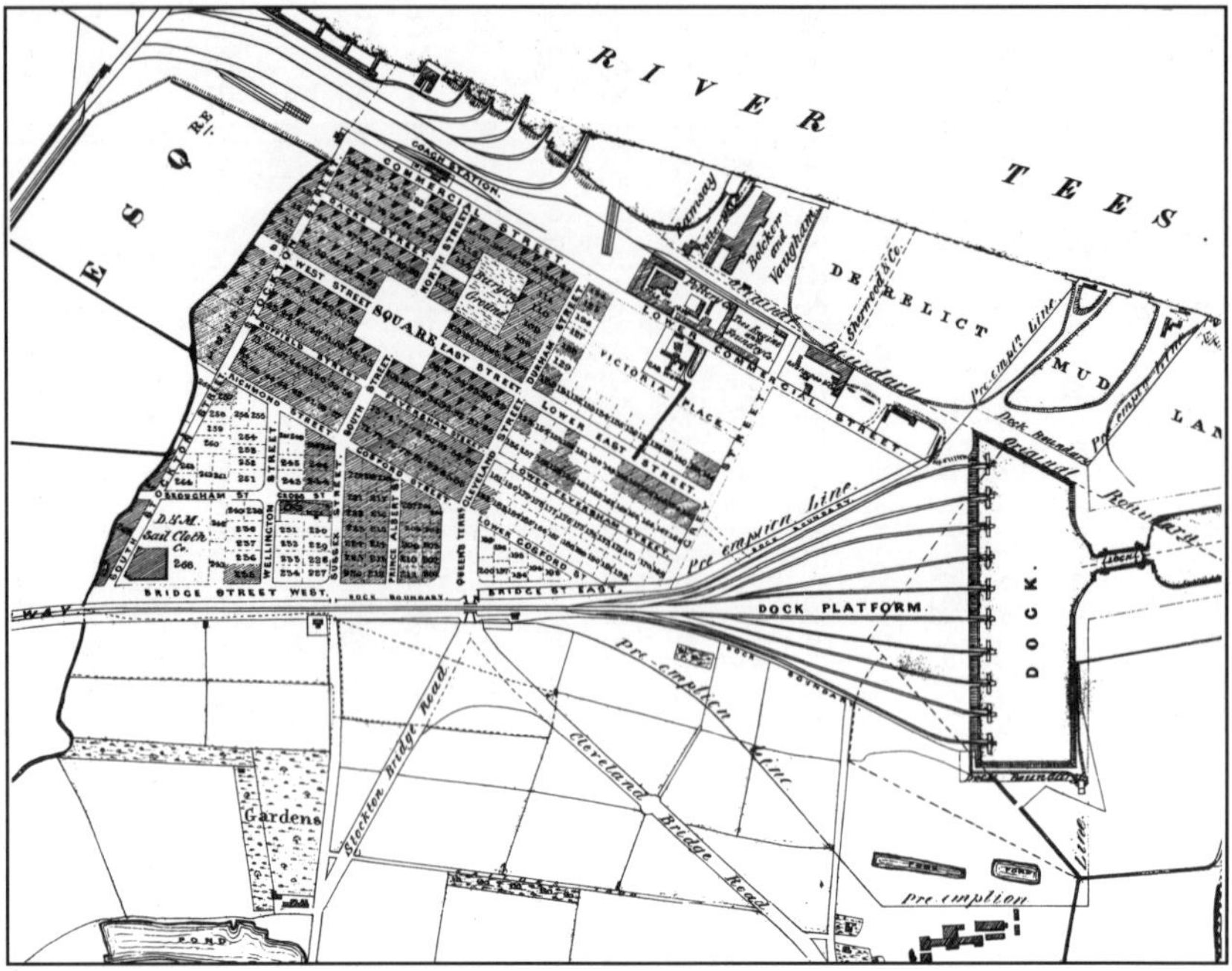

図 1-2　1845 年のミドルズバラ市街地

注記）旧市街地の南および東側の地片は大部分まだ分譲中である。
出所）Teesside Archives, U/OME/8/9.

地域が拡大した様子を窺うことができる。ミドルズバラの北部を流れるティーズ川が北部への市街地拡大に対する物理的な障害となり、市街地は、旧市街地を越えて、東部と南部に拡大している。[42] 旧市街地を越える外延的な拡大はもとより、建設直後には、「ミドルズバラ土地開発会社」による厳しい規制によって、以下に詳述するように、「建造物の統一性と品位（respectability）を保つため」に、細かい建築規制の下にあった旧市街地内部においても、空間地への宅地侵食（in-take）がこの時期に着実に進み、ジョージフ・ピーズらが考えた理想の町並みを備えた美しい港町であることを止めている。以後、規制と制御を無視した混沌とした都市化の進展を押しとどめることはできなくなった。事実上の「ミドルズバラ建設の父」であったジョージフ・ピーズのこの都市への関与は、一九世紀五

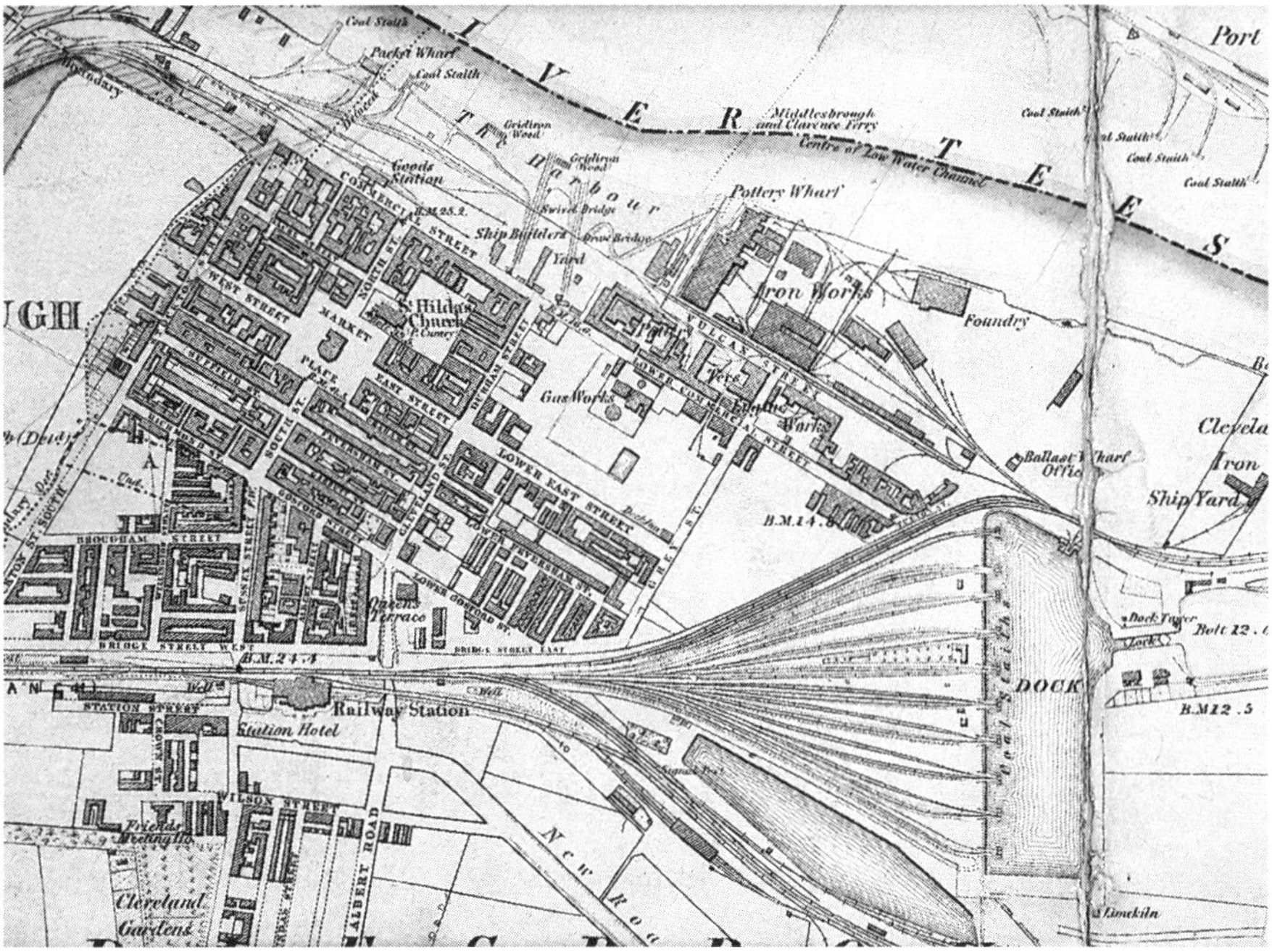

図 1-3　1857 年のミドルズバラ市街地（中心部）

注記）1845 年に分譲中であった南・東側，更に鉄道の南側にも居住地域が拡がりつつある。
出所）Teesside Archives, CB/M/C (2) /9/6.

○年代の後半には、間接的なものに変化せざるを得なくなっていたのである。

次に挙げる事実もまた、ジョージフ・ピーズ個人のミドルズバラへの関与の変化を示している。市税記録（Poor Rate Books）には、ジョージフ・ピーズの家作所有として、一八四六年四月に、ストックトン通り（Stockton Street）に一三軒と庭付き住宅一軒が記録されている。[43] 市税支払いのための査定額は、三〜九ポンドである。また、一八五六年には、同じくストックトン通りに一三軒の家作を所有し、その査定額は、六ポンドのものが五軒、五ポンドのものが一軒、四ポンドのものが一軒、残り六軒のそれは三ポンド、合計五七ポンドである。更に、一八五八年一月にも、全く同じ場所に一三軒の住宅を所有し、その査定額も同額である。一八六一年の市税記録には、ジョージフ・ピーズの住宅所有は記録されていない。しかし、一八六一年六月一五日の市税記録には、家作所有者として、「ミドルズバラ土地開発会社」が記録されている。[44] 査定額は、六ポンドが五軒、三ポンドが六軒である。従って、一八五八年一月から一八六一年六月の間の何時かに、ジョージフ・ピーズは個人としては住宅投資から手を引き、「ミドルズバラ土地開発会社」にその経営を譲ったものと考えられる。石炭積出埠頭会社への投資の時期（一八四五〜一八四七年）も併せて考えれば、一九世紀中期以降、ジョージフ・ピーズのミドルズバラへの直接的な関与は次第に薄れてきたように見える。[45] 個人として、この都市に利害関係を継続する方針を変更し、大規模になりつつあった「ミドルズバラ土地開発会社」に経営権を委譲したのではないかと思われる。

一八五三年に周辺諸都市の羨望と嫉妬に囲まれて類を見ないほどの速さで自治権を獲得し、法人格を付与された自治都市（municipal borough）の成立以後、ミドルズバラは個人の手を離れ、「ミドルズバラ土地開発会社」という開発会社と自治都市当局が制御する段階を迎えた。初代の市長は、この都市のほとんど唯一の産業基盤である製鉄工業の首魁ではあったであろうが、全くのよそ者であったプロシャ（Preussen）、メクレンブルク（Mecklenburg）出身のヘンリー・ボルコウ（Henry William Ferdinand Bolckow）であって、最早、ジョージフ・ピーズの出る幕はなかった。都市建設に熱心で、「新しき村」の建設とクウェーカリズムの普及に熱心であったクウェーカー教徒としてのピーズ一族は、その宗教的・政治的な関心を北東部イングランドの中世初期以来の市場町であったダーリントンに集中するようになったのかもしれない。あるいは周辺の炭鉱、鉄鉱石生産地域に新しい労働者集落を建設することによって、その理想を辛うじて絶やさないように努めたものと思われる。

2　都市化と住宅建設

一八二九年に五〇〇エイカー余の土地を購入した直後から、「ミドルズバラ土地開発会社」はジョージフ・ピーズの主導の下に、本格的な都市作りを開始する。新しい土地に整然と宅地が並ぶ理想の港湾都市建設を目指して、小高い台地に正方形の碁盤目状の敷地三二エイカーを地取りし、縦二〇〇フィート、横六〇フィートの一二三筆の区画に分け、それぞれ宅地として販売し、台地中央には五六フィート幅の四つの街路が交差する広場を設けた。「ミドルズバラ土地開発会社」と宅地購入者との間に交わされた一八三一年二月八日の権限証書（個別約款捺印証書、Deed of Covenants）によれば、購入者の職業は次の通りである。商人（一名）、鉄商人（二名）、鋳鉄業者（一名）、造船業者（一名）、住宅建設業者（二名）、石炭運搬業者（coal trimmer, 二名）、旅館経営者（四名）、指物師（joiner, 二名）、製靴業者（三名）、精肉業者（二名）、煉瓦積業者（二名）、鍛造業者（一名）、ヨーマン（yeoman, 二名）、製粉業者（一名）、測量技師（一名）、醸造業者（一名）、縫製業者（一名）、服地商（一名）、農業経営者（二名）、家具製造業者（一名）、車大工（一名）、塗装業者（一名）、ジェントルマン（一名）、会計士（一名）である。その他、「ミドルズバラ土地開発会社」の出資者で、ロンドンの手形割引業者である前述のトマス・リチャードソンが、一筆の土地を購入している。(46) 建設途上の輸送都市（鉄道・石炭積出港）に相応しい石炭運搬業者や旅館経営者、建設業関係の職業（指物師・煉瓦積業者・住宅建設業者・家具製造業者・塗装業者）が目立っている。

これら宅地購入者のうち、最も多くの区画、一七筆を購入したのは、ピーズ家の一員で、ストックトン・ダーリントン鉄道の出資者であり、商人とされているヘンリー・ピーズ（Henry Pease）である。これに次ぐのは、リチャード・オトリー（Richard Otley）で、一二筆を所有している。彼は、測量技師であり、同じく鉄道会社の役員であった。多くは一筆の土地購入者であり、実際に住宅を建設して、居住することになる都市住民であった。しかし、鉄道と港湾施設の建設、石炭運搬・船積みに従事する未熟練労働者の大量の流入を見込んで、安価な労働者住宅を建設するために、投機目的で市街宅地を購入した者も少なくなかった。購入者の大部分は、居所をミドルズバラとしているが、ダーリントンとしている者が八名、ストックトンとしている者が三名見出される。興味深いのは、この時点で既に数名の製鉄工業関連業者、すなわち、鉄取引商人（iron merchants）が二名、ダラム州ベドリントン製鉄所（Bedlington Iron Works）所有者が一名、鋳造工場経営者（ironfounder）が一名、市街地片を購入していることである。

一八三九年には、市内の二つの街路にジョージフ・ピーズが所有する家作と土地の売買が成立している。これによれば、以下のような職業を持つ二九名の人々が、合計一、六八〇ポンドでジョージフ・ピーズと売買契約を結んでいる。船主二名、船長（master mariner）二名、水先案内人三名、石炭運搬業者一名、帆布製造業者一名、ヨーマン四名、煉瓦積業者三名、石工一名、指物師二名、屋根葺き業者一名、パン製造業者一名、会計士一名、薬品業者一名、大工一名、小売商人（shopkeeper）一名、弁護士書記一名、寡婦三名である。一八三一年に宅地を購入した人々と同様に、石炭積出港と付属施設はまだこの時期にも建設途上であり、それに相応しい職業に従事する者が不動産を取得しつつあった(47)。

「ミドルズバラ土地開発会社」が宅地販売に際して購入者と一八三一年に取り交した上述の個別約款捺印証書には、都市空間の物理的な構造および住民組織について、二七項目にわたって、詳細を極めた規程が盛り込まれている。例えば、宅地、住宅、導水路、街路使用や清掃、照明、馬車や車輛・車輛牽引用の家畜、汚物処理、公道における迷惑行為等をはじめとして、都市空間の物理的な構造・生活環境に関して八項目、住民の自治組織について一九項目の詳細な規程がある。主要な公道の建設と舗装、下水施設、側溝の建設・修理等は、「ミドルズバラ土地開発会社」が費用を支弁して実施するが、土地購入者が建設する住宅の規格は、不必要なくらい厳格であった。例えば、軒下、あるいは窓から地面までの高さ、玄関正面の階段、街路に面した窓・ドアの寸法、出窓枠の材質（青色のタイル）に至るまで、「建造物の統一性と品位を保つため」に、細かく規定された。また、家屋所有者や占有者は、その家屋が面する街路を清掃し、修理する義務を負っている。しかし、皮肉なことに、建造物そのものに関する不必要なまでの規制に反して、空間利用と住宅の配置をはじめとする都市環境に対する配慮はほとんど見当たらない。このことが、後の都市内部における無秩序な住宅建設と景観の破壊、公衆衛生水準の劣化、都市環境の悪化を招くことになる。

写真 4　「統一性と品位」を保つために規格化された住宅

出所）Araf K. Chohan, *Britain in Old Photographs, Middlesbrough*, Stroud, 1996, p. 63.

文字通り白紙の状態から都市そのものを作り出さなければならなかった「ミドルズバラ土地開発会社」は、物理的な基盤整備だけではなく、秩序維持と統治を目的とする自治組織の形成にも参画している。住民の最高意思決定機関として、年次総会（The General Annual Meeting）を設置し、「ミドルズバラ土地開発会社」の出資者、宅地所有者、その他利害関係者に対して、年一回開かれるこの住民年次総会、および適宜開催される特別総会に出席し、土地および建造物の規格、街路の修理・保全・維持・管理、公道上における迷惑行為等に関わるすべての問題を討議する権利を与えている。彼らは、市税（五ポンド）の徴収を義務付けられ、五ポンドを支払う者は、総会において一票の投票権を、追加の五ポンドを支払う者は、更にもう一票の投票権を行使する権利を与えられた。

住民年次総会は、市街地所有者の中から七名を選出し、総会が実施を委託した事項を執行する機関として特別委員会を任命した。住民年次総会・特別総会はまた、ミドルズバラの統治に関わる条例・規約等の実施のために、特別の都市職員を雇用し、更に街路・公道・下水等、あるいはすべての建造物を検査する検査官(surveyor)を任命する。検査官は時に応じて、街路・公道・下水などを検査し、その状況を委員会に報告し、修理費用に充当されるべき翌年の税額を査定して、住民に割り当てることとされた[48]。証書に記された住民総会・委員会の性格や吏員の雇用、検査官の権限等に関する規定から判断する限り、この機構は、古い歴史を持つ都市であれば、長い年月をかけて作り上げてきた市議会をはじめとする都市自治組織に当たるものである。ウェッブ(S. and B. Webb)夫妻が、現代における都市自治体活動の原型であると見做した街路舗装・清掃・照明・治安維持・市場開設等を目的とする都市環境改善委員会(Improvement Commissioners)よりも更に古い、いわば草の根の住民集会であり、都市自治の出発点であった[49]。ミドルズバラは、一八四一年に初めて都市環境改善委員会の設置を議会から認められ[50]、曲がりなりにも公的に都市の仲間入りを果たすことになるが、この時期にはまだ中央政府との関わりを持たない、任意団体としての住民組織を持つに過ぎない幼い都市共同体であった。

都市建設がようやく緒についた一八三一年五月三〇日に実施されたセンサスは、「最近ミドルズバラ近くを終着点とするストックトン・ダーリントン鉄道が敷設されたおかげで、人口は増える傾向にある(一三七名)」と付記しているが、二つの定住地「リンソープ(Linthorpe)とミドルズバラ」から成るミドルズバラ教区の人口は、三八三人であり、このうちミドルズバラは、僅かに一五四人(三〇家族)を数えるのみであった。主として農業に従事する家族が最も多く、一五世帯、商工業・手工業に従事する家族が五世帯、その他が一〇世帯であった。二〇歳以上の男子のうち、農業労働者を雇用する農業経営者が二人、農業労働者を雇用しない農民が三人、農業労働者が一八人で、小売商業・手工業親方、あるいは使用人が八人、農業以外に雇用される労働者が一五人、その他が三人、女性の奉公人が七人であった。[51] この時点では、造成された市街宅地への移住が始まったばかりであり、都市建設前夜の静かな農村の面影がセンサスに色濃く反映されている。

ミドルズバラが飛躍的な人口増加を経験するのは、碁盤目状の計画的な宅地造成と売却の後、一八四一年のセンサス実施に至るまでの時期、恐らくは一八三〇年代の前半であろう。第4章で詳しく分析するように、この間、一五四人であったミドルズバラの人口は、三五倍（五、四六三人）という驚異的な伸びを示している。その後、一八五一年までに、一・四倍（七、六三一人）、一八六一年までに更に二・五倍（一八、七一四人）の増加率を示している。一・四倍、二・五倍という増加率を経験した工業都市は他にもあったであろうが、ミドルズバラが経験した一八三一年以降の一〇年間の伸び率は、都市建設と初期の移住を内容とする例外的なものであった。[52]

建設後間もないミドルズバラには、どのような人々が移住して来たのであろうか。一八四一年センサスの個票（Enumerators' Books）からこの点を探ってみよう。[53] 表1-3に示すように、九歳から九〇歳までの有業人口、男子（一、八七四人）、女子（二四三人）のうち、最も多いのは、職種が特定されていない雑業労働者（labourer, 二二六人）である。有業者総数の一〇・七%を占めている。都市形成黎明期の鉄道建設・石炭運搬・建築業、あるいは、小規模ながら立ち上がり始めた製鉄工業に携わる未熟練労働者である。彼らの多く（六一人、二七%）が、アイルランド出身者（総計一〇八人）である点に注目しておきたい。勿論、石炭積出のための港湾都市として建設されたミドルズバラに、石炭運搬人（六一人）、船員・水夫（一五七人）、船大工・造船業者・帆布製造業者・船舶取引業者・水先案内人等（計六三人）が多いのは、当然である。しかし、住宅・街路・排水設備、下水施設、その他基盤整備に従事する建築関係労働者（煉瓦製造業者＝七〇人、煉瓦積工＝三五人、石工＝六四人、漆喰工＝一二人、大工＝一六人、配管工＝六人、建築請負業者三人）の数が非常に多いという事実も強調しておくべきであろう。また、指物師（一八七人＝有業人口の八・八%）が極めて多数移住しているという事実は興味深い。[54] そのうちの二五人（一三%）

表1-3　ミドルズバラにおける職業分布と住民出身地（1841年）

［職業］

男子			女子		
職業	人	%	職業	人	%
労働者（labourer）	225	12.0	奉公人（servant）	137	56.4
指物師（joiner）	187	10.0	製陶工	23	9.5
農業労働者	137	7.3	縫製工（dress maker）	19	7.8
製陶工	108	5.7	自活（independent）	17	7.0
煉瓦製造業者（brick maker）	67	3.6	雑役婦（charwoman）	9	3.7
船員（mariner）	62	3.3	陶器絵付け工（transferer）	6	2.5
石炭運搬人（coal trimmer）	59	3.1	紡糸工（spinster）	4	1.7
機械工（engineer）	57	3.0	帽子製造工（milliner）	3	1.2
水夫（seaman）	46	2.5	パブ経営者	3	1.2
製靴工	46	2.5	校長	2	0.8
その他	880	47.0	麦藁帽製造工	2	0.8
			その他	18	7.4
計	1,874	100.0	計	243	100.0

［有業者出身地］

出身地	男子	%	女子	%
ヨークシャー	967	51.6	135	55.6
その他イングランド	723	38.6	104	42.8
スコットランド	75	4.0	2	0.8
アイルランド	108	5.7	1	0.4
ウェールズ	1	0.1	0	0.0
外国	0	0.0	1	0.4
計	1,874	100.0	243	100.0

出所）Census Enumerators' Books, National Archives (Public Record Office), HO 1258/3-6 より作成。

はスコットランド出身者である。住宅建設に伴う家具・調度品の製作、あるいは船舶の艤装に対する需要が多かったためと思われる。

一八四一年センサスの職業に関して、もう一点強調しておきたいのは、製陶業に従事する者の数（製陶工［potter］＝一一二人、製陶業者［pot maker］＝一八人、陶器絵付け工［transferer］＝六人、陶器製品保管者［potware keeper］＝二人、合計一三八人、有業人口の六・二％）が多いことである。後年、イギリス有数の製鉄工業都市として成長を遂げるミドルズバラに、最初に導入された製造業らしい製造業は、実はこの製陶業であった。一八三四年に前述のリチャード・オトリーが「ミドルズバラ土地開発会社」のジョージフ・ピーズと共同で、一・五エイカーの土地を市内に手配し、資本金一、七〇〇ポンドで「ミドルズバラ製陶会社」(Middlesbrough Pottery Company)を設立している。一時、「ミドルズバラ土地開発会社」が所有することになるが、一八八七年に整理されるまで、平均一〇〇人前後の製陶工を雇用していた。安価な石炭を燃料とし、石炭運搬の底荷としてイギリス西南部コーンウォール(Cornwall)から持ち帰る陶土を原料とする産業であった。食器・植木鉢・煙突通風管等の大衆品を生産し、主としてドイツに輸出するミドルズバラ製造業の魁である。[55] 職業分布の特徴として、付け加えておけば、農業労働者の数(一三六人＝六・四%)が予想外に多いことである。既にこの時期には、都市建設は軌道に乗り、正方形の碁盤目状旧市街地の東と南に、新たに同様の碁盤目状市街宅地が造成されつつあったが、まだこの時点では鉄道の南は広大な耕地の広がる田園地帯であった。[56]

製鉄工業および機械工業関連の労働者についてはどうであろうか。攪錬鉄工(puddler)・鋳造工(founder)・鍛鉄工(forger)・鋳型工(moulder)・その他(iron turner)を含めて、製鉄工業に雇用される熟練・半熟練労働者の総数は、五五人である。前述した未熟練労働者のかなりの部分も、製鉄工場における熟練工の補助・資材運搬・整理・清掃に従事していたと思われる。これを加えると、製鉄工業関連の労働力はかなりの比重を占めつつあった。また、鉄道、船舶、製鉄、その他の機関や機械の製作・取付け・修理に従事する機械工(engineer)の総数は、九〇人を数える。

同じ年、一八四一年に実施されたヨークシャー、ノース・ライディング選出の二名の庶民院議員選挙に際して、都市ミドルズバラに不動産を所有し、選挙権を有する住民は一九八人であった。選挙人名簿[57]によれば、居住地および選挙人資格条件は表1-4に示す通りである。ミドルズバラ居住の世帯主・家族の何割が選挙権を保有しているか正確な比率は不明であるが、実際に居住している世帯主よりも選挙権保有者が少ないことはほぼ明らかである。前述のように、一八三一年センサスの時点でミドルズバラの家族数は三〇であったから、一〇年間で家族数は六・

表 1-4　1841 年ミドルズバラ庶民院議員選挙人名簿

議員選挙資格条件	居住地				
	ミドルズバラ	ダーリントン	ストックトン	その他	計
自由保有（住宅，freehold house）	121	6	2	20	149
自由保有（住宅および店舗，freehold house and shop）	13	1	1	1	16
自由保有（土地，freehold land）	11	3	–	2	16
その他	10	4	–	3	17
計	155	14	3	26	198

出所）*The List of Persons intituled to vote in the Election of two Knights to serve as members of Parliament for North Riding of the County of York, in respect of Property situate within the Town-ship of Middlesbrough, in the Parish of Middlesbrough in the said riding, Middlesbrough, July 27th, 1841*, Middlesbrough Central Library, MMI 324 56361 より作成。

六倍以上に増加したことになる。都市建設から一八四一年までの一〇年間、特に一九世紀三〇年代前半における人口急増は眼を見張るほどのものであった。一八四一年の時点で、市内に不動産を所有し、選挙権を有する者のうち、ミドルズバラに居住する世帯主は七八・三%を占めている。

他方、不在の世帯主のうち最も多く、七%がダーリントンに居住し、次いでストックトンに一・五%が居住している。ストックトン、ダーリントン以外に居住する不在世帯主は、一三・一%を占めている。一九八人の議員選挙資格所有者のうち、一四九人（七五%）は家屋（freehold house）所有者として、選挙権を与えられている。このうちミドルズバラに複数の家屋を所有するものは、家屋所有者総数の三二・二%、四八名である。大部分は、単独の家屋所有者である。また、家屋と店舗の所有者として選挙権を与えられている者は、一六人のみであり、全体の八%を占めるに過ぎない。自由保有地（freehold land）を所有する者も全体の八%である。資格条件のうち、その他はバラスト起重機・造船所・農場・製鉄工場敷地・醸造所の賃借者である。

表1-5・表1-6は、都市形成が軌道に乗り始めた一八四〇年代以降の市内の不動産査定額と住宅・工場・その他産業用建造物・土地賃借料の動きを二種類の地方税査定記録（Poor Rate Books, Assessment of the County Rates）から追ったものである。[58] この間における物価変動をとりあえず無視すると、住宅・工場・倉庫、その他産業用の建築物の査定額は、一八五〇年代前半と一

八六〇年代初頭に急速に上昇していることがわかる。一八五〇年代以降、特に六〇年代初頭における製鉄工業の定着と急進による大量の人口移入と住宅建設の増加を反映したものである。とりわけ、一九世紀六〇年代の初頭には、年間の不動産査定額が三〇%もの上昇を示している。続く六〇年代後半にも査定額の上昇は二〇%を越えるほど著しかった。不動産賃借料は、一九世紀六〇年代末期から一八七三年恐慌に至る五年間の製鉄工業の好況期に二〇%を超える上昇を示している。いずれも一九世紀後半以降における市内の住宅建設と産業用の建造物の増加が背

表 1-5 ミドルズバラ市内不動産査定額（Rateable Value, 1846～1880 年）

年	£	s.	年平均増加率（%）
1846（4 月）	11,718	10	
1849（1 月）	13,569		5.8
1849（9 月）	14,149	10	7.1
1856（12 月）	28,545	7	14.0
1858（1 月）	30,235	10	5.5
1861（6 月）	38,170	10	10.5
1861（10 月）	37,291	10	
1862（5 月）	47,932	10	
1862（10 月）	48,347	10	29.6
1871（11 月）	93,079	10	21.3
1872（4 月）	93,878	10	
1872（11 月）	97,166	10	4.4
1880（4 月）	182,191	10	23.4

出所）Poor Rate Books, 1846, 1849, 1856, 1858, 1861, 1862, 1871, 1872, 1876, 1880, Teesside Archives, CB/M/T より作成。

表 1-6 ミドルズバラ市内不動産査定額（Rateable Value）および住宅・その他建造物・土地賃借料（Rental, 1865～1886 年）

年	推定地代総額（£ - s. -d.）	課税不動産査定額（£）
1865	78,972	64,992
1869	103,903	84,920
1874	122,552	107,458
1877	131,178	
1878（4 月）	158,903 10	136,203
1878（12 月）	158,730 16 8	136,055
1880	183,490	152,908
1884	187,458	156,215
1885	209,394	175,288
1886	210,293	175,263

出所）Assessment of the County Rates for the North-Riding of the County of York, North Yorkshire County Record Office, QFR 1/49/16, 1/50/17, 1/51/10, 1/53/10, 1/54/10, 1/55/11, 1/56/10, 1/57/10, 1/58/10, 1/58/23, 1/43/18（1865-1884）, QFR 1/43/18（1859）より作成。

表 1-7　ミドルズバラ市内住宅・店舗付き住宅（1849 年 1 月）

種　別	住　宅	店舗付き住宅	計
持家（owner-occupiers）	138	26	164
借家（occupiers）	1,039	59	1,098
「ミドルズバラ土地開発会社」	—	—	—
社宅（ボルコウ・ヴォーン製鉄所）	79	—	79
社宅（コクラン製鉄所）	—	—	—
社宅（その他企業）	60	7	67
計	1,316（93.5%）	92（6.5%）	1,408（100.0%）

出所）Poor Rate Books, 1849, Teesside Archives, CB/M/T より作成。

表 1-8　ミドルズバラ市内住宅・店舗付き住宅（1856 年 12 月）

種　別	住　宅	店舗付き住宅	計
持　家	136	110	246
借　家	1,721	203	1,924
「ミドルズバラ土地開発会社」	—	—	—
社宅（ボルコウ・ヴォーン製鉄所）	72	1	73
社宅（コクラン製鉄所）	30	—	30
社宅（その他企業）	149	2	151
計	2,108（87.0%）	316（13.0%）	2,424（100.0%）

出所）Poor Rate Books, 1856, Teesside Archives, CB/M/T より作成。

景にあったことは間違いないであろう。

都市建設後、人口増加が最も著しかったと考えられる一九世紀四〇年代末期からミドルズバラ製鉄工業の発展にかげりが見え始める八〇年代までの期間における住宅および店舗の変化を示したのが、表1-7〜表1-14である。[59] 個人用住宅建設が最も急速に行われたのは、一九世紀五〇年代の半ばであり、住宅戸数は年間平均三〇%近い増加を示している（巻末統計付録3を参照）。これに次ぐのは、一九世紀五〇年代の前半であり、この時期にも二〇%を超える増加を経験している。全期間を通じて、個人用住宅の九割以上は借家である。企業所有住宅（社宅）の動向を見てみると、一九世紀四〇年代の末期には、ボルコウ・ヴォーン製鉄所（Bolckow and Vaughan Ironworks）が七九軒を所有し、他を引き離している。社宅総計は、一九世紀の五〇年代半ばまで全住宅数の一割を占め、製鉄企業をはじめとする企業が既にこの時期に、主として労働力調達を目的に自社労働者への

表 1-9　ミドルズバラ市内住宅・店舗付き住宅（1861 年 6 月）

種　別	住　宅	店舗付き住宅	計
持　家	233	104	337
借　家	2,437	296	2,733
「ミドルズバラ土地開発会社」	70	1	71
社宅（ボルコウ・ヴォーン製鉄所）	72	1	73
社宅（コクラン製鉄所）	32	1	33
社宅（その他企業）	96	15	111
計	2,940（87.6%）	418（12.4%）	3,358（100.0%）

出所）Poor Rate Books, 1861, Teesside Archives, CB/M/T より作成。

表 1-10　ミドルズバラ市内住宅・店舗付き住宅（1871 年 11 月）

種　別	住　宅	店舗付き住宅	計
持　家	345	110	455
借　家	3,933	432	4,365
「ミドルズバラ土地開発会社」	94	7	101
社宅（ボルコウ・ヴォーン製鉄所）	63	1	64
社宅（コクラン製鉄所）	1	—	1
社宅（その他企業）	89	8	97
計	4,525（89.0%）	558（11.0%）	5,083（100.0%）

出所）Poor Rate Books, 1871, Teesside Archives, CB/M/T より作成。

表 1-11　ミドルズバラ市内住宅・店舗付き住宅（1880 年 4 月）

種　別	住　宅	店舗付き住宅	計
持　家	465	181	646
借　家	5,485	676	6,161
「ミドルズバラ土地開発会社」	55	8	63
社宅（ボルコウ・ヴォーン製鉄所）	52	1	53
社宅（コクラン製鉄所）	—	—	—
社宅（その他企業）	327	7	334
計	6,384（88.0%）	873（12.0%）	7,257（100.0%）

出所）Poor Rate Books, 1880, Teesside Archives, CB/M/T より作成。

表 1-12 ミドルズバラ市内住宅・店舗付き住宅数の変動（1849～1880 年）

年	住　宅	店舗付き住宅	計
1849（1 月）	1,316	92	1,408
1856（12 月）	2,108（22.9[1)]）	316（49.1[1)]）	2,424（24.6[1)]）
1861（6 月）	2,940（27.9）	418（26.5）	3,358（27.7）
1871（11 月）	4,528（15.4）	558（13.3）	5,086（15.1）
1880（4 月）	6,384（15.7）	873（17.4）	7,257（15.9）

注 1）年平均増加率（%）。
出所）Poor Rate Books, 1849, 1856, 1861, 1871, 1880, Teesside Archives, CB/M/T より作成。

表 1-13 ミドルズバラ市内住宅・店舗付き住宅・店舗・旅館・ビアホール・大型店舗増加率（1849～1880 年）

年	住　宅	店舗付き住宅	旅　館	ビアホール	店　舗	大型店舗	計
1849（1 月）	1,316	92			2		1,410
1856（12 月）	2,108（22.9[1)]）	316（49.1[1)]）	17	27	13		2,481（25.1[1)]）
1861（6 月）	2,940（27.9）	418（26.5）		5	5	7	3,375（27.2）
1871（11 月）	4,528（15.4）	558（13.3）	52	62	49	5	5,254（15.6）
1880（4 月）	6,384（15.7）	873（17.4）	53	43	114	3	7,470（15.8）

注 1）年平均増加率（%）。
出所）Poor Rate Books, 1849, 1856, 1861, 1871, 1880, Teesside Archives, CB/M/T より作成。

表 1-14 ミドルズバラ市内持家・借家・社宅比率（店舗付き住宅を含む，1849～1880 年）

年	持　家	借　家	社　宅	計
1849	164（11.6）	1,098（78.0）	146（10.4）	1,408（100.0）
1856	246（10.1）	1,924（79.4）	254（10.5）	2,424（100.0）
1861	337（10.0）	2,733（81.4）	288（8.6）	3,358（100.0）
1871	456（9.0）	4,367（85.8）	263（5.2）	5,086（100.0）
1880	646（8.9）	6,161（84.9）	450（6.2）	7,257（100.0）

注記）括弧内の数値は%。
出所）Poor Rate Books, 1849, 1856, 1861, 1871, 1880, Teesside Archives, CB/M/T より作成。

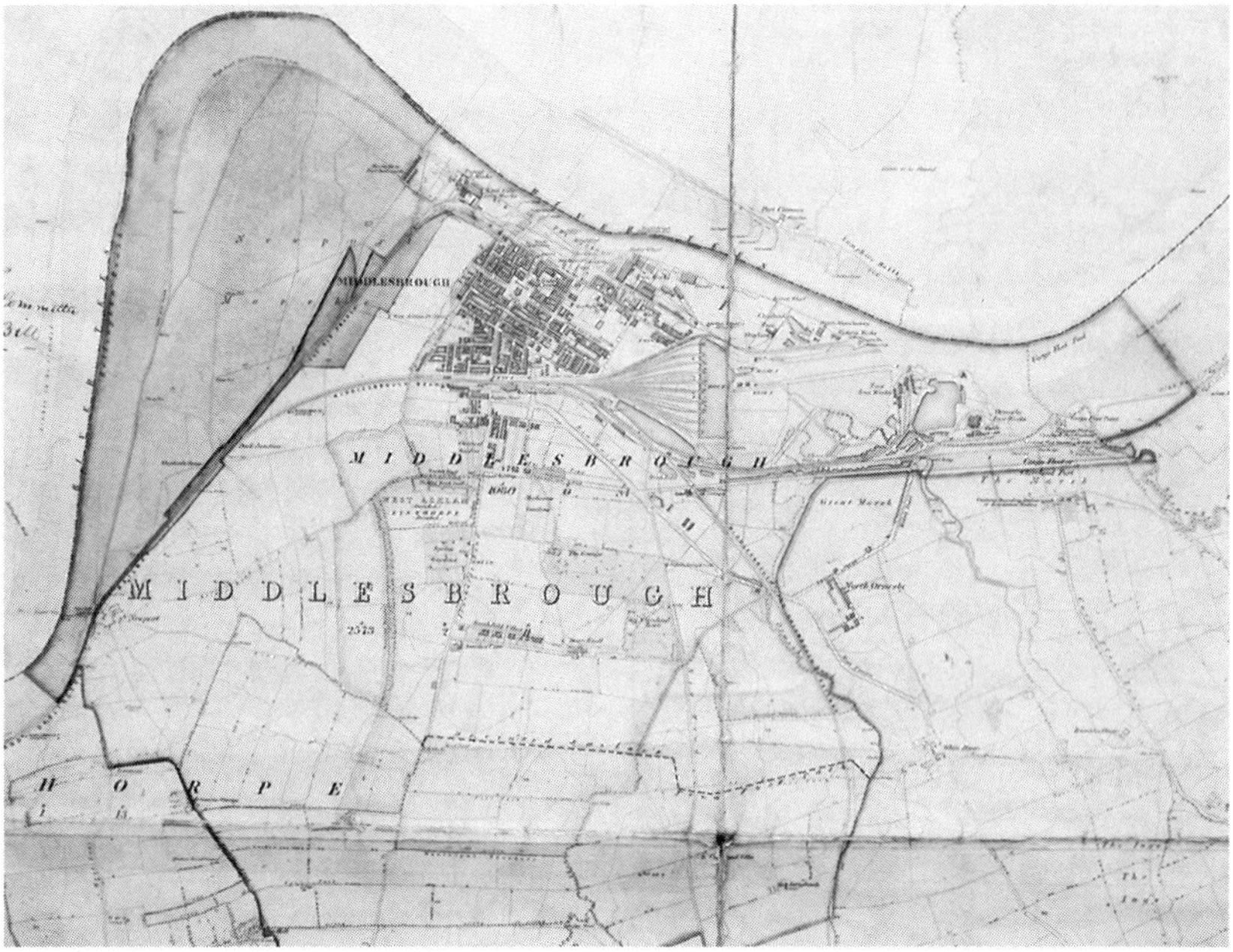

図 1-4　1857 年のミドルズバラ市街地（広域）

注記）旧市街地を超えて南部への居住地の拡張が始まっている。
出所）Teesside Archives, CB/M/C (2) /9/6.

賃貸住宅を建設し始めていることがわかる。

　流入する労働者にとって、住居費の安さは大きな魅力であった。殊に、ミドルズバラ製鉄工業を終始牽引したボルコウ・ヴォーン製鉄所は、雇用労働者のための住宅建設には極めて熱心であった。労働力の安定的な調達と確保を目的に、一八四〇年代末期に安価な労働者住宅を多数建設し、これを賃貸している。一八四九年一月の救貧税賦課台帳（Poor Rate Books）には、計七九戸、一八五六年には、店舗付き住宅一戸および明らかに労働者用住宅と思われる評価額の低い（二ポンド一〇シリングから五ポンドまで）住宅、七二が同社の所有住宅として記録されている。同年、製鉄業者であるコクラン（Messrs. Cochrane & Co.）も三〇戸の労働者用住宅を市内に所有している。[60]

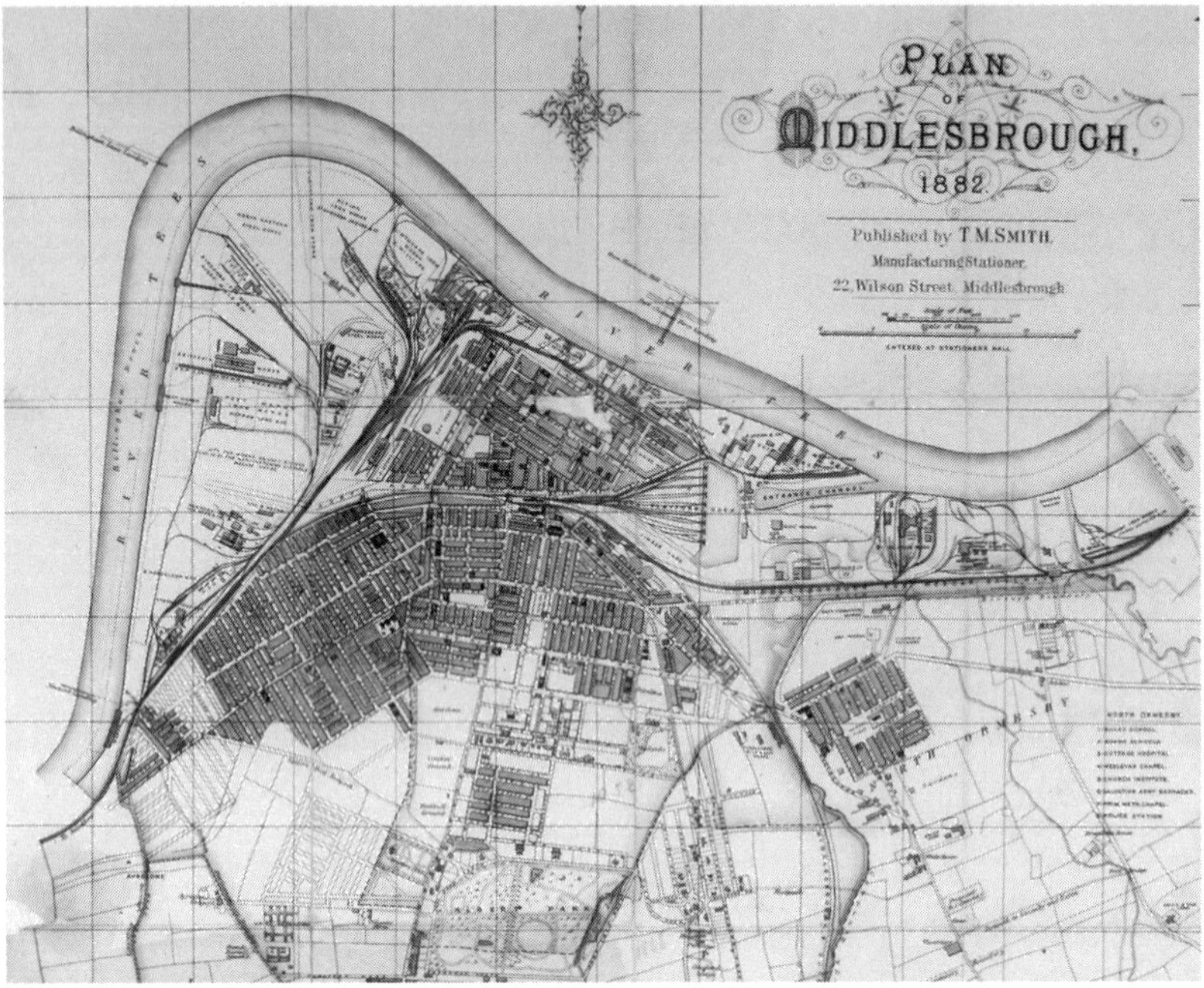

図 1-5　1882 年のミドルズバラ市街地

注記）鉄道の南への居住地域の拡大が著しい。
出所）Teesside Archives, U/OME/8/31.

更に、ボルコウ・ヴォーン製鉄所は一八五〇年代に、労働者住宅建設用地を「ミドルズバラ土地開発会社」から購入している（巻末統計付録5を参照）。例えば、同社は旧市街地の南東に新たに造成された新市街地の三筆の宅地、計二、一〇〇平方ヤードを一八五三年五月に七三五ポンドで手に入れている。これとは別に、同年七月には、六筆の宅地、計四、二〇〇平方ヤードを一、三二三ポンドで買い入れている。興味深いことに、ボルコウ・ヴォーン製鉄所が七月に四、二〇〇平方ヤードの宅地を購入した際、購入名義人は「ミドルズバラ製鉄所住宅組合（The Middlesbrough Iron Works Building Society）の理事（Trustees）であるヘンリー・ボルコウ（Henry Bolckow）、ジョン・ヴォーン（John Vaughan）とウィリアム・エヴァンス（William Evans）[61]」であった（巻末統計付録5を参照）。製鉄業を中心として、一八五〇年代にクリーヴランド工業地域の内部で影響力を強めつつあった製鉄資本は、雇用労働者用住宅建設に積極的に投資し、低廉な家賃でこれを貸付け、労働力の調達と確保を図ったものと思われる。あるいは、ボルコウ・ヴォーン製鉄所の例が示すように、市内に宅地を手配し、住宅組合を組織して、雇用する労働者から出資者を募り、彼らの住宅取得を支援し、労働力の確保を狙ったのであろう。製鉄資本による住宅建設に加えて、「ミドルズバラ土地開発会社」も市内に所有する土地に労働者用と思われる住宅を建設し始めている。早くも一八四〇年代の前半に、評価額四三〇ポンドに当たる労働者用住宅（cottages）を建設・所有しているし、一八五五年には、評価額五四〇ポンドの住宅を所有している。一八四九年の市税賦課台帳によれば、労働者用と思われる評価額の低い住宅を少なくとも一九戸、一八五六年には三四戸所有している[62]。一八六一年には、七〇軒の住宅と一軒の店舗付住宅を所有し、一八七一年には住宅九四件、店舗付住宅七件を所有している。

一八四九〜一八五六年における店舗付住宅の年平均増加率、九二戸から三一六戸への五〇%近くの増加は、この間の小規模小売店舗経営者の大量の流入を暗示するものである。店舗ではない単なる住宅もこの間、一、三一六戸から二、一〇八へと二二・九%の年平均増加率を示しているが、店舗増加率とは比べようもない。住宅増加率は、店舗付住宅の増加率の半分以下に過ぎない。この事実は、一八五〇年以降の製鉄工業の急伸長の時期にこの新興都市に流入した人口の中核が、労働者はもとより、小規模小売業者、宿泊業者、娯楽業者等の中小商人（shopkeepers）であったことを示している。彼らは、一八五一〜一八六一年の一〇年間に流入した大量の熟練・半熟練・未熟練製鉄工業・鉄道産業労働人口に、食糧・衣類等の日常生活必需品を供給し、短期・長期滞在の労働者に宿泊の便を提供する旅館・寄宿舎・下宿屋（inns, boarding houses, lodging houses）の経営者であったと思われる。熟練・半熟練・未熟練労働者を短期間に大量に吸収しつつ膨張を遂げるこの都市の性格を考えれば、こうした小規模小売店舗ならびに簡易宿泊施設経営者に対する需要は多かった筈である。

彼らの政治的な行動様式は、小商人政治（shopocracy）と呼ばれる小商人特有のものである。市会に代表を送ったこれらの階層の住民の都市共同体に関する意識は、中産階級のそれとは異なるものであった。敢えて言えば、ミドルズバラの小商人政治こそ、この都市の環境・基盤整備の遅れをもたらした元凶であった。彼らは、政治的には保守的であり、地方税・市税の税負担を嫌い、その増額を極端に忌避しようとした。その結果として、都市環境の悲しむべき未整備が生まれたのである。こうした傾向は、ミドルズバラに固有のものではなかった。一九世紀半ばのマンチェスター、バーミンガム、リーズ、シェフィールド（Sheffield）でさえ、都市環境改善のための地方税支払いを厭う下層中産階級の小商人政治の手に落ちたと言われている。[63] あるいは、一八世紀後半から一九世紀前半にかけて、イングランド南部の海港都市ポートシー（Portsea）の都市統治機構であった「都市環境改善委員会」の構成員の大半も、この都市における中産階級形成の脆弱性のために、小店舗所有者、職人、下級専門職をはじめとする小ブルジョアであった。都市化がもたらす諸問題に対する彼らの取り組みは、保守的であり、硬直的であった。[64]

実際、ミドルズバラの初代市長ヘンリー・ボルコウが掲げた都市環境改善策の柱である公衆衛生の改善、特に排泄施設の改良を目的とした水洗便所の導入策は、地方公益事業のコストを可能な限り低く抑えようとする市議会議員たちの行動によって充分な成果を挙げ得なかった。[65] 彼らは、市当局による公共財への投資が、地方税の増徴に繋がることを恐れたのである。一九世紀半ばの主要な工業都市であるマンチェスター、バーミンガム、リーズ、シェフィールドと比較して、中産階級の形成が際立って遅れていたミドルズバラにおいては、都市環境改善に対する小商人政治の抵抗はより強かったであろう。

3　黎明期の市制

自治組織に関して取り交わされた前述の約款によれば、住民の意思決定機関として、「ミドルズバラ土地開発会社」の六人の出資者、三六人の宅地購入者から構成される住民年次総会および適宜開催される特別総会が設置されている。ここでは、市街地に関わる事項、建造物の規格、街路・下水の修理と保持・維持・管理およびこれらにかかる費用を支弁するための税額の査定と割り当て、公道上における迷惑行為に関わるすべての事項、その他が討議され、市街地所有者と賃借者のすべてを拘束する条例（byelaws, ordinances）、規約（constitutions）が制定された。住民集会に出席し、決定に参加する条件は、地方税の前身である救貧税の支払いであった。興味深いことに、先にもふれたように、五ポンドを支払う者は総会において一票の投票権を、追加の五ポンドを支払う者は更にもう一票の投票権を行使する権利を有している。[66]

年次総会の下部機関として、総会が市街地所有者から選出し、その実施を委託した七名から成る特別委員会（committee）が設置された。住民年次総会・特別総会が雇用し、決定事項を実行する職員のうち、特別の権限を持っているのは検査官であった。検査官は、街路・公道・下水などを定期的に検査し、その状況を委員会に報告し、修理費用に充当されるべき翌年の税額を査定して住民に割り当てる権限を与えられた。また、今後建設される建造物の規格検査・確認権、街路上における迷惑行為（obstruction, nuisance, annoyance）の取り締まり、こうした生活環境の維持と整備のために課せられる税の徴収と管理、修理業者の選定と契約・代金支払い等、幅広い権限を与えられている。他方、任命された検査官は、五〇〇ポンドの保証金を提出し、二名以上の特別委員会委員を保証人として立てなければならなかった。検査官は、形成途上の都市共同体運営の実質的な責任者であるが、この段階では、役職者の機能は未分化であり、収入役、更に治安維持者としての職責も果たしている。

「ミドルズバラ土地開発会社」が、将来の都市形成に重大な影響を与えるであろう住宅・街路管理という特定目的に関わる詳細な契約を市街地購入者と結んだのは、言うまでもなく、限られた面積の土地に住民が集住する都市生活にとって、居住環境は最大の関心事であり、生活環境の維持・改善を担う組織・機関の設置と財政基盤の整備は不可欠であったからである。しかし、こうした一般的な理由とは別に、通常の土地売買とは異なる契約を結んだ背景には、次のような事情があったものと思われる。もともとイギリスでは、街路建設と維持に関する条項はコモン・ローにも制定法（statutes）にも見当たらず、リート裁判所（court leet）、都市法人（municipal corporation）、教区（parish）、治安判事（justices of the peace）のいずれも都市の街路に関する必要な強制力を持ち合わせていなかった。[67]王政復古以後、特定目的のために国家が制定法によって設置し、権利を保障し、義務を課したイギリス固有の地方統治当局として、「都市環境改善委員会」（Improvement Commissioners）が多数成立した。[68]ウェッブ夫妻は、こうした「都市環境改善委員会」が、現代における都市自治体活動を特徴付ける公衆衛生・治安維持、その他都市生活の快適さを保証する諸機能とその対価として住民が支払う地方税確立の源流であると述べている。同時にそれは、納税者から選出された代表による合議体が専門職員を雇用し、管理する地方自治体の原型であるとも述べている。[69]

既に大半の都市は、「都市環境改善委員会」を獲得し、公的に認知されていたが、誕生間もないミドルズバラがこうした地域的個別法律（local acts）によって事実上の都市当局である「都市環境改善委員会」を獲得することは不可能であった。従って、白紙の状態から都市形成に着手した「ミドルズバラ土地開発会社」は、形式的には六人の出資者と三六人の市街地購入者との間で、私的な契約を結び、共同体を運営せざるを得なかったのである。一〇年後にミドルズバラが獲得することになる最初の「都市環境改善委員会」の内容に比べれば、この契約は簡素なものであるが、公的な認知に先立つ都市自治の出発点を象徴するものであり、都市共同体形成の原点であった。

後に詳しく分析するように、ミドルズバラの人口増加が最も著しかったのは、都市建設後、一八四一年のセンサス実施に至るまでの時期においてであった。人口と住宅の急増、都市としての成長を背景に、ミドルズバラは一八四一年六月二一日にようやく待望の「都市環境改善委員会」設置資格を獲得し、公的に都市の仲間入りを果たすことになる。ヴィクトリア女王第四／五年法律第六八号、正式名称を「ヨークシャー、ノース・ライディング地方の都市ミドルズバラならびにその近隣における街路舗装・街灯照明・公安・清掃、その他環境改善および市場に関する法律」（An Act for paving, lighting, watching, cleansing, and otherwise improving the Town of Middlesbrough and the Neighbourhood thereof in the North Riding of the County of *York*, and for establishing a Market therein）[70]と称するこの法は、全体で二八八条および八の付属明細書（schedules）から成る詳細なものである。

まず、この法律を執行する最初の委員会の構成員（commissioners）として、七名の製鉄業者・商人をはじめとする有力者が任命されている。最初のミドルズバラ「都市環境改善委員会」の議事録によれば、委員は一二名であり、公的職務を委託・授権された最初の統治機構である。[71]次期委員会構成員の資格は、ミドルズバラおよびリンソープに居住し、救貧税として年二五ポンド以上を支払うか、純価値年二〇ポンド以上の土地を同地に所有することであった。尚、制定法によって正式に委員会構成員となったのは、W・ブレンキンソップ（William Blenkinsop, 旅館経営者）、H・ボルコウ（Henry Bolckow, 製鉄業者）、G・チャップマン（George Chapman, 指物師）、W・フェアブリッジ（William Fairbridge, 食肉業者）、W・ファロウズ（William Fallows, 船主・海運業者・港湾管理者・ストックトン・ダーリントン鉄道代理人）、J・グリビン（John Gribbin, 麻織物・毛織物反物商）、J・G・ホームズ（John Gilbert Holmes, 造船業者）、W・ロウズ（William Laws, 建築業者）、R・オトリー（Richard Otley, 測量業者・製陶業者）、R・ラムジー（Robert Ramsey, 職業不明）、H・シドニー（Henry Sidney, 職業不明）、I・シャープ（Isaac

Sharp, 会計士・「ミドルズバラ土地開発会社」代理人）、以上の一二名である。[72]

彼らの大部分は、最初の市街地購入者であった。そして、ウィリアム・ファロウズとアイザック・シャープは、鉄道あるいは「ミドルズバラ土地開発会社」を通じてジョージフ・ピーズと緊密な関係の下にあった。アイザック・シャープは、「ミドルズバラ土地開発会社」の代理人として参加し、その利害を市政に反映させることになる。しかし、ジョージフ・ピーズ自身はもとより、ピーズ家の人々はいずれも「都市環境改善委員会」、あるいは後年一八五三年の自治都市特権獲得後に成立した市議会の議員として市政に参加することはなかった。ジョージフ・ピーズは都市建設の設計図を作成し、ミドルズバラに幾つもの産業を誘致するだけでなく、第一回「都市環境改善委員会」の国会通過のための費用、五五八ポンド九シリング八ペンスを融資している。[73] また、誕生間もないこの都市の福祉と繁栄に大いに関心を持ち、学校や教会建設に対する経済的な援助を惜しまなかった。しかしながら、ミドルズバラの物質的な基盤整備への支援を別とすれば、ニューカッスル（Newcastle）に次いで北東部イングランドの有力な都市であったダーリントンにおいて彼が示した熱意と同じ程度に、ミドルズバラの政治や社会に関与することはなかった。ジョージフ・ピーズとその兄弟たちは、ミドルズバラに居所を構える意図を持たず、その影響力をダーリントンに集中することを望んだように見える。[74]

「都市環境改善委員会」の内容に戻ろう。都市自治体当局を構成する委員の資格・任期・被選出条件・選出方法を規定した一四の条項の後、選挙権に関する五つの条項、住民年次総会および適宜開催される特別総会、更に総会によって任命され、五名以下の委員が加わって構成される各種委員会について、定足数・開催方法・権限・職責、職務執行のための吏員（書記・会計係・徴税官・触れ役［common crier］・検査官・その他職員）および各吏員の会計報告に関する一七の条項が続いている。都市行政・管理全体に関わる会計帳簿の作成と監査、監査官の任命に関する六つの条項のうち、興味深いのは、末端の官僚である治安判事裁判所書記官（clerk of the peace）への会計報告義務である。統治機構が行使する権限の明確化と公的認知の代償は、治安判事裁判所書記官や治安判事（justices of the peace）を通じて行われる公的な制御であった[75]。

続く二二の条項は、都市財政に関わるものである。「都市環境改善委員会」の財政収入は、救貧税収入および救貧税・市場税・地代収入・時に応じて課税される目的税、あるいは委員会構成員の個人財産を抵当とした借入金であったが、課税金額・借入金額の最高限度が規定されていたため、限定されたものにならざるを得なかった。ミドルズバラの場合、借入最高限度額は、五、〇〇〇ポンドであり、一八二一年に二四、〇〇〇ポンドの借入金を許可されたバーミンガムに比べれば、極めて小規模なものであった[76]。人口規模と都市としての成熟度の相違に基づくものである。また、委員会の活動と雇用する吏員の活動を規定する条例（byelaw）制定権と改廃権、委員会の土地購入権と手続き等に関する条項がある。

二八八の条項のうち、最も多くの割合を占めるのは、街路・公道・照明・下水道・公共井戸・家屋その他の建造物の規格・清掃・街路使用・交通および関連する迷惑行為、ならびに軽罪の定義といった生活環境に関わる条項であり、七七項目を数える。建造物所有者ないし賃借者の街路舗装・清掃義務、委員会による下水施設の設置、清掃請負業者の義務、街路使用に関する規制と科料等、内容は詳細である。このうち特に街路照明用のガス供給に関しては、一八項目の条項が別に設けられている。ミドルズバラでは、一八三四年に「ミドルズバラ土地開発会社」がガス製造所を建設し、市内の街路照明用ガスを供給していた[77]。委員会による「ミドルズバラ土地開発会社」へのガス供給委託契約、ガス製造に伴う水質汚濁、ガス漏れ、ガス管の配置等に関する規定がある。これに続いて、委員会による消防施設の整備に関する条項が二つある。こうした領域においても、前述したような治安判事裁判所書記官や治安判事による地方統治の実態を読み取ることができる。例えば、既存の街路と今後建設される道路は、二名の治安判事によって、検査・確認された後、公道とされ、以後その変更・廃止、あるいは公道建設に際して生じた係争については、四季裁判所（Court of Quarter Sessions）において審理されることが明記されている。

家畜、食糧品、その他商品の市場の設置と取引商品の秤量、公正な度量衡の使用、取引税、店舗設置・使用料、車輌の重量等、市場に関する規定は、街路や建造物などの物理的な生活環境に関する条項、あるいは後述する地方税に関する条項に次いで多く、三〇項目にわたっている。ここでも、店舗、取引税、使用料に関して生じた係争や市場取引に関するあらゆる妨害を解決するのは治安判事であった。また、委員会は、勿論、条例制定権を持っていたが、条例はその効力発揮以前に、四季裁判所による許可を得なければならなかった。失火・重罪・軽罪・治安紊乱を取り締まり、逮捕・拘禁する権限を有する治安官（constables）の任命、職責、留置所・警邏所の設置に関する規定を含んだ一五項目の条項は、言うまでもなく、市内の風紀・治安の維持を目的にしているが、治安官の罷免権を持つのは、二名の治安判事であった。

都市財政を支える地方税（救貧税）の徴収に関する条項は、街路・住宅などの生活環境に関する条項に次いで多い。委員会の徴税権、課税対象と税額、住民年次総会による税額の変更、不払いの場合の差し押え・その他の罰則、不動産所有者と占有者への課税、地方税を担保とする委員会の借り入れ等について、四四の条項がある。被課税者は、土地・家屋・店舗・工場・倉庫・造船所・波止場・ドック、その他建造物の占有者であり、土地以外の不動産所有者と占有者は、査定額一ポンドについて土地所有者ないし占有者が支払う税額の三倍、ただし、一ポンドにつき二シリングを超えない範囲で課税された。最後に、ミドルズバラが、イングランドおよびウェールズの都市行政を改革した一八三五年の制定法、都市自治体法に基づいて、自治都市としての資格を賦与する勅許状（Charter of Incorporation）を今後獲得した場合には、市会が形成され、現委員会の権限はすべて新たに選出された都市自治体（Body Corporate）を構成する市会に移譲される旨が記されている。

一八三一年に「ミドルズバラ土地開発会社」の出資者と市街地購入者との間で交わされた土地売買契約と一〇年

後にミドルズバラが獲得した「都市環境改善委員会」の内容を比較してみると、前者は個人間の私的な契約であり、後者は制定法であって、具体性・首尾一貫性・詳細さにおいて、前者が後者に劣っているのは明らかである。しかし、前者は既に大方の都市が獲得していた「都市環境改善委員会」の内容を雛形として、物理的な生活環境の維持・改善の方策や意思決定の手続き、執行機関および財政基盤に関する基本的な枠組みを提示し、形成期における都市共同体運営の大筋を素朴な形で示したものということができる。再びウェッブ夫妻の言葉を借りるならば、街路をはじめとする都市の環境整備の歴史は、個人の責任の領域から、集団としての行政機関によるそれへの進化の歴史であり、個々の世帯の義務は都市当局に吸収されていった。そして、都市行政機関の活動は、俸給を受けて働く職員と雇員によって行われ、都市空間を占有するすべての住民に同一基準で課せられる税で賄われるようになったのである。[78] ミドルズバラが一八四一年に獲得した最初の「都市環境改善委員会」は、短期間に凝縮された形でこうした過程が展開したことを示すものである。

ミドルズバラが名実ともに都市自治体としての資格を獲得するのは、最初の「都市環境改善委員会」成立から一二年後の一八五三年一月二一日のことである。この間、都市ミドルズバラは着実な成長を遂げているが、近郊エストン（Eston）に鉄鉱石の主鉱脈が発見され、本格的な鉄鉱石採掘と銑鉄生産が始まり、南ダラム産の石炭とコークスの積出港から製鉄工業都市として一気に飛躍し始めた一八五〇年代前半の成長は特に著しかった。[79] 長い伝統を誇る他都市と肩を並べて、自治都市としての威信獲得を願う住民の請願に基づき、一八五三年に賦与された自治都市設立勅許状（Charter of Incorporation）[80] は、ミドルズバラに一八三五年の都市自治体法（An Act to provide for the regulation of Municipal Corporations in England and Wales）および二年後に制定された追加立法である改正都市自治体法（An Act to amend an Act for the regulation of Municipal Corporations in England and Wales）に基づく諸権限を与え、「市長・市参事会議員・正式市民より成る自治都市ミドルズバラ」（The Mayor, Aldermen and Burgesses of the

Borough of Middlesbrough）の称号を与えた。これによって、ミドルズバラは誕生後僅か二〇年という短い期間に、代議制地方自治体としての資格を獲得し、少なくとも制度的には都市としての地位を確立したのである。

住民の念願であった自治都市特権獲得に至るまでの過程を「都市環境改善委員会」の議事録から簡単に見ておきたい。最初に自治都市特権獲得に関する議事が記録されるのは勅許状獲得のほぼ二年前の一八五一年四月四日である。次回の委員会で特に勅許状申請の問題に関する討議を行う旨の通告を出すことがまず決定された。また、勅許状獲得のための費用を「ミドルズバラ土地開発会社」がどの程度支弁するかを書記が調査するよう命じられている。[81] 五月二日の委員会では、勅許状獲得費用の出資目標額およびこの件に関する一般的な情報収集のための特別委員会を組織することが決定された。特別委員会は、「都市環境改善委員会」構成員のうち四名をもって構成されている。五月二日の委員会において、勅許状獲得が望ましいことが正式に表明され、書記は早期に住民総会（General Meeting of the Inhabitants）を招集するよう要請されている。[82]

翌六月の委員会では、公開住民総会を六月二〇日に開催することが決定された。[83] 八月の委員会では、任命された法廷弁護士が勅許状獲得について調査し、速やかにその結果を枢密院に伝えることが報告されている。[84] 一八五二年一二月の委員会では、枢密院がミドルズバラに対する自治都市特権付与を女王に進言し、事態が順調に推移している旨の報告が書記からなされている。[85] 獲得費用残額の調達が直前まで行われたが、[86] 勅許状は無事交付され、一八五三年一月二八日の住民総会で読み上げられた後、了承された。[87] また、勅許状によって付与された自治都市に相応しい公式行事と市議会を円滑に実施するための環境整備を検討する特別委員会が設けられている。[88] 結局、勅許状獲得のための醵金総額は、「ミドルズバラ土地開発会社」の五〇ポンド、ストックトン・ダーリントン鉄道の二五ポンド、その他からの醵金を含めて合計一九〇ポンドであった。ボルコウ・ヴォーン製鉄所の二人の経営者、ヘンリー・ボルコウとジョン・ヴォーン（John Vaughan）も勅許状獲得に要する費用の一部、一〇〇ポンドを寄附し、法案通過促進のための議会代理業者であるダムフォード（Dumford）社への支払、合計一二七ポンド八シリング八ペンスの一部に充てている。[89] ミドルズバラが建設後四半世紀を経過することもなく短時日のうちに自治都市特権を獲得できたのは、住民の熱意と一八五〇年以後の急速な製鉄工業の発展による経済力の賜物であった。

法人格を与えられた自治都市として、ミドルズバラは法人市印（common seal）と紋章院に登録された紋章（Armorial Bearing and Devices）使用権を授与された。また、価格如何にかかわらず、市内の土地を購入する権利、および価格一〇、〇〇〇ポンドを超えない範囲で市外の土地を購入し、所有する権利を与えられている。行政機関として、市長、四人の市参事会議員、一二人の市会議員から成る市会（Common Council）が設置された。市会議員は、市税を支払う正式市民によって選出され、市参事会議員は市会議員の中から、市長は市会議員あるいは市参事会議員の中から選出され、会計検査官と市税査定官も選挙によって任命されるという全国一律の新しい責任機構が導入されることになった。「都市環境改善委員会」の権限は、こうして新しく設置された都市自治体に移譲されたのである。自治都市特権獲得は、都市統治のあり方の転換を画すきっかけになったということができる。多かれ少なかれ場当たり的な対応を余儀なくされていた「都市環境改善委員会」の下における統治から、この間に進展した都市化がもたらす諸問題に効率的に対処する、系統的かつ官僚制的都市統治への変化の可能性が与えられたのである。こうした過程はまた、都市住民の間に「都市としての自覚」（*a municipal consciousness*）を醸成したということができる。[90]

初代の市長は、既述のように、製鉄工業都市ミドルズバラの礎石を築いたプロシャ、メクレンブルク出身の企業家ヘンリー・ボルコウである。[91] 次いで、市議会は自律した治安判事裁判管轄権（a bench of Justice of the Peace）を獲得すべく運動を開始した。この結果、自治都市ミドルズバラは一八五三年六月に自律的権限を手にすることになり、従来のように法的問題処理に関して、ヨークシャー、ノース・ライディング地方の一部を構成する単位にしか

過ぎなかった地位から独立した。(92)

二年後の一八五五年に、自治都市ミドルズバラは更に権限を拡大し、一八四八年に制定された公衆衛生法(Public Health Act)に基づいて、四つの都市とともに、公衆衛生監督権を獲得している。下水・排水・飲料水供給・墓地の状況、住民数と健康状態等に関する中央公衆衛生局(General Board of Health)長官の査察を受けた後、公衆衛生法の適用が許可され、中央公衆衛生局の地方単位(Local Board of Health)の一つとして認定されることになったのである。そして、行政責任機関である「市長・市参事会議員・正式市民より成る自治都市ミドルズバラ」が、公衆衛生法に盛られた諸権限を行使する機関となった。(93)初代市長ヘンリー・ボルコウが特に力を注いだ都市環境改善策は、急速に膨張した工業都市の基盤整備、特に公衆衛生と財政、更に市条例をはじめとする法的整備であった。公衆衛生については、先にも簡単にふれたように、ヘンリー・ボルコウは下水施設の整備と水洗便所の導入を優先的な課題として掲げた。下水施設の整備に関しては、施設の改善や変更について、市街地の大部分を所有する「ミドルズバラ土地開発会社」による了承を必要とし、必ずしも思い通りに政策を実現することはできなかった。(94)

翌一八五六年には、一三〇の条項から成る二回目の「都市環境改善委員会」を獲得している。これによって、ミドルズバラは人口急増に伴う措置として、正式市民が一、三〇〇人を超えた場合には、市域を三つの街区(wards)に区分し、市参事会議員数を現行の四人から六人に、市会議員一二人を一八人に増員する権限を与えられている。また、従来から街灯用ガスを供給していた「ミドルズバラ土地開発会社」から、都市当局が地方公衆衛生局としての資格に基づいてガス製造権を買い取り、市営ガス企業を経営すること、および市場を拡大すること、都市自治体がティーズ河畔に市営の埠頭を設置し、北岸への渡船を就航させること、その他の権限を獲得している。(95)市域の拡張と三つの街区への区分が実施されたのは、三回目の「都市環境改善委員会」を獲得した一八五八年であり、この年、ミドルズバラは同時に地方公衆衛生局としての資格で市場を更に拡大し、墓地を管理する権限を手に入れている。また、自治都市としての資格でティーズ川北岸に船着き場を建設し、市営渡船を就航させること、その他の権限を獲得している。[96] その後、ミドルズバラは二回(一八六六・一八七四年)の市域拡張と三回の「都市環境改善委員会」(一八六六・一八七四・一八七七年)を経て、一八六八年には庶民院議員選出権(parliamentary borough)、一八八八年には、州とは別個に地方行政の単位を構成する特別市(county borough)の地位を獲得している。[97]

ここで改めて、ミドルズバラが果たして「都市」であったのか否か、という基本的問題に立ち返らなければならない。厳密な「都市」の定義は、今擱くとして、ミドルズバラは、「工業団地」、「人造の新開地」、「マッシュルーム都市」(Mushroom Town)、アメリカ西部のフロンティアに急場にしつらえられた町、金鉱に群がって乱立したオーストラリアのバララット(Ballarat)やカナダのクロンダイク(Klondike)のような単なる「忽然と現れた都市」(shock town)のイギリス版としてしばしば引き合いに出される。しかし、既に詳しく見てきたように、建設後二〇年という短期間のうちに、「都市」の象徴である「自治都市特権」を獲得しているという事実だけを見ても、ミドルズバラを単なる「工業団地」として片付けてしまうことは誤りであろう。

住民は、北東部イングランド工業地域の都市間競争の渦中で、自身の生活の場を「都市」として、外部から何としてでも認知してもらうべく、あらゆる努力を惜しまなかった。一八五〇年代の急速な製鉄工業の発展と経済力の蓄積、クリーヴランド工業地域の産業集積の凝集点としての成長を背景に、ミドルズバラ住民が抱いた市民としての誇り(civic pride)の制度的な実現への願いは、むしろ当然の成り行きであった。その最初の大きな成果が、一八五三年の「自治都市特権」であった。次いで、早くも「自治都市特権」授与直後に、庶民院議員選出都市選挙区(enfranchisement)獲得を目的として、市議会から審議・処理・決定を委託された合議体として、常設の都市行政機関(parliamentary committee)が設置されている。[98] 以後、とりわけ、製鉄業者の支援の下に、都市選挙区獲得運動が継続することになる。彼らの誇りの一部は、一八六二年一〇月に遊説の途次立ち寄った、後の自由党党首、宰相、グラッドストウンの先述のような賛辞を耳にしたとき、満たされたはずである。もともとグラッドストウンのミドルズバラ訪問は、都市選挙区獲得による都市階梯の上位への昇進と政治的利害の反映を狙った一部市民層、とりわけ上層市民層の強い願望によって実現したのである。[99] 彼らは、自由党支持への約束を担保に、グラッドストウンの政治的影響力を利用して北東部工業諸都市のヘゲモニーの獲得を画策したのである。グラッドストウンもまたこれに応えて、下院議員選挙区の創出に理解を示している。[100]

その後、一八六六年、一八六七年の選挙法(Reform Act)・選挙区改革運動の渦中で、一八六七年五月にディズレリー(B. Disraeli)政権によって、ライヴァル都市であるストックトンと共同で選挙区を構成する申し出があった後、ミドルズバラは一八六八年に単独で都市選挙区を構成する権利を手にした。選挙人数は、ミドルズバラ、オームズビー(Ormesby)、リンソープ、マートン(Marton)、サウス・バンク(South Bank)、ノーマンビー(Normanby)から成る選挙区全体で、五、四五六人、このうちミドルズバラの選挙人は四、〇一三人で七四%を占めている。[101] 選挙は、クリーヴランド製鉄工業が最大の苦境に陥っている時期に、しかも最有力候補者であるヘンリー・ボルコウの帰化申請を同時に進行させながら実施され、争議の一方の当事者であるヘンリー・ボルコウが一八六八年一一月一六日に初代のミドルズバラ選挙区の庶民院議員として選出された。[102]

ミドルズバラ住民の「市民としての誇り」を具体化する試みは更に続く。例えば、一八六八年八月一一日に最初の市民公園として、アルバート公園(Albert Park)が設置された。ヴィクトリア女王の子息であるアーサー公(Prince Arthur)を迎えて開園式が挙行された折に、参列者として、イングランド北部の主だった都市の市長と高位聖職者、ヨーク大主教が招待されている。[103] 他の北東部諸都市を刺激し、嫉妬をかきたてるほど、ミドルズバラの「都市」としての体裁の整備は極めて急速であった。また、エドウィン・チャドウィック(Edwin Chadwick)の奔走によって一八四八年に成立した「公衆衛生法」によって、ロンドンに中央公衆衛生局が、そして、死亡率二三

（対千比）を越える場所、あるいは地方税納付者の一〇分の一の請願に基づいて、地方に地方公衆衛生局が設置され、公衆衛生の向上を実施する権限が付与された。イングランドとウェールズにおいて、一八七一年までに七〇〇以上の都市が地方公衆衛生局の設置を許可されているが、先述のように、ミドルズバラは早くもこの法の制定後、七年を経て、一八五五年に地方公衆衛生委員会の設置を許され、都市としての自治権を着実に自らのものとしていったのである。

4　財政基盤の整備

ここでは、都市としての発展を支える主柱である都市財政の動向を、最初の「都市環境改善委員会」成立以降から見ておきたい(104)。表1-15～表1-16は、市財政規模の変化を示したものである。一九世紀四〇年代の財政規模は、一八四五～四六年および四六～四七年の二、一三九ポンド、二、〇〇三ポンドを最高に、大幅な変動を示している。両年に規模が急激に拡大したのは、市庁舎建設によるものであり、一八四五～四六年に八三三ポンド、一八四六～四七年には、一、五三六ポンドが建築業者・内装業者等に支払われている。基盤整備が急速に進む形成期の都市財政の特質であろう。この両年以外の財政規模は、「都市環境改善委員会」成立の初年度および借入金を一括返済した一八四三～四四年を除いて、平均して七五〇ポンド強である。初年度においては、法案促進のための議会代理人への支払い、六五〇ポンドをはじめとして、地域的個別法律獲得に要する費用がかなりの比率を占め、一、一九八ポンドが支出されている。

年一回の徴税しかできなかった初年度の税収は、市内の地方税負担資産の評価額一〇、四六七ポンドに対して、

表 1-15　ミドルズバラの財政収支（1841〜1855 年）

年　次	歳　入		負債残高	未回収債権残高
1841〜1842		£ 1,198 15s. 0d.	£1,128 9s. 1d.	
1842〜1843		£ 512 10s. 11½d.	£1,008 7s. 10d.	
1843〜1844		£ 1,524 11s. 8d.	£1,000 0s. 0d.	
1844〜1845		£ 516 19s. 7d.	£ 900 0s. 0d.	
1845〜1846		£ 2,139 4s. 11d.	£2,300 0s. 0d.	
1846〜1847		£ 2,003 12s. 11½d.	£2,783 9s. 8d.	
1847〜1848		£ 982 18s. 0d.	£2,759 5s. 0d.	
1848〜1849		£ 852 15s. 0d.	£2,794 4s. 3d.	£30 3s. 7d.
1849〜1850		£ 899 7s. 6d.	£2,722 11s. 0d.	£ 4 16s. 0d.
1850〜1851		£ 970 6s. 10½d.	£2,700 0s. 0d.	£ 9 10s. 0d.
1851〜1852		£ 1,317 4s. 9d.	£2,700 0s. 0d.	£ 6 18s. 6d.
1852〜1853		£ 1,805 7s. 3d.	£3,072 16s. 3d.	
1853〜1854		£ 4,207 0s. 2d.	£4,089 3s. 6d.	
1854〜1855	一般勘定 (General Account)	£ 6,903 2s. 7d.		
	警備・警察勘定 (Watch Rate & Police Acc.)	£ 385 19s. 10d.		
	自治都市基金勘定 (Borough Fund Acc.)	£ 4,271 12s. 1d.		
	計	£11,560 14s. 6d.	£5,268 2s. 3d.	

出所）(*Statement and Account of Income and Expenditure*), *The Commissioners under the Middlesbro'* (*Middlesbrough*) *Improvement Act,* 1841-1852, Teesside Archives, CB/M/T; *Statement of Income and Expenditure by the Commissioners Acting under the Middlesbrough Improvement Act,* 1852-1853, Teesside Archives, CB/M/T; *Statement of Income and Expenditure by the Town Council of the Borough of Middlesbrough, Acting in the Capacity of Commissioners under the Middlesbrough Improvement Act,* 1853-1854, Teesside Archives, CB/M/T; *Statement of Income and Expenditure by the Corporation of Middlesbrough, Acting in the Capacity of Commissioners under the Middlesbrough Improvement Act,* 1854-1855, Teesside Archives, CB/M/T より作成。

一四四ポンドと少額であった。従って、実質的な都市建設者であるジョージフ・ピーズおよびそのパートナー、すなわち、「ミドルズバラ土地開発会社」から市場取引税（Market Tolls）を担保に三〇〇ポンド、更に「ミドルズバラ土地開発会社」の出資者の一人であり、ジョージフ・ピーズの従兄弟で、ロンドンの手形割引業者であるオヴァレンド・ガーニィ商会のトマス・リチャードソンから二六六ポンド、その他から四四〇ポンドの融資を仰ぎ、ようやく帳尻を合わせている。黎明期の都市が、ほぼ全域の土地と基幹施設を所有する「ミドルズバラ土地開発会社」に財政的な援助を仰がざるを得なかった事情がわかる。とりたてて新規事業に投資しなかった一八四三〜四四年の財政規模が、一、五二四ポンドと

表 1-16 ミドルズバラの財政収支（1866〜1874 年）

年次	予算	決算	
	歳入	歳入	歳出
1866〜1867	£16,249 12s. 0d.	£21,650 17s. 1d.	£22,526 14s. 7d.
1867〜1868	£18,032 15s. 11d.	£18,902 2s. 5d.	£20,018 18s. 10d.
1868〜1869	£20,603 16s. 5d.	£20,777 3s. 5d.	£22,424 19s. 11d.
1869〜1870	£21,277 12s. 8d.	£25,957 3s. 2d.	£28,226 14s. 10d.
1870〜1871	£29,660 16s. 7d.	£29,408 18s. 10d.	£30,697 9s. 1d.
1872〜1873	一般地域歳入基金 (General District Revenue Fund) £27,865 16s. 3d.	£30,377 11s. 2d.	£36,989 13s. 1d.
	自治都市基金歳入 (Borough Fund Revenue) £ 5,276 6s. 0d.	£ 6,271 19s. 5d.	£10,514 17s. 4d.
	計 £33,142 2s. 3d.	£36,649 10s. 7d.	£47,504 10s. 5d.
1873（半期，7 月〜12 月）	地域基金歳入 (District Fund Revenue) £20,828 6s. 1d.	£22,264 12s. 10d.	£23,322 18s. 2d.
	自治都市基金歳入 (Borough Fund Revenue) £ 4,818 18s. 8d.	£ 1,661 10s. 6d.	£ 7,708 4s. 6d.
1874（半期，1 月〜6 月）	地域基金歳入 (District Fund Revenue) £16,930 14s. 10d.	£15,407 4s. 2d.	£16,920 0s. 2d.
	自治都市基金歳入 (Borough Fund Revenue) £ 9,523 0s. 1d.	£ 6,735 0s. 3d.	£ 8,233 7s. 0d.
1873〜1874	地域基金歳入 (District Fund Revenue) £37,759 0s. 11d.	£37,671 17s. 0d.	£40,242 18s. 4d.
	自治都市基金歳入 (Borough Fund Revenue) £14,341 18s. 9d.	£ 8,396 10s. 9d.	£15,941 11s. 6d.
	計 £52,100 19s. 8d.	£46,068 7s. 9d.	£56,184 9s. 10d.

出所）*Borough of Middlesbrough, General District Revenue, etc., 1866-1874,* Teesside Archives, CB/M/T より作成。

例年より大きかったのは、税収・その他を抵当に、更に一、〇〇〇ポンドを借り入れ、ジョージフ・ピーズおよびそのパートナーともう一人の大口融資者に一括して七四〇ポンドを返済したからである。初年度を除いて、税収は都市の成長・人口増加に伴って、市内不動産査定額が一〇、〇〇〇ポンド前後から一二、〇〇〇ポンド強に増加し、税率もポンド当たり四ペンスから九ペンスに上昇したため、着実に増加し、一八四七〜四八年には、七七二ポンドに、その他の年は平均して、五〇〇ポンドに増加している。

財政収入に占める税収の比率も、市庁舎建設によって財政規模が膨張した年を別とすれば、徐々に上昇し、四〇年代後半の三年間で平均して七三％を超えている。例外的な初年度、あるいは市庁舎建設のような大規模な投資を除くと、支出のうち最も比率が高いのは、検査官・治安官・徴税官・その他書記等の俸給であり、平均して一七％を占めている。次いで、「ミドルズバラ土地開発会社」が経営するガス製造所へ支払う街灯用のガス代金である。これも平均して一五％、そして、街路・建造物の建設・管理・修理費が同じく平均して一五％を占めている。この時期のミドルズバラの財政基盤は、まだ不安定であり、その規模も、例えば一八三一年のバーミンガムの一七、〇〇〇ポンド[105]と比較するとかなり小さかったが、税収や不動産査定額の伸びが示すように、着実に成長する都市共同体の歩みを読み取ることができる。

しかし、有体に言えば、一八四一年の「都市環境改善委員会」成立前後には、さしたる資産の蓄積もなく、市内の地方税負担資産の査定額が一〇、〇〇〇ポンド前後と低額であり、ポンド当たり四ペンスの税収では定期的な歳入から多くを期待することはできなかった。とりわけ、不況であった一八四〇年代には都市財政は不安定であり、「都市環境改善委員会」は、「ミドルズバラ土地開発会社」、その他個人に対して融資を求めざるを得なかった。現在で言えば、市債に当たる借り入れを繰り返している。融資を仰いだ個人の多くも、ジョージフ・ピーズ、トマス・リチャードソンをはじめとして、「ミドルズバラ土地開発会社」の出資者である。一九世紀四〇年代初年における市財政逼迫の主因は、それまでに支出してきた「都市環境改善委員会」法案通過費用の返済であり、市は度々高額の借り入れを余儀なくされている。例えば、一八四一年八月六日には、ジョージフ・ピーズから、「都市環境改善委員会」法案の成立促進費用の弁済のために、総額五五八ポンド九シリング八ペンスの融資を仰いでいる。[106]一八四一〜四二年の市財政報告書によれば、法案通過業務代理業者に八七九ポンド二シリング一一ペンス、その他法案作成費、ロンドンにおける議会工作のための出張費として、それぞれ二四二ポンド六シリング四ペンス、四四ポンド四シリング一一ペンス、合計一、一六六ポンド四シリング二ペンスを支出している。そして、そのための財源として、トマス・リチャードソンと「ミドルズバラ土地開発会社」、ジョージフ・ピーズ、ロバート・アディソン（Robert Addison）から、合計一、〇〇六ポンド四シリング二ペンスを借り入れている。担保は、市場取引税収入である。[107]

市は借入金の返済のために更に融資を募るという悪循環に陥っていた。法案通過後の一八四二年六月一〇日における「都市環境改善委員会」の議事録によれば、後に三〇〇ポンドに減額されているが、「半年ごとの返済と五％の利子支払いを条件とする五〇〇ポンドの融資を募る広告を出す」旨の議案が採択されている。[108]一八四二年六月一七日の議事録には、次のような記録がある。すなわち、ロバート・アディソンから「都市環境改善委員会」法案の成立促進費として、五％の利子で四四〇ポンドを借り入れている。担保は、地方税、市場取引税、課税査定料金である。[109]これに加えて、同じく当該法案の議会通過促進費として、「ミドルズバラ土地開発会社」の出資者である先述のトマス・リチャードソン、ヘンリー・バークベック、ジョージフ・ピーズ、ヘンリー・ピーズから、ロバート・アディソンの場合と同じように、地方税、市場取引税、課税査定料金を担保として、五％の利子支払いで、三〇〇ポンドを借り入れている。[110]同年、「ミドルズバラ土地開発会社」は更に六六ポンド四シリング二ペンスを法案通過費用の一部として市に寄附している。[111]一一月には、「都市環境改善委員会」法案の成立促進費の残額返済資金

写真5　1846年に建設された旧市庁舎と公設市場

出所）Araf K. Chohan, *Britain in Old Photographs, Middlesbrough*, Stroud, 1996, p. 8.

として、更に八〇〇ポンドの借り入れが必要であり、融資先を探すことが委員会において議決されている。[112]

翌一八四三年七月七日にも、市場取引税、その他を担保に五％の利子支払いを条件に、一、〇〇〇ポンドの借り入れの必要性が討議され、[113]一二月二日に、先述のトマス・リチャードソンの妻の財産管理人であるラスボーン・トマス・リチャードソン商会（Messrs. Rathbone & Richardson）から一、〇〇〇ポンドを借り入れている。[114]「都市環境改善委員会」議事録によれば、借入額は六五〇ポンドである。[115]いずれも、「都市環境改善委員会」法案の成立促進費用の一部である。ジョージフ・ピーズ等から融資された同趣旨の借入金三〇〇ポンドとロバート・アディソンからの四四〇ポンドを返却しているが、[116]この費用が都市財政を圧迫していたことは間違いないであろう。事実上、市は歳入不足の補填を、市街地を含む市域の大部分を所有する地主であり、市内の基幹施設の経営者としての「ミドルズバラ土地開発会社」に仰いでいたことになる。「ミドルズバラ土地開発会社」は、少なくとも一九世紀五〇年代後半に至るまでは、市の財政基盤の整備と都市共同体としての自立を支えた「陰の都市当局」とも言うべき役割を担ったのである。

一八四六年には、二年にわたって二、三六九ポンドを費やし、市の象徴ともなるべき市庁舎と公設市場が建設された。そのため、新たに一、五〇〇ポンドをジョン・バーネット（John Burnett, 五〇〇ポンド）とジョン・ディカソン・ヒューイット（John Dickason Hewitt, 一、〇〇〇ポンド）から借り入れている。[117]尚、市庁舎と公設市場建設用地は、「ミドルズバラ土地開発会社」から市に譲渡されたものである。一八四六年には、市税を担保に四〇〇ポンドの借り入れが討議され[118]、翌年には更にロンドンのレッチミア（Mr. Lechmere）なる人物から三〇〇ポンドを借り入れるための市税担保の設定が議題に上っている[119]。都市財政改善の兆しが現れるのは、四〇年代末期からである。月例の「都市環境改善委員会」議事録の会計報告は、月によって変動はあるものの、一八四八、四九年に最高一一六ポンド四シリング三ペンスの歳入黒字を記録している[120]。近郊に鉄鉱石の大鉱脈が発見され、製鉄工業がミドルズバラに定着してくる一八五〇年代からは財政は安定し始めたように見える。少なくとも「都市環境改善委員会」議事録から見る限り、自治体特権を付与する勅許状を獲得する費用のほかは、財政赤字を補塡する経常的な借り入れは少なくなっている。一八四〇年代には平均して、歳入規模は一、〇〇〇ポンドを下回っていたが、五〇年代に入って、一、八〇五ポンド（一八五二〜五三年）、四、二〇七ポンド（一八五三〜五四年）に上昇し、世紀半ばには七、〇〇〇ポンドに近い歳入を期待できるようになった。市内の地方税負担資産の評価額も、一八四六年の一一、七一八ポンドから一八五六年までの一〇年間に年平均一四％で増加し、一〇年間でほぼ三倍に達した結果、税収が市の歳入の二五〜三四％近くを占めるようになったせいであろう。

次に、財源の柱である地方税、すなわち、一般地方税（general district rates）および市民税（borough rates）が歳入に占める比率を見てみよう[121]。表1-17に示すように、都市建設後間もない一九世紀の四〇年代には、税収は一、〇〇〇ポンドを超えることはなく、極めて低額であった。同時に歳入も五〇〇ポンドから二、〇〇〇ポンドの間で上下し、安定することはなかった。税収の歳入に占める比率も一二％から八九％台と変動が激しく、規則性が見られない。一八六〇年代後半以降になると税収は一〇、〇〇〇ポンドを超えるようになり、歳入に占める比率も四〇％前後に落ち着いてくる。市の財政基盤が漸く安定し、四〇年代に見られたような歳入の税収に対する大幅な依存状態からは脱却しつつあったと言うことができる。一九世紀半ば以降の製鉄工業の急伸張に伴う人口増加と市街

表 1-17　ミドルズバラにおける税収比率（1841〜1874 年）

年	税　収	歳　入	税収 / 歳入比率（%）
1841〜1842	£ 144 6s. 11d.	£ 1,198 15s. 0d.	12.0
1842〜1843	£ 450 4s. 1d.	£ 512 10s. 11½d.	87.8
1843〜1844	£ 420 16s. 11d.	£ 1,524 11s. 8d.	27.6
1844〜1845	£ 350 15s. 11d.	£ 516 19s. 7d.	67.9
1845〜1846	£ 510 16s. 0d.	£ 2,139 4s. 11d.	23.9
1846〜1847	£ 563 14s. 1½d.	£ 2,003 12s. 11½d.	28.1
1847〜1848	£ 772 17s. 6d.	£ 982 18s. 0d.	78.6
1848〜1849	£ 654 15s. 8d.	£ 852 15s. 0d.	76.8
1849〜1850	£ 597 12s. 1d.	£ 899 7s. 6d.	66.4
1850〜1851	£ 727 13s. 8½d.	£ 970 6s. 10½d.	75.0
1851〜1852	£ 935 3s. 10½d.	£ 1,317 4s. 9d.	71.0
1852〜1853	£ 1,090 17s. 0d.	£ 1,805 7s. 3d.	60.4
1853〜1854	£ 1,477 16s. 8d.	£ 4,207 0s. 2d.	35.1
1854〜1855	£ 1,937 7s. 5d.	£ 11,560 14s. 6d.	16.8
1866〜1867	£ 8,396 9s. 6d.	£ 21,650 17s. 1d.	38.8
1867〜1868	£ 8,723 18s. 4d.	£ 18,902 2s. 5d.	46.2
1868〜1869	£ 10,639 19s. 2d.	£ 20,777 3s. 5d.	51.2
1869〜1870	£ 8,660 1s. 3d.	£ 25,957 3s. 2d.	33.4
1870〜1871	£ 19,348 11s. 1d.	£ 29,408 18s. 10d.	65.8
1872〜1873	£ 19,578 17s. 4d.	£ 36,649 10s. 7d.	53.4
1873〜1874	£ 35,346 11s. 11d.	£ 46,068 7s. 9d.	76.7

出所）(*Statement and Account of Income and Expenditure*), *The Commissioners under the Middlesbro' (Middlesbrough) Improvement Act,* 1841-1852, Teesside Archives, CB/M/T; *Statement of Income and Expenditure by the Commissioners Acting under the Middlesbrough Improvement Act,* 1852-1853, Teesside Archives, CB/M/T; *Statement of Income and Expenditure by the Town Council of the Borough of Middlesbrough, Acting in the Capacity of Commissioners under the Middlesbrough Improvement Act,* 1853-1854, Teesside Archives, CB/M/T; *Statement of Income and Expenditure by the Corporation of Middlesbrough, Acting in the Capacity of Commissioners under the Middlesbrough Improvement Act,* 1854-1855, Teesside Archives, CB/M/T; *Borough of Middlesbrough, General District Revenue, etc.,* 1866-1874, Teesside Archives, CB/M/T より作成。

地不動産評価額の上昇による税収の着実な増加と並んで、利子収入、周辺農村への肥料（排泄物）売却代金、市営ガス事業収益、市営住宅・店舗・廐舎・工場施設・倉庫等の市有不動産賃貸料収入、治安関連収入（police）をはじめとする財源の多様化が進み、地方税・市民税頼みの財政構造は変化を見せ始めている。

治安関連収入は、明細が判明する一八五五年の財政記録によれば、次のような項目から成っていた。すなわち、州から支払われる刑務所賃貸料、同じく州から支払われる警視の俸給、ボルコウ・ヴォーン製鉄所警備に当たる派遣警備員の俸給、住民一人当たり四ペンス、計二九七ポンド三ペンスの都市警備税（watch rate）、合計三八五ポンド一九シリング一〇ペンスが計上されている。尚、ボルコウ・ヴォーン製鉄所の警備員に関しては、一八五〇年二月一日の「都市環境改善委員会」議事録に、都市当局に対して同社から警備員（Private Police, Private Watchman）派遣の要請があった旨の叙述がある。[122]公的機関に吏員の派遣を依頼し、私的企業が俸給を支払うという制度があったのであろう。都市経済を支える有力企業と都市当局との関係の一端を示すものである。財政記録が残存する一九世紀六〇年代の後半には、歳入に占める比率において、この治安関連収入は、八・九％（一八六七年）、一〇・一％（一八六八年）、九・八％（一八六九年）、七・六％（一八七〇年）と地方税・市民税収入に次いで重要な財源となっている。[123]

市制の発展にとって重要な時期である一八五五年から一〇年間の財政関連史料は残念ながら欠損している。しかし、残存する史料からだけでも市財政と統治の構造に幾つか注目すべき変化があったことを推量することができる。一八五三年一月二一日に付与された自治都市特権によって、行政機関として、市長、四人の市参事会議員、一二人の市会議員から成る市会が設置された後、市の財政規模は前年の一、八〇五ポンド七シリング三ペンスから四、二〇七ポンド二ペンスへと、一挙に二倍に、更に翌一八五四〜五五年には一一、五六〇ポンド一四シリング六ペンスへと六倍強の増加を示している。急速な拡大の原因の一つは、新市庁舎用建物の購入と人口急増を反映した新しい監獄建設を含む治安関連費用の膨張である。一八五四〜五五年には、収支計算書の記載様式が変化し、一般会計のほか、自治都市基金勘定（borough fund account）および警備・警察勘定（watch rate and police account）が別建てとなった。特に、警備・警察勘定は一八五三年の八六ポンド一三シリング一〇ペンスから一八五四年の二三三二ポンド七シリング四ペンスへ二・七倍に増加している。支出のうち、最も高額な費目は、下水設備（三、五四二ポンド）および公道の整備（一、〇六五ポンド）である。自治都市特権獲得後における都市基盤整備への出費の結果であろう。

都市としての成熟を反映して、財政規模のみならず、会計制度の合理化も徐々に進展している。史料が欠損している一八五五年から一八六六年までの間に、予算と決算の双方を計上する会計記録様式への転換が行われた。転換の当初は、予算と決算の乖離が大きかったが、次第にその幅も狭まり、歳入に対する的確な予想を行う行政能力の進化が見られる。また、一八六七年までのある時期以降、各費目について、収支の差額が記載されるようになった。個々の費目について、歳入・歳出の程度を明確にする目的から出たものであろう。財政記録を通じて見ても、行政・管理を実施する統治機構の合理化、近代化が僅かずつにせよ、着実に進行していることがわかる。一八七二年からは、再び一般地域歳入基金（General District Revenue Fund）と自治都市基金歳入（Borough Fund Revenue）の二本建てに戻り、一八七三年からは半期（一月〜六月）毎の会計年度が導入され、予算管理もそれだけ詳細になってきている。

一八七五年、あるいは一八七六年から更に会計制度が変化し、財政記録は「都市自治体法、数次にわたるミドルズバラ都市環境改善委員会、地方行政法、公衆衛生法に基づく埋葬部局の権限に基づいて機能するミドルズバラ市の市長、市参事会、市会によって検査された会計と資産の集計表および詳細」という名称を与えられることになる[124]。監査の主体と権限、責任を明確にする意図から発した変化であろう。また、この時期以降、資本勘定（capital accounts）が導入されている。総じて、この時期の財政史料は、ミドルズバラが漸く黎明期を終え、自治都市として独り立ちしつつある状況を伝えている。人口急増に伴う都市基盤整備の不足を補うための歳出の増加が市財政を圧迫する一方、人口増加と製鉄工業の発展がもたらす都市課税資産価値の上昇に伴う地方税収入の増加といった都市としての成長がこの時期を通じて顕著に進み、建設直後のような慢性的な歳入不足と、外部、特に影の都市当局とも言うべき「ミドルズバラ土地開発会社」への全面的な依存状態から脱却しつつあったのである。

その一つの証左として、次のような事実を挙げておこう。一八七三年にミドルズバラの都市当局は、「自治都市ミドルズバラの市長・市参事会議員・市民」（The Mayor, Aldermen and Burgesses of the Borough of Middlesbrough）の名義で、二度にわたって、市内の土地を「ミドルズバラ土地開発会社」から購入している。用途は不明であるが、一つは「北東鉄道会社」(North Eastern Railway Company) の倉庫および格納庫として使用されていた土地、四、三三七平方ヤードである。購入価格は、二、一六八ポンド一〇シリングであった。もう一つは、恐らく、後年、一八八九年に開所された新市庁舎 (New Town Hall) 建設用地として、市の中心街に位置する大規模な区画、一八、九五五平方ヤードを購入している。価格は、一九、七五二ポンド一五シリング (土地価格一平方ヤード当たり一ポンド、計一八、九五五ポンドおよび区画価格、七九七ポンド一五シリング) であった[125] (巻末統計付録5を参照)。

写真 6 1889 年に建設された新市庁舎

出所) Araf K. Chohan, *Britain in Old Photographs, Middlesbrough*, Stroud, 1996, p. 43.

尚、理由は不明であるが、一八七三年の財政記録にはこれらの土地購入費の計上はない。地方史家リリー (W. Lillie) によれば、新市庁舎建設用地取得は一八七七年、面積は七、四六六平方ヤード、価格は八、四二八ポンド五シリング[126]ということである。市の財政記録にも、一八七七年に「公共建造物用地」(Public Buildings Grounds) として七、四七一ポンド、購入資金融資利子として一、三六〇ポンドが計上されている[127]。「ミドルズバラ土地開発会社」の土地売却記録によれば、売却区画も後年に新市庁舎が建設された場所であり、恐らく、一八七三年に土地は手配されていたと考える方が自然であろう。いずれにしても、主力工業である製鉄工業の絶頂期を迎え、その経済力を背景に、ミドルズバラは一八七〇年代の前半には自力で基盤整備に取り組みつつあったのである。

第2章　製鉄工業の発展

1　製鉄工業の導入

ストックトン・ダーリントン鉄道敷設の主要な動機は、前章でも述べたように、良質な石炭を豊富に埋蔵する北東部イングランド、ダラム南西部の炭鉱地帯から可能な限り安価な石炭を供給することによって、ダラム産石炭の需要を喚起し、競争力を高めることであった。[1] 石炭・コークスを大量に消費する製鉄工業地域に、あるいは大消費地ロンドンへ、更に海外に安価な石炭を大量に、迅速に運搬することは、鉄道会社はもとより炭鉱業者のみならず製鉄業者の利害にも適う、極めて合理的な目標であった。[2]

もともと、ストックトン・ダーリントン鉄道の支線を延伸し、ダラム炭鉱地帯の石炭積出港として、北海に面するティーズ川の河口に建設されたミドルズバラは、石炭輸送基地として始まった。一八三〇年のストックトン・ダーリントン鉄道の延伸と都市形成の黎明期には、ミドルズバラはあくまでもダラム産石炭の国内輸送（land-sale）、輸出の拠点であり、鉄道都市であった。巻末統計付録1・2にあるように、一八三〇〜一八四七年における一六のダラム炭鉱からの国内販路（ダーリントン、ヤーム［Yarm］、ストックトン、ヨーク・ジャンクション［York

Junction]、シンパスチュア [Simpasture]、ミドルズバラ、クロフト [Croft]) と輸出 (ストックトン、ミドルズバラ) 量 (トン数) の推移を追うと、海港都市としてのミドルズバラの姿が浮かび上がってくる。[3] 興味深いことに、実際には一九世紀の後半まで、ミドルズバラの石炭輸出は減少せず、堅調を維持し続けている。

既に前章で詳しく見たように、一八三〇年以降、「ミドルズバラ土地開発会社」を通じて、地片が次々と販売され、計画的に都市ミドルズバラが建設されていく。石炭流通の拠点、輸送基地としての港湾都市の建設である。ミドルズバラの例が端的に示すように、石炭生産地から鉄道を利用して、河川交通の要所や海港に重量のある石炭を運び、積み出すという輸送手段の登場が持つ経済効果は極めて大きかった。特に、一九世紀半ば以降の英国経済の主導部門であった製鉄工業の燃料コスト[4]の低減と国際競争力の強化にとって、こうした基盤整備の持つ意味は少なくなかった。鉄道網の整備は、当然、レール、蒸気機関、貨車、客車、駅舎などの鉄製品の需要を喚起する。その意味で、鉄道輸送手段の整備は、一九世紀半ば以降の英国経済の推進力の大きな柱を成すものであった。[5]

当初はあくまでも石炭積出港として建設されたミドルズバラは、しかし、その後様々な条件の変化に伴って、生産の拠点としての性格を強めていく。鉄道・輸送都市としての基盤整備に伴って、まず製陶業が導入され、次いで製鉄工業・機械産業が定着し、造船業、更に化学工業等の産業集積の結果、他に例を見ないほど急速な都市膨張を経験することになる。都市建設開始後一〇年を経て、早くもミドルズバラにはストックトン・ダーリントン鉄道にレール・棒鉄 (bars)・蒸気機関を供給する機械・鉄製品製造企業が複数定着する。[6] 後に北東部イングランド、あるいは英国鉄鋼業界を代表する企業に成長するボルコウ・ヴォーン製鉄所もその一つである。ボルコウ・ヴォーン製鉄所およびギルクス・ウィルソン機械製作所 (Messrs. Gilkes, and Wilson) の営業活動の詳細は、巻末統計付録[7] 4 に掲載した通りである。両社は、この時点では、鉄鉱石から銑鉄を生産する高炉 (blast furnaces) を持たず、スコットランド産の安価な銑鉄を攪錬・圧延して、レール・棒鉄・蒸気機関などの可鍛鋳鉄製品、あるいは機械を生産していた。[8] しかし、一九世紀半ばに近郊エストンに、大量の生産を見込むことができ、採掘費用の低い鉄鉱石の大鉱脈が発見されて以来、ミドルズバラの地域経済における機能に大きな転機が訪れた。[9]

一八五〇年に近隣に鉄鉱石の鉱脈が発見されて以来、都市および周辺地域の製鉄工業の成長には目を見張るものがあった。後に詳しく分析するように、鉄鉱石生産量は一八七一年に約四〇〇万トンに上っている。この地域は、一八八〇年代初頭には連合王国全体の二七%に当たる二六三万トンの銑鉄を生産し、世界一の地位を獲得している。また、一八六一年に既にイギリス全体の生産量の二〇~二五%に当たる六〇万トン強の錬鉄（wrought iron, malleable iron）を生産している。後発の工業地域としては出色の成長を達成したと言えるであろう。銑鉄の多く、約五〇%は輸出され、一八七一年の連合王国全輸出量の二五%を占めている。

クリーヴランド製鉄工業の核としての地位をミドルズバラが如何に急速に獲得したか、次の事実がこの点をはっきりと示している。イギリスの代表的な全国紙である『タイムズ』（*The Times*）は、一八二六年二月二八日の紙面から、定期的にイギリス全土の工業生産の動向を「景況」（State of Trade）として報道しているが、最初の「景況」の地域単位はマンチェスター、ノッティンガム（Nottingham）、マクルスフィールド（Macclesfield）の三カ所であった。同年四月一一日に地域単位はマンチェスター、レスター（Leicester）、カーライル（Carlisle）、グラズゴウ（Glasgow）、ダブリン（Dublin）に変わり、以後、工業立地の変化に伴って、地域単位の数と場所も変化し、一九世紀の後半には様々な産業の代表的中心地一五カ所の「景況」が報告されている。一八六七年一一月一八日の紙面から他の五カ所の製鉄工業中心地と並んで、ミドルズバラは独立の産業立地拠点として、公知されるようになった。本格的な製鉄工業の導入以来、僅か一七年という短い期間で、「クリーヴランド製鉄工業中心地」としての地位を獲得したのである。[10]

言うまでもなく、製鉄工業は要素賦存依存型・資源集約的・資源立地型産業である。安価で潤沢な鉄鉱石と石炭

（あるいはコークス）、海外および国内沿岸地域市場への接近の便、ストックトン・ダーリントン鉄道・ティーズ川の河川交通・ミドルズバラ港という良好な輸送設備に恵まれ、資源立地型重化学工業地域として、比較優位を獲得したこの都市が解決しなければならなかった最も大きな課題は人的資源の調達と確保であった。このうち、労働力、特に熟練労働力を如何に調達・確保するかという課題は最も深刻なものであった。都市建設後、日まだ浅く、熟練工を養成する制度・機関・伝統は不充分であった。こうした特異な工業地域の形成は、人口移動・労働市場に固有の性格を与えることになる。この点については、第4章および5章で詳しく分析する。

ミドルズバラの製鉄業との関わりは、プロシャ、メクレンブルクの港町、ロストック（Rostock）を拠点に穀物取引とロシア貿易を営む商人の息子で、後に渡英してニューカッスルのドイツ人商会で会計係兼海外連絡員を務めていたボルコウと、当時英国最大といわれた南ウェールズのダウレイス製鉄所（Dowlais Ironworks）をはじめとして幾つかの製鉄企業で技術を習得し、製鉄会社、ロッシュ・ウィルソン・ベル製鉄所（Messrs. Losh, Wilson and Bell's Ironworks at Walker）を経営していたジョン・ヴォーンが、一八四〇年に市内の土地、六エイカーを購入して、真鍮・鉄鋳造、錨・鎖・鉄索・レール・蒸気機関・鉄道車輌機関の生産工場を設立したことに始まる。ニューカッスル時代に配偶者同士が姉妹であるという関係を通じて知り合った二人は、偶々、穀物取引の投機性に懐疑を抱き始めていたボルコウが、製鉄工業が極めて有望であるというヴォーンの誘いに乗って、利益を折半する約束で、三〇、〇〇〇～五〇、〇〇〇ポンドを出資し、一八三九年に事業を開始したのである。[11] 商人と技術者の理想的な結合と言われるボルコウ・ヴォーン製鉄所は、当時、海路で運ばれる低価格（トン当たり三五シリング）のスコットランド、ファイフシャー（Fifeshir）産銑鉄を原料とし、鉄道でミドルズバラに運ばれる南ダラム産の安価な石炭（あるいは、コークス）を燃料として、自社の攪錬鉄炉（puddling furnace）で生産した錬鉄を加工していた。[12]

彼らがミドルズバラに工場を建設するに際しては、市街地の所有者である「ミドルズバラ土地開発会社」のパートナーの一人であるジョージフ・ピーズによる慫慂が大きな意味を持っていた。ジョージフ・ピーズは二人に工場を建設するよう強く働きかけ、ティーズ川河川敷の土地六エイカーを破格の条件で譲ったのである。同時にジョージフ・ピーズはダラム南部の炭鉱業者にジョン・ヴォーンのために紹介状を認め、新規の製鉄工場の経営を支援している。一八四〇年まで石炭輸出以外に依拠する経済活動はなく、産業構造が多様化しない限り、誕生間もないこの都市のこれ以上の発展は望み得ないことにジョージフ・ピーズは既に気がついていたのであろう。更に、ミドルズバラに工場を建設するという二人の意思決定に少なからぬ影響を与えたと考えられる要因は、もう一人の助言者の存在である。ストックトン・ダーリントン鉄道の主任技師であったジェイムズ・ハリス（James Harris）は、ミドルズバラの海港としての位置が商業的にストックトンやハートリプール（Hartlepool）よりも優れていることを二人に助言したのである。[13]

草創期のボルコウ・ヴォーン工場は、ヴァルカン通り（Vulcan Street）における攪錬鉄炉と圧延工場をもって始まり、圧延工場は一八四一年八月五日に操業を開始した。ここで生産されるレールは、ストックトン・ダーリントン鉄道の経営責任者であったジョージフ・ピーズによる積極的な支援のもう一つの証左であった。[14] 一八四二年の段階で、ボルコウ・ヴォーン工場は一〇〇人余の労働者を雇用していた。比較的小規模な工場であると言ってよい。これらの労働者の中に既にアイルランド人の移住者がいたことは興味深い。[15] 二人はこの段階で、ゆくゆくは鉄鉱石鉱山、鉄道、船舶、高炉、石炭鉱山を所有することを考えていたものと思われる。[16]

四〇年代半ばの鉄道ブームによるレール・機関・車輌等の需要増加に伴って拡大しつつあったミドルズバラの製鉄工業も、当時破格の安値であったスコットランド産銑鉄の価格上昇をきっかけに、地域内における安価で潤沢な鉄鉱石の入手を模索することになる。一八四五年には、スコットランド産銑鉄の価格は、トン当たり二ポンド内外から六ポンドに急上昇した。[17] 一八四六年にボルコウ・ヴォーン製鉄所が、ミドルズバラの北西約三〇マイル、ダラム西南部の炭鉱地帯ウィトン・パーク（Witton Park）の夾炭層を採掘し、自身で銑鉄を生産するために、六基の高炉と圧延・鍛鉄工場を設立して、原料費の低下を図ろうとしたのもこうした動きの一つである。[18] しかし、埋蔵鉄鉱石の量が不充分であり、結局、この試みも所期の目的を達成することができず、ウィトン・パークが北東部の製鉄工業中心地となることはなかった。尚、この時期のミドルズバラにおけるボルコウ・ヴォーン製鉄所の雇用労働者数は、およそ六〇〇人であるとする史料がある。また、ボルコウ・ヴォーン製鉄所によるこうした模索の一因は、一八四七年における不況であった。一九世紀四〇年代後半における製鉄工業の不況に際してもボルコウ・ヴォーン製鉄所は、ジョージ・ピーズの財政的援助を受けている。[19]

写真 7　ティーズ川南岸の河川敷に建設された「製鉄業者集積地域」

出所）Araf K. Chohan, *Britain in Old Photographs, Middlesbrough*, Stroud, 1996, p. 37.

一八五〇年のエストン鉱山における鉄鉱石の発見は、多分に偶然的な要因によるところが大きいと言われているが、実際には周到な探査の結果であったようである。[20] この発見は、安価で充分な供給量のある鉄鉱石の地域内調達という北東部製鉄工業の年来の課題を一挙に解決するものであった。露天掘りが可能で、含有量の多い主鉱脈が、ティーズ川という航行可能な河川の流域に、しかも既に開設されていた鉄道のネットワークの中で発見されたという事実は重要である。鉱脈発見の直後、一八五〇年の一二月初めには、エストン鉱山とミドルズバラの幹線を繋ぐ支線が建設されている。[21] 当初は、エストン鉱山で採掘された鉄鉱石を前述ウィトン・パークの高炉に運び、そこで生産された銑鉄を再びミドルズバラに輸送して、錬鉄・鉄製品に加工するという費用のかかる生産を余儀なくされたが、数カ月を経て、ボルコウ・ヴォーン製鉄所がミドルズバラに三基、更にエストン鉱山にも六基の高炉を建設し、クリーヴランド鉄鉱石を原料とする銑鉄生産が本格的に始まった。エストン鉱山発見二年後の一八五二年には、計二八基の高炉を所有する九つの製鉄所が建設され、ミドルズバラを中心に、ティーズ川南岸の河川敷は、銑鉄生産工業団地ともいうべき様相を呈するようになった。[22]

表 2-1　クリーヴランド鉄鉱石の産出量（1873～1880年）

（単位：トン）

年	産出量
1873	5,435,233
1874	5,428,497
1875	6,085,541
1876	6,571,968
1877	6,289,745
1878	5,327,663
1879	4,721,395
1880	6,500,000（推定）
1873～1879 年平均産出量	5,694,291

出所）Cleveland Ironmasters' Association, Secretary's Report for the Year 1880, University of Warwick, Modern Records Centre, Minute Books, Vol. 2, MSS. 365/CIA より作成。

エストン鉱山の鉄鉱石生産量は一八五一年に約一八・八万トンであったが、近隣の鉱山開発に伴って、ティーズサイドの鉄鉱石産出量は一〇年間で五倍強に増加し、一八七一年には約四〇〇万トン（価格約一〇〇万ポンド）に上昇した。その後、表2-1に示すように、一八七三年から始まる不況によって産出量は一時減少したが、間もなく回復し、八一年には六五〇万トンという最高値を記録している。[23] この地域で採掘された鉄鉱石は、一部はダラムやノーサンバーランドの製鉄所に送られたが、大部分は、ミドルズバラを中心に拡大しつつあった製鉄所によって銑鉄にされた。ある推計によれば、クリーヴランドの銑鉄生産量は、一八五一年の二四、三〇〇トンから、六一年の五四三、〇〇〇トンへ二〇倍以上の増加を示し、更に七一年の一八〇万トン強へ三倍、八一年の二六三万トンへ一・五倍の増加を示している。エストン鉱山におけるクリーヴランド鉄鉱石の発見後一〇年という短い期間に、この地域はイギリス有数の銑鉄生産地にのし上がったのである。一八六一年におけるこの地域の銑鉄生産量は、連合王国全生産量の一一%、七一年には一九%、八一年には二七%を占めるほどに増加した。[24]

エストン鉱山発見後、クリーヴランドが獲得するに至った銑鉄生産の比較優位は、安価な石炭（あるいは、コークス）と鉄鉱石の供給による製鉄費用の低さとティーズ川の河川交通、ストックトン・ダーリントン鉄道、港湾としてのミドルズバラという運輸手段の充実に伴う輸送費用の相対的な低さを内容とするものであった。しかし、国内市場は内陸部にあり、どちらかといえば、高品質の銑鉄を需要していたから、北東部製鉄工業地域内部の需要を別とすれば、この地域で生産される銑鉄の市場は、海外、あるいはイギリスの沿岸地域であった。後に詳しく紹介するように、輸出市場として重要なのは、ドイツとアメリカであり、輸出の約半分を占めた。国内市場の主力は、スコットランドであった。一八七一年にミドルズバラから輸出された銑鉄は、約二七万トンであり、連合王国全輸出量の二五%を占め、八一年には約四三万トンに増加している。また、一八七一年にティーズサイドで生産された銑鉄一八〇万トンの三八%、八一年には実に四三%がミドルズバラ経由で国内および輸出市場に送られている。[25]この時期までに、ミドルズバラがクリーヴランド製鉄工業地域の中心的な工業都市に転換し、域外および輸出取引の基地として成長したという事実を物語るものである。

この地域で生産された銑鉄の市場として、輸出市場は確かに重要であったが、一八八一年に至るまで、約半分は地域内部において錬鉄および鉄加工品生産の原料として消費された。一八六一年におけるティーズサイドの錬鉄生産量は六〇万トン強であったが、これはイギリス全体の生産量の二〇から二五%であった。同年、この地域には一九七基の攪錬鉄炉と三五の圧延工場が存在し、七一年には二四の製錬所が、計一、一七八基の攪錬鉄炉を所有している。鉄鉱石と銑鉄生産増加の波及効果として、ティーズサイド地域内部に、錬鉄工業と多様な完成品工業が発生してくるのである。例えば、ある試算によれば、ミドルズバラを中心とするクリーヴランドの一八五六年における銑鉄生産量は、約八、五九〇トンであったが、一八七二年には三七、八六五トンに四・四倍の増加を示している。他方、同じ期間の可鍛鋳鉄製品は、二、六六〇トンから一一、七三六トンへ、ほぼ同様の伸びを示している。[26]

完成品の主力は、特に初期には、輸出用のレールであり、北米・インド・その他ヨーロッパ諸国における本格的な鉄道建設に伴う旺盛な需要に応えるものであった。他方、この地域は、鋼の登場と七三年以降の全般的な不況によるレール市場の落ち込みという危機に直面した。しかし、その後もクリーヴランド製鉄工業が生き残ることができたのは、一九世紀中期以降、ミドルズバラに定着していた造船業が、木造船から鉄船建造に移行し、次第に増加してきた鉄板と蒸気機関の需要に応えるべく、生産の比重を造船業向けに移すことに成功したからである。[27]

エストン鉱山の発見以来、この地域に集積されてくる鉄鉱石・銑鉄・錬鉄生産、完成品製造業は、次章で詳述するように、多様な製品を生産する冶金工業・機械工業、あるいは、化学工業の成長を促した。そして、これら完成品も主として輸出市場に依存していた。[28] 鉄道都市として、一九世紀の三〇年代にティーズ川河口に建設されたミドルズバラは、半世紀を経過するうちに、クリーヴランド重化学工業地域を統合する工業都市として、移出基盤を整備し、域外・輸出基地に転換するのである。

2 「クリーヴランド式製鉄法」(*Cleveland Practice*) の展開

少なくとも一八八〇年代後半に至るまで、ミドルズバラを中心とするクリーヴランド地域が銑鉄・可鍛鋳鉄製品、機械の生産高において、国内はもとより、国際的にも頂点を極めることができたのは、この地域の地理的条件、資源の賦存状況や品質、それを巧みに利用する創意工夫に富んだ技術者・企業家の力量のせいであった。[29] 平坦な、地価の安い沼沢地が広がるミドルズバラでは、高炉の規模と構造・精錬方法等において、後に「クリーヴランド式製鉄法」(*Cleveland Practice*)と呼ばれるようになる独特の製鉄技術が発展した。この結果達成された高い生産性と低価格が、クリーヴランドを極めて短期間に有数の製鉄工業地域として、指導的な地位に押し上げたのである。[30] 比較的低品位ではあるが、長期間にわたって、大量かつ安定的な供給が保障されているクリーヴランド鉄鉱石を可能な限り低いコストで溶解し、銑鉄を生産することを目的に開発されたこの方式は、次のような特色を持っていた。

まず、熱効率を可能な限り良くすることが求められた。そのためには、高炉の底部で発生した熱を炉頂で装入される鉄鉱石の溶解に有効に利用するため、高炉の縦筒をできるだけ長くすることが必要であった。この技術は、装入される鉄鉱石の量が増加しても容易には破砕しない荷重耐久性の強いダラム産の良質なコークスを利用することによって可能となった。[31] 低品位の鉄鉱石が持つ欠点を良質の燃料が補って余りあったのである。鉄含有率が二六%ほどであり、硫黄分を多く含む低品位のクリーヴランド鉄鉱石を用いて、競争力のある銑鉄を生産するためには、更に次のような技術の開発が要請された。即ち、鉄鉱石を高炉に装入する前に、予め不純物と水分を取り除いておくため、煆焼炉(calcining kiln)で熱し、鉄鉱石の純度を四〇%近くまで上げておくのである。[32] 鉄鉱石の煆焼そのものは製鉄地域で古くから行われていた技術であるが、一九世紀初頭以降、高炉に装入する前に、低品位の石炭を用いた炉で比較的低温で焙焼し、鉄鉱石の多孔性を高め、水分含有量を低下させる技術が一般的となった。クリーヴランド鉄鉱石の煆焼処理の主な目的は、低品位の炭酸塩を高品位の酸化物に変え、含有量の多い硫黄分を減らすことである。クリーヴランド地域における煆焼の特色は、一八六〇年代後半に開発された燃費の低い煆焼炉と鉄鉱石装入の効率化であった。[33]

高炉の高さと容積の大きさは、「クリーヴランド式製鉄法」の最大の特色であった。通常、他の地域の高炉の高さが四〇フィート（約一二メートル）前後であった時期に、ミドルズバラから半径四マイル以内のクリーヴランド地域に建設された高炉の高さは、平均して八〇フィート、炉の容積は二五、〇〇〇〜三〇、〇〇〇立方フィートであった。巨大なものでは、高炉の高さが九五フィート・六インチ（二八メートル強）、炉のシャフトの下方傾斜部（bosh）の直径が三〇フィート（約九メートル）、容積が四一、一四九立方フィートに上るものもあった[34]。ミドルズバラに最初の高炉が建設された一八五一年から一八五九年までの間に建設された従来の高炉は、一〇年余の間にほとんどすべて廃棄され、大規模な高炉に建て替えられている。開発の中心となった技術者であり、自身製鉄工場を経営するスウェーデン出身のジョン・ジャーズ（John Gjers）によれば、高炉の大規模化は、生産量の増加・燃料の節約・銑鉄の品質の改善をもたらしたという[35]。

加えて、従来の高炉は炉頂が開いた開頂炉（open-top）式であったが、廃棄していたガスを再利用するため、炉頂が閉鎖された閉頂炉（closed-top）が開発された。これによって、コークス消費量の大幅な節約が可能となった。更に、復熱式ストーヴで熱風を送る熱風送風（hot-blast）方式が導入され、高炉の巨大化に適合した強力な送風能力を持つ直接作動蒸気機関（direct-acting engine）による送風機が装着された。他方、スコットランドやウェールズ、中部イングランドにおける製鉄地域の高炉は、丘の中腹や峡谷の端に建設され、傾斜地を利用して鉄鉱石を炉に装入するのが通例であったが、ティーズ川河川敷の平坦な沼沢地に聳える巨大なクリーヴランドの高炉で銑鉄を生産するためには、付属設備・機械の開発が不可欠であった。例えば、大規模な水圧式、あるいは直接式鉱石巻き上げ機が開発されたのである。総じて、この時期のクリーヴランド製鉄業における資本装備率は、他の製鉄工業地域と比べて高かった[36]。

ここで、鋼を含めた「クリーヴランド式製鉄法」の工程の概要を図示しておこう[37]（図2-1）。一九世紀七〇年代

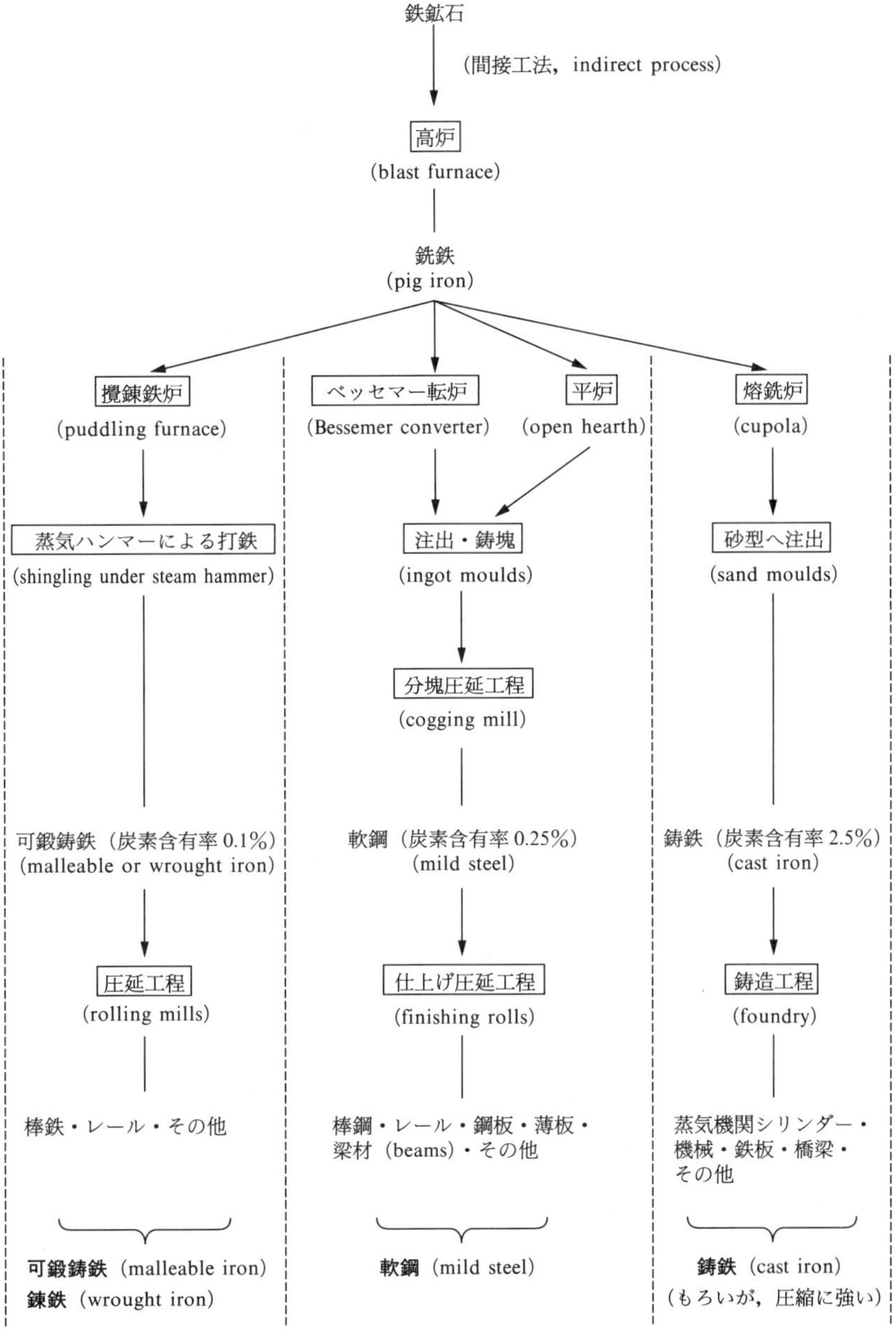
鉄鉱石
(間接工法，indirect process)
高炉
(blast furnace)
銑鉄
(pig iron)
攪錬鉄炉
(puddling furnace)
ベッセマー転炉
(Bessemer converter)
平炉
(open hearth)
熔銑炉
(cupola)
蒸気ハンマーによる打鉄
(shingling under steam hammer)
注出・鋳塊
(ingot moulds)
砂型へ注出
(sand moulds)
分塊圧延工程
(cogging mill)
可鍛鋳鉄（炭素含有率 0.1%）
(malleable or wrought iron)
軟鋼（炭素含有率 0.25%）
(mild steel)
鋳鉄（炭素含有率 2.5%）
(cast iron)
圧延工程
(rolling mills)
仕上げ圧延工程
(finishing rolls)
鋳造工程
(foundry)
棒鉄・レール・その他
棒鋼・レール・鋼板・薄板・
梁材（beams）・その他
蒸気機関シリンダー・
機械・鉄板・橋梁・
その他
可鍛鋳鉄（malleable iron）
錬鉄（wrought iron）
軟鋼（mild steel）
鋳鉄（cast iron）
（もろいが，圧縮に強い）

図 2-1　クリーヴランド式製鉄法

表 2-2　銑鉄生産量（1860～1877年）

（単位：トン）

年	北東部イングランド	連合王国計	世界計	北東部イングランド(%)	
				対連合王国	対世界
1860	543,000	3,889,750	7,243,209	14.0	7.5
1865	1,012,478	4,819,254	9,292,777	21.0	10.9
1870	1,627,557	5,963,515	11,616,726	27.3	14.1
1871	1,823,294	6,627,179	12,565,337	27.5	14.5
1872	1,921,052	6,741,929	14,445,351	28.5	13.3
1873	2,000,811	6,566,451	14,693,129	30.5	13.6
1874	2,020,848	5,991,408	13,407,053	33.7	15.1
1875	2,049,000	6,365,462	13,708,338	32.2	14.9
1876	2,069,185	6,555,997	13,671,540	31.6	15.1
1877	2,094,020	6,608,664	13,627,793	31.7	15.4

出所）J. Gjers, 'President's Address', *The Proceedings of Cleveland Institution of Engineers*, 1878, pp. 30–54, Appendix Tables B, C; J. J. Burton, 'Some Notes on the Early History of the Cleveland Iron Trade', *Monthly Journal of the Tees-side Incorporated Chamber of Commerce*, Vol. I, No. 7, 1930, p. 132 より作成。

初頭の未曾有の好景気を迎えるまでに完成した「クリーヴランド式製鉄法」によって、少なくとも銑鉄と可鍛鋳鉄製品・機械に関する限り、次章で見るように、ティーズ川南岸の河川敷に展開する製鉄業者集積地域（Ironmasters' District）は、連合王国産銑鉄と加工品の三〇％近くを生産していた。(38) 誕生間もない一九世紀五〇年代初頭におけるクリーヴランド製鉄工業地域の銑鉄生産量は、約一四万二千トンであり、連合王国全体のおよそ五％を占めるに過ぎなかったが、一八五五年には年産二九万トン強、全連合王国銑鉄生産量の一割弱を生産するまでに成長した。(39) 一九世紀五〇年代を通じて、連合王国産銑鉄の約一割がドイツ、フランス、オランダ、ロシア、スカンディナヴィア諸国等へ輸出されたが、ミドルズバラから輸出されるクリーヴランド地域の銑鉄は、そのうちの約一五％を占めている。(40) 一九世紀六〇年代から最盛期の七〇年代半ばに至るまでのクリーヴランド地域、連合王国、全世界の銑鉄生産推計量を示した表2-2から明らかなように、この時期を通じてクリーヴランド地域は全連合王国産銑鉄の一四・〇％から三三・七％、世界銑鉄生産量の七・五％から一五・四％を生産する一大銑鉄生産地としての地位を確立していた。一九世紀後半における英国経済の主導部門であった製鉄工業に大きな位置を占めたクリーヴランド地域は、ヴィクトリア朝英国の繁栄に少なからず貢献したと言えるであろう。

この時期におけるクリーヴランド製鉄工業地域の銑鉄生産の実態を示す一つの指標として、「クリーヴランド製鉄業者協会」（Cleveland Ironmasters' Association）が公表した生産統計を見てみよう。この協会は、銑鉄生産をめぐる労使紛争、賃金に関する情報を収集し、価格・賃金・市場に関する意見交換を目的に一八六六年に結成された中間組織・中間団体である。最初に公表された一八六七年におけるクリーヴランド地域の銑鉄生産統計を以下に転載しておこう。この統計によれば、加盟一六製鉄企業、高炉数計八九による生産量は、次の通りである。[41]

一八六六年一二月三一日の総ストック量：八三、三〇一トン

一八六七年六月三〇日の総ストック量：七六、四六五トン（六、八三六トン減）

*二七七、五三九トンを生産した一二加盟企業は、ストック量を二二、六六四トン減少させたが、一七二、七六〇トンを生産した四企業のストック量は一六、一二八トン増加した。

銑鉄証券発行埠頭倉庫在庫量（*warrant stores*）は、一八六六年一二月三一日から一八六七年六月三〇日までの半年間で、六一、一六四トンから七四、二二三トンへ、一三、〇五九トン増加した。

従って、一八六七年六月三〇日のストックの内訳は、

加盟企業の許に、	七六、四六五トン
非加盟企業の許に、	二〇、〇〇〇トン
ミドルズバラの銑鉄証券発行埠頭倉庫に、	七四、二二三トン
グレイズデイル（Glaisdale）の銑鉄証券発行埠頭倉庫に、	三、〇〇〇トン
合計	一七三、六八五トン

これを前年の生産量と比較してみると、

一八六六年一二月三一日までの半年間で、

加盟企業計	三七四、〇二四トン
非加盟企業計	一〇五、三〇〇トン
合計	四七九、三二四トン

一八六七年六月三〇日までの半年間で、

加盟企業計	四五〇、二九九トン
非加盟企業計	一一二、二〇〇トン
合計	五六二、四九九トン

*半年の総生産量の増加は、八三、一七五トンとなる。

銑鉄を加工し、レール・鉄板（plates）・棒鉄・山形鉄（angles）を生産する可鍛鋳鉄製品部門においても、クリーヴランドは一九世紀六〇年代末期から七〇年代初頭に絶頂期を迎えている。第6章で詳しく分析するように、一八六六年の深刻な労使紛争のあと、一八六八年に結成されたクリーヴランド地域の主要製鉄企業を網羅する労使調停委員会、「北部イングランド可鍛鋳鉄製品製造業労使仲裁・調停委員会」（Board of Arbitration and Conciliation for the North of England Manufactured Iron Trade, 以下、「北部イングランド仲裁・調停委員会」と略記）加盟一八企業に限ってみても、北東部イングランド産の可鍛鋳鉄製品生産は一九世紀六〇年代・七〇年代に着実に増加している。詳細は巻末統計付録6・7に譲るとして、一八七四年まで、加工鉄製品の過半を占めていたレールの生産量の伸びは特に著しく、一八六六年の九万六、二七五トンから、一八七四年の二六万五、〇二〇トンへ、二・八倍の増加を達成している。レールに次ぐ鉄板も一八六六年の三万五、四六三トンから、一八七四年の一七万八、二七三トンへ、五倍の伸びを示している。[42] クリーヴランド地域全体の加工鉄製品、例えば棒鉄（puddled bars）の生産量は、八〇年代初頭に連合王国全生産量の三〇％を占めるほどになっていた。[43]

冶金学者であり、ミドルズバラの製鉄業者でもあったアイザック・ラウジアン・ベル（Sir Isaac Lowthian Bell）は、クリーヴランド製鉄工業とアメリカ、ドイツ、フランス、ベルギー、ルクセンブルクの製鉄工業の生産性を比較し、英国製鉄工業の国際競争力の強さを次のように叙述している。一高炉当たりのアメリカの雇用労働者数は、クリーヴランド地域よりも一七％ほど多く、産出量は五〇％以下であった。アメリカでは、平均して九人の高炉労働者が銑鉄を週二六〇トン生産するが、英国では六人の労働者が週四六〇トンを生産する。労働生産性に二・七倍近い隔たりがあった。恐らく、これはミドルズバラでは一般的に用いられている労働節約的機械がアメリカでは導入されていないことによっている。[44]

また、ベルによれば、ヨーロッパ大陸のそれと比較しても、英国製鉄工業の優位は変わらないという。例えば、英国の賃金はドイツ、フランス、ベルギー、ルクセンブルクの同種の高炉労働者よりも五〇％ほど高いが、これらの国々ではトン当たり銑鉄生産に投入される労働者数は多く、ルクセンブルクを除くヨーロッパ諸国では、一トン当たりの賃金はクリーヴランド地域のそれよりも二五％高い。[45] 可鍛鋳鉄製品に関しても、熟練労働者が不足するアメリカでは、賃金コストは英国の二倍以上であった。銑鉄生産はもとより、可鍛鋳鉄製品においても、英国の国際競争力は一八八〇年代後半に至るまで揺るがなかった。

3　クリーヴランド製鉄工業と市場

英国および全世界の製鉄工業の中でクリーヴランド製鉄工業地域、あるいはミドルズバラがどのような相対的な位置を占めていたのか、まず大まかにイギリス各地の製鉄工業地域の銑鉄および可鍛鋳鉄製品の生産量を比較し、次いで国内および海外市場に占める位置を確認しておこう。表2-3は、一八六四年以降におけるクリーヴランド地域の銑鉄生産量、製鉄業者在庫量、次章で詳述するクリーヴランド銑鉄証券発行埠頭倉庫在庫、在庫量合計、在庫率（%）および輸出量を示したものである。[46] 多少とも詳細なクリーヴランドにおける製銑量を入手し得る一八六四年から一〇年間余の銑鉄生産量は、二・三倍強に増加し、輸出量も一八六七年以来、二・七倍に、銑鉄生産量総計に占める輸出比率も一二%から二〇%近くにまで上昇している。一八六六年の金融恐慌・信用不安の時期には、銑鉄生産量の伸びは鈍り、同時に製鉄所およびクリーヴランド銑鉄証券発行埠頭倉庫の在庫は、銑鉄生産量総計の一五%へ、それ以前の時期の二倍弱に増加しているが、一八六九年には回復し、以後、不況が本格化する一八七六年に至るまで、銑鉄生産量は着実に増加し、在庫率も平均四・七%と低い水準を保っている。

連合王国の他の製鉄工業中心地、例えば、スコットランドにおける同時期の銑鉄生産量、在庫量（表2-4）と比べてみても、クリーヴランド地域の製鉄工業の歩みは顕著である。グラズゴウ取引所の記録によれば、スコットランドの銑鉄生産量は、一九世紀六〇年代中期から七〇年代中期の一〇年間に、ほぼ横這いか、低下を示している。他方、クリーヴランドの製鉄工業は一八六六年以降、銑鉄生産量総計において、スコットランドを凌駕し、一八七三年にはスコットランドの二倍強に達している。銑鉄生産量総計に占める在庫の比率においても、クリーヴランドの製鉄工業はスコットランドのそれよりも優位に立っていた。クリーヴランド地域は、金融恐慌期および第6

表 2-3　クリーヴランド地域の銑鉄生産量（1864～1880年）

（単位：トン）

年	生産量	製鉄所在庫	銑鉄証券発行埠頭倉庫在庫	在庫計（比率%）[1]	輸出量（比率%）[1]
1864	926,054	42,385	39,955	82,340 (8.9)	?
1865	975,311	34,305	42,600	76,905 (7.9)	?
1866	1,043,527	101,521	64,164	165,685 (15.9)	?
1867	1,147,900	102,519	71,826	174,345 (15.2)	136,378 (11.9)
1868	1,233,418	80,898	72,029	152,927 (12.4)	136,806 (11.1)
1869	1,459,508	84,243	31,364	115,607 (7.9)	185,777 (12.7)
1870	1,695,377	104,606	12,739	117,345 (6.9)	216,908 (12.8)
1871	1,884,239	65,601	2,730	68,331 (3.6)	330,646 (17.5)
1872	1,968,972	40,697	931	41,628 (2.1)	386,624 (19.6)
1873	1,999,491	80,328	0	80,328 (4.0)	397,077 (19.8)
1874	2,001,233	89,737	0	89,737 (4.5)	275,721 (13.7)
1875	2,047,763	74,258	0	74,258 (3.6)	367,907 (18.0)
1876	2,075,565	161,041	21,500	182,541 (8.8)	357,333 (17.0)
1877	2,124,831	262,067	42,730	304,797 (14.3)	364,899 (18.0)
1878	2,023,177	248,139	89,198	337,337 (16.7)	397,316 (19.5)
1879	1,781,443	—	—	—	469,739 (26.0)
1880	2,510,853	—	—	—	614,564 (24.4)

注 1）対生産量合計比率。
出所）*The Iron, Steel, and Allied Trades in 1877, Annual Report to the Members of the British Iron Trade Association,* London, 1878, pp. 18–19 ; *The Iron, Steel, and Allied Trades in 1878, Annual Report to the Members of the British Iron Trade Association,* 1879, pp. 9–10 ; *The Iron, Steel, and Allied Trades in 1880, Annual Report to the Members of the British Iron Trade Association,* 1881, p. 10 ; E. M. Green, *Royal Exchange : Marketing and Its Management in the Cleveland Pig Iron Trade, 1864–73,* Unpublished Dissertation Submitted for the M. A. Local History (C. N. A. A.) at Teesside Polytechnic, Middlesbrough, 1989, pp. 122, 127 より作成。

章で述べるように、熟練可鍛鋳鉄製造工、特に、攪錬鉄工（puddlers）によるストライキと銑鉄の過剰に見舞われた一八六六年から三年間は、一二%から一五%以上の高い水準を余儀なくされたが、一八六九年以降には以前の水準に戻った。これに対して、スコットランドの在庫比率は一八七一年まで、平均して五三%で推移している。[47]

一八七七年の時点で、連合王国における銑鉄生産単位（製鉄所数）は二六五であった。そのうち、二大中心地の一つであるクリーヴランドには三九、スコットランドには二七、残り一九九の製鉄所が各地に所在している。[48] 一八七四年の不況期に、連合王国の銑鉄生産量は五、九九一、四〇八トンに低下したが、一八七六年には平年の水準に戻っている。ただ、懸念されるのは価格であって、一八七七年には価格の低下は異常とも思われるくらいであった。製鉄業者

表2-4 スコットランドにおける銑鉄生産量（1864〜1873年）

（単位：トン）

年	生産量	在庫計	在庫比率%[1)]
1864	1,160,000	760,000	65.5
1865	1,164,000	652,000	56.0
1866	994,000	510,000	51.3
1867	1,031,000	473,000	45.9
1868	1,068,000	568,000	53.2
1869	1,150,000	620,000	54.0
1870	1,206,000	665,000	55.1
1871	1,160,000	490,000	42.2
1872	1,090,000	194,000	17.8
1873	993,000	120,000	12.1

注 1）対生産量比率。
出所）E. M. Green, *op. cit.*, p. 127より作成。

は、価格低下の継続期間の長さと下げ幅に困惑している[(49)]。他方、クリーヴランド地域の銑鉄生産量は、一般的な傾向とは違って、一八七七年の生産量が前年のそれを五〇、〇〇〇トンほど上回っている。一八七七年には、一〇九の高炉が稼動し、平均一高炉当たり、一九、四九二トンを生産している。これは前年一八七六年の一六、八〇〇トンに比べてかなり増加し、一〇年前の一八六六年の二倍以上の伸びを示している。一八六六年のクリーヴランド地域における五六の高炉の総生産量は、五四六、〇九一トンであり、一高炉当たりの生産量は、九、七五一・〇六トンであった。なかでも、ティーズサイド（Tees Side）の高炉は、クリーヴランド地域全体の平均を上回り、一八七七年の一高炉当たりの生産量は、一カ月で一、六三二トン、年で一九、五八四トンであった。この一高炉当たりの生産量は、次に生産性が高いランカシャーの一八七六年における一八、四三二・八〇トン、カンバーランド（Cumberland）の一八、一八一トン、マンマスシャー（Monmouthshire）の一一、四九一・二一トンを凌いでいる[(50)]。

一九世紀七〇年代後半の不況期における連合王国全体の銑鉄生産の重要な指標である高炉数を見ると、クリーヴランドはおよそ全王国の一一%の生産能力を持ち、スコットランドと並んで、七〇〜八〇%の稼働率を誇っている。例えば、表2-5に示すように、イングランドの旧製鉄工業中心地であるスタッフォードシャーの稼働率三〇%と比べると、生産の落ち込みはそれほど甚だしくはない。勿論、一八七七年ともなれば、クリーヴランドもまた稼働率七四%への低下を余儀なくされるが、スタッフォードシャーの二九%はもとより、スコットランドの五七%、北部イングランドの六三%を上回る稼働率を示している[(51)]。

表 2-5　グレート・ブリテンにおける稼動高炉数（1874〜1877 年）

地　域	1874 年		1875 年		1876 年		1877 年	
	高炉数	稼動高炉数	高炉数	稼動高炉数	高炉数	稼動高炉数	高炉数	稼動高炉数
クリーヴランド	112 (8)[1]	91	116 (4)	90	116 (3)	88	119 (1)	88
北東部イングランド	44 (5)	35	45 (2)	24	47 (1)	23	45 (2)	19
北西部イングランド	91 (10)	57	95 (8)	55	92 (7)	51	97 (3)	59
南部スタッフォードシャー	169	86	163	74	147	55	147	42
北部スタッフォードシャー	45 (2)	29	43 (1)	24	40 (3)	26	40 (4)	25
シュロップシャー	25 (1)	17	24 (2)	19	23 (2)	15	25	13
ヨークシャー（ウェスト・ライディング）	52	43	54	33	49 (1)	28	50	27
ダービーシャー	54	44	54 (4)	35	57 (1)	35	58 (2)	38
ノーサンプトンシャー	16 (1)	13	16 (3)	10	20	11	20 (2)	14
リンカンシャー	13 (6)	12	19	14	20 (3)	9	21 (2)	9
グロスターシャー								
ウィルトシャー	18	11	18	11	18	7	18 (1)	5
サマセットシャー								
北ウェールズ	13	7	13	6	12	3	11	2
南ウェールズ・マンマスシャー	196	102	176 (1)	70	165	62	163	58
スコットランド	157	121	154 (3)	114	157	116	155	88
木炭炉	5	3	5	3	5	2	5	2
計	1,010	671	995	582	968	531	974	489

注 1）新規建設中の高炉。
出所）*The Iron, Steel, and Allied Trades in 1877, Annual Report to the Members of the British Iron Trade Association,* London, 1878, pp. 27-28 より作成。

イギリス（連合王国）の銑鉄生産量を世界の銑鉄生産量推計値と比較したのが、表2-6である。一八七六年の全世界銑鉄生産量のほぼ半分に当たる四七・三％は、イギリスで生産されている。対人口比で見ても、イギリスの優位は明らかである。人口一人当たり年間三・八ハンドレッド・ウェイト、約一九三キログラムを生産している。世界の銑鉄生産量に対する比率では、アメリカの一五・一％、ドイツの一三・五％がイギリスに続いている。対人口比においても、イギリスと比べてかなり少ないが、アメリカ、ドイツの順で、国民一人当たりの生産量を達成している。[52] 一九世紀の七〇年代までは、世界におけるイギリス製鉄工業の優位は揺らいでいない。

ここで、一九世紀八〇年代以降イギリスを急追する最強の競争相手であったアメリカの銑鉄生産の歩みをイギリスのそれと比

表2-6　全世界の銑鉄生産量（1876年）

国　名	生産量（トン）	推定生産量（対人口比，cwt）[2]
連合王国	6,555,997[1] (47.3%)	3.80
アメリカ合衆国	2,093,236 (15.1%)	1.08
フランス	1,449,536 (10.5%)	0.80
ドイツ	1,862,500 (13.5%)	0.96
ベルギー	440,958 (3.2%)	2.01
ロシア	397,500[1] (2.9%)	0.12
スウェーデン	339,486[1] (2.5%)	0.58
オーストリア	480,000 (3.4%)	0.28
その他諸国	228,000 (1.6%)	
計	13,847,213 (100.0%)	

注１）1875年。
　２）住民１人当たりハンドレッド・ウェイト。
出所）*The Iron, Steel, and Allied Trades in 1877, Annual Report to the Members of the British Iron Trade Association,* London, 1878, pp. 28–29より作成。

較しながら検討しておこう。表2-7および図2-2に示すように、世界の銑鉄生産におけるイギリスの覇権は、第二位のアメリカ合衆国の急追にもかかわらず、少なくとも一九世紀七〇年代までは安泰であった。アメリカは、一八七三年恐慌以降、二八〇万トンから二〇〇万トン強へ、銑鉄生産量の落ち込みを経験している。他方、イギリスは一八七四年に六〇〇万トン弱への減産を余儀なくされたものの、それ以降回復し、一八七六年には七〇年代初頭の水準に戻っている。[53] この時点で、イギリスは世界第二位の銑鉄生産国、アメリカの三倍強の生産能力を誇っていた。

次に、市場について見ておこう。一八六七年から一八八二年までの一五年間におけるクリーヴランド産銑鉄の輸出市場とミドルズバラ港から輸出された銑鉄の市場の動向を示したのが表2-8・表2-9である。[54] 一八六七年からの一〇年間にクリーヴランド地域の銑鉄海外輸出は重量において二・七倍の増加を達成している。不況の一八七四年に対前年比で二五%の低下を余儀なくされているが、直後に回復し、一八七六年の三五七、三三三トンから一八七七年の三六四、八九九トンへ前年よりも七、〇〇〇トン以上の増加を示している。一八六七年における最も重要な輸出市場はベルギーであり、クリーヴランド産銑鉄輸出の三二・二%を占めている。これに次ぐのは、フランス市場であり、一八六七年に全輸出量の二九%を占めるほど重要な市場であった。しかし、ベルギーは、以後一〇年間に輸出市場としての重要性を失い、一八七七年には全輸出量の一二%にま

表 2-7　イギリスとアメリカの銑鉄生産量（1740～1876年）

（単位：トン）

年	連合王国	アメリカ合衆国	年	連合王国	アメリカ合衆国
1740	17,350	—	1854	3,069,838	736,248
1788	68,300	—	1855	3,218,154	784,178
1796	125,079	—	1856	3,586,377	883,137
1806	258,206	—	1857	3,659,477	798,157
1810	—	53,900	1858	3,456,064	705,094
1818	325,000	—	1859	3,712,904	840,627
1820	368,000	—	1860	3,826,752	987,559
1825	581,367	—	1861	3,712,390	731,544
1827	690,500	—	1862	3,943,469	787,622
1828	—	130,000	1863	4,510,040	947,604
1829	—	142,000	1864	3,767,951	1,135,497
1830	678,417	—	1865	4,819,254	931,582
1831	—	191,556	1866	4,523,897	1,350,933
1832	—	200,000	1867	4,761,023	1,461,626
1833	700,000	225,000	1868	4,970,206	1,603,000
1835	1,000,000	270,000	1869	5,555,757	2,046,124
1839	1,347,790	230,000	1870	5,963,515	1,850,000
1840	1,248,871	286,903	1871	6,627,179	1,900,000
1842	—	215,000	1872	6,741,929	2,834,558
1845	1,512,500	486,000	1873	6,566,451	2,868,278
1846	—	765,000	1874	5,991,408	2,689,413
1847	1,999,508	800,000	1875	6,365,462	2,266,581
1850	—	564,755	1876	6,555,997	2,093,236
1852	2,700,000	—			

出所）*The Iron, Steel, and Allied Trades in 1877, Annual Report to the Members of the British Iron Trade Association,* London, 1878, p. 30 より作成。

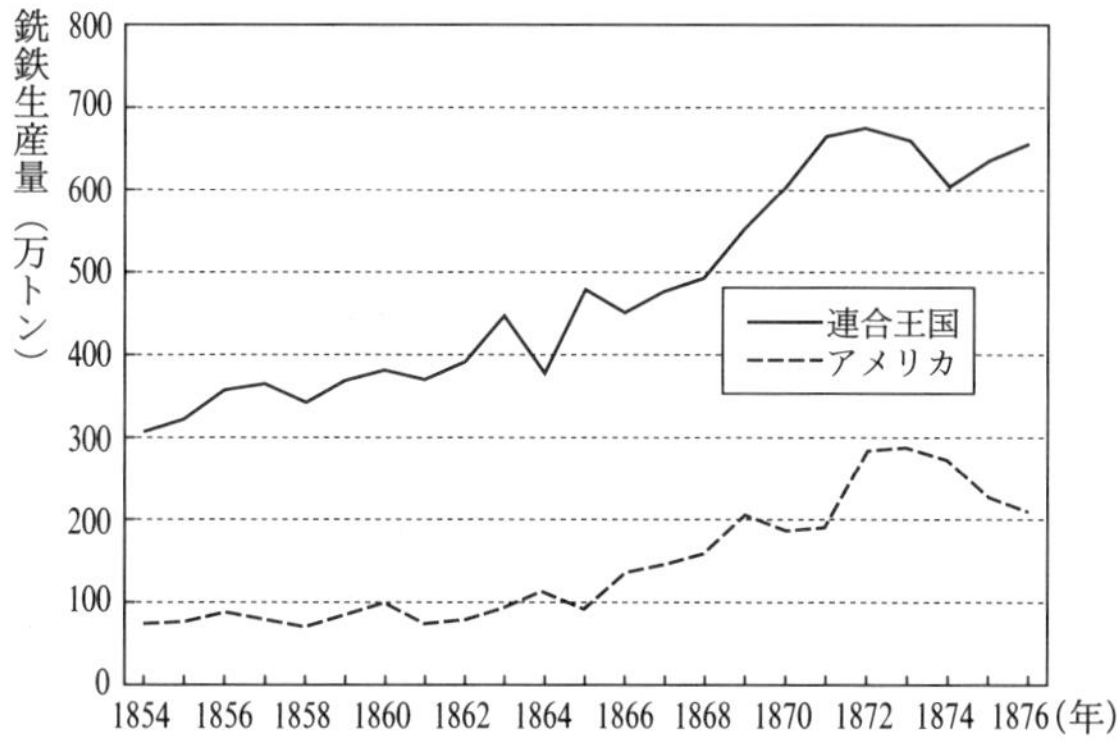

図 2-2　イギリスとアメリカの銑鉄生産量（1854～1876 年）

表 2-8　クリーヴランド産銑鉄輸出量（1867〜1877 年）

（単位：トン）

輸出先	1867 年	1868 年	1869 年	1870 年	1871 年	1872 年	1873 年	1874 年	1875 年	1876 年	1877 年
ドイツ	15,810	29,880	43,402	38,639	91,195	122,535	100,744	83,298	117,235	116,588	109,200
オランダ1)	12,514	13,990	22,563	36,003	89,832	117,729	116,355	61,622	77,832	77,675	70,204
ベルギー	43,886	30,670	47,714	64,776	69,037	75,396	98,773	42,502	58,574	54,825	43,255
フランス	39,442	34,540	48,041	50,062	38,032	44,853	53,178	40,418	56,764	59,143	71,285
スペイン	5,138	5,260	3,988	8,655	8,453	4,607	4,767	7,875	8,833	7,749	25,819
イタリア	1,364	2,020	3,020	760	1,239	706	560	2,131	3,095	2,129	4,665
スウェーデン2)	8,844	8,770	1,345	9,779	12,763	12,581	17,353	25,164	24,787	27,771	30,057
ロシア	5,338	6,830	6,788	6,037	8,857	1,240	2,809	10,979	18,361	9,509	9,112
アメリカ	2,655	1,420	1,224	400	10,554	3,984	1,198	485	120	130	0
その他	1,387	3,426	1,758	1,797	684	2,989	1,340	1,247	2,306	1,824	1,302
計	136,378	136,806	179,843	216,908	330,646	386,620	397,077	275,721	367,907	357,343	364,899

注 1）大部分は，ドイツ向け輸出の中継。
　2）ノルウェー，デンマークを含む。

出所）*The Iron, Steel, and Allied Trades in 1877, Annual Report to the Members of the British Iron Trade Association,* London, 1878, p. 19 より作成。

表 2-9　ミドルズバラ港経由クリーヴランド産銑鉄輸出量（1878〜1882年）

（単位：トン）

輸出先	1878 年	1879 年	1880 年	1881 年	1882 年
ドイツ	96,801	106,681	110,611	115,654	144,356
オランダ	72,930	68,732	69,684	72,304	90,772
フランス	61,297	53,809	68,085	94,402	125,787
ベルギー	50,270	44,565	73,144	46,919	39,188
スウェーデン	10,162	8,776	12,487	13,365	16,109
ノルウェー	6,763	7,758	5,385	5,927	7,239
スペイン	12,311	23,223	18,695	23,571	20,616
ポルトガル	11,592	10,250	6,328	11,437	6,730
ロシア	9,000	22,060	33,454	26,710	19,235
デンマーク	1,833	3,162	4,243	4,239	5,092
イタリア	3,495	2,967	1,645	6,730	15,185
ジャージー島	80	75	—	25	25
インド	270	—	250	250	250
日　本	550	—	900	1,753	3,932
中　国	—	—	300	550	270
オーストリア	—	600	140	—	3,100
英領北アメリカ	205	1,000	—	275	—
アメリカ合衆国	—	42,000	90,087	6,150	8,650
エジプト	—	—	200	—	—
オーストラリア	—	—	—	—	100
計	337,559	395,658	495,638	430,261	506,636

出所）*The Iron, Steel, and Allied Trades in 1882, Annual Report to the Members of the British Iron Trade Association,* London, 1883, p. 19より作成。

でその比重を低下させている。

クリーヴランド製鉄工業に陰りが見え始めた八〇年代初頭に、輸出市場として重要性を失っていないのは、ドイツ、オランダ、フランス、スカンディナヴィア諸国、イタリア、日本、オーストリア、アメリカ合衆国であり、一八八一年から一八八二年にかけて輸入量を増加させている。表2-9から明らかなように、一九世紀七〇年代後半から、我が国へのミドルズバラ港経由の銑鉄輸出は着実に増加し、明治一四年には約四、〇〇〇トンに上っている。アジア諸国のうち、日本は最大の輸入国であった。他方、ベルギー、スペイン、ポルトガル、中国は輸入量が低下している。特に、ベルギー市場の落ち込みは顕著である。ベルギーほどではないが、フランス市場も一八七七年には相対的な比率を一九・五%に低下させている。他方、一八六七年に全輸出量の一二%を占めていたドイツ市場はその相対的重要性を着実に増加させ、一八七七年には三〇%までその比率を上昇させている。クリーヴランド製鉄工業が斜陽期に入った八〇年代においても、フランス市場とドイツ市場の重要性は失われず、フランスはクリーヴランド産銑鉄輸出量の二五%、ドイツは二八・五%を吸収している。また、表2-10に示すように、連合王国全体の銑鉄輸出量に占めるクリーヴランド産銑鉄輸出量は、一八六八

表 2-10　連合王国の銑鉄・鋼鉄輸出量（1868〜1882 年）

年	銑鉄（トン）	銑鉄・鋼鉄合計（トン）	価格（£）
1868	552,999	2,041,852	
1869	710,656	2,675,331	
1870	758,339	2,825,575	24,038,090
1871	1,057,458	3,169,219	26,124,134
1872	1,331,143	3,382,762	35,996,167
1873	1,142,065	2,957,813	37,731,239
1874	776,116	2,487,522	31,190,256
1875	947,827	2,457,306	25,747,271
1876	910,005	2,224,470	20,737,410
1877	882,059	2,346,370	20,094,562
1878	923,080	2,296,860	
1879	1,223,436	2,883,484	
1880	1,632,343	3,792,993	
1881	1,482,354	3,818,338	
1882	1,758,152	4,350,297	

出所）Cleveland Ironmasters' Association, Secretary's Report for the Year 1880, Minute Book, Vol. 2, Modern Records Centre, University of Warwick, MSS. 365/CIA ; *The Iron, Steel, and Allied Trades in 1877, Annual Report to the Members of the British Iron Trade Association*, London, 1878, p. 39 より作成。

表 2-11 ミドルズバラ港経由沿岸銑鉄輸送量(1877〜1882 年)

(単位:トン)

輸送先	1877 年	1878 年	1879 年	1880 年	1881 年	1882 年
スコットランド	317,249	300,554	205,846	283,463	323,748	253,258
ウェールズ	60,339	58,740	70,267	89,204	97,696	87,527
ニューカッスル	48,478	30,716	35,492	52,332	45,541	55,972
その他国内港	34,324	32,470	28,300	39,944	34,165	27,880
計	460,390	422,480	339,905	464,943	501,150	424,637

出所) *The Iron, Steel, and Allied Trades in 1882, Annual Report to the Members of the British Iron Trade Association,* London, 1883, p. 19 より作成。

表 2-12 ミドルズバラ港経由海外輸出・沿岸輸送銑鉄量(1873〜1880 年)

(単位:トン)

輸送先	1873 年	1874 年	1875 年	1876 年	1877 年	1878 年	1879 年	1880 年
海外輸出	339,916	232,422	316,830	320,698	321,946	337,559	395,658	495,638
沿岸輸送	182,565	244,394	296,284	384,735	460,390	422,480	419,905	464,943
計	522,481	476,816	613,114	705,428	782,336	760,039	815,563	960,581

出所) Cleveland Ironmasters' Association, Secretary's Report for the Year 1880, Minute Book, Vol. 2, Modern Records Centre, University of Warwick, MSS. 365/CIA より作成。

年に二四・七%、一八七二年に二九・〇%、一八七七年に四一・四%、一八八二年に二九%と高い比率を占め、特に一八七三年以降の不況期にはその比率を上昇させている(55)。

一八七七年におけるクリーヴランド産銑鉄の沿岸航路による国内他地域への輸送量は、四五七、七六八トンであり、対前年比で七一、一三〇トンの増加である。このうち、表2-11に示すように、スコットランド向けは三一四、九六七トン、ウェールズ向けは六八、七一〇トンであり、その他の港へは七四、〇九一トンである。また、表2-12から明らかなように、クリーヴランド産銑鉄の一八七三年における沿岸航路輸送量は、一八二、五六五トンであったから、この四年間で輸送量は二・五倍以上に増加したことになる(56)。輸出および国内沿岸航路輸送を含む一八七七年のクリーヴランド産銑鉄の輸送量は、約八二二、〇〇〇トンであった(57)。この他に、約五〇万トンが陸路で、主にマンチェスター、リーズ、ブラッドフォード(Bradford)、その他の国内都市に鉄道輸送された(58)。これらの都市に送られた銑鉄は、鋳造所(foundry)・溶銑炉(cupola)で溶解され、鋳型に入れられて、鋳鉄（cast iron）となるか、鍛鉄工場（forge）で錬鉄とされる。こうして、クリーヴランドは次第に自地域内における消費への依存度を弱めて来ている。[59]

この時期には既にクリーヴランド地域のレール取引は終焉し、かつて年間三〇万トンから四〇万トンの粗鉄（crude iron）を購入していた買い手を失ったが、銑鉄生産業者は地域市場を越えて、遠距離に市場を求め、成功している。[60] 表2-12が示す通り、不況の一八七四年に落ち込みを経験するが、その後ミドルズバラ経由のクリーヴランド産銑鉄の海外輸出は回復し、着実に増加している。結局、一八七七年のクリーヴランド製鉄工業地域における銑鉄生産総量、二、二二四、八三一トンのうち、外国市場の占める比率は、三六四、八九九トン（一七・二％）、沿岸航路国内市場は、四五七、七六八トン（二一・五％）、国内他地域、約五〇万トン（二三・五％）であり、残るほぼ八〇万トン（三七・八％）が直接にクリーヴランド地域で消費されたことになる。[61] 一九世紀の後半に、ミドルズバラがクリーヴランド製鉄工業地域の結節点として、生産中心地としてだけではなく、移出基地としても、その求心力を確立してゆく過程は、表2-13が示す通りである。一八八一年・一八八二年に北東部の海港から輸出された銑鉄のうち、七〇％以上がミドルズバラ港を経由するものであった。[62]

少なくともクリーヴランド地域に関する限り、既に簡単にふれたように、一八七三年以降の恐慌の影響は、それほど深刻ではなかった。一八七四年にはミドルズバラ経由の銑鉄の販売量は、国内・海外を含

表2-13　北東部イングランド海港からの銑鉄輸出（1881～1882年）

（単位：トン）

輸出港	1881年	1882年
ミドルズバラ	430,261（77.9）	506,636（71.7）
ニューカッスル	65,423（11.8）	102,396（14.5）
サンダーランド	240（－）	494（0.1）
ハートリプール	32,210（5.8）	57,974（8.2）
ストックトン	13,060（2.4）	19,693（2.8）
サウス・シールズ	8,659（1.6）	8,610（1.2）
ノース・シールズ	2,650（0.5）	10,710（1.5）
計	552,503（100.0％）	706,513（100.0％）

注記）括弧内の数値は％。
出所）Cleveland Ironmasters' Association, Secretary's Report for the Year 1880 ; *The Iron, Steel, and Allied Trades in 1877, Annual Report to the Members of the British Iron Trade Association*, London, 1878, p. 39 より作成。

めて、一八七三年の五二二、四八一トンから八％ほど落ち込み、四七六、八一六トンに減少している。イギリス（連合王国）全体でも、銑鉄輸出は、一八七三年の一、一四二、〇六五トンから、七七六、一一六トンへ三二％の減少を経験している。また、銑鉄および鋼を合算した全イギリスの総輸出量も二、九五七、八一三トンから二、四八七、五二二トンに下落している。しかし、クリーヴランド地域の銑鉄販売は、翌一八七五年には六一三、一一四トンに回復し、以後、販売量は着実に増加している。六年後の一八八〇年には、不況の影響が最も深刻であった一八七四年の二倍以上の九六〇、五八一トンを販売するに至っている。(63) この地域の鉄鉱石産出量もほぼ同様の傾向を示し、一八七四年の五、四二八、四九七トンを最低として、以後、増加している。(64) しかし、恐慌の影響として無視できないのは市場の相対的な重要性の変化である。国内市場の占める比率が、不況を境にして、増加傾向を示し、一八七六年以降にはミドルズバラ経由の販売量の五割から六割を占めるようになっている。主要な輸出先であったドイツ、あるいはフランス、アメリカにおいて、輸入代替が進行していたからであろう。

北部イングランドにおける一九世紀六〇年代半ばから一九一七年に至る可鍛鋳鉄製品、レール・鉄板・棒鉄・山形鉄の長期の詳細な生産統計、それぞれに関する生産量、生産重量比、トン当たり平均価格、出荷額総計は巻末統計付録(65)6・7に示してあるので、それに譲り、ここではとりあえず、イギリス全体の製鉄工業最盛期から不況期までの銑鉄および可鍛鋳鉄製品の輸出市場の動向を追ってみよう。表2-14は、一八七〇年から一八七七年までの銑鉄、棒鉄、山形鉄、ボルト・ロッド、レール、金輪・薄板・鉄板、その他の可鍛鋳鉄製品の主要な海外市場であった一一カ国のうち、インド、オーストラリア、英領北アメリカ、ドイツ、フランス、ロシア、オランダ、ベルギー、アメリカ合衆国への輸出重量を示したものである。(66) この間、重量において、最も重要な輸出品は七〇年代の初頭にはレールであったが、急速にその比率は低下し、代わって銑鉄が優位を占めるようになった。完成品としてレールに次ぐのは、棒鉄・山形鉄、ボルト・ロッドであり、金輪・薄板鉄板がそれに続いている。

表 2-14　連合王国の銑鉄・可鍛鋳鉄製品輸出（1870～1877 年）

［インド］　　　　（単位：トン，以下同）

年	棒鉄・山形鉄・ボルト・ロッド	レール	金輪・薄板・鉄板	その他
1870				
1871				
1872	16,054	14,651	18,055	20,283
1873				
1874				
1875				
1876				
1877	51,066	106,049	32,785	39,521

［オーストラリア］

年	棒鉄・山形鉄・ボルト・ロッド	レール	金輪・薄板・鉄板	その他
1870	12,507	8,691	13,515	19,388
1871	12,384	14,110	13,899	18,708
1872	20,841	25,094	20,267	23,595
1873	15,573	35,075	21,247	31,270
1874	23,946	85,656	24,329	36,780
1875	29,005	82,521	33,944	41,774
1876	21,203	29,582	27,725	39,630
1877	29,746	84,783	40,407	56,778

［英領北アメリカ］

年	銑　鉄	棒鉄・山形鉄・ボルト・ナット	レール	金輪・薄板・鉄板	その他
1870	—	38,939	36,291	11,980	12,376
1871	—	45,457	61,733	16,278	16,207
1872	94,002	46,536	77,255	16,043	21,599
1873	29,300	31,341	54,563	9,554	19,916
1874	29,879	28,416	63,032	10,281	26,658
1875	37,354	22,506	85,170	7,550	15,365
1876	24,431	22,504	61,095	8,154	11,367
1877	21,235	30,131	36,378	10,421	12,276

［ドイツ］

年	銑　鉄	棒鉄・山形鉄・ボルト・ナット	レール	金輪・薄板・鉄板	その他
1870	126,178	11,511	52,660	9,837	17,035
1871	203,358	15,093	50,288	14,446	23,204
1872	310,597	17,799	50,105	16,034	28,607
1873	260,703	26,842	40,060	26,010	28,090
1874	177,037	7,978	7,177	10,714	13,929
1875	255,370	7,199	4,147	12,173	20,609
1876	245,042	5,127	14,171	12,232	21,844
1877	234,261	5,540	23,396	9,498	12,405

[フランス]

年	銑　鉄	棒鉄・山形鉄・ボルト・ナット	レール	金輪・薄板・鉄板	その他	未精錬鋼 (unwrought steel)
1870	92,441	4,137	372	3,109	4,433	2,221
1871	72,176	785	2,654	1,907	4,422	1,662
1872	90,234	1,331	2,117	3,162	4,805	3,204
1873	89,167	2,453	1,963	4,891	4,994	2,791
1874	69,976	679	3,446	1,285	4,475	2,481
1875	91,868	472	114	1,910	4,910	2,825
1876	95,182	364	138	3,031	4,962	2,961
1877	107,400	277	155	1,869	5,077	2,855

[ロシア]

年	棒鉄・山形鉄・ボルト・ロッド	レール	金輪・薄板・鉄板	その他
1870	—	207,676	11,253	21,134
1871	—	79,119	17,529	14,635
1872	21,188	106,939	12,344	18,434
1873	21,588	161,177	17,966	42,662
1874	25,457	146,808	9,532	17,358
1875	28,498	111,248	14,492	16,467
1876	14,782	86,183	12,036	19,537
1877	4,079	84,554	6,836	5,543

[オランダ]

年	銑　鉄	棒鉄・山形鉄・ボルト・ナット	レール	金輪・薄板・鉄板	その他
1870	156,879	10,197	15,466	8,290	5,677
1871	244,557	8,363	14,811	8,510	12,447
1872	352,895	8,479	5,125	9,810	13,598
1873	335,814	13,498	20,490	11,816	16,350
1874	199,648	4,921	18,060	7,253	7,819
1875	229,789	6,647	6,848	9,960	10,370
1876	235,265	5,248	692	10,425	16,261
1877	198,999	4,290	950	8,985	8,871

[ベルギー]

年	銑　鉄	レール
1872	143,435	19,978
1873	147,178	28,612
1874	96,044	14,790
1875	109,037	494
1876	115,198	225
1877	98,825	123

［アメリカ合衆国］

年	銑　鉄	棒鉄・山形鉄・ボルト・ロッド	レール	金輪・薄板・鉄板	錫メッキ鉄(鋼)板	その他	鋼
1870	113,980	50,538	421,824	39,228	—	9,661	17,787
1871	188,113	64,301	511,059	41,498	—	10,637	21,157
1872	195,151	64,583	467,304	31,407	87,360	13,468	23,821
1873	102,624	22,676	186,300	18,272	85,527	22,571	19,339
1874	42,868	4,658	94,466	8,422	91,424	20,059	13,580
1875	51,362	3,264	17,790	11,025	95,995	7,816	10,681
1876	41,640	2,572	374	7,014	90,233	4,117	7,480
1877	35,904	5,879	2,524	5,081	106,405	2,413	6,282

［輸出総計］

年	銑　鉄	棒鉄・山形鉄・ボルト・ロッド	レール	金輪・薄板・鉄板	その他	錫メッキ鉄(鋼)板	古　鉄	未精錬鋼
1870	753,339	321,455	1,059,392	181,484	233,721	—	106,749	34,962
1871	1,061,004	349,126	979,017	201,819	244,327	—	138,831	39,170
1872	1,331,148	313,600	945,420	207,495	269,607	118,083	107,521	44,969
1873	1,142,065	286,845	785,014	201,570	282,000	120,638	60,339	39,418
1874	774,280	259,630	782,437	168,628	257,965	122,783	43,333	31,442
1875	947,827	276,068	545,981	204,483	239,869	138,363	21,610	20,858
1876	910,005	227,945	414,656	191,982	244,054	132,564	22,591	25,777
1877	881,442	247,733	497,924	199,863	254,813	153,108	23,284	24,402

出所）*The Iron, Steel, and Allied Trades in 1877, Annual Report to the Members of the British Iron Trade Association,* London, 1878, pp. 40-46 より作成。

可鍛鋳鉄製品の最大の輸出市場は、英領北アメリカとアメリカ合衆国である。主力製品は、レール、棒鉄・山形鉄であった。少なくとも、一八七三年恐慌に至るまで、イギリスの鉄製品輸出を牽引したのは、アメリカにおける旺盛な鉄道投資であった。その後、ロシア、オーストラリア、インドにおける大規模な鉄道建設によるレール需要がイギリスの鉄製品輸出を支えたのである。特に、一八七七年におけるインド市場向けレールは、一〇万トンを超え、欧米レール市場の落ち込みを補っている。[67] ドイツ、ベルギー、フランス、オランダ等のヨーロッパ大陸諸国は可鍛鋳鉄製品市場としては、一九世紀七〇年代後半に次第に重要性を失っていくが、同じく表2-14が示すように、銑鉄市場としては引き続き重要な位置を占めている。特に、オランダは、一八七〇年から一八七七年までの八年間にドイツの年平均二二六、五六八トンに次ぐ銑鉄輸入国として、年平均二二一、八四三トンの銑鉄をイギリスから輸入している。[68]

製鉄工業における国際競争、特にアメリカとの競争に関して、最後に、一九世紀後半におけるベッセマー式鋼(Bessemer steel)生産の動向を簡単に見ておこう。表2-15は、一八六八年から一八七七年の一〇年間における連合王国のベッセマー式鋼生産工場数、転炉(converter)数の増減を示したものである。この一〇年間に、鉄鋼製造工場数は一・四倍、転炉数は二倍と着実に増加してはいる。[69]他方、表2-16・表2-17に示すように、一九世紀七〇年代初頭に四万トン、すなわちイギリスの二割にも満たないベッセマー鋼しか生産していなかったアメリカの鋼工業は、一八七六年には五二五、九九六トンを生産するまでになり、イギリスの年産七〇万トンとほぼ肩を並べるほどに成長している。全世界の鋼生産に占めるアメリカの比率も二八・七%とイギリスの三八・二%に次いで高く、ドイツ、フランスを加えれば、イギリスのそれを上回っている。銑鉄生産と比べると、イギリスの国際的優位は最早明らかではなくなっている。[70]

イギリス(グレート・ブリテン)国内におけるベッセマー鋼生産地域の分布は、表2-18に示す通りである。シェフィールド、西部沿岸地域、南ウェールズが生産中心地であり、クリーヴランドは単独の地域としては他地域に遅れをとっている。この地域は、あくまでも銑鉄生産の中心地域であった。イギリスで生産された鋼の二五~三〇%は、表2-19が示すように、レールに加工され、ロシア、英領北アメリカ、ドイツ、インド、オーストラリア等へ輸出されている。[71]一八七六~一八七七年の世界銑鉄生産量に占めるイギリスの比率は、先述のように、圧倒的に高かった。世界の全銑鉄生産高のほぼ半分は、イギリスで生産されていたのである。しかし、新しい製鉄技術に基づくより優れた金属の生産において、イギリスは一九世紀の八〇年代を迎える時期になると徐々に遅れをとり始めていた。銑鉄生産におけるイギリスの優位は、その後も続き、少なくとも一九世紀が終わるまでは、素材としての銑鉄の生産量と輸出量で他を圧してはいたが、この事実はまた後年のイギリスの鋼生産の技術革新と新たな製鉄工業

表 2-15　連合王国におけるベッセマー式鋼工場数・転炉数（1868〜1877 年）

年	ベッセマー鋼生産工場数	増　減	転炉数	増　減
1868	18	—	57	—
1869	18	0	59	2
1870	19	1	71	12
1871	19	0	89	18
1872	19	0	91	2
1873	21	2	105	14
1874	21	0	106	1
1875	22	1	107	1
1876	24	2	110	3
1877	25	1	114	4

出所） *The Iron, Steel, and Allied Trades in 1877, Annual Report to the Members of the British Iron Trade Association,* London, 1878, p. 60 より作成。

表 2-16　グレート・ブリテンおよびアメリカにおけるベッセマー式鋼生産量（1870〜1877 年）

（単位：トン）

年	生産量（グレート・ブリテン）	生産量（アメリカ合衆国）
1870	215,000	40,000
1871	329,000	45,000
1872	410,000	110,500
1873	496,000	157,000
1874	540,000	191,933
1875	620,000	375,517
1876	700,000	525,996
1877	750,000	—

出所） *The Iron, Steel, and Allied Trades in 1877, Annual Report to the Members of the British Iron Trade Association,* London, 1878, p. 61 より作成。

表 2-17　ベッセマー式およびその他方式による鋼生産量（1876 年）

国　名	ベッセマー式鋼インゴット			その他方式による鋼インゴット
	工場数	転炉数	生産量（トン）	生産量（トン）
イギリス	24	110	700,000（38.2）	140,900
アメリカ	11	27	525,996（28.7）	71,178
ベルギー	2	12	71,758（3.9）	—
フランス	8	28	261,874（14.3）	29,876
スウェーデン	19	38	21,789（1.2）	—
ドイツ	19	78	242,261（13.2）	128,449
ロシア	2	4	8,500（0.5）	—
計	85	297	1,832,178（100.0）	

注記） 括弧内の数値は%。
出所） *The Iron, Steel, and Allied Trades in 1877, Annual Report to the Members of the British Iron Trade Association,* London, 1878, p. 61 より作成。

への構造転換を遅らせることになったのである。

　個別企業の事例で言えば、一八七一年にボルコウ・ヴォーン製鉄株式会社は、鋼、特に鋼製レールへの需要転換を見越して、鋼生産への転換を模索し始める。しかし、クリーヴランド鉄鉱石は燐含有量が多く、鋼生産には適していなかった。従って、ベッセマー転炉による鋼生産は、スペイン産鉄鉱石を必要としていた。ボルコウ・ヴォーン製鉄株式会社取締役会は、一八七一年にランカシャー、マンチェスター

表 2-18 グレート・ブリテンにおけるベッセマー鋼生産の分布（1877 年）

地　域	工場数	転炉数	生産能力	生産量（トン）
シェフィールド	6	24	266,600	190,000
西部沿岸	4	26	325,400	175,000
南ウェールズ	3	16	200,000	145,000
クリーヴランド	1	4	77,000	10,000
その他	10	42	471,800	230,000
計	24	112	1,340,800	750,000

出所）*The Iron, Steel, and Allied Trades in 1877, Annual Report to the Members of the British Iron Trade Association,* London, 1878, p. 66 より作成。

表 2-19 グレート・ブリテン産鋼製レールの輸出（1876〜1877 年）

輸出先	輸出量（トン）		価格（£）	
	1876 年	1877 年	1876 年	1877 年
ロシア	66,029	75,090	633,128	643,743
スウェーデン・ノルウェー	3,928	17,220	36,632	141,721
ドイツ	12,943	21,365	121,468	168,608
スペイン	6,279	12,929	55,506	100,901
イタリア	2,027	4,600	19,520	32,776
アメリカ合衆国	—	404	—	2,833
ブラジル	4,096	2,119	36,843	19,074
チ　リ	2,088	521	19,277	4,205
英領北アメリカ	36,247	28,041	336,096	238,160
英領インド	10,130	32,772	88,825	250,900
オーストラリア	10,442	27,909	105,598	229,532
その他	19,545	11,511	183,968	94,261
計	173,754	234,481	1,636,861	1,926,714

出所）*The Iron, Steel, and Allied Trades in 1877, Annual Report to the Members of the British Iron Trade Association,* London, 1878, p. 65 より作成。

近郊ゴートン（Gorton）の倒産製鋼所であるランカシャー製鋼株式会社（Lancashire Steel Co. Ltd.）の購入を決定した。翌一八七二年には、シェフィールドのジョン・ブラウン製鉄所（John Brown & Co.）とともに、ビルバオ近郊の複数のスペイン鉄鉱山に株式持分を獲得している。(72) 一八七八年には、シドニー・ギルクリスト・トマス（Sydney Gilchrist Thomas）とパーシー・カーライル・ギルクリスト（Percy Carlyle Gilchrist）が、燐含有量の多いクリーヴランド鉄鉱石を用いて、鋼を生産する目的でボルコウ・ヴォーン製鉄株式会社の一角に場所を与えられた。

そして、一八七八年四月に、後年「トマス・ギルクリスト工法」と呼ばれる製鋼法を開発した。その結果、クリーヴランド鉄鉱石の経済的な価値は再び保証されることになったのである。[73]

第3章　クリーヴランドの産業集積

1　クリーヴランド製鉄工業の産業立地

一九世紀後半のクリーヴランド地域における工業発展は、既にアルフレッド・マーシャル（Alfred Marshall）が注目したように、産業集積の古典的な事例として恰好の素材を提供する。ミドルズバラを中心都市とするクリーヴランド製鉄工業地域の産業集積を論ずる場合、二つの局面を分けて考えなければならない。一つは発生史的局面である。他は、産業集積の高度化・深化のプロセスである。発生史的観点からは、次のような分析が必要であろう。何故、ある特定の地域に特定の産業が発生し、拡大していったのかを問わなければならない。この場合には、産業立地論（Location Theory）的な接近が必要であろう。しかし、ある程度の集積・クラスター（industrial clustering, industrial agglomeration）が達成された後の過程については、その永続性と経済合理性の内容を分析しなければならない。これら二つの論点はもとより内的に関連し合っているが、次元の異なる問題を含んでいる。[1]

クリーヴランド製鉄工業地域とその移出基地、[2]ミドルズバラの産業集積については、大規模生産の展開とその経済合理性が顕在化した後の、産地形成の複雑な様相を整理・分析する近年の産業集積理論・クラスター論によっても部分的には説明可能である。例えば、マイケル・J・ピオリ／チャールズ・F・セーブルの言う地域形成の凝集力、あるいは「柔軟な専門化」(Flexible Specialization) を可能にする制度としての「地域生産共同体」(municipalism)・「福祉資本主義あるいは家父長主義」(Welfare Capitalism, Paternalism)・「家族主義」(Familialism) という概念は、部分的には説明力を発揮する。[3] 前世紀後半におけるイタリアの繊維工業諸地域で展開した協調と競争の巧みな組み合わせが、技術革新を刺激して、「柔軟な専門化」をもたらし、他国、あるいは他地域に対する競争優位を発揮することを可能にしたという事実は、後述する一八六〇年代後半のクリーヴランド製鉄工業地域の競争と技術革新のあり方をある程度は説明する。しかしながら、こうした概念のみで一九世紀後半におけるクリーヴランドの歴史的な事態の展開を、全面的に、整合的に説明することは困難である。

あるいはまた、ウィルソンとポップ (John F. Wilson and Andrew Popp) に従って、「地区」(*District*) を、特定産業の企業群が単一の町あるいは都市域に集中すること、「クラスター」(*Cluster*) を、共通の生産物・技術・市場・制度的枠組みによって結び付けられている諸産業の広範な塊 (agglomeration)、「地域」(*Region*) を、連結しつつ相互に依存する工業および商業の諸局面を伴った様々な規模の都市圏 (conurbations) の地理的なシステムと定義したとしても、実際の分析対象に立ち向かう場合には、定義通りの整序ができるとは限らない。また、地域経済分析の有力な概念である「ネットワーク」(*Network*) を、情報伝達・取引費用低減に大きな役割を果たし、信用基盤の整備に資するものであると想定しても、一義的な解釈は容易ではない。[4] クリーヴランドにおける一九世紀後半以降の産業集積・クラスター形成の実態は、より単純明快であり、その整理と発生のメカニズムの解明は、古典的な「工業立地論」、あるいは「経済地理学」の概念を援用することによって、充分可能である。まず、アルフレッド・マーシャルのよく知られた古典的な産業集積に関する言を聞くとしよう。彼の『経済学原理』第一巻第四編第一〇章は、産業上の組織（続）論として、特定地域への特定産業の集積の分析に充てられているが、その中でマーシャルは次のように述べている。

「いろいろな原因が多数寄り集まって産業の立地をきめるのだが、そのなかでも気象や土壌の性質、近隣あるいは水陸の便のあるところに鉱山や採石場があることなど、自然的条件が重要な役割をはたしてきた。金属工業は一般に鉱山の近く、あるいは燃料に恵まれた場所に立地した。イングランドの製鉄業は最初木炭の豊富な地区に起こったが、のちに炭鉱の近くに移動していった[5]」。あるいは、マーシャルが「鉄工業がウェールズ・スタッフォードシャーおよびシュロップシャーから後にスコットランドおよびイングランド北部へ移動していった状況は、サー・ローシイアン・ベルが通商産業不況委員会へ提出した諸表に鮮やかに示されている[6]」と述べた時、彼はクリーヴランド製鉄工業地域の産業集積の本質を至極単純明快な表現で説明している。

すなわち、ベルは一八八六年の商工業不況調査王立委員会において、一九世紀八〇年代から始まるイギリス製鉄工業の斜陽化との関連で、一九世紀初頭以降の製鉄工業における産業立地の変遷について、委員会議長であるイデスリー伯（The Earl of Iddesleigh）の質問に答えて、立地上の変化を詳述している[7]。イギリス製鉄工業に関するマーシャルの産業集積論は事の本質を衝いており、クリーヴランド製鉄工業の産業集積の発生をかなりの程度説明している。しかし、更に具体的にこの地域の産業集積を的確に説明する仮説として、次に「産業立地論」の言うところを聞いてみよう。とりわけ、市場との関連で「産業立地論」は示唆に富んでいる。

第二次大戦直後にアメリカを中心に発展したノース（D. C. North）やアイサード（W. Isard）、あるいはフーヴァー（E. M. Hoover）をはじめとする「産業立地論」（Location Theory）もイギリスにおける立証の素材として、しばしばクリーヴランド製鉄工業地域における産業集積をとりあげている[8]。例えば、ノースのいう地域経済を、産業集積・産地という言葉に置き換えてみれば、産業集積発生の歴史的なプロセスは次の通りである[9]。

①新しい定住地の人々は、当初、種々の実験を行い、どれが経済的に可能性があるかを探求する。クリーヴラ

ンド地域の製鉄業の発展に引き付けて言えば、第2章で紹介したように、一八四〇年代から一八五〇年までのボルコウ・ヴォーン製鉄所、ギルクス・ウィルソン機械製造会社等の先駆的企業の活躍の時代に該当し、この時代には両企業ともその製品の生産に関して試行錯誤の段階にあったと思われる。特に、ボルコウ・ヴォーン製鉄所が従来のようにスコットランド産の銑鉄を用いて、レール・蒸気機関・その他の機械に加工している段階から、エストン鉱山の鉄鉱石をいったんウィトン・パークの高炉に運び、銑鉄生産を行っていた段階に当たっている。

②輸出財生産の発展——輸送費を含む比較生産費の比較優位の確立。輸送費が輸出市場の範囲を決定する。

③地域にとっては、輸出品の需要は外生的な要因であるが、加工（生産）と輸送コストは外生要因ではない。歴史的には、新しい地域は全力を傾けて、協力し合い、加工費と輸送費の低下を図る。例えば、鉄道敷設、河川交通の整備などである。

④輸出基盤産業を中心に地域が成長すると、外部経済が発展し、輸出商品の競争力が改善される。販売機構、信用の拡大、輸送施設の改善、訓練された労働力、補完的産業が輸出基盤産業へ方向付けられるようになる。

⑤生産技術の改良のための一致協力体制が成立する。実験基地、大学、地域的研究機関が設立され、輸出産業の付属機関となり、農業、鉱業、あるいは輸出基盤産業の内容をなす工業における技術改良のための研究を行う。まさにこの局面は、後述するように、「ミドルズバラ職工協会」（Mechanics' Institute, 一八四四年）、「クリーヴランド機械技術者協会」（Cleveland Institution of Engineers, 一八六四年）、「鉄鋼協会」（Iron and Steel Institute, 一八六八年）の諸団体に代表される産地技術の蓄積に寄与したであろう研究機関設立のそれに当たる。更に、後に詳述するように、クリーヴランド製鉄工業地域に特徴的な技術革新の型、すなわち、個々の企業ではなく、「集団的発明・技術開発」（collective invention）がこれに当たる。

ノースはまた、特に新興工業地域における産業集積の結果としてもたらされる特定産業への集中とその永続性、産業構造の多様化への阻害要因として、次のような傾向を挙げている。すなわち、前掲①〜⑤の産業集積の形成過程において、新興工業地域が精力を傾けて追求した目標は、当該産地の製品を国内における他の産地および海外市場との競争に打ち勝って、伸張させることである。特に金属工業のような資源集約的な産業（extractive industry）に高度に依存する新興工業地域においては、前掲の過程で達成された外部経済と技術の発展が、特産品生産における収穫逓減を充分緩和する傾向がある。その結果として、こうした種々の試みは、移出基地における変化を促進するよりも、むしろ既存の特産品生産に対する地域の依存を強める結果を生む傾向がある。こうした保守的な傾向は、資本の役割によって、更に強化される。資本は、一般的に、輸出特産品産業の発展の過程において、新興工業地域に投下される傾向がある。地域内の企業が利益を蓄積し、地域の産業に対する投資の割合を増加させるまで、その地域は外部の資金の導入に期待せざるを得ない。外部の資本供給者は、新規の、未経験な企業よりも、既存の成功を収めた輸出産業に投資する傾向がある。[10] 輸出市場に大幅に依存する新興工業地域における技術革新の性格と資本供給のあり方が、産業集積に固有の性格を与えるのである。この点に関して、ボルコウ・ヴォーン製鉄所が一八六四年に株式会社に改組された際、ランカシャーの綿業資本がこれに参加したという事実は興味深い。[11]

同じく産業立地論を展開したフーヴァーは、産業集積を論ずる場合の基本概念の一つである費用を、取得費用（procurement cost）・加工（生産）費用（processing cost）・配送費用（distribution, transfer cost）の三つに分類している。[12] 加工（生産）費用は、要素投入係数と要素価格を反映するが、取得費用と配送費用は基本的には配送費用に依存している。[13] ミドルズバラを中心として一九世紀後半以降に展開した製鉄工業の場合、原料である鉄鉱石と燃料である石炭、コークスの取得費用が相対的に低いことは明らかである。他方、加工（生産）費用のうち、資本と土地に関する限り、他の製鉄工業地域と比べた場合、比較優位を享受していることもほぼ間違いない。問題は、労働力である。特に熟練労働力に関していえば、クリーヴランド地域の製鉄工業従事者の貨幣賃金水準の高さが示しているように、他の地域に比べて、製鉄業者にとって有利であったとは言えない。

産業立地論的な視点から、クリーヴランド製鉄工業地域の形成を辿ってみると、そこには比較的単純な要因の組み合わせがあったことに気が付く。すなわち、ミドルズバラ周辺における製鉄工業の立地については、一八六〇年の自治都市（Borough）市域への編入以前から形成されていた「製鉄業者集積地域」（Ironmasters' District）およびティーズ河畔の製鉄工業の集積が、その集約された形態を示している。都市内部に多数の製鉄工場を抱えるミドルズバラを含むクリーヴランド製鉄工業地域は、他の産業集積地域・クラスターとは趣を異にして、中心都市を核として形成された集積地域であった。一般的には地理的に離れた位置にある地域（region）と中心都市（metropolis）との間に見られる機能分化に基づく有機的な結合関係・ネットワークが、クリーヴランド製鉄工業地域では限られた地理的範囲の内部において、都市ミドルズバラを中心として重層的に重なり合い、相乗効果を伴いつつ展開していた。[14] 図3-1・図3-2[15]が示すように、限られた地域に高炉部門の企業と加工製鉄部門の企業が集中し、鉄鉱石、石炭、コークス、銑鉄、レール・棒鉄・鉄板・山形鉄の運搬のための鉄道引き込み線、ティーズ河畔の積出施設を共有し、コストの低減を実現した典型的な産業集積の実態がわかる。こうした高炉部分を含む製鉄関連産業部門の集積は、外部経済効果を伴って、その後のクリーヴランド製鉄工業の発展を加速させたのである。[16]

ストックトン・ダーリントン鉄道の支線延伸による南ダラム産の良質の石炭・コークスの搬入費用の低下、銑鉄・加工鉄製品の搬出費用の低減、銑鉄・石炭・可鍛鋳鉄製品の海外輸出基地としてのミドルズバラ港およびティーズ川の河川交通施設の整備、ミドルズバラ近郊、エストンにおける鉄鉱石鉱脈の発見と低費用による採掘という一八五〇年以来の比較優位、北海沿岸の大規模河川ティーズ川河口地域という地価の極めて低い、広大な塩性湿地における製鉄作業を効果的に実施した「クリーヴランド式製鉄法」の開発は、クリーヴランド製鉄工業地域の産業集積の利点を際立たせたのである。産業集積の内部では、南ウェールズのダウレイス製鉄所とボルコウ・

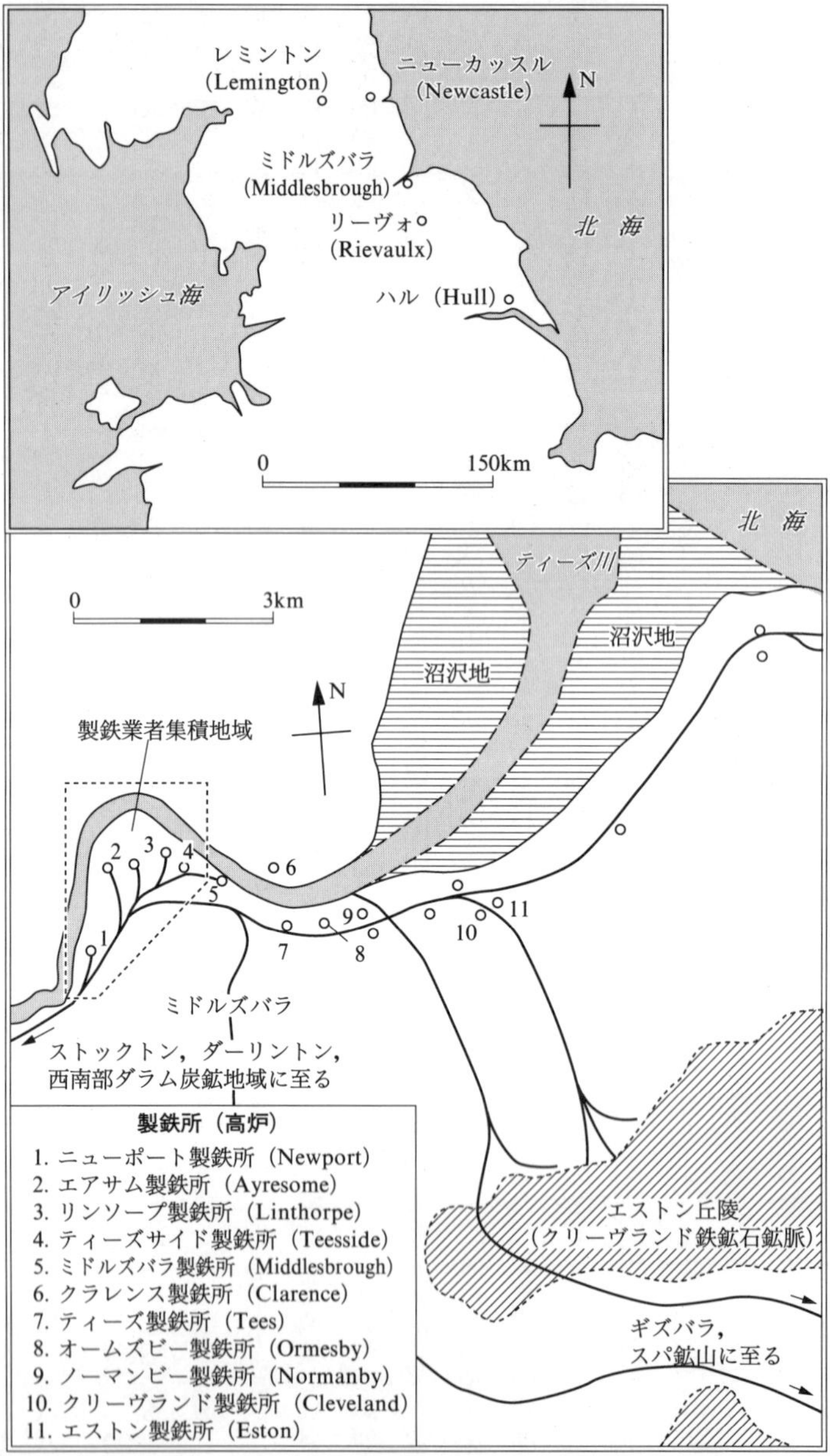

図 3-1　クリーヴランド製鉄工業地域高炉分布図（1873 年）

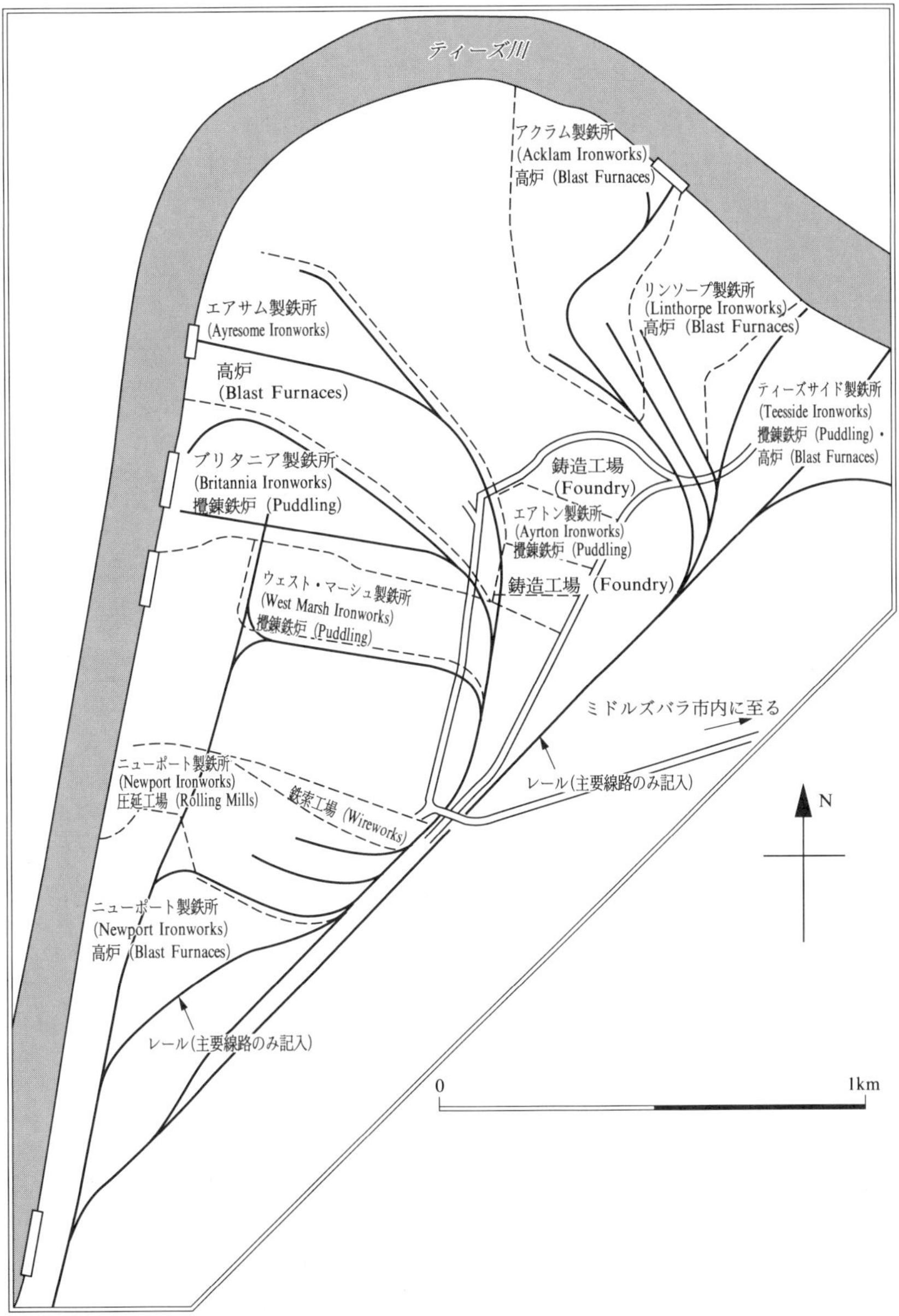
ティーズ川
アクラム製鉄所
(Acklam Ironworks)
高炉 (Blast Furnaces)
リンソープ製鉄所
(Linthorpe Ironworks)
高炉 (Blast Furnaces)
エアサム製鉄所
(Ayresome Ironworks)
高炉
(Blast Furnaces)
ティーズサイド製鉄所
(Teesside Ironworks)
攪錬鉄炉 (Puddling)・
高炉 (Blast Furnaces)
ブリタニア製鉄所
(Britannia Ironworks)
攪錬鉄炉 (Puddling)
鋳造工場
(Foundry)
エアトン製鉄所
(Ayrton Ironworks)
攪錬鉄炉 (Puddling)
鋳造工場 (Foundry)
ウェスト・マーシュ製鉄所
(West Marsh Ironworks)
攪錬鉄炉 (Puddling)
ミドルズバラ市内に至る
レール(主要線路のみ記入)
N
ニューポート製鉄所
(Newport Ironworks)
圧延工場 (Rolling Mills)
鉄索工場 (Wireworks)
ニューポート製鉄所
(Newport Ironworks)
高炉 (Blast Furnaces)
レール(主要線路のみ記入)
0
1km

図 3-2　ミドルズバラの「製鉄業者集積地域」(Ironmasters' District, 1875 年頃)

ヴォーン製鉄所との間に見られたような、銑鉄の売買、可鍛鋳鉄製品の差別化・特化と分業、水平統合、垂直統合といった関係が見られたかもしれない。あるいは、製鉄業者、特に技術者出身の製鉄業者相互間の信頼、信用、名誉、地域に固有の価値観、帰属意識という間主観的な心性が産業集積の結果として醸成されたのかもしれない。逆に、製鉄技術者に固有の心性が、産業集積をもたらし、維持再生産されたのかもしれない。いずれにしても、本格的なクリーヴランド製鉄工業地域の産業集積の成熟は、一八六〇年代である。以下、集積の進化の過程を、技術蓄積と市場に関する情報の集約と伝播に焦点を絞って、追ってみよう。[17]

産業集積という点から見れば、クリーヴランド地域における一九世紀七〇年代前半までの可鍛鋳鉄製品の主力であったレール生産にとって、ミドルズバラは恰好の場所であった。すなわち、都市建設後まもなく、この都市には、蒸気機関・レールを生産するボルコウ・ヴォーン、ギルクス・ウィルソンといった先駆的な機械工業が定着していたからである。この両者の存在は、言うまでもなく、ストックトン・ダーリントン鉄道の支線延伸と石炭・コークス輸出港として建設された鉄道都市としての基地ミドルズバラに多くを負っている。これら先駆的な企業集団を核として、一八五〇年のエストン鉱山の安価で大量の鉄鉱石の発見を重要な契機に、飛躍的な増産を達成する銑鉄という素材を現地調達する可鍛鋳鉄製品製造企業が蝟集し、集積されてくるのである。製鉄工業を取り巻く様々な課題を、個々の企業ではなく、クリーヴランド製鉄工業地域という、固有の銑鉄と可鍛鋳鉄製品を生産する産地として、解決しようとしたのである。市場という点から見れば、レールという主力製品のそれは、一八四〇年代、特に一八六〇年代以降に急速に拡大した新市場であり、旧来の市場への参入が持つ課題からは免れていたといってよい。後年、輸入代替によって、クリーヴランド製鉄工業を脅かす存在に成長していくアメリカやドイツの製鉄業と比べて、一八八〇年代に至るまで、クリーヴランド製鉄工業は敢えて言えば独占的に市場を支配していた。

結局、クリーヴランドの産業集積について現段階で言えることは、ウィルソンとポップが指摘しているように、「企業、産業、地区（district）、クラスターと地域経済システムは、同時に、そして常に、こうした統治の諸形態の混合されたものを使うのである。すなわち、様々な関係の構造が構築され、また構築し直され、外部の環境が変化するにつれて時間と共に変化するような混合である。このような継続的な変化とそれが起こる文脈を描くことが、歴史家に対して、登場人物の姿勢と行動に、そして地区とクラスターの成長と発展にネットワークがどのような影響力を与えるのかを分析する枠組みを提供する」のである。[18]

2　企業間分業

わが国における産業集積研究の成果に照らして、本書が対象としているミドルズバラを拠点とするクリーヴランド製鉄工業産地における産業集積のあり方を分析してみると、例えば、橘川武郎が言う「産業集積の内なる論理」を構成する分業、技術蓄積、創業のメカニズムに関して、日本経済史、あるいは経営史研究が明らかにしつつあるような深さでは、機械金属工業集積に関する集積内部のメカニズムを実証的に分析することはできない。[19] しかし、分析視角としてわが国の研究成果を援用し、可能な限り詳しくクリーヴランド製鉄工業産地における産業集積のあり方を追ってみよう。

集積の経済合理性のうち、企業間分業についてはどうであろうか。近年のわが国における機械金属工業に見られる企業規模による機能特化[20]に関してはともかく、クリーヴランド製鉄工業地域内部でも、ある時期以降、企業間の分業関係が形成された。すなわち、高炉部門に特化し、銑鉄を主として供給するベル兄弟製鉄所（Bell Brothers

Ironworks)、銑鉄の圧延作業に特化するフォックス・ヘッド製鉄所（Fox Head Co.）あるいは燃料炭・コークスを調達する炭鉱、原料である鉄鉱石鉱山を所有し、高炉、攪錬鉄工場（puddling mills）と鍛鉄工場（forge, foundry）、圧延作業場（rolling mills）を備え、可鍛鋳鉄製品を一貫生産するボルコウ・ヴォーン製鉄所（Messrs. Bolckow and Vaughan, 一八六四年に株式を公開して、Bolckow & Vaughan & Co. Ltd. となる）、あるいは、蒸気機関、その他の機械生産に重点を置くギルクス・ウィルソン製鉄・機械製造会社等である。また、可鍛鋳鉄製品でも、レール、棒鉄、鉄板、山形鉄、その他加工鉄製品のそれぞれについて、製鉄企業間に製品の特化が見られる。[21] 表3-1は、「北部イングランド仲裁・調停委員会」加盟一八企業の一八七〇年一一月三〇日現在における可鍛鋳鉄製品それぞれの産出量（トン）を示したものである。

表3-1　クリーヴランド製鉄工業における企業間分業（1870年）

（単位：生産量はトン）

製鉄所	所有攪錬鉄炉数	レール	鉄板	棒鉄	山形鉄
A	74		1,986		388
B	75	12,587			
C	31	3,854		421	506
D	28	3,491		210	331
E	26		5,257		
F	150	7,161	13,029		
G	38				
H	99	25,304			2,175
J	24			2,944	
K	57	300	6,173		3,983
L	32			2,106	2,459
M	200	7,425			
N	44		8,006		
O	57			300	1,000
P	20			2,252	
Q	103	2,500	2,688		
R	62	27,082			
S	183	13,250	1,008		
計	1,303	102,954	38,147	8,233	10,842

注記）原資料には製鉄所（I）が欠けている。
出所）Board of Arbitration and Conciliation for North of England Manufactured Iron Trade, Mr. Waterhouse's Returns (Sales of Manufactured Iron), Modern Records Centre, University of Warwick, MSS. 365/BAC, Vol. 1, pp. 22–23 より作成。

史料からは個別の企業名は特定できない。また、これら一八企業にはクリーヴランド製鉄工業地域外の北部イングランドの製鉄企業が含まれている。しかし、主要な可鍛鋳鉄製品、レール、鉄板、棒鉄、山形鉄のすべてを生産する製鉄所は皆無である。多くの企業は、一つないし二つの製品の製造に特化している。一九世紀七〇年代後半に

表 3-2 ミドルズバラにおける可鍛鋳鉄製品産出量（1870 年）

（単位：トン）

製鉄所	レール	鉄板	棒鉄	山形鉄	攪錬鉄炉数	圧延・鍛鉄工場数
ブリタニア製鉄株式会社 (Britannia Iron Works Co. Ltd.)	10,248			120		3
ホプキンズ・ギルクス製鉄所 (Hopkins, Gilkes and Co.)			535	2,622	100	5
クレイ・レイン製鉄所 (Clay Lane Iron Works)		1,450				
ジョーンズ兄弟製鉄所 (Jones, Brothers, and Co.)		1,093			23	2
ジャクソン・ジル製鉄株式会社 (Jackson, Gill and Co. Ltd.)			446		32	2
ボルコウ・ヴォーン製鉄株式会社 (Bolckow, Vaughan and Co. Ltd.)	16,212	2,587			67	11

出所）Board of Arbitration and Conciliation for North of England Manufactured Iron Trade, Mr. Waterhouse's Returns (Sales of Manufactured Iron), Modern Records Centre, University of Warwick, MSS. 365/BAC, Vol. 1, pp. 54-56 ; S. Griffiths, *Griffiths' Guide to the Iron Trade of Great Britain*, London, 1873, pp. 272-273 より作成。

至るまで、産出量の重量比において五〇％内外の比重（巻末統計付録6を参照）を占めたレールを生産する企業が最も多いが、一種類の製品に特化する企業は三割を超えている。標本規模は小さくなるが、ミドルズバラ地域に限って、企業名を特定することができる製鉄所の一八七三年九月一日時点におけるそれぞれの製品の販売成約高（トン）を示しておこう。表3-2が示す通り、六社中、ボルコウ・ヴォーン製鉄所とホプキンズ・ギルクス製鉄所（Hopkins, Gilkes and Co.）・ブリタニア製鉄所（Britannia Iron Works. Co. Ltd.）以外は、単品の生産に特化している。[22] なお、一八七〇年および一八七七年におけるイングランドとウェールズ各地における可鍛鋳鉄製品の産出高の目安として、各生産地における攪錬鉄炉数の分布・推計生産量・工場数を示した表3-3〜表3-5も併せて掲載しておく。[23]

一九世紀七〇年代の前半においては、南部スタッフォードシャー地域が攪錬鉄炉数において、北部イングランド、南ウェールズ・マンマスシャーを凌ぎ、一、七〇〇基あまりの炉数を誇っている。しかし、一八七〇年代後半に至ると、可鍛鋳鉄加工品生産において、北部イングランド、なかでもクリーヴランド地域の進出が著しい。完成鋳鉄製品の産出量推計値において、ダラムを含むクリーヴランド地域は、南部スタッフォードシャー、ランカシャー、スコットランドを上回り、年産四〇万トン強を生産するようになる。クリーヴランドを中心とする北部イングランドの一鋳造工場当たりの攪錬鉄炉数四四基から判断する限り、鋳造工場の資本規模は北部スタッフォードシャーに次いで、際立って大きなものであったことがわかる。

南ウェールズでは、石炭・鉄鉱石・精錬・鍛鉄・完成品製造等の垂直的統合を行う企業が多かったが、北東部イングランドではそれほどでもなく、素材・中間生産物・完成品製造のそれぞれの段階で、特定の生産物に特化する企業が少なくなかったものと思われる。(24) 一八四〇年代の初めから、ティーズ川河川敷の離水新生地（Derelict Mud

表 3-3 イングランド・ウェールズにおける攪錬鉄炉数（1870 年）

製鉄工業地域	攪錬鉄炉数
北部イングランド	1,209
シェフィールド・ロザラム	347
リーズ・ブラッドフォード	231
ダービーシャー	91
南部スタッフォードシャー	1,695
北部スタッフォードシャー	389
シュロップシャー	214
ランカシャー	141
北ウェールズ	56
南ウェールズ・マンマスシャー	1,169
カンバーランド	52
計	5,594

出所）Board of Arbitration and Conciliation for North of England Manufactured Iron Trade, Mr. Waterhouse's Returns (Sales of Manufactured Iron), Modern Records Centre, University of Warwick, MSS. 365/BAC, Vol. 1, p. 14 より作成。

表 3-4 連合王国における可鍛鋳鉄製品（完成鉄製品）の推計生産量（1877 年）

（単位：トン）

製鉄工業地域	推計生産量
クリーヴランド・ダラム	405,000
南ウェールズ	98,000
スコットランド	218,000
南部スタッフォードシャー	365,000
ヨークシャー（ウェスト・ライディング）	110,000
シェフィールド・ロザラム	155,000
ダービーシャー	25,000
ランカシャー	200,000
カンバーランド	28,000
シュロップシャー	60,000
北部スタッフォードシャー	100,000
その他地域	30,000
計	1,794,000

出所）*The Iron, Steel, and Allied Trades in 1877, Annual Report to the Members of the British Iron Trade Association*, London, 1878, p. 36 より作成。

表 3-5　連合王国各地域における鋳造工場・攪錬鉄炉数および生産能力（1877 年）

製鉄工業地域	鋳造工場数	攪錬鉄炉数	1 工場当たり攪錬鉄炉数	生産能力（トン）
北部イングランド	43	1,894	44.0	1,136,400
リーズ・ブラッドフォード	14	280	20.0	168,000
シェフィールド・ロザラム	16	438	27.4	262,800
ダービーシャー	5	69	13.8	41,400
ランカシャー	26	421	16.2	252,600
カンバーランド	5	80	16.0	48,000
シュロップシャー	9	175	19.4	105,000
北部スタッフォードシャー	9	433	48.1	259,800
南部スタッフォードシャー	129	2,009	15.6	1,205,400
サマセットシャー	1	22	22.0	13,200
グロスターシャー	1	3	3.0	1,800
北ウェールズ	5	69	13.8	41,400
南ウェールズ	31	955	30.8	573,000
スコットランド	18	311	17.3	186,600
計／平均	312	7,159	22.9	4,295,400

出所）*The Iron, Steel, and Allied Trades in 1877, Annual Report to the Members of the British Iron Trade Association*, London, 1878, pp. 36-37 より作成。

Land）に、少なくとも二社の機械金属工業企業が操業していたことは前述の通りである。錨・鎖・鉄索・レール、蒸気機関・無蓋貨車などの可鍛鋳鉄加工製品および真鍮を製造するボルコウ・ヴォーン製鉄所と船舶用および定置蒸気機関、橋梁用鉄材、建築用鉄板・レール・棒鉄・山形鉄・客車座席・炭水車をはじめとする可鍛鋳鉄加工製品を製造する「ティーズ機関・可鍛鋳鉄製造工場」（Tees Engine and Foundry Co.）、およびギルクス・ウィルソン製鉄・機械製造会社の二社が、ある程度の製品種別による分業関係を構築していたとも言える[25]。

しかし、ミドルズバラの先駆的な機械金属工業企業として、両社が誕生間もない新興都市において操業し得たのも、その製品需要と利益の多くをミドルズバラの鉄道建設都市としての側面に負っていたからである。この点は、巻末統計付録 4 に示した一八四九年から一八五八年における両社の鉄道会社への大幅な依存を見れば明らかである。原料である銑鉄は、地域内で生産されることはなく、スコットランドからの移入に仰いでいた。原料価格は外生的に決定され、地域のコントロールの外にあった。市場は局地的

写真8　製鉄工業労働者の職住近接

出所）Araf K. Chohan, *Britain in Old Photographs, Middlesbrough*, Stroud, 1996, p. 49.

であって、両社の営業活動の一層の拡大と産業集積の進展を期待できるほどのものではなかった。この段階では、産業集積はもとより、分業による経済合理性の実現は事実上無視し得るほどのものであった。

後年、クリーヴランド製鉄工業地域として自立する地域に産業集積が本格的に進展するのは、一八六〇年代後半からである。空間的にも、集積が截然としているミドルズバラ地域の産業集積を詳しく見てみよう。ティーズ川湾曲部分の河川敷に建設され、一八六六年に市域に組み入れられた「製鉄業者集積地域」には、前掲図3-2[26]が示すように、既にこの時点で、高炉部門、圧延部門、可鍛鋳鉄製品加工部門に特化する六社が、ティーズ川と一八二九年に延伸された、かつてのストックトン・ダーリントン鉄道の軌道敷地に囲まれた、限られた一画に集積している。クリーヴランド製鉄工業が絶頂期を迎え、文字通り世界の製鉄中心地として、ヴィクトリア朝の繁栄の一翼を担っていた一九世紀七〇年代半ばまでに、この地域には更に多くの機械金属工業企業が蝟集して来る。前掲地図に示したように、一八七五年までには、一〇社がそれぞれ、高炉、攪錬鉄炉、圧延工場、可鍛鋳鉄加工工場、鉄索工場を所有し、操業を続けている。この「製鉄業者集積地域」内に網の目のように張り巡らされた軌道は、重量と嵩のある鉄鉱石、石炭・コークス、石灰石、各種加工製品、鉱滓・溶滓の運搬には欠かせない、集積地域の個別企業にとってはいわば公共財であった。

他方、すさまじい騒音と硫黄臭、煙、粉塵による大気汚染の甚だしい産業集積地・工業団地を都市居住地域と近

表 3-6　クリーヴランド地域の高炉数および銑鉄・可鍛鋳鉄産出量（1856〜1861 年）

（単位：生産量は週当たりトン数）

工場名	所有会社名	稼動高炉数	稼動停止高炉数	銑鉄生産量	鋳鉄生産量
ミドルズバラ (Middlesbrough)	ボルコウ・ヴォーン製鉄所 (Bolckow and Vaughan)	3	0	450	300
エストン (Eston)	ボルコウ・ヴォーン製鉄所 (Bolckow and Vaughan)	6	0	900	−
エストン (Eston)	エルウィン製鉄所 (Elwyn and Co.)	3	0	430	−
クラレンス (Clarence)	ベル兄弟製鉄所 (Bell Brothers)	3	0	400	−
ミドルズバラ (Middlesbrough)	ギルクス・ウィルソン製鉄所 (Gilkes, Wilson, and Co.)	4	0	500	−
オームズビー (Ormesby)	コクラン製鉄所 (Cochrane and Co.)	2	2	250	−
エストン (Eston)	サミュエルソン製鉄所 (B. Samuelson and Co.)	3	0	400	−
ミドルズバラ (Middlesbrough)	スノードン・ホプキンズ製鉄所 (Snowden and Hopkins)	0	0	0	200

出所）S. Griffiths, *Griffiths' Guide to the Iron Trade of Great Britain,* London, 1873, p. 315 より作成。

接して設置せざるを得なかった理由は、ミドルズバラが当初から抱えていた地理的な条件と製鉄工業労働者の職住近接への性向である。「製鉄工業労働者は、何が何でも職場にできるだけ近く住み、時間と移動費用を節約しようとした。いきおい彼らは互いに密集して居住せざるを得ず、大部分の労働者居住地域には、周囲に開かれた空間がなかった[27]」のである。

産業集積によって発生する経済合理性のうち、企業間分業の実態についてもう少し細かく見てみよう。表3-6〜表3-8は、一八五六年、一八七三年におけるクリーヴランド製鉄工業地域のうち、ストックトン、ウィットビー（Whitby）を除くミドルズバラ地域の製鉄工業、機械金属工業企業の所有・稼動高炉数、産出量（トン）、攪錬鉄炉および圧延・鍛鉄工場数を示したものである[28]。一八七三年恐慌直前の時点で、ミドルズバラを拠点とする製鉄工業企業のうち、銑鉄生産部門・高炉部門に特化していると思われる企業数は一三社である。圧延・鍛鉄工場を併せ持つ企業は三社である。自社あるいはミドルズバラの製鉄企業から素材である銑鉄を入手し、加工する企業数は七社である。その他、製鉄工業の関連諸産業企業として、蒸気ハンマー・蒸気機関を生産するジョイ社（Joy and Co.）[29]、ボルト・ナットを生産するクリーヴラン

表 3-7　クリーヴランド地域の高炉数（1873 年）

工場名	所有会社名	所有高炉数	稼動高炉数	建設中高炉数
ラッケンビー (Lackenby)	ラッケンビー製鉄所 (Lackenby Iron Co. Ltd.)	3	2	1
エストン (Eston)	ボルコウ・ヴォーン製鉄株式会社 (Bolckow, Vaughan, and Co.)	7	7	1
サウス・バンク (South Bank)	トマス・ヴォーン製鉄所 (T. Vaughan and Co.)	9	7.5	
クレイ・レイン (Clay Lane)	トマス・ヴォーン製鉄所 (T. Vaughan and Co.)	6	6	
カーゴ・フリート (Cargo Fleet)	スワン・コーツ製鉄所 (Swan, Coats, and Co.)	4	4	
ノーマンビー (Normanby)	ジョーンズ・ダニング製鉄所 (Jones, Dunning, and Co.)	3	3	
オームズビー (Ormesby)	コクラン製鉄所 (Cochrane, and Co.)	4	3	2
ティーズ (Tees)	ギルクス・ウィルソン・ピーズ製鉄所 (Gilkes, Wilson, Pease and Co.)	5	4.75	
ミドルズバラ (Middlesbrough)	ボルコウ・ヴォーン製鉄所 (Bolckow, Vaughan, and Co.)	3	3	
ティーズサイド (Teesside)	ホプキンズ・ギルクス製鉄株式会社 (Hopkins, Gilkes and Co. Ltd.)	4	4	3
リンソープ (Linthorpe)	ロイド製鉄所 (Lloyd and Co.)	6	6	
アクラム (Acklam)	スティーヴンソン・ジャックス製鉄所 (Stevenson, Jaques, and Co.)	4	4	
エアサム (Ayresome)	ジヤーズ・ミルズ製鉄所 (Gjers, Mills, and Co.)	4	4	1
ニューポート (Newport)	サミュエルソン製鉄所 (B. Samuelson and Co.)	8	7.5	1
クラレンス (Clarence)	ベル兄弟製鉄所 (Bell Brothers)	8	8	
フェリング・ゲイツヘッド (Felling Gateshead)	パティソン製鉄所 (H. L. Pattison and Co.)	2	0	

注記）1873 年の時点で攪錬鉄炉を所有し，可鍛鋳鉄製品も生産する企業。

出所）S. Griffiths, *Griffiths' Guide to the Iron Trade of Great Britain,* London, 1873, pp. 259–260 より作成。

ド・ボルト・ナット製作所(Cleveland Bolt and Nut Works)、パイプ製造に特化するアクラム鉄管製作所(Acklam Pipe Foundry)、コクラン・グローヴ製鉄所（Cochrane Grove and Co.）、継ぎ目鉄板とレール以外のほとんどあらゆる鉄道用製品を製作するアンダストン鋳造所(Anderston Foundry)、無頭釘(cut nail) を生産するジョーンズ兄弟無頭釘製作所(Jones Brothers, Cut Nail Works)、鉄索を生産するヒル・アンド・ウォード鉄索製作所 (Hill and Ward, Wire Works)、鉄管製造のクルードソン・ハーディ鉄管製作所

表 3-8　クリーヴランド地域の攪錬鉄炉数（1873 年）

工場名	所有会社名	所有攪錬鉄炉数	圧延・鍛鉄工場数
ミドルズバラ (Middlesbrough)	ボルコウ・ヴォーン製鉄株式会社 (Bolckow, Vaughan and Co. Ltd.)	67	11
ティーズサイド (Teesside)	ホプキンズ・ギルクス製鉄株式会社 (Hopkins, Gilkes and Co. Ltd.)	100	5
ニューポート (Newport)	フォックス・ヘッド製鉄所 (Fox, Head, and Co.)	42	4
インペリアル (Imperial)	ジャクソン・ジル製鉄株式会社 (Jackson, Gill, and Co. Ltd.)	32	2
ウェスト・マーシュ (West Marsh)	ウェスト・マーシュ製鉄所 (West Marsh Iron Co.)	20	2
ブリタニア (Britannia)	ブリタニア製鉄株式会社 (Britannia Iron Co. Ltd.)	120	3
エアトン (Ayrton)	ジョーンズ兄弟製鉄所 (Jones, Brothers, and Co.)	23	2

出所）S. Griffiths, *Griffiths' Guide to the Iron Trade of Great Britain,* London, 1873, pp. 272–273 より作成。

(Crewdson, Hardy, and Co. Tube Works)、鉄板を大量に消費する造船企業、例えば、レイルトン・ディクソン造船所（Raylton Dixon and Co.）を挙げることができる。素材から中間生産物、完成品製造に至るまで、企業間の分業はかなり展開していたと言えるであろう。[30]

同時に、一八六〇年代後半から七〇年代前半にかけて進展したミドルズバラ周辺地域の産業集積がこの地域の産業構造の一層の多様化、製鉄工業関連諸産業の発展を促し、そのことがまた産業集積の進化を結果するという側面にも注目しておかなければならない。ウィルソンとポップが述べるように、「こうした事態の進展には、とりわけ、競争優位の発生、産業構造の進化、クラスター内部における統治の点で、強力な求心的諸力が伴っていた」のである。[31] クリーヴランドの産業集積・クラスターの進化が、外部効果、溢出効果を伴いつつ進展し、この地域を北東部イングランドの重化学工業地帯に押し上げたのである。一九世紀半ばのエストンにおけるクリーヴランド鉄鉱石の発見以来、ミドルズバラ周辺地域に集積されてきた石炭・鉄鉱石・銑鉄・錬鉄生産、完成品製造産業は、外部経済効果を発揮しつつ、更にこの地域に多様な産業構造を賦与し始める。橋梁、船舶、鉄道機関車、蒸気エンジン、車輌、金属管、導管、軌道設備、釘、鉄索、ボルト・ナットをはじめとする冶金工業・機械工業の発展、あるいはそれ

表 3-9　クリーヴランド地域の産業集積

[鉄鋼業・鉄鉱石・鉄索・石炭]

企業名
ボルコウ・ヴォーン製鉄所（Bolckow and Vaughan Iron Works）
ベル兄弟製鉄所（Bell Brothers, Clarence Works）
クレイ・レイン・エルオン製鉄所（Clay Lane, Elwon and Co., 1858 年設立）
ミドルズバラ製鉄所（Middlesbrough Iron Works）
ウィトン・パーク製鉄所（Witton Park Iron Works）
ティーズサイド製鉄所（Teesside Iron Works, 1853 年設立）
ホプキンズ製鉄所（Hopkins and Co.）
ホプキンズ・ギルクス製鉄所（Hopkins, Gilkes and Co.）
ニューポート製鉄所（Newport Iron Works）
エストン製鉄所（Eston Iron Works, 1852 年設立，Bolckow and Vaughan）
コクラン製鉄所（Cochrane and Co., 1854 年設立）
コクラン・グローヴ製鉄所（Cochrane, Grove and Co.）
ギルクス・ウィルソン・リーサム製鉄所（Gilkes, Wilson, Leatham and Co.）
ギルクス・ウィルソン・ピーズ製鉄所（Gilkes, Wilson, Pease and Co.）
ジヤーズ・ミルズ製鉄所（Gjers Mills, Ayresome Ironworks）
アクラム導管製造所（Acklam Pipe Foundry, 1878 年設立）
アンダストン鋳造所（Anderston Foundry, 1876 年設立）
ブラウン真鍮製造所（Brown Brass Foundry, 1860 年設立）
リチャード・ブリタニア鋳造所（W. Richard Britannia Foundry, 1880 年設立）
カーゴ・フリート製鉄所（Cargo Fleet Iron Co., 1864 年設立）
スワン・コーツ製鉄所（Swan Coates Co.）
アクラム製鉄所（Acklam Iron Works）
ドーマン・ロング製鋼所（Dorman Long and Co.）
オームズビー製鉄所（Ormesby Iron Works）
ホプキンズ・ティーズサイド製鉄所（Hopkins' Teesside Ironworks）
ノース・イースタン製鋼所（North Eastern Steel Co., 1881 年設立）
ウェスト・マーシュ製鉄所（West Marsh Iron Co.）
ピーズ・ティーズサイド鋳造・機関製作所（Pease and Partners Foundries Ltd. Teesside Iron and Engine Works）
ノーマンビー鉄鉱石鉱山会社（Normanby Ironstone Mines）
ウィルソン・ピーズ製鉄所（Wilson, Pease and Co.）
ウェストガース・イングリッシュ・ティーズ高炉製造株式会社（Westgarth English Tees Furnace Co. Ltd.）
ファーネス・ウェストガース製鋼所（Furness Westgarth Co.）
エストン鉄鉱石鉱山会社（Eston Mines）
エリマス製鉄所（Erimus Iron Co.）
ジョーンズ兄弟製鉄所（Jones, Brothers, and Co.）
ラッケンビー製鉄所（Lackenby Iron Works）
リチャード・ヒル鉄索製造所（Richard Hill Wire Works）
ジョージフ・ピーズ炭鉱会社（Joseph Pease and Partners）
ジョージフ・ウィットウェル・ピーズ鉄鉱石・石灰岩採掘会社（J. W. Pease and Co.）

[機械産業・橋梁・無頭釘・鉄管・導管・ボルト・ナット製造]

企業名
ギルクス・ウィルソン・リーサム機関製作所（Gilkes, Wilson, Leatham and Co.）
ウォーリック・コークス製造所（Warlick Patent Fuel Works）
ティーズ橋梁・機械製作所（Tees Bridge and Engineering Co.）
クルードソン・ハーディ鉄管製作所（Crewdson, Hardy and Co.,Yorkshire Tube Works）
ジョーンズ製釘所（Messrs. Jones）
クリーヴランド・ボルト・ナット製作所（Cleveland Nuts and Bolt Works）

錬鉄製作所（Wrought Iron Co.）
ジョーンズ・ダニング製鉄所（Jones, Dunning and Co.）
リチャードソン・ウェストガース機関製作所（Richardson, Westgarth and Co.）

［造船・その他関連諸産業］

企業名
アーウィン造船所（Irwin and Co.）
レイク・キンバー造船所（Rake, Kimber and Co.）
リチャードソン・ダック造船所（Richardson and Duck）
クラッグズ・アンド・サンズ造船所（R. Craggs and Sons）
ウィリアム・ハーケス・アンド・サンズ造船所（William Harkess and Sons）
ホームズ造船所（J. G. Holmes and Co.）
北部ヨークシャー・南部ダラム輸送会社（North Yorkshire and South Durham Shipping Co.）
ウェスト・ハートリプール船渠会社（West Hartlepool Harbour and Dock Co.）
メイジャー・ディクソン（会社名不明）
テイラー・ミドルズバラ・ロンドン輸送会社（Taylor's Middlesbrough and London Shipping Co.）
ティーズ曳航会社（Tees Tug Co.）
ティーズ・ユニオン輸送会社（Tees Union Shipping Co.）
スカーバラ蒸気船輸送株式会社（Scarborough Steam Shipping Co. Ltd.）
クリーヴランド造船所（Cleveland Dockyard）
レイルトン・ディクソン造船株式会社（Sir Raylton Dixon and Co. Ltd.）

［製陶業］

企業名
ミドルズバラ製陶会社（Middlesbrough Pottery Co.）
ミドルズバラ陶器製造会社（Middelsbrough Earthenware Co.）
リンソープ工芸陶器製作所（Linthorpe Art Pottery）

［鉄道業］

企業名
ストックトン・ダーリントン鉄道（Stockton and Darlington Railway Co.）
ポート・クラレンス鉄道（Port Clarence Railway Co.）
北東鉄道（North Eastern Railway Co.）

［製塩・化学産業］

企業名
ピーズ化学会社（Pease and Partners）
クリーヴランド製塩所（Cleveland Salt Co.）
ユナイテッド・アルカリ製造会社（United Alkali Co.）
合同製塩会社（The Salt Union）
ブルンナー・モンド（?）（Brunner Mond）（会社名不明）

出所）Catalogue of Teesside Archives; W. G. Armstrong, *et al*. eds. *The Industrial Resources of the District of the Three Northern Rivers, The Tyne, Wear, and Tees including the Reports on the Local Manufacturers*, London, 1864, pp. 162, 179–181; S. Griffiths, *Griffiths' Guide to the Iron Trade of Great Britain*, London, 1873, pp. 259–260, 272–274; J. S. Jeans, *Notes on Northern Industries: written for the Iron and Steel Institute of Great Britain*, London, 1878, pp. 65–67, Map facing p. 162 (Plan of Middlesbrough and South Stockton); I. Bullock, *Spatial Adjustments in the Teesside Economy, 1851–81*, Unpublished Ph. D. thesis submitted to the university of Newcastle upon Tyne, 1970, pp. 379, 383, 395, 405, 409, 411–412 より作成。

から派生する様々な工業、例えば、機関パッキング用の鉱滓綿（slag wool）製造、化学工業（クリーヴランド鉄鉱石の白鉄鉱に含まれる硫酸、炭酸カリウム、蓚酸の抽出）、製塩業等が次々と登場し、この地域を重化学工業地域として、自律化させ、その裾野を広げて、地域経済の継続性を保障することになる。このうち、クリーヴランドの産業集積・クラスターを促進した重要な要因として、一八六三年にボルコウ・ヴォーン製鉄所によって、製鉄工業のための水脈探査中に偶々発見された岩塩床を挙げることができる。これによって、クリーヴランド産業集積内部へのアルカリ調達のみならず、北東部イングランドのもう一つの産業集積地であるタインサイド（Tyneside）の化学産業に対して、年間一〇万トンあまりのアルカリ供給が可能となった。[32] 表3-9は、一九世紀後半以降にミドルズバラ地域に集積した主要な鉄鉱石、石炭、機械金属工業、化学工業各企業の名称を示したものである。なお、合併・吸収・併呑などにより、途中社名が変更された企業も含まれている。

3 技術と産業集積

第6章で詳しく分析するように、大幅な賃金切り下げとそれに対する製鉄工業労働者の反発に端を発した一八六六年の大規模なストライキという、産地にとって深刻な労使紛争を直接のきっかけとして、個々の企業がとりあえずは競争を二の次にして、使用者団体として、一八六五年に「北部イングランド製鉄業者協会」（North of England Iron Manufacturers' Association）、一八六六年には「クリーヴランド製鉄業者協会」（Cleveland Ironmasters' Association）を結成し、他方、労働者は一八六八年に「全国合同可鍛鋳鉄工業労働組合」（National Amalgamated Association of Malleable and Other Ironworkers）を結成した。更に一八六九年には労使調停委員会である「北部イングランド仲裁・調停委員会」が結成され、有機的な組織や調停と賃金裁定制度という制度が整備されていく。この二つの同業者団体、労働組合および労使仲裁・調停委員会の詳細は第6章に譲り、ここでは、それ以外の中間団体の成立と産業集積の深化との関連を、特に技術蓄積に焦点を絞って分析することにしよう。

技術蓄積については、まず一八四四年という早い時期に設立された「ミドルズバラ職工協会」について見ておかなければならない。この協会が製鉄技術に関する実践的な教育という点において、どの程度の効果を発揮したのか、必ずしも分明ではない。しかし、副会長に、船舶仲買人で、後に六代目のミドルズバラ市長となった市の有力者であるウィリアム・ファロウズ（William Fallows）と当時クリーヴランド最大の製鉄所の一つであったボルコウ・ヴォーン製鉄所の経営者の一人、ジョン・ヴォーンを置き、同じくボルコウ・ヴォーン製鉄所の経営者で初代の市長となったヘンリー・ボルコウを財務担当役員に据えているという事実を考慮すると、この協会創設の直接の意図は、ミドルズバラを代表することになる基幹産業である製鉄工業一般に関する啓蒙活動の拠点を確保することであったと思われる。

設立時に公表された会則によれば、この協会の目標は、「図書館・閲覧室を開設し、様々な一般的な関心事について、講義を随時開催し、会員のクラスにおける科学の実践的側面に関する教育を行うことによって、勤労階級に有用な知識の普及を促進すること」である。一二歳以上の者は誰でも、会費二ペンスを支払えば、印刷されたカードを支給され、会員資格を得ることができた。船員は一カ月分の会費前払いを条件に、会員資格を得る。女性も会費の支払いを条件に、講義に出席し、図書館から書籍を借りる権利を得ることができた。また、会員は、ミドルズバラから三マイル以遠に居住する者を閲覧室に紹介することができる。会員は、次の三種類、名誉会員・終身会員、通常会員、徒弟と一八歳以下の会員から構成される。[33] 職工協会規約からは、技術教育、技術伝承の具体的な内容を詳らかにし得ない。しかし、少なくともその理念は、科学技術に関するごく初歩的な、実践的な知識の普及と技術に対する好奇心を涵養することであったと思われる。一九世紀五〇年代・六〇年代を通じて地方新聞にしばしば掲載される「ミドルズバラ職工協会」に関する社説や記事から判断する限り、ミドルズバラ市民が労働者に対するこの協会の啓蒙的な活動に少なからぬ関心を示し、その意義を認めていたことがわかる。[34]

クリーヴランド製鉄工業地域の産業集積内部で生起する技術蓄積にとって実質的により重要なのは、専門誌を発行し、絶えず詳細な製鉄技術を公表してその普及を目指し、同時にイギリス各地の鉄鉱石・銑鉄・各種可鍛鋳鉄加工品の価格や生産量、輸出および国内市場の動向を紹介する二つの研究機関の設置である。一八六四年一二月五日に設立された「クリーヴランド機械技術者協会」[35]と一八六八年一〇月八日に設立された「鉄鋼協会」は、それぞれ機関誌『クリーヴランド技術者協会会報』(*The Proceedings of Cleveland Institution of Engineers*)、『鉄鋼協会紀要』(*The Transactions*〔一八七一年から*Journal*に改称〕*of the Iron and Steel Institute*)を定期的に発行し、生産性の上昇と品質向上のための燃料部門、高炉部門、加工部門における様々な実験結果や工場機械設備の細かな意匠と効率を公開し、新しい製鉄技術の紹介に努めている。また、毎年のイギリス全土における鉄鉱石・銑鉄・可鍛鋳鉄生産量、高炉・攪錬鉄炉の稼働状況、海外担当役員による外国製鉄技術の紹介や海外諸国における冶金工学関連情報誌の名称、海外市場の動向、イギリス産可鍛鋳鉄加工製品および銑鉄の輸出量等、製鉄工業全般にわたる情報を提供している。これらの専門誌は、国内・海外市場に関する情報を地域の企業に伝達する際に有力な媒体となった。技術と市場をはじめとする製鉄工業全般にわたる情報を産地の企業が共有する手段として機能したのである。実際、製鉄関連の技術に関して、個々の技術者による特許の取得は行われたが、これらの専門誌には豊富な図版と実験統計数値に基づく製鉄技術に関する詳細な情報があふれている。

「クリーヴランド機械技術者協会」も「鉄鋼協会」も共に同種の全国組織を既に持っているか、あるいはその結成の核となるという意味で、正確に言えば、集積の内と外とをつなぐリンケージ「企業」、あるいはむしろ対外的な窓口として機能したと言うべきであろう。[36] 例えば、一八六八年四月二九日に、ボルコウ・ヴォーン製鉄所経営者であるエドワード・ウィリアムズ（Edward Williams）を主唱者として、「鉄鋼協会」設立が発議され、一〇月八日にミドルズバラを拠点とする大手の製鉄業者たち、エドワード・ウィリアムズ、アイザック・ラウジアン・ベル、バーナード・サミュエルソン（Sir B. Samuelson）を設立委員として、協会規約が作成された。事務局長は、後述するミドルズバラ商工会議所、取引所（Middlesbrough Exchange）、「北部イングランド製鉄業者協会」の事務局長、「北部イングランド仲裁・調停委員会」の使用者側事務局長を兼務し、一八六七年には業界紙『鉄・石炭業界誌』（*The Iron and Coal Trades Review*）を創刊したジョン・ジョーンズ（John Jones）であった。[37]

ミドルズバラにおいて創設された「鉄鋼協会」は、間もなく、事務局長ジョーンズが全国の製鉄工業地域に既に存在していた同種の業界団体の代表を糾合し、数回の準備会を経て、全国組織結成への道を拓いた。科学的探究と実践的な技術改良の促進を目的とする他の産業諸団体と同様の原理に基づいて、製鉄関連の協会を設立することを目標に、一八六九年に全国組織である「全英鉄鋼協会」（The Iron and Steel Institute）が創設された。ミドルズバラの製鉄業者の呼びかけに応じて、短期間に製鉄工業の技術普及を主要な目的とする全国組織が成立した背景には、既に一八六〇年代の後半から、イギリスの製鉄工業関係者が、ヨーロッパ大陸諸国の製鉄技術と生産性、世界市場獲得競争における急追を意識し始めていたという事情が存在していた。[38] しかし、こうした全国組織設立の動きが、ミドルズバラの製鉄業者の呼びかけによって始まったという事実は、一八六〇年代に急速に伸張したクリーヴランド製鉄工業地域のイギリス製鉄工業における相対的位置を象徴するものであった。初代の会長デヴォンシャー公（Duke of Devonshire）の下に、副会長として、ミドルズバラのベル兄弟製鉄所のアイザック・ラウジアン・ベル、全国協会の事務局長もミドルズバラ「鉄鋼協会」の事務局長であるジョン・ジョーンズが務めている。第一回全国集会は、「生誕と揺籃の地である」[39] ミドルズバラにおいて、一八六九年九月二二日と二三日の両日に開催された。

イギリス各地の七二の製鉄所が会員として選出されたが、このうちミドルズバラに本拠を置く会員は一六に上っている。[40] 会誌第一巻（一八七〇年発刊）の内容は、以下の通りである。

(1) 燃焼温度の発展と様々な規格の高炉におけるその利用
(2) 銑鉄からシリコンを除去する新しい方法
(3) ジーメンス副熱式高炉とその再燃焼炉への応用
(4) レール製造について
(5) ジーメンス・マルタン法による鋳鉄製造
(6) レール圧延の改良機械
(7) 加圧可燃性ガスの生産および応用

この時期のクリーヴランドにおける技術について印象深いのは、その開発、蓄積が個別製鉄企業ではなく、公式、あるいは非公式の技術情報の開示に基づいて、工業地域を構成する企業の集合体として共同で行われたという事実である。アレン（R. C. Allen）は、製鉄工業、特に一九世紀後半のクリーヴランド地域で顕著に展開した発明・技術開発のあり方を、非営利機関・企業・個人が行う発明・研究開発とは異なった特性を有する「集団的発明・技術開発」（collective invention）と呼び、次のような興味深い事実を指摘している。以下、アレンの分析[41]を要約しておこう。すなわち、「集団的技術開発」の前提条件は、当該産業の企業に、新しい技術とプラントの意匠に関して、自由な情報の交換があるということである。一九世紀の六〇年代以降に「クリーヴランド機械技術者協会」や「鉄鋼協会」の発行する情報媒体を通じて、この地域における個々の企業が実験統計数値に基づく製鉄技術に関する詳細な情報を入手することが容易であったという点については、既に述べたところである。

当時、大部分の産業において、各企業は現在のように技術革新のための研究開発に資金を用いることはなかった。生産性の上昇、コストの低下は、既存設備の更新の積み重ねという形でしか実現できなかったのである。従って、設備投資が継続し、資本形成が行われている限り、技術革新とコスト低下の可能性は存在する。しかし、一度、不況に見舞われ、設備投資が減少したり、停止されたりすると技術革新とコスト低下は実現しなくなる。投資率が高い間は、実験率と新しい技術知識の発見は増加する。逆に、何らかの理由によって、投資率が下がれば、実験率と発明はそれに伴って低下する。投資率が高い状況の下では、共同技術開発は高い生産性上昇率を生み出し、投資が低調な場合には、発明率は明らかに不充分であった。「集団的技術開発」は、コストとリスクを複数の企業に分散することによって、発明が特許の対象とならない場合でも、競争的な産業では発明が多く行われる。その最も重要な結果は、発明の頻度、多さが総資本形成率に依存するということである。つまり、資本形成の増加が発明・技術開発を促進し、資本形成の停止は発明や技術開発を弱めてしまうのである。特定の産業が充分利益を保証され、資本形成率が高い場合には実験に要する費用は低下し、実験と発明の比率はその結果として上昇する。クリーヴランド地域においては、少なくとも一八五〇〜一八七〇年の期間に関する限り資本形成率は高く、従って、発明・技術開発は盛んに行われた。

製鉄工業に関する限り、生産性の上昇にとって重要な発明は、法的な意味において、新規なものではなく、多くの場合、特許の対象とはならなかった。発明した技術が私的なものにならないような体制の下では、個人の発明家や資源を発明に充てる企業は、発明の社会的な価値よりも遙かに少ない経済的な利益しか期待できない。従って、発明の程度は、個人の発明家や研究開発を行う企業に委ねられている限り、社会的に望ましい水準よりもずっと低くなる。集団的な技術改良は、こうした問題に対する部分的な解決策の一つであった。第2章「製鉄工業の発展」

第2節「「クリーヴランド式製鉄法」の展開」において述べたように、一八五〇〜一八七五年に進展したこの地域の高炉の高さの延伸と炉容積の大規模化、炉内温度の上昇、使用燃料消費率の低下をはじめとする製鉄技術の改良は、集団的な技術開発の結果であった。

「クリーヴランド式製鉄法」を実現させた種々の技術改良が、個々の製鉄企業によるものではなく、「集団的技術開発」の集積であるということは、次のような事実が証明している。すなわち、①高炉の延長と炉内温度の上昇が、少しずつ行われ、その結果として出現したこと、②企業が新たな高炉の稼動結果を公にしたこと、③高炉延長と高温化を実現した企業が、既存の高炉に関する情報を利用したこと、である。高炉の高さ延長の当初の目的は、産出量の増加であったが、結果として判明したのは燃料消費量の低減であった。そして、燃料消費量の低減をもたらしたのは、高炉の高さではなく、容量であることがわかった。一八五〇年代、一八六〇年代のミドルズバラ周辺の高炉の高さを見ると、二種類の高炉があることがわかる。一つは、抜きん出た高さの高炉を建設した先発企業のそれであり、他は、それを模倣した追随企業の高炉である。高炉延長は、燃料消費量の削減とコストの低下を実現したが、この情報は非公式の情報公開と技術に関する雑誌・書籍による公開によって、他の企業も利用することができたのである。

それでは、「集団的技術開発」の存在理由は何か。まず、「集団的技術開発」が行われている場合、企業は次のような行動様式を取るという点を考慮しておかなければならない。すなわち、競争相手に対して、新しい設備や機械のデザインや効率に関する情報を開示する。他方、企業は、新しい知識の発見にそれほど資源を振り向けない。競争的な産業である製鉄工業の場合、情報開示は企業に不利な結果を招来するはずである。情報の開示が技術進歩を加速させればさせるほど、製品価格は低下し、情報開示企業の純所得は減少するであろう。こうした傾向があるにもかかわらず、個別企業が新規参入企業候補に対して、デザインとコストに関する情報を放出してしまう理由として、次のような要因が考えられるであろう。一つは、当該企業の所有者や経営者がその企業の営業に関する情報を開示することによって、職業的な野心を向上させる場合である。この場合、企業の利益は犠牲にされ、情報が開示される。あるいは、企業が単に規模と生産量の拡大競争に熱心である場合である。もう一つの要因は、多数の人々が関連する情報を知っていて、それを秘密にしておくことが高くつく場合である。高炉と鉄鋼工場を建設するのは、デザインを知っている請負業者（contractors）である。あるいは、企業を渡り歩く請負技師（contracting engineers）がデザインを設計するのである。クリーヴランド製鉄業を代表する一人であるスウェーデン出身のジョン・ジャーズの経歴が典型的である。

彼は、コクラン製鉄所に雇われて、オームズビー（Ormesby）の高炉を建設し、一八五五年から一八六一年の間に高炉技師長に任命された。一八六二年には、ホプキンズ・ギルクス製鉄会社（Hopkins, Gilkes & Co.）のティーズサイド製鉄所（Teesside Ironworks）の経営者となり、一八六四年には、リンソープ製鉄所（Linthorpe Ironworks）を建設し、一八六六年には、ティーズサイドの高炉を建設している。また、一八六八、一八六九年には、イギリスの他の場所で四つの高炉の建設を任され、一八七〇年には更にエアサム製鉄所（Ayresome Ironworks）を建設し、ジャーズ・ミルズ製鉄所（Gjers, Mills & Co.）として自身が経営に当たっている。製鉄所で働くその他の人々も高炉その他の設備に関する情報を容易に得ることができたし、経営者の転職もまれではなかった。低賃金で働くコークスの充塡工（fillers）でさえ、鉄鉱石とコークスの炉への装塡比率を知っていた。情報の秘匿が困難である場合、その開示はそれほど驚くべきことではなかったのである。

更に重要な要因は、技術に関する情報の公開が企業に利益をもたらす可能性があるということである。つまり、情報開示企業の資産を増加させるという形で、開示が補償される場合である。製造工程が自然資源を利用し、その利用に地代が発生し、開発された技術がその自然資源の加工にのみ関わる場合、技術情報を開示した企業はその恩恵に浴することができる。例えば、クリーヴランドの高炉の高さを伸ばした企業はこうした恩恵を受け取る。すなわち、高い高炉は、クリーヴランド鉄鉱石だけを溶鉱する企業の燃料消費率を下げる。この結果、クリーヴランド鉄鉱石も価値が高まる。クリーヴランドの製鉄企業の多くは、自身の鉱山を所有するか、その採掘権を固定価格で賃借しているから、技術情報を開示した企業に鉄鉱石の価値の上昇の一部は、帰属することになるであろう。

例えば、ボルコウ・ヴォーン製鉄所が製鉄所、石炭鉱山、鉄鉱石鉱山の採掘権を所有していたように、クリーヴランドの製鉄業者の中には、垂直的統合による材料から完成品までの一貫生産（self-contained）を志向する者もいた。[42] 一八六五年にボルコウ・ヴォーン製鉄所が株式会社に改組された後、ヘンリー・ボルコウは株主に対して、ライヴァル企業と比べてボルコウ・ヴォーン製鉄所が特定の製品の生産に過度に特化せず、多種の製品を生産し、利害が多様化していることが有利に展開していると説明している。一八六五年の株式会社への転換以前に、エストン、ギズバラ（Guisborough）、アプサル（Upsal）、スケルトン（Skelton）の赤鉄鉱鉱山、ホワイトリー（Whitelee）、ウッドフィールド（Woodfield）、シルドン・ロッジ（Shildon Lodge）、ウェスト・オークランド（West Oakland）、バイヤーズ・グリーン（Byers Green）の石炭鉱山がエストン、ミドルズバラ、ウィトン・パークの製鉄所に年間一〇〇万トン以上の石炭を供給し、ビショップリー（Bishoplee）の石灰鉱山は高炉に石灰を供給している。完成品は自社所有の鉄道でドックに運ばれ、これまた自社所有の船舶に積み込まれた。更に、一万人以上の労働者が雇用され、毎年一〇〇万ポンドが賃金として彼らに支給された。明らかに、「自給自足」が達成されたのである。[43]

こうした一社内部の利害の多様化は、一八五〇年のクリーヴランド鉱脈の発見の結果である。一八五一～一八六一年の一〇年間におけるエストン鉱山の鉄鉱石産出量は一三、〇〇〇トンから六〇九、〇〇〇トンに増加している。一八五一～一八六一年の一〇年間で、ボルコウ・ヴォーン製鉄所は、この地域の競争相手であったエルウォン製鉄所（Elwon & Co.）およびシャーウッド・シドニー・アンド・スミス製鉄所（Messrs. Sherwood, Sidney and Smith）を買収し、鉄鉱石、銑鉄生産において最大手に成長し、名実ともにティーズサイド製鉄工業地域の雄となった。一八六五年の株式会社への改組に際して、株式総数は二五、〇〇〇株、一株当たり一〇〇ポンドであった。このうち、八、〇〇〇株はボルコウとヴォーンが所有した。応募株式総計は一五〇万ポンドに対して、払込資本総計は一二〇万ポンドであった。一八六五年の株式会社への転換時に、三つの大規模製鉄所、五つの石炭鉱山、多くの鉄鉱石鉱山がおよそ七〇万ポンドで会社に引き渡された[44]。

一九世紀後半のクリーヴランド製鉄業において、「集団的技術開発」という形で技術の蓄積が進展した背景には、ハドソンも述べているように、技術変化を秘匿することは費用のかかることであり、産業革命期には、市場、流行から新しい技術、工場設備設計に至るまですべての面で企業間に比較的自由な情報の交換があったのである。企業と、道具・機械・設備の専門供給者の地理的な近接は、機械的な改良に関する知識の移転を結果した。経験の蓄積と様々な解決方法の実験を集約することによって、技術的変化は急速に進展した。集団的発明と集団的技術革新は、特定の地域と場所における生産要素の価格に反応する傾向があった。地域に特有の要素価格に関して、情報の共有と努力がなされたのである。特定の産業部門における企業の地域間競争こそ共同技術開発に対する一つの大きな刺激となっていた。技術的な進歩が大いに早まるのは、特に小企業が多数存在する場所においてであり、資本形成が急速に行われる時期においてであった[45]。マイケル・ポーターが言うように、「特定部門における関連企業、専門性の高い供給業者、サービス提供者、関連業界に属する企業、関連機関が地理的に集中し、競争しつつ同時に協力（*compete but also cooperate*）している状態[46]」が一九世紀後半のクリーヴランド製鉄工業地域に出現したと考えられる。

しかしながら、アレンが言うような「集団的発明・技術開発」の実態については、一九世紀後半におけるクリーヴランドの製鉄業者たちがどの程度意識的にこうした形の技術革新を許容していたのかという問題をはじめ、まだ不明なところが少なくない。「クリーヴランド式製鉄法」というこの地域に固有の技術体系に基づく生産形態が、限られた地理的範囲内に展開したことが他の地域では見られない強い地域の一体性をもたらし、同時に相互依存関係を強め、技術、市場戦略、取引方法、流通機構等の共同開発を促したのかもしれない。地域経済に参加する生産者、流通業者、同業者団体、労働組合、教育機関等の共通の利害は、地域が全体として発展することであり、そのためにはバランスの取れた協調と競争が必然化したとも考えられる。あるいは、孤立した個々の経済単位ではなく、地理的な近接がもたらす相互の信頼関係、社会的な期待、伝統、歴史に裏打ちされた地域における固有の社会関係・地域的一体感・帰属意識が、一九世紀後半のクリーヴランドにおける「集団的発明・技術開発」の背後にあった要因かもしれない。[47] いずれにしても、歴史分析において、情報費用の低廉さと迅速な資源の協調的利用を伴った理念型的な地域ネットワークと市場および階層性（hierarchy）を区別することはそれほど簡単なことではない。[48]

4　商工会議所・取引所・銑鉄証券発行埠頭倉庫制度（*Warrant Store*）の成立

製鉄工業を取り巻く様々な課題を、個々の企業ではなく、クリーヴランド製鉄工業地域という固有の銑鉄と可鍛鋳鉄製品を生産する産地として解決しようとする動きは、一八六〇年代に結成された二つの製鉄工業経営者の同業者団体（同業組合）、製鉄工業関連労使調停委員会および可鍛鋳鉄製品製造労働組合の四つの組織に体現されている。皮肉なことに、一八六四〜一八六六年のあからさまな労使対決、大争議というクリーヴランド製鉄工業における危機を契機として、産業集積が一気に進むのである。実際、こうした同業者団体、労働組合、労使仲裁・調停委員会の形成は、産業集積の深化の結果でもあり、また同時にそれを促進する原因でもあった。まず、一八六六年に結成された「クリーヴランド製鉄業者協会」から見ておこう。

一〇％の賃金切り下げとそれに対する製鉄工業各種労働者の反発に端を発する一八六六年の大規模なストライキと前年のロック・アウトという産地にとって深刻な労使紛争の出来と相前後して、時期によって若干の変動はあるものの平均して二二のミドルズバラ周辺の製鉄所経営者が同業者団体を結成した。製鉄工業、なかでも銑鉄生産企業の利害に関わるすべての問題について情報を交換し、会員の一般的な福利のための統一行動と相互の支援を確保すること、とりわけ労使関係・その他類似の事項に関する議会法案と法改正に対して留意することが協会設立の目的であった。所有する高炉の数に従って会費を支払う会員によって維持される自発的結社であり、会合はミドルズバラで開催された。[49] 会長はボルコウ・ヴォーン製鉄所のヘンリー・ボルコウ、副会長はリンソープ製鉄所のアイザック・ウィルソン（Isaac Wilson）とベル兄弟製鉄所のアイザック・ラウジアン・ベルである。

労使関係に関わる議会法案と法改正に対して、留意し、監視することを目的に掲げていることは、この団体の中間組織としての性格を示すものである。ただし、政府の産業政策の伝達機関としての役割よりもむしろそれを監視し、時には利害に沿った政策の実現と変更を迫る、ある種の圧力団体としての側面が強かったように思われる。[50] 勿論、この団体の主要な役割は、政府へのロビー活動ではなかった。むしろ、地域における個々の企業と政府との間に立って、深刻化しつつあった労使関係をめぐる諸問題に対処すること、特に製鉄工業労働者に支払う賃金水準について、協会参加企業の共同歩調を取り付けること、会員相互の間で銑鉄販売価格に関する協定を結ぶこと、これらがこの団体の主要な目的であった。[51]

賃金、銑鉄価格に関する協定を考慮すると、強い規制力で会員相互の利害を擁護する団体であったことがわかる。従って、その実現のためには、労働運動、賃金、銑鉄生産量、価格、在庫、国内取引、関税をはじめとする輸出に関わる情報の収集が不可欠であった。この団体の性格を一言で言えば、製鉄工業における使用者の利害を追求するために、労働者の罷業、あるいは労働者不足、賃金に関するクリーヴランド地域およびイギリス各地の製鉄工業地域の動向に関する情報を収集し、併せて銑鉄生産量、価格、在庫、市場の変動に関する情報を収集し、特定の問題に対する意思決定に関して、会員の同意に基づいて、共同歩調をとることであった。他方、第6章で詳しく述べるように、「クリーヴランド製鉄業者協会」設立の前年、北東部イングランド製鉄工業地域におけるロック・アウトと前後して一八六五年に結成された「北部イングランド製鉄業者協会」は、クリーヴランドを含む北部イングランドのレール、鉄板、棒鉄、山形鉄などの可鍛鋳鉄加工製品製造業者の同業者団体である。(52) 時期によって僅かな相違はあるものの、平均して二〇社が参加している。その名称である「北部イングランド製鉄業者協会」にもかかわらず、大多数の協会参加企業は、北東部、クリーヴランド地域を中心とする地域を基盤としている。

産地の企業が技術と市場に関する情報を共有する体制は、第3節で分析したように、「クリーヴランド機械技術者協会」、あるいは「鉄鋼協会」の設立によって整備されたが、クリーヴランド製鉄工業地域の産業集積の深化にとって一層重要な契機となったのが、一九世紀六〇年代初頭に相次いで創設された二つの組織と取引制度の革新である。新たに形成された組織の一つは、一八六三年四月七日に、開設準備が始まった商工会議所 (Middlesbrough Chamber of Commerce) である。主として製鉄工業に関わるミドルズバラの四〇名の有力な商工業者が、製鉄および関連業種の急速な発展、とりわけ輸出市場の拡大に伴う国際決済業務を円滑に行うために、通関事務所 (clearance house) 類似の組織の開設が不可欠であるとの共通認識の下に会合を開き、商工業利害の促進、貿易統計の整備、政府の命令の解釈、クリーヴランド地域における商工業の円滑な運営を目的とする組織の設立を図った。「ミドルズバラ商工会議所」の前身である。個人会員と企業からの会費によって運営される自発的結社であったこの組織は、一八七三年「会社法」(Companies Act) による法人格を獲得している。会頭として、ボルコウ・ヴォーン製鉄所のボルコウ、事務局長として、前述のジョン・ジョーンズが選出された。

「ミドルズバラ商工会議所」の主立った業務は、輸出に関わる海運、課税、船舶輸送、その他海外における諸手続き書類の翻訳と海外の同種の団体との接触による海外市場の動向に関する情報の取得、技術に関する情報の迅速な収集および年報（*Middlesbrough Chamber of Commerce Reports*）の発行である。クリーヴランド製鉄工業地域における中心都市ミドルズバラの機能のうち、銑鉄、加工鉄製品の輸出に関わる情報、商慣習、取引技術の提供はとりわけ重要なものであった[53]。これらに劣らず重要な機能は、政府とクリーヴランド製鉄業者の間に立って、製鉄業者の利害を国家に反映させることであった[54]。

一八六四年二月五日の地方新聞紙上に、興味深い記事が掲載されている。誕生間もない「ミドルズバラ商工会議所」は、会頭であるヘンリー・ボルコウとウィリアム・ファロウズを中心に、全国商工会議所連盟（The Associate Chambers）に加盟する運動を展開していた。目的は、クリーヴランドの基幹産業である製鉄工業の輸出を振興するために、全国組織に加盟し、海外諸国の英国産鉄に対する輸入関税の低下に努めるよう外務省に働きかけ、時の政府に圧力をかけることであった[55]。「ミドルズバラ商工会議所」設立の主要な目的は、クリーヴランド製鉄工業地域を構成する諸企業に、海外市場の動向に関する情報を提供し、地域産業の振興を図ることであった。

例えば、一八七七年の年報には、次のような統計が掲載されている。すなわち、ミドルズバラの一七の製鉄工場における稼働中および稼動停止中の高炉数、それぞれ四半期におけるミドルズバラ地域の銑鉄産出量、在庫量、銑鉄証券発行埠頭倉庫（*Cleveland Warrant Store*）在庫、輸出および国内市場向け銑鉄出荷量（トン数）、輸出および国内市場向け可鍛鋳鉄加工製品出荷量（トン数）、石炭・コークス輸出量（トン数）、陶器・木材・化学製品の輸入・出荷動向、新規船舶建造数である。また、レール・棒鉄・鉄板・山形鉄等、各種可鍛鋳鉄加工製品、農業用・工業用カリウム、エプソム塩、硫酸等の化学製品、針金、釘などの金属加工製品のそれぞれの価格、および過去数年間の銑鉄・可鍛鋳鉄加工製品・石炭およびコークス、その他製品の輸出・国内市場向け船積み出荷量である[56]。過去数年間の銑鉄産出量については、前述の同業者団体、「クリーヴランド製鉄業者協会」が提供する情報を基礎にしている。更に法人格獲得後には、年報とは別に、機関紙『ミドルズバラ商工会議所月報』(*Monthly Journal of Middlesbrough Incorporated Chamber of Commerce*, 一九二八年にストックトン商工会議所と合併後は、*Teesside Chamber of Commerce Monthly Journal* に改称)を刊行し、製鉄技術・商況・市場の動向に関する学術論文を公表している。この組織は、集積の内と外をつなぐ拠点のうち、特に海外との接触の窓口としての機能を果たしたのである。[57] 総じて、クリーヴランド製鉄工業地域内部におけるミドルズバラ商工会議所は、地域統合力の軸心として、製鉄工業を中心とする同業者団体、教育機関と並んで、新たな商工業取引圏を創造し、地域ネットワークを形成する機能を担っていた。[58]

ほぼ同時期に、商工会議所会員および「文学・哲学協会」(The Literary and Philosophical Society)の間から提案された「ミドルズバラ取引所」(Middlesbrough Royal Exchange)の開設は、製鉄業の流通組織・取引制度の整備という点で、大きな意味を持っている。製鉄産業関連商品の売り手と買い手が会合し、商況に関する情報を交換し、取引を迅速・円滑に成立させるグラズゴウやバーミンガムにおいて既に開設されているような商品市場の物理的な場の設置が急務であるとの提案が一八六四年八月一九日になされた。その結果、一八六二年の「会社法」(Companies Act)に基づいて、一株二〇ポンド、発行株式数一、〇〇〇、資本金二万ポンドの「株式会社ミドルズバラ取引所」(The Middlesbrough Exchange Company Ltd.)が設立された。取引所の収益は、事務所および取引所内の店舗の賃貸料、取引所構成員の出資金、一般市民への会場貸し出し料金から成っていた。[59] 取締役の一人は、かつて「ミドルズバラ土地開発会社」の代理人であったアイザック・シャープであり、彼を通じて同社の利害が取引所の建設、経営に強く反映されている。[60] 当初、「取引所」設立の試みに対しては、ジョージフ・ピーズをはじめとして、ピーズ家が殊のほか熱心であった。例えば、一八六八年八月に株式応募リストが公開された際、ジョージフ、ヘンリー、ジョン・ピーズは「ミドルズバラ土地開発会社」の出資者として、三〇〇株に応募していた。これは、「株式会社ミドルズバラ取引所」に対する六、〇〇〇ポンドの出資に当たり、初期の応募額総計一五、一八〇ポンドの四〇%に相当した。(61)

こうした動きには、クリーヴランドにおける銑鉄生産がピークを迎えつつあり、ドイツにおける全製銑量の一二八%、フランスのそれの八八%、連合王国の総製銑量の一九%を生産しているという確固たる裏づけがあったのである。(62)この取引所の主要な目的は、クリーヴランド地域で生産される銑鉄、より具体的には、後述するような銑鉄証券発行埠頭倉庫に持ち込まれた銑鉄を担保に発行される証券を取引すること、およびグラズゴウ銑鉄取引所市場において毎日成立するスコットランド産の銑鉄価格をクリーヴランド地域の銑鉄生産者、商人、投機業者に知らせることであった。(63)表3-10は、一八六四年七月二九日から一八六八年九月一九日までの「株式会社ミドルズバラ取引所」への出資者職業、応募株式数、払い込み株式合計数に対する持ち株比率を示したものである。取引所設立の主要な目的が、クリーヴランド製鉄工業地域で生産される銑鉄の取引を効率化し、円滑にすることによって、取引費用を軽減し、併せて銑鉄取引市場における製鉄業者の相対的な力関係の強化を狙ったものであることを考えれば、製鉄業者が人数・応募株式数・持ち株比率において、他を圧しているのは当然のことである。同時に、都市統治の担い手である「二重権力」の一方の極であり、この段階ではなお都市ミドル

表 3-10　「株式会社ミドルズバラ取引所」の出資者（1864〜1868 年）

株主職業	人　数	応募株式総数	持ち株比率（%）
製鉄業者	23	377	48.1
「ミドルズバラ土地開発会社」	3	300	38.3
鉄船造船業者	1	10	1.3
支配人?（manager）	1	10	1.3
ジェントルマン	2	40	5.1
鉄取引業者	1	25	3.1
英国海軍艦長	1	10	1.3
会計士	1	2	0.2
その他	1	10	1.3
計	34	784	100.0

出所）E. M. Green, *op. cit.*, p. 37, Table II より作成。

ズバラにおける土地のかなりの部分を所有する「ミドルズバラ土地開発会社」が、少なくとも設立時には、製鉄資本に次いで取引所設立に深く関与していた事実は興味深い。

「株式会社ミドルズバラ取引所」の所長は、これまたボルコウ・ヴォーン製鉄所社長で、「ミドルズバラ商工会議所」会頭であったヘンリー・ボルコウである。[64] 開所式は、一八六六年一一月二二日に行われた。折からミドルズバラは前年に引き続く未曾有の鉄鋼不況と賃金引下げに反対する製鉄労働者の大規模な争議の渦中にあったが、この日、従来からの予定通り、礎石がヘンリー・ボルコウによって据えられた。[65] ヘンリー・ボルコウは、この争議の一方の当事者であったが、クリーヴランド製鉄工業の今後の発展を見据えて、敢えて「ミドルズバラ取引所」設置計画を進めたのであった。[66]

「ミドルズバラ土地開発会社」の一八六六年の市街地販売記録によれば、市の四つの中心街が交差するゼットランド通り（Zetland Road）、マートン通り（Marton Road）、アルバート・ブリッジ広場（Albert Bridge Place）、ウィルソン通り（Wilson Street）の一角、ストックトン・ダーリントン鉄道のミドルズバラ駅に近接する四、二八五平方ヤードの土地が、「「株式会社ミドルズバラ取引所」設立共同出資者の受託者（trustees）」（*as trustees for the persons intending to form Copartnership called The Middlesbrough Exchange Company, Ltd.*）であるヘンリー・ボルコウとアイザック・ウィルソンに売却されている。[67] 販売価格は、一平方ヤード当たり一ポンド、区画価格（lotmoney）二一四ポンド五シリング、街路使用税・下水設備費（streetage & sewerage）七五ポンド五シリングを加えて、合計四、五七四ポンド五シリングであり、この年、預託金として五七四ポンド五シリングが支払われている（巻末統計付録5を参照）。この土地売買は、面積の広さと単位価格の相対的な低さという点で、際立ったものであった。なお、土地価格のうち、一、〇〇〇ギニー（一、〇五〇ポンド）は、「ミドルズバラ土地開発会社」の寄附金として、売却代金から差し引かれている。[68] もう一人の受託者であるアイザック・ウィルソンは、ミドルズバラ建設当初から市と深い利害を保持し続けたジョージフ・ピーズと関わりの深いクウェーカー教徒である。一八五二年に市議会議員、一八五三年自治都市特権獲得後初の市参事会員、一八五四年にヘンリー・ボルコウの後を継いで市長、一八七八年に庶民院議員を経験した市の有力者・地方名望家であり、ティーズ機械製作所・リンソープ製鉄所（The Tees Engine Works, The Linthorpe Ironworks）を経営する製鉄業者である。(69)

ミドルズバラに何らかの形の「取引所」（Exchange）を設立しようとする動きは、かなり以前から始まっている。既に一八三五年には、それぞれ一〇〇ポンドを出資する会員一七名、二〇〇ポンドを出資する会員二名、六〇〇ポンドを出資するジョージフ・ピーズを会員として、クリーヴランド地域の有力者の団体「ミドルズバラ取引所協会」（Middlesbrough Exchange Association）が、商品取引のための事務所、出入り自由のラウンジおよび宿泊施設を備えた場所として開設されている。(70) しかし、この施設はストックトンの有力者を中心とするものであり、主要な取引商品もこの段階ではまだ石炭であった。ミドルズバラにおける一八五〇年代半ば以降の製鉄工業の急速な発展と産業構造の変化に伴って、この取引所は所期の目的を果たすことが困難となり、一八五四年の九月には、市当局に売却されている。(71) 一九世紀後半におけるミドルズバラは、新たな産業集積に対応することが可能な機能を果たすべき機構としての「取引所」を必要としていたのである。一八六八年の業務開始からクリーヴランド製鉄工業の絶頂期までの五年における「ミドルズバラ取引所」の事務所・店舗の賃貸料合計は、当初の一五八ポンドから一八七三年の二、〇五二ポンドへと増加している。(72) 取引所内の事務所賃借者の職業は、表3-11・表3-12に示す通りである。ミドルズバラから三マイル以内のクリーヴランド地域における銑鉄製造業者、加工鉄製品製造業者、造船業者、鉄鉱石・石炭鉱山業者、鉄販売業者、金融業者、保険会社、クラブ所有者、新聞社主を含む幅広い関係者が蝟集している。また、取締役には、クリーヴランド地域の製鉄企業経営者が多数名を連ねている。(73)

従来市庁舎において毎週行われていた銑鉄取引業務が、新しい取引所に移転され、実際に業務が開始されたの

表 3-11　「株式会社ミドルズバラ取引所」の構成員（事務所賃借者，1868 年）

企業・個人名	職　業	賃借料
サウス・バンク製鉄所（South Bank Iron Co.）	製鉄工業	£170
スワン・コーツ製鉄所（Swan Coats & Co.）	製鉄工業	£ 70
ジョージフ・ドッズ（Jos. Dodds）	事務弁護士	£ 75
ジョン・ジョーンズ（Jno. Jones）	会社総務部長・その他	£ 50
マッキーン商会（Mackean & Co.）	金属商	£ 70
ワートン・ワトソン商会（Wharton Watson & Co.）	金属商	£ 30
ウィリアム・パーヴス商会（Williams & Purves）	金属商	£ 60
スティーヴンソン・ジャックス製鉄所（Stevenson, Jaques）	製鉄工業	£ 60
ウェアデール製鉄所（Weardale Iron Co.）	製鉄工業	£ 50
エドワード・ロブソン（Edward Robson）	製鉄業者	£ 35
ファーミン・アンド・ワイアット（Firmin & Wyatt）	不　明	£ 50
G. C. ウィットウェル（G. C. Whitwell）	銑鉄・その他金属商	£ 25
トマス・バックハウス（Thos. Backhouse）	鉄船造船業者	£ 20
C. J. アダムズ（C. J. Adams）	建築設計業者	£ 30
J. ルイス（J. Lewis）	加熱・通風設備業者	£ 10
J. E. スワン兄弟商会（J. E. Swan & Bros.）	金属商	£ 45
R. スティーヴンソン商会（R. Stephenson & Co.）	金属商	£ 35
ジラン・シュミッツ商会（Gillan Schmitz & Co.）	銑鉄商	£ 45
ベル兄弟製鉄所（Bell Bros.）	製鉄工業	£ 80
R. F. マキューイン（R. F. McEwen）	仲買人（broker）	£ 50
コクラン製鉄所（Cochrane & Co.）	製鉄工業	£ 30
ギルクス・ウィルソン・ピーズ製鉄所（Gilkes, Wilson, Pease & Co.）	製鉄工業	£ 30
J. P. ホーナング（J. P. Hornung）	銑鉄商	£ 30
H. W. F. ボルコウ（H. W. F. Bolckow）	製鉄業者	£ 30
ウェギュリン・アンド・スキナー（Wegulin & Skinner）	不　明	£ 30
ウィリアム・ウィルキンソン（Wm. Wilkinson）	書籍商・新聞社主	£ 40
クリーヴランド・クラブ（Cleveland Club）	クラブ所有者	£150
T. R. M. プリューズ（T. R. M. Plews）	ワイン販売業者	£ 55
トレヴェリアン・ハッチンソン（Trev. Hutchinson）	ワイン販売業者	£ 40
クリーヴランド・クラブ（Cleveland Club）	クラブ所有者（ワイン貯蔵室）	£ 50
ジョージ・カスト商会（Geo. Cust & Co.）	茶・煙草・ワイン販売業者	£ 35
計		£1,580

出所）E. M. Green, *op. cit*., p. 95 より作成。

表 3-12 「株式会社ミドルズバラ取引所」の構成員（事務所賃借者，1873 年）

企業・個人名	職　業	賃借料
クリーヴランド・クラブ（Cleveland Club）	クラブ所有者	£170
T. マーシャル鉱山（T. Marshall & Son）	鉄鉱石・炭鉱業	£ 50
プリューズ商会（Plews & Son）	ワイン販売業者	£ 92 10s.
ポールズ商会（Pauls & Co.）	商　人	£ 92 10s.
F. アダムズ（F. Adams）	理容師	£ 30
オースティン・アンド・オーカー（Austin & Oaker）	不　明	£ 30
H. W. F. ボルコウ（H. W. F. Bolckow）	製鉄業者（庶民院議員）	£ 22 10s.
ダウニー製鉄所（Downey & Co.）	製鉄工業	£ 22 10s.
ウェザリル・アンド・ブキャナン（Weatherill & Buchanan）	事務弁護士	£ 22 10s.
エミール・ワットウ（Emile Watteau）	銑鉄商	£ 22 10s.
バーネット・アンド・フード（Burnett & Hood）	書籍商	£ 22 10s.
ノース・ブリティッシュ保険会社（North British Ins. Co.）	保険会社	£ 40
ウィリアム・ウィルキンソン（Wm. Wilkinson）	書籍商・新聞社主	£ 40
トマス・ヴォーン製鉄所（T. Vaughan & Co.）	製鉄工業	£250
J. J. ルーカス（J. J. Lucas）	鉄鉱石・炭鉱業	£ 20
ギルクス・ウィルソン・ピーズ製鉄所（Gilkes, Wilson, Pease & Co.）	製鉄工業	£ 30
ジョン・モリル（John Morrell）	鉄鉱石・炭鉱業	£ 15
J. E. スワン兄弟商会（J. E. Swan & Bros.）	金属商	£ 45
J. W. バンバーガー（J. W. Bamberger）	ブランディ輸入業者	£ 20
ウェアデール製鉄所（Weardale Iron Co.）	製鉄工業	£ 30
サミュエルソン製鉄所（B. Samuelson & Co.）	製鉄工業	£ 20
ジラン・シュミッツ商会（Gillan Schmitz & Co.）	銑鉄商	£ 80
ヨーク市・州銀行（York City & County Bank）	銀行業	£ 80
スティーヴンソン・ジャック製鉄所（Stephenson, Jaques）	製鉄工業	£ 90
北部ヨークシャー製鉄所（North Yorkshire Iron Co.）	製鉄工業	£ 60
ラッケンビー製鉄所（Lackenby Iron Co.）	製鉄工業	£ 70
ジョン・ジョーンズ（Jno. Jones）	会社総務部長・その他	£ 70
ベアパーク石炭会社（Bearpark Coal Co.）	炭鉱所有者	£ 30
スワン・コーツ製鉄所（Swan, Coates & Co.）	製鉄工業	£ 95
ジョシュア・バイヤーズ商会（Joshua Byers & Co.）	材木商	£ 40
トマス・チーズマン鉱山（Thos. Cheeseman & Co.）	鉄鉱石・炭鉱業	£ 35
ジェイムズ・チャルマーズ（Jas. Chalmers）	鉄鉱石・炭鉱業	£ 20
ティーズ橋梁製作所（Tees Bridge Iron Co.）	土木機械製造業	£ 20
ブリタニア製鉄所（Britannia Iron Co.）	攪錬鉄業者	£ 20
プリーストマン・アトキンソン（Priestman, Atkinson）	鉄鉱石商	£ 45
R. スティーヴンソン商会（R. Stephenson & Co.）	金属商	£ 25
オースティン・アンド・ジョンソン（Austin & Johnson）	建築設計事務所	£ 15
バンキアー鉱山（Bankier & Co.）	鉄鉱石・炭鉱業	£ 45
G. C. ウィットウェル（G. C. Whitwell）	銑鉄・その他金属商	£ 20
エリマス精錬所（Erimus Iron Co.）	攪錬鉄業者	不　明
エドワード・ロブソン（Edward Robson）	製鉄業者	£ 70
ワイルド・アンド・ロブソン（Wild & Robson）	鉄鉱石・炭鉱業	£ 35
トマス・フェニック（Thomas Fenwick）	鉄鉱石・炭鉱業	£ 15
チャールズ・メトカーフ（Charles Metcalf）	土地・商品斡旋業者 (land & commercial agent)	£ 10
D. H. ウォーカー（D. H. Walker）	鉄鉱石・炭鉱業	£ 15
計		£2,092 10s.

出所）E. M. Green, *op. cit*., p. 96 より作成。

は、一八六八年八月一八日以降のことであった。[74] ここでは、価格が決定され、大量の鉄・その他の商品が取引された。取引所には、商業関係専門誌、株式相場表、石炭・鉄鉱石産出に関する情報媒体が常備されていた。[75] マンチェスターのそれと同じく、「コーヒー・ハウス、新聞閲覧室、取引場として機能し、公私の情報の供給の中心となり、商売を行う気心の知れた人々の集まる場所[76]」として機能したのである。その他、関連する情報交換のための集会を提供する緩やかな同業者団体に類似する組織として、一八六九年には、製造業者、商人、専門職従事者、最大予定会員数四〇〇名から成るクラブである「クリーヴランド・クラブ」(Cleveland Club)、一八七三年にはジェントルマンのためのクラブである「エリマス・クラブ」(The Erimus Club) が開設され、「クリーヴランド・クラブ」は取引所総面積の三分の一を占める会合場所を持っていた。[77]「ミドルズバラ取引所」が本格的に業務を開始した一八六九年からクリーヴランド製鉄工業の絶頂期、一八七三年までの間に、取引所会員の数は一六八から四二九に、利益は二四九ポンド二シリング三ペンスから六三四ポンド一九シリング六ペンスに増加している。「クリーヴランド・クラブ」の会員も同じ時期に、一五四から三一一に増加し、出資金額も一、〇五一ポンド八シリング三ペンスから一、七二〇ポンド一三シリング五ペンスに上昇している。[78] 地域におけるネットワークを構成する二種類の非営利結社、例えば労働組合や使用者団体のような代議制的な結社と技術者の専門的な団体である資格認定的結社の他、教会、政治結社、スポーツ、余暇、社交のための結社、クラブもまた教育を通じて、地域的な統合を実現していたのである。[79]

製鉄業者を中心に一八六四年に提案された「ミドルズバラ取引所」の設立の動きと軌を一にして、銑鉄証券発行埠頭倉庫制度が確立した。銑鉄取引の効率化と銑鉄価格に対するクリーヴランド地域の製鉄業者のコントロールを確立することが目的であった。銑鉄取引商人や投機業者から独立して、銑鉄価格決定に生産者の利害を従来よりも強く反映させるべく、先述の取引所と「銑鉄証券発行埠頭倉庫」制度の整備が連携して行われたのである。実際には、取引所と銑鉄証券発行埠頭倉庫の設立は車の両輪のようなものであって、当初はストックトン・ダーリントン鉄道が経営に当たり、次いで取引所が以下で述べるような倉庫業者としての業務を兼ねたものと思われる。

この制度の成立を簡単に見ておこう。元来、「銑鉄証券発行埠頭倉庫」が、埠頭倉庫に持ち込まれた銑鉄を担保として発行する証券（warrant）は、スコットランド製鉄業の流通制度であった仮証券（script）を起源とする制度であり、一八四〇年代に各地に広がっていった。この制度の下では、製鉄業者は、銑鉄を倉庫に搬入し、倉庫業者がその物品を有料で保管する際に発行する受領書、倉荷証券類似の証券、すなわち、指定された将来のある時期に、銑鉄商人に一定量の銑鉄を引き渡す約束を記載した証券を受け取り、これを売却することができた。多くの場合、この仮証券の発行は、実際の銑鉄生産に先立って行われた。先物契約の一種である。一八四〇年代の鉄道ブームの到来によって、銑鉄価格が高騰し、リヴァプール（Liverpool）市場における仮証券の投機取引が過熱し、製鉄業者の中には生産能力を超えて仮証券を発行するものも出てきた。生産者の一部は、証券に規定された契約の履行を拒否し始めた。こうした証券市場における危機は、一八四五年に「スコットランド銑鉄生産者協会」（Scottish Pig Iron Association）が新たな制度を設立することによって解決した。新たな制度の下では、生産された銑鉄が、中立的な貯蔵所（store）に保管され、発行された仮証券の信用が高まり、記載された契約が履行されるようになったからである。[80]

一八五〇年には、この銑鉄受け取り仮証券制度（script）の弊害の一部は、現物である銑鉄が貯蔵所に実際に搬入された場合にのみ証券が発行される権原授与書・倉荷証券（warrant）制度が導入され、先物性が制限されることによって軽減されるようになった。貯蔵所・倉荷証券制度は、グラズゴウの商品卸売業者兼倉庫業者であったウィリアム・コノル（William Connal）によって導入され、また実際に経営された。銑鉄倉荷証券は、グラズゴウの銑鉄市場、すなわち、グラズゴウ取引所（Glasgow Royal Exchange）およびリヴァプール市場で取引された。[81] この制度は、クリーヴランドにおいては一八六四年に始まっている。もともとミドルズバラの製鉄業者は、クリーヴランド産銑鉄がスコットランド銑鉄ほど高値で販売されていない状況に不満を持っていた。クリーヴランドが独自の銑鉄市場・取引所を持てば、生産者が銑鉄価格に対して従来よりも強い影響力を行使することが可能であり、銑鉄の高値の恩恵を商人や投機業者よりも自らのものにすることができると考えていたのである。結局、一八七〇年代初頭にこの制度が一時廃止されるまで、グラズゴウ取引所におけるスコットランド産銑鉄とミドルズバラ取引所におけるクリーヴランド産銑鉄の価格差は縮まらなかったが、一八六四〜一八六八年に設立・稼動した「ミドルズバラ取引所」とミドルズバラ銑鉄市場設立の背後にあった要因もこうした製鉄業者の思惑であったと思われる。[82]

「製鉄業者集積地」にあるミドルズバラ埠頭の貯蔵所に銑鉄を受け入れる「クリーヴランド銑鉄証券発行埠頭倉庫」は、前述の通り、当初はストックトン・ダーリントン鉄道が経営した。クリーヴランド銑鉄証券発行埠頭倉庫制度は、正式には一八七三年三月一日に廃止となったが、ミドルズバラにおいて一八七六年頃までに再開し、数年間継続した模様である（一八八一年のウィリアム・コノルによる経営再開については、巻末統計付録5を参照）。一八六七年には、経営に当たるストックトン・ダーリントン鉄道は、ミドルズバラ埠頭のほか、グレイズデイルの鉄道操車場にも埠頭を開設している。[83] 証券は、預託された銑鉄に対する受取証明書であって、預託した製鉄業者は埠頭倉庫であるストックトン・ダーリントン鉄道が発行したこの受取証書を鉄取引商人に売却し、現金化することができた。証券は、その意味で、流通性を持ち、時には証券を銀行融資の際の担保として差し入れることもできた。また、銀行に割引料を支払って、現金化することも可能であった。

この証券は、記載された権原（title）の証拠となる権原証券（document of title）の一種であり、銑鉄の受け取り、保管、処分の権利を表す証券である。すなわち、埠頭倉庫業者が発行する倉荷証券（warehouse receipt）であり、埠頭倉庫証券（dock warrant）とも呼ばれる。証券に記載された銑鉄を、記載された者、あるいは裏書によって指示されたものに交付すべきことを認めた証券である。この制度をうまく活用すれば、製鉄業者は、銑鉄市場が不活発で、需要が低迷している時期にも、高炉の火を消して生産を制限する必要はなく、在庫を増やすことが可能であった。現金収支を円滑にし、銑鉄生産量の景気変動による振幅を和らげるという点において、この制度は製鉄業者に少なからぬ恩恵をもたらしたということができる。しかしながら、銑鉄業者がこうして制度の利点を享受するための条件は、銑鉄の最終需要者のほかに、鉄取引商人、仲介業者（broker）、中間商人（middleman）、投機業者および埠頭倉庫業者の動向であった。

搬入された銑鉄の受け取り証券（warrants）には、搬入量（トン数）、等級が記載された。また、納入条件（delivery terms）、例えば、ジャロウ（Jarrow）のパルマー造船会社船積埠頭の本船渡し（Free on Board）、あるいはジャロウ埠頭倉庫ないしジャロウ駅の貨車渡し（Free on Trucks）等の明細が記入されている。[84] 図3-3に示す一八九五年の製鉄業者集積地の地図[85]には、コノル埠頭（Connal Wharf）と二つのクリーヴランド銑鉄集荷埠頭倉庫、第一および第二倉庫（Cleveland Iron Store Yard No. 1, Iron Store Yard No. 2）の所在が確認できる。第一倉庫は、アクラム製鉄所（Acklam Iron Works）とノース・イースタン製鋼所との間に、第二倉庫は、ノース・イースタン製鋼所とエアサム製鉄所（Ayresome Iron Works）の間に位置している。埠頭は、第二倉庫に隣接している。証券価格と埠頭倉庫の在庫量に関する情報は、常時地方新聞に掲載された。クリーヴランド銑鉄証券発行埠頭倉庫制度成立後、恐らくは最初の銑鉄価格相場に関する情報が一八六四年七月一五日付けの地方新聞に掲載されている。

すなわち、「ミドルズバラの水曜日の取引は、底堅く、ストックトン・ダーリントン鉄道会社発行銑鉄受け取り証券（warrants）の相場は、買い手価格は現金取引で五一シリング、三カ月先物で五二シリング、売り手希望価格は現金取引で五一シリング六ペンス、三カ月先物で五二シリング六ペンスであった。この日の本船渡し（F. o. b.）銑鉄受け取り証券の終値は、現金で買い手価格五一シリング、売り手価格五一シリング三ペンス、三カ月先物新規

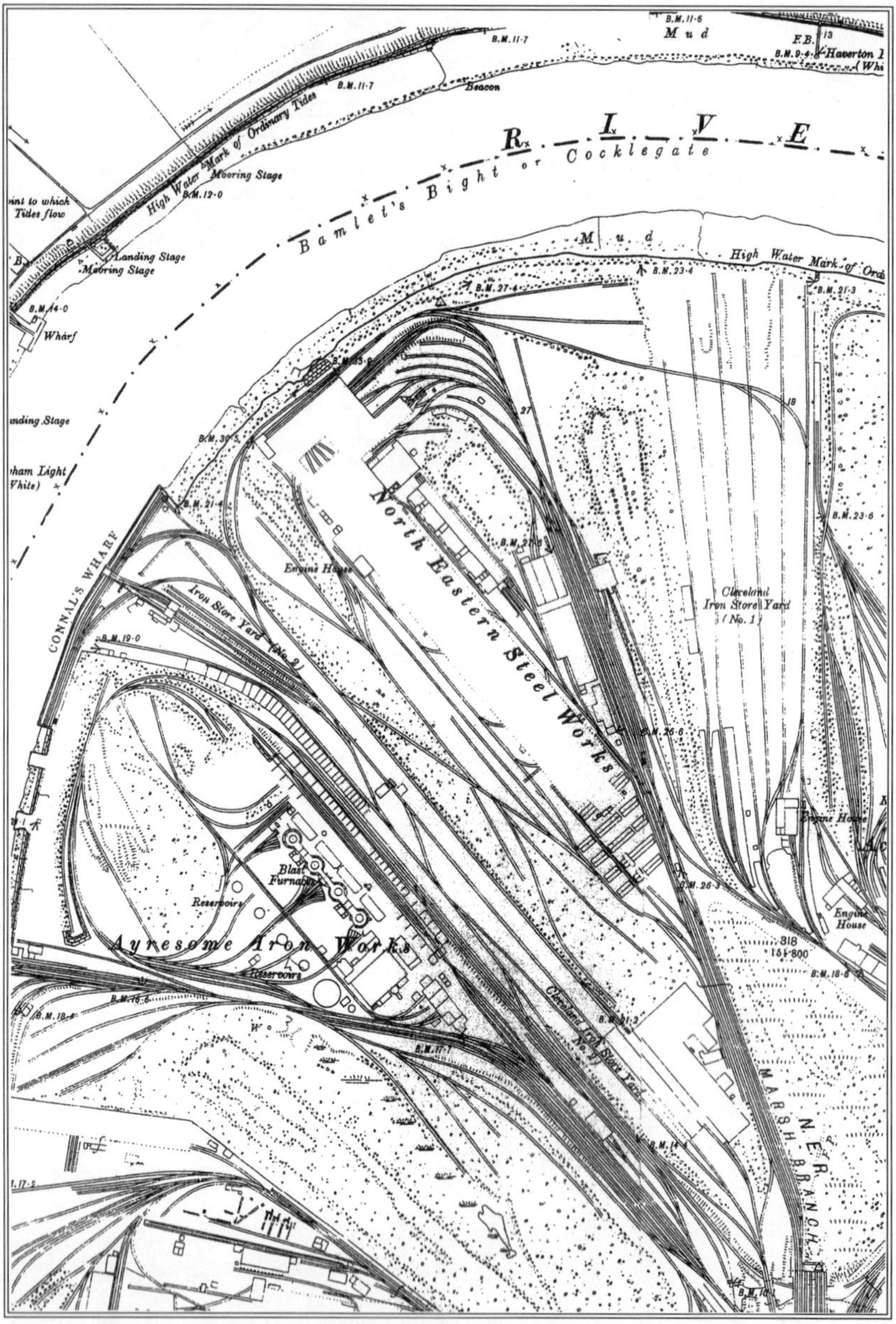

図 **3-3** クリーヴランド銑鉄証券発行埠頭倉庫（*Cleveland Warrant Store*）〔Cleveland Iron Store Yard (No. 1) & (No. 2)〕

買い価格は、五二シリング、同じく先物新規売り価格は五二シリング三ペンスであった。取引総量は、約六、〇〇〇トンであった」[86]。

こうした銑鉄価格の変動は、受け取り証券の相場とともに、時々刻々、地方新聞に掲載され、製鉄業者、あるいは商人・投機業者の間で情報が共有されていた。銑鉄価格の変動に関する情報は、特にクリーヴランド製鉄工業の最大の競争相手であったスコットランドのグラズゴウ市場、更に国内のもう一つの競争相手であったスタッフォードシャーのウォルヴァハンプトン（Wolverhampton）市場の動向とともに掲載されている。例えば、一八六四年八月一九日付けの同紙には、次のような銑鉄価格と受け取り証券の相場が掲載されている[87]。

すなわち、「ミドルズバラの水曜日の取引は、非常に不活発であった。等級混在銑鉄の銑鉄受け取り証券相場は、買い手価格五三シリング、売り手価格五三シリング六ペンス、優良商品性銘柄銑鉄（GMB＝Good Merchantable Brand）一等級は、五四シリング、三等級は五一シリングであった。／グラズゴウの水曜日の取引は、堅調であり、買い手価格五八シリング、売り手価格五八シリング一・五ペンスであった。優良商品性銘柄銑鉄一等級は、五七シリング六ペンス、三等級は、五六シリング九ペンスであった。／ウォルヴァハンプトンの水曜日の取引」（／：原文改行）。

一九世紀六〇年代末以降のクリーヴランド地域における銑鉄生産量、生産者在庫量、埠頭倉庫在庫量、輸出量については、既に示しておいた[88]。一八六〇年代初頭のクリーヴランドに相次いで設立された取引制度の効率化を促進する諸制度は、銑鉄・可鍛鋳鉄製品の売買を組織化する機構の整備であった。特に、「取引所」と同時に成立を見た「クリーヴランド銑鉄証券発行埠頭倉庫制度」は、商人・投機業者による銑鉄価格に関する情報の独占を制限し、生産者の価格コントロールを推進することを目的に設立されたものであった。その限りで、取引制度の合理化、取引費用の低減化を志向するものであった。従来は商人・投機業者が銑鉄価格、特に輸出市場の価格に関する情報を独占し、値付けを制御していた。これに対して、商工会議所、「ミドルズバラ取引所」、「銑鉄証券発行埠頭倉庫」の設立は、生産者が少なくとも同等な立場で価格設定に参画し、高価格の利益が生産者にも分配されるような取引制度の改革を目指したものであった。製鉄業者が同業者の生産量、国内外の銑鉄需要の動向、市場価格に関する正確な情報を迅速に入手し、自身が供給をコントロールできる機構を設立することを望んだのである。製鉄業者の銑鉄取引制度の合理化、効率化を目的とした行動の一部として、製品検査、等級付け、銑鉄価格設定における商人・投機業者の情報独占を崩し、生産者の利害を従来よりも強く反映することが可能な機構として、銑鉄証券発行埠頭倉庫制度の確立に向かうのである。この動きはまた、中心都市ミドルズバラが集荷制度の整備による輸出・輸入業務の掌握を通じて、クリーヴランド製鉄工業地域の「移出基地」としての地位を確立する重要な契機となるものであった。

ノースが指摘するように、こうした倉荷証券（warrant）、保証書（guarantees）、登録商標、分類・等級付け、時間動作研究、代理人契約、調停、斡旋、そして法的手続きのような情報にかかる費用の低下は、取引費用の低下を通じて、市場取引を促進する。[89] 情報の集中を通じて取引費用の低下を実現する場として、取引所は市場の整備に大きな意味を持ったのである。ノースの分類に従えば、この段階のクリーヴランド銑鉄の取引制度は、個人的交換（personalized exchange）から、第三者執行を伴う非個人的交換（impersonal exchange with third party enforcement）へ、更に非個人的交換（impersonal exchange）への移行期にあったものと思われる。[90] しかし、なお、完全な非個人的交換に至ってはいない。銑鉄証券発行埠頭倉庫制度や取引所、商工会議所の設立を通じて、漸く、近代的な取引制度へ徐々に移行していったのである。

ミドルズバラにおける銑鉄証券発行埠頭倉庫制度については、一九一三年の『エコノミック・ジャーナル』（*Economic Journal*）誌上に興味深い指摘がある。[91] クリーヴランド埠頭倉庫発行証券による銑鉄取引に関して、次のような現地通信員による記事が掲載されている。

クリーヴランド銑鉄取引は、幾つかの点で固有の制度であり、銑鉄証券発行埠頭倉庫という制度の形で、現在、世界で唯一の銑鉄自由市場を提供している。この事実は、定評のあるその銑鉄の質とともに、実際の銑鉄生産量のみでは到底保証できないほどの地位を世界市場で獲得するのを可能にしている。クリーヴランド産銑鉄販売の中央販売代理機関（central selling agency）を設立する今回の提案は、ティーズ河畔の製鉄業者が協力し合って、銑鉄の販売価格を彼ら自身でコントロールしようとする目的で行った最初の試みではない。そして、この記事を書いている時点で、今回の提案が過去の同種の試みよりもうまくいくとは思われない。知られる限り、今回の提案には二つの目的がある。一つは、銑鉄の販売価格をコントロールする単一の団体を既に設立しているヨーロッパ大陸式の方針をクリーヴランドの製鉄業者が採用できるようにすることである。もう一つの目的は、第一の目的が達成されれば必然的に出てくることであるが、既存の銑鉄証券発行埠頭倉庫を閉鎖し、証券発行銑鉄の投機を終焉させることである。

このような提案が、様々な条件を勘案し、どの程度正当化できるかについて結論を出すことは困難である。しかし、多数の生産者の競争が、時に彼らの大部分に利益をもたらさなかったということについては疑いがない。従って、もし今回提案されている制度が賢明に運営されるならば、こうした計画は恐らくクリーヴランドの製鉄業者に利益をもたらすであろう。しかし、多数の製鉄業者の間では、価格をコントロールするという考え方は、単に、既存の銑鉄証券発行埠頭倉庫制度を廃止する手段の一つであるからという理由だけで賛成されているのであって、この計画が最初に提案された時、多くの製鉄業者にこの計画が成功するであろうと信じ込ませたのもこうした状況におけるこの要因であった。

一般の投機業者が銑鉄受け取り証券を保有する銑鉄やその他の商品が大量に倉庫に保管されている場合、長期にわたって、価格変動に影響を与えるか否かは興味深い問題である。そして、広く行き渡っている次のような見解が、事実によって証明されるかどうかは少なくとも疑問である。すなわち、全体として見るならば、価格変動に影響を与えるのは、「空売り筋」('bear')の側の要因であるとする見解である。もしこの計画が成功すれば、こうした結果を招来する主要な原因が、銑鉄証券発行埠頭倉庫制度に対する嫌悪であるということを意味するであろう。他方、こちらの方が可能性が高いと思われるが、もしこの計画が実現しないならば、次のいずれかの場合を意味するであろう。すなわち、銑鉄証券発行埠頭倉庫制度を廃止する何か他の方法が見つかった場合である。あるいは、この計画によって生産者にもたらされる利点が充分でなく、複雑な手続きや必ず出てくる個人の自由の制限に対して、イギリスの生産者がヨーロッパ大陸の競争相手よりも強く感じる生来の嫌悪を克服することができないということである。

一八六七年七月三〇日付けの「クリーヴランド製鉄業者協会」の議事録における銑鉄在庫報告によれば、計八九の高炉を所有する加盟一六製鉄所の一八六六年一二月三一日現在の総在庫量は、八三、三〇一トン、一八六七年六月三〇日現在のそれは、七六、四六五トンであり、六、八三六トンの増加であった。二七七、五三九トンを生産する加盟製鉄所のうち、一二の企業は、二二、六六四トンの在庫減、一七二、七六〇トンを生産する四企業は、一六、一二八トンの在庫増を示した。埠頭倉庫の在庫は半年間で六一、一六四トンから七四、二二三トンへ、一三、〇五九トンの増加を示している。従って、一八六七年六月三〇日現在の在庫は、加盟製鉄所(七六、四六五トン)、非加盟製鉄所(二〇、〇〇〇トン)、ミドルズバラの銑鉄証券発行埠頭倉庫(七四、二二三トン)、グレイズデイルの銑鉄証券発行埠頭倉庫(三、〇〇〇トン)、合計一七三、六八五トンであった。[92] また、過去の実績については、一八六六年一二月三一日までの半年間に銑鉄在庫量は、加盟製鉄所（三七四、〇二四トン）、非加盟製鉄所（一〇五、三〇〇トン）、合計四七九、三二四トン、一八六七年六月三〇日までの半年間に、加盟製鉄所（四五〇、二九九トン）、非加盟製鉄所（一一二、二〇〇トン）、合計五六二、四九九トン、半年間に八三、一七五トンの増加を示している。[93]

製鉄業者の半期の生産量と彼らの手許にある在庫、銑鉄証券発行埠頭倉庫の在庫の関係については、表3-13に示すように、例えば、次のような事実が同じく「クリーヴランド製鉄業者協会」の一八六八年二月七日の議事録における銑鉄在庫報告にある。いずれも「クリーヴランド製鉄業者協会」加盟製鉄所に関するものである。銑鉄生産量のほぼ七〜八割が、ミドルズバラの銑鉄証券発行埠頭倉庫に証券発行（warrant）と引き換えに在庫として蓄えられ、時を置いて内外の製鉄商人に売却されたものと思われる。総じて、クリーヴランド製鉄工業地域は、中心都市であるミドルズバラに一八六〇年代後半に展開した諸制度を牽引力として、他地域の製鉄工業に対する競争優位を享受することができるようになったのである。

表 3-13　ミドルズバラ銑鉄証券発行埠頭倉庫在庫量（1867〜1868 年）

（単位：トン）

銑鉄生産量	
1867 年 10 月	79,468
1867 年 11 月	82,667
1867 年 12 月	84,702
1868 年 1 月	83,377
製鉄業者在庫	
1867 年 10 月	74,419
1867 年 11 月	74,100
1867 年 12 月	87,599
1868 年 1 月	89,896
銑鉄生産量増減	
1868 年 1 月現在減少	1,325
製鉄業者在庫量増減	
1868 年 1 月現在増加	2,297
ミドルズバラ銑鉄証券発行埠頭倉庫	
1867 年 12 月 30 日	68,826
1868 年 1 月 31 日	70,645
ミドルズバラ銑鉄証券発行埠頭倉庫在庫増減	
	1,819

出所）Cleveland Ironmasters' Association, Minute Book, Vol. 1, 17/7/1866-31/7/1876, Modern Records Centre, University of Warwick, MSS. 365/CIA, Table facing folio 85 より作成。

最後に、産業集積がもたらす経済的な効果のうち、残る論点について簡単に触れておかなければならない。創業についても、確かに一八六〇年代においてクリーヴランド製鉄工業地域には、多数の新企業が設立され、離合集散、破産、吸収・合併は珍しいことではなかった。社名は目まぐるしく変わり、個々の製鉄業者の出自を追跡することすら容易ではない。従って、集積内部で、集積の結果として、創業が大きな意味を持ったのかどうか、少なくともこの地域については分明ではない。また、産業集積の内側と外側をつなぐメカニズムとして橘川武郎が挙げているリンケージ企業の存在と評判について、一九世紀後半のクリーヴランド製鉄工業地域について言えることも少ない。需要搬入、流通機構について言えることは、一八六五年と一八六六年に設立された二つの製鉄業者の使用者団体、あるいは一八六六年における大争議の後に設立された労使調停委員会の存在が、輸出市場の動向を克明に追跡し、その情報を産地各企業に提供し、生産規模、賃金支払いの決定に重要な影響を与えたこと、この地域の二つの使用者団体が製品の検査機能をある程度果たしていたのではないかというくらいである。

「集積の内と外をつなぐ論理」としてのリンケージ企業と評判[94]についてはどうであろうか。ミドルズバラを結節点(nodal centre)とするクリーヴランド製鉄工業地域の形成を考える場合、次のような事実を考慮しなければならない。すなわち、輸送費の低下に決定的な意味を持った、北海の河口に位置する輸出基地としての海港、ティーズ川の河川交通、ストックトン・ダーリントン鉄道支線の延伸といった輸送手段の整備、ダラム西南部の良質な石炭とコークスという製鉄燃料が直近に所在したこと、その輸送費は鉄道の延伸によって低く抑えられたこと、一八五〇年にこれまた近郊に原料である鉄鉱石が発見されたこと、これらすべての物理的な枠組みが、意図的ではなく、偶然に、予め整備されていたことである。また、資本供給と産業集積の関連について言えば、これもノースが説くように、特定地域が投資資金のかなりの部分を提供するほどに利益を蓄積するまで、他の外部資金に依存せざるを得ない[95]。外部の資本供給者は、新規の、まだ結果が出ていない企業よりも、既存の輸出産業に最初に投資する傾向がある。例えば、一八六四年にボルコウ・ヴォーン製鉄所が有限責任制会社となる際に、既に指摘したように、マンチェスターの綿業資本が投資を行っている[96]。

一九世紀イギリスの産業集積、外部経済の成立について、ハドソンは次のように要約している。「互いに絡み合っている家族や企業の成長が、臨界点（臨界質量＝critical mass）を超えると、大規模な外部経済と知識、技術、商業的な情報の地域における蓄積を生み、そこから今度は個々の企業家が便益を得るということになる。専門的な、地域的に集中した商業諸制度・組織・機関は、原料購入、完成品、半製品の販売にかかる取引費用を大幅に低下させ、企業経営の種類と規模の範囲を拡大し、融資を容易にするのである」[97]。一八六〇年代にクリーヴランド地域において形成されたこの地域に固有の様々な制度・組織・団体、例えば、同業者団体、労使仲裁・調停委員会、労働組合、商工会議所、取引所、技術普及団体、あるいはマーケティングの効率化を実現する「銑鉄証券発行埠頭倉庫制度」、更にクウェーカー教徒という宗教的な紐帯は、ハドソンが指摘するように、一八五〇〜六〇年代の臨界点の醸成の後、クリーヴランド製鉄工業地域に次々に形成された諸団体・制度について当てはまる[98]。産業集積の進化による臨界点達成後の商工業諸機関は、外部経済の便益、取引に関わる商業的な情報・技術・物理的な施設の共有体制の確立による取引費用の低減化、信用供与におけるリスクの低減を通じて、地域経済として強化されていく。一九世紀六〇年代に急速に整備されていく産業集積・クラスター形成の進化が、クリーヴランド製鉄工業の競争優位を実現したのである。

II——人　口

第4章　人口変動と人口移動

1　一九世紀後半ミドルズバラの人口変動

イギリス議会資料の一部として公刊されている一八七一年・八一年センサスの集計値を駆使して、「人口移動法則」(Laws of Migration) を見出したレイヴェンシュタイン (E. G. Ravenstein) は、ミドルズバラの人口について、「増加率の高さ、様々な地域から流入した異分子の寄せ集め、男子人口の圧倒的な優位、こうした特徴はアメリカ西部の都市にしかないものである」と述べている。(1) また、表4-1からも窺うことができるように、ヴィクトリア朝のミドルズバラに言及した歴史家の多くも、激しい肉体労働に従事する夥しい数の若い製鉄工業関連労働者の流入によってもたらされる都市共同体の特異な性格に注目している。(2) 圧倒的部分がよそ者からなる男性中心の都市社会が持つ、活気に満ちた、しかし、猛々しい、一種騒然としたカオスに満ちた空間は、制度的・物理的な基盤整備の遅れと共同体への帰属意識の希薄さと相まって、都市住民に少なからぬ緊張を強いたのである。事実、この時代のミドルズバラは、酩酊・風紀紊乱・暴力行為の巷という芳しくない風評に悩まされている。(3)

本章では、建設後瞬く間に有数の工業都市に成長し、ヴィクトリア朝英国の繁栄の一翼を担ったこの都市を支え

表 4-1　イングランド主要工業都市人口の出身地と性比（1871 年）

［出身地］

出身地	ミドルズバラ	リヴァプール	マンチェスター	バーミンガム	リーズ	シェフィールド
ウェールズ	1,531(3.9)	21,232(4.3)	5,799(1.5)	2,610(0.8)	449(0.2)	490(0.2)
アイルランド	3,621(9.2)	76,761(15.6)	34,066(9.0)	9,076(2.6)	10,128(3.9)	6,082(2.5)
スコットランド	1,163(2.9)	20,394(4.1)	7,176(1.9)	1,545(0.4)	2,189(0.8)	1,414(0.6)
計	6,315(16.0)	118,387(24.0)	47,041(12.4)	13,231(3.8)	12,766(4.9)	7,986(3.3)
外　国	393(1.0)	6,015(1.2)	3,271(0.9)	1,051(0.3)	944(0.4)	490(0.2)
イングランド	32,855(83.0)	369,003(74.8)	329,062(86.7)	329,505(95.8)	245,502(94.7)	231,470(96.5)
総人口	39,563(100.0)	493,405(100.0)	379,374(100.0)	343,787(100.0)	259,212(100.0)	239,946(100.0)

［性比］

出身地	ミドルズバラ	リヴァプール	マンチェスター	バーミンガム	リーズ	シェフィールド
ウェールズ	127	83	66	90	81	105
アイルランド	194	89	76	95	93	120
スコットランド	151	106	116	129	121	133
3 出身地計の性比	161	91	80	98	97	121

注記）括弧内の数値は%。
出所）*British Parliamentary Papers*, *Census of England and Wales, 1871,* 1873 [c. 872.] LXXII, Pt. I, Vol. III より作成。

た人々を歴史人口学的側面から照射することにしよう。まず、人口移動の詳しい分析に入る前に、一九世紀初頭以降のミドルズバラにおける人口変動に関する諸指標を簡単に紹介し、この都市が同時代の工業都市とその人口学的軌跡においてどのように異なっていたかを示しておこう。第一に指摘しておかなければならないのは、人口増加率の高さである。実際、ミドルズバラの一九世紀前半以降の人口増加率は、ウェールズのカーディフと並んでこの時代の英国工業都市の中で抜きん出ている。(4) 図4-1は、一九世紀初頭から一世紀間のミドルズバラと、後にこの都市に編入される郊外教区リンソープ（Linthorpe）の人口を示したものである。

ミドルズバラの人口増加率が最も高いのは一八三一年からの一〇年間であるが、この間の急成長は都市建設と初期の移住を内容とする例外的なものである。これを除くと、七、六三二人から一八、七一四人へ二・四倍の増加を経験した一八五一年から一八六一年までの一〇年間が一九世紀中で最も人口増加率が高かった時

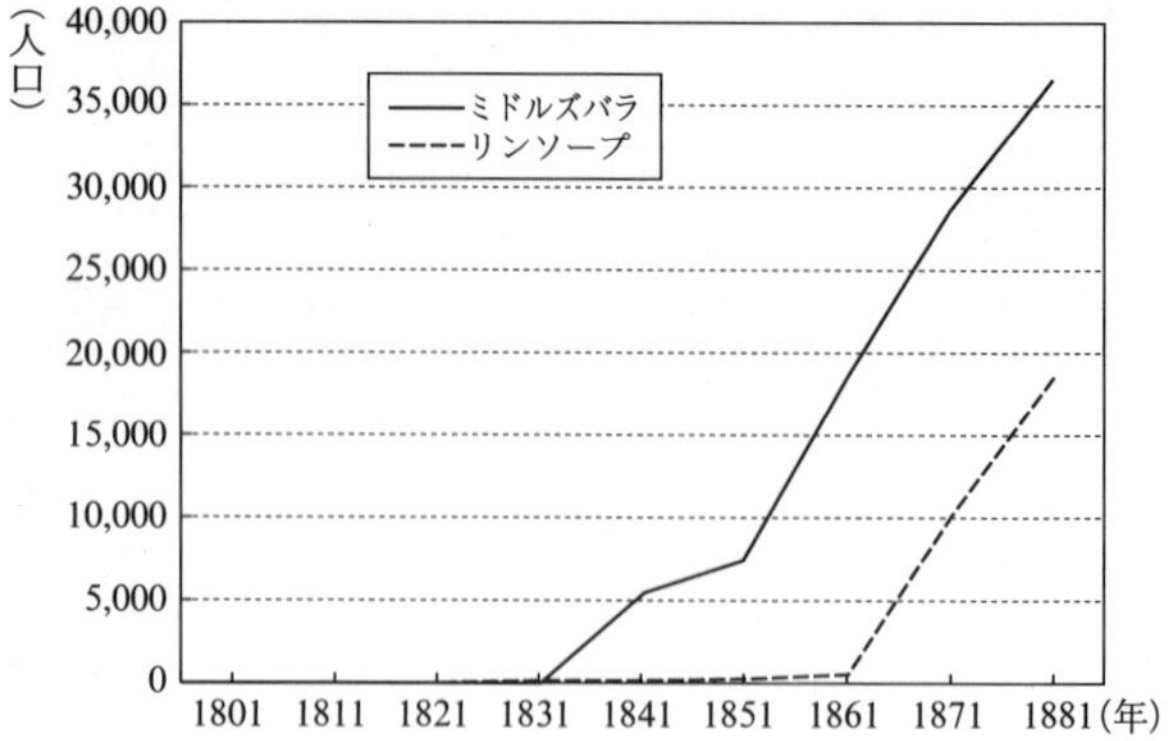

図 4-1　ミドルズバラとリンソープの人口（1801〜1881 年）

表 4-2　ミドルズバラの人口（地域人口調査とセンサス，1851〜1871 年）

年	成人男子	成人女子	12 歳未満人口（%）	計
1851				7,631
1853				9,932
1854	7,635	3,399	30.8	11,034
1856	9,482	4,255	31.0	13,737
1857	10,314	4,798	31.7	15,112
1858				16,200
1859	11,691	5,698	32.8	17,389
1861				18,714
1863				22,301
1866				27,186
1871				39,415

出所）Borough Council, Local Board of Health, 1854, Teesside Archives, CB/M/C 1/6, p. 40; Borough Council, Local Board of Health and Burial Board, 1859, Teesside Archives, CB/M/C 1/8, p. 75; W. Lillie, *The History of Middlesbrough, an Illustration of the Evolution of English Industry*, Middlesbrough, 1968, pp. 473-474 より作成。

期である。一八五八年には市域が拡張されているが、新たに組み入れられた場所は墓地・工場敷地・埠頭であって、市域拡張時に住民の定住はなく、(5) この間の人口増加の大部分は既存市域内の人口増加によるものであった。一八五一年センサス以後、ミドルズバラの都市当局は自治都市設立勅許状・「都市環境改善委員会」・公衆衛生監督権獲得、あるいは市域拡張のたびごとに、独自の人口調査を実施している。表4-2に示すように、自治都市設立勅許状を獲得した一八五三年のリンソープを含めた人口は、九、九三二、公衆衛生監督権獲得前年の一八五四年は一

一、〇三四、二度目の「都市環境改善委員会」を獲得した一八五六年は、一三、七三七、三度目の「都市環境改善委員会」獲得と市域拡張時の一八五八年は、一六、二〇〇であった。[6] 一九世紀五〇年代前半の人口は、年平均八〜九％で増加していたことになる。特に、世紀半ばの人口増加は著しく、五五年から五六年の年増加率は二四％であった。

加えて、この時代におけるミドルズバラの人口の著しい特質として、性比（女子人口一〇〇に対する男子人口の比率）の高さを挙げることができる。一八五一〜一八八一年の性比を示した表4-3が示すように、一八五一年以降、男子人口の優位は明らかである。[7] 一八五一年の性比一〇五が、一〇年後の一八六一年に一一五に上昇した原因は、後述する「センサス個票連結分析法」を用いて算出した移入人口、一〇年間にミドルズバラに移入した人口の性比の高さによるところが大である。先に示した一八七一年におけるウェールズ、アイルランド、スコットランドからの移入人口は、総人口に対する比率においてリヴァプールに次いで高いだけではなく、その性比は他の工業都市を圧している。工業都市の中では男子人口の優位を特色とする刃物工業都市、シェフィールドにおける同じ地域からの移入人口の性比を凌いでいる。センサスは出生地を記録するため、第

表 4-3　ミドルズバラ人口の性比（1851〜1881 年）

	人口		性比
1851 年センサス個票	男子	3,788	105
	女子	3,621	
	計	7,409	
1851〜1861 年移入人口	男子	8,055	115
	女子	7,013	
	計	15,068	
1861 年センサス個票	男子	9,502	115
	女子	8,297	
	計	17,799	
1861〜1871 年移入人口	男子	11,872	114
	女子	10,372	
	計	22,244	
1871 年センサス個票	男子	15,242	117
	女子	13,041	
	不明	118	
	計	28,401	
1881 年センサス個票	男子	19,036	109
	女子	17,418	
	不明	10	
	計	36,464	

出所）Census Enumerators' Books, National Archives, HO 107/2383 (1851), RG 9/3685-3689 (1861), RG 10/4889-4895 (1871), Census Enumerators' Books for Middlesbrough (1881), History Data Service より作成。移入人口の性比は，「ミドルズバラ・センサス個票連結分析法（1851〜1861 年・1861〜1871 年）」による。

一世代についてのみの数値しか得られないが、特にアイルランドからミドルズバラへの移入人口の性比は一九四であり、男子の移住者が群を抜いて多い。ミドルズバラ人口の性比が最高になるのもこの一八七一年であり、一一七である。興味深いことに、一八八一年に製鉄工業に陰りが見え始めると、人口移入もかつての勢いを失い、これに伴って性比も大幅に低下し、一八五一年の水準に近づいている。

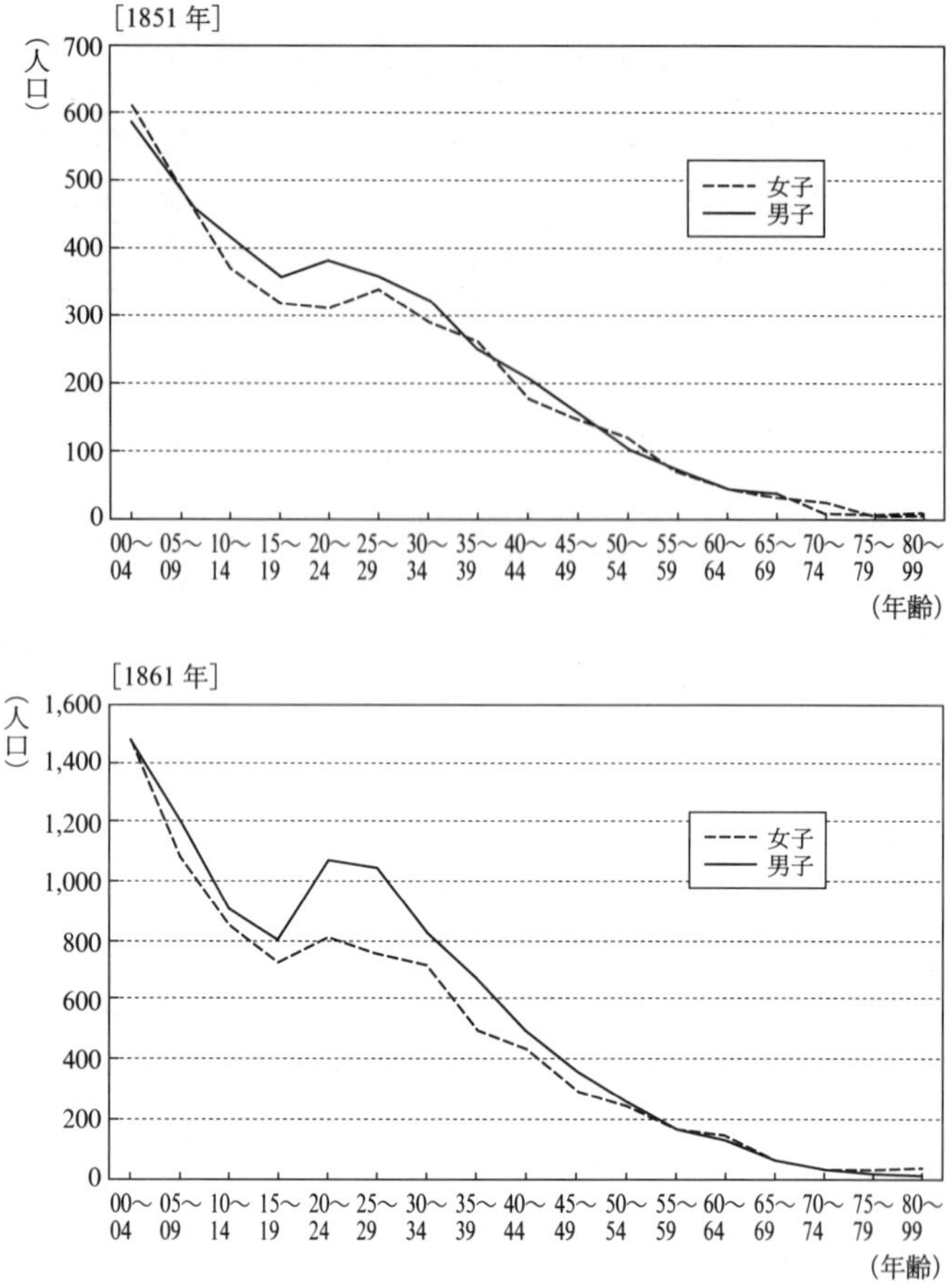

図 4-2(a) ミドルズバラの性別・年齢別人口（1851・1861年）

図4-2は、一八五一年から一八八一年までのミドルズバラにおける性別・年齢別人口構成を示したものである。(8) いずれのセンサスも、年齢構成と性比において、この都市の人口が際立った特色を持っていたことを示している。

四時点ともに、ほぼすべての年齢階層において男子の優位が明らかである。特に二〇〜二四歳、二五〜二九歳をピークとする男子の年齢分布は、この時代の他の工業都市では見られないものである。産業基盤と労働力のあり方が年齢構成と性比を決定するが、概ねこの時代のイギリスにおける都市人口の年齢構成は年齢を経るに従ってなだらかな右下がりの曲線を示している。また、他の都市では、ほぼいずれの年齢階層においても女子人口が男子人口を上回り、性比は一〇〇を下回っている。一九世紀後半における他都市の人口と比べた場合、ほぼすべての年齢階層において性比が高く、二〇〜二四歳・二五〜二九歳の年齢階層が突出しているという点において一八五一年以降におけるミドルズバラの人口年齢構成は独特

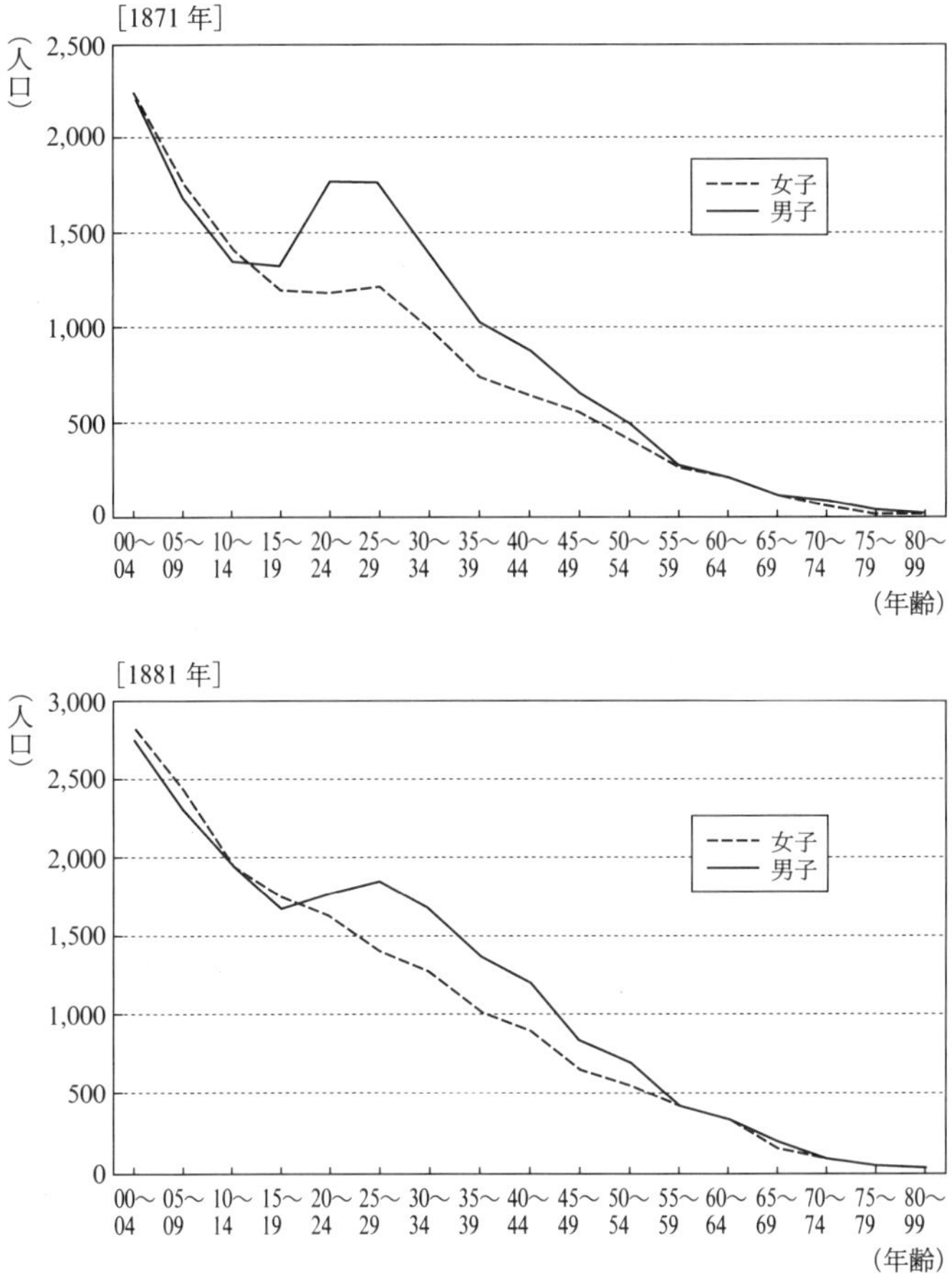

図 4-2(b) ミドルズバラの性別・年齢別人口（1871・1881 年）

のものである。

興味深いのは、中間二時点の一八六一年と一八七一年の両年に、性比の高さと男子二〇～二四歳・二五～二九歳の突出というミドルズバラ固有の人口の特徴が極端な形で現れ、一八八一年には元の状態に戻っていることである。一八五一年に比較的なだらかであった年齢分布は、一〇年後の一八六一年までに男子二〇～二四歳・二五～二九歳をピークとする極めて特徴的なそれに変わり、こうした特異な年齢構成と性比が二〇年後の一八七一年まで続く。次いで、一八八一年には一八五一年のそれに近い年齢分布と性比に回帰している。一八五一～一八六一年の一〇年間にミドルズバラにおける産業構造と労働力の年齢構成に大きな変化が起こり、一八七〇年代のある時点まで、こうした状況が継続したことが示唆されている。この間を通じて、若年層の比重の高い、イングランドの他の都市には見られない変則的な分布が目立っている。男子青年層の突出した人口構成は、一八八一年には消滅し、男子優位は変わらないものの、特定年齢への集中度は三〇年前ほど極端ではなくなり、和らいでいる。ミドルズバラ人口のこうした性別・年齢別人口における個性は、この都市の主要な産業である製鉄工業の盛衰を忠実に反映したものであり、その背後には移入人口の動向があったのである。三〇年という短期間に人口の年齢構成がこのように急激に変化した例は、イングランド・ウェールズのその他の都市ではなかったのではないであろうか。このような人口の性別・年齢別構成の短期間における激変は、都市生活の様々な局面に少なからぬ影響を及ぼしたであろう。

一八八一年におけるイギリスの主要都市に関するいくつかの指標を示した表4-4から、われわれが対象としているこの特異な都市のプロフィールが浮かんでくる。(9) まず、イングランドの主要都市の出生率と比べた場合、この都市の粗出生率の高さ、対千比四〇・五が目を引く。他方、死亡率（粗死亡率、対千比一七・七）もまた他の都市には見られないほど低いものである。ともに、若年層の大量移入によって形成された特異な人口年齢構成のせいであろう。急速な都市化と都市環境の悪化を経験したこの都市の乳児死亡率（出生数に対する一歳未満の乳児死亡数）

表 4-4　ミドルズバラおよびイングランド主要 15 都市の人口諸指標（1881 年）

都市名	人口	粗出生率（対千比）	非嫡出子率（%）	粗死亡率（対千比）	乳児死亡率（対千比）	自殺率	結婚率（対千比）	未成年女子結婚率（対千比）	識字率（%）		
									男子	女子	計
ミドルズバラ	56,677	40.5	3.1	17.7	143	1.5	8.4	33.8	82	77	79
ロンドン	3,814,571	34.8	3.9	21.3	148	3.8	9.1	18.3	93	90	92
ポーツマス	127,986	34.4	3.4	19.7	120	4.1	10.0	17.9	93	90	92
ノリッジ	87,843	33.6	6.2	19.4	149	4.1	8.7	25.0	89	86	87
ウォルヴァハンプトン	145,440	36.3	4.8	19.3	136	2.0	7.0	24.5	72	69	70
バーミンガム	246,352	36.9	4.5	22.0	157	4.1	8.6	25.3	82	76	86
レスター	122,351	38.5	4.6	21.9	202	3.4	9.4	24.0	90	80	85
ノッティンガム	159,346	35.9	7.1	22.8	169	3.6	11.6	25.5	90	82	86
リヴァプール	210,161	33.0	5.1	34.1	217	1.9	14.4	26.2	80	71	75
サルフォード	181,525	39.1	4.5	23.2	165	2.1	8.2	25.9	85	69	77
マンチェスター	148,805	36.5	4.1	25.1	171	3.0	10.0	25.8	84	63	74
オルダム	168,459	34.6	3.8	22.2	156	4.6	7.8	22.7	88	68	78
リーズ	190,863	35.8	6.3	22.0	168	2.6	10.1	26.3	87	76	81
シェフィールド	183,138	39.5	5.9	22.4	159	2.5	11.8	34.5	81	72	76
サンダーランド	139,376	39.8	3.6	20.4	147	2.4	9.8	28.1	83	76	79
ニューカッスル	150,121	36.9	5.2	21.7	153	3.0	12.1	23.4	89	81	85
15 都市計（平均）	6,076,337	35.5	4.3	22.0	154	3.5	9.4	21.7	90	84	87
イングランド・ウェールズ	25,968,286	34.0	4.9	18.9	130	3.3	7.6	21.4	87	82	84

出所）*Forty-Fourth Annual Report of the Registrar General of Births, Deaths, and Marriages in England* (*Abstracts of 1881*), London, 1883; *Supplement to the Forty-Fifth Annual Report of the Registrar General of Births, Deaths, and Marriages in England*, London, 1885 より作成。

は、対千比一四三で、かなり高い。しかし、首都ロンドンやリヴァプール、マンチェスター、バーミンガム、リーズ、ニューカッスル、シェフィールド、サンダーランド（Sunderland）といった主要な工業都市のそれよりも低いという事実は興味深い。労働者用住宅をはじめとする都市基盤のあり方と相対的な高賃金によるものかもしれない。

工業都市としては、結婚率（総人口に対する結婚件数の比率）は対千比八・四であり、予想外に低い。ロンドン（九・一）、バーミンガム（八・六）、ノッティンガム（Nottingham，一一・六）、リヴァプール（一四・四）、マンチェスター（一〇・〇）、リーズ（一〇・一）、シェフィールド（一一・八）、サンダーランド（九・八）、ニューカッスル（一二・一）と比べるとその低さがわかるであろう。移入者のかなりの部分、特に移入してくる熟練労働者が妻帯者であったという事実によるのかもしれない。結婚に際して、教会の結婚簿に署名することができず、署名の代わりに×印を記した男女から算出した識字率はどうであろうか。人口急増を経験しつつあった都市では民衆教育機関の数は急増する人口に追いつかず、教育環境は悪化し、識字率も低くなることが予想される。ミドルズバラの場合、結婚当事者の八〇％近くは、ともかくも自署することができた。人口急増を経験した工業都市の例に漏れず、この都市の識字率はイギリス全体の平均（八四・四％）を下回っているが、その他の工業都市と比べてそれほど見劣りするというわけではない。

婚外子率（非嫡子率）に関しても、この都市が持っている個性が窺われる。少なくとも、一八八一年という時点では、ミドルズバラの婚外子率（三・一％）はイングランド・ウェールズ全体（四・九％）はもとより、他の大規模都市を大きく下回っている。また、特異な年齢構成の結果によるところが少なくないと思われるが、一八七一年からの一〇年間における死因別死亡統計から見る限り、死亡総計に占める自殺の比率は、この都市では極端に低く（対千比一・五）、イギリス全体（三・三）、ロンドン（三・八）、その他の工業都市を大きく下回っている。こうした指標から見る限り、敢えて言えば、少なくとも一九世紀の八〇年代初頭までのミドルズバラは、職業生活に伴う危険を除けば、肉体的・精神的に健全な共同体であったのではないかとすら思えてくる。

同じく主要一五都市の一八八一年における死因統計（表4-5）も、ミドルズバラ人口の個性を裏付けている。死因のうち、事故死（violent death）の比率はマンチェスターに次いで第二位を占め、労働災害と思われる事故死の多発が際立っている。また、「神経系」（nervous system）の障害から来る死亡率の高さも無視し得ない。サンダーランドに次いで、同じく第二位を占める。「神経系」については詳細は不明であるが、脳神経系の疾病、血管系の疾病であろう。高血圧・脳血管障害であるとすれば、過酷な肉体労働による疲労を紛らわすための過度の飲酒が原因ではないであろうか。他方、結核、伝染病、循環器系疾患、呼吸器系疾患は、予想に反して、それほど高くはな

表 4-5　ミドルズバラおよびイングランド主要 15 都市死因別死亡率（1881 年）

都市名	感染症	肺結核	神経系疾患	循環器系疾患	呼吸器系疾患	消化器系疾患	事故死	その他	死亡計	不審死
ミドルズバラ	249(13.4)	157(8.5)	283(15.3)	112(6.1)	366(19.7)	97(5.2)	111(6.0)	436(25.8)	1,856(100.0)	160(8.6)
ロンドン	364(17.1)	225(10.5)	247(11.6)	131(6.1)	418(19.6)	119(5.6)	80(3.7)	602(25.8)	2,133(100.0)	145(6.8)
ポーツマス	348(17.7)	225(11.4)	262(13.3)	133(6.7)	324(16.5)	100(5.1)	49(2.5)	638(26.8)	1,970(100.0)	104(5.3)
ノリッジ	195(10.0)	167(8.6)	223(11.5)	120(6.2)	261(13.5)	105(5.4)	57(2.9)	768(41.9)	1,936(100.0)	121(6.2)
ウォルヴァハンプトン	244(12.6)	124(6.4)	250(13.0)	131(6.8)	395(20.5)	122(6.3)	68(3.5)	538(30.9)	1,931(100.0)	102(5.3)
バーミンガム	304(13.8)	207(9.4)	269(12.2)	130(5.9)	513(23.3)	102(4.6)	123(5.6)	527(25.2)	2,203(100.0)	230(10.4)
レスター	432(19.7)	154(7.1)	304(13.9)	134(6.1)	354(16.2)	78(3.6)	74(3.4)	606(30.0)	2,190(100.0)	168(7.6)
ノッティンガム	437(19.1)	205(9.0)	297(13.0)	135(5.9)	382(16.7)	113(4.9)	65(2.8)	601(28.6)	2,285(100.0)	129(5.7)
リヴァプール	559(16.4)	309(9.1)	315(9.2)	206(6.0)	960(28.1)	147(4.3)	188(5.5)	897(21.4)	3,411(100.0)	246(7.2)
マンチェスター	293(11.7)	232(9.2)	319(12.7)	120(4.8)	630(25.1)	130(5.2)	171(6.8)	595(24.5)	2,510(100.0)	347(13.8)
サルフォード	477(13.4)	398(11.2)	463(13.0)	179(5.0)	871(24.5)	161(4.5)	93(2.6)	851(25.8)	3,559(100.0)	157(4.4)
オルダム	234(10.6)	234(10.6)	337(15.2)	145(6.5)	567(25.6)	128(5.8)	62(2.8)	470(22.9)	2,215(100.0)	66(3.0)
リーズ	302(13.7)	204(9.3)	315(14.3)	138(6.3)	448(20.4)	115(5.2)	91(4.1)	557(26.7)	2,204(100.0)	144(6.5)
シェフィールド	282(12.6)	203(9.0)	329(14.6)	139(6.2)	574(25.6)	103(4.6)	85(3.8)	532(24.3)	2,244(100.0)	118(5.3)
サンダーランド	277(13.6)	175(8.6)	336(16.5)	119(5.8)	380(18.6)	115(5.6)	74(3.6)	517(27.7)	2,043(100.0)	103(5.1)
ニューカッスル	278(12.8)	210(9.7)	316(14.6)	160(7.4)	326(15.0)	125(5.7)	92(4.2)	625(30.6)	2,170(100.0)	151(7.0)
15 都市平均	351(16.0)	220(10.0)	267(12.2)	134(6.1)	449(20.5)	117(5.3)	85(3.9)	572(26.0)	2,195(100.0)	150(6.8)
イングランド・ウェールズ	230(12.1)	183(9.7)	261(13.8)	137(7.3)	358(18.9)	111(5.8)	70(3.7)	520(28.8)	1,894(100.0)	105(5.5)

注記）死因別死亡率は人口 10 万人に対する比率。括弧内は死亡総計に対する比率（%）。
出所）*Forty-Fourth Annual Report of the Registrar General of Births, Deaths, and Marriages in England* (*Abstracts of 1881*), London, 1883 より作成。

い。注目すべきは、七人以上一一人以下の検屍陪審（coroner's jury）の面前で、変死者の死因を審問する死因審問（inquest）の範疇に属する死因が八・六%と高率であることである。マンチェスター（一三・八%）、バーミンガム（一〇・四%）に次いで、第三位である。死因審問の対象の多くは、行き倒れであろう。労働災害による死亡率が高く、移入人口にあふれ、浮浪者（vagrants）の多い都市では高い比率を占めたものと思われる。

次に、同年における製鉄工業都市の人口諸指標と比べてみよう[10]。先に挙げた主要一五都市の指標と比べると、製鉄工業都市に固有の人口指標が幾つかあることに気付く。まず、粗出生率の高さと粗死亡率の低さである。製鉄工業都市の場合、一五の主要な都市、イングランド・ウェールズ全体の平均よりも、出生率は明らかに高い。死亡率は、一五の主要都市よりもかなり低いが、イングランド・ウェールズ全体の平均と比べると、僅かではあるが高い。こうした特徴は、疑いもなく、製鉄工業都市の人口年齢構成の低さがもたらしたものである。興味深いことに、環境悪化に敏感な乳児死亡率は、製鉄工業都市のそれが対千比、一四一であるのに対して、一五の主要都市では一五四である。また、自殺率において、製鉄工業都市は一五の主要都市、ならびに全国平均よりもかなり低い値を示している。更に、製鉄工業都市の未成年女性結婚率の高さも目立っている。一五主要都市のみならず、全国平均を上回って、女性結婚数一、〇〇〇件当たり、二七・八である。結婚当事者の識字率については、製鉄工業都市は男子七九%、女子七二%であり、一五主要都市はもとより全国平均よりも明らかに低い。住民の教育水準という点では、かなり見劣りがすると言わなければならない。製鉄工業都市の中でも、ミドルズバラは粗死亡率の低さ（対千比一七・七）では際立っている。ダーリントンに次ぐ死亡率の低さを示している。また、自殺率もダドリー（Dudley）と並んで最低である。また、未成年女性結婚率が高い製鉄工業都市の中でも、ミドルズバラのそれは最も高い部類に属する。若年層における性比の高さ、すなわち、男子人口の過剰がこうした結果をもたらしたものと思われる。

製鉄工業都市の中でも、事故死の比率において、ミドルズバラは群を抜いている。古くからの製鉄工業都市であり、事故死比率が極めて高い南ウェールズのマーサイア・ティッドフィル（Merthyr Tydfil）の人口一〇万人当たりの事故死・死亡率は一三一、死亡総計に対する比率は五・三%であるが、ミドルズバラの事故死比率はそれに次いで高く、それぞれ一一一、六・〇%である。また、「神経系」疾患による死亡率も死亡総計に対する比率において、製鉄工業都市の中では最高である。同様に、変死についてもミドルズバラは絶対水準において、マーサイア・ティッドフィルに次いで、そして、それぞれの都市の死因総計に対する比率においても、高い値を示している。一九世紀八〇年代初頭に観察されたミドルズバラの上述のような特異な人口属性はどのような過程を経て形成されてきたのか、次節ではこの点を詳しく分析しなければならない。

2 性別・年齢別人口移動

都市建設から一九世紀末期に至るまで、ミドルズバラは、言うまでもなく、その人口増加の大半を外部の人口に仰いでいた。大量の人口移入なくして、この都市の誕生はもとよりその存続は不可能であった。労働市場に関わる職業別人口移動については、次章において詳しく分析することとして、人口・工業生産の双方において成長が最も著しかった一八五一年から一八七一年までの期間を取り上げ、複数時点のセンサス個票（enumerators' books）の名寄せから個人の移動歴（life-cycle migration）を復元する手法を用いて、まず性別・年齢別人口移動を検討しておこう。個人の正確な属性（居住地番号・姓名・世帯主との続柄・配偶関係・性別・年齢・職業・出生教区・身体障害の有無）を最初に記録した一八五一年以降のセンサス個票と一〇年後および二〇年後に実施された一八六一年・一八七一年センサスの個票をすべて入力し、コード化して、個人・世帯の名寄せを行い、一〇年間の個人・世帯の行動を追跡調査するこの方法（longitudinal migration profile）は、一時点のセンサス個票の分析がもつ限界を克服する手段として工夫されたものである。

すなわち、一八五一〜一八六一年、一八六一〜一八七一年にこの都市に流入した個人・家族、引き続き居住していたと思われる個人・家族、両センサス間のある時期にミドルズバラから移出（死亡を含む）した個人・家族をできる限り正確に同定し、それぞれの人口学的属性を検討する方法である。この方法の原理は単純であるが、本書では、これまで多数開発されてきたプログラムのうち、現在までのところ最も優れたものの一つであると考えられるキングストン大学地方史研究センター（Kingston University, Centre for Local History Studies）のそれを採用した。センサス個票から得られる情報のうち、姓、名、姓のコード、年齢、出生州名の五つのアルゴリズムの組み合わせによる名寄せに基づいて、移出・退出（死亡を含む）・定着（存在）・移入人口を計算機によって算出し、次いで、世帯内の続き柄に関する情報を、個別の世帯について専門の研究者の目で再度検討し、更に可能な同定を行う、現在では最も誤りの少ない「センサス個票連結分析法」(record linkage) である。[11]

一〇年の間隔は、当時の人々の生活史において、決して短いものではなかったであろう。また、人口の流動性が激しい都市人口を対象にする場合には、解決しなければならない幾つかの難点があることも否定できない。基本的には、この方法では、正確な移動年齢を確定することはできない。また、移動理由・動機、移動と生活周期との関連、地域間の循環的人口移動の性格と規模の解明が困難であるという近代イギリスの人口移動研究が持つ史料的制約を克服することはできない。死亡および、女子の場合には結婚による改姓によって、二つのセンサス実施期間における記名史料、例えば、結婚や埋葬を記録した教区登録簿 (parish registers) に記録された個人の同定作業を行わない限り、記名データの名寄せに基づく「センサス個票連結分析法」を用いて両センサス間の正確な移出率を算出することは簡単ではない。

また、引き続き居住していたと思われる個人・家族についても、二つのセンサスの間隔である一〇年間に当該の場所から一時的に移出し、再び移入する家族や個人がいたことは充分予想されるところである。例えば、当面のわれわれの分析対象であるミドルズバラにおける一八五一年と一八六一年の両年に世帯主が同定された八六六家族のうち、六五〇家族は同居する子供を記録している。同居する子供の出生教区に関する情報から、当該家族の一〇年間の足跡をある程度追跡することが可能である。この作業の結果は、六五〇家族のうち六二家族、すなわち、一〇年間この都市に定着していたと想定される家族の少なくとも一〇％は、一八五一年以降の何時かに移出し、一八六一年以前の何時かに再びこの都市に移入していたことを示している。ただし、この結果も子供を持つ家族に関する情報であって、未婚の個人や子供を持たない家族については、移出と再移入を追跡することはできない。

一八世紀中期以降のスウェーデン、一八四〇年以降のベルギー、一八五〇年代以降のオランダ、一九世紀中期以降のドイツでは、個人・家族の転出・転入に関する詳細な情報を記録した人口登録簿（population registers）が利用可能であり、正確な人口移動指標が算出されつつある。(12) 残念ながら、イギリスにはこのような史料は存在しない。しかし、少なくとも、複数時点のセンサスを連結することによって、特定個人・家族の経時的な移動歴を復元し、移入・定着・移出人口ならびに家族の年齢・性・職業・家族規模・出身地別の属性を明らかにすることができるこの方法は、一九世紀後半における人口移動の実態を解明する一つの有力な方法であることは確かである。以下、この「センサス個票連結分析法」によって明らかにされた一八五一〜一八六一〜一八七一年におけるミドルズバラの人口移動の特質について、幾つか重要なものを挙げておこう。

まず、この方法を用いて算出した一八五一〜一八六一〜一八七一年における移出・定着・移入人口の構成を見てみよう。表4-6・表4-7からわかるように、一八五一年に七、四〇九人であったこの都市の人口は、一〇年後の一八六一年には、約二倍半の一七、七九九人に増加しているが、そのうちの八〇％近くは一〇年間に外部から移入した人口である。結婚による改姓のない男子人口に関する数値は、女子人口のそれと比較すると正確に実態を反映している。一八五一年から引き続きこの都市に居住していたと思われる人口は、一五％である。一八五一年の当初人口の六三％は、一〇年間に移出したか、死亡した人口である。一八六一年に一七、七九九人であった人口は、更に一〇年後の一八七一年には一・六倍の二八、四〇一人に増加しているが、このうちの七〇％近くが一八六一年から一八七一年にこの都市に流入した人口である。一八六一〜一八七一年の一〇年間、この都市に居住していたと思われる人口は、一八七一年総人口の二一％であり、前の一〇年間よりも多くなっている。しかし、基本的には一八五一〜一八六一年と大幅に変わることはなく、七〇〜八〇％が移入人口から構成されている。

表4-8は、ミドルズバラの一八五一〜一八六一年および一八六一〜一八七一年における年齢別移入人口比率を

表 4-6　ミドルズバラにおける移入・移出・定着人口（1851～ 1861 年）

1851 年			1861 年		
移出人口	男　子	2,341	定着人口	男　子	1,447
	女　子	2,337		女　子	1,284
	計	4,678（63%）		計	2,731（15%）
定着人口	男　子	1,447	移入人口	男　子	7,412
	女　子	1,284		女　子	6,390
	計	2,731（37%）		計	13,802（78%）
			1851 年以降にミドルズバラで出生した人口	男　子	643
				女　子	623
				計	1,266（7%）
計	男　子	3,788	計	男　子	9,502
	女　子	3,621		女　子	8,297
	1851 年総人口	7,409（100%）		1861 年総人口	17,799（100%）

出所）「ミドルズバラ・センサス個票連結分析法（1851～1861 年）」による。

表 4-7　ミドルズバラにおける移入・移出・定着人口（1861～1871 年）

1861 年			1871 年		
移出人口	男　子	6,195	定着人口	男　子	3,315
	女　子	5,670		女　子	2,619
	計	11,865（67%）		計	5,934（21%）
定着人口	男　子	3,315	移入人口	男　子	10,584
	女　子	2,619		女　子	9,032
	計	5,934（33%）		計	19,616（69%）
			1861 年以降にミドルズバラで出生した人口	男　子	1,343
				女　子	1,390
				不　明	118
				計	2,851（10%）
計	男　子	9,510	計	男　子	15,242
	女　子	8,289		女　子	13,041
				不　明	118
	1861 年総人口	17,799（100%）		1871 年総人口	28,401（100%）

出所）「ミドルズバラ・センサス個票連結分析法（1861～1871 年）」による。

表 4-8　ミドルズバラにおける移入人口比率（1851〜1861 年・1861〜1871 年）

［1851〜1861 年］

年　齢	1861 年総人口		1851〜61 年移入人口		1851〜61 年移入率（%）	
	女　子	男　子	女　子	男　子	女　子	男　子
0〜4	1,466	1,475	1,162	1,179	79.3	79.9
5〜9	1,065	1,191	775	869	72.8	73.0
10〜14	845	896	559	616	66.2	68.8
15〜19	724	801	515	579	71.1	72.3
20〜24	809	1,073	725	899	89.6	83.8
25〜29	754	1,043	708	928	93.9	89.0
30〜34	721	825	628	708	87.1	85.8
35〜39	496	668	400	560	80.6	83.8
40〜44	431	488	297	370	68.9	75.8
45〜49	291	358	182	251	62.5	70.1
50〜54	242	254	156	178	64.5	70.1
55〜59	164	169	103	108	62.8	63.9
60〜64	132	142	75	86	56.8	60.6
65〜69	62	59	38	40	61.3	67.8
70〜74	33	32	20	21	60.6	65.6
75〜79	27	18	19	10	70.4	55.6
80〜99	34	9	28	9	82.4	100.0
計／平均	8,296	9,501	6,390	7,411	77.0	78.0

［1861〜1871 年］

年　齢	1871 年総人口		1861〜71 年移入人口		1861〜71 年移入率（%）	
	女　子	男　子	女　子	男　子	女　子	男　子
0〜4	2,237	2,199	1,573	1,549	70.3	70.4
5〜9	1,755	1,686	1,094	1,042	62.3	61.8
10〜14	1,400	1,341	775	733	55.4	54.7
15〜19	1,196	1,323	808	794	67.6	60.0
20〜24	1,178	1,771	979	1,401	83.1	79.1
25〜29	1,213	1,755	1,115	1,467	91.9	83.6
30〜34	986	1,397	792	1,121	80.3	80.2
35〜39	740	1,025	531	752	71.8	73.4
40〜44	639	867	372	572	58.2	66.0
45〜49	551	651	321	397	58.3	61.0
50〜54	410	488	217	303	52.9	62.1
55〜59	253	277	144	155	56.9	56.0
60〜64	209	218	113	115	54.1	52.8
65〜69	113	129	53	65	46.9	50.4
70〜74	88	66	50	37	56.8	56.1
75〜79	43	23	24	8	55.8	34.8
80〜99	23	17	15	10	65.2	58.8
計／平均	13,034	15,233	8,976	10,521	68.9	69.1

出所）「ミドルズバラ・センサス個票連結分析法（1851〜1861 年・1861〜1871 年）」による。

示したものである。前者は一八六一年時点、後者は一八七一年時点の年齢である。一八六一年、一八七一年の両年とも、それぞれ、男女とも二五〜二九歳の年齢階層において、移入人口比率は最高値（一八六一年、男子八九%、女子九四%、一八七一年、八四%、九二%）、を示している。以後年齢とともに漸減するが、移入人口比率は男女とも

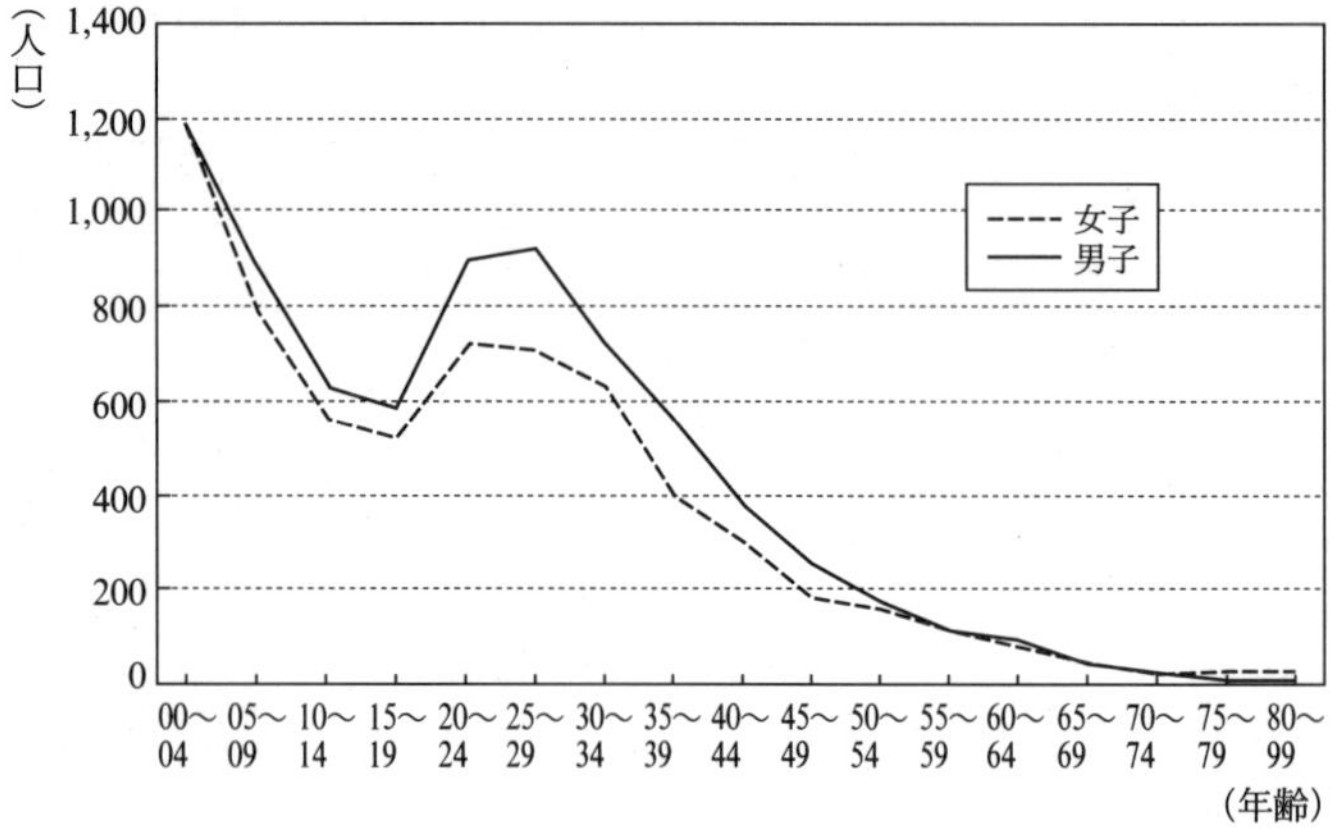

図 4-3　ミドルズバラにおける移入人口の性別・年齢別構成（1851〜1861年）

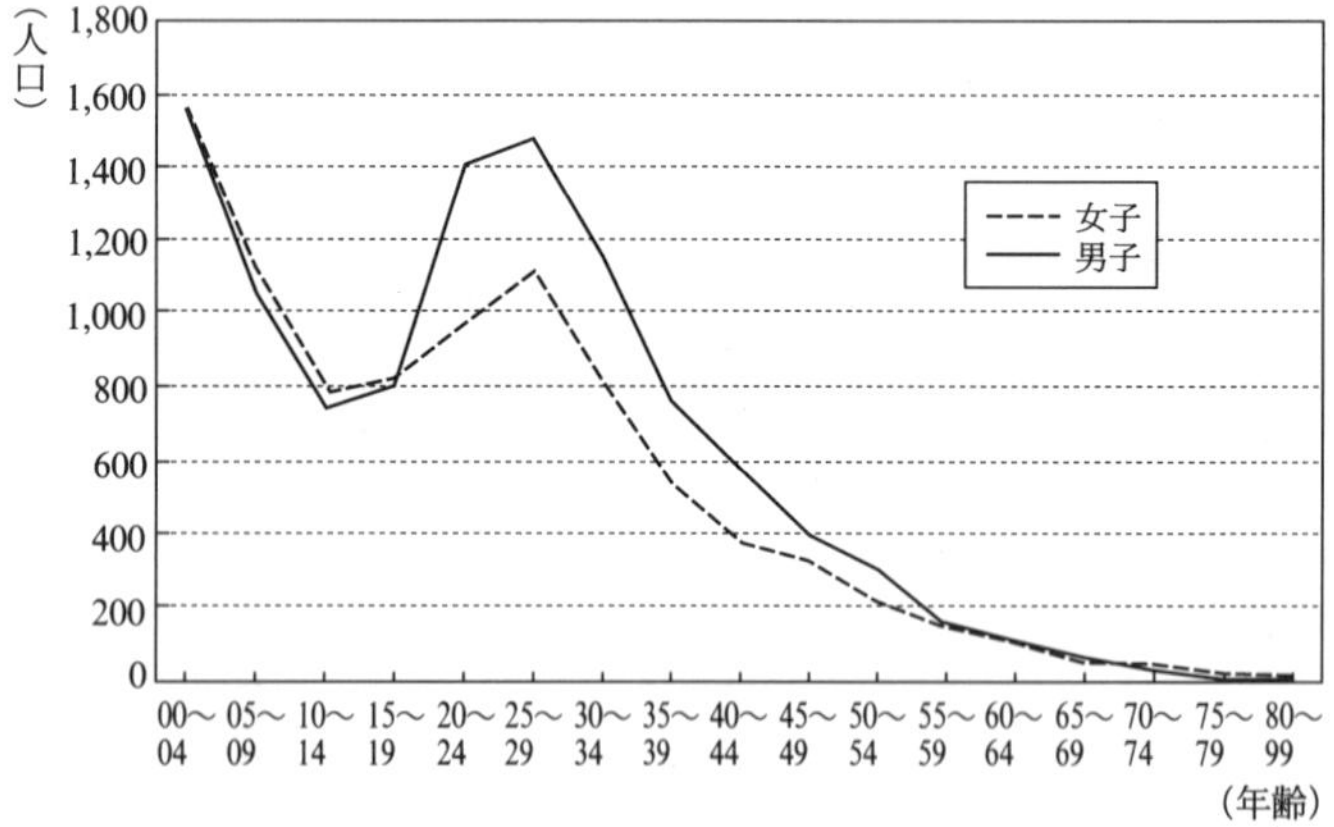

図 4-4　ミドルズバラにおける移入人口の性別・年齢別構成（1861〜1871年）

にほぼすべての年齢階層において、一八六一年には六〇％以上であり、一八七一年にはかなり低下するが、それでもほぼ五〇％以上は移入人口から成っていた。前述のように、一八六一年人口の七八％が、一八五一年以降にこの都市に流入したよそ者から構成されていたのである。この一〇年間に人口の八割方が入れ替わったことになる。

更に、図4-3・図4-4は、一八五一〜一八六一年、一八六一〜一八七一年にこの都市に移入した人口の年齢構成（前述のように、前者は一八六一年時点、後者は一八七一年時点の年齢である）を示したものである。ほぼすべての年齢階層で、男子の優位が明らかである。いずれも、二〇〜二四歳・二五〜二九歳の男子をピークとし、男子がほぼすべての年齢階層において女子を上回る、極めて性比の高い特徴的な人口が移入したことを示している。また、男女とも、いずれの期間においても、二〇歳から二九歳までの若年層の移入人口比率は八〇〜九〇％前後を占めている。移入人口の性比の高さと男女双方における若年層の移入率の高さが顕著である。一八五一〜一八六一年の一〇年間に移入した人口については、男子の二五〜二九歳（九二八人）が突出し、次いで、二〇〜二四歳（八九九人）がこれに続く。これら二つの年齢集団における性比（一二四・一三二）の高さは、特筆すべきである。また、一八六一年から一八七一年の間に移入した二〇〜二四歳の人口の場合、男子が一、四〇一であるのに対して、女子は九七九人に過ぎない。性比は一四三という極めて高い数値を示している。女子は二〇〜二四歳（七二五人）をピークとして、二五〜二九歳（七〇八人）がこれに続いている。いずれも極めて特徴的な年齢構成を示している。過酷な肉体労働に従事する比較的若年の男子移入者という新しいエネルギーを絶えず注入された都市は、類を見ないほど活気に満ちた、しかし、男性中心の荒々しい共同体として成長していったものと思われる。

3　ミドルズバラ移住者の移動性向

既に述べたように、死亡および女子の場合には結婚による改姓によって、「センサス個票連結分析法」を用いて両センサス間の正確な移出率を算出することは簡単ではない。とりあえず、死亡および改姓を含めた同定不可能率・退出率（turn-over rates）を見ておこう（表4-9、表4-10）。一八五一～一八六一年の全年齢階層の平均は、女子の場合、六四・五％、男子は六一・八％である。年齢階層二〇～二四歳では、女子が七三・八％、男子が七一・五％、二五～二九歳では女子が六五・七％、男子が六三・二％である。一八六一～一八七一年の全年齢階層の平均は、女子が六八・三％、男子が六五・二％である。この期間中に年齢階層二〇～二四歳の女子の七六・三％、男子の七二・六％、二五～二九歳の女子の七二・三％、男子の七三・〇％が、移出・死亡・改姓によって、一八七一年のセンサス個票では同定不可能であった。改姓を含む女子の場合は別として、男子については、両期間ともに、全年齢階層で平均六割以上、二〇～二四歳・二五～二九歳の若年層の七割近くがそれぞれ一〇年間の間に死亡・移出しており、退出率は予想外に高い。

本来の移出率に可能な限り近い数値を算出するため、一八七五～一八八一年の年齢別死亡統計を用いて修正した数値を示しておこう[13]。表4-11は、一八八一年における「登記本署」（The General Register Office）の登記本署長官動態統計年次報告書（*The Annual Report of the Registrar General*）および一八八一年のセンサス統計から一八七五～一八八〇年におけるミドルズバラの年齢別死亡率（対千比）を推計したものである。表4-12・表4-13は、この年齢別死亡推計を用いて、一八五一～一八六一年および一八六一～一八七一年のそれぞれの期間における年齢別退出数から推計死亡数を差し引き、移出率の近似値を推計したものである。

表 4-9　ミドルズバラにおける移出率[1]（1851～1861 年）

年齢	1851 年人口		移出人口（1851～1861 年）		定着人口（1851～1861 年）		移出率（%）	
	女子	男子	女子	男子	女子	男子	女子	男子
0～4	602	582	337	333	265	249	56.0	57.2
5～9	473	470	273	241	200	229	57.7	51.3
10～14	368	411	287	241	81	170	78.0	58.6
15～19	318	357	274	246	44	111	86.2	68.9
20～24	313	382	231	273	82	109	73.8	71.5
25～29	341	356	224	225	117	131	65.7	63.2
30～34	289	321	168	209	121	112	58.1	65.1
35～39	260	248	139	140	121	108	53.5	56.5
40～44	179	205	95	126	84	79	53.1	61.5
45～49	150	156	81	92	69	64	54.0	59.0
50～54	118	107	68	64	50	43	57.6	59.8
55～59	74	76	51	51	23	25	68.9	67.1
60～64	51	48	36	37	15	11	70.6	77.1
65～69	38	44	31	38	7	6	81.6	86.4
70～74	28	12	24	12	4	0	85.7	100.0
75～79	8	7	7	7	1	0	87.5	100.0
80～99	11	6	11	6	0	0	100.0	100.0
計／平均	3,621	3,788	2,337	2,341	1,284	1,447	64.5	61.8

注 1）男子の場合は死亡，女子の場合は死亡・結婚改姓による同定不可能者も含む。
出所）「ミドルズバラ・センサス個票連結分析法（1851～1861 年）」による。

一八五一～一八六一年については、全年齢階層男女平均で四四・五%、二〇～二四歳の年齢階層では六五・五%、二五～三四歳では五五・三%、一八六一～一八七一年については、全年齢階層平均で四八・一%、二〇～二四歳の年齢階層では六七・二%、二五～三四歳では六〇・八%が移出している。いずれの期間においても、全体で四〇%以上、特に若年・中年層の移出率は六〇%を超えている。死亡による消滅人口を差し引いた本来の移出人口推計値から年齢別移出率を示した図4-5からもわかる通り、一八五一～一八六一年および一八六一～一八七一年の両期間ともに、二〇～二四歳の若年層の人口移出率の高さが顕著である。他方、言うまでもなく、こうした移出人口を補って余りあるほど大量の人口が流入し、結果として、この時期のミドルズバラの総人口の急速な増加を可能にしたのである。前述した年齢別移入率も考慮すると、一九世紀半ばから七〇年までの製鉄工業最盛期におけるミドルズバラの人口移動

表 4-10　ミドルズバラにおける移出率[1]（1861〜1871 年）

年　齢	1861 年人口		移出人口（1861〜1871 年）		定着人口（1861〜1871 年）		移出率（%）	
	女　子	男　子	女　子	男　子	女　子	男　子	女　子	男　子
0〜4	1,466	1,475	925	936	541	539	63.1	63.5
5〜9	1,065	1,191	674	674	391	517	63.3	56.6
10〜14	845	896	663	526	182	370	78.5	58.7
15〜19	724	801	622	534	102	267	85.9	66.7
20〜24	809	1,073	617	779	192	294	76.3	72.6
25〜29	754	1,043	545	761	209	282	72.3	73.0
30〜34	721	825	447	542	274	283	62.0	65.7
35〜39	496	668	291	429	205	239	58.7	64.2
40〜44	431	488	236	302	195	186	54.8	61.9
45〜49	291	358	165	227	126	131	56.7	63.4
50〜54	242	254	149	163	93	91	61.6	64.2
55〜59	164	169	104	108	60	61	63.4	63.9
60〜64	132	142	94	112	38	30	71.2	78.9
65〜69	62	59	50	47	12	12	80.6	79.7
70〜74	33	32	29	29	4	3	87.8	90.6
75〜79	27	18	26	17	1	1	96.3	94.4
80〜99	34	9	32	9	2	0	94.1	100.0
計／平均	8,296	9,501	5,669	6,195	2,627	3,306	68.3	65.2

注 1）男子の場合は死亡，女子の場合は死亡・結婚改姓による同定不可能者も含む。
出所）「ミドルズバラ・センサス個票連結分析法（1861〜1871 年）」による。

表 4-11　ミドルズバラにおける年齢別死亡率（1875〜1881 年）

［年齢別死亡率（対千比，1881 年）］

年　齢	0	1〜4	5〜9	10〜14	15〜19	20〜24	25〜34	35〜44	45〜54	55〜64	65〜74	75〜	計
死亡数	533	298	74	35	41	56	116	130	121	120	79	65	1,668
人　口	3,723	10,467	12,307	9,874	8,309	8,033	14,597	10,938	6,476	3,362	1,264	398	89,748
死亡率	143.2	28.5	6.0	3.5	4.9	7.0	7.9	11.9	18.7	35.7	62.5	163.3	18.6

［年齢別死亡率（対千比，1875〜1880 年）］

年　齢	0	1〜4	5〜9	10〜14	15〜19	20〜24	25〜34	35〜44	45〜54	55〜64	65〜74	75〜
死亡率	152.0	36.2	6.6	3.0	4.6	5.7	8.3	11.5	14.8	29.0	61.6	174.4

出所）*British Parliamentary Papers, Census of England & Wales,* 1881, Vol. III, *Ages, Condition as to Marriage, Occupations, and Birth-Places of the People,* 1883 [C. 3722.] LXXX, p. 383 ; *Forty-Fourth Annual Report of the Registrar General of Births, Deaths, and Marriages of 1881,* 1883, pp. 78, 83 ; *Supplement to the Forty-Fifth Annual Report of the Registrar General of Births, Deaths, and Marriages in England,* 1885, p. 320 より作成。

表 4-12　ミドルズバラにおける男子年齢別移出率近似値（1851～1861 年）

年　齢	1851 年人口	最大死亡率（対千比）(1851～1861 年)	最大死亡数 (1851～1861 年)	移出人口 (1851～1861 年)	移出率（%）
0～4	582	586	(341)	(333)	—
5～9	470	60	28	213	45.3
10～14	411	35	14	227	55.2
15～19	357	49	17	229	64.1
20～24	382	70	27	246	64.4
25～34	677	79	53	381	56.3
35～44	453	119	54	212	46.8
45～54	263	187	49	107	40.7
55～64	124	357	44	44	35.5
65～74	56	625	35	15	26.8
75～	13	(1,000)	13	0	0.0
計／平均	3,788	186	(705)	(1,636)	43.2

出所)「ミドルズバラ・センサス個票連結分析法（1851～1861 年）」および *British Parliamentary Papers, Census of England & Wales*, 1881, Vol. III, *Ages, Condition as to Marriage, Occupations, and Birth-Places of the People*, 1883 [C. 3722.] LXXX, p. 383；*Forty-Fourth Annual Report of the Registrar General of Births, Deaths, and Marriages of 1881*, 1883, pp. 78, 83；*Supplement to the Forty-Fifth Annual Report of the Registrar General of Births, Deaths, and Marriages in England*, 1885, p. 320 より作成。

表 4-13　ミドルズバラにおける男子年齢別移出率近似値（1861～1871 年）

年　齢	1861 年人口	最大死亡率（対千比）(1861～1871 年)	最大死亡数 (1861～1871 年)	移出人口 (1861～1871 年)	移出率（%）
0～4	1,475	586	864	72	4.9
5～9	1,191	60	71	603	50.6
10～14	896	35	31	495	55.2
15～19	801	49	39	495	61.8
20～24	1,073	70	75	704	65.6
25～34	1,868	79	148	1,155	61.8
35～44	1,156	119	138	593	51.3
45～54	612	187	114	276	45.1
55～64	311	357	111	109	35.0
65～74	91	625	57	19	20.9
75～	27	(1,000)	27	0	0.0
計／平均	9,501	186	(1,767)	(4,428)	46.6

出所)「ミドルズバラ・センサス個票連結分析法（1861～1871 年）」および *British Parliamentary Papers, Census of England & Wales*, 1881, Vol. III, *Ages, Condition as to Marriage, Occupations, and Birth-Places of the People*, 1883 [C. 3722.] LXXX, p. 383；*Forty-Fourth Annual Report of the Registrar General of Births, Deaths, and Marriages of 1881*, 1883, pp. 78, 83；*Supplement to the Forty-Fifth Annual Report of the Registrar General of Births, Deaths, and Marriages in England*, 1885, p. 320 より作成。

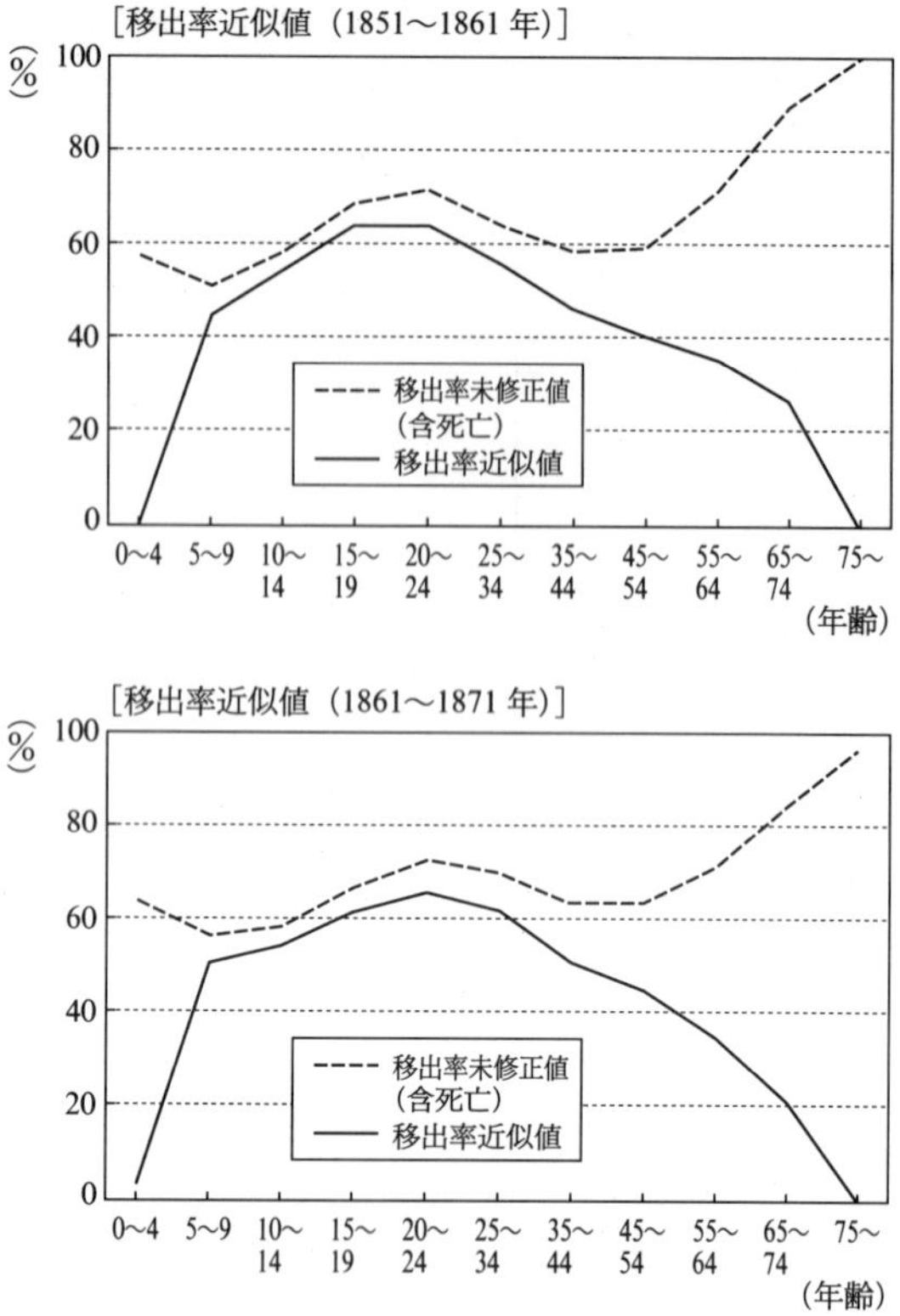

図4-5　ミドルズバラにおける男子年齢別移出率近似値（1851～1861年・1861～1871年）

は、次のような特質を持っていたと言うことができる。すなわち、この間のミドルズバラの人口移動性向は、大量の人口を吸引し、同時にそのかなりの部分を吐き出すという非常に流動性の高いものである。特に若年層の人口においてこうした傾向は著しく、二〇～二四歳の年齢層を中心に、大量の人口を吸い込み、同時に押し出すという特有の人口移動性向が観察される。最盛期ミドルズバラの住民の大半は、こうした移ろいやすい人口によって構成されていたのである。

残された課題は、移入人口のこの都市への流入の態様である。一九世紀半ば以降にミドルズバラに移入した人々はどのような形でこの都市に移入し、定着していくのであろうか。大半は、個人でこの都市に流入したのであろうか。それとも家族で流入したのであろうか。移入の当初、人々はどのような形で、居所を定めたのであろうか。次にこの点を検討しておかなければならない。表4-14は、一八五一～一八六一年および一八六一～一八七一年の両期間における世帯内の続き柄を移入人口、定着人口、移出人口（死亡を含む）のそれぞれについて見たものであ

表 4-14　ミドルズバラにおける移入・定着・移出人口の続き柄（1851〜1861 年・1861〜1871 年）

		1851〜1861 年				1861〜1871 年			
		間借り人・下宿人		世帯主		間借り人・下宿人		世帯主	
		件　数	%	件　数	%	件　数	%	件　数	%
移出人口	男子	277	11.8	726	31.0	1,253	20.2	2,049	33.1
	女子	51	2.2	836	35.8	189	3.3	1,871	33.0
定着人口	男子	61	4.2	736	50.9	221	6.7	1,582	47.7
	女子	11	0.8	634	49.4	12	0.5	1,323	50.5
移入人口	男子	1,460	18.1	2,414	30.0	2,696	25.5	3,196	30.2
	女子	209	3.0	2,714	38.7	209	2.3	3,777	41.8

出所）「ミドルズバラ・センサス個票連結分析法（1851〜1861 年・1861〜1871 年）」による。

る。単婚小家族世帯の一員として移入した人口を別にすると、一八六一〜一八七一年の未婚男子移入人口の二五・五％は、間借り人（lodgers）、あるいは下宿人（boaders）としてこの都市に流入している。移出男子についても、間借り人・下宿人の比率が高い。移入する未婚男子の多くは、間借り人、あるいは下宿人として都市に流入したものと思われる。こうした傾向は、一八五一〜一八六一年においても変わらず、未婚男子人口の一八・一％は間借り人・下宿人として流入している。

次に、移入人口のうち、既婚者と未婚者の割合はどうであろうか。個人による移入と家族による移入のどちらが支配的であったのであろうか。残念ながら、われわれが用いている「センサス個票連結分析法」そのものからは、未婚で移入し、両センサスの期間中に結婚した人口と当初から既婚者として移入した人口を区別することはできない。しかし、移入人口と定着人口の年齢別有配偶率を算出し、同年齢集団におけるそれぞれの比率を比較することによって、家族移入と個人移入の比率を近似的に推計することができる。表 4-15は、一八五一〜一八六一年および一八六一〜一八七一年における移入人口とそれぞれの一〇年間にミドルズバラに居住し続けたと想定される定着人口の年齢別有配偶率を示したものである。先に見ておいたように、移入率が最も高い二五〜二九歳の年齢階層の男子人口のうち、六二％は既婚者および鰥夫であり、すべての年齢階層の男子移入人口

表 4-15　ミドルズバラにおける移入・定着人口の年齢別有配偶率（1851〜1861 年・1861〜1871 年）

［1851〜1861 年］

年　齢	男子			
	定着人口		移入人口	
	件　数	%	件　数	%
15〜19	—	—	5	0.9
20〜24	50	28.7	219	24.4
25〜29	78	68.7	577	62.2
30〜34	105	89.7	547	77.3
35〜39	102	94.4	475	84.8
40〜44	114	96.6	328	88.6
45〜49	99	92.5	219	77.7
50〜54	75	98.7	160	89.9
55〜59	57	93.4	91	84.3
60〜64	55	98.2	78	90.7
65〜69	18	94.7	37	92.5
70〜	18	94.7	31	77.5
計／平均	771	64.7	2,767	57.9

年　齢	女子			
	定着人口		移入人口	
	件　数	%	件　数	%
15〜19	2	0.1	57	11.1
20〜24	10	11.9	467	64.4
25〜29	17	37.0	600	84.7
30〜34	85	91.4	544	86.6
35〜39	87	90.6	366	91.5
40〜44	116	86.6	269	90.6
45〜49	96	88.1	166	91.2
50〜54	79	91.9	140	89.7
55〜59	51	83.6	91	88.3
60〜64	52	91.2	72	96.0
65〜69	22	91.7	35	92.1
70〜	26	96.3	55	82.1
計／平均	643	62.7	2,862	73.5

［1861〜1871 年］

年　齢	男子			
	定着人口		移入人口	
	件　数	%	件　数	%
15〜19	4	0.7	9	1.1
20〜24	72	19.7	312	22.4
25〜29	143	51.3	756	51.6
30〜34	217	80.4	746	66.6
35〜39	237	88.1	574	76.3
40〜44	272	93.2	417	72.9
45〜49	232	93.2	337	84.9
50〜54	173	95.1	247	81.5
55〜59	116	95.9	134	86.5
60〜64	101	99.9	94	81.7
65〜69	63	82.8	56	86.2
70〜	51	98.0	47	85.5
計／平均	1,681	60.8	3,729	51.8

年　齢	女子			
	定着人口		移入人口	
	件　数	%	件　数	%
15〜19	2	0.5	86	10.7
20〜24	22	11.3	657	67.1
25〜29	47	49.0	965	86.5
30〜34	172	91.0	725	91.5
35〜39	201	97.1	486	91.5
40〜44	255	96.6	351	94.4
45〜49	221	98.7	301	93.8
50〜54	185	97.4	209	96.3
55〜59	102	95.3	141	97.9
60〜64	94	98.9	108	95.6
65〜69	56	94.9	49	92.5
70〜	60	95.2	82	93.2
計／平均	1,417	68.7	4,160	75.2

出所）「ミドルズバラ・センサス個票連結分析法（1851〜1861 年・1861〜1871 年）」による。

の五七・九%が既婚者および鰥夫であった。一八六一～一八七一年の期間については、二〇～二四歳の年齢階層の男子人口のうち、移入人口の有配偶率二二・四%は、定着人口の有配偶率一九・七%よりも高い。二五～二九歳の年齢階層においても、移入人口の有配偶率が僅かながら高い。こうした結果を見る限り、家族を単位とする移動の割合はかなり高かったのではないかと思われる。

この点は、同時代のイングランド全域を対象とし、全く異なる方法によって人口移動性向を検討した別の研究も裏付けている。信頼できる個人の生活史（居住記録＝individual residential histories）を可能な限り多数収集し、移動歴（居住地変更歴）を復元する方法を採用したプーリー、ターンバル（C. G. Pooley and J. Turnbull）の研究は、移動における家族集団の重要性を指摘している。一八世紀後半から一九三〇年に至る期間を通じて、個人の移動がほぼ二割を占めるに過ぎないのに対して、子供を伴った単婚小家族の移動は、六～七割に達している。理由の如何を問わず、移動の意思決定に家族構成員の利害が反映されているという事実が示唆されている。[14] ミドルズバラへの人口移入の態様についても、以下の一八七五年一月二四日付け地方新聞の記事が示すように、家族移動が無視し得ないものであったと言うことができる。すなわち、「ミドルズバラの人口増加――七〇人もの労働者が、家族同伴でケンブリッジシャー（Cambridgeshire）のウィスビーチ（Wisbeach）を出発し、製鉄所における雇用を求めて、ミドルズバラに向かっていると伝えられている[15]」。

この時期のミドルズバラにおける人口移動性向の他の側面を検出するため、移入した人口がその後どのような行動をとったかを探ってみよう。都市建設に深く関わったジョージフ・ピーズが市内に所有する労働者用住宅と思われる家作の賃借人を、一八四六～一八六二年の一六年間の地方税記録から追跡すると、短期間の間に、同じ家作の賃借人が頻繁に入れ替わっていることがわかる。[16] この時代の都市居住者の移動性向の高さ、近距離の転居に対する感覚の今日のわれわれが持つ移動に対する感覚との違いが明らかである。移動のコスト、住宅市場、特に賃貸住宅

写真9　比較的低額の家賃で供給された労働者住宅

出所）Araf K. Chohan, *Britain in Old Photographs, Middlesbrough*, Stroud, 1996, p. 57.

の供給と家賃という移動に関する家族の意思決定に少なからぬ影響を及ぼす要因が、今日の状況とはかなり違っていた。この事実が、当時の人々、殊に、家財という高額の資産を所有しない庶民の移動という行動を今日のわれわれのそれとは違ったものとしたのである。

一九世紀後半におけるイギリス工業都市の人口成長はその多くを外部の人口に依っていた。彼らは基本的には都市が提供する相対的な高賃金と雇用機会の多さと多様性に引き付けられて都市へ向かう。しかし、それだけではない。人々を都市に向かわせる要因として、バンクス（J. A. Banks）が述べているように、「人口密集がもたらす魔力」(contagion of numbers) も併せて考えることが必要であろう。「何かが動きつつあるという感覚」、「劇場」、「演芸館」、「明るく照明された通り」、「忙しそうな群衆」である。あるいは、農村の共同体が個人の主導権に対して行使する息の詰まるような抑制的な効果からの解放と個人の違いを自由に表現する場所への憧れである。農村と違って、大都市においては、個人は集合的束縛から大幅に解放されている。[17] 農村から都市への人口移動を経済的な要因から説明することは容易である。しかし、注意すべきことは、都市への人口流入は必ずしも貧困と直接結びついていたわけではないということである。農村の若者のすべてが漠然と職を求めて無秩序に都市に流入するわけではない。明確な目的、すなわち、経済的な上昇を目指して都市に引き付けられる者も少なくなかったのである[18]。

ミドルズバラのような新興の工業都市に見られたように、移入人口の大半が若年層であるという事実は、この都市の個性に幾重にもその刻印を押すことになる。例えば、デュルケム（É. Durkheim）が指摘しているように、「この溌剌たる青春時代は、なお、人間があらゆる束縛を最も堪えがたく感じ、そして変化を最も熱望する時代である。彼らの内にたぎる生命は、まだ凝固して決定的に確固とした形態をとるまでにはいたっていない。そしてまた、この生命は、あまりに激しいので逆らうことなく従順に規律に従うことはできない。それゆえ、この溌剌とした生命の欲求は、それが外部から抑圧されることが少なければ少ないほどそれだけ容易に充足される。そしてまた、その生命の欲求はもっぱら伝統を害うことによって充足されうるのである[19]」という雰囲気が醸成されていたと考えられる。

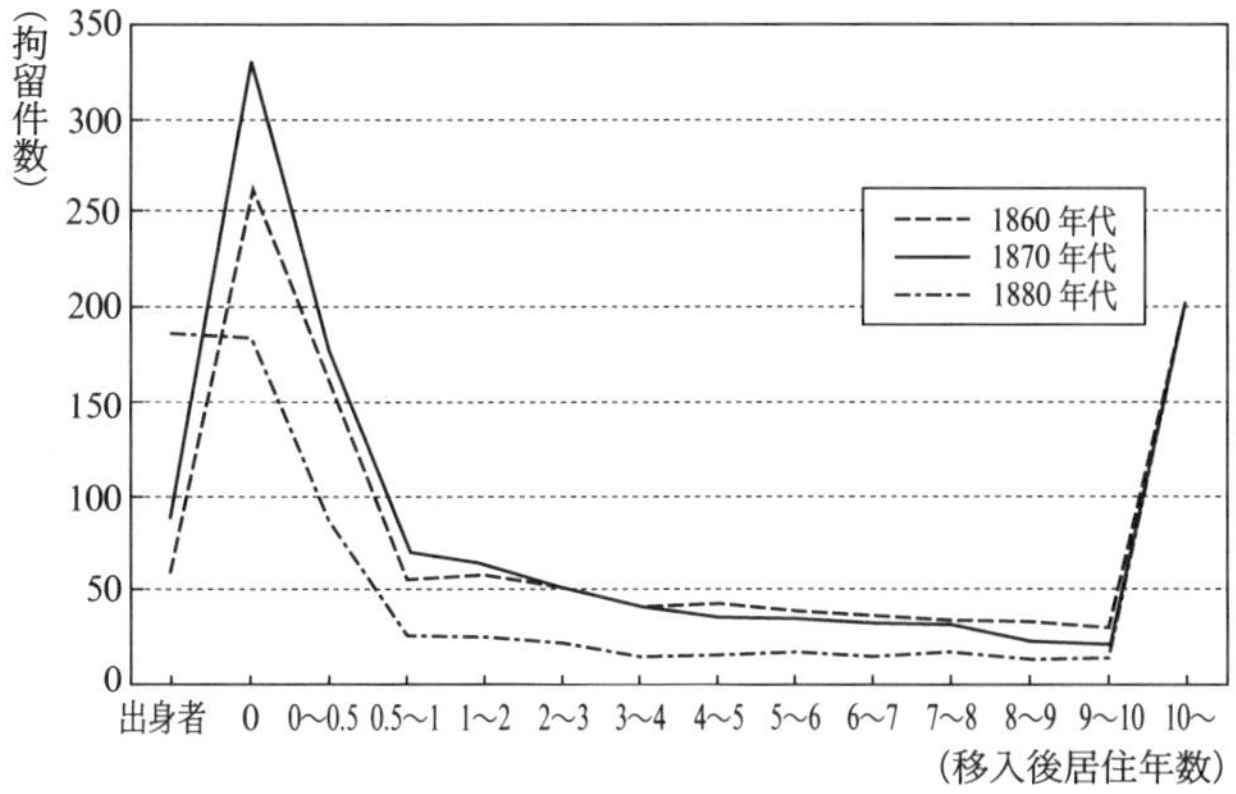

図 4-6　ミドルズバラにおける犯罪件数（居住期間別，1860～1880 年代）

確かに移入者の新たな居住地への同化の過程が、緊張と軋轢に満ちたものであったことは想像に難くない。例えば、図4-6は、ミドルズバラ市当局によって作成された一八六〇年・一八七〇年・一八八〇年代における移入後の期間別犯罪件数（勾留件数）を示したものである[20]。移入後半年以内に犯罪に走る確率が最も高く、移入後六カ月以上を経過した人々による犯罪件数が急激に減少するという傾向があることに気付く（巻末統計付録9を参照）。この都市で生まれた住民（native）による犯罪件数が最低値に近く、移住後、都市

表 4-16 ミドルズバラおよびその他主要都市における犯罪件数 (1861 年)

都市名	I	II	総計 (I+II)	重罪比率 I/I+II (%)
ミドルズバラ	72	865	937	7.7
ロンドン	1,029	5,749	6,778	15.2
ポーツマス	682	1,820	2,502	27.3
ノリッジ	279	853	1,132	24.6
ウォルヴァハンプトン	451	2,677	3,128	14.4
バーミンガム	836	6,905	7,741	10.8
ブリストル	305	3,896	4,201	7.3
レスター	204	1,145	1,349	15.1
ノッティンガム	239	424	663	36.0
リヴァプール	3,954	41,153	45,107	8.8
マンチェスター	5,808	8,618	14,426	40.3
サルフォード	1,016	1,798	2,814	36.1
オルダム	212	1,438	1,650	12.8
リーズ	626	5,887	6,513	9.6
シェフィールド	400	4,811	5,211	7.7
サンダーランド	90	2,660	2,750	3.3
ニューカッスル	481	2,723	3,204	15.0
ブラッドフォード	337	1,741	2,078	16.2
カーディフ	155	2,150	2,305	6.7
計／平均	17,176	97,313	114,489	15.0

注記) I. 正式起訴状による犯罪 (殺人, 暴行・傷害, 窃盗, その他), II. 略式起訴状による犯罪 (暴行, 酩酊, 窃盗, 売春, 放浪等比較的軽い犯罪)。ともに勾留件数。

出所) Annual Police Records, 1861, National Archives, HO/63/8, Vols. 1 & 2 より作成。

生活に次第に慣れ、時間的経過につれて、犯罪件数が減少していくというこの統計が示す傾向は、都市移住者の新しい環境への同化の過程が必ずしも平坦なものではなかったことを暗示している。

他方、移入者を待ち受けていた物理的・精神的環境がそれほど苛酷なものではなく、彼らが新たな共同体を殺伐なものと感じてはいなかったと思わせる史料も存在する。表4-16は、殺人(謀殺・故殺、同未遂を含む)、暴行・傷害、窃盗、その他、正式起訴状による刑事事件 (indictable offense) と略式起訴状による刑事事件総計に対する正式起訴状による犯罪の比率、すなわち、一八六一年にイングランドとウェールズの主要都市で発生した刑事事件のうち、重い犯罪の占める比率を示したものである。(21) ミドルズバラの場合、その比率、七・七%は予想外に低いと言わなければならない。ミドルズバラの犯罪記録に、殺人あるいは暴行・傷害のような重罪よりも、地域的個別法律 (local acts) や市条例 (borough bylaws) 違反のような軽罪の比率が高いのも、特殊な人口の年齢構成がもたらす一

表 4-17　ミドルズバラおよびその他主要都市における酩酊検挙率（1861 年）

都市名	人　口	軽罪件数計	酩酊件数	対人口比（対千比）	対軽罪比（%）
ミドルズバラ	18,327	865	246	13.4	28.4
ロンドン	–	5,749	351	–	6.1
ポーツマス	94,546	1,820	287	1.9	15.8
ノリッジ	74,414	853	138	1.9	16.2
ウォルヴァハンプトン	60,858	2,677	426	7.0	15.9
バーミンガム	295,955	6,905	1,186	4.0	17.2
ブリストル	154,093	3,896	560	3.6	14.4
レスター	68,186	1,145	218	3.2	19.0
ノッティンガム	74,531	424	13	0.2	3.1
リヴァプール	443,874	41,153	9,832	22.2	23.9
マンチェスター	338,346	8,618	2,284	6.8	26.5
サルフォード	105,334	1,798	550	5.2	30.6
オルダム	72,334	1,438	375	5.2	26.1
リーズ	207,153	5,887	1,287	6.2	21.9
シェフィールド	185,157	4,811	989	5.3	20.6
サンダーランド	78,699	2,660	502	6.3	18.9
ニューカッスル	109,291	2,723	706	6.5	25.9
ブラッドフォード	106,218	1,741	178	1.7	10.2
カーディフ	32,421	2,150	221	6.8	3.3
計		97,313	20,349		20.9
計／平均（除ロンドン）	2,519,737	91,564	19,998	7.9	21.8

出所）Annual Police Records, 1861, National Archives, HO/63/8, Vols. 1 & 2 より作成。

つの側面ではないであろうか。ミドルズバラの「重罪比率」は、一九都市の平均、一五％のほぼ半分であり、これを下回るのは、ブリストル（Bristol）、カーディフとサンダーランドだけである。少なくとも、犯罪記録から判断する限り、新たな環境への適応と同化が、絶望的なほど困難であったとは思われない[22]。

ある意味では、このことは当然のことであった。少なくとも一九世紀後半、製鉄工業導入以来半世紀の間、この都市は活気に満ちた若々しい共同体であった。過去のしがらみから解放された移入者を中心に形成されたこの都市では、匿名性が高く、古い都市にありがちな複雑な人間関係、因習、既得権、閉鎖性、排他性、強固な地縁的帰属意識がかもし出す逼塞感は希薄であった。ほとんどすべての住民が「根無し草」であったが故の開放感や自由が漲っていた。よそ者を排除する制度も住民の心性もなかった。少なくとも以前よりも豊かになることができる経済的な機会も、過酷な労働を厭わなければ、眼前に広がっていた。むしろ興味深いのは、軽い犯罪のうち、ミドルズバラが突出しているのは、酩酊・治安紊乱（drunkenness, drunk, disorderly）においてである。表4-17に示したように、一八六一年における酩酊検挙率は、人口千人当たり、一三・四件である。この値は、リヴァプールの二二・二件を除いて、最高である。[23] また、略式起訴状による軽い犯罪に占める比率においても、サルフォード（Salford）の三〇・六％を除く最高値を示している。

一九世紀の半ば以降の都市形成の過程で、例外的に高い性比を持った新興の製鉄工業都市として急成長を遂げたミドルズバラの労働市場は、ほとんど全面的に、二〇代から三〇代までの若年男性労働力を求めた。こうした労働環境は、激しい肉体労働による疲労を癒すアルコールの高い摂取、過度の飲酒を余儀なくさせたのであろう。また、製鉄工業の未熟練労働力の主力が、飲酒の嗜好の強いアイルランド人移住者から成っていたということもこうした傾向を生んだものと思われる。圧倒的な人口が移住者からなるこうした共同体では、ほとんど唯一の娯楽施設がパブであるという事情も考慮すべきであろう。[24] いずれにしても、一九世紀後半のミドルズバラにおいて、重い刑事事件よりもむしろ酩酊をはじめとする軽い刑事事件の比率が高かったという事実は、この都市の環境が失業と先行き不安に満ちた、荒んだ自暴自棄の陰惨なものではなかったことを暗示している。たとえ移住動機の大半が一攫千金の金銭的な報酬の獲得機会を求める衝動であったとしても、そこに何ほどかの希望と明るさを備えた環境が待ち受けていたと考えることはできないであろうか。[25] あるいは、敢えて言えば、製鉄工業が要求する激しい肉体労働は、「男らしさ」、「勇敢さ」、「豪放」、「連帯」をよしとする、荒々しく、繊細さには欠けるが昂然とした労働者文化を育んだのではないであろうか。一九世紀八〇年代後半から始まる不況と失業、低賃金、環境悪化がもたらす負の遺産が生む荒廃は、少なくともこの時期には胚胎していない。

第5章　クリーヴランド製鉄工業の発展と労働市場の特質

1　熟練・半熟練労働市場

ストックトン・ダーリントン鉄道の支線に南部ダラム産石炭の積み出し港として一八三〇年代に建設されたミドルズバラが、一九世紀後半に他の鉄道都市とは異なる軌跡を描くようになったのは、第2章で詳しく分析したように、次のような理由によっている。すなわち、一八五〇年、近郊エストンに鉄鉱石の主鉱脈が発見され、本格的な鉄鉱石採掘と銑鉄生産が始まり、以後、表5-1が示すように、鉄鉱石・銑鉄・錬鉄・可鍛鋳鉄製品・その他の重化学工業製品を一貫して生産し得る産業集積が実現したからである。[1]少なくとも一八八〇年代までに、製鉄工業を核に、自律性を備えた重化学工業地域として成立したイングランド北東部工業地域を構成するクリーヴランドの中心都市、ミドルズバラは一九世紀後半にどのようにして労働力を調達したのであろうか。この点を検討することが第5章の課題である。最初に、一九世紀以降の製鉄工業における一般的な労働市場の特質を簡単に見ておかなければならない。

図5-1・図5-2は、一八五一年センサスに記録されたイギリス（イングランド・ウェールズ・スコットランド）

表 5-1 ミドルズバラの産業構造（1851〜1881年）

［部門別就業人口比率］

年		専門職	奉　公	商　業	農　業	製造業	計
1851	男子	52(2.2)	6(0.2)	424(17.7)	84(3.5)	1,836(76.4)	2,402(100.0)
	女子	29(5.1)	262(46.4)	11(1.9)	7(1.2)	256(45.3)	565(100.0)
	計	81(2.7)	268(9.0)	435(14.7)	91(3.1)	2,092(70.5)	2,967(100.0)
1861	男子	158(2.6)	21(3.5)	638(10.6)	119(2.0)	5,070(84.4)	6,006(100.0)
	女子	70(7.0)	512(51.1)	8(0.8)	4(0.4)	407(40.7)	1,001(100.0)
	計	228(3.2)	533(7.6)	646(9.2)	123(1.8)	5,477(78.2)	7,007(100.0)
1871	男子	335(3.4)	78(0.7)	982(9.8)	68(0.7)	8,531(85.4)	9,994(100.0)
	女子	131(6.6)	1,024(51.7)	25(1.3)	9(0.5)	791(39.9)	1,980(100.0)
	計	466(3.9)	1,102(9.2)	1,007(8.4)	77(0.6)	9,322(77.9)	11,974(100.0)
1881	男子	426(3.5)	150(1.2)	2,165(18.0)	143(1.2)	9,128(76.0)	12,012(100.0)
	女子	232(8.7)	1,467(54.9)	26(1.0)	7(0.3)	938(35.1)	2,670(100.0)
	計	658(4.5)	1,617(11.0)	2,191(14.9)	150(1.0)	10,066(68.6)	14,682(100.0)

［製鉄部門就業人口比率］

年		製鉄工業	製造業計
1851	男子	619 (33.7)	1,836 (100.0)
	女子	8 (3.1)	256 (100.0)
	計	627 (30.0)	2,092 (100.0)
1861	男子	2,431 (47.9)	5,070 (100.0)
	女子	20 (4.9)	407 (100.0)
	計	2,451 (44.8)	5,477 (100.0)
1871	男子	2,797 (32.8)	8,531 (100.0)
	女子	39 (4.9)	791 (100.0)
	計	2,836 (30.4)	9,322 (100.0)
1881	男子	2,728 (29.9)	9,128 (100.0)
	女子	14 (1.5)	938 (100.0)
	計	2,742 (27.2)	10,066 (100.0)

注記）括弧内の数値は%。

出所）Census Enumerators' Books, National Archives, HO 107/2383 (1851), RG 9/3685-3689 (1861), RG 10/4889-4895 (1871), Census Enumerators' Books for Middlesbrough (1881), History Data Service より作成。

の製鉄工業（iron manufacture）および繊維産業（梳毛毛織物［worsted manufacture］）における雇用労働者の年齢構成を示したものである。(2) この時点では、クリーヴランドの製鉄工業はまだ全面的に展開してはいない。しかし、一九世紀後半以降にも当てはまる製鉄工業の一般的な雇用の状況および他産業のそれとの違いを示すものとして、充

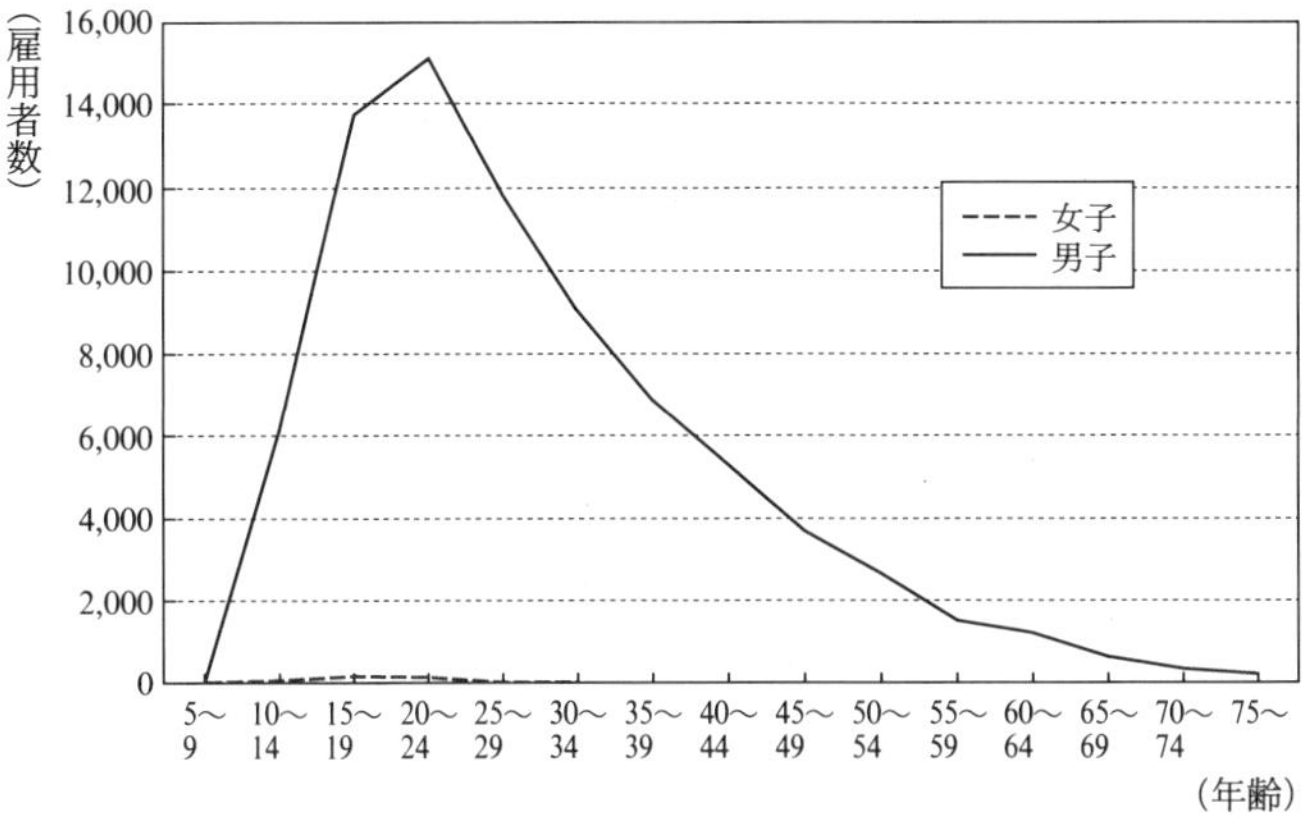

図 5-1　年齢別雇用者数（製鉄工業，1851 年）

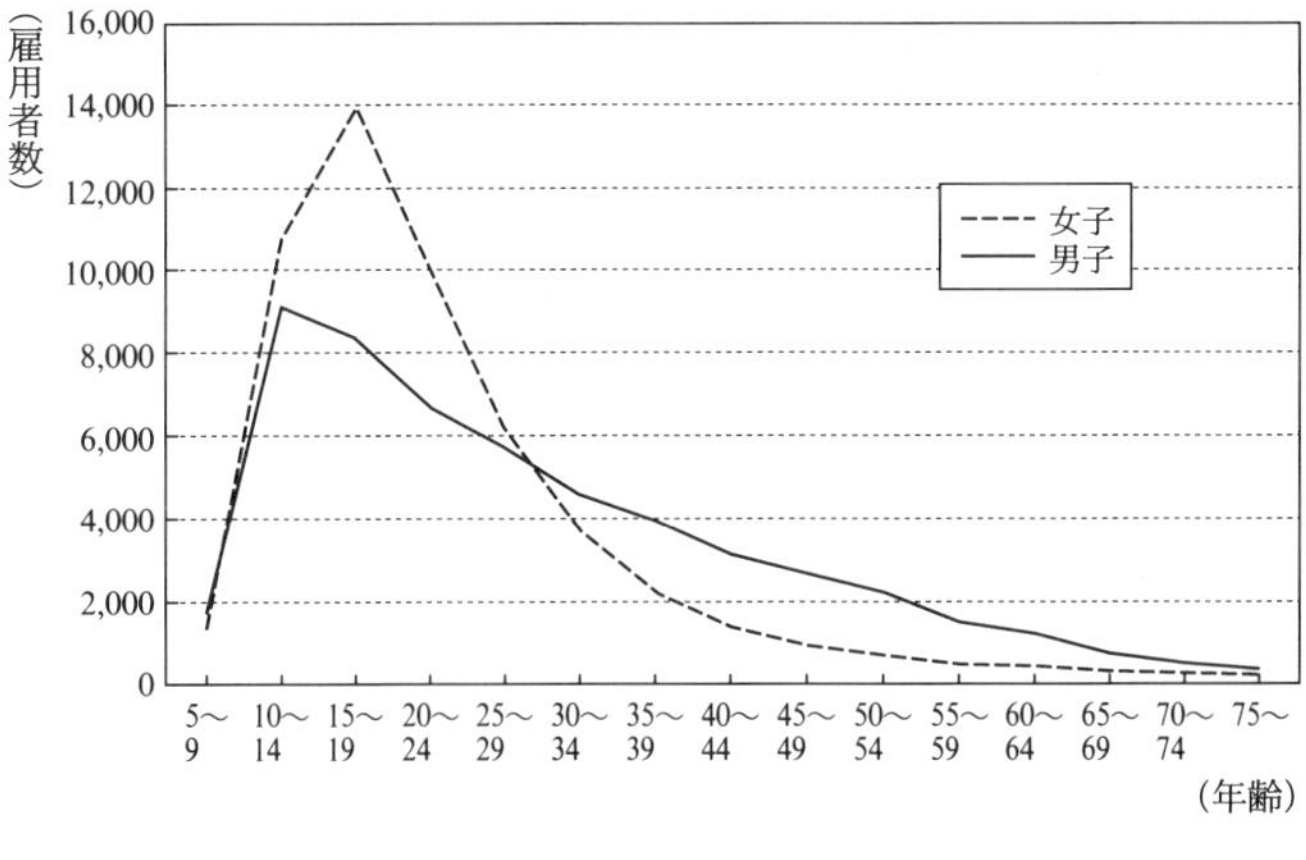

図 5-2　年齢別雇用者数（毛織物，1851 年）

分参考になるであろう。鋳型工・鋳造工・攪錬鉄工・鍛鉄工をはじめとする熟練・半熟練工および未熟練労働者(labourer)を含むと思われる製鉄工業労働者の労働市場の特色として、第一に挙げられるのは、男子労働力の圧倒的な優位である。女子労働力は、平均して男子労働力の一%以下に過ぎない。女子は、過酷な労働環境における激しい肉体労働には必ずしも適しておらず、熟練・半熟錬労働者の補助、あるいはその他の比較的軽度な単純作業に従事していたと考えられる。その意味で、この産業における女子の労働市場はかなり狭かったであろう。男子労働力の一九%は、二〇〜二四歳の年齢階層に集中し、次いで一五〜一九歳(一七%)、二五〜二九歳(一五%)がこれに続いている。尚、ここには示していないが、鉄鉱石鉱夫(iron miner)の場合も、男子労働力の優位は変わらない。労働力の性比(女子労働力人口一〇〇に対する男子労働力人口の比率)は、三〇〇(男子二七、〇九八、女子九一〇)と極めて高い。雇用のピークは、同じく二〇〜二四歳(全体の一九%)である。他方、鉱夫の場合は、比較的高年齢層の雇用が多く、二五〜二九歳(一六%)がこれに続き、三〇〜三四歳の雇用も一二%を占めている。

対照的な傾向を示す繊維産業の性別・年齢別雇用労働者数と比較すると、製鉄・鉄鉱石採掘産業における労働市場の特色が更にはっきりする。毛織物工業の場合、半数以上が女子労働力で占められている。特に一〇〜一四歳から二五〜二九歳の年齢集団における女子の雇用の優位が目立っている。雇用の年齢分布も製鉄業・鉄鉱業とは違って、ピークは若年層(女子の場合、一五〜一九歳で二七%、男子の場合には、更に若く、一〇〜一五歳で一七・五%)である。その他の繊維産業、例えば、紡毛毛織物・麻織物工業の雇用も梳毛毛織物工業と同じく、女子の優位と若年層(男女とも、一〇〜一四歳および一五〜一九歳)における雇用機会の多さが目立っている。[3] 一九世紀後半以降のイギリス製鉄工業・鉄鉱石採掘業における労働市場は、二〇〜二四歳を中心に、一五〜一九歳および二五〜二九歳の年齢集団、特に男子労働力に対する強い需要を特色としていた。

製鉄工業における労働市場が、職種、熟練度、その他の点で異質な要素を多く含む複合的なものであったという点を次に指摘しておかなければならない。例えば、溶鉱から可鍛鋳鉄製品の製造まで一貫して行う南ウェールズ、ダウレイス製鉄所の一八六六年における職種別雇用労働者数を見ると、高炉部門に雇用される労働者数は、全雇用者数八、五〇〇名のうち、八〇二名（九％）に過ぎない。鍛鉄工程（二六％）、機械・機関部門（四％）、鋳造・鋳型工程（五％）、採炭（二四％）、鉄鉱石・石灰採掘（二〇％）、計量・事務などの間接部門、あるいはその他の周辺部門を入れると、職種・熟練度の異なる雑多な労働力が雇用されていた。(4) また、後述するように、製鉄工業はいずれの部門・工程も、単純作業に従事する未熟練労働者を多数抱えていたから、この時代の製鉄工業の労働市場は、上は最も熟練度が高く、賃金水準も高い高炉主任（keeper）、打鉄工（shingler）、圧延工（roller）、攪錬鉄工から、下は雑業労働者に至るまで、裾野の広い、多様な労働力を需要するものであった。

雇用形態については、南ウェールズにおいて直接雇用が相対的に多く、イングランドの製鉄工業中心地では、間接雇用（sub-contracting system, double-handed employment）が一般的であるというように、地域差はあるものの、総じてこの時代の製鉄工業においては、特に可鍛鋳鉄製品製造・加工部門では間接雇用が支配的であったと言えるであろう。次章でも触れるように、高炉作業部門では、出来高払いで仕事を請け負い、炉への鉄鉱石装入（bridge-stocking）や銑鉄の鋳込み（stocktaking）に責任を持つ親方職人が下働きを雇用して、賃金を支払っていた。鍛鉄工場、圧延工場、その他の製鉄工場では、親方攪錬鉄工（master puddler）や親方圧延工（master roller）が、同じように下働き（under-puddler, under-workers, under-hands, levelhands）を雇用し、彼らに賃金を支払っていた。

下働きは、こうした雇用形態の下で親方から技術を習得することが多かった。(5) ミドルズバラの一八六一年センサスの個票にも、「製鉄工場内部で、三人の労働者と六人の少年を雇用する圧延工」（Roller at Ironworks employing 3 men and 6 boys）、「二人の労働者を雇用する鋳込み工」（Stocktaker in Iron Trade employing two men）あるいは「攪錬鉄工の下働き」（puddler underhand）という記載がある。(6) 一九世紀後半におけるクリーヴランド製鉄工業の具体的な雇用・賃金形態を示すものとして、可鍛鋳鉄製造部門の例を簡単に紹介しておこう。次章でも触れる可鍛鋳鉄製造業者の同業者団体である「北部イングランド製鉄業者協会」の一八七一年における議事録に掲載された就業規則(work rule)によれば、職種・雇用形態にかかわらず、賃金は週ごとに支払われていた。雇用形態には、大部分が未熟練労働者で構成され、時間給を支払われる日給払労働者(day workmen)と出来高払いで賃金を支給される熟練・半熟練労働者(piece workmen)の二種類があった。日給労働者は、勤務時間記録板を与えられ、出勤と勤務終了時刻を記録する。他方、出来高払いで雇用される攪錬鉄工、圧延工、精錬炉工(millfurnacemen)、鍛鉄工(forge-men)、その他の労働者は、それぞれの職長(foremen)の同意の下に、下働き(assistants)を雇用し、仕事を任せることができた。

攪錬鉄工とその助手(underhands, levelhands)は、利益を目的として、攪拌した銑鉄を持ち出すこと、自身が攪拌した銑鉄を打鉄することを禁じられていた。彼らが雇用主からある程度の自立性を獲得していたという間接雇用の実態を反映するものである。打鉄工は、不充分に攪拌された錬鉄を打鉄し、圧延工に回すことを禁じられていた。また、圧延工は低温の錬鉄を圧延すること、充分に打鉄されていない錬鉄を圧延することを禁じられていた。親方(forehands)、助手(underhands, levelhands)ともに、攪錬鉄炉に水・固形殻(cinder)・鉱滓・金ごけ(scale)を投入することを禁じられている。[7] いずれの協約からも、間接雇用における親方職人層の独立性を窺うことができる。

同じく、「北部イングランド製鉄業者協会」の記録に含まれる一八七〇年の裁定賃金表によれば、北部イングランドの二五の攪錬鉄工場を対象として、三三の作業について、それぞれトン当たり、一日当たり、交替制勤務時間(シフト)当たりの賃金が、親方攪錬鉄工、助手に分けて記録されている。レール・重量山形鉄(heavy angle)を製造する一一の工場では、四一工程の作業について、日給、トン当たり、あるいは長さ当たりの賃金、棒鉄・山形鉄を製造する九の工場では、棒鉄の寸法・加工する素材別に、五九ないし五三の作業についてそれぞれ賃金が記録されている。鉄板製造（plate mills）九工場では、一三の作業工程について、一〇の圧延工場（guide mills）では、七つの作業工程について、それぞれ賃金が記録されている。可鍛鋳鉄製造・加工部門では、多数の作業工程ごとに賃金が規定され、雇用形態も一様ではなかった。こうした部門で働く熟練・半熟練、未熟練労働者は極めて複雑な賃金体系の下で雇用されていたことになる。[8]

製鉄工業の規模については、どうであろうか。これまた、地域差は無視し得ない。しかし、既に指摘したように、この時期の製鉄工業企業の幾つか、特に南ウェールズでは、石炭・鉄鉱石・精錬・鍛鉄・完成品製造等の垂直的統合を行う企業が多く、雇用労働者数も大規模になりがちであった。例えば、先に引用した南ウェールズ、ダウレイス製鉄所の一八四五年における総雇用労働者数は、約七、〇〇〇人、一八六六年には、既に紹介したように、八、五〇〇人であった。また、ミドルズバラのボルコウ・ヴォーン製鉄所は、一八五〇年代に一、六〇〇人の労働者を雇用していたと言われている。[9] しかし、一八五一年センサスが示すように、イングランドとウェールズの合計七五四事業所の調査によれば、一〇人未満の労働者を雇用する企業が三七二（全体の四九％）で最も多く、次いで一〇人以上二〇人未満が一五六（二一％）、一〇〇人以上三五〇人未満が五七（七・五％）、三五〇人以上が五事業所（〇・七％）であり、一九世紀半ばにおいては、雇用労働者数が一、〇〇〇人を超える製鉄工場は例外的であった。[10] しかし、一八七〇年には、イングランド・ウェールズ・スコットランドの七六一工場が、一六六、五四二人を雇用しているから、平均は二一九人であり、この間、規模の拡大が進んでいることがわかる。[11]

安価で潤沢な鉄鉱石と石炭（コークス）、海外および国内沿岸地域という市場への接近の便、鉄道・港湾という良好な輸送施設に恵まれ、比較優位を獲得した一九世紀後半のミドルズバラが解決しなければならなかった最も深刻な課題は、労働力、特に熟練労働者の確保であったと思われる。とりあえず、当時の労働力調達の具体的な方法を紹介し、この問題に対する手懸かりを探ってみよう。一九世紀製鉄工業・鉱山業の雇用機会に関する情報伝達のごく一般的な方法は、言うまでもなく、口頭によるものであった。あるいは、初期の労働組合（trade societies, trade unions）、または友愛組合（friendly societies）の求職補助制度によるものがあった。[12] しかし、これらの方法を別とすれば、一般的に採用されていた求人方法は、人々が集う場所、例えば、教会の広場に、雇用の条件（職種・採用人数・賃金・その他の条件・引っ越し費用支弁等）を明記したポスターを張ることであった。これよりも更に確実な方法として採用されたのは、周旋業者（agent）に依頼し、農業地帯等で募集に当たらせることであった。[13]

また、次のような方法で、必要な労働力を調達することもあった。一八四六年にミドルズバラのボルコウ・ヴォーン製鉄所が、ダラム南西部のウィトン・パークに鉄鉱石採掘所と製錬所を建設した際、経営者の一人であったジョン・ヴォーンは、低額家賃の良質な庭付き住宅を供給したり、他の有利な条件を提示して、製鉄工業中心地域の一つであったスタッフォードシャーから鉱夫と高炉労働者・鍛鉄工・圧延工を招致し、「前の雇い主から与えられた内容のよい推薦状と堅実な生活態度を持っている」労働者を選考している。これに先立って、ウィトン・パークには、六〇〇戸から七〇〇戸のにわか作りの労働者住宅が建設されたが、一〇〇戸以外は投機業者によるものであった。[14] 新たに設立した自身の工場に必要な労働力を確保し、収容するために「都市」を建設してしまうというような例は、それほど多くはなかったであろうが、熟練労働力の内部補充が困難な場合には、敢えてこうした試みを実行する製鉄業者もいたのである。

熟練労働者の上層、技術者、あるいは高級職員（manager）の中には、地方新聞の求人・求職欄を利用する者も少なくなかった。特殊な技術・経験を問う場合には、求人・求職は地域の枠を越えて行われるのが通例であった。例えば、前述ボルコウ・ヴォーン製鉄所は、一八六八年二月二八日付けの南ウェールズ、スウォンジー（Swansea）の有力地方紙である『カンブリアン』（*The Cambrian*）の求人欄に次のような求人広告を出し、エストン鉱山の支配人を募集している。「鉄鉱石鉱山の有能な支配人を求む。鉱山あるいはその近隣に居住し、支配人の業務に専従すること。応募は、来たる三月一〇日までに、ティーズ河畔のミドルズバラのボルコウ・ヴォーン製鉄株式会社総支配人宛[15]」。

他方、ミドルズバラとストックトン地域で発行されている地方紙の一つ、『ストックトン・ガゼット・アンド・ミドルズバラ・タイムズ』(*The Stockton Gazette and Middlesbrough Times*)の一八六二年一〇月二四日付けの求職欄には、「多年、南ウェールズ最大の製鉄・銅・錫メッキ鉄板工場で技師として勤め、更に、四年間、海外でベッセマー法・圧搾空気法によって木炭高炉で鋼を生産する工場で支配人として勤め」、現在、南ウェールズのマーサイア・ティッドフィルに居住している者が、製鉄工場の副支配人・技師としての職を求める記事が掲載されている[16]。

次に、本書第4章で用いた人口分析の方法、複数時点のセンサス個票の名寄せから個人の移動歴を復元する「センサス個票連結分析法」を利用して、労働市場に関わる職業別人口移動を詳しく見てみよう。既に述べたように、一八五一年から一八六一年の間に、ミドルズバラの人口は、約二倍半の一七、七九九人に増加しているが、そのうちの八〇%近くは一〇年間に外部から移入した人口である。一八六一年に一七、七九九人であった人口は、更に一〇年後の一八七一年には一・六倍の二八、四〇一人に増加している。このうち七〇%近くが、一八六一年から一八七一年にこの都市に流入した人口である。従って、ミドルズバラ人口の最大の特徴である移入人口、特に労働市場において圧倒的な比率を占める男子移入人口の具体的内容を詳しく検討しなければならない。表5-2は、「センサス個票連結分析法」を用いて、センサス職業の大分類に従って、一八五一年から一八六一年、および一八六一年から一八七一年のそれぞれ一〇年間にミドルズバラに移入した人口の職業(無職および職業不明者は除く)分布を算出し、その結果を示したものである[17]。当然予想されるように、男子については、工業部門従事者の比率が、一八五一

表5-2　ミドルズバラにおける移入・移出人口の職業（1851〜1861年・1861〜1871年）

移入人口・移出人口の職業（1851〜1861年）						移入人口・移出人口の職業（1861〜1871年）					
移入人口						移入人口					
男子						男子					
製造業	商業	農業	家事奉公	専門職	計	製造業	商業	農業	家事奉公	専門職	計
4,085 (85.0)	464 (9.7)	99 (2.0)	15 (0.3)	143 (3.0)	4,806 (100.0)	6,173 (86.2)	634 (8.8)	47 (0.7)	59 (0.8)	251 (3.5)	7,164 (100.0)
女子						女子					
製造業	商業	農業	家事奉公	専門職	計	製造業	商業	農業	家事奉公	専門職	計
299 (39.4)	7 (0.9)	4 (0.5)	400 (52.6)	50 (6.6)	760 (100.0)	527 (37.0)	18 (1.3)	8 (0.6)	776 (54.4)	96 (6.7)	1,425 (100.0)
移出人口						移出人口					
男子						男子					
製造業	商業	農業	家事奉公	専門職	計	製造業	商業	農業	家事奉公	専門職	計
1,169 (74.9)	289 (18.5)	58 (3.7)	5 (0.3)	40 (2.6)	1,561 (100.0)	3,598 (85.5)	390 (9.3)	74 (1.8)	18 (0.4)	128 (3.0)	4,208 (100.0)
女子						女子					
製造業	商業	農業	家事奉公	専門職	計	製造業	商業	農業	家事奉公	専門職	計
192 (41.9)	6 (1.3)	6 (1.3)	232 (50.7)	22 (4.8)	458 (100.0)	325 (36.6)	6 (0.7)	4 (0.4)	475 (53.6)	77 (8.7)	887 (100.0)

注記）括弧内の数値は%。
出所）「ミドルズバラ・センサス個票連結分析法（1851〜1861年・1861〜1871年）」による。

年から一八六一年に全体の八五%、一八六一年から一八七一年に八六・二%と極めて高い。これに次ぐのは、商業部門であり、両期間とも約一割を占める。女子については、家事奉公人（domestic servants）が最も多く、全体の半数以上を占める。工業部門は、四〇%弱である。

移出人口（以下、特に断らない限り、移出人口の中には両センサス間の一〇年間に死亡した者、女子の場合には結婚による改姓によって、「センサス個票連結分析法」で同定できない人口も含む）の職業別比率はどうであろうか。一八五一年から一八六一年の一〇年間にミドルズバラから移出した人口(18)の職業を見ると、男子では、全有業人口の七五%が一八五一年に工業部門に従事していた人口である。一八六一年から一八七一年には、その比率はかなり増加し、移出した工業人口は八五・五%を占めている。一八五一年に商業部門に従事していた人口の一八・五%、一八六一年については九・三%が、それぞれ一〇年間に移出している。移入した人口のそれ(約一〇%)よりもかなり高い。

男子に比べて、結婚による改姓を勘案すると正確性は落ちるが、二つのセンサスの間に移出ないし死亡し、改姓によって同定不可能であった女子のうち、やはり家事奉公人が最も多く、両期間とも全体の五〇%強を占めている。尚、一八五一年から一八六一年に五八人、一八六一年から一八七一年に七四人の男子農業関係者が移出し、九九人、四七人が移入している。ともに大部分は農業労働者である。一八五一年から一八六一年の一〇年間に、この都市から一、一六九人の男子、すなわち、一八五一年における工業従事者の六四%に当たる労働力が流出しているが、この間、それを遥かに上回り、三・五倍、すなわち、四、〇八五人の工業労働者が流入している。これは、一八六一年の工業従事者の八〇%に当たっている。一九世紀中葉の一〇年間に、ミドルズバラが生産拠点の工業都市として、大きく成長しつつあったことを示すものである。

移入した労働力の内容を詳しく見ておこう。まず目に付くのは、職種によって地域間移動に少なからぬ相違があるということである。表5-3は、熟練労働者である攪錬鉄工と機械工、鋳型工、および未熟練労働者(labourers)の出身地域を示したものである。[19] 男子熟練労働者の一つである攪錬鉄工については、一八五一年から一八六一年の一〇年間にウェールズから三〇%近く、更にウェールズに接するイングランドの辺境マンマスシャーを加えると、攪錬鉄工の実に四三・四%が、遥か遠方のウェールズおよびその周辺から移入している。最も多数の攪錬鉄工(三四人)をミドルズバラに送っているウェールズのグラモーガン(Glamorgan)は、言うまでもなく、南ウェールズ製鉄工業の中心地の一つである。これに加えて、アイルランドからも一六%と、距離とは関係なく、特定の技術を習得した労働者を雇用する同種の産業立地間の移動(skill-specific migration)が目立っている。[20] 興味深いことに、イングランド出身の攪錬鉄工のうち、ミドルズバラが所在する州であるヨークシャーと、直近の州、ダラム出身者

表5-3 ミドルズバラにおける移入製鉄工業労働者の出身地（1851～1861年・1861～1871年）

［1851～1861 年］

	攪錬鉄工	機械工	鋳型工	未熟練労働者
イングランド	181（48.1）	182（81.6）	161（84.7）	308（40.5）
ウェールズ	110（29.3）	5（2.3）	4（2.1）	19（2.5）
アイルランド	62（16.5）	6（2.7）	4（2.1）	397（52.1）
スコットランド	9（2.4）	17（7.6）	8（4.2）	13（1.7）
海　外	2（0.5）	2（0.9）	2（1.1）	9（1.2）
不　明	12（3.2）	11（4.9）	11（5.8）	15（2.0）
計	376（100.0）	223（100.0）	190（100.0）	761（100.0）

［1861～1871 年］

	攪錬鉄工	機械工	鋳型工	未熟練労働者
イングランド	139（43.7）	375（88.9）	192（89.3）	305（52.4）
ウェールズ	33（10.4）	5（1.2）	6（2.8）	9（1.6）
アイルランド	123（38.7）	20（4.7）	7（3.3）	251（43.1）
スコットランド	20（6.3）	14（3.3）	7（3.3）	9（1.5）
海　外	－（－）	6（1.4）	1（0.4）	7（1.2）
不　明	3（0.9）	2（0.5）	2（0.9）	1（0.2）
計	318（100.0）	422（100.0）	215（100.0）	582（100.0）

注記）括弧内の数値は％。
出所）「ミドルズバラ・センサス個票連結分析法（1851～1861 年・1861～1871 年）」による。

の比率は非常に低く、一六％を占めるに過ぎない。集中して攪錬鉄工を送っているイングランドの州は、製鉄工業の中心地の一つ、スタッフォードシャーである。

同じ熟練労働者でも、機械工の移動パターンは、攪錬鉄工とは異なっている。この時代のミドルズバラは、機械工の圧倒的多数、八〇％以上をイングランド、しかも直近のヨークシャーとダラムから調達している。この二つの州出身の機械工は、イングランド全体の六四％を占める。北東部工業地帯を構成するノーサンバーランドからも二一名の機械工が流入している。また、機械工の場合には、スコットランド出身者の比率（全体の七・六％）がかなり高い。移動の地理的分布が攪錬鉄工と異なる理由は、北東部工業地域内部における鉄道・造船・製鉄・機械工業の発展に伴って、この時期までに機械工の養成が順調に進み、近距離地域からの調達が可能であったからであろう。あるいは、後述するような機械工労働組合の組織率の高さ、北東部工業地域における支部の地理的分布と関係があるのかもしれない。他方、鋳型工の場合も、機械工と同様に移入者の八五%はイングランド出身者である。機械工と同じく、ヨークシャーとダラム出身者が最も多く、六六%を占めている。

熟練労働者に特徴的な移動性向である同種の産業立地間の移動について言えば、例えば、攪錬鉄工はイギリスの他の可鍛鋳鉄製品生産地域から大量に流れ込んでいる。表5-4・表5-5は、一八七〇年・一八七七年のイギリス各地における可鍛鋳鉄製品産出量の目安として、鋳造工場数・攪錬鉄炉数・生産能力（トン）の分布を示したものである[21]。この表から明らかなように、ミドルズバラは、熟練労働者の多くを可鍛鋳鉄工業中心地である南部スタッフォード州、南ウェールズ、マンマスシャーに負っている。ミドルズバラの熟練労働者、とりわけ攪錬鉄工の供給源はこれらの地域であった。

表 5-4 イングランド・ウェールズにおける可鍛鋳鉄生産地域の攪錬鉄炉数 (1870年)

製鉄工業地域	攪錬鉄炉数
北部イングランド	1,209
シェフィールド・ロザラム	347
リーズ・ブラッドフォード	231
ダービーシャー	91
南部スタッフォードシャー	1,695
北部スタッフォードシャー	389
シュロップシャー	214
ランカシャー	141
北ウェールズ	56
南ウェールズ・マンマスシャー	1,169
カンバーランド	52
計	5,594

出所）Board of Arbitration and Conciliation for North of England Manufactured Iron Trade, Mr. Waterhouse's Returns (Sales of Manufactured Iron), Modern Records Centre, University of Warwick, MSS. 365/BAC, Vol. 1, p. 14 より作成。

この時代に形成された労働市場の特質について、更に幾つか紹介しておこう。今、とりあえず外部から移入した労働力を都市内部で技術養成されなかった確率が高い労働力という意味で「外部調達労働力」、一〇年以上居住したと想定される労働力を、都市内部で父親などの家族、間接雇用下の親方から、あるいは徒弟制度、労働組合等を通じて技術を習得し、経験を積んだあと熟練労働者となった確率が高い労働力という意味で「内部調達労働力」と呼ぶとすれば、表5-6に示すように、製鉄工業の最盛期である一八五一年から一八六一年および一八六一年か

表 5-5　グレート・ブリテンにおける鋳造工場・攪錬鉄炉数・生産能力（1877 年）

製鉄工業地域	鋳造工場数	攪錬鉄炉数	生産能力（トン）
北部イングランド	43	1,894	1,136,400
リーズ・ブラッドフォード	14	280	168,000
シェフィールド・ロザラム	16	438	262,800
ダービーシャー	5	69	41,400
ランカシャー	26	421	252,600
カンバーランド	5	80	48,000
シュロップシャー	9	175	105,000
北部スタッフォードシャー	9	433	259,800
南部スタッフォードシャー	129	2,009	1,205,400
サマセットシャー	1	22	13,200
グロスターシャー	1	3	1,800
北ウェールズ	5	69	41,400
南ウェールズ	31	955	573,000
スコットランド	18	311	186,600
計	312	7,159	4,295,400

出所）*The Iron, Steel, and Allied Trades in 1877, Annual Report to the Members of the British Iron Trade Association,* London, 1878, pp. 36–37 より作成。

表 5-6　ミドルズバラにおける内部・外部労働力（男子）の調達（1851〜1861 年・1861〜1871 年）

職　業	内部調達率（定着人口 1851〜1861 年）	外部調達率（移入人口 1851〜1861 年）	計（1861 年）	内部調達率（定着人口 1861〜1871 年）	外部調達率（移入人口 1861〜1871 年）	計（1871 年）
鍛造工	62（37.3）	104（62.7）	166（100.0）	87（35.8）	156（64.2）	243（100.0）
鋳型工	84（30.7）	190（69.3）	274（100.0）	151（41.1）	216（58.9）	367（100.0）
攪錬鉄工	23（5.7）	379（94.3）	402（100.0）	93（22.4）	323（77.6）	416（100.0）
機械工	72（23.6）	233（76.4）	305（100.0）	187（30.5）	427（69.5）	614（100.0）
高炉工	8（8.6）	85（91.4）	93（100.0）	21（22.3）	73（77.7）	94（100.0）
計	249（20.0）	991（80.0）	1,240（100.0）	539（31.1）	1,195（68.9）	1,734（100.0）

［内部調達率（定着人口，1851〜1861〜1871 年）］

職　業	定着人口（1851 年）	現住人口計（1851 年）	内部調達率（%）	定着人口（1861 年）	現住人口計（1861 年）	内部調達率（%）	定着人口（1871 年）	現住人口計（1871 年）	内部調達率（%）
鍛造工	21	103	20.4	35	166	21.1	33	250	13.2
鋳型工	21	103	20.4	47	269	17.5	54	379	14.2
攪錬鉄工	3	26	11.5	11	402	2.7	14	417	3.4
機械工	8	81	9.8	29	305	9.5	45	615	7.3
計	53	313	16.9	122	1,142	10.7	146	1,661	8.8

注記）括弧内の数値は%。
出所）「ミドルズバラ・センサス個票連結分析法（1851〜1861 年・1861〜1871 年）」による。

ら一八七一年における内部調達労働力の比率が極めて低かったことがわかる。ここで考慮しておかなければならないことは、製鉄工業の場合には、徒弟制度による技術習得が事実上存在しなかったことであり、例えば、機械工のそれとは様相を異にしているという点である。こうした技術習得の特性は、労働市場の形成に大きな影響を与えている。

一八六八年に、従来別々に製鉄熟練労働者を組織していた三大労働組合を、全国組織である、「全国合同可鍛鋳鉄工業労働組合」に統合したジョン・ケイン（John Kane）が議会調査委員会において証言しているように、「かつては存在したが、現在（一八六七年）では、製鉄工業に関しては、徒弟制度は存在していない」[22]。従って、先にもふれたように、例えば製鉄工業熟練労働者である攪錬鉄工の技術は、間接雇用の下で、親方攪錬鉄工と共に働く下働きが日常的な作業の過程で習得したと考えられる[23]。男子熟練労働者である鍛造工（blacksmith）・高炉職工（blast-furnacemen）・鋳型工・攪錬鉄工・機械工の「外部調達労働」市場への依存度は前期で八〇%、後期で七〇%近くに上っている。一八五一年から一八七一年まで引き続いてこの都市に二〇年間居住した男子熟練労働者は、一八七一年の熟練労働者総数の八・八%にしか過ぎない。とりわけ攪錬鉄工はミドルズバラに一八七一年に四一七名居住していたが、そのうちの僅か一四名（三・四%）のみが、一八五一〜一八六一〜一八七一年に引き続き滞在していたに過ぎない。ともかくも二〇年間居住していた熟練労働者でさえ、そのうちの六〇%は外部から移入した労働者であり、外部で技術を習得した可能性が高い。最盛期のミドルズバラ製鉄工業を支えたのは、実はこうした外部で技術を習得した熟練・半熟練労働者であった。

「内部調達労働力」については、次の事実を指摘しておかなければならない。表5-7・表5-8は、一八五一〜一八六一年および一八六一〜一八七一年のそれぞれについて、「センサス個票連結分析法」で名寄せを行い、少なくとも一〇年間はミドルズバラに居住していたと思われる熟練労働者である鍛造工、鋳型工、攪錬鉄工、機械工

表5-7　ミドルズバラにおける「内部調達労働力」(男子，1851〜1861年)

1861年における職業	件数	1851年における職業・身分	件数	内部調達率(%)
鍛造工	62	学童・無職	26	41.9
		鍛造工	22	
		その他	14	
鋳型工	83	学童・無職	33	39.8
		鋳型工	31	
		未熟練労働者	4	
		その他	15	
攪錬鉄工	23	学童・無職	9	39.1
		攪錬鉄工	4	
		未熟練労働者	3	
		その他	7	
機械工[1]	72	学童・無職	39	54.2
		機械工	14	
		その他	19	
計	240	学童・無職	107	44.6

注1）汽罐製造工を含む。
出所)「ミドルズバラ・センサス個票連結分析法(1851〜1861年)」による。

の一〇年以前、すなわち、一八五一年および一八六一年時点における職業と一〇年後の職業を比較したものである。一八五一年から一八六一年の一〇年間については、熟練労働者全体の四四・六%が、一八五一年の時点で「学童」(scholar)、あるいは「無職」であった。恐らく、彼らの大部分は、一〇年間に都市内部で何らかの形で技術を習得した「内部調達労働力」であったであろう。このうち、最も内部調達率が高かったのは、機械工であり、彼らのうち五四・二%は一〇年間にミドルズバラにおいて、恐らくは労働組合等を通じて技術を習得したと考えられる。一八六一年から一八七一年の期間に、熟練労働者の内部調達率は更に低下し、全体で三六・二%となっている。他方、前期に内部調達率が最も低かった攪錬鉄工は、後期においてはかなりの程度この都市で調達されている。いずれにしても、製鉄、鉄道、化学工業が急伸張した一九世紀後半のミドルズバラの熟練労働者のうち、市内で養成された可能性が高い労働者の比率は半分以下であり、大半はその供給を外部に仰いでいたのである。

移出人口の職業構成について見ると、表5-9に示すように、一八五一年から一八六一年については、全体として六五・八%、一八六一年から一八七一年については、六三・五%の男子熟練および半熟練労働者が移出ないし死亡によって同定できない。特に攪錬鉄工の退出率が著しく、前の時期については、七三・一%、後の時期については、七七・九％が退出し、定着率の低さが目立っている。機械工も同様に定着率が低いが、後述するように、一部は労働組合による求職移動補助制度が与って力があったのかもしれない[24]。ミドルズバラの最盛期には、高炉部門あるいは可鍛鋳鉄製造に従事する男子熟練・半熟練労働者はもとより、未熟練労働者もまた大量に流入し、その大部分が一〇年以内にこの都市を去って行くという高い流動性を示している。

ここで、熟練労働者の移動パターンについて、幾つか興味深い事実を紹介しておこう。先述したように、クリーヴランド製鉄工業の急伸張期、一八五一年から一八六一年および一八六一年から一八七一年に、ミドルズバラは攪錬鉄工の多くを遠隔の可鍛鋳鉄製造地域であるウェールズ、マンマスシャー、あるいはアイルランドから受け入れている。一八六一年から一八七一年にはアイルランドからの攪錬鉄工は、移入攪錬鉄工総数の実に四〇％を占めている。攪錬鉄工が、距離とは無関係に同種の産業立地間を頻繁に移動するのは、一つには、次のような事情によっている。可鍛鋳鉄製造部門において、攪錬鉄工程は度重なる実験にもかかわらず機械化が遅れ、技術革新と生産性において他の工程との格差が広

表 5-8 ミドルズバラにおける「内部調達労働力」（男子，1861～1871 年）

1871 年における職業	件数	1861 年における職業・身分	件数	内部調達率（%）
鍛造工	86	学童・無職	26	30.2
		鍛造工	46	
		その他	14	
高炉職工	21	学　童	1	4.8
		高炉職工	7	
		攪錬鉄工	3	
		未熟練労働者	7	
		その他	3	
鋳型工	152	学童・無職	49	32.2
		鋳型工	82	
		鋳造工	9	
		未熟練労働者	4	
		その他	8	
攪錬鉄工	93	学童・無職	43	46.2
		攪錬鉄工	33	
		未熟練労働者	11	
		その他	6	
機械工1)	184	学童・無職	75	40.8
		機械工	56	
		鍛造工	8	
		未熟練労働者	11	
		その他	34	
計	536	学童・無職	194	36.2

注 1）汽罐製造工を含む。
出所）「ミドルズバラ・センサス個票連結分析法（1861～1871 年)」による。

表 5-9　ミドルズバラにおける製鉄工業熟練・半熟練労働者（男子）の移出率（1851〜1871 年）

［1851 年］

職　業	件　数	移出（死亡）件数 (1851〜61 年)	移出（死亡）率（%）(1851〜61 年)
鍛造工	103	70	68.0
鋳型工	103	60	58.3
機械工	81	57	70.4
攪錬鉄工	26	19	73.1
計／平均	313	206	65.8

［1861 年］

職　業	件　数	移出（死亡）件数 (1861〜71 年)	移出（死亡）率（%）(1861〜71 年)
鍛造工	166	82	49.4
鋳型工	269	138	51.3
機械工	305	188	61.6
攪錬鉄工	402	313	77.9
高炉職工	66	46	69.7
計／平均	1,208	767	63.5

出所）「ミドルズバラ・センサス個票連結分析法（1851〜1861 年・1861〜1871 年）」による。

がっていた。従って、攪錬鉄工は雇用主との力関係において、他の熟練労働者よりも有利な立場を享受することができた。彼らは、独立性が強く、雇用主による統制は容易ではなかった。可鍛鋳鉄製造業者は、多くの場合、下働きの調達と彼らの作業過程における監督を条件に、親方攪錬鉄工に高賃金を約束したのである。[25]

表5-10は、一八五一〜一八六一年および一八六一〜一八七一年におけるウェールズとアイルランド出身の男子攪錬鉄工の年齢別有配偶率を示したものである。一八五一〜一八六一年におけるウェールズ出身攪錬鉄工の平均有配偶率は五四%、最も多くのアイルランド出身攪錬鉄工が流入した一八六一〜一八七一年のアイルランド出身攪錬鉄工のそれは三六%である。ウェールズ出身攪錬鉄工の多くは、ミドルズバラに移入する以前に結婚している確率がアイルランド出身攪錬鉄工よりも高いと言えるであろう。二五〜二九歳、三〇〜三四歳、三五〜三九歳のウェールズ出身攪錬鉄工の有配偶率が、五六%、八五%、一〇〇%であるのに対して、アイルランド出身攪錬鉄工のそれぞれの年齢階層における有配偶率は、三三%、五四%、三三%である。表下段の世帯主との続き柄からわかるように、一八六一年の時点で、ウェールズから移入した攪錬鉄工の半分以上は世帯主であり、三〇%近くが下宿人・間借り人であっ

表 5-10 ウェールズ・アイルランド出身攪錬鉄工（男子）の年齢別有配偶率と世帯主との続き柄（1851～1861 年・1861～1871 年）

［有配偶者率］

移入ウェールズ出身攪錬鉄工の有配偶率（1851～1861 年）			移入アイルランド出身攪錬鉄工の有配偶率（1861～1871 年）		
年　齢	件　数	%	年　齢	件　数	%
15～19	–	–	15～19	–	–
20～24	7	17.1	20～24	4	19.0
25～29	19	55.9	25～29	13	32.5
30～34	23	85.2	30～34	15	53.6
35～39	17	100.0	35～39	3	33.3
40～44	14	87.5	40～44	4	36.4
45～49	1	50.0	45～49	4	100.0
50～54	5	83.3	50～54	–	–
55～59	–	–	55～59	1	100.0
60～64	2	100.0	60～64	–	–
計／平均	88	54.0	計／平均	44	36.1

［続き柄］

移入ウェールズ出身攪錬鉄工の世帯主との続き柄（1851～1861 年）			移入アイルランド出身攪錬鉄工の世帯主との続き柄（1861～1871 年）		
続き柄	件　数	%	続き柄	件　数	%
世帯主	56	50.5	世帯主	35	28.7
下宿人・間借り人	33	29.7	下宿人・間借り人	70	57.4
その他	22	19.8	その他	17	13.9
計	111	100.0	計	122	100.0

出所）「ミドルズバラ・センサス個票連結分析法（1851～1861 年・1861～1871 年）」による。

た。他方、一八七一年の時点で、アイルランド出身攪錬鉄工の二九％が世帯主であった。彼らの下宿人・間借り人比率五七％は、ウェールズ出身者のほぼ二倍である。興味深いことに、アイルランド出身攪錬鉄工の多くは未婚でミドルズバラに移入し、他の世帯主の家で下宿人として生活しているにもかかわらず、図5-3の年齢分布のピークが示しているように、ウェールズ出身者よりも年齢が高かった。

こうした傾向は、移動パターンの相違からかなりの程度説明することができる。ウェールズ出身攪錬鉄工七二世帯の一五五人、アイルランド出身攪錬鉄工六〇世帯の一五〇人の子供の出生地を示した表5-11から、次のような事実を検出することができた。一八五一年から一八六一年にミドルズバラに移入したウェールズ出身攪錬鉄工の子供の半分以上、五四・二％は故郷

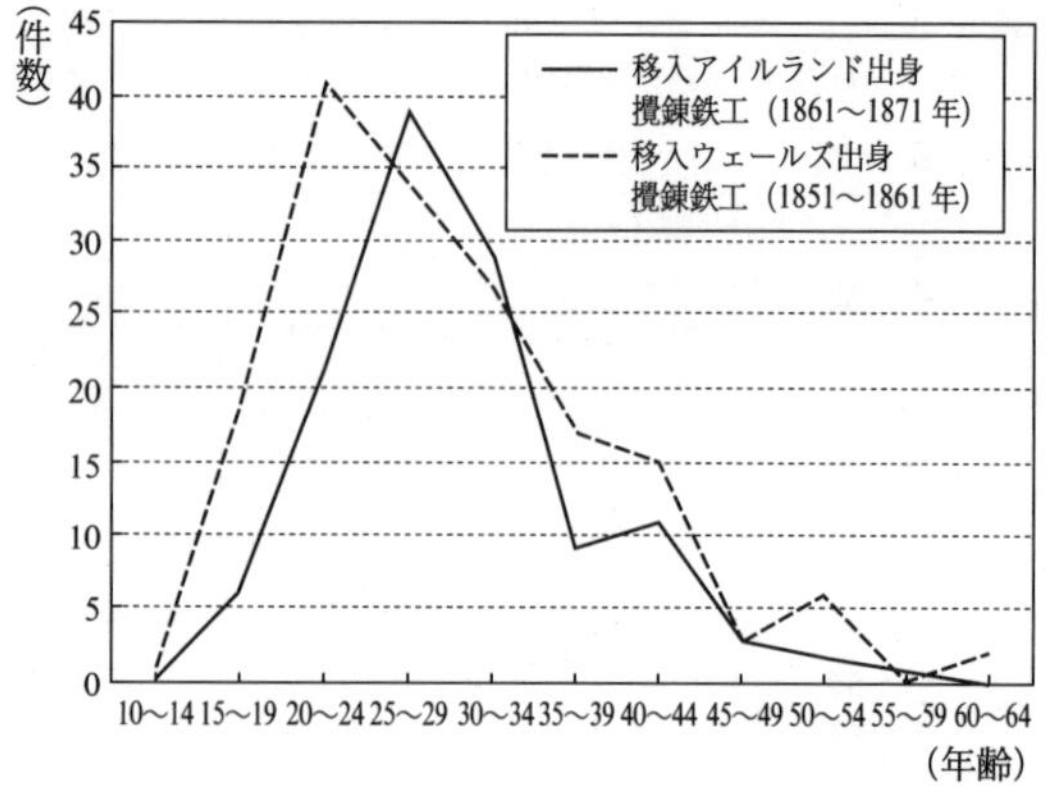

図5-3　ウェールズ・アイルランド出身攪錬鉄工（男子）の年齢構成（1851～1861年・1861～1871年）

ウェールズで、三一％は移入先のミドルズバラで、そして一二％はイングランドの他の場所で出生している。ウェールズで出生した子供の多くは、先にも紹介した製鉄工業都市のマーサイア・ティッドフィル、あるいはダウレイスで出生している。これに対して、アイルランド出身攪錬鉄工の子供については、僅か七％だけが故郷アイルランドで出生し、大部分の四六％は移入後にミドルズバラで生まれ、二七％がイングランドの他の場所で生まれている。イングランドで出生した子供のうち半分以上、五七％は直近のダラムで出生した子供である。また、アイルランド出身攪錬鉄工の子供の一七％は、スコットランドで生まれている。

　こうした移動性向の示唆するところは、アイルランド出身の熟練労働者である攪錬鉄工の多くは、未婚で故郷を去り、最初に、製鉄工業中心地、例えば、イングランドのダラム、あるいはスコットランドに移動して、技術を習得し、次いでミドルズバラに移入し、その後に家族を形成したらしいということである。アイルランド出身者がウェールズ出身者よりも年長であるという事実も彼らのこうした段階的移動（stepwise migration）によるところが大きいと考えられる。他方、ウェールズ出身攪錬鉄工は、故郷ウェールズで技術訓練を受け、世帯を形成した後、独立した既婚熟練労働者として、直接ミドルズバラに移動したものと思われる。彼らが段階的移動を経験したとしても、その過程はアイルランド出身者よりも短かかったであろう。

　攪錬鉄工以外の移入熟練・半熟練労働者、鍛造工、機械工、鋳型工の移動性向についてはどうであろうか。表

表5-11 ウェールズ・アイルランド出身攪錬鉄工（男子）の子供の出生地（1851〜1861年・1861〜1871年）

移入ウェールズ出身攪錬鉄工の子供（1851〜1861年）		移入アイルランド出身攪錬鉄工の子供（1861〜1871年）	
出生地	件　数	出生地	件　数
ミドルズバラ	48（31.0）	ミドルズバラ	69（46.0）
ダラム（ウィトン・パーク他）	8（5.2）	ダラム（ベリー・エッジ，ダーリントン他）	23（15.3）
ノーサンバーランド（ニューカッスル他）	6	ヨークシャー（シェフィールド他）	11
その他イングランド	5	その他イングランド	7
ミドルズバラを除くイングランド計	19（12.2）	ミドルズバラを除くイングランド計	41（27.4）
スコットランド	2（1.3）	スコットランド	25（16.7）
マーサイア・ティッドフィル	11	アイルランド（ウェスト・ニース，カルブリッグ他）	11（7.3）
ダウレイス	10		
その他	63		
マンマスシャーを含むウェールズ計	84（54.2）	ウェールズ	2（1.3）
		不　明	2（1.3）
フランス	2（1.3）	計	150（100.0）
計	155（100.0）		

注記）括弧内の数値は%。
出所）「ミドルズバラ・センサス個票連結分析法（1851〜1861年・1861〜1871年）」による。

5-12・表5-13の年齢別有配偶率に示しておいたように、これらの熟練・半熟練労働者の有配偶率は、全体としてミドルズバラに一〇年以上定着している熟練労働者よりも高い。特に一八六一〜一八七一年については、二〇〜二四歳から二五〜二九歳の年齢階層においてこうした傾向が目立っている。これら二つの年齢階層に属する熟練労働者は、移入人口の主流を成すものである。その有配偶率、三四%、六七%は、定着熟練労働者のそれ、二五%、四四%よりもかなり高い。一九世紀六〇年代の絶頂期クリーヴランド製鉄工業が提供する雇用機会と高賃金が、既婚の若年熟練労働者を多数引き付けたことは充分考えられる。あるいはまた、この期間には単身で移入した熟練労働者の家族形成の機会が多かったであろう。

次に熟練労働者の移動パターンを探るために、労働組合の求職移動補助制度による労働移動の分析に移ろう。一九世紀の初頭以来各地で形成されつつあった労働組合は、組合員の醵出金を基金として、疾病・死亡（葬儀）・退職・求職等に関して、種々の補助・支援金

表 5-12　移入および定着熟練・半熟練労働者（男子）の年齢別有配偶率（1851〜1861 年）

移入熟練・半熟練労働者の有配偶率			定着熟練・半熟練労働者の有配偶率		
年　齢	件　数	%	年　齢	件　数	%
15〜19	1	1.1	15〜19	−	−
20〜24	25	25.8	20〜24	15	29.4
25〜29	75	72.1	25〜29	23	82.1
30〜34	60	88.2	30〜34	19	86.4
35〜39	45	88.2	35〜39	17	100.0
40〜44	29	90.6	40〜44	9	100.0
45〜49	21	100.0	45〜49	7	87.5
50〜54	9	100.0	50〜54	6	100.0
55〜59	5	83.3	55〜59	8	100.0
60〜64	7	100.0	60〜64	3	100.0
65〜69	4	100.0	65〜69	−	−
計／平均	281	57.7	計／平均	107	51.0

出所）「ミドルズバラ・センサス個票連結分析法（1851〜1861 年）」による。

表 5-13　移入および定着熟練・半熟練労働者（男子）の年齢別有配偶率（1861〜1871 年）

移入熟練・半熟練労働者の有配偶率			定着熟練・半熟練労働者の有配偶率		
年　齢	件　数	%	年　齢	件　数	%
15〜19	1	1.0	15〜19	−	−
20〜24	47	33.6	20〜24	19	24.7
25〜29	115	66.5	25〜29	25	43.9
30〜34	95	70.9	30〜34	37	84.1
35〜39	64	82.1	35〜39	37	92.5
40〜44	45	84.9	40〜44	34	97.1
45〜49	24	82.8	45〜49	31	94.1
50〜54	24	85.7	50〜54	17	100.0
55〜59	22	91.7	55〜59	6	85.7
60〜64	4	80.0	60〜64	7	100.0
65〜69	2	66.7	65〜69	8	100.0
70〜	1	50.0	70〜	2	100.0
計／平均	444	57.6	計／平均	223	55.1

出所）「ミドルズバラ・センサス個票連結分析法（1861〜1871 年）」による。

支給制度を設けている。なかでも、組合員の雇用を促進する手段として、組合は所属する支部において雇用機会を失った組合員を全国に散らばる支部へ紹介し、旅費（汽車賃）を支給し、宿泊の便を提供した。職を求める正規の組合員は、支部が所在する都市の居酒屋や旅人宿のリストと旅行許可証書（traveling certificates, traveling cards）を与えられる。支部に到着し、旅行許可証書を提示した職工は、雇用の有無を知らされる。その場所に適当な雇用が見当たらず、更に旅を続けなければならない場合には、食事とパンと一パイントのエイル、一夜の宿と前回旅費支給以来の日数と旅行距離に応じた旅行補助金が支給されるのである[26]。

求職移動補助制度の下で行われるこの種の労働移動は、充分に組織化された労働組合という機関の支援を仰ぎ、しかも予め移動先の雇用情報を与えられ、宿泊先を確保した上で行われる、構造化された移動であった。他方、移動者は男子に限られていたし、既婚者は移動中は家族を故郷に残し、規則的に送金し、時々帰省していた。少なくとも労働組合に参加していた熟練労働者は、求職移動補助制度を利用して、雇用機会を求めて労働市場を頻繁に渡り歩き、遠距離移動を厭わなかったのである[27]。エリック・ホブスボウム（Eric J. Hobsbawm）の古典的労作によって知られる労働組合・友愛組合が提供する求職移動補助制度の研究は、近年精緻さを増し、一九世紀イギリスの労働移動に関する詳細な情報をわれわれに提供しつつある[28]。ここでは、雇用機会を求めて全国の組合支部を転々とする労働者の足取りを一八五一年に成立した「合同機械工組合」（Amalgamated Society of Engineers = ASE）の資料（旅費支給帳簿）から復元してみよう[29]。

一八六八年の時点で、「合同機械工組合」の支部総数は、イングランド・ウェールズ（二四〇）、スコットランド（三五）、アイルランド（一一）、英領植民地のオーストラリア（七）・ニュージーランド（一）・クイーンズランド（一）・カナダ（四）・マルタ（一）、トルコ（一）、アメリカ（一一）、フランス（一）の総計三一三であった。少なくとも、イングランドとウェールズに関する限り、組合支部は、主要都市をほぼ網羅している。組合員の職種は、

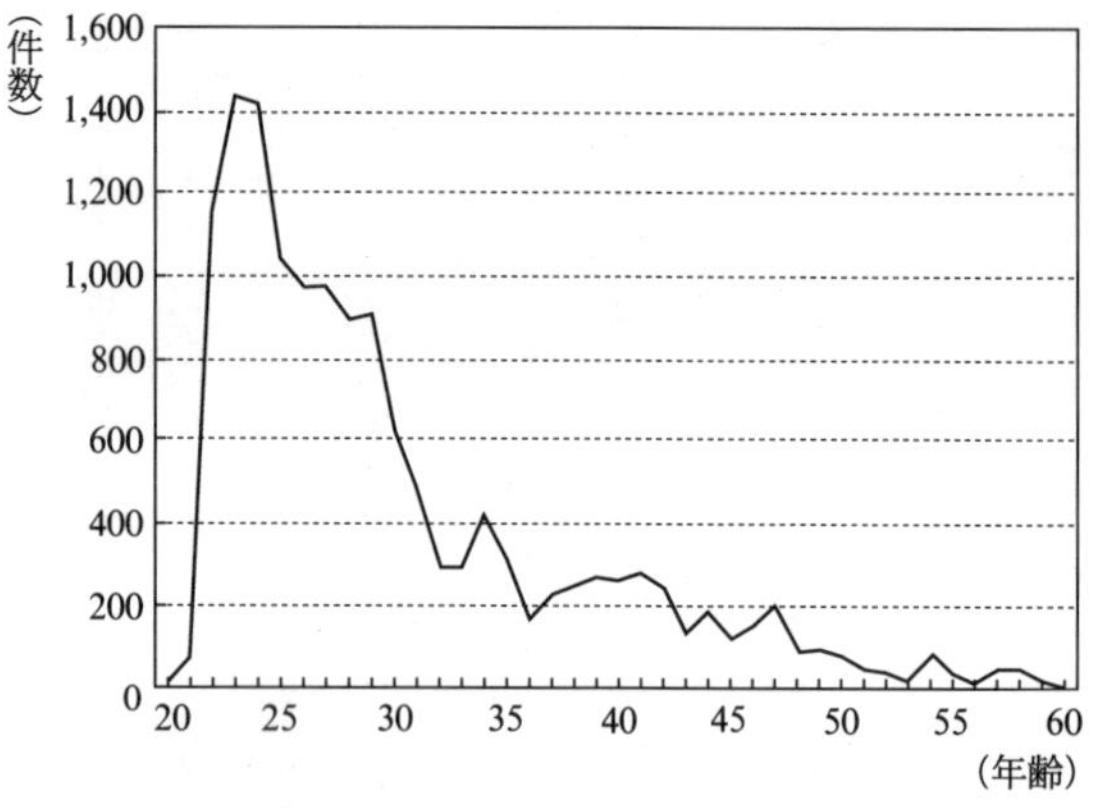

図 5-4　求職移動機械工（男子）の年齢構成（イギリス全国287組合支部，1868年）

機械製作・取付・組立・旋盤・調整工、あるいは鋳型工、その他であり、機械組立工が最も多い。機械工は、勿論、製鉄作業に直接携わる労働者ではないが、高炉、可鍛鋳鉄製造工場の機械組立・取付・調整、鋳型製造という製鉄工業には不可欠の作業に従事する熟練労働者である。図5-4は、一八六八年における「合同機械工組合」の全国二八七支部に加入している機械工総数三二、一八六人のうち、求職移動補助制度を利用して、少なくとも一回以上は所属支部を離れて、他の支部に移動した経験を持つ一四、四三三人の機械工の年齢分布を示したものである。移動を経験した機械工の大部分は、二一歳から二九歳の年齢階層に属する。最も頻繁に移動するのは、二三歳の機械工であり、彼らの移動は、年間延べ一、四三四回に上っている。これに次ぐのは、二四歳の機械工であり、年間移動回数は延べ一、四一八であった。

表5-14は、上述の移動を経験した一四、四三三人の機械工のすべてについて、所属支部、すなわち、機械工を送った組合支部と移動先支部、すなわち、他支部の機械工を受け入れた組合支部を検出したものである。シェフィールド支部が最も多数の機械工を他の支部に送っている。この支部は年間延べ三六〇人の組合加盟機械工を他の支部に送っている。他方、最も多数、七三三人の機械工を他の支部から受け入れているのは、マンチェスター支部（Manchester Office）である。送り手の組合支部と受け入れ側の組合支部との間は、地理的に近接している。送り手・受け取り手双方の上位三〇支部のうち、一三支部は重なっている。

これら支部の間には、機械工が短期間で行き来するネットワークが存在し、広域にわたる労働市場が形成されていたと考えられる。

「旅費支給帳簿」に記録されている機械工を名寄せし、その足取りを追ってみると、表5-15が示すように、雇用機会を求めて、年間五〇回以上にわたって支部間を行き来する機械工が少なからずいたことがわかる。他の組合支部における滞在期間は短く、平均して一週間以下である。表5-16に挙げる四〇歳の機械取付工、ジェイムズ・P・アレグザンダー（James P. Alexander）の移動歴はこのうちでも特に注目すべきものである。彼は一八六八年の

表 5-14 求職移動機械工（男子）の出身組合支部と移動先組合支部（1868 年）

出身組合支部	件数	移動先組合支部	件数
シェフィールド	360	マンチェスター本部	733
ウォルヴァトン	346	リヴァプール	279
リンカン	260	シェフィールド	243
ウスター	235	ダービー	220
バーミンガム第2	217	ウォルヴァハンプトン	217
ハリファックス	206	ハリファックス	209
ヘイウッド	198	ノッティンガム	203
ベルファースト第2	187	クルー	196
クルー第2	184	リヴァプール第4	188
マンチェスター第4	183	ウスター	179
バーケンヘッド	177	バーミンガム	176
マンチェスター第5	167	リンカン	169
ダービー	163	バーミンガム第2	155
ロザラム	163	チェスター	155
ニューリー	163	ロンドン南	152
クルー	161	シェフィールド第2	149
ダブリン	156	ハル	148
リヴァプール	153	スウィンドン	146
ベルファースト	149	サウサンプトン	143
マンチェスター第3	149	ヨーク	138
リー	147	サンダーランド	138
ベリー	144	ウォルヴァトン	137
ハル	141	バーケンヘッド	136
バーンリー	139	ノーサンプトン	130
プリマス	134	コヴェントリー	128
アッシュトン	133	ドンカスター	128
バーミンガム	130	ダブリン	128
マンチェスター東	128	ウォリントン	122
リヴァプール第4	127	ブリストル第2	120
ピータバラ	127	グロスター	120
その他支部	9,106	その他支部	8,948
計	14,433	計	14,433

出所）*Amalgamated Society of Engineers, Monthly Reports*, Modern Records Centre, University of Warwick, MSS. 259/4/14/1-107 より作成。

表 5-15　求職移動機械工（男子）の移動頻度（1868 年）

氏　名	年　齢	職　種	出身組合支部	移動回数	平均滞在日数
ジェイムズ・P・アレグザンダー (James P. Alexander)	40/42	機械据付工	リンカン	3	3.0
			リプリー	41	3.5
			サンダーランド	23	3.9
ロバート・ウィルソン (Robert Wilson)	43/44	機械組立工	コルン	55	2.7
ジェイムズ・ピーチ (James Peach)	23/24	機械据付工	プリマス	55	4.8
クレメント・グレゴリー (Clement Gregory)	28/29	機械取付工	オープンショウ	53	5.7
デニス・ミルズ (Denis Mills)	29/30	鍛造工	ヘイウッド	5	2.8
			コルン	43	2.7
アーミテイジ・モーティマー (Armitage Mortimer)	28	旋盤工	オルダム第 1	48	3.2
サミュエル・スタンスフィールド (Samuel Stansfield)	31/32	旋盤工	ヘイウッド	44	2.9
ジョン・バクセンデール (John Baxendale)	46/47	旋盤工	シェフィールド	44	6.3
リチャード・スコッフィールド (Richard Schofield)	33/34	機械据付工	ヘイウッド	18	5.0
			ニューリー	5	3.2
			トレッドガー	17	3.4
ジョン・ジョーンズ (John Jones)	49/50	鍛造工	ストーク・オン・トレント	2	7.0
			リプリー	40	5.0

出所）*Amalgamated Society of Engineers, Monthly Reports*, Modern Records Centre, University of Warwick, MSS. 259/4/14/1-107 より作成。

時点では、イングランド中部のリンカン（Lincoln）支部に所属し、リンカンから同じく中部イングランド、ダービーシャー（Derbyshire）のリプリー（Ripley）へ、リプリーから北東部イングランドのサンダーランドに一年間に二回所属組合支部を変えている。アレグザンダーは、それぞれの所属支部から一八六八年の一年間に六七回他の支部への移動を経験している。彼は、リプリー支部に所属していた三月にミドルズバラ支部を訪れ、四日間滞在している。

彼はまた、サンダーランド支部に所属していた時期に九月と一〇月の二回にわたって、ミドルズバラ支部に求職移動を経験し、それぞれ三日、四日間滞在している。彼の移動歴は、エリック・ホブスボウムの言う「渡り職人」(tramping artisan）のそれを彷彿とさせるほど頻繁なものであった。機械取付工アレグザンダーが、所属支部以外の支部で生活した期間は、二四二日である。一年間の労働期間の実に

表 5-16　機械取付工ジェイムズ・P・アレグザンダーの移動歴（1868 年）

月	当初所属組合	組合員証番号	移動先組合	給付日数	給付金額
1 月	リンカン	4745	バーミンガム第 2	5	8s. 4d.
	リンカン	4745	ダービー	2	3　4
	リンカン	4745	ラッジリー（?）	2	3　4
2 月	リプリー	4949	ハダーズフィールド	1	1　8
	リプリー	4949	リヴァプール第 4	4	6　8
	リプリー	4949	マースデン	1	1　8
	リプリー	4949	オルダム第 4	7	11　8
	リプリー	4949	ペニストーン	2	3　4
	リプリー	4949	シェフィールド第 2	4	6　8
	リプリー	4949	サットン	2	3　8
	リプリー	4949	ウォリントン	2	3　4
3 月	リプリー	4949	アクリントン	2	3　4
	リプリー	4949	ボルトン第 1	4	6　8
	リプリー	4949	バーンリー	2	3　4
	リプリー	4949	ベリー第 2	2	3　4
	リプリー	4949	デューズベリー	1	1　8
	リプリー	4949	ハートリプール	2	2　4
	リプリー	4949	マンチェスター第 1	3	5　0
	リプリー	4949	ミドルズバラ	4	4　8
	リプリー	4949	プレストン	2	3　4
	リプリー	4949	トッドモーデン	1	1　8
	リプリー	4949	ヨーク	4	4　8
4 月	リプリー	4949	ジャロウ・オン・タイン	7	8　2
	リプリー	4949	ゲイツヘッド	12	14　0
	リプリー	4949	ニューカッスル第 2	2	2　4
	リプリー	4949	サウス・シールズ	2	2　4
	リプリー	4949	サンダーランド	2	2　4
5 月	ラグビー	4949	サウス・シールズ	1	1　2
	リプリー	4949	ダンフリーズ	2	2　4
	リプリー	4949	グラズゴウ第 2	12	14　0
	リプリー	4949	グリーンノック	3	3　6
	リプリー	4949	ポート・グラズゴウ	2	2　4
	リプリー	4949	レンフリュー	2	2　4
6 月	リプリー	4949	グラズゴウ	7	8　2
	リプリー	4949	グリーンノック	2	2　4
7 月	リプリー	4949	コートブリッジ	2	2　4
	リプリー	4949	エディンバラ	7	8　2
	リプリー	4949	グラズゴウ	8	9　4
	リプリー	4949	リー	3	3　6
	リプリー	4949	ペイズリー	3	3　6
	リプリー	4949	アディングストン	2	2　4
	リプリー	4949	ペイズリー	3	3　6
	リプリー	4949	アディングストン	2	2　4
8 月	リプリー	4949	ジャロウ	2	2　4
	リプリー	4949	ノース・シールズ	3	3　6
	リプリー	4949	サンダーランド	7	8　2
9 月	サンダーランド	6328	ハートリプール	4	4　8
	サンダーランド	6328	ミドルズバラ	3	3　6
	サンダーランド	6328	ストックトン・オン・ティーズ	4	4　8
10 月	サンダーランド	6328	ハートリプール	7	3　2
	サンダーランド	6328	ジャロウ	2	2　4
	サンダーランド	6328	ミドルズバラ	4	4　8
	サンダーランド	6328	ゲイツヘッド	5	5　10
	サンダーランド	6328	ノース・シールズ	4	4　8
	サンダーランド	6328	ストックトン・オン・ティーズ	6	7　0
	サンダーランド	6328	サンダーランド	3	3　6
	サンダーランド	6328	ヨーク	2	2　4
11 月	サンダーランド	6328	ドンカスター	2	2　4
	サンダーランド	6328	ゲインズバラ	2	2　4
	サンダーランド	6328	リーズ北	4	4　8
	サンダーランド	6328	リンカン	10	11　8
	サンダーランド	6328	ニューワーク	2	2　4
	サンダーランド	6328	ノーサンプトン	5	5　10
12 月	サンダーランド	6328	バンベリー	2	2　4
	サンダーランド	6328	バース	2	2　4
	サンダーランド	6328	チペナム	5	5　10
	サンダーランド	6328	デヴィーズ	2	2　4
	サンダーランド	6328	オックスフォード	2	2　4
	サンダーランド	6328	サウサンプトン	8	8　2

出所）*Amalgamated Society of Engineers, Monthly Reports*, Modern Records Centre, University of Warwick, MSS. 259/4/14/1-107 より作成。

七七%を他の支部で暮らしたことになる。組合員証番号から判断する限り、アレグザンダーは一八六八年当初の所属支部リンカンから一月の末にリプリーに赴き、そこに八月まで居所を構え、次いでサンダーランドに移り、再びそこに年末まで四カ月定住したようである。一八六八年における二番目の所属支部リプリーから彼はおよそ半年の間に合計三八回にわたって、主として北部イングランドおよびスコットランドのほぼすべての支部への移動を繰り返している。最も長く滞在した期間は、一二日であり、大部分は一週間以内である。

同じく機械取付工リチャード・スコッフィールド（Richard Schofield）の移動歴も表5-17から明らかなように、一九世紀後半における熟練労働者の労働市場のあり方を示している。アレグザンダーと同様、彼も年初のランカシャー、ヘイウッド（Heywood）支部からアイルランドのニューリー（Newry）支部へ、次いでマンマスシャーのトレッドガー（Tredegar）支部へ年二回所属組合支部を変えている。それぞれの所属支部から、彼は主として中部イングランドの支部へ、更に遠くウェールズ、アイルランドの支部へ求職移動を繰り返している。求職移動先に定住したか否かは別として、この時期の熟練労働者の労働市場の地理的広がりを示唆するものである。スコッフィールドは、三九の異なる支部を訪れ、それぞれの支部で平均四日間滞在している。最も長い滞在期間は、マンチェスターの一九日、バーミンガム、アイルランドのベルファースト（Belfast）の一六日である。トレッドガー支部に所属していた時期に、彼は他の支部に移動せず、自身の所属支部に留まって、四シリング八ペンスの給付を受けている。他の支部で労働していた期間は、一六四日であり、年間労働時間の半分は他の支部で働いていたことになる。

次に、「合同機械工組合」のミドルズバラ支部を拠点とする機械工の労働移動を追ってみよう。ミドルズバラが名実ともにクリーヴランド工業地域の中心としての地位を確立した一八六〇年代後半から七〇年代前半にかけて、組合員数は増加し、同支部は平均して一六二名、一八七一年には二二〇名を擁するほど大きな組合の一つに成長している。(30) 表5-18は、一八六五年から不況直前の一八七二年までの期間に、「合同機械工組合」の正規の組合員で、

表 5-17　機械取付工リチャード・スコッフィールドの移動歴（1868 年）

月	当初所属組合	組合員証番号	移動先組合	給付日数	給付金額
1 月	ヘイウッド	4713	シュルーズベリー	3	£ 5s. 0d.
2 月	ヘイウッド	4926	バーミンガム第 2	16	1 0 2
	ヘイウッド	4926	バーミンガム第 3	3	5 0
	ヘイウッド	4713	コヴェントリー	4	6 8
	ヘイウッド	4926	スタッフォード	2	3 4
	ヘイウッド	4926	ストックポート	3	5 0
3 月	ヘイウッド	4926	チェスター	3	3 6
	ヘイウッド	4926	オズウェストリー	5	5 10
	ヘイウッド	4926	ウォリントン	2	2 4
4 月	ヘイウッド	4926	ボルトン第 2	2	2 4
	ヘイウッド	4926	リヴァプール	2	2 4
	ヘイウッド	4926	リヴァプール第 4	1	1 2
	ヘイウッド	4926	セント・ヘレンズ	3	3 6
	ヘイウッド	4926	マンチェスター本部	19	1 2 2
5 月	ヘイウッド	4926	バーケンヘッド	2	2 4
	ヘイウッド	4926	ベルファースト	16	18 8
	ヘイウッド	4926	リスバーン	2	2 4
	ヘイウッド	4926	ニューリー	2	2 4
6 月	ニューリー	5802	ホリヘッド	2	2 4
7 月	ニューリー	5802	ラネリー	7	8 2
	ニューリー	5802	ニース	2	2 4
	ニューリー	5802	ポンティ・プリッド	3	3 6
	ニューリー	5802	トレッドガー	2	2 4
10 月	トレッドガー	6635	シュルーズベリー	8	9 4
	トレッドガー	6635	トレッドガー	4	4 8
11 月	トレッドガー	6635	チェプストウ	6	7 0
	トレッドガー	6635	グロスター	2	2 4
	トレッドガー	6635	ヘリフォード	3	3 6
	トレッドガー	6635	キダーミンスター	2	2 4
	トレッドガー	6635	ニューポート	7	8 2
	トレッドガー	6635	シュルーズベリー	2	2 4
	トレッドガー	6635	ウスター	2	2 4
12 月	トレッドガー	6635	バートン・オン・トレント	2	2 4
	トレッドガー	6635	チェスターフィールド	2	2 4
	トレッドガー	6635	ダービー	2	2 4
	トレッドガー	6635	ハダーズフィールド	2	2 4
	トレッドガー	6635	キダーミンスター	4	4 8
	トレッドガー	6635	ラッジリー	2	2 4
	トレッドガー	6635	シェフィールド第 2	6	7 0
	トレッドガー	6635	ウォルソール	2	2 4

出所）*Amalgamated Society of Engineers, Monthly Reports*, Modern Records Centre, University of Warwick, MSS. 259/4/14/1-107 より作成。

表 5-18 求職移動機械工（男子）の移動頻度（全国機械工組合ミドルズバラ支部，1865～1872 年）

ミドルズバラ支部からの移入		ミドルズバラ支部への移出	
移動先組合支部	件数	当初所属組合	件数
ダーリントン	6	ボルトン	6
ハリファックス	6	ブラッドフォード	7
ハートリプール	11	カーライル	8
ハダーズフィールド	5	ダーリントン	7
ハ　ル	13	ハリファックス	5
ジャロウ	8	ハートリプール	10
ランベス	8	ハ　ル	21
リーズ	13	リーズ	20
ロンドン	6	ロンドン	5
マンチェスター	10	マンチェスター	15
ミドルズバラ	20	ミドルズバラ	20
ニューカッスル	11	ニューカッスル	9
ストックトン	6	オルダム	5
サンダーランド	8	シェフィールド	11
ヨーク	9	サンダーランド	17
その他 99 組合支部	116	スウィンドン	5
		ウォルヴァトン	5
		その他 99 組合支部	114
計	256	計	290

出所）*Amalgamated Society of Engineers, Monthly Reports*, Modern Records Centre, University of Warwick, MSS. 259/4/14/1-107 より作成。

ミドルズバラ支部から求職補助を受け、他の支部へ移動した機械工と他の支部から求職補助金を受け取り、ミドルズバラに流入した機械工の移動先・元と延べ移動人数を示したものである。この八年間に、延べ二五六人の機械工が、ミドルズバラから全国に散らばる一一四の支部へ短期の移動を経験している。ヨークシャー、ダラム、ランカシャーの支部が多いが、イングランド国内における移動の範囲もかなり散らばっており、遠く、ウェールズ、スコットランド、アイルランド、アメリカ（ニューヨーク）に求職移動する機械工も見受けられる。平均して、彼らは六日分の旅行補助金の支給を受けている。移動先がミドルズバラ（二〇件）とされているのは、先にもふれたように、雇用機会を失ったミドルズバラ支部の組合員で、他の支部に移動せず、そのまま求職補助金を受け取り、雇用機会を待つ機械工に関する数字である。

他方、全国の一一六支部から、職を求めてミドルズバラに流入した機械工の延べ人数は、二九〇人である。流出先と同様、ヨークシャー、ダラム、ランカシャーが相対的に多いが、イングランドの他州（中部および南部諸都市、ロンドン）、あるいはウェールズ、スコットランド、アイルランドと地理的分布は拡散している。他支部から流入する機械工は、平均して五・六日分の旅費と滞在費の支給を受けている。流出先と流入先との間には、例えば、リーズ（Leeds）、マンチェスター、ハル（Hull）、ハートリプール、サンダーランドのように、頻繁に機械工のやりとりを行う支部間のネットワークが存在していたように思われる。

一九世紀後半における熟練労働者の頻繁な短期移動の例として、一八六五年二月一八日に二一歳で「合同機械工組合」ミドルズバラ支部に入会し、一八六七年に「組合の利害に反する行動」（*Acting contrary to Societys interest*）[31]を理由に除名された機械製作工（engine smith）チャールズ・モーデュ（Charles Mordue）の求職移動歴を復元してみよう。彼は、ミドルズバラのセンサス個票に少なくとも四回（一八五一・六一・七一・八一年）登場している。ノーサンバーランド出身の錨製造工（anchor smith）であった父ウィリアム、カンバーランド（Cumberland）出身の母メアリの、恐らくは長男として一八四四年にミドルズバラで生まれたチャールズは、一八六一年、一七歳の折に、鍛造工（blacksmith）としてセンサス個票に記録されている。この年、すぐ下の弟ウィリアム（一五歳）もまた鍛造工として、その下の弟ジョン（一三歳）も雑役夫（labourer）として働いている。チャールズは、組合除名後間もなく、ミドルズバラの近郊、ヤーム出身のエレノア（Eleanor）と結婚し、引き続き市内にとどまり、一八七一年のセンサスでは、機械製作工として記録されている。一〇年後のセンサス個票の職業欄には、「製鉄工場で働く鍛造工」（blacksmith in Iron Work）とある。この間、彼は三人の息子をもうけ、少なくとも市内で三回転居している[32]。

表5-19に示すように、モーデュは、一八六六年九月のリーズ第五支部を皮切りに、ほぼ毎月、北部イングランドを中心に求職移動を繰り返している。滞在期間はごく短く、ミドルズバラ支部に滞在したまま求職補助を受ける以外は、一週間を超えることはない。こうした移動歴を示す機械工は、あるいは少数であったのかもしれない。しかし、既にイングランド全域に鉄道が敷かれ、短期の旅行は容易となっていたから、技術を習得し、需要の多い熟練労働者は、多かれ少なかれ、モーデュと同じように、頻繁な移動を経験したであろう。組合による求職移動補助

表 5-19　ミドルズバラの機械工チャールズ・モーデュの移動歴（1866～1867 年）

期　日	移動先（支部名）	滞在期間（日）
1866 年 9 月	リーズ第 5	6
10 月	ハダーズフィールド	1
	リーズ第 5	1
	ミドルズバラ	15
	ヨーク	1
	マンチェスター本部	5
11 月	ハートリプール	2
	ジャロウ	2
	ゲイツヘッド	9
	ニューカッスル	1
	サンダーランド	1
12 月	ジャロウ	2
	ミドルズバラ	24
	ストックトン・オン・トレント	3
1867 年 1 月	ミドルズバラ	30
2 月	ミドルズバラ	28
3 月	ミドルズバラ	14
4 月	ミドルズバラ	30
5 月	ハートリプール	4
	ジャロウ・オン・タイン	1
	ミドルズバラ	8
	ゲイツヘッド	3
	ニューカッスル第 2	1
	ストックトン・オン・トレント	2
6 月	ミドルズバラ	24
7 月	ミドルズバラ	24

出所）*Amalgamated Society of Engineers, Monthly Reports*, Modern Records Centre, University of Warwick, MSS. 259/4/14/1-107 より作成。

制度のおかげで、この時代の労働供給は弾力的に行われたように見える。

ポラードが述べているように、「鉄道網の整備によって、遠距離の求職活動が可能となり、労働市場が拡大し、地域を越える労働移動が容易となってきた[33]」のである。特に、製鉄工業や機械工業における熟練労働者の場合には、労働組合による求職補助制度は、彼らの移動を活発化し、その地理的範囲を大幅に広げ、労働力不足を解消し、労働市場の弾力性を高めた。この制度は、地域間の労働移動を容易にすることによって、労働市場の地域的な拡大に資するだけでなく、その平準化を促したのである。また、求職補助金は、組合員の醵出基金から支払われたのであるから、移動コストを労働者に転嫁しているわけであり、企業家にとっても相対的に安価な労働力調達の手段であったと言えるであろう。[34] ミドルズバラのような新参の工業都市においては、熟練労働力の調達は、鉄道網の整備と労働組合による求職補助制度（汽車賃と宿泊代の補助）がなかったならば、恐らくもっと困難であったであろう。製鉄工業・機械工業における早期の労働組合結成と活発な

表 5-20　ミドルズバラおよび郊外集落リンソープの性比（1801〜1891 年）

年	ミドルズバラ				リンソープ			
	男　子	女　子	性 比	総人口	男　子	女　子	性 比	総人口
1801	13	12	108	25	101	113	89	214
1811	20	15	133	35	82	95	86	177
1821	21	19	111	40	82	114	72	196
1831	89	65	137	154	119	110	108	229
1841	2,939	2,524	116	5,463	125	121	103	246
1851	4,000	3,631	110	7,631	120	142	85	262
1861	10,171	8,543	119	18,714	374	328	114	702
1871	15,748	13,116	120	28,864	5,688	4,863	117	10,551
1881	18,993	17,638	108	36,631	9,937	8,799	113	18,736
1891	25,739	23,872	108	49,611	13,406	11,935	112	25,341

出所）*British Parliamentary Papers, Census of Great Britain, 1851,* Population Tables, Pt. I, Vol. II, 1852-53 [1632] LXXXVI, p. 12 ; *British Parliamentary Papers, Census of England and Wales, 1871*, Population Tables, Area, Houses, and Inhabitants, Vol. II, 1872 [C. 676-I] LXVI, Pt. II, p. 487 (517); *British Parliamentary Papers, Census of England and Wales, 1891*, Area, Houses, and Population, Registered Areas and Sanitary Districts, Vol. II, 1893-94 [C. 6948-I] CV, p. 902 より作成。

活動は、鉄道網の整備を待って、労働市場の拡大・深化を促したのである。

一九世紀後半におけるミドルズバラの労働市場の形成と関連して、隣接する教区であり、やがて都市（borough）に吸収されるもう一つの定住地、リンソープの位置を確定しておきたい。先に指摘したように、リンソープはミドルズバラからほぼ三〇年遅れて同じような人口増加を経験している。一八六一年にはまだ都市南部に広がる田園地帯の中に点在する農村の一つで、人口僅か七〇〇人余りの小規模な集落に過ぎなかった場所が、一〇年後には一挙に一〇、〇〇〇人を超える郊外集落に変貌を遂げている。一八七〇年代以降、リンソープはミドルズバラの約半分の人口規模を達成し、後者に歩調を合わせつつ、急速な人口増加を経験することになる。表5-20が示すように、ミドルズバラのそれと比較した場合、リンソープの性比の低さは、一九世紀初頭から一八七〇年代まで一貫している。リンソープが、単に製鉄工業に特化した、未熟練労働者の供給基地としての衛星都市ではなく、ミドルズバラの製鉄工業における成功者、中産階級の居住地としての機能を担い始めたことを示している。

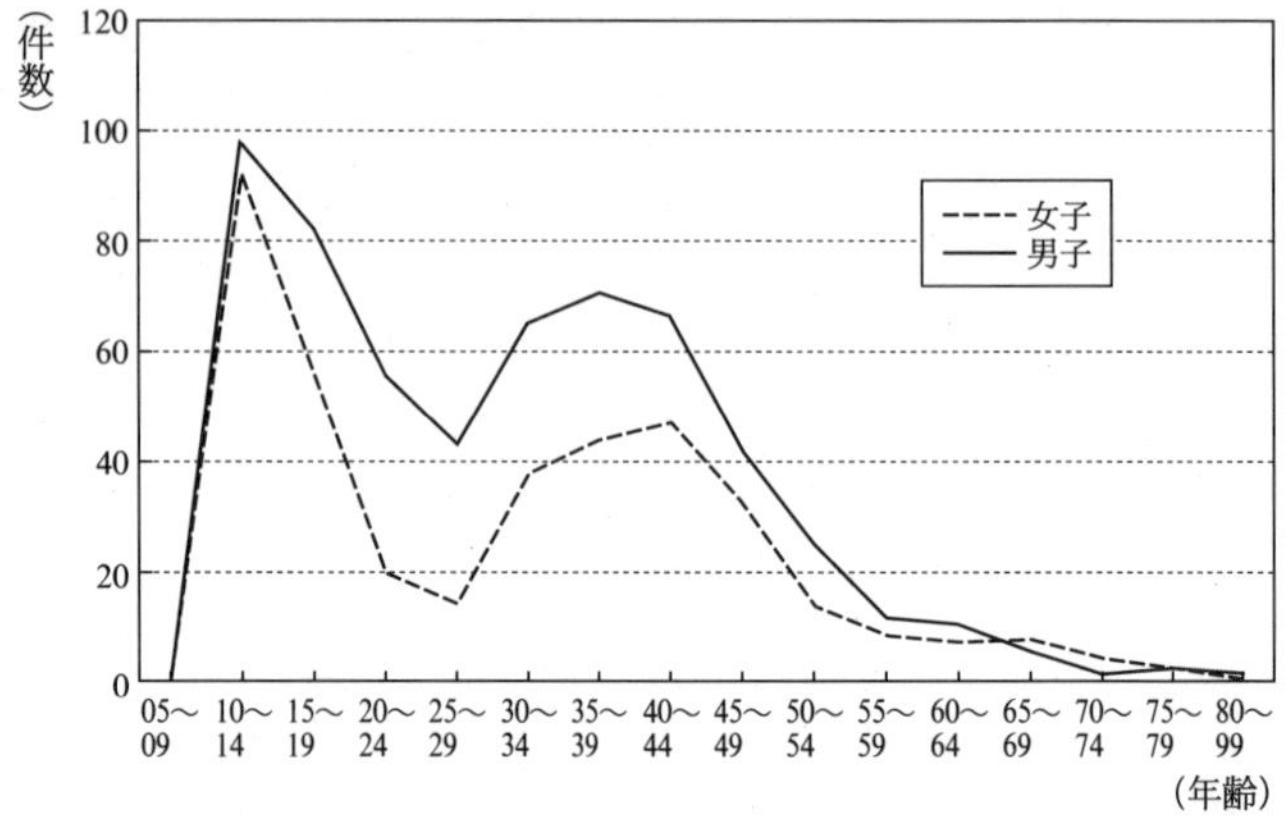

図5-5　ミドルズバラから郊外集落リンソープへの移出者の年齢・性別構成（1861～1871年）

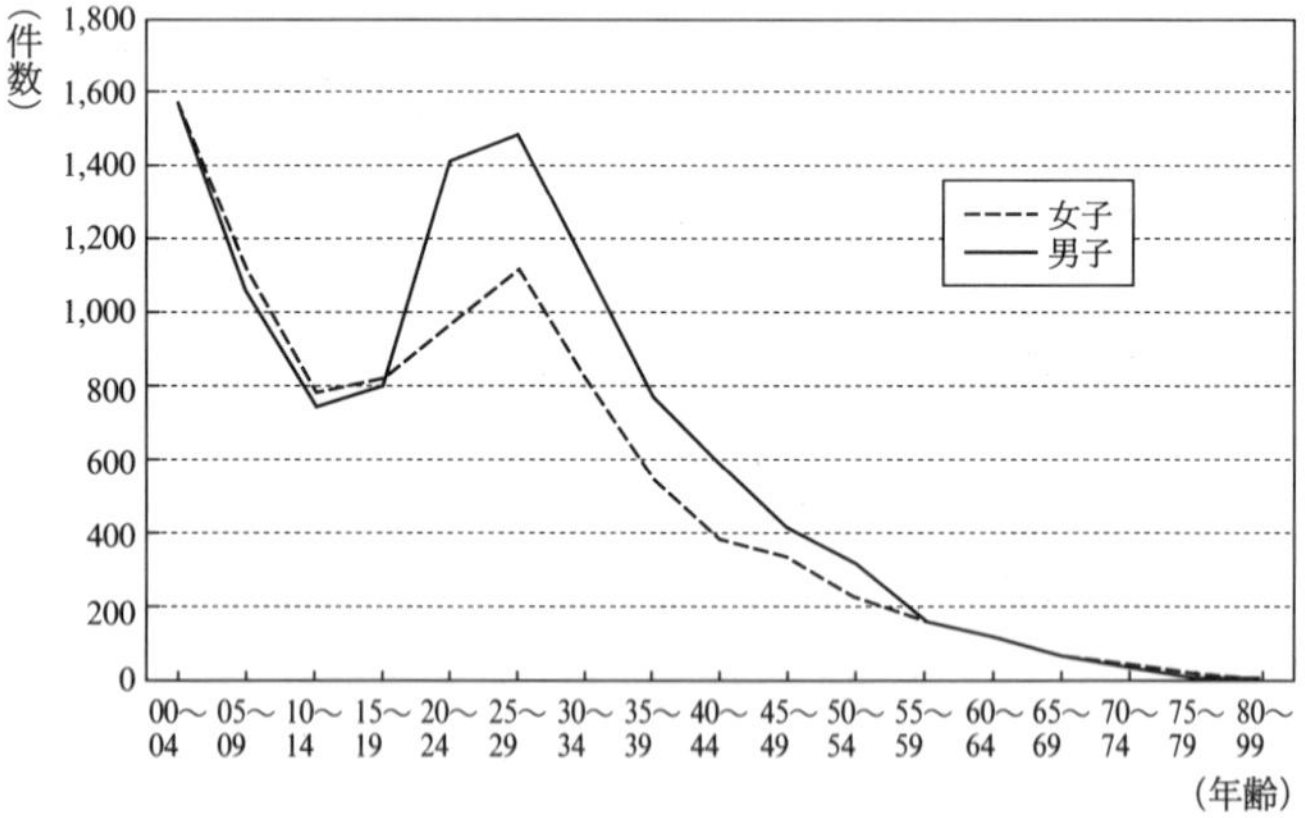

図5-6　外部からミドルズバラへの移入者の年齢・性別構成（1861～1871年）

図5-5・図5-6に掲げた一八六一～一八七一年におけるミドルズバラからリンソープへの移出者の性別・年齢別構成と、同じ期間における外部から直接ミドルズバラへ移入した人口のそれとを比較すると、ミドルズバラからリンソープへの移住者の多くはミドルズバラで一定期間生活し、その後に家族を伴って郊外集落としてのリンソー

表 5-21　ミドルズバラおよび郊外集落リンソープ人口の配偶関係（1861〜1871 年）

ミドルズバラからリンソープへの移出者（1861〜1871 年）					外部からミドルズバラへの移入者（1861〜1871 年）				
配偶関係	女子	%	男子	%	配偶関係	女子	%	男子	%
既　婚	186	48.2	300	52.5	離　婚	1	-		
未　婚	176	45.6	251	44.0	既　婚	3,856	42.9	3,539	33.6
寡　婦	23	6.0	3	0.5	不　明	15	0.2	17	0.2
寡　夫	1	0.2	17	3.0	未　婚	4,707	52.4	6,729	63.9
計	386	100.0	571	100.0	寡　婦	393	4.4	22	0.2
					寡　夫	10	0.1	222	2.1
					計	8,982	100.0	10,529	100.0

出所）「ミドルズバラ・センサス個票連結分析法（1861〜1871 年）」による。

表 5-22　労働力率と男子職業（1861〜1871 年）

［労働力率］

	ミドルズバラからリンソープへの移出者			外部からミドルズバラへの移入者		
	女　子	男　子	男 子（%）	女　子	男　子	男 子（%）
学　童	55	58	10.2	1,200	1,186	11.3
無　職	256	33	5.8	5,734	2,014	19.1
有　業	75（19.4%）	480	84.0	2,048（22.8%）	7,329	69.6
計	386	571	100.0	8,982	10,529	100.0
性　比	1.48			1.17		

［職業（男子）］

ミドルズバラからリンソープへの移出者			外部からミドルズバラへの移入者	
職　業	件　数	%	件　数	%
煉瓦積工	26	5.4	184	2.5
機械工	30	6.3	372	5.1
指物師	25	5.2	204	2.8
未熟練労働者	98	20.4	2,332	31.8
攪錬鉄工	36	7.5	321	4.4
書　記	14	2.9	108	1.5
鍛造工	3	0.6	147	2.0
汽罐工	2	0.4	165	2.3
鋳型工	15	3.1	218	3.0
その他	231	48.2	3,278	44.6
計	480	100.0	7,329	100.0

出所）「ミドルズバラ・センサス個票連結分析法（1861〜1871 年）」による。

プに移住した三〇代・四〇代の中年層であった可能性が高いことがわかる。ミドルズバラの乳幼児の年齢分布もこれを裏付けているように思われる。更に、表5-21に示したように、一八六一～一八七一年のミドルズバラからリンソープへの移住者とミドルズバラへ直接移入した人口の配偶関係を比較すると、明らかにリンソープにおける有配偶率が男女ともに高い。

この事実は、ミドルズバラに直接移入した人口と、いったんミドルズバラに移入し、安定的な地位、あるいは雇用・所得を得たあと結婚し、次いで郊外集落に移動する人口との違いを示しているように思われる。この点は、ミドルズバラからリンソープへの移出者とミドルズバラへ直接移入した人口の労働力率（センサス個票に職業が記載されている者の比率）と熟練労働者の比率を示した表5-22を見ても、ある程度確認できる。ミドルズバラへの直接移入者の労働力率、六九・六％は、ミドルズバラからリンソープへの移住者のそれ、八四・〇％よりもかなり低い し、前者においては、熟練労働者の占める比率が後者よりも明らかに高い。郊外集落リンソープは、恐らくは工業都市として絶頂期を迎えたあとミドルズバラから溢れ出た人口の受け皿として、また時に応じて弾力的にミドルズバラへ労働力を供給する余剰人口のプールとして、あるいはまた、ミドルズバラにおける製鉄工業をはじめとする重化学工業の急展開に伴って形成されつつあった中産階級の住宅地としての機能を担いつつあったものと思われる。(35) 郊外集落リンソープの成長は、こうした意味において、ミドルズバラ市内における中産階級の定着を弱める方向に作用したとも言い得る。

2　未熟練労働市場とアイルランド人労働者の移入

本節では、製鉄工業に雇用される男子未熟練労働者の労働市場を検討する。熟練労働者と未熟練労働者の出身地域を比較した前掲表5-3に示しておいたように、未熟練労働者の大部分はアイルランドおよびイングランドから調達されている。一八六一〜一八七一年には、イングランド出身未熟練労働者の比率は高まるが、基本的には彼らの供給地は二分されている。イングランド出身者に関しては、表5-23に示すように、直近のヨークシャーとダラム出身者の比率が格段に高い。両地域が未熟練労働者の半分以上を供給している。この傾向は、一八五一〜一八六一年において特に著しく、ほぼ六割は両州出身者で占められている。ヨークシャーとダラムを除くイングランドの他の製鉄工業地域からの移入は少ない。熟練労働者の攪錬鉄工が示すような同種の産業立地間の移動という性向を見出すことはできない。直近からの移入労働者は、ティーズ川を渡った北部のダラム州出身者が多い。しかもどちらかといえば、農村よりも大小の工業都市からの移入者が多かった。既に指摘したように、熟練労働者のうち攪錬鉄工については、一八六一〜一八七一年にアイルランド出身者の比率が高まり、移入攪錬鉄工の四〇％近くを占めるようになる。従って、この時期を通じて、ミドルズバラの製鉄工業は、熟練労働者と未熟練労働者の双方の多くをアイルランドからの供給に仰いでいたことになる。

アイルランド出身の未熟練労働者については、後述するとして、次に、熟練労働者である攪錬鉄工とアイルランド出身者を除く製鉄工業未熟練労働者の年齢構成を比較してみよう。攪錬鉄工の年齢は、二〇〜二四歳でピークを迎え、この年齢階層への集中度も全体の二七％と極めて高い。これに対して、アイルランド以外から移入した未熟練労働者の年齢は、二五〜二九歳でピークを迎え、攪錬鉄工のように、年齢とともに急激に減少することはない。

表 5-23　イングランド各州からミドルズバラへの移入者の職業（1851〜1861 年・1861〜1871 年）

［1851〜1861 年］

	攪錬鉄工	機械工	鋳型工	鍛造工	未熟練労働者
ダラム	14（7.3）	67（36.8）	57（35.4）	30（35.7）	28（9.4）
ヨークシャー	15（7.9）	50（27.5）	49（30.4）	42（50.0）	148（49.7）
スタッフォードシャー	50（26.2）	7（3.8）	13（8.1）	1（1.2）	21（7.0）
ウスターシャー	5（2.6）	2（1.1）	18（11.2）	1（1.2）	8（2.7）
マンマスシャー	53（27.8）	2（1.1）	1（0.6）	−（−）	6（2.0）
ノーサンバーランド	6（3.1）	21（11.6）	12（7.5）	3（3.6）	8（2.7）
その他	48（25.1）	33（18.1）	11（6.8）	7（8.3）	79（26.5）
計	191（100.0）	182（100.0）	161（100.0）	84（100.0）	298（100.0）

［1861〜1871 年］

	攪錬鉄工	機械工	鋳型工	鍛造工	未熟練労働者
ダラム	26（20.2）	77（21.3）	51（27.7）	29（22.0）	35（11.8）
ヨークシャー	37（28.7）	115（31.8）	46（25.0）	58（43.9）	112（37.8）
スタッフォードシャー	22（17.0）	13（3.6）	15（8.1）	2（1.5）	5（1.7）
ウスターシャー	2（1.6）	6（1.7）	19（10.3）	−（−）	3（1.0）
マンマスシャー	−（−）	1（0.3）	4（2.2）	−（−）	3（1.0）
ノーサンバーランド	7（5.4）	17（4.7）	20（10.9）	10（7.6）	9（3.1）
その他	35（27.1）	132（36.6）	29（15.8）	33（25.0）	129（43.6）
計	129（100.0）	361（100.0）	184（100.0）	132（100.0）	296（100.0）

注記）括弧内の数値は%。
出所）「ミドルズバラ・センサス個票連結分析法（1851〜1861 年・1861〜1871 年）」による。

三五〜三九歳以降の年齢階層の占める比率も高い。前述した出身地域の地理的分布と併せ考えると、この時代の製鉄工業労働者の移動については、次のように言うことができるであろう。一般的には、技術を身につけた熟練労働者は若い年齢で移動し、その移動範囲は距離とは違った要因によって決定される[36]。他方、未熟練労働者の多くは相対的に高年齢であり、アイルランド出身者以外の未熟練労働者の多くが直近のヨークシャーとダラムから移入していることからもわかるように、近距離から移入する傾向を持っていた。

表5-24、表5-25に示すのは、移入未熟練労働者の年齢別有配偶率である。両期間を通じて、アイルランド出身者以外の未熟練労働者もアイルランド出身者も共に半数以上が既婚者であるが、二〇〜二四歳、二五〜二九歳の若年層の有配偶率は、アイルランド出身者以外の未熟練労働者の方がかなり高い。従っ

表 5-24　アイルランド出身者およびその他移入未熟練労働者の年齢別有配偶率と世帯主との続き柄（男子，1851～1861 年）

移入アイルランド出身未熟練労働者の有配偶率			アイルランド出身者を除く移入未熟練労働者の有配偶率		
年　齢	件　数	%	年　齢	件　数	%
15～19	—	—	15～19	—	—
20～24	24	25.0	20～24	15	28.3
25～29	53	56.4	25～29	42	68.9
30～34	42	70.0	30～34	31	77.5
35～39	27	69.2	35～39	35	79.5
40～44	26	92.9	40～44	18	78.3
45～49	16	94.1	45～49	16	72.7
50～54	9	81.8	50～54	11	68.8
55～59	6	85.7	55～59	12	80.0
60～64	4	100.0	60～64	4	66.7
65～69	—	—	65～69	—	—
70～	1	25.0	70～	1	100.0
計／平均	208	54.4	計／平均	185	57.1
移入アイルランド出身未熟練労働者の世帯主との続き柄			アイルランド出身者を除く移入未熟練労働者の世帯主との続き柄		
続き柄	件　数	%	続き柄	件　数	%
世帯主	183	46.7	世帯主	153	49.4
下宿人・間借り人	161	41.1	下宿人・間借り人	89	28.7
その他	48	12.2	その他	68	21.9
計	392	100.0	計	310	100.0

出所)「ミドルズバラ・センサス個票連結分析法（1851～1861 年）」による。

て、世帯主との続き柄においても、アイルランド出身者よりも下宿人・間借り人比率が低い。時期的変化に関して言えば、クリーヴランド製鉄工業が絶頂期を迎えた一八六一～一八七一年には、前の時期に比べて、有配偶率が低下している。特に、アイルランド出身者以外の未熟練労働者のそれが一〇ポイント以上低下している。この時期には、同時に直近のヨークシャーとダラム出身者の比率も低下し、イングランドの他の州からの移入者が増加している。クリーヴランド製鉄工業の急速な発展が、ミドルズバラへの未熟練労働者供給源の地理的な拡大を促したのである。恐らくは、後期におけるイングランド出身の未婚未熟練労働者の増加は、こうした労働市場の変化と関わりがあるものと思われる。

一九世紀後半のミドルズバラにおける

表 5-25 アイルランド出身者およびその他移入未熟練労働者の年齢別有配偶率と世帯主との続き柄（男子，1861〜1871 年）

移入アイルランド出身未熟練労働者の有配偶率			アイルランド出身者を除く移入未熟練労働者の有配偶率		
年　齢	件　数	%	年　齢	件　数	%
15〜19	−	−	15〜19	−	−
20〜24	3	6.5	20〜24	16	20.0
25〜29	14	25.5	25〜29	30	48.4
30〜34	22	50.0	30〜34	26	68.4
35〜39	24	77.4	35〜39	18	66.7
40〜44	17	60.7	40〜44	13	76.5
45〜49	10	76.9	45〜49	19	76.0
50〜54	10	90.9	50〜54	9	81.8
55〜59	6	100.0	55〜59	8	80.0
60〜64	2	100.0	60〜64	8	80.0
65〜69	−	−	65〜69	−	−
70〜	1	100.0	70〜	1	100.0
計／平均	109	47.4	計／平均	148	46.7
移入アイルランド出身未熟練労働者の世帯主との続き柄			アイルランド出身者を除く移入未熟練労働者の世帯主との続き柄		
続き柄	件　数	%	続き柄	件　数	%
世帯主	94	37.1	世帯主	113	38.4
下宿人・間借り人	137	54.2	下宿人・間借り人	104	35.4
その他	22	8.7	その他	77	26.2
計	253	100.0	計	294	100.0

出所）「ミドルズバラ・センサス個票連結分析法（1861〜1871 年）」による。

人口増加に大いに貢献したアイルランド出身者の移動性向とこの都市への同化について、最後に検討しておこう。結論を先取りすれば、アイルランド人は確かに大量に流入し、製鉄工業をはじめとする重化学工業の未熟練・熟練労働力としてミドルズバラの発展を支えたが、彼らの定着と同化は必ずしも順調に進んだとは言えない。むしろ、死亡を含む移出率の数値が端的に示すように、同じ移入者の中でも彼らは、移ろいやすい、高度に流動的な労働力であった。特に、熟練労働者については、アイルランド出身者以外の労働者よりも移出率が高く、特異な移動性向を持っていたことを窺わせる。この点についても幾つかの指標から明らかにしたい。

一九世紀後半における北部イングランド諸都市の中で、絶対数においても、ま

表 5-26　移入アイルランド出身者およびその他移入人口の性比（1851～1861 年・1861～1871 年）

期　間	移入アイルランド出身者			アイルランド出身者を除く移入人口		
	性　別	件　数	性　比	性　別	件　数	性　比
1851～1861 年	男　子	1,055		男　子	6,355	
	女　子	619		女　子	5,772	
	計	1,674	171	計	12,127	110
1861～1871 年	男　子	1,520		男　子	8,839	
	女　子	725		女　子	8,151	
	計	2,245	210	計	16,990	108

出所）「ミドルズバラ・センサス個票連結分析法（1851～1861 年・1861～1871 年）」による。

た総人口に対する比率においても、ミドルズバラにおけるアイルランド出身者は重要な位置を占めている。既に前章で示しておいたように、一八七一年におけるこの都市の総人口に占めるアイルランド出身者の比率は九・三%であった。この比率は、イングランドの都市の中ではリヴァプールに次いで第二位である。絶対数においてもミドルズバラの二、六三八人は、イングランドの都市中二〇位であった。更にミドルズバラにおけるアイルランド出身者の特性として、その性比の高さを挙げておかなければならない。表5-26に示すように、一八六一~一八七一年に移入した男子アイルランド出身者は女子の二倍を超えている。アイルランド出身者以外の移入者の性比と比べて、その高さは際立っている。アイルランド出身者を多く抱えるリヴァプール、マンチェスター、バーミンガム、リーズと比べてもその性比の高さは、特筆されるべきである。

一八四一年から一八八一年までのアイルランド出身者のミドルズバラ総人口との比率と性比を示した表5-27は、ミドルズバラへのアイルランド出身者の移入が一八四一~一八五一年に比べて一八五一~一八六一年および一八六一~一八七一年に格段に増加したことを示している。[37] この事実は、アイルランド出身者のミドルズバラへの移入が、一九世紀四〇年代におけるいわゆる馬鈴薯飢饉（Potato Famine）による大量の、混乱した飢餓移動ではなく、急速に発展する製鉄工業をはじめとする重化学工業が提供する未熟練労働力に対する強い需要と相対的な高賃金に吸引された移入であったことを示唆している。移動の

表 5-27　ミドルズバラのアイルランド出身者数と性比（1841～1881 年）

年	アイルランド出身者			総人口			アイルランド出身者比率（%）
	性　別	人　口	性　比	性　別	人　口	性　比	
1841	男　子	112		男　子	2,939		3.8
	女　子	34		女　子	2,524		1.3
	計	146	329	計	5,463	116	2.7
1851	男　子	201		男　子	3,788		5.3
	女　子	114		女　子	3,621		3.1
	計	315	176	計	7,409	105	4.3
1861	男　子	1,108		男　子	9,502		11.7
	女　子	663		女　子	8,297		8.0
	計	1,771	167	計	17,799	115	9.9
1871	男　子	1,758		男　子	15,242		11.5
	女　子	880		女　子	13,041		6.7
	計	2,638	200	計	28,283	117	9.3
1881	男　子	1,091		男　子	19,036		5.7
	女　子	579		女　子	17,418		3.3
	計	1,670	188	計	36,454	109	4.6

出所）Census Enumerators' Books, National Archives, HO 1258/3-6, HO 107/2383, RG 9/3685-3689, RG 10/4893, History Data Service (1881 年) より作成。

動機は、どちらかと言えば、上昇志向に支えられた、構造化された積極的なものであったであろう。その意味で、アイルランド出身者の移入が、ミドルズバラの都市労働市場の形成にどのような影響を与えたかを考察することは重要である。

以下、「センサス個票連結分析法」を用いて、アイルランド出身者の行動を追跡するが、誤解を避けるため、予め以下の点を再度断っておきたい。センサス個票から得られる個人の同定に用いるアルゴリズムの一つである出身地に関する情報は、アイルランド出身者の第二世代の同定を不可能にする。アイルランド出身の両親の間にイングランドで生まれた子供は、この方法を用いる場合、世帯内の続き柄に関する情報を個々の事例に当たって検討しない限り、アイルランド人として同定することはできない。この方法の限界を克服する方法として、アイルランド人固有の氏名を用いて同定作業を行う同姓率法（isonymy analysis）[38]があるが、本書では「センサス個票連結分析法」を用いる。従って、「アイルランド出身者」という場合、第一世代のみを意味し、アイルランド人を両親に持ち、イングランドで出生した世代については、分析の対象から外れる。

表5-28・表5-29は、一九世紀中期におけるアイルランド出身者の移入、定着、移出の比率を示したものである。一八六一年にミドルズバラに居住していたアイルランド出身者一、七六八人のうち、九五％は一八五一～一八六一年に移入し、残りの僅か五％のみが一八五一年から引き続いてこの都市に居住していたに過ぎない。同じように、一八七一年のアイルランド出身人口二、六三七人のうち、八五％は一八六一～一八七一年に移入し、一五％のみが一八六一年にミドルズバラに居住していた。一八六一年および一八七一年にこの都市に居住していたアイルランド出身者のほとんどは、二〇年ほどの間にミドルズバラに移入した人々であった。一八六一～一八七一年にアイルランドから移入した人口の性比、二一〇は非常に高く、アイルランド以外から移入した人口の性比、一〇八と比較するとその高さは顕著である。アイルランド人移住者の未婚男性優位が歴然としている。

移出率においても、アイルランド出身者の移動性向の特性は注目すべきである。既に第4章で指摘しておいたように、一八五一～一八六一年および一八六一～一八七一年の両期間におけるミドルズバラ全体の男子人口の移出率、六一・八％、六五・二％と比べると、アイルランド出身男子のそれは、七四・五％、七九・一％であり、両時期を通じて一五ポイントも高い。アイルランド出身者とそれ以外の人口の数値を比較した表5-30・表5-31は、その差が一層著しいことを示している。移入したアイルランド出身者の大部分は、新しい都市共同体に根付かなかったということになるであろう。特に男子は短期間滞在した後、一〇年以内にこの都市を去っているのである。都市としての歴史、産業構造、職業分布、あるいは規模において性格の異なる他の都市、例えば、スタッフォード(Stafford)におけるアイルランド出身者の移出率と比べると、ミドルズバラにおけるアイルランド人の定着率はかなり低かったと言わなければならない。[39] 少なくとも新興工業都市の新しい環境への同化が、彼らにとってはそれほど容易ではなかったのであろう。あるいは、その他の要因がアイルランド人の短期滞在という移動性向をもたらし

表 5-28　ミドルズバラにおけるアイルランド出身者の移入・定着・移出比率（1851〜1861 年）

1851 年				1861 年			
移出人口	男　子	150		定着人口	男　子	51	
	女　子	78			女　子	36	
	計	228	(72.4%)		計	87	(4.9%)
定着人口	男　子	51		移入人口	男　子	1,056	
	女　子	36			女　子	619	
	計	87	(27.6%)		計	1,675	(94.7%)
				1851 年以降にミドルズバラで出生した人口	男　子	1	
					女　子	5	
					計	6	(0.4%)
総　計	男　子	201		総　計	男　子	1,108	
	女　子	114			女　子	660	
	計	315	(100.0%)		計	1,768	(100.0%)

出所)「ミドルズバラ・センサス個票連結分析法（1851〜1861 年）」による。

表 5-29　ミドルズバラにおけるアイルランド出身者の移入・定着・移出比率（1861〜1871年）

1861 年				1871 年			
移出人口	男　子	878		定着人口	男　子	232	
	女　子	513			女　子	150	
	計	1,391	(78.5%)		計	382	(14.5%)
定着人口	男　子	232		移入人口	男　子	1,520	
	女　子	150			女　子	725	
	計	382	(21.5%)		計	2,245	(85.1%)
				1861 年以降にミドルズバラで出生した人口	男　子	5	
					女　子	5	
					計	10	(0.4%)
総　計	男　子	1,110		総　計	男　子	1,757	
	女　子	663			女　子	880	
	計	1,773	(100.0%)		計	2,637	(100.0%)

出所)「ミドルズバラ・センサス個票連結分析法（1861〜1871 年）」による。

たという可能性も否定できない。

　定着率、移出率において、アイルランド出身者とそれ以外の住民との間に大きな差が検出されるという事実の含意はどのようなものであろうか。可能な説明要因として、家族関係が考えられる。この点を探ってみよう。一八六一年と一八七一年の両年にミドルズバラに居住していたアイルランド出身男子のうち、六四・四％は既婚者であり、家族を持っていた。残る三五・六％が独身者である。同じ時期に、ミドルズバラから移出・死亡したアイルランド出身男子のうち、四六・七％は既婚者であり、五三・三％が単身者であった。定着人口と移出人口、既婚者と単身者の間に、それぞれ一七・七ポイントの差が見出される。家族的紐帯が、定着と移出に何ほどかの関連があったということができるのではないであろうか。

　次に、アイルランド出身者の新しい共同体への入り方を検討しておこう。一般的に言えば、この時代の都市への移住者が最初に落ち着く先は、下宿屋（lodging house）であった。他の方法として考

表 5-30　アイルランド出身者とそれ以外の移入者の移出率（1851～1861 年）

		1851 年の人口	移出人口[1]	定着人口	移出率[1]（%）
アイルランド出身者	男　子	201	150	51	74.6
	女　子	114	78	36	68.4
	計	315	228	87	72.4
アイルランド出身者を除く人口	男　子	3,580	2,186	1,394	61.1
	女　子	3,495	2,249	1,246	64.3
	計	7,075	4,435	2,640	62.7

注 1）死亡人口および改姓による同定不可能人口を含む。
出所）「ミドルズバラ・センサス個票連結分析法（1851～1861 年）」による。

表 5-31　アイルランド出身者とそれ以外の移入者の移出率（1861～1871 年）

		1861 年の人口	移出人口[1]	定着人口	移出率[1]（%）
アイルランド出身者	男　子	1,110	878	232	79.1
	女　子	663	513	150	77.4
	計	1,773	1,391	382	78.5
アイルランド出身者を除く人口	男　子	8,363	5,298	3,065	63.4
	女　子	7,605	5,136	2,469	67.5
	計	15,968	10,434	5,534	65.3

注 1）死亡人口および改姓による同定不可能人口を含む。
出所）「ミドルズバラ・センサス個票連結分析法（1861～1871 年）」による。

表 5-32 アイルランド出身者とそれ以外の世帯による親族の受け入れ（無配偶移入親族を受け入れた世帯，1861～1871 年）

定着アイルランド出身世帯		移入アイルランド出身世帯	
A．定着アイルランド出身世帯主	132	A．移入アイルランド出身世帯	590
B．無配偶移入親族を受け入れた定着アイルランド出身世帯	15	B．無配偶移入親族を受け入れた移入アイルランド出身世帯	48
B/A	11.4%	B/A	8.1%
アイルランド出身者を除く定着世帯		**アイルランド出身者を除く移入世帯**	
A．アイルランド出身者を除く定着世帯主	1,452	A．アイルランド出身者を除く移入世帯主	2,777
B．無配偶移入親族を受け入れたアイルランド出身者を除く定着世帯	202	B．無配偶移入親族を受け入れたアイルランド出身者を除く移入世帯	404
B/A	13.9%	B/A	14.5%

出所）「ミドルズバラ・センサス個票連結分析法（1861～1871 年）」による。

えられるのは、既に移入し、一戸を構える世帯主の家に間借り人として入居することであった。移入先の世帯主は、移住者と姻戚関係にあるか、同郷である場合が多かった。最近のイギリスにおける人口移動史研究は、移動動機と移住者の新しい共同体への同化過程における親族・友人関係の重要性を指摘している。(40) 以下、アイルランド出身者とそれ以外の移入者の間に、姻戚関係にある未婚者の受け入れに関して、有意な差があるかどうか、検討してみよう。表5-32は、アイルランド人世帯主とそれ以外の世帯主の未婚親族受け入れ率を、定住者・移入者に分けて比較したものである。少なくとも、一〇年以上ミドルズバラに居住しているアイルランド人世帯のうち、未婚のアイルランド出身親族を世帯内に含む世帯主の割合、一一・四%は、アイルランド出身者以外の定住世帯のそれ、一三・九%よりも幾分か低い。他方、最近一〇年間、一八六一～一八七一年に移入したアイルランド人世帯のうち、未婚親族を受け入れた世帯の割合、八・一%は、アイルランド人以外の世帯主のそれ、一四・五%よりも明らかに低い。移入家族に関する限り、アイルランド出身者は、姻戚関係にある未婚者を自身の世帯内に受け入れる比率がそれ以外の世帯よりもかなりの程度低かったと言えるであろう。

表5-33は、受け入れ親族の詳細を知るために、世帯内に受け入れた未婚親族の続き柄を見たものである。移入世帯については、アイルランド出

身者、それ以外の世帯主ともに、受け入れ親族のうち、兄弟が最も頻度が高い。これに対して、定着世帯に関しては、両者ともに、兄弟ではなく、甥、姪、孫を多く受け入れている。恐らくは、世帯収入増加の観点から、移入世帯は当初から世帯主の兄弟を同行するか、新しい共同体に移住した後、兄弟を呼び寄せたのであろう。次に、移動と家族関係との関連を探るために、アイルランド出身者とそれ以外の世帯の間に、ハンメル・ラスレット（Hammel and Laslett）の分類による家族形態の相違があるかどうかを検討してみよう。[41]

表 5-33　アイルランド出身者とそれ以外の世帯による受け入れ移入親族の続き柄（1861〜1871 年）

移入無配偶親族を受け入れたアイルランド出身定着世帯			移入無配偶親族を受け入れたアイルランド出身移入世帯		
続き柄	件　数	%	続き柄	件　数	%
甥	6	30.0	兄　弟	10	16.4
姪	4	20.0	母　親	7	11.5
孫息子	3	15.0	甥	7	11.5
孫　娘	2	10.0	姉　妹	5	8.2
その他	5	25.0	その他	32	52.5
計	20	100.0	計	61	100.0

移入無配偶親族を受け入れたアイルランド出身者を除く定着世帯			移入無配偶親族を受け入れたアイルランド出身者を除く移入世帯		
続き柄	件　数	%	続き柄	件　数	%
孫息子	60	22.0	兄　弟	69	12.9
孫　娘	53	19.4	姪	64	12.0
姪	52	19.0	姉　妹	61	11.4
甥	31	11.3	甥	51	9.6
姉　妹	16	5.9	母　親	38	7.1
義理の姉妹	7	2.6	孫息子	38	7.1
母　親	7	2.6	義理の姉妹	29	5.4
その他	47	17.2	その他	183	34.3
計	273	100.0	計	533	100.0

出所）「ミドルズバラ・センサス個票連結分析法（1861〜1871 年）」による。

一八六一〜一八七一年にミドルズバラに移入したアイルランド出身者世帯とそれ以外の世帯を比較すると、表5-34から明らかなように、アイルランド出身者の世帯では、拡大家族（extended-family）、すなわち、親族関係にある未婚者を含む世帯と多核家族（multiple-family）、すなわち、親族関係にある複数の単婚小家族を含む世帯の比率が圧倒的に低い。拡大家族および多核家族の比率は、アイルランド出身者以外の移入世帯の約半分を占めるに過ぎない。また、表5-35に示すように、一八六一〜一八七一年にミドルズバラに引き続いて居住していたと想定されるアイルランド出身家族もそれ以外の定着家

表 5-34　アイルランド出身者とそれ以外の移入世帯の家族形態（1861～1871 年）

	移入アイルランド出身人口		アイルランド出身者を除く移入人口	
	件　数	%	件　数	%
独居世帯	30	5.1	25	0.9
非家族世帯	16	2.7	51	1.8
単純家族	466	79.0	2,008	72.3
拡大家族	60	10.1	576	20.8
多核家族	14	2.4	117	4.2
不　明	4	0.7	0	0.0
計	590	100.0	2,777	100.0

出所）「ミドルズバラ・センサス個票連結分析法（1861～1871 年）」による。

表 5-35　アイルランド出身者とそれ以外の定着世帯の家族形態（1871 年）

	アイルランド出身定着人口		アイルランド出身者を除く定着人口	
	件　数	%	件　数	%
独居世帯	15	6.3	55	2.7
非家族世帯	1	0.4	26	1.2
単純家族	213	90.3	1,801	87.1
拡大家族	4	1.7	164	7.9
多核家族	3	1.3	22	1.1
不　明	0	0.0	0	0.0
計	236	100.0	2,068	100.0

出所）「ミドルズバラ・センサス個票連結分析法（1861～1871 年）」による。

族と比べて、拡大家族の比率が低く、独居者の比率が高い。独居者については、アイルランド出身移入家族について、一層その差が著しく、アイルランド出身者以外の移入家族の六倍も高い。アイルランド出身者とそれ以外の住民の間に見られるこうした家族形態の相違は、アイルランド出身者に固有の家族形態、居住空間の広さ、あるいは長距離移動という要因と関わりがあるであろう。

未熟練労働者の主力であったアイルランド出身者は、一八五一～一八六一年には三九七人に上り、移入未熟練労働者の五三・二％を占めている。一八六一～一八七一年についても同様に、二五二人、四三・一％がアイルランド出身者であった。移入男子未熟練労働者のうち、アイルランド出身者とその他地域出身者の年齢構成を比べてみると、アイルランド出身者の年齢のピークは、二〇～二四歳にあり、これに続く二五～二九歳の年齢集団を加えると、全体のほぼ半数に上る。他方、その他地域出身者の年齢のピークは二五～二九歳にある。アイルランド出身者ほど若年層に集中しておらず、どちらかといえば、高年齢層の比重が高い。製鉄工業に従事する移入未熟練労働者

表 5-36　移入アイルランド人未熟練労働者世帯の子供の出生地（1861〜1871 年）

出生地		子供数	%	家族数	%
イングランド	ミドルズバラ	122	48.8	54	41.9
	リポン	9	3.6	2	1.6
	ニューカッスル	9	3.6	5	3.9
	マンチェスター	6	2.4	3	2.3
	その他	47	18.8	33	25.6
	ミドルズバラを除くイングランド計	(71)	(28.4)	(43)	(33.3)
アイルランド		32	12.8	17	13.2
ウェールズ		11	4.4	6	4.6
スコットランド		11	4.4	6	4.6
外　国		3	1.2	3	2.3
計		250	100.0	129	100.0

出所）「ミドルズバラ・センサス個票連結分析法（1861〜1871 年）」による。

のうち、アイルランド出身者は若く、それ以外の場所から移入した者は、比較的高年齢であったと言えるであろう。両者ともに、約半数は既婚者であるが、アイルランド出身者のかなりの部分、三二%は他の世帯の間借り人である。その他地域出身者のうち、間借り人の比率はアイルランド出身者の約半分（一七%）である。

表5-36は、アイルランド出身未熟練労働者の移動パターンを探るため、一二九世帯のアイルランド出身者世帯の子供二五〇人の出生地を追跡した結果を示したものである。ウェールズ、スコットランド、外国に居住したことのあるアイルランド出身者の世帯も一割ほどいるが、彼らの多くは、途中、それほど長距離の段階的移動を経験することなく、ミドルズバラに移入したように見受けられる。先に分析したアイルランド出身の熟練労働者、攪錬鉄工とほぼ同じ足取りを辿って、アイルランド出身の未熟練労働者も単身で故郷を離れ、ミドルズバラに移入したものと思われる。他方、表5-37に示すように、アイルランド出身者以外の未熟練労働者もアイルランド出身者とそれほど違わない移動パターンを持っているように思われる。ミドルズバラで出生した子供の比率は四六%近くに上っている。ただし、子供の出生地は、イングランド各地に分散しており、どちらかと言えば、アイルランド出身者よりも移動の範囲は広く、頻度も高かったものと思われ

表 5-37　移入未熟練労働者世帯（アイルランド出身者以外）の子供の出生地（1861〜1871 年）

出生地		子供数	%	家族数	%
イングランド	ミドルズバラ	97	45.8	50	56.2
	サンダーランド	9	4.2	5	5.6
	カーライル	7	3.3	4	4.5
	ウィットビー	6	2.8	2	2.3
	その他	90	42.5	27	30.3
	ミドルズバラを除くイングランド計	(112)	(52.8)	(38)	(42.7)
ウェールズ		3	1.4	1	1.1
計		212	100.0	89	100.0

出所)「ミドルズバラ・センサス個票連結分析法（1861〜1871 年)」による。

表 5-38　アイルランド出身者とその他出身者（男子）の死亡を含む移出率（熟練・未熟練別，1851〜1861 年・1861〜1871 年)

[1851〜1861 年]

		1851 年における人口	移出人口[1]	移出率[1] (%)
アイルランド出身者	熟練労働者	11	10	90.9
	未熟練労働者	127	100	78.7
	計	138	110	79.7
アイルランド出身者を除く人口	熟練労働者	271	174	64.2
	未熟練労働者	230	150	65.2
	計	501	324	64.7

[1861〜1871 年]

		1861 年における人口	移出人口[1]	移出率[1] (%)
アイルランド出身者	熟練労働者	110	99	90.9
	未熟練労働者	752	605	80.5
	計	862	704	81.7
アイルランド出身者を除く人口	熟練労働者	1,063	779	73.3
	未熟練労働者	821	608	74.4
	計	1,884	1,387	73.6

注 1）両センサス間に死亡した人口を含む。
出所)「ミドルズバラ・センサス個票連結分析法（1851〜1861 年・1861〜1871 年)」による。

表 5-39　アイルランド出身者とその他出身者（男子）の職種別移出率（死亡を含む，1851〜1861 年）

職　種	1851 年における人口		移出人口[1]		移出率[1]（%）	
	アイルランド出身者	アイルランド出身者を除く人口	アイルランド出身者	アイルランド出身者を除く人口	アイルランド出身者	アイルランド出身者を除く人口
攪錬鉄工	4	22	4	15	100.0	68.2
高炉職工	0	3	0	3	—	100.0
機械工	1	97	1	60	100.0	61.9
鋳型工	3	100	3	63	100.0	63.0
圧延工	0	17	0	7	—	41.2
打鉄工	0	2	0	2	—	100.0
鋳造工	2	12	1	10	50.0	83.3
鍛鉄工	1	18	1	14	100.0	77.8
製鉄工業未熟練労働者	70	102	45	67	64.3	65.7
その他未熟練労働者	57	128	55	83	96.5	64.8
計	138	501	110	324	79.7	64.7

注 1）両センサス間に死亡した人口を含む。
出所）「ミドルズバラ・センサス個票連結分析法（1851〜1861 年）」による。

表 5-40　アイルランド出身者とその他出身者（男子）の職種別移出率（死亡を含む，1861〜1871 年）

職　種	1861 年における人口		移出人口[1]		移出率[1]（%）	
	アイルランド出身者	アイルランド出身者を除く人口	アイルランド出身者	アイルランド出身者を除く人口	アイルランド出身者	アイルランド出身者を除く人口
攪錬鉄工	66	332	60	283	90.9	85.2
高炉職工	16	78	16	60	100.0	76.9
機械工	6	274	6	192	100.0	70.1
鋳型工	3	259	2	151	66.7	58.3
圧延工	10	73	8	59	80.0	80.8
打鉄工	7	5	6	5	85.7	100.0
鋳造工	2	26	1	14	50.0	53.8
鍛鉄工	0	16	0	15	—	93.8
製鉄工業未熟練労働者	567	578	444	414	78.3	71.6
その他未熟練労働者	185	243	161	194	87.0	79.8
計	862	1,884	704	1,387	81.7	73.6

注 1）両センサス間に死亡した人口を含む。
出所）「ミドルズバラ・センサス個票連結分析法（1861〜1871 年）」による。

る。

アイルランド出身者とそれ以外の居住者との間に、死亡を含む移出率において有意な差はあるであろうか。この点を検討してみよう。表5-38は、一八五一〜一八六一年と一八六一〜一八七一年の両期間における移出率の相違を熟練・未熟練労働者別に見たものである。前期において、八〇%近くのアイルランド出身男子が死亡するか、ミドルズバラを離れ、後期においては八〇%以上のアイルランド出身男子が死亡するか、移出している。他方、アイルランド出身以外の人口の死亡および移出率は、一五ポイント以上低い。両期間を通じて、アイルランド出身者とそれ以外の居住者との間に見られる移出率の差は、特に熟練労働者について著しい。既にふれておいたように、アイルランド出身者以外の居住者については、熟練労働者と未熟練労働者との間に移出率の差はほとんどないが、アイルランド出身者に関しては、熟練労働者の移出率が未熟練労働者のそれを一〇ポイント以上上回っている。表5-39・表5-40は、職種別に、アイルランド出身者とそれ以外の人口の移出率を比較したものである。アイルランド出身の熟練労働者、例えば攪錬鉄工は両期間を通じて、九〇%以上が移出している。極め

表 5-41　アイルランド出身者・その他未熟練労働者（男子）の職業歴（1861〜1871 年）

［アイルランド出身定着未熟練労働者］

1861 年における職業	件数	1871 年における職業	件数	%
未熟練労働者	182	未熟練労働者	155	85.2
		攪錬鉄工	4	2.2
		鉄骨組立工	3	1.6
		打鉄工	2	1.1
		親方職工	2	1.1
		その他	16	8.5
計	182	計	182	100.0

［アイルランド出身者を除く定着未熟練労働者］

1861 年における職業	件数	1871 年における職業	件数	%
未熟練労働者	264	未熟練労働者	128	48.5
		攪錬鉄工	8	3.0
		鉄骨組立工	4	1.5
		鋳型工	4	1.5
		機械取付工	4	1.5
		機関工	4	1.5
		その他	112	42.4
計	264	計	264	100.0

出所）「ミドルズバラ・センサス個票連結分析法（1861〜1871 年）」による。

て興味深い移動性向である。

移住労働者の定着率を決定する要因として、家族関係のほかに、労働市場の流動性、上方への社会移動の可能性が考えられる。上方への職種間移動、あるいは内部労働市場の流動性が移住労働者の定着率を決定する要因として、重要な意味を持っているであろう。この点はどうであろうか。既に指摘しておいた通り、ミドルズバラの製鉄工業をはじめとする重化学工業の持続的な成長は、熟練、あるいは半熟練労働力の調達にかかっていた。この点に関して、未熟練労働者の上方への社会移動の可能性がどの程度のものであったのかを検証するために、アイルランド出身の男子未熟練労働者の職業歴を追ってみたのが表5-41である。一八六一年から一八七一年まで引き続きミドルズバラに居住したアイルランド出身者以外の住民については、一八六一年の職業が未熟練労働者であった者のうち、一〇年間に、半分以上は職業を変え、熟練労働者・その他、職歴上の上昇移動と思われる一〇〇以上の職種に従事している。これに対して、アイルランド出身者の八五%以上は一〇年後にも未熟練労働者のままであった。表に示した以外の職業に関しては、一〇年間に最も上昇した者として、三人の労働者を雇用する製靴業者がいるが、圧延工・秤量工（Weighman Iron Works）等の熟練労働者に上昇した者はほんの数人に過ぎない。一九世紀後半のミドルズバラに関する限り、アイルランド出身者の社会的な上昇の可能性は、極めて低く、職種間移動、あるいは内部労働市場における上方移動は、同一世代内では困難であった。たとえ職種間移動、内部労働市場における上方移動があったとしても、世代間に渡るものであったであろう。

3　一九世紀後半製鉄工業における労働市場の特質

最後に、熟練、半熟練、未熟練を問わず、一九世紀後半のミドルズバラ人口の大半を占めた移入労働力について、どのような経済的・社会的環境の下で、彼らが移動し、クリーヴランド工業地域の労働市場を形成したのか、この点について要約しておきたい。次章で詳しく分析するように、一八六〇年代に相次いで結成された製鉄工業における同業者団体である「クリーヴランド製鉄業者協会」、あるいは、「北部イングランド製鉄業者協会」の性格を一言で言えば、製鉄工業における使用者の利害を追求するために、労働者の罷業、労働力不足、賃金に関するクリーヴランド地域およびイギリス各地の製鉄工業地域の動向に関する情報を収集することを目的に結成された同業者団体としてのそれであった。

併せてこの団体は、銑鉄生産量、価格、在庫、市場の変動に関する情報を収集し、特定の問題に対する意思決定に関して、会員の同意に基づいて、共同歩調をとることを目的にしていた。この地域に一八六〇年代に結成された製鉄工業経営者の二つの同業者団体の目的と機能、活動の実態から判断する限り、次のようなことが言えそうである。すなわち、クリーヴランド製鉄工業地域、あるいはより広く北部イングランド製鉄工業地域は、事実上、統合された労働市場を構成していたと言えるのではないか。賃金に関する協定、構成会員各企業における労働者不足に対処する会員相互の支援体制に見られるように、賃金と雇用という労働市場を構成する重要な要因を各企業が共有し、そのことが流動的、かつ自由で移動障壁の少ない競争的な労働市場を形成していた(42)。次章で詳しく検討するように、一八六九年に成立した「北部イングランド仲裁・調停委員会」の「設立趣意書」には、北東部イングランド製鉄工業における労働市場の特質を示唆する次のような興味深い指摘がある。すなわち、製鉄工業労働者の出来高払い賃金は、北東部のすべての製鉄所で同率であり、景気変動によって増減される場合でも、賃率の変化はそれぞれの製鉄所でほぼ同時に行われる。北東部の製鉄労働者は、彼らが雇用されている産業の性格上、個々の労働者としてではなく、またそれぞれの使用者に雇用されている労働者の集団としてでもなく、一つの「階級」(a class)として扱われていた。労働組合による求職移動補助と製鉄業者の経営者団体による賃金と雇用における協定・統制と同調、労使調停委員会の存在は、一九世紀後半における製鉄工業の労働市場を均質性の高いものにしていたと言ってよいであろう。

一九世紀後半の製鉄工業をめぐる労働市場を分析する場合、次のような事実を念頭においておかなければならない。まず、一九世紀後半、とりわけ一八七三年以降の不況までのイギリス労働市場における流動性の高さである。少なくとも一九世紀の七〇年代初頭に至るまで、地域間の労働移動性向がそれ以前および以後の時期に比べて高かったという事実は、この時期の労働市場のあり方を考察する場合、重要である。鉄道敷設ブームの到来と鉄道網の整備はこうした傾向を促した。鉄道網の整備は移動コストを低減し、とりわけ熟練労働者の移動性向を高めたのである。同時に、一九世紀後半以降における労働組合の結成と組合による求職移動補助制度は、労働市場の流動性に大きな影響を与えた。

周知のように、イギリスにおいては、労働組合は企業別ではない。この時期に結成された労働組合の大部分は、雇用状況に関する迅速かつ正確な情報を収集し、雇用が不振な支部は所属する支部組合員の好況地域支部への求職移動を支援した。企業別組合制度の下では存在したであろう労働移動に対する障壁は、職種別組合では少なかったであろう。その意味では、分断されない、同質的な労働市場が存在していたとも言い得る。このことは、とりわけ、熟練・半熟練労働者について顕著であった。従って、ミドルズバラを中心統括都市とするクリーヴランド製鉄工業地域では、熟練労働力の調達費用は低く、敢えて言えば、「地域生産共同体」内部で育成・訓練する必然性はなかったのである。

この地域の労働者、特に熟練労働者の側も、先に指摘したように、一八六八年にそれまで存在していた各種熟練製鉄工業労働者の組合が、ジョン・ケインの下で大同団結を果たし、「全国合同可鍛鋳鉄工業労働組合」として、全国組織を結成している。企業別組合ではなく、職種別組合として、使用者団体と対峙し、組合による雇用確保のための求職移動支援の下で、組合員である熟練労働者は少なくとも制度的には自由に労働市場を選択することが可能であった。また、同年に成立した「北部イングランド仲裁・調停委員会」は、まさに賃金決定を、銑鉄および可鍛鋳鉄製品価格に基づくスライド制によって行うために結成された機構であり、統合された労働市場の存在を前提としていたのである。その意味でも、クリーヴランド製鉄工業地域にとって、一九世紀六〇年代の後半は大きな転換点であった。一八七三年恐慌までの一〇数年間にクリーヴランド製鉄工業地域が享受した未曾有の好景気と繁栄は、ほぼイギリスの製鉄工業地帯全域を含む、広い範囲の労働市場の成立および仲裁と調停による激しい労使紛争の回避にその多くを負っているのである。

例えば、クリーヴランド製鉄工業地域が、大規模なストライキとロック・アウトを経験し、深刻な労働争議に見舞われていた一八六六年七月一八日に、銑鉄生産者の同業者団体である「クリーヴランド製鉄業者協会」の事務局長であり、ホプキンズ・ギルクス製鉄所（Messrs. Hopkins, Gilkes and Co.）のジョン・ジョーンズは、南ウェールズ、マーサイア・ティッドフィルのダウレイス製鉄所幹部に書簡を送り、南ウェールズの高炉労働者、高炉主任、鉱石装入工、鉱滓工、鉱石運搬工、機関工、未熟練労働者の賃金表と賃金切り下げ公知の方法等を知らせるよう要請している。他方、同年一二月一〇日には、ミドルズバラのボルコウ・ヴォーン製鉄所の経営者エドワード・ウィリアムズが、ダウレイス製鉄所経営者ウィリアム・メネレイアス（William Menelaus）宛てに、可鍛鋳鉄製造業者の同業者団体である「北部イングランド製鉄業者協会」各社が鉄板製造工場で支払うことに同意した各種労働者の詳細な賃金表を送り、「日給制で賃金を支払っている当社のすべての補助労働者の賃金は、貴社の同種の労働者のそれよりも三〇%も高い。あるいは彼らはそれ以上の賃金を得ている」と明記している。そして、いつでも、知り得る限りの情報を提供する用意があるとも記している。(43)

互いに遠く離れた北東部イングランド製鉄工業地域と南ウェールズ製鉄工業地域の企業との間には、銑鉄、赤鉄鉱銑鉄(hematite pigs)、ベッセマー鋳鉄(Bessemer pigs)、鏡鉄(spiegeleisen)、鉄管・軸受け、ボルト・ナットなどの可鍛鋳鉄製品の引き合い・売買という取引関係、あるいは製品の品質分析情報の交換が確立していただけではない。(44) 一八七四年二月一六日付けボルコウ・ヴォーン製鉄所からダウレイス製鉄所ウィリアム・メネレイアス宛て書簡に見られるように、ダウレイス製鉄所から要請された親方攪錬鉄工のトン当たり賃率、下働き(underhands)との賃金分割率をはじめとする詳細な情報が提供されている。両社の間で、雇用関係に関する重要な情報のやり取りが日常的に行われていたのである。(45) 両地方の同業者団体、あるいは企業同士で交わされた職種別の詳細な賃金に関する情報交換から判断する限り、クリーヴランド製鉄工業地域内部における労働市場の形成にとどまらず、広域にわたる同質的な労働市場が存在していたと想定してもよいのではないであろうか。この時期はまたイギリス製鉄工業の全盛期であった。製鉄工業は、イギリス経済の主導部門として、地域内および地域間労働市場の統合化を確立しつつ、アメリカ・ヨーロッパ諸国からの技術と価格競争に直面しながら、それを凌いでヴィクトリア朝の繁栄の礎石を築いたのである。

一九世紀半ばの数十年間という極めて短い期間に、他に例を見ないほど急速に産業集積を実現し、製鉄工業を中心とする重化学工業地域として自律することに成功したクリーヴランド工業地域は、一九世紀イギリスにおける地域の定義とその持続性の条件を充分備える場所であった。そして、地域外へ向けて編成される輸出基盤産業の窓口として急成長を遂げたミドルズバラは、終始、地域の形成過程において、牽引車の役割を果たしたのであった。(46) 安価で潤沢な鉄鉱石と石炭（あるいは、コークス）、海外および国内沿岸地域という市場への接近の便、鉄道・港湾という良好な輸送施設にも恵まれていたこの地域が解決しなければならなかった最も大きな課題は、再三述べるように、労働力の確保であった。

少なくとも、熟練労働力に関する限り、その調達は他の工業地域に比べて容易ではなかったはずである。一八五〇年のエストン鉱山におけるクリーヴランド鉄鉱石の発見以来、鉄鉱石・銑鉄・錬鉄生産、完成鉄製品およびその他関連諸産業の発展という新たな事態の展開の中で強く需要されるに至った錬鉄生産に従事する攪錬鉄工、あるいは打鉄工、圧延工などの熟練労働者の内部調達は、特に困難であったと思われる。ほんの一世代前には、数戸の農家と農場から成る農村に過ぎなかったミドルズバラのような新興の工業都市に、熟練労働力を養成する制度・機関・伝統が充分に整っていたとは考えられない。多かれ少なかれ、熟練労働者の供給を他地域に仰がなければならなかったのである。ミドルズバラにおける人口移入率の高さは、こうした都市における熟練労働力の不足によってかなりの程度説明できるであろう。

他の大方の工業都市では、一八〇〇年以降、特に一八四〇年代の鉄道ブーム以前に、労働力の潤沢なプールが都市内部に形成されていた[47]。しかし、ミドルズバラは、一八三〇年にようやく呱々の声を挙げた新興の工業都市であり、利用すべき潜在的な労働力は少なかったと言わざるを得ない。ここでは、労働力供給は非弾力的であった。移入労働力への大幅な依存は、その意味で当然の成り行きであった。他方、未熟練労働力に関して言えば、その調達は、それほど困難ではなかったと思われる。製鉄工業の労働市場は裾野が広く[48]、多数の未熟練労働者を抱えていたが、その多くは近隣農村、あるいは都市に発生した余剰人口であったと思われる。また、都市建設時代に、ミドルズバラは、鉄道・輸送都市に必要な運搬・荷役のような単純労働に従事する労働者をアイルランドから多数受け入れている。アイルランド人労働力の供給ルートは既に出来上がっていたとみてよいであろう。

恐らく、この時代のミドルズバラには、アイルランド人および近隣から供給される移住者によって構成される未熟練労働市場と、必ずしも距離とは関わりなく移動する熟練労働者、あるいは、攪錬鉄工に代表されるような地域外から供給される熟練労働者[49]によって構成される熟練労働市場との複合的な労働市場が存在していたであろう。熟練労働者の供給に関して言えば、一九世紀後半の鉄道網の整備が、労働移動の範囲を広げたという事実も無視することはできない。特に、形成期の労働組合が求職補助として、鉄道運賃と宿泊費を組合基金から支弁したことも、遠距離の労働移動、地域を越えた熟練労働者の移動を可能にしたのである。また、技術習得という点においても、労働組合の果たした役割は少なくなかった。[50]製鉄工業、機械工業における早期の労働組合結成と旺盛な活動もミドルズバラの労働市場の形成に有利に働いたであろう。こうした文脈で考えれば、一八五〇年代以降にクリーヴランドの中心都市ミドルズバラとその周辺に確立した産業集積（鉄鉱石採掘・製鉄・機械・造船・石炭輸送・化学・完成鉄製品生産等）と重化学工業地域としての存続の鍵を握っていたのは、熟練労働力の調達の成否であったと言えるのではないであろうか。

III——地域工業化と社会

第6章　北東部イングランド製鉄工業における労使関係の展開

1　可鍛鋳鉄工業労働組合と製鉄工業使用者団体の成立

一八六九年三月二二日に結成されたクリーヴランド地域の主要製鉄企業を網羅する労使調停委員会、「北部イングランド仲裁・調停委員会」は、一八六五年から一八六六年にかけて、クリーヴランド製鉄工業が経験した深刻な労使紛争のあと、銑鉄を可鍛鋳鉄製品に加工する攪錬鉄工および圧延工などの熟練労働者と製鉄工業経営者の双方の利害を調整する目的で結成されたものである。

この労使調停委員会の成立以降、スライディング・スケール制に基づく賃金裁定制度の導入によって、労使関係は安定し、一九世紀八〇年代後半に至るまで、途中、一八七三年以降の不況をともかくも乗り切り、クリーヴランド製鉄工業は繁栄を続けた。「北部イングランド」という名称にもかかわらず、この委員会が紛争処理に関わったのは北東部イングランド製鉄工業地域の製鉄工業であり、同じく北部イングランドのカンバーランドやランカシャーは対象とされなかった。北西部、あるいはその他の地域の製鉄工業企業は、「北部イングランド仲裁・調停委員会」の決定に従ったのである。(1)

本章では、イギリス労働史上一つの画期を成すこの試みを、国家介入以前の段階[2]における、地域の労使紛争をめぐる危機回避への模索という文脈で捉え、ストライキ、ロック・アウトというあからさまな労使の利害の対立、衝突以外の方法で問題解決を図ろうとした事例として、クリーヴランド製鉄工業を舞台に展開した「北部イングランド仲裁・調停委員会」の動向を詳しく分析する。一九世紀の最末期、一八九六年に成立した「調停法」(Conciliation Act) は、国家が労使関係に介入する最初の試みであった[3]。この法は、強制力を伴わず、証人喚問を強制することもできなかったが、当事者のいずれかの要請に基づいて、商務省 (Board of Trade) に労使紛争を調査し、調停者 (conciliator) を指名する権利を与えた。また、紛争当事者双方の要請に基づいて、仲裁者 (arbitrator) を任命する権利をも与えている[4]。しかし、労使関係における個別的な紛争という私的領域に国家が介入する以前に、幾つかの産業では、労使紛争を予防し、あるいは緩和する制度が既に確立していた。オドバー (A. J. Odber) によれば、製靴業におけるこうした調停機構のほかに、労使紛争解決手段として、国家介入、すなわち一八九六年「調停法」による解決をほとんど必要としなかった重要な産業は、鉄鋼業であった[5]。産業内部で労使紛争を解決する方法は、労使合同会議、スライド制賃金決定委員会、そして特に製鉄業界では、より形式の整った調停・仲裁委員会によるものが既に存在していたのである[6]。

ヒックス (J. R. Hicks) は、今日に至るまでのイギリスにおける労使関係 (industrial relations) の歴史的発展を回顧しつつ、上に述べた私的領域における紛争処理から国家による解決への過程を、別の視角から考察し、次のように述べている[7]。すなわち、かつて一九世紀においては労使関係をめぐる主要な問題は、地域的な、そしてしばしば激しい形をとる争議であったが、今やそれは変化し、産業全体を巻き込む大規模な操業停止と全国的な争議をめぐるものになってきている。こうした変化は近代イギリス経済史の最も重要な出来事の一つである。その変化は、大略、以下の三つの過程を経ている。すなわち、第一は地域的な交渉の段階であり、一九世紀が進むにつれて、次第に形式が整備されていく。次いで、一九世紀末期に全国的な使用者団体が形成され、それが一般的な交渉機構の初期の形態となり、主として地域からの控訴裁判所（court of appeal）として機能するようになる。[8]そして、最後に中央機構が地域の権能を取り上げ、次第にすべての重要事項の決定を行うようになる。

労使の紛争を争議という形の最後通牒から、討論・交渉によって解決するために、委員会（board）を設置して自発的な調停と仲裁に委ねるという形に変える動きは、絹織物工業・木製造船業では既に一八五〇年頃から始まっていた。しかし、本格的な調停は一八六〇年以降に始まる。マンデラ（A. J. Mundella）やルパート・ケトル（Rupert Kettle）の尽力で、景気変動に左右されやすく、賃金コストの高い職種を中心に、メリヤス編み製造工業労働者、石工、大工、煉瓦積工、建築労働者、製陶工をはじめとする労働者の賃金決定をめぐる紛争の解決手段となっていったのである。労使攻防の中心は、明文化された労働協約（working rules）、賃率表の締結であった。しかし、一九世紀の段階では調停と仲裁による労使問題の解決はあくまでも局地的な水準に留まっていた。

調停委員会の設置による労使問題解決の歴史において、重要な画期となったのが一八六九年の製鉄工業におけるそれである。基幹産業における最初の委員会設置という点で重要であるだけではなく、賃金交渉の方法の発展に著しく寄与したという点で鉄鋼業における調停委員会の設置は注目すべきものであった。製鉄工業は、景気変動の影響を最も強く受ける重工業であり、一八六四〜一八六六年の不況は北部イングランド製鉄工業地域にとって、極めて深刻な事態であった。ミドルズバラを中心とする北東部イングランド製鉄工業地域では、一八六六年に賃金切り下げ要求に反対するストライキが発生し、この争議の失敗によって組合の力は大幅に削がれた。一八六六年から一八六八年に至るまで不況は更に悪化し、賃金低下は続いた。労使関係の悪化と労働者の使用者に対する敵意は、早晩、調停による問題解決を図るマンデラのような人物の登場を必要としていたのである。

北東部イングランドにおいて一八六六年七月に始まった製鉄工業熟練労働者を中心とする大規模な争議の背景を

表6-1　北東部イングランド可鍛鋳鉄製品の価格（トン当たり，1863〜1869年）

年	レール	鉄　板	棒　鉄	山形鉄	計
1863	£ 6　4s. 10¾d.	£ 9　8s.　8d.	£ 6 12s. 10½d.	£ 7　2s.　0d.	£ 7 14s. 10d.
1864	7　4　10¾	9　6　9	7 18　10½	8　9　1	8 11　7
1865	7　2　6½	8 16　2	7 13　2	7 10　0¾	7 15　8
1866	7　0　3	8　2　2	7　7　2	7　1　5	7　5 11
1867	6　5　11½	7　9　5	6 14　10	6 13　2¾	6 11　10
1868	5 17　8	7　3　5	6　7　3	6　7　1	6　5　5
1869	6　1　2¾	7　3　7	6　5　4	6　5　1	6 11　3

出所）Board of Arbitration and Conciliation for North of England Manufactured Iron Trade, Mr. Waterhouse's Returns, Modern Records Centre, University of Warwick, MSS. 365/BAC, Vol. 1, pp. 1-11より作成。

一九世紀後半におけるイギリス鉄鋼労働史の潮流の中で考えてみると、大略以下のように要約することができる。一つは、国内における製鉄工業地域間競争の激化、国際市場の低迷による可鍛鋳鉄製品価格の低下である。この時期には南北戦争によるアメリカのレール市場の低迷、ロンドンの手形割引業者、オヴァレンド・ガーニィ商会の支払い停止による信用不安、銀行制度の崩壊によるイギリス国内の投資の減少、ヨーロッパ大陸における戦争の懸念等が重なり、ほぼすべての銑鉄および可鍛鋳鉄製品の価格は低下している。[9] 一八六四年に八・九％であったクリーヴランド産銑鉄の在庫比率も一八六六年には、ほぼ二倍（一五・九％）近くに上昇し、一八六九年に漸く七・九％、一八七二年に三・六％に低下している。[10] 表6-1は、一九世紀六〇年代における北東部イングランドのトン当たりレール・鉄板・棒鉄・山形鉄価格を示したものである。いずれの製品も一九世紀六〇年代の後半にトン当たり平均価格の低下を余儀なくされている。これら四種類の加工鉄製品の平均価格も一八六四年の八ポンド一一シリング七ペンスから、一八六五年の七ポンド一五シリング八ペンス、一八六六年の七ポンド五シリング一一ペンスに連続して低下している。特に、一八六七年以降の価格下落は著しく、鉄板を除いて、トン当たり六ポンド台に低下し、回復の兆しを見せていない。[11]

一八六五年の景気は、ボルコウ・ヴォーン製鉄所を例に取ると、一八週間も続いた大争議、銀行利子率の一〇％への急上昇、ヨーロッパ大陸における戦争にもかかわらず、利益は一三四、九一四ポンドに上り、一〇%の配当を保証するほどであった。資本金も三五〇万ポンドに増加した。[12] しかし、続く二年の間に状況は急変し、ロック・アウトと大規模な争議が発生した。労使対立の遠因は、一八六四年にボルコウ・ヴォーン製鉄所において発生した労働者の事故死の処理の仕方をめぐる労使の不信の増幅とストライキであった。事故死した労働者の工場構内からの死体搬送をめぐって職長と労働者が対立し、五、〇〇〇人にも上る労働者の抗議集会を経て、一、九四〇名がストライキに参加した。市長であり、治安判事団の長であった製鉄業者のエドガー・ギルクス（Edgar Gilkes）が、ヨーク部隊の動員を要請したほど争議は激しいものであった。[13]

一八六六年大争議の直接の原因は、前年一八六五年の製鉄工業の不況に対する「クリーヴランド製鉄業者協会」による賃金切り下げの要求を労働者が拒絶したことに端を発したロック・アウトである。[14] 北東部イングランド製鉄工業労働者の実質的な指導者であった圧延工のジョン・ケインは、一八六五年二月二七日に南部スタッフォードシャーのブリアリー・ヒル（Brierley Hill）で開かれた製鉄工業労働者の会議において、攪錬鉄工が主張するストライキによる正面衝突よりも職場復帰という穏健策を主張した。他方、使用者側の代表格であったヘンリー・ボルコウは、労使の協議会開設を提案した。ケインは、ブリアリー・ヒルにおける会議は北部の代表を締め出して行われたと主張した。こうして、クリーヴランド製鉄工業地域では、穏健策は失敗し、製鉄業者はロック・アウトに入った。[15] ロック・アウトされた労働者は、ボルコウ・ヴォーン製鉄所では一、五二〇名に上った。[16] しかし、この大規模なロック・アウトは、一八六五年後半から一八六六年の前半までの景気回復によってとりあえずは終焉した。

一八六六年の前半、大規模な争議の発生直前にこの地域で展開した「九時間労働運動」（Nine Hours Movement）の影響下に、攪錬鉄工、圧延工などの製鉄工業熟練労働者はストライキの結果、一五%の賃金上昇を実現していた。未熟練の高炉労働者もまたストライキを実施し、同程度の賃金上昇を獲得している。[17] この結果、表6-2・表

刊行案内

＊2008.9〜2009.2＊

名古屋大学出版会

カルデロン演劇集　佐竹謙一訳
ニッポン・モダン　ミツヨ・ワダ・マルシアーノ著
ダイチン・グルンとその時代　承　志著
アレクサンドロス変相　山中由里子著
インドネシア　展開するイスラーム　小林寧子著
動物からの倫理学入門　伊勢田哲治著
日米企業のグローバル競争戦略　塩見／橘川編
近代日本の陶磁器業　宮地英敏著
製鉄工業都市の誕生　安元　稔著
新版　あなたが歴史と出会うとき　堺　憲一著
イギリス帝国からヨーロッパ統合へ　小川浩之著
原典　ヨーロッパ統合史　遠藤　乾編
国家学の再建　牧野雅彦著
新版　細胞診断学入門　社本監修　越川／横井編
最新のカルベン化学　富岡秀雄著

■お求めの小会の出版物が書店にない場合でも、その書店に御注文くださればお手に入ります。
■小会に直接御注文の場合は、左記へお電話でお問い合わせ下さい。宅配もできます（代引、送料２００円）。
■表示価格は税別です。小会の刊行物は、http://www.unp.or.jp でも御案内しております。

◇第25回東洋音楽学会田邉尚雄賞受賞　瞽女と瞽女唄の研究（G・グローマー著）３３０００円
◇第30回サントリー学芸賞受賞　藤田嗣治　作品をひらく（林　洋子著）５２００円
◇第45回日本翻訳文化賞受賞　モムゼン　ローマの歴史　全四巻（長谷川博隆訳）I〜III：６０００円　IV：７０００円
◇第30回角川源義賞受賞　徳川後期の学問と政治（眞壁　仁著）６６００円
◇第6回徳川賞受賞　徳川後期の学問と政治（眞壁　仁著）６６００円

〒464-0814　名古屋市千種区不老町一　名大内　電話〇五二（七八一）五三五三／ＦＡＸ〇五二（七八一）〇六九七／E-mail: info@unp.nagoya-u.ac.jp

カルデロン演劇集

ペドロ・カルデロン・デ・ラ・バルカ著　佐竹謙一訳

A5判・516頁・6600円

シェイクスピアにも比される、スペイン黄金世紀を代表する劇作家カルデロン——色彩渦巻く豊饒な世界は、バロック演劇の精華と言えよう。哲学劇『人生は夢』をはじめ、宗教劇・歴史劇・喜劇・名誉の悲劇等、人生の深淵をのぞかせる傑作を集めた初の本格的選集。

978-4-8158-0597-5

ニッポン・モダン

—日本映画 1920・30年代—

ミツヨ・ワダ・マルシアーノ著

A5判・280頁・4600円

大衆文化のつくり上げた近代——。日本の近代という比類ない「国民的」経験に、映画はどのように関わったのか。東京の都市空間、小市民映画ジャンル、近代スポーツ、女性映画、松竹蒲田調スタイルを焦点に、日本映画の最も魅力的な時代を重層的にとらえ、戦前の文化への視角転換を迫る。

978-4-8158-0604-0

ダイチン・グルンとその時代

—帝国の形成と八旗社会—

承　志著

A5判・660頁・9500円

中国史で清朝とよばれるダイチン・グルンは、マンジュ（満洲）人のつくった国家であった。本書は、ナショナリズムに彩られた漢文中心の歴史叙述を脱し、ポスト・モンゴルのユーラシア史の文脈で、膨大な満洲語史料や地図を読み解き、この時代と社会の新たな実像を多角的に描きだす。

978-4-8158-0608-8

アレクサンドロス変相

—古代から中世イスラームへ—

山中由里子著

A5判・588頁・8400円

大王が征服した広大な地域に流布した伝承を、宗教・政治・歴史の分野にわたって、アラブ・ペルシアの多様なテクストにたどり、語り手たちが求めた「真実」に迫る。アレクサンドロスが内包する本質と、古代世界の遺産を再解釈していくムスリムの精神史をみごとに浮かび上がらせた力作。

978-4-8158-0609-5

インドネシア　展開するイスラーム

小林寧子著

A5判・482頁・6600円

世界最大のムスリム人口を抱えるインドネシア。外来の宗教が地域に根づき、時代と社会の要請に応えて発展しつづける姿を、植民地時代から民主化後の現在まで、イスラーム法の浸透と解釈による現地化を軸に、ムスリム指導者の知的営為や政治との関係にも光をあてて動態的に描き出す。

78-4-8158-0596-8

6-3・表6-4に示すように、クリーヴランド地域における賃金水準は、ベルギー、ウェールズはもとよりイングランドの他の製鉄工業中心地のそれをかなり上回るものとなっていた[18]。

しかしながら、基本的に出来高払い賃金で働き、時間給に基づかない賃金体系の下で労働する製鉄工業熟練労働者にとって、「九時間労働運動」への参加と支援は困難であった。従って、この地域の労使関係において、この運動の直接的な影響は少なかったと言えるであろう。一八六五年のロック・アウト終了後、一八六六年前半における労働者の賃金引き上げの成功をきっかけにして、労働者が賃金引き上げを再度要求し始め、攻勢に転じた動きに対して、クリーヴランド地域の製鉄業者は、製品価格を据え置いたまま、攪錬鉄工の賃金をトン当たり一シリング、圧延工の賃金を二五~七五％引き下げることを公表した。製鉄工業労働者はこれを拒否し、ストライキに突入した。特に高炉労働者の反発は強かった。例えば、ボルコウ・ヴォーン製鉄所は、一八六六年七月一四日に一〇％の賃金切り下げを通告し[19]、争議は一一月まで継続した。争議に参加したのは、二つの職種の組合の組合員とそれを遙かに上回る数の非組合員であった。組合の一つは高炉部門労働者のそれであり、この部門からは約二、七〇〇名が参加した。他の組合は、銑鉄をレール・鉄板・棒鉄・山形鉄に加工する部門（iron manufacture）の組合であった。この部門からは約一二、〇〇〇名が参加している。

この時期には、既に簡単にふれておいたようにイングランド各地の製鉄工業中心地において、熟練労働者は以下の三つの組合を組織していた。一八六二年に結成された北部イングランド製鉄工業地域を基盤とする「全国攪錬鉄工・打鉄工・圧延工等労働組合」（National Association of Puddlers, Shinglers, Rollers, Millmen and Others）、南部スタッフォードシャーと東部ウスターシャー（East Worcestershire）を基盤とし、一八六三年に結成された「全英製鉄工業労働者合同組合」（The Associated Iron Workers of Great Britain）、更にこの組合から同年に分離独立した「ウェスト・ブロムウィッチ圧延工労働組合」（The West Bromwich Millmen's Association）である[20]。加工部門に従事する熟

表 6-2　クリーヴランド地域の溶鉱炉停止製鉄所における高炉労働者賃金（1866 年）

製鉄所名		職　種	賃金 s.	d.	～	s.	d.
ボルコウ・ヴォーン製鉄所 (Bolckow & Vaughan [Eston])		高炉責任者（keepers）	6	0		6	9
		鉱石装入工（chargers）	5	3		5	6
		鉱滓処理工（slaggers）	3	9		4	0
		鉱石充塡工（minefillers）	3	9			
		コークス充塡工 (cokefillers)	3	3			
		雑役労働者（labourers）	2	6		2	9
サウス・バンク，メイジャー・エルウォン製鉄所 (South Bank, Major Elwon & Co.)	旧高炉	高炉責任者	4	9		5	3
	旧高炉	鉱石装入工	4	3		4	5
	旧高炉	鉱滓処理工	3	6			
	新高炉	高炉責任者	7	0		7	6
	新高炉	鉱石装入工	5	6		6	0
	新高炉	鉱滓処理工	4	0		4	9
	新高炉	鉱石充塡工	4	6			
	新高炉	コークス充塡工	3	6		3	9
	新高炉	予備部品保管工 (spare keepers)	3	5			
	新高炉	雑役労働者	3	2			
クレイ・レイン製鉄所（Clay Lane Works）		高炉責任者	7	0		7	8
		鉱石装入工	6	2		6	9
		鉱滓処理工	4	6		4	9
		鉱石充塡工	4	6			
		コークス充塡工	3	11			
		予備部品保管工	3	3			
		雑役労働者	3	0			
ジョーンズ・ダニング製鉄所 (Jones, Dunning & Co.)		高炉責任者	7	0		7	6
		鉱石装入工	5	6		6	0
		鉱滓処理工	4	6		4	9
		鉱石充塡工	4	4			
		コークス充塡工	3	8			
		雑役労働者	3	1		3	2
コクラン製鉄所（Cochrane & Co.）		高炉責任者	5	5		6	0
		鉱石装入工	5	6		6	0
		鉱滓処理工	4	0		5	0
		鉱石充塡工	4	4			
		コークス・石灰石充塡工 (coke & lime fillers)	4	2		4	6
		予備部品保管工	3	5			
		雑役労働者	3	3			
ギルクス・ウィルソン・ピーズ製鉄所 (Gilkes, Wilson, Pease & Co.)	旧工場	高炉責任者	7	2			
	旧工場	鉱石装入工	4	8 1/4		6	9
	旧工場	鉱滓処理工	4	1 1/4			

ギルクス・ウィルソン・ピーズ製鉄所	旧工場	鉱石充塡工	4	4		
		コークス充塡工	4	2		
		予備部品保管工	3	5		
		雑役労働者	2	8	3	1
	新工場	高炉責任者	7	9	8	9
		鉱石装入工	6	3	7	0
		鉱滓処理工	5	0	5	6
		鉱石充塡工	4	2		
		コークス充塡工	4	4		
		予備部品保管工	3	5		
		雑役労働者	2	8	3	1
ホプキンズ・ギルクス製鉄所 (Hopkins, Gilkes & Co.)		高炉責任者	7	4	7	9
		鉱石装入工	5	10	6	0
		鉱滓処理工	4	0	4	6
		鉱石充塡工	4	4		
		コークス・石灰石充塡工	4	4		
		予備部品保管工	3	6		
		雑役労働者	3	2		
ロイド製鉄所（Lloyd & Co.）		高炉責任者	7	6	8	0
		鉱石装入工	6	6	7	0
		鉱滓処理工	4	6	5	0
		鉱石充塡工	4	4		
		コークス・石灰石充塡工	4	4		
		予備部品保管工	3	6		
		雑役労働者	3	0	3	2
ウィットウェル製鉄所（Whitwell & Co.）		高炉責任者	6	6	7	0
		鉱石装入工	5	8	6	4
		鉱滓処理工	4	6	5	0
		鉱石充塡工	4	2		
		コークス充塡工	3	6		
		予備部品保管工	3	0		
		雑役労働者	3	0		

出所）*Middlesbrough News and Cleveland Advertiser*, 17th August, 1866 より作成。

表 6-3　クリーヴランド・スタッフォードシャー・ウェールズにおける高炉労働者賃金（1866 年）

［高炉労働者日給］

高炉労働者	クリーヴランド	スタッフォードシャー	ウェールズ
高炉責任者	8s. 4d.～9s. 8d.	5s. 4d.～6s. 9d.	5s. 4d.
鉱石装入工	6s. 7d.～7s. 6d.	4s. 5d.～5s. 10d.	4s. 5d.
鉱滓処理工	4s. 9d.～6s. 3d.	4s. 0d.～4s. 9d.	3s. 2d.
雑役労働者	3s. 0d.～5s. 0d.	2s. 8d.～2s. 10d.	1s. 8d.

［ウェールズを基準とした高炉労働者日給指数］

高炉労働者	クリーヴランド	スタッフォードシャー	ウェールズ
高炉責任者	156～181	100～127	100
鉱石装入工	149～170	100～132	100
鉱滓処理工	150～197	126～150	100
雑役労働者	180～300	160～170	100

出所）*Middlesbrough News and Cleveland Advertiser*, 3rd August, 1866 より作成。

表 6-4　北部イングランド・イングランド平均・ベルギーにおける可鍛鋳鉄工業労働者賃金（1866 年）

［鍛鉄労働者日給］

鍛造労働者	北部イングランド	イングランド平均	ベルギー
攪錬鉄工	10s. 3d.	7s. 6d.～ 7s. 10d.	4s. 2d.～5s. 0d.
攪錬鉄工下働き	7s. 2d.	2s. 6d.～ 2s. 11d.	2s. 3d.～3s. 1d.
打鉄工	19s. 4d.～35s. 2d.	9s. 0d.～15s. 0d.	
圧延工	20s. 8d.～27s. 7d.	9s. 0d.～15s. 0d.	4s. 2d.～5s. 10d.
剪断工（shearers）	28s. 0d.～31s. 0d.		1s. 10d.～2s. 6d.
雑役労働者		2s. 8d.～ 3s. 4d.	1s. 5d.～2s. 1d.

出所）*The Times*, Tuesday September 25th, 1866 ; Thursday 27th, 1866 より作成。

練労働者のうち、争議に参加したのは僅か三年前に結成され、ゲイツヘッド（Gateshead）に本拠を置く「全国攪錬鉄工・打鉄工・圧延工等労働組合」の組合員、三、〇〇〇名であった。彼ら組合員は、この部門からの参加者総数の二五％にしか過ぎなかった。残る約九、〇〇〇名は、攪錬鉄工の「下働き」（助手労働者、underhands）と未組織の未熟練労働者であった。(21) ストライキはほぼ六カ月継続したが、未曾有の大争議も一八六六年の末には収束しつつあった。争議開始から間もなく、まず高炉部門の労働者が使用者側の要求を吞んで、職場復帰し始めた。少なくとも二つの製鉄所において、争議開始一カ月後には高炉は稼動を開始していた。これらの製鉄所では、労働者は二カ月間は日給制で賃金を受け取ることに同意し、それを過ぎると出来高払い（tonnage）制に戻ることに同意している。[22]例えば、ホプキンズ製鉄所（Messrs. Hopkins and Co.）の労働者は、一八六六年一一月二二日の夜、使用者側の条件を呑んで、職場復帰を決定したとされている。[23]ボルコウ・ヴォーン製鉄所でも、一一月二七日にストライキに参加していた労働者がすべて職場に復帰している。[24]

多くの製鉄所では、熟練労働者も使用者の条件を呑んで、一二月には職場復帰を望むようになっていた。彼らが呑まざるを得なかった賃金低下は、当初の提示額を大幅に上回り、平均二〇％であった。高賃金を獲得する熟練工が高炉部門の労働者よりも長期にわたってストライキを続行したのは、組合指導者であるジョン・ケインによれば、次のような理由からであった。攪錬鉄工は、もっと早くストライキを中止し、争議の早期の解決を望んでいたが、製鉄加工労働者（mill men）を守るためにストライキを継続したからである。加工部門の労働者の賃金切り下げは、当初公表された一〇％どころではなく、場合によっては、六〇％にも及ぶことが予想された。例えば、打鉄工の出来高払い賃金は、争議前にはトン当たり二シリング四ペンスから二シリング二ペンスであったが、一シリングから一シリング三ペンスに引き下げられる可能性があった。攪錬鉄工も圧延部門の労働者もともに同じ組合に所属していたため、攪錬鉄工は加工部門の労働者なしに働くことはできなかったのである。[25]この間、表6-5・表6-6に示すように、この地域の高炉の大部分は一カ月にわたって稼働を中止し、ほぼすべての鍛鉄工場と約一、四〇〇の攪錬鉄炉は五カ月にわたって、稼働を中止せざるを得なかった。[26]製鉄業者にとって、資本費用は高く、平均雇用者数は一八六九年の時点で、四三〇人であったから、ストライキ、あるいはロック・アウトは極めて高価につく企てであった。[27]

長期間に及ぶ争議によって決定的な打撃をこうむったのは、労働者の側であった。表6-7に示すように、高炉

表 6-5　クリーヴランドにおける稼動停止高炉数（1866 年）

企業名	稼動停止高炉数
ボルコウ・ヴォーン製鉄所（Messrs. Bolckow & Vaughan）	13
サウス・バンク製鉄所（South Bank Iron Co.）	6
クレイ・レイン製鉄所（Claylane Iron Co.）	7
ジョーンズ・ダニング製鉄所（Messrs. Jones, Dunning & Co.）	3
コクラン製鉄所（Cochrane & Co.）	4
ギルクス・ウィルソン・ピーズ製鉄所（Gilkes, Wilson, Pease & Co.）	4
ホプキンズ製鉄所（Hopkins & Co.）	2
ロイド製鉄所（Lloyd & Co.）	4
W. ウィットウェル製鉄所（W. Whitwell & Co.）	3
コンセット製鉄所（Consett Iron Co.）	6
計	52（76.5%）

注記）ベル兄弟製鉄所（Messrs. Bell Brothers）の労働者は，切り下げ賃金で働いている。その他の稼動高炉は，日給制で労働し，出来高払い賃金では労働していない。
出所）*Middlesbrough News and Cleveland Advertiser*, 3rd August, 1866 より作成。

表 6-6　クリーヴランドにおける稼動高炉数（1866 年）

企業名	稼動高炉数
ベル兄弟製鉄所（Messrs. Bell Brothers）	6
スワン・コーツ製鉄所（Swan, Coates & Co.）	2
サミュエルソン製鉄所（Samuelson & Co.）	3
フェリー・ヒル製鉄所（Ferry Hill Co.）	5
計	16（23.5%）

注記）ベル兄弟製鉄所（Messrs. Bell Brothers）の労働者は，切り下げ賃金で働いている。その他の稼動高炉は，日給制で労働し，出来高払い賃金では労働していない。
出所）*Middlesbrough News and Cleveland Advertiser*, 3rd August, 1866 より作成。

表 6-7　クリーヴランド製鉄工業争議前後の賃金，リンソープ製鉄所高炉労働者（1866 年）

	争議前	争議後
高炉責任者	7s. 6d. 〜 8s. 0d.	7s. 0d.
鉱石装入工	6s. 6d. 〜 7s. 0d.	5s. 0d.
鉱滓処理工	4s. 6d. 〜 5s. 0d.	4s. 2d.
鉱石充塡工	4s. 4d.	4s. 0d.
コークス充塡工	4s. 4d.	4s. 0d.
雑役労働者	3s. 0d. 〜 3s. 2d.	3s. 0d.

出所）J. Cockcroft, *op. cit*., p. 6 より作成。

部門の労働者は、全体として、一二％の賃金低下を余儀なくされたのである。[28] 結成以来日まだ浅い組合は、この争議の失敗で壊滅的な状態に陥った。しかし、長期間にわたるストライキによって、最も大きな打撃を受けた労働者は組合員ではない。争議に参加した非組合員は、職場復帰を望んでいたが、組合員である熟練労働者を欠いては、為すすべがなかったのである。使用者は、労働者の賃金切り下げ了承と職場復帰を阻害しているのは、組合の方針であると主張した。ある製鉄業者は、賃金切り下げ受諾と職場復帰に関して、労働者に対する投票の実施を要請しさえしている。

間接雇用制度の下で、使用者と雇用関係を結んでいる熟練労働者から、更にその半分の賃金しか受け取ることができなかった下働き、あるいはもともと低賃金に甘んじていた未熟練労働者にとっては、例えば、一〇％の賃金切り下げでも重くのしかかったのである。組合の支援を期待できなかった未熟練労働者は、次回の賃金支払日までの食料を支給してもらうことを条件に使用者側の要求を全面的に呑んで、職場復帰し、高炉の稼動準備を始めた。[29] 組合員にしても、争議が長引くにつれて、組合から週に数シリングしか支給されなくなっていた。最終的には組合資金は枯渇し、平均して組合員に支給された額は、週二シリング六ペンスか、三シリングであった。[30] 賃金切り下げと高炉の休止による雇用の喪失があり、争議中に新たな労働者との入れ替えが進んだ。既に不況に入っていたクリーヴランドの製鉄工業は、この大争議による操業停止によって、一層の落ち込みを経験し、ウェールズ、その他の製鉄工業地域に新規の注文を奪われたのである。

クリーヴランド地域を中心とする一八六六年争議の一般的な帰結について、地方紙は次のように報道している。「大争議による操業停止の被害は、高炉部分だけで、週一五、〇〇〇トンの銑鉄、すなわち三七、〇〇〇ポンドに上る。更に可鍛鋳鉄製品製造部門（mills and forges）における工場と攪錬鉄炉の停止によって、少なくとも、完成鉄製品生産量一〇、〇〇〇トン、トン当たり価格七ポンドとして、週七〇、〇〇〇ポンドが失われた。従って、この地域の高炉部分と可鍛鋳鉄部門双方の損失は合計一〇万ポンドに上る。この大争議による操業停止によって、ほとんどがアイルランド出身者から成る労働者は、今週ミドルズバラを去り、故郷に旅立つべく、モアコム・ベイ（More-combe Bay）とリヴァプールへ向かった。水曜日の朝には、三〇〇～四〇〇名が始発の汽車でミドルズバラとエストンを去った。この大量退去により、特にノース・アクラム（North Acklam）とニューポート（Newport）地域では、大量の労働者住宅（cottages）が空き家になった」、「この争議と操業停止の結果は、製鉄工業にとどまらず、鉄道にも大きな影響を与えている。「北東鉄道会社」は、週に三、〇〇〇～四、〇〇〇ポンドの運賃収入の損失に見舞われている[31]」。

2 「北部イングランド可鍛鋳鉄製品製造業労使仲裁・調停委員会」の成立と賃金仲裁裁定制度

一九世紀の六〇年代を通じて低迷していた鉄製品の価格も、一八六九年には漸く下げ止まり、上昇に転じた。一八七〇年の可鍛鋳鉄製品の平均価格は、前年のトン当たり六ポンド一一シリング三ペンスから七ポンド一シリング九ペンスに上昇している[32]。もし、かつて経験したような大規模なストライキを今後未然に防ぐことが可能ならば、製鉄工業は長い不況から脱却することが可能に見えた。しかし、その前提は、労働者も参加し、調停によって賃金裁定を行うことができる機構、すなわち、労使の代表から構成される「地域常任委員会」（Local Standing Committee）が成立することであった[33]。

形式はともかく、労使の直接的な対立を回避し、賃金や労働条件を話し合いで解決する機構を北東部イングランド製鉄業界に導入する過程で、終始、指導的な役割を演じたのは、北東部イングランドの有力な製鉄所の一つ、コンセット製鉄所（Consett Iron Company）を経営するデイヴッド・デイル（David Dale）であった。デイルは、この機構の実質的な創立者であり、初代の理事長（president）に推されている。彼は、一八五八年にダーウェント製鉄会社（Derwent Iron Company）のコンセット製鉄所に最初に関わり、一八六四年に経営者となったクウェーカー教徒であり、この機構成立に際して、労使双方に強い影響力を行使している。[34] 一八六九年には「北東鉄道会社」を代表してミドルズバラ市内に機関車格納庫用地として、四、九九〇平方ヤードの土地を二、〇〇〇ポンドで購入している[35]（巻末統計付録5を参照）。

デイルは、労働者側に対しては、マンデラによって一八六〇年に設立され、労使調停委員会の魁となったノッティンガムの「メリヤス編み製造工業労使調停委員会」の実情を調査するよう説得している。[36] 他方、使用者側には、一八六五年に設立された北東部製鉄工業地域の製鉄企業者同業者団体である「北部イングランド製鉄業者協会」の協会長として、一八六八年の四月七日と四月二五日に、加盟製鉄業者に対して、北東部労使調停委員会の形成の是非について討議するよう要請している。[37] 一八六八年四月七日の協会議事録には、次のような記載がある。すなわち、「協会長のデイルから提案された使用者と労働者によって構成される「地域常任委員会」設置の申し入れを討議し、この労使合同常設委員会の設置を議論する内部委員会を協会に新たに設けることを決定した」という議決である。[38]「北部イングランド製鉄業者協会」に加盟する製鉄業者は、こうした調停機関の有効性について、懐疑的であり、デイルの要請以来数カ月にわたる慎重審議の末、労働者側の同意を条件として、一八六九年一月に漸く調停委員会設立の意思決定をしている。[39]

興味深いことに、製鉄業者が最終的に調停委員会設立に同意する以前に、労働者側が設立に向けて動き出している。この問題に関して、使用者側と交渉する組合代表者の会合が、三月一〇日にダーリントンで開かれている。この間の事情は、一八六九年三月一五日付けの「合同可鍛鋳鉄製造工業労働組合」の機関紙である『製鉄工業労働者新聞』(*Ironworkers Journal*)が詳細に伝えている。[40]「北部イングランド仲裁・調停委員会」がこの時期に成立した背景としてここで特に挙げておかなければならないのは、一八六六年ストライキの失敗による組合の予想外の衰弱である。この点については、議会委員会における組合指導者、ジョン・ケインの証言がこれを裏付けている。[41]

一八六九年三月二二日に、クリーヴランド地域の主だった製鉄工業関係者が参加してダーリントンで開かれた第一回の「北部イングランド仲裁・調停委員会」総会には、それぞれ一八製鉄所の使用者代表と労働者代表と並んで、ミドルズバラのボルコウ・ヴォーン製鉄所を代表してエドワード・ウィリアムズ、労働者を代表して、エドワード・ウッド(Edward Wood)が参加した。ボルコウ・ヴォーン製鉄所の労働者代表であったエドワード・ウッドは、第一回総会の副議長、当期の副会長として選出されている。[42]当時、北東部イングランドの可鍛鋳鉄製造会社は約二八社、雇用労働者数はおよそ一二、〇〇〇であったとされているが、設立直後にこの仲裁・調停委員会に参加した企業は一八社であった。その後一年余りの間に参加企業数は、少なくとも二二社に増加している。[43]

「北部イングランド仲裁・調停委員会」の具体的な目的および機構運営の詳細を同委員会が作成した「設立趣意書」と思われる小冊子『一八六九年に設立された「北部イングランド可鍛鋳鉄製品製造業労使仲裁・調停委員会」の最初の会員、由来、目的と会則』(*Board of Arbitration and Conciliation for the North of England Manufactured Iron Trade, First Members. Origin and Objects. Rules. Established 1869*)から探ってみよう。この小冊子の前半には、「北部イングランド仲裁・調停委員会」成立の経緯が次のように要約されている。

ノーサンバーランド、ダラムおよびヨークシャーのノース・ライディング地方には、銑鉄をレール・鉄板・山型鉄・棒鉄にするために圧延し、加工する鍛鉄工場、加工工場がおよそ二八あり、約一二、〇〇〇人の労働者を雇用している。彼ら労働者は、攪錬鉄（puddling）、打鉄（shingling）、焼入れ（heating）、圧延（rolling）、その他の作業に対して、主として、出来高トン当たりで賃金を支給されている。この出来高払い賃金は、僅かの例外を除いて、北部（北東部）のすべての製鉄所で同率であり、景気変動によって増減される場合でも、賃率の変化はそれぞれの製鉄所でほぼ同時に行われる。北部（北東部）の製鉄工業労働者は、彼らが雇用されている産業の性格上、個々の労働者としてではなく、またそれぞれの使用者に雇用されている労働者の集団としてでもなく、一つの「階級」（*a class*）として扱われていた。従って、こうした団体の利害を守るために何らかの組織が形成されることは自然の流れであった。この組織は、「製鉄工業労働者組合」（Ironworkers' Union）という形をとり、これに対して、使用者はその後間もなく「製鉄業者協会」（Ironmanufacturers' Association）を結成した。(44)

これら二つの組織はそれぞれの構成員には種々の便益をもたらすものであったであろうが、相互の利害や相違点の調整が必要であったにもかかわらず、使用者と労働者・職工（operatives）を対話させる機構を欠いていた。その結果、一八六五年には広範囲にわたるロック・アウトがあり、数週間もそれが続いた。その翌年（一八六六年）に起きた大規模なストライキによって、労働者は数カ月もの間仕事をすることがなかった。これら二回にわたる全面的操業停止は、使用者の利益に壊滅的な打撃と大きな損失を与え、職工に苦痛を強い、この地域の産業と繁栄に深甚な影響を与えた。(45)

こうした事態を目の当たりにして、使用者と組合幹部を含む思慮深い職工たちは、解決策を模索するようになった。……両者はそれぞれ独自に、相互に連絡を取ることもなく、協調することもなく、仲裁・調停委員会（Board of Arbitration and Conciliation）制度に注目するようになったようである。この機構はノッティンガムにおいて、メリヤス編み製造工業・その他の産業において既に確立している。庶民院議員マンデラ氏の名前をその主だった創始者として挙げておくべきであろう[46]。

製鉄業者協会と製鉄工業労働者組合は、この機構を彼らの産業に導入すれば、良い結果を期待することができることをほぼ同時に確認し、一八六九年三月一日に使用者と職工の会議が開かれた。その折、会則を起草する委員会が任命された。そして、次回の会議が一八六九年三月八日に開かれ、会則を承認した。二八の製鉄所のうち、一八の製鉄所の労使が「北部イングランド仲裁・調停委員会」に参加し、それぞれの代表を選出した。まだ参加していない残る一〇の製鉄所も間もなく参加するであろう[47]。

「北部イングランド仲裁・調停委員会」は、労働者側の指名により、使用者の一人を理事長として、使用者側の指名により、職工の一人を副理事として選出した。また、全会一致で、製鉄業者協会の事務局長と製鉄工業労働者組合の議長を「仲裁・調停委員会」の合同事務局長として選出した。次いで、「仲裁・調停委員会」が直ちに招集され、労働者側から提出されている賃金の一般的上昇とトン当たり出来高払い賃率の引き上げを検討した[48]。

既に存在している製鉄工業労働者組合、あるいは今後結成されるかもしれない組合の組合員であろうと、非組合員であろうと、職工はこの「北部イングランド仲裁・調停委員会」に自由に所属することができ、参加を奨励されている。参加した場合、「北部イングランド仲裁・調停委員会」の会員による選挙に参加する資格を有する。そして、彼らはすべて「北部イングランド仲裁・調停委員会」、あるいはその仲裁人（Referee）の決定に拘束されることを銘記すべきである。同様に、使用者もまた製鉄業者協会の会員であろうとなかろうと、この「北部イングランド仲裁・調停委員会」に参加可能であり、参加を奨励されている[49]。

参加者のうち一日に二シリング六ペンス以上の所得を得ている者はすべて月に一ペンス、年に一シリングを醵金すべきであり、使用者はその雇用者の醵金額の総額と等しい額を醵金すべきであると提案された。……使用者は、「北部イングランド仲裁・調停委員会」会員の職工の要請により、同意した職工の賃金から差し引いて、醵金を集める制度を設置することに同意した。[50]

次に、一八六九年三月八日に、使用者側代表であり、委員会の理事長として選出されたデイヴィッド・デイルと労働者側代表であり、副理事として選出されたボルコウ・ヴォーン製鉄所出身のエドワード・ウッドによって締結された二二条からなる会則のうち、当面のわれわれにとって重要と思われるものを要約しておこう。最初に、この「北部イングランド仲裁・調停委員会」の目的として、次のような記述がある。「「北部イングランド仲裁・調停委員会」の目的は、労使それぞれから提起される賃金、その他労使双方の利害に関わる案件について、仲裁し、調停することによって、紛争を予防し、解決することである」(第二条)。「北部イングランド仲裁・調停委員会」の構成については、「各事業所から選出される使用者一名、労働者一名によって構成され、同じ企業に所属するものであっても五マイル以上離れている事業所は、要求すれば、別個の事業所として処遇され得る」とされている(第三条)。また、「使用者は各事業所から一名の代表を選出し、労働者は同じく各事業所から無記名投票によって一名の代表を選出し、それぞれ事務局に届け出ること、代表の任期は一年であり、再選も可能である。任期満了、死亡の場合には、一カ月以内に新たな代表を選挙する」こととされている(第四・五・六・七条)。[51]

「北部イングランド仲裁・調停委員会」会員の権利・義務については、「労使の代表は、それぞれの事業所を代表して行動する権利を全面的に保障される。他方、「北部イングランド仲裁・調停委員会」に参加しているすべての事業所の使用者と労働者は、多数決で評決された「北部イングランド仲裁・調停委員会」および仲裁人の決定に拘束される」という規定がある（第八条）。「北部イングランド仲裁・調停委員会」の役職者および組織に関しては、「年度の最初の委員会において、使用者から理事長一名、労働者から副理事長一名、および二名の事務局長を選出する。理事長と副理事長は、「職権上」、すべての内部委員会の構成員となる。最初の「北部イングランド仲裁・調停委員会」において、理事長と副理事長および使用者四名、労働者四名から成る「常任委員会」（Standing Committee）が任命される。任命に当たっては、製鉄工業の様々な部門から常任委員を選出することが望ましい」とされている（第九・一〇条）。

組織運営については、「あらゆる問題は、最初に「常任委員会」に提案される。「常任委員会」は、提案された問題を調査し、解決策を見出すよう努力すべきである。ただし、裁定する権利は持たない。解決策を見出すことができない場合には、「常任委員会」は速やかに「北部イングランド仲裁・調停委員会」にその案件を提起しなければならない」という規定がある（第一一条）[52]。提起された紛争解決の具体的な方法については、「理事長は、「北部イングランド仲裁・調停委員会」におけるすべての会議を主宰する。「北部イングランド仲裁・調停委員会」におけるすべての投票は無記名で行われ、「北部イングランド仲裁・調停委員会」の議長は動議提出権および決定票（casting vote）を持たない。賛否同数の場合には、独立の裁定人を任命し、その決定を最終的なものとして、それに従わなければならない。会期は年四回、場所はダーリントン、ストックトン、ミドルズバラ、ニューカッスルである。「北部イングランド仲裁・調停委員会」にかかる費用は、すべて使用者と労働者が折半して負担する」とされている（第一二・一三・一四・一五・一九条）[53]。

「設立趣意書」における文言および会則のうち、興味深いのは、既存の、あるいは今後結成されるであろう労働者組合に参加していない非組合員および同業者団体である製鉄業者協会の非会員についても、この「北部イングランド仲裁・調停委員会」への参加を認めていることである。従って、「北部イングランド仲裁・調停委員会」の場合には、労働者の参加は労働組合単位ではなく、事業所単位で行われたのである。一八六六年大争議の敗北から回復していない労働組合は「北部イングランド仲裁・調停委員会」に正式には代表者を送ることはできなかったであろうし、この点については、使用者側の主張に屈服せざるを得なかったであろう。「北部イングランド仲裁・調停委員会」の活動が軌道に乗り、労働組合も回復するにつれて、実質的には労働者の代表は組合の代表になっていったであろう。また、「北部イングランド仲裁・調停委員会」も賃金・労働条件の交渉において、次第に組合に依存することとなったであろうが、少なくとも設立の当初においては、使用者側の利害が優先されたと言わなければならない。

労働者側の基本戦略は、鉄製品の値上げを「北部イングランド仲裁・調停委員会」に要求し、それに見合う賃金上昇を勝ち取ることであった[54]。つまり、使用者の利潤ではなく、製品価格こそ争点の中心となるべきであったと考えていたのである[55]。この点については、『製鉄工業労働者新聞』に詳しい[56]。製鉄業者もまた、賃金決定の基準は、製品の販売価格であること、利潤率ではないことを基本的な方針としていた。この点は、一八六九年の「北部イングランド仲裁・調停委員会」の第一回裁定におけるルパート・ケトルの言説から明らかである[57]。彼は、地域全体で生産される棒鉄・レール・鉄板、その他の可鍛鋳鉄製品の平均価格の算定方法について私見を述べた後、「価格こそ賃金が支払われる正当な基金を構成するものであり、調査は価格に関してのみ行われるべきである」と述べている[58]。そして、労働者の最低生活水準の維持ではなく、形式的に製品価格の変動に比例して賃率が決定されるという原則は、一九世紀の七〇年代を通じて、この地域で定着したのである[59]。

北部イングランドの製鉄工業は、数年を経て、調停に加えて、スライド制賃金決定というこの業種に固有の制度を正式に導入した。景気循環に左右される度合いの強い工業部門では、賃金の変更が常に要請され、労使ともに賃金の変更を要求した。こうした場合、賃金決定の原理に関する大まかな同意を得ることは容易であった。使用者が賃金切り下げの根拠として、景気の後退を前面に出せば、労働者が好景気の時期に賃金上昇を要求することに異を唱えることは困難であった。従って、鉄の価格が、双方にとって景気の指標として取り上げられ、調停委員会も製品価格の変動に従って賃金を上下すべきであるとする原理を採用するのは比較的容易であった。賃金が鉄製品の価格に従って上下する率・基準に関する労使の合意があれば、その都度、交渉し、議論する手間が省け、時間の節約と紛争の泥沼化を防ぐことができる。技術革新やその他の長期の経済変化という構造変化があれば、このスライド制賃金決定制度は不動のものではなくなるが、こうした賃金決定方式は、北部イングランド製鉄工業地域では少なくとも一九世紀末期・二〇世紀初頭に至るまで有効に機能したのである。

「北部イングランド仲裁・調停委員会」が最初に鉄鋼価格・賃金比率表を作成したのは、一八七二年である。最初の比率表は同意を得ることができず、その後も何回となく実際の比率は変更を余儀なくされた。しかし、実験段階が終わると、鉄鋼価格・賃金比率表は極めて長期にわたって、変化しなかった。一八八九年から一九二二年まで、「北部イングランド仲裁・調停委員会」による比率は変わっていない。鉄鋼価格・賃金スライド制が導入されても、「北部イングランド仲裁・調停委員会」が不要になることはなかった。賃金以外に議論することはあったし、比率を変化させなければならなくなった場合や比率の適用が不確かな場合には、「北部イングランド仲裁・調停委員会」を利用することが可能であった。実際、明らかに、鉄鋼価格・賃金スライド制の導入が、労使の利害が最も対立する問題に関する合意の原理を提供し、調停委員会の安定性が以前よりも増したのである。(60)

自身「ノッティンガム・レース織物労使調停委員会」の外部仲裁委員の一人として労使調停委員会の実態を見聞し、(61)「北部イングランド仲裁・調停委員会」成立以降の動向を見聞したヘンリー・クロンプトン（Henry Crompton）は、設立後七年を経過した「北部イングランド仲裁・調停委員会」の状況を次のように記述している。「一八七六年にはこの「北部イングランド仲裁・調停委員会」は、三五の製鉄所からの代表によって構成され、一三、〇〇〇人の労働者が参加している。委員会を構成する製鉄所は、この地域の攪錬鉄炉総数、二、一三六基のうち一、九一三基以上(八九・六%)を所有している。一八七五年に常任委員会は、提起された四〇以上の争点を解決し、その解決策、正確に言えば、勧告(recommendation)はほぼすべて同意されている。最近、解決に当たる委員として、労使からそれぞれ一名ずつ、計二名から成る「裁定人」(umpire)と呼ばれる仲裁委員制度(arbitrators)が導入された。この仲裁委員の決定が最終決定となる。「北部イングランド仲裁・調停委員会」の設置以来、賃金問題に関しては、六件の仲裁があった。一件はトマス・ヒューズ(Thomas Hughes)氏、二件はルパート・ケトル氏、残る一件はウィリアムズ氏とマンデラ氏による裁定であった。一八六九年の設置以来、賃金問題はいずれもストライキやロック・アウトに至らずに解決され、労使ともにこの「北部イングランド仲裁・調停委員会」によって作成された会則を守っている(62)」。

また、クロンプトンは、「北部イングランド仲裁・調停委員会」による仲裁・調停の成果として、次のような事例を挙げている。すなわち、「「北部イングランド仲裁・調停委員会」の実際の仕事としては、一八六九年の発足時に、攪錬鉄工のトン当たり出来高払い賃金を八シリングから八シリング六ペンスに引き上げている。一八七〇年には、攪錬鉄工の賃率を更に九シリング六ペンスに引き上げている。この賃率は一八七一年までそのままであったが、一八七二年にトン当たり二シリング、すなわち一〇シリング六ペンスに、更に同年五月には二シリングの上昇を決定し、労働者の賃率は、トン当たり一二シリング六ペンスとなった。一八七三年二月にはそれがもう一度九ペンス引き上げられ、攪錬鉄工は一三シリング三ペンスの賃金を獲得している。しかし、その後、賃率は一八カ月の間に急激に低下する。トン当たり七シリング六ペンスにまで、四二・五%の低下を示したのである。現在は、八シリング二ペンスである。こうした急激な出来高払い賃金の低下勧告を一部の攪錬鉄工は承服せず、職場放棄を示唆したが、「仲裁・調停委員会」の構成員であるジョン・ケインは仲裁遵守を説き、労働者側も説得に応じて、一八

表 6-8　クリーヴランド産可鍛鋳鉄製品の出荷量と価格（1871〜1917 年）

（単位：ポンド価格はトン当たり）

年	年平均価格（£）	年出荷量（トン）	年総出荷額（£）	年	年平均価格（£）	年出荷量（トン）	年総出荷額（£）
1873	11.7	517,653	6,043,274	1896	4.8	152,788	740,459
1874	10.5	583,847	6,087,969	1897	5.1	151,302	767,577
1875	8.0	562,520	4,500,160	1898	5.2	153,845	804,790
1876	7.1	420,175	2,976,981	1899	6.2	160,346	996,979
1877	6.8	396,641	2,677,564	1900	7.9	136,473	1,078,137
1878	6.1	421,045	2,566,298	1901	6.8	94,326	642,702
1879	5.4	294,127	1,579,415	1902	6.2	78,897	489,064
1880	6.2	611,473	3,820,569	1903	6.2	73,204	453,796
1881	6.0	598,420	3,593,666	1904	5.9	59,209	431,554
1882	6.3	631,043	3,975,685	1905	5.9	70,994	421,695
1883	6.1	657,600	4,019,351	1906	6.5	70,897	462,168
1884	5.2	428,286	2,257,407	1907	7.2	67,315	481,437
1885	4.8	355,237	1,721,720	1908	6.8	40,910	276,884
1886	6.9	284,188	1,309,376	1909	6.4	34,907	222,244
1887	4.6	226,607	1,046,930	1910	6.3	41,636	263,584
1888	4.7	307,389	1,455,927	1911	6.3	53,635	336,954
1889	5.5	337,536	1,856,841	1912	6.7	66,394	447,665
1890	6.3	283,711	1,789,625	1913	7.4	59,962	444,411
1891	5.6	251,472	1,415,980	1914	6.8	52,737	359,809
1892	5.4	171,645	920,849	1915	8.3	49,381	410,144
1893	4.9	149,405	726,215	1916	12.1	48,353	584,212
1894	4.9	143,333	695,136	1917	13.5	41,271	558,860
1895	4.7	123,585	585,749				

出所）Board of Arbitration and Conciliation for North of England Manufactured Iron Trade, Mr. Waterhouse's Returns, Modern Records Centre, University of Warwick, MSS. 365/BAC, Vol. 1, pp. 1-333 より作成。

七三年に五〇%の低下を承認して、職場に復帰した。こうした調停による賃金決定機構は有効に機能し、南部スタッフォードシャー、南ウェールズ、スコットランドの製鉄工業地域、クリーヴランド鉄鉱石鉱山、その他イングランドおよびウェールズの主要な石炭鉱山で採用されている(63)」。

実際、裁定が頻繁に行われたのは、鉄製品価格が低迷を続けた不況期、一八七四〜一八九六年までの間であった。表6-8に示すように、レール・鉄板・棒鉄・山形鉄の平均価格は、トン当たり一一・七ポンドであった一八七三年から低下し始め、一八七九年には半分の五・四ポンドに急落している。出荷量も二九四、一二七トン、出荷総額も一五八万ポンドに下落している(64)。単純に製品価格を基準として、仲裁・調停委員会が賃金水準を裁定するというこの方法は、結果として、製品価格が低迷している時期には、労働者側に不利に働いた。従って、次の解決策は、スライディング・スケール制への移行であった。「仲裁・調停委員会」の場合、事実上スライディング・スケール制は、一八六九年成立の直後の第一回裁定におけるルパート・ケトルの提言によって導入されていたが、正式の導入は、一八七〇年六月一日付けの『製鉄工業労働者新聞』[65]が示しているように、委員長ヒューズによる説得をもって始まる。[66]

北部イングランド製鉄工業においては、最初に仲裁（arbitration）委員会、次いでスライディング・スケール制が賃金決定制度として定着した。他方、石炭工業では最初に仲裁（arbitration）委員会、次いでスライディング・スケール制、そして調停（conciliation）委員会に基づく決定が行われた。ノッティンガムのメリヤス編み製造工業、レース、あるいは綿紡績工業では、重要な制度は調停（conciliation）委員会であった。[67] 一般的に言って、仲裁・調停委員会の裁定が労働者に有利に結果したか否か、すなわち、裁定件数のうち賃金上昇の裁定が実行された比率はどの程度のものであったのか。結果は業種によってかなり違っている。

ポーター（J. H. Porter）によれば、一八六五年から一九一四年までの期間について、史料によって裏付けられる裁定件数合計八五件のうち、業種を問わず全体としては、上昇（一五・三％）、低下（六〇・〇％）、裁定によって賃金が変わらなかった件数は二四・七％であった。業種別に見ると、製鉄業においては、上昇（二六・五％）、低下（四一・二％）、不変（三二・三％）であった。他方、石炭業では、上昇（五・一％）、低下（七九・五％）、不変（一五・四％）であった。製鉄工業において、裁定が最も多く行われたのは一八七三年から一八九六年の不況期であったが、この期間における上昇裁定の比率は二三・三％、低下裁定の比率は四〇・〇％、不変の比率は三六・七％であった。同じ期間の石炭業における結果は、裁定によって賃金が上昇した例はなく、低下した例が九〇・五％と圧倒的であり、変わらなかった件数が九・五％を占めた。[68] 少なくとも一九世紀六〇年代後半から末期に至るまでの期間においては、「北部イングランド仲裁・調停委員会」制度の成立とスライディング・スケール制による賃金決定は、北東部イングランド製鉄工業地域の労働者にとって、他業種の労働者と比べて必ずしも不利であったとは言えないであろう。

しかし、製鉄業における労使関係の展開を考える場合、見落としてはならない側面として、次の事実を挙げておきたい。すなわち、「北部イングランド仲裁・調停委員会」制度の下で、基幹的な作業を受け持つ熟練労働者の下で働く「下働き」、助手労働者、契約労働者（contract labour）の利害は、仲裁・調停委員会に反映されたか否かという点である。北東部イングランド製鉄工業、特に一九世紀六〇年代から重要性を増してきた可鍛鋳鉄製品製造部門では一般的な雇用形態であった間接雇用の下で、攪錬鉄工・鍛鉄炉労働者・打鉄工・圧延工・剪断工などの熟練労働者に雇用され、労働力のかなりの部分を占める「下働き」・「見習い労働者」は、「北部イングランド仲裁・調停委員会」を構成する労働者代表を選出する際に選挙権を持っていたとは考えられない。[69] 使用者は、基本的には各事業所で直接雇用契約を結んでいる労働者の代表によって構成される仲裁・調停委員会を望んだのであり、助手労働者はこうした機構の意思決定から排除されたと考えられる。[70]「北部イングランド仲裁・調停委員会」を構成する製鉄所に直接雇用されている労働者のみが、委員会にその代表を送る際に選挙権を行使することができた。「下働き」はその意味で賃金・労働条件に関する要求をこの機構を通じて実現する道を閉ざされていたのである。

「北部イングランド仲裁・調停委員会」の特徴の一つは、ノッティンガムのそれとは異なり、全面的に調停に委ねることをせず、委員会の意見が分かれた場合には、その場その場で仲裁を行うことであった。クリーヴランド製鉄工業を拠点として形成されたこの調停制度は、その他地域の製鉄工業に採用され、次第に製鉄工業に浸透することとなった。製鉄工業における調停制度は、複雑な機構を持っており、かつて一度も統一されたことはなかった。地域によっては、各種の製鉄工業労働者は、個別の調停委員会、例えば、攪錬鉄工、高炉労働者はそれぞれ別個の調停委員会を持つこともあった。「北部イングランド仲裁・調停委員会」のもう一つの特徴は、委員会の構成である。既に述べたように、実質的にはともかく、形式的には委員会を構成する委員は、労使ともに事業所単位で選出された代表から成っていた。各製鉄所から使用者および労働者代表を送り、基本的には事業所単位で構成されている「北部イングランド仲裁・調停委員会」とは異なり、他の地域では、少なくとも成立の当初は、労働組合選出の代表を調停委員会に送ることが慣例であった。実際、一八六九年三月の「北部イングランド仲裁・調停委員会」の形成後、三年を経て、北部以外で初めて仲裁・調停委員会が南部スタッフォードシャーの製鉄工業地帯において使用者団体と労働組合をそれぞれの代表の選出母体として発足したが、充分に機能することはなく、一八七六年に選挙母体を事業所単位に変換せざるを得なかった。

先に引用したクロンプトンは、この間の事情を次のように述べている。すなわち、「各製鉄所から使用者および労働者代表を送り、基本的には事業所単位で構成されている「北部イングランド仲裁・調停委員会」とは異なった組織で運営されている南部スタッフォードシャーの調停委員会は、必ずしも成功していない。この地域の調停委員会は、「南部スタッフォードシャー製鉄業者協会」(South Staffordshire Ironmasters' Association)という使用者団体と地域の製鉄労働組合(The Ironworkers' Union)という二つの団体からの代表によって構成され、非組合員を加入させていない。従って、使用者団体を拘束することはできても、製鉄労働組合組合員以外の労働者を拘束することができず、組織力が脆弱であった。こうした組織原理の相違が両地域における労使仲裁・調停委員会の機能の違いをもたらしたと考えられる[71]」。

一般的に、使用者の労働組合に対する認識が浅かったこの段階で、組合代表との交渉は使用者の容れるところではなかった。組合の存在理由を使用者がどのように考えるのか、このことが調停機関の存続を左右する重要な要因の一つであった。北部イングランド製鉄工業地域、特にクリーヴランド製鉄工業地域では、交渉の相手として、組合の存在理由を評価し、一八六六年ストライキ後に壊滅的な打撃をこうむった組合を、むしろ、盛り上げ、強力な組合と有能な組合幹部を育てることによって調停案の実行を担保することが賢明であることに使用者も漸く気が付き始めていた。[72] 組合の成長は、一八七三年恐慌の直前に絶頂を迎え、イギリス各地の製鉄工業関係の組合員総数は、およそ三五、〇〇〇にも上った。一八七三年以後の不況の継続によって、その数は一、四〇〇に激減したが、その後盛り返し、一八九二年には一〇、〇〇〇人にまで回復した。主力はやはり北部であった。[73]

北部イングランド製鉄工業地域においては、使用者は、組合指導者であるジョン・ケインを労働者代表として承認していたが、実際は「北部イングランド仲裁・調停委員会」の会則のどこを見ても労働組合という文言はない。他方、委員会の「設立趣意書」には、非組合員および製鉄業者協会の非会員も参加することが可能であり、奨励される旨の記述がある。「北部イングランド仲裁・調停委員会」に出席し、協議に加わる労働者側の代表は、あくまでも事業所・職場単位で選出された者であり、組合単位で選出された者ではなかった。確かに、少なくとも製鉄工業において、労働組合の歴史は浅く、「北部イングランド仲裁・調停委員会」の形成直後においては、組合を直接に交渉相手とすることに使用者は抵抗を感じたであろう。また、この段階では組合も一八六六年争議の打撃から充分に回復しておらず、組織率の低下も甚だしかった。従って、使用者にとって、未組織労働者を参加させることは大いに意味のあることであったと考えられる。

「北部イングランド仲裁・調停委員会」を構成する使用者側が、労働者側の代表選出母体として組合を明示的に認めなかった理由として、更に次のような事実は重要である。すなわち、製鉄工業労働者を組織する労働組合が単一ではなく、小規模な、主として手工業的な職種の関連労働者を組織する組合が複数存在したことである。組合を選挙母体にすることで、労働者側の意思統一は困難となり、交渉の成果にマイナスの影響が生じることを使用者側は恐れたのではないかと考えられる。[74] 使用者側は労働組合の存在理由を理解し始めていたが、特定の組合を認めれば、他の組合は当然参加を要求してくるであろうし、すべての組合を認めて交渉に当たれば、組合同士の軋轢と利害の不一致が露呈し、そのことは仲裁と調停の成果を危うくすると懸念したのであろう[75]。

北部（北東部）において、何故こうした労使仲裁・調停委員会という機構が比較的早期に成立し、労使の協調が長期間継続し、同時に他の地域の模範となり得たのか。オドバーによれば、その理由は次のようになる。第一に、北部の製鉄工業がこの地域に新しく成立した産業であり、組合もまた結成以来の歴史が浅く、僅か三年前に形成されたばかりであった。従って、使用者も労働者も他の製鉄工業地域に比べて、労使の対立感情や相互の不信感が希薄であったことが成功の理由の一つとして考えられる。製鉄業者もまた、新参者であり、労働者に対する敵愾心は比較的希薄であった[76]。こうした風土が、労使紛争処理の機構として、新しい制度の導入を容易にしたとも考えられる。同時に、急速な発展を経験したクリーヴランドの製鉄工業では、熟練労働者が極端に不足していた。外部からの移入熟練労働者だけでは不充分であり、内部における養成が急務であった。こうした状況の下では、昇進と賃金上昇の可能性も他の地域よりは多かったはずである。新しい職場で、新しい仲間と働くこと、新天地という環境の下で生活するという事実もクリーヴランド製鉄工業における労使関係を他の地域のような険悪な様相から救ったのかもしれない[77]。

一八六九年における「北部イングランド仲裁・調停委員会」の成立は、もとはと言えば労使間の経済的確執であったものが剝き出しの階級闘争に帰結し、労働者側の敗北で終焉したという苦い経験を労使双方がそれぞれの立場から学習し、地域産業の生き残りを図る方策を模索した結果見出した一つの解決策であった。露骨な階級闘争を回避し、労使の「伝統的な関係や公正の感覚」を重視し、労使を問わず、地域の拠点産業を海外および国内の競争から守り、生き残ろうとする合意に基づいて成立した制度的な枠組みの一つこそ、この労使調停委員会であったと思われる。同時に、北東部製鉄業における賃金闘争の時期に現れたスタッフォードシャー、ウスターシャー、ダービーシャー（Derbyshire）をはじめとする他地域出身労働者との結びつきを絶ち、北東部イングランドという地域コミュニティの形成、産業集積の制度的な支柱の形成を目指したものとは考えられないであろうか。既に第3章で詳しく分析したように、一八六〇年代後半以降、クリーヴランド地域の産業集積は深化しつつあった。北部イングランド製鉄工業におけるこの制度の成功は、ミドルズバラを中心とするクリーヴランドの産業集積の形成と深く関連しているように思われる。地域的な集中が脆弱であり、雇用や産業基盤が分散している場所と比べて、重化学工業の集積を達成しつつあるクリーヴランド地域にこの制度は適合的な労使関係制度であったと言い得るであろう。(78)

第7章　労働災害と医療福祉制度

1　労働者の自助とセーフティ・ネットワーク——ノース・オームズビー病院

近年のイギリス医療福祉史研究は、一九世紀における医療供与の形態と制度における多様性・複層性を強調している。様々な自発的結社、友愛組合、共済組合、契約制医療機関をはじめとして、疾病と労働災害の治療に対する手立てが複雑に重なり合い、ネットワークを構築していたのである。[1] ポール・ジョンソンが指摘するように、この時期のイギリスにおける医療福祉を、あるいは福祉一般を、私的領域から公的領域へ、地方的な枠組みから国家のそれへの移行として単純に捉えることは最早歴史的な検証に耐え得ない。[2]「福祉の複合体」としてこの時期のイギリスにおける福祉のあり方を捉える視点が是非とも必要なのである。[3] こうした文脈で考えると、われわれが本章で分析しようとする一九世紀後半におけるミドルズバラの医療福祉制度は、近代イギリス医学史上極めて興味深い事例を提供している。

製鉄工業、鉄道、化学工業という事故に見舞われる確率が極めて高い、危険な職場で働くミドルズバラの労働者は、早くから自力で固有のセイフティ・ネットを構築し、疾病、特に労働災害に対する自衛策を講じる必要に迫られていた。この地域に最初に設立された医療機関である篤志病院ノース・オームズビー病院（Middlesbrough Cottage Hospital, North Ormesby Hospital）建設直後から、週一ペニーという僅かな金額ではあるが、彼らは企業単位で醵金を続け、病院運営にも積極的に参加している。一九世紀の七〇年代以降には、病院基金の六割以上は製鉄工業を中心とする企業が代理徴収していたと思われる労働者の醵金から成っていた。危険な職場で働く鉄鋼・鉄道労働者等の病院への醵金、医療機関運営への参加、製鉄企業の醵金徴収に見られるように、労働者の自助と企業家のパターナリズム、パトロネッジ、私的労災・疾病保障・醵出制保険の魁を思わせる興味深い医療福祉制度が確立している。工業化、都市化がもたらす諸問題を労働者自身が「自助努力」で解決しようとした顕著な例である。

最初に、ミドルズバラの労働者がこの医療機関をどのように見ていたのかを端的に示すものとして、一八五九年の病院設立直後に地方新聞に掲載された記事の一部を紹介しておきたい。一八六〇年九月一五日付け『ミドルズバラ・タイムズ』（*Middlesbrough Times*）の記事に次のようなくだりがある。「病人と怪我人自身が参加し、出入り口で貧困の証を経験せずにその恩恵を享受できる病院をわれわれは心から待ち望んでいた。そうした医療機関こそ、この病院（Cottage Hospital）である。患者たちはこの病院に紹介切符をもらうことなく受け入れられ、自分たち自身の互助会所属医師（club doctors）に治療してもらうことができる。それ故、疾病や怪我の治療について、他人に頼らざるを得ないという屈辱的な気持を持たずに済むのである」、「ミドルズバラの労働者がそのような医療施設を指差して、〝われわれ〟があの病院を支えているのだ！　と言うことができれば、それは崇高な、名誉なことではなかろうか。われわれは今そうした医療施設を支援する手段を手に入れたのである。そして、如何なる事故が起きようとも、裕福な隣人たちに入院切符（tickets of admission）をせがむ必要はないのである」、「この都市と近隣地域に二万人の労働者がいて、それぞれが週に一ペニーを醵金すれば、この方法で実現した醵金総額は八二ポンド六シリング八ペンス、つまり年にすれば四、二八一ポンド六シリング八ペンスになるであろう」(4)。実際の医療の水準や資金の調達方法・病院運営に対する楽天的な見通しに基づく、些か誇張した、気負った論調ではあるが、労働者自らが自力で医療機関を打ち立てているという高揚した気分を窺うことができる。

この章では、製鉄工業・鉄道・造船・化学工業労働者、共済組合・友愛組合員等の醵金を主たる原資として、彼らが事実上運営の実権を握っていた極めて個性的なこの医療機関が治療の対象とした疾病、病院組織、運営費の調達の仕方、具体的な運営の実態を、一八六七〜一九〇七年における病院評議会議事録（The Council Meeting Minute Books）[5]、一八六一〜一八七〇年および一八八三〜一九〇八年の症例記録[6]（Case Books）、年次報告書[7]（*Annual Reports*）等を用いて明らかにしたい。このうち、症例記録は入院患者に関するものであり、外来患者のそれは廃棄されたか、もともと存在しなかったものか、あるいは散逸している。後述するように、病院建設以来、比較的軽症の外科的疾患の治療のために来院する外来患者数は入院患者数を大きく上回っている。労働災害の実態把握のためには重要な史料であるが、残念ながら、症例記録、その他の記録とも見出すことができない。

病院年次報告書は、入退院台帳や症例記録をもとに当該年度の資金収集状況、来院患者数の動向に関する回顧のほか、次のような事項を印刷・公表したものである。すなわち、新規入院・外来患者数、年度内治療患者数、退院理由別患者数、期末残留患者数、資金収支決算書、病院役職者氏名、寄附金による患者紹介資格保持者氏名と金額、年出資金額と出資者氏名等である。このうち、資金収支決算書には寄附金・遺贈金・募金・年出資金・基金運用益などの収入内訳および薬品・医療器具代金、患者食費、燃料費、薬剤師・その他職員の俸給、什器代、修繕費、その他支出項目が記入されている。

一八六一〜一八七〇年および一八八三〜一九〇八年の症例記録から判明する注目すべき傾向は、男子患者の優位である。前期の延べ入院患者数一、四五四名の大部分、七二%が男子である。後期には幾分低下するが、それでも延べ入院患者数一五、一三七名のうち、六七%は男子患者であった。図7-1・図7-2は、年次報告書を用いて、

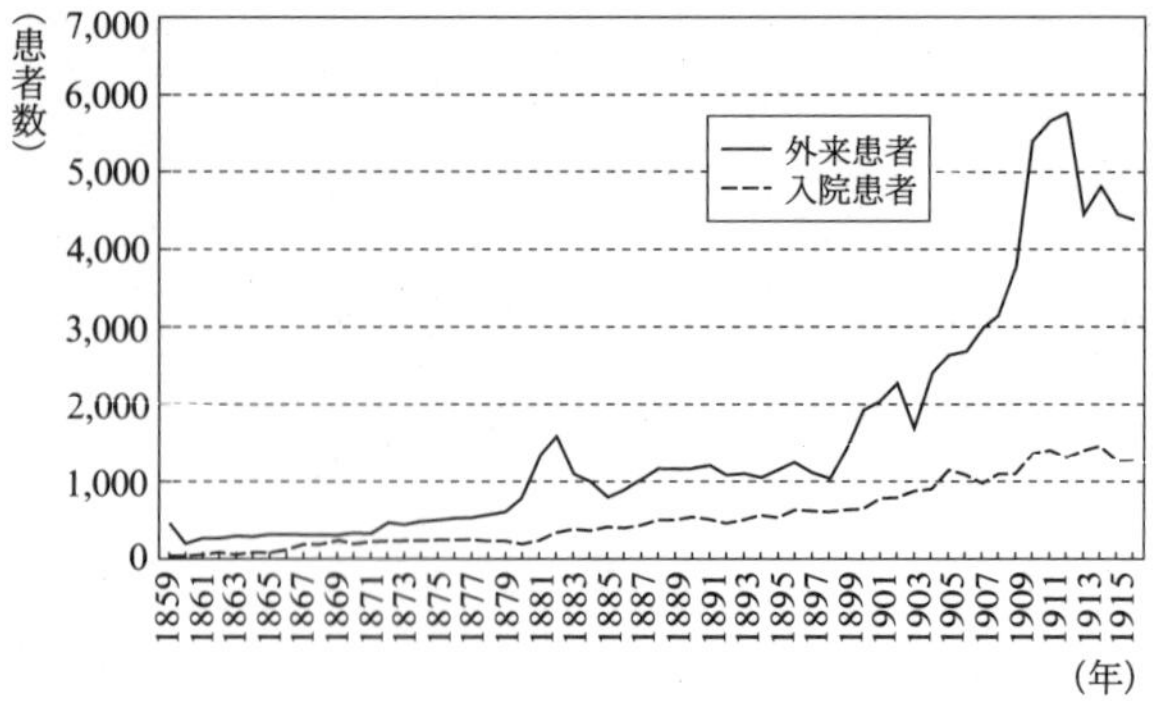

図 7-1　ノース・オームズビー病院入院・外来患者数（1859～1916 年）

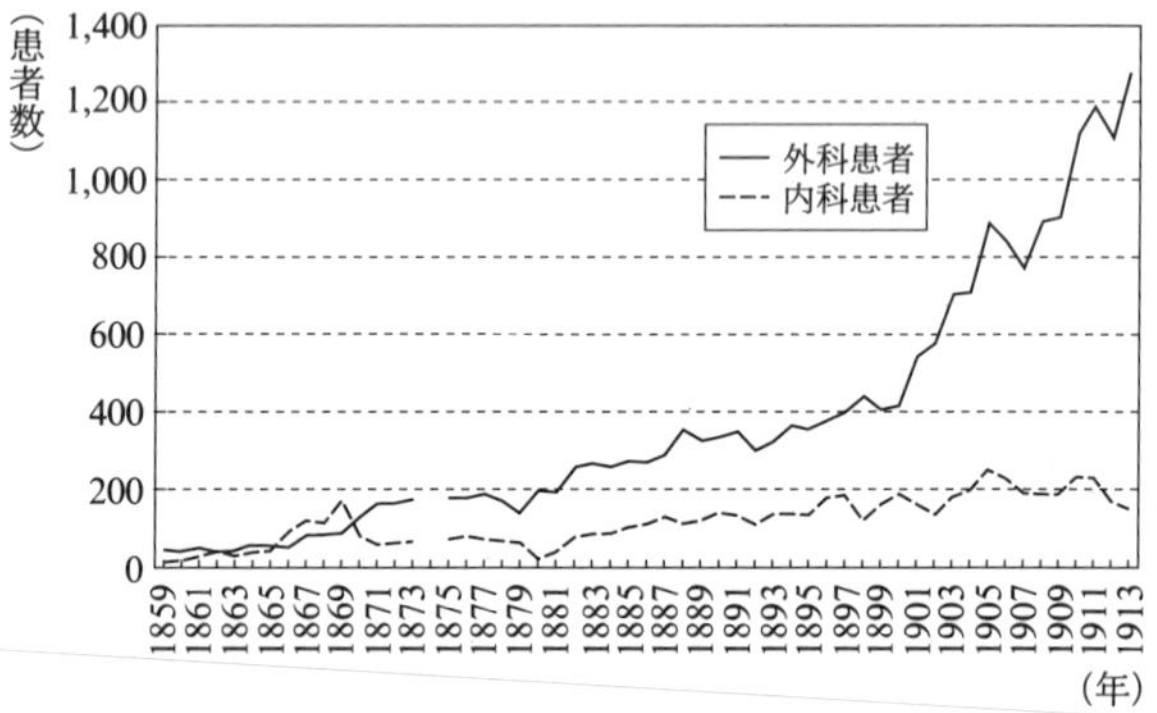

図 7-2　ノース・オームズビー病院外科疾患・内科疾患患者数（1859～1913 年）

入院・外来患者数および外科疾患（surgical diseases）・内科疾患（medical diseases）患者数の変化を追ったものである。病院建設以来、外来患者が入院患者を凌ぎ、前者は平均して後者の二倍である。二〇世紀初頭にはその差が顕著である。入院患者を収容する設備と費用を考えれば、この傾向は容易に理解できるであろう。入院患者の来院理由（内科的疾患か外科的疾患か）の時間的変化を追うと、病院設立当初はともかく、一九世紀の七〇年代以降、入院患者の多くが外科的疾患（主として、事故による外傷）の治療を目的に来院したことが明らかである。一九世紀末期には、外科疾患は、内科疾患患者の三ないし四倍に達している。この事実は、一九世紀ミドルズバラにおける都市住民、特に男子に固有の疾病風土を端的に示している。

一八六一～一八七〇年の性別・年齢別入院患者数を一八八三～一九〇八年のそれと比べてみると、図7-3が示すように、その形状に顕著な相違があることに気付く。前期において、男子患者数が最も多いのは、二〇～二四歳、次いで二五〜二九歳の年齢階層であるが、後期においては、一五〜一九歳をピークに、男子患者数は二〇〜二四歳以後前期のそれよりもなだらかに減少している。更に、乳児および幼児、特に〇〜四歳の男子患者数が、後期に著しく増加している。性別・年齢別患者数の変化は、第4章で詳しく分析したように、製鉄工業の斜陽化に伴う若年労働力の相対的な減少と居住人口の高齢化という、この間に出来したミドルズバラ居住者の人口年齢分布の変化によってある程度説明できるであろう。しかし、恐らくは、直接の原因として、一九世紀末期に成年男子のみならず、その配偶者と子供の受け入れが増加したこと、その背後に病院運営、資金需要における変化があったことが挙げられるであろう。(8) 実際、一八六六年には小児病棟が設置されており、〇〜四歳の男子患者の死亡率が七・六％、女子患者のそれが五・九％と、病状の重篤な乳幼児患者の受け入れが増加したことがわかる。(9)

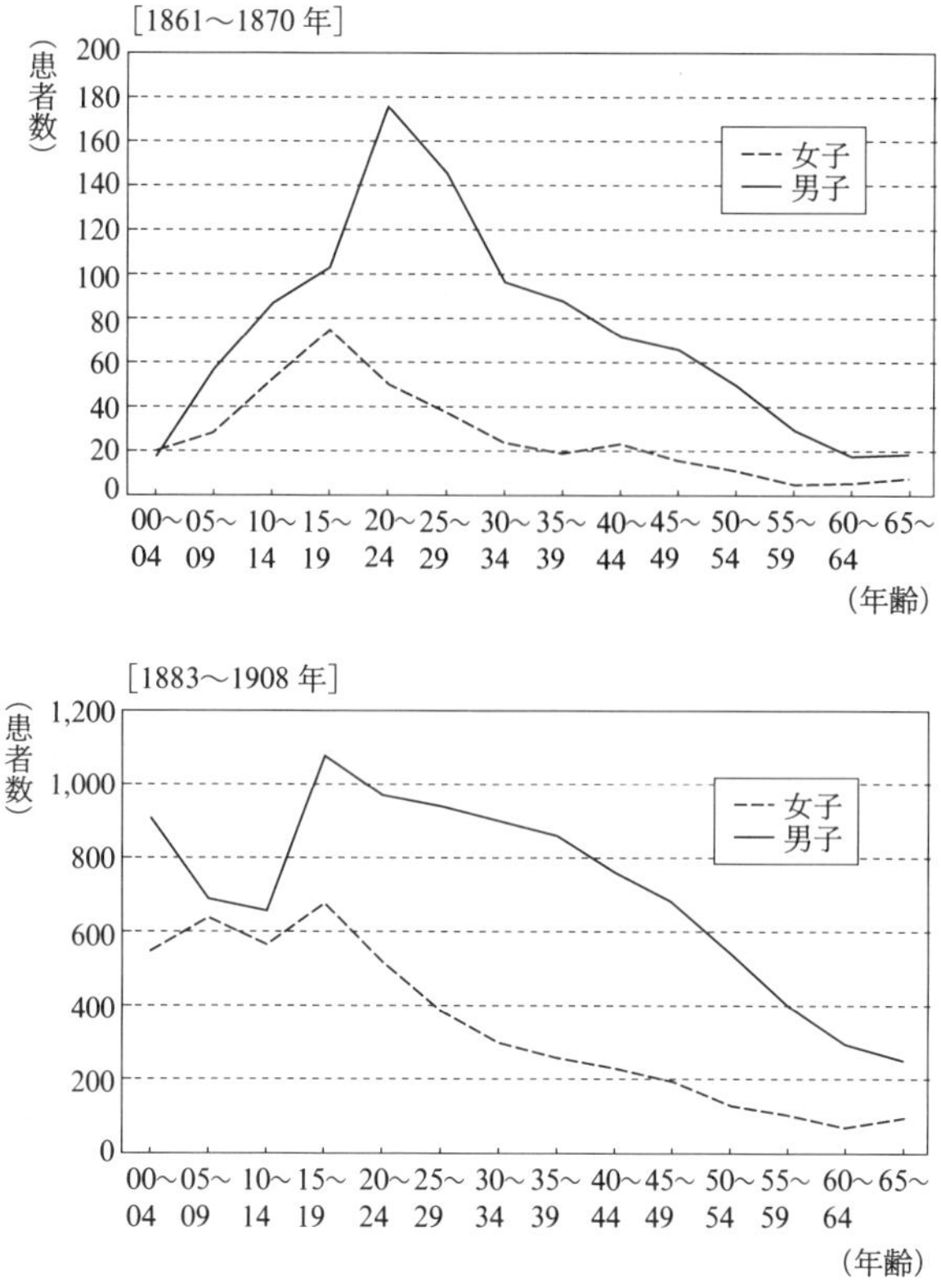

図 7-3　ノース・オームズビー病院年齢別入院患者数（1861〜1908 年）

　入院患者の「症例記録」には、来院・入院期日、病棟名、患者氏名、性別、年齢、住宅番

写真10　1900年頃のノース・オームズビー病院

出所）Teesside Archives, H/NOR/14/15.

号、街路名、地区名、街区名、職業（一部）、雇用主名、紹介者氏名・団体名、病名・症状（内科疾患・外傷）、治療方法（手術・切断・切除・縫合・皮膚移植・気管切開・腱きり、その他）、退院理由、退院期日・入院期間、医師名、その他が記録されている。これらの史料には循環器・消化器・呼吸器系等の内科的疾患、外科、泌尿器科、眼科、皮膚科、歯科、婦人科、耳鼻咽喉科等ほとんどすべての病因にわたる病名・症状が記録されている。しかし、患部を特定しないもの（例えば、癌、腫瘍、潰瘍、炎症等）、あるいは症状のみを記録したもの（例えば、腹痛、胸痛、咳、足の腫脹等）も少なくない。また、この時代の診断学・疾病分類学の水準から考えて、史料に記載された病名が今日の医学の水準に照らして、どの程度正確なものであったのか、この点は判然としない。更に、地域固有の病名表記もある。これらの点は史料分析に際して、充分留意しておくべきであろう。しかしながら、治療対象の疾病の大半は、打撲・骨折・捻挫などの外科疾患、皮膚病、火傷、結核性頸部リンパ節炎（scrofula）、ヘルニア、白内障、膿瘍、眼科疾患、結膜炎、リューマチ、気管支炎、肺炎、皮膚炎症、化膿・潰瘍といった外見から見ても診断が容易であると思われる疾病であり、「症例記録」からこの時期のミドルズバラ住民の疾病の頻度と特質を分析することは妥当であろう。

表7-1が示すように、両期間を通じて入院患者の疾病のうち男子について最も多いのは、骨折、外傷、火傷、打撲等の事故による外科的疾患である。女子の場合には、リューマチ、舞踏病（chorea）、潰瘍、眼病、膿瘍、炎

症、衰弱（debility）等である。性別・年齢別罹病率を算出した表7-2は、一五～三四歳の男子の四〇%が事故による傷害の治療を目的に入院し、三五～四九歳および五〇歳以上の男子は、足部潰瘍、静脈瘤、リューマチ、気管支炎、坐骨神経痛、心疾患をはじめとする老人性疾患で入院していることを示している。女子の場合、いずれの年齢層においても、外科的疾患は顕著ではない。労働力の主力を成す男子の一五～三四歳の年齢層の疾患は、労働災害によるものであり、製鉄業、鉄道、造船業、化学工業等における労働環境の苛酷さを物語っている。他方、ミドルズバラのような重化学工業地域における女子の労働力率は低く、女子の労働災害は少なかった。

重化学工業地域における女子の疾病率と対照的に、女子の労働力率が極めて高い繊維工業地域、例えば、一九世

表 7-1 ノース・オームズビー病院入院患者病名（1861～1870 年・1883～1908 年）

[1861～1870 年]

男子		女子	
外傷	191	リューマチ	28
火傷	125	膿瘍	27
骨折	122	衰弱	26
リューマチ	82	脚部潰瘍	24
膿瘍	49	火傷	20
脚部潰瘍・その他	47	外傷	14
挫傷	35	結膜炎	13
気管支炎	29	気管支炎	12
結膜炎	21	舞踏病	11
肺結核	20	滑膜炎	11
その他	255	その他	165
計	976	計	351

[1883～1908 年]

男子		女子	
骨折	1,082	潰瘍	253
火傷	689	舞踏病	193
挫傷	502	貧血	177
打撲傷	327	扁桃腺炎	177
潰瘍	304	結核	169
ヘルニア	234	膿瘍	149
膿瘍	223	胃潰瘍	135
結核	223	火傷	114
挫傷（crush）	210	湿疹	92
リューマチ	206	脱疽	92
裂傷	204	リューマチ	90
肺炎	150	悪性腫瘍	82
気管支炎	141	骨折	79
捻挫	131	角膜炎	70
脱疽	127	消化不良	63
その他	5,315	その他	2,872
計	10,068	計	4,807

出所）North Ormesby Hospital, Case Book, 1861-1870, Teesside Archives, H/NOR 10/1; North Ormesby Hospital, Case Books, 1883-1888, 1885-1908, Teesside Archives, H/NOR 10/2, 3 より作成。

表 7-2 ノース・オームズビー病院入院患者年齢別・性別罹病率（1883〜1908 年）

年齢	男子		女子	
0〜4	包　茎	105（11.7）	火　傷	37（6.8）
	ヘルニア	80（8.9）	母　斑	33（6.1）
	火　傷	67（7.5）	扁桃腺炎	31（5.7）
	結　核	46（5.1）	湿　疹	28（5.1）
	その他	599（66.8）	その他	415（76.3）
	計	897（100.0）	計	544（100.0）
5〜14	単純・複雑骨折	99（7.4）	舞踏病	151（12.6）
	結　核	88（6.6）	扁桃腺炎	134（11.2）
	扁桃腺炎	79（5.9）	結　核	105（8.8）
	火　傷	59（4.4）	脱　疽	42（3.5）
	その他	1,014（75.7）	その他	765（63.9）
	計	1,339（100.0）	計	1,197（100.0）
15〜34	単純・複雑骨折	441（11.4）	貧　血	171（9.2）
	挫傷・打撲傷	439（11.4）	胃潰瘍	119（6.4）
	火　傷	341（8.8）	膝蓋骨滑液嚢炎	71（3.8）
	裂　傷	156（4.0）	結　核	69（3.7）
	その他	2,480（64.4）	その他	1,432（76.9）
	計	3,857（100.0）	計	1,862（100.0）
35〜49	単純・複雑骨折	305（13.2）	脚部潰瘍	59（8.6）
	挫傷・打撲傷	236（10.3）	乳癌・その他	54（7.8）
	火　傷	144（6.3）	リューマチ	22（3.2）
	脚部潰瘍・静脈瘤	120（5.2）	結　核	17（2.5）
	その他	1,497（65.0）	その他	537（77.9）
	計	2,302（100.0）	計	689（100.0）
50〜	単純・複雑骨折	170（11.4）	脚部潰瘍	59（14.4）
	挫傷・打撲傷	107（7.2）	乳癌・その他	48（11.7）
	脚部潰瘍・静脈瘤	97（6.5）	単純・複雑骨折	18（4.4）
	火　傷	51（3.4）	ヘルニア	11（2.7）
	その他	1,068（71.5）	その他	275（66.8）
	計	1,493（100.0）	計	411（100.0）

注記）括弧内の数値は%。
出所）North Ormesby Hospital, Case Book, 1861-1870, Teesside Archives, H/NOR 10/1; North Ormesby Hospital, Case Books, 1883-1888, 1885-1908, Teesside Archives, H/NOR 10/2, 3 より作成。

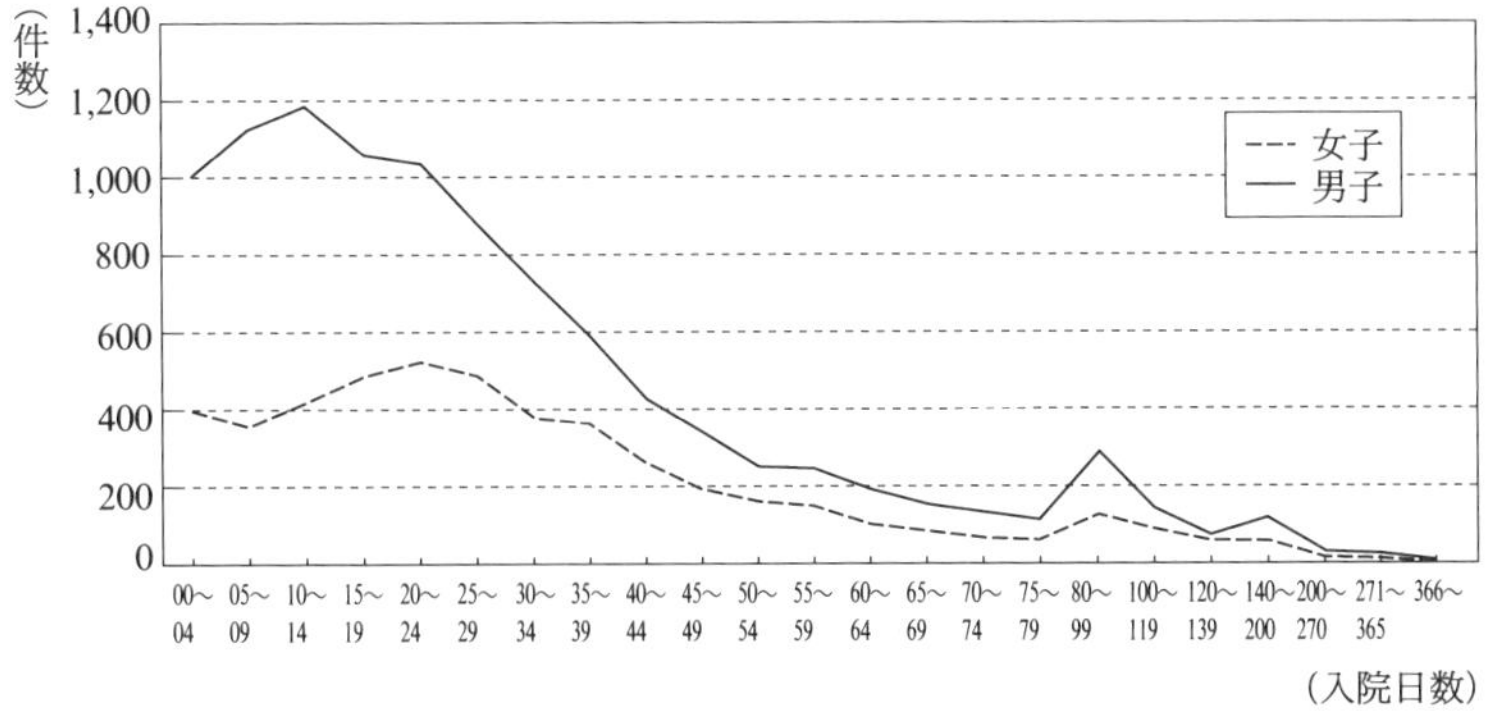

図 7-4　ノース・オームズビー病院平均入院期間（1883〜1908 年）

紀初頭におけるリーズ篤志総合病院（The General Infirmary at Leeds）の入退院台帳は、女子労働者が亜麻の櫛梳作業中に発生する繊維塵による呼吸器系および消化器系疾患のみならず、打撲・創傷・骨折等の外科的な疾患に見舞われることが多かったことを示している。[10] リーズ医科大学の設立に尽力したイギリスにおける労働医学の先駆者であるサクラ（Charles Turner Thackrah）によれば、これらの疾病は亜麻紡績工場の労働者、特に櫛梳工（hackler）に典型的に見られる職業病であり、繊維工業都市に固有の疾病であった。[11] 他方、図7-4に示したように、一八八五〜一九〇八年におけるノース・オームズビー病院の「症例記録」から算出した女子の平均入院期間三四・四日は、男子の平均入院期間三一・一日を僅かながら上回っている。女子の場合、深刻な外科的疾患による入院が相対的に少なかったことを暗示している。[12]

　男子労働力について言えば、この時代の製鉄、鉄道、造船、化学工業等における労働環境の改善は大幅に遅れ、その影響はそれぞれの産業に固有の労働災害・職業病として顕在化していた。特に、農村から流入し、時を経ず未熟練労働力として雇用された人々の多くは、工場労働者として充分な訓練を受けておらず、新しい労働環境に適応することが困難であった。重化学工業の労働環境の下で発生しやすい骨折・外傷・火傷・打撲等の外科的疾患のような一般的な労働災害のほか、製鉄工業労働者が罹りやすい職業病として、次のような疾病が考えられる。高炉、溶銑炉、鋼工場（例えば、ベッセマー転炉）における鉄鉱石の溶解作業は、ガスと粉塵の中で労働することによって、眼と呼吸器を損傷する。高炉はまた、野外に建設されているため、鉱石装入工、鉱滓運搬工、作業時間係、計量工等の高炉労働者は極端な高温と寒気に交互に曝されることから発症するその他の疾病にも罹りやすい。炉頂において手作業で炉に鉄鉱石を装入する鉱石装入工は、寒気と雨だけでなく、濃い粉塵と煙に曝された。炉底の炉本体付近で働く労働者は、熱と蒸気と粉塵に曝され、時には溶解した高温の鉄の飛沫を浴びたであろう。灼熱した鉄の飛沫は、保護されていない皮膚に付着して容易に外れることはなかった。

一八八五〜一九〇八年におけるノース・オームズビー病院の「症例記録」に記録された男子の疾病のうち最も多いものの一つは、脚部の化膿・潰瘍（ulcer of leg）である。恐らく、この脚部の潰瘍の原因は、飛び散った高熱の鉄の火花の皮膚への付着と損傷によるものであろう。また、鋳床（pig beds）から凝固した銑鉄を取り外す作業に従事する未熟練労働者は、指の粉砕や背骨の障害に悩んだ。可鍛鋳鉄製品である棒鉄や薄板（sheets）を製造する工程に従事する熟練労働者、例えば、攪錬鉄工は、溶解した鉄が打鉄と圧延に適した状態に達したか否かを見極めるために、攪錬鉄炉を凝視しなければならず、その作業は眼に悪影響を与えた。打鉄工（shinglers, hammermen）は、金網の顔当て、皮製の前掛け、脚絆などの防御具を身につけていたが、高温と粉塵に曝されていた。可鍛鋳鉄製品製造の最後の工程である棒鉄を取り扱う作業は、しばしば手の火傷と挫傷を伴う。これらの傷害を避ける方法は、労働者の熟練しかなかったのである。

男子の外科的疾患に関して注目すべき傾向は、外傷・火傷・挫傷が脚部（下肢全体、足首、つま先、くるぶし等）と背中に集中していることである。言うまでもなく、こうした外科疾患は、特に製鉄工業における高炉・攪錬鉄・鍛鉄・圧延・運搬作業中における労働災害であり、多くの場合、重篤な疾患であった。年次報告書の編集者が慨嘆しているように、ミドルズバラの男子は、鉄道・製鉄工業の労働現場で、致命的な火傷や怪我の危険に曝されていた。溶鉱炉から排出された灼熱した鉄による脚部への火傷や可鍛鋳鉄製造作業中に発生する単純・複雑骨折はしばしば致命的であった[13]。表7-3にある通り、一八八三～一九〇八年における死亡退院数五六八件の二二%は、こうした労働作業中の事故による骨折と火傷であったと思われる。一八六〇～一八七〇年および一八八三～一九〇八年の男女平均病院死亡率は五%、男子は六・〇%であり、一九世紀初頭のリーズ篤志総合病院の男子患者の平均死亡率三・一%を遙かに上回っている[14]。ミドルズバラの男子は、職場において、リーズの男子の二倍の危険に曝されつつ労働しなければならなかったのである。

表 7-3　ノース・オームズビー病院死亡退院患者の疾病（1860～1870 年・1883～1908 年）

［男子］

1860～1870 年		1883～1908 年	
単純・複雑骨折	15（26.3）	単純・複雑骨折	90（15.8）
外　傷	7（12.3）	肺　炎	52（9.2）
火　傷	6（10.5）	火　傷	37（6.5）
肺結核	6（10.5）	結　核	25（4.4）
膿　瘍	4（7.0）	ヘルニア	12（2.1）
気管支炎	3（5.3）	気管支炎	12（2.1）
その他	16（28.1）	その他	340（59.9）
計	57（100.0）	計	568（100.0）

［女子］

1860～1870 年		1883～1908 年	
肺結核	2（25.0）	結　核	16（7.0）
火　傷	1（12.5）	火　傷	15（6.5）
その他	5（62.5）	心疾患	9（4.0）
		ヘルニア	9（4.0）
		癌	7（3.0）
		その他	173（75.5）
計	8（100.0）	計	229（100.0）

注記）括弧内の数値は%。
出所）North Ormesby Hospital, Case Books, 1861–1870, 1883–1888, 1885–1908, Tesside Archives, H/NOR 10/1, H/NOR 10/2, 3 より作成。

もとより労働災害に対する国家の補償や社会保険制度が整備されていないこの時代には、労働者は自らの力で自己防衛策を講じなければならなかった。この時代の都市住民が、篤志総合病院という組織を利用しながら、どのような形で自身の生命・健康の維持を図ろうとしていたのか、疾病・労働災害からの回復という彼らの社会福祉、セーフティ・ネット実現の具体的な形態について触れておきたい。ノース・オームズビー病院への醵金および寄附金の内訳を時

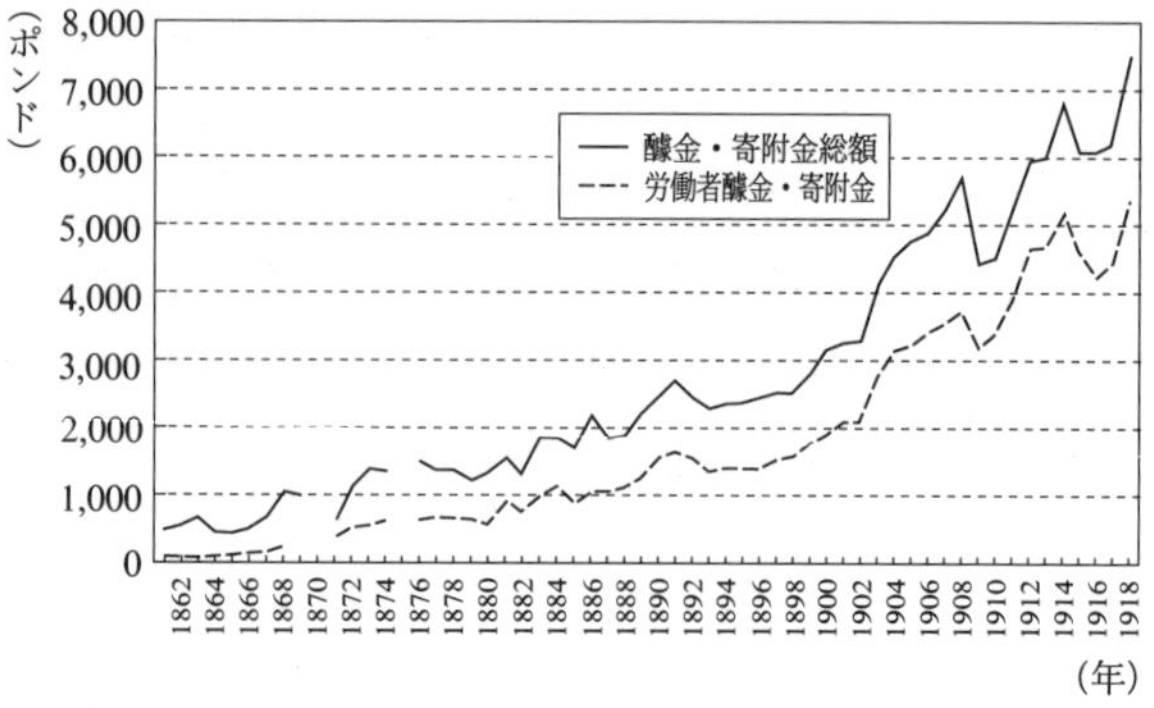

図 7-5　ノース・オームズビー病院労働者醵金・寄附金額（1861〜1918 年）

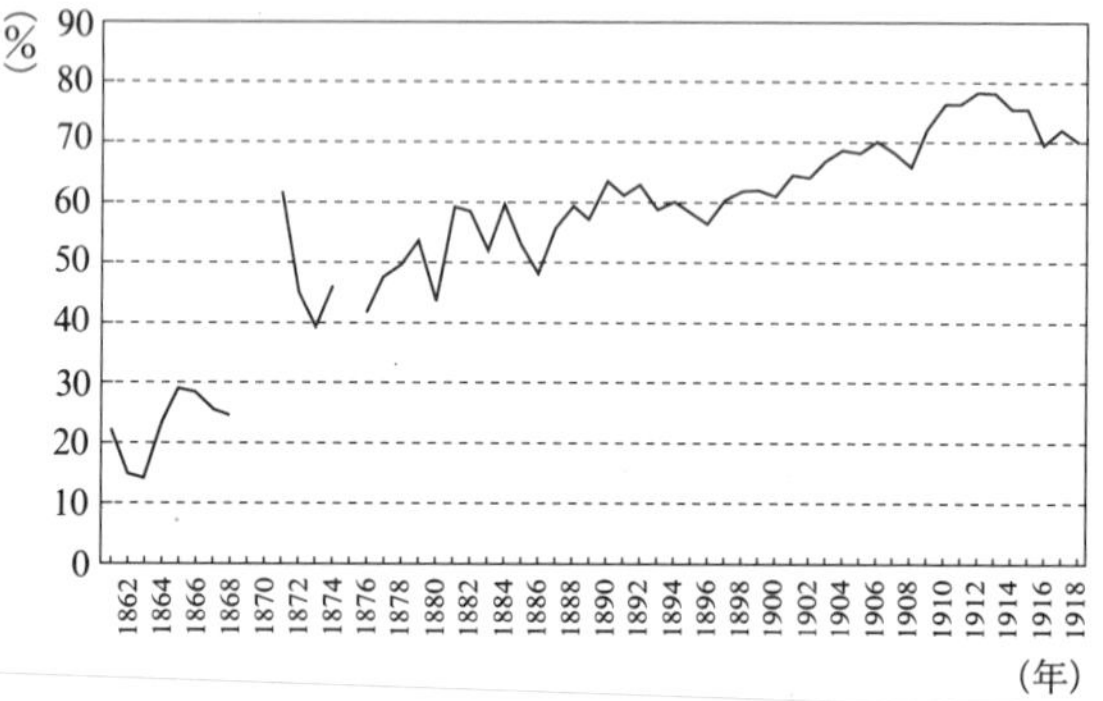

図 7-6　ノース・オームズビー病院労働者醵金・寄附金額比率（1861〜1918 年）

系列で追った図7‐5・図7‐6は、労働者による醵金が一八七〇年代以降、病院運営資金の半分以上を占めていたことをはっきりと示している。一九世紀末期ともなれば、病院の通常収入のうち、労働者による醵金の占める比率は急増して六〇%を超えている。二〇世紀の初頭にはこの病院はほぼ全面的に労働者の醵金によって支えられていたということがわかる。二〇世紀最初の五年間における平均収入、四、五八一ポンドの六〇%近く、一〇年代には実にほぼ八〇%が労働者の醵出金から成っていた。たとえば、一九〇〇年の収入総額中労働者の醵出金は五七%、通常の企業をはじめとする醵出金は一九%、労働者以外からの寄附金は一二%、募金・遺贈金・利子・地代・配当等が一二%を占めていた。[15] 一八五九年の創立以来、全期間を通じてこの病院は運営資金の供給を患者である労働者に大幅に依存してきたのである。[16] 同じ傾向は、救急治療を要する事故や環境悪化がもたらす疾病の多い他の重化学工業都市、例えば、グラズゴウ、シェフィールド、サンダーランド、ニューカッスル、スウォンジーでも顕著であった。[17] しかし、ノース・オームズビー病院の資金源は著しく重化学工業労働者からの醵金に集中している。恐らく一九世紀におけるイギリス病院史上まれな事態であろう。[18]

他の地域における病院運営の資金源と比較するとこの病院の特性が一層はっきりする。表7-4は、先にも引用した繊維工業都市に本拠をおくリーズ篤志総合病院の一八五七年における醵金者・醵金額と一八七六年におけるノース・オームズビー病院のそれを比較したものである。[19] ミドルズバラ地域の雇用労働者による醵金は、収入全体の六五%に上っている。他方、企業からの醵金は全体の五・五%であり、労働者のそれの一割にも満たない。個人の醵金については、貴族とジェントリーのそれが九%、一般の俗人のそれが四%を占めている。これに対して、リーズ篤志総合病院はノース・オームズビー病院が採用している醵出制資金徴収手続きをとっていないため、団体としての労働者から病院基金を徴収していない。リーズの中心的な医療機関は、広範囲に広がるヨークシャー、ウェスト・ライディング工業地帯の富裕な地主に依存するところが大きかった。貴族とジェントリーが、リーズ篤志総合病院運営基金の二二%を賄っていた。

リーズ篤志総合病院の財政を支えたのは、新興工業都市の工場主といった都市ブルジョアジーというよりもむしろ大小の地主やジェントリー、あるいは近世以降にこの地方で発展していた毛織物工業を基盤に成長した織元、アメリカ貿易で巨富を築いた輸出商人、商店主や専門職に従事する中産階級であった。リーズの医療機関への

写真 11　ノース・オームズビー病院，ノース・ライディング篤志病院への寄金募集慈善行事（1925 年）

出所）Araf K. Chohan, *Britain in Old Photographs, Middlesbrough*, Stroud, 1996, p. 124.

表 7-4 ノース・オームズビー病院（1876 年）・リーズ篤志総合病院（1857 年）病院基金

ノース・オームズビー病院（1876 年）			リーズ篤志総合病院（1857 年）		
醵金者	件数	金額（£）	醵金者	件数	金額（£）
企　業	10	53.4（5.5）	企　業	174	482.5（20.8）
友愛組合	3	12.6（1.3）	友愛組合	9	29.4（1.3）
救貧区連合	2	12.6（1.3）	救貧区連合	7	45.2（2.0）
救貧監督官	–	–	救貧監督官	11	45.2（2.0）
その他組織	3	4.4（0.4）	その他組織	4	40.3（1.7）
個　人			個　人		
貴　族	3	17.1（1.8）	貴　族	23	123.4（5.3）
ジェントリー	19	68.1（7.0）	ジェントリー	119	390.3（16.8）
教会関係者	7	12.6（1.3）	教会関係者	45	110.5（4.8）
俗人 Mr.	18	23.3（2.4）	俗人 Mr.	396	761.3（32.9）
Mrs.	10	13.6（1.4）	Mrs.	93	202.4（8.7）
Miss	9	7.8（0.8）	Miss	40	86.1（3.7）
労働者	–	631.8（65.0）			
病院募金	–	114.5（11.8）			
計	–	971.8（100.0）	計	921	2,316.6（100.0）

注記）括弧内の数値は%。
出所）*The Eighteenth Annual Report of the Cottage Hospital, North Ormesby, Middlesbrough, 1876*, pp. 10–13 ; *The Annual Report of the State of the General Infirmary at Leeds, from September 29th, 1856, to September 29th, 1857* より作成。

資金援助者の中では、個人の貢献度が際立っており、醵金額は全収入の四〇%以上に達している。彼らにとって篤志病院への出資という「慈善」は、それと引き換えに患者紹介という割安なパトロネッジを取得し、地方名望家としての地位（respectability）を保持する手段でもあった。ミドルズバラにおける医療機関運営資金源との相違という点でより重要なのは、リーズの場合には、繊維産業をはじめとする地場の企業の貢献度が相対的に高いということである。一九世紀半ばの時点で、企業の醵金額は全収入の二一%を占めている[20]。

他方、一八六〇年にはミドルズバラを拠点とする企業は、スノードン・ホプキンズ製鉄所（Snowden & Hopkins Ironworks）が五ポンドの寄金をしたほかは、ノース・オームズビー病院に対して一切醵金をしていない。この病院は、その設立の当初から、労働者の醵金に大幅に依存していたのである。一八六〇～一八八一年における企業と雇用労働者のノース・オームズビー病院に対する醵金の比率を示した表7-5から明

表 7-5　ノース・オームズビー病院に対する企業と雇用労働者の醵金（1860〜1881 年）

会社名	企業醵金額	労働者醵金額	醵金総額
コクラン製鉄所（Cochrane & Co.）	£ 9[1)]　(5.6)[2)]	£152 (94.4)	£161 (100.0)
ベル兄弟製鉄所（Bell Brothers）	14　(23.0)	47 (77.0)	61 (100.0)
ギルクス・ウィルソン・ピーズ製鉄所 (Gilkes, Wilson, Pease & Co.)	10　(25.0)	30 (75.0)	40 (100.0)
クレイ・レイン, サウス・バンク製鉄所 (Clay Lane, South Bank Iron Works)	0　(0.0)	55 (100.0)	55 (100.0)
ジヤーズ・ミルズ製鉄所 (Gjers, Mills and Co.)	0　(0.0)	15 (100.0)	15 (100.0)
サミュエルソン製鉄所 (Samuelson & Co.)	5　(100.0)	0 (0.0)	5 (100.0)
北東鉄道（North Eastern Reilway）	10　(28.6)	25 (71.4)	35 (100.0)
計	£48　(12.9)	£324 (87.1)	£372 (100.0)

注 1）年平均（ポンド）。
2）醵金総額に対する比率（%）。
出所）*North Ormesby Hospital, The First to Fifty Ninth Report of the Cottage Hospital, North Ormesby, Middlesbrough, 1860–1881* より作成。

らかなように、この間を通じて、代表的な製鉄企業六社と鉄道会社の病院資金に対する出資額は、一三%弱であり、雇用労働者の醵金の僅か七分の一にしか過ぎない。クレイ・レイン、サウス・バンク製鉄所（Clay Lane & South Bank Iron Works）やジヤーズ・ミルズ製鉄所は全く醵金していない。これに対して、両社の雇用労働者はそれぞれ年平均五五ポンド、一五ポンドの醵金をしている。(21) 後述するように、ミドルズバラを拠点とするこれら製鉄企業から送り込まれる患者数が極めて多数に上ったという事実を考慮すると、雇用主のこの病院に対する姿勢はむしろ奇異な観すら与える。

最も多数の患者をノース・オームズビー病院に送った企業は、表7-6・表7-7に示すように、ミドルズバラ製鉄企業の中では病院の直近に工場を所有するコクラン製鉄所である。この企業は、一八六〇〜一八七一年における男子外科疾患入院患者五三二人の三〇%、男子内科疾患入院患者四四四人の一七%を紹介している。(22) 一八八三〜一九〇八年には、男子入院患者総数一〇、〇六八人の一三%、女子入院患者四、八〇七人の九%を送っている。(23) しかし、コクラン製鉄所は一八六〇〜一八八一年を通じて、年平均九ポンドの醵金しかしていない。これに対して、コクラン製鉄所の従業員は、この間、年平均一五二ポンドの醵金を続けている。病院評議会（Hos-

表 7-6　ノース・オームズビー病院患者紹介企業（1860〜1871 年）

［男子外科疾患患者］

患者紹介企業名	患者数（%）	疾　病	
コクラン製鉄所（Cochrane & Co.）〈製鉄工業〉	163（30.9）	外　傷	135
ベル兄弟製鉄所（Bell & Brothers Co.）〈製鉄工業〉	36	火　傷	97
ギルクス・ウィルソン製鉄所（Gilkes, Wilson & Co.）〈製鉄工業〉	22	骨　折	82
ホプキンズ製鉄所（Hopkins & Co.）〈製鉄工業〉	22	挫　傷	29
バックハウス・ディクソン造船所（Backhouse, Dixon & Co.）〈造船業〉	20	打撲傷	7
ボルコウ・ヴォーン製鉄所（Bolckow, Vaughan & Co.）〈製鉄工業〉	16	創　傷	6
ストックトン・ダーリントン鉄道（Stockton Darlington Railway）	15	その他	18
ジョーンズ・ダニング製鉄所（Jones, Dunning & Co.）〈製鉄工業〉	12		
その他企業	58		
計	364（69.5）	計	374
その他	33（6.3）		
紹介なし	127（24.2）		
総　計	524（100.0）		

［男子内科疾患患者］

患者紹介企業名	患者数（%）	疾　病	
コクラン製鉄所（Cochrane & Co.）〈製鉄工業〉	75（17.0）	リューマチ	40
ギルクス・ウィルソン製鉄所（Gilkes, Wilson & Co.）〈製鉄工業〉	19	脚部潰瘍	27
ボルコウ・ヴォーン製鉄所（Bolckow, Vaughan & Co.）〈製鉄工業〉	14	膿　瘍	19
ベル兄弟製鉄所（Bell & Brothers Co.）〈製鉄工業〉	13	気管支炎	11
バックハウス・ディクソン造船所（Backhouse, Dixon & Co.）〈造船業〉	11	肺結核	6
ホプキンズ製鉄所（Hopkins & Co.）〈製鉄工業〉	11	肺　炎	6
その他企業	30	「疾病」(diseases)	6
		炎　症	6
		その他	53
計	173（39.0）	計	174
その他	73（16.4）		
紹介なし	198（44.6）		
総　計	444（100.0）		

出所）North Ormesby Hospital, Case Book, 1861-1870, Teesside Archives, H/NOR 10/1 より作成。

表 7-7 ノース・オームズビー病院患者紹介企業（1883〜1908 年）

［男子］

患者紹介企業名	入院患者数	%
コクラン製鉄所（Cochrane & Co.)	1,277	12.7
緊急入院	539	5.4
レイルトン・ディクソン造船所（Raylton Dixon & Co.)	477	4.7
カーゴ・フリート製鉄所（Cargo Fleet Iron Works)	410	4.1
北東鉄道会社（North Eastern Railway)	357	3.5
ウィルソン・ピーズ製鉄所（Wilson, Pease & Co.)	344	3.4
ボルコウ・ヴォーン製鉄所（Bolckow & Vaughan Co.)	285	2.8
サドラー化学会社（Sadler & Co.)	269	2.7
アンダストン鋳造所（Anderston Foundry)	239	2.4
ノーマンビー製鉄所（Normanby Iron Works)	237	2.3
ドーマン・ロング製鋼所（Dorman Long & Co.)	208	2.1
ベル兄弟製鉄所（Bell Brothers)	186	1.8
クレイ・レイン製鉄所（Clay Lane Iron Works)	126	1.3
事　故	86	0.9
その他	5,028	49.9
計	10,068	100.0

［女子］

患者紹介企業名	入院患者数	%
コクラン製鉄所（Cochrane & Co.)	428	8.9
緊急入院	204	4.2
ボルコウ・ヴォーン製鉄所（Bolckow & Vaughan Co.)	180	3.7
ドーマン・ロング製鋼所（Dorman Long & Co.)	178	3.7
北東鉄道会社（North Eastern Railway)	162	3.4
カーゴ・フリート製鉄所（Cargo Fleet & Co)	129	2.7
アンダストン鋳造所（Anderston Foundry)	118	2.5
ウィルソン・ピーズ製鉄所（Wilson, Pease & Co.)	101	2.1
サドラー化学会社（Sadler & Co.)	99	2.1
レイルトン・ディクソン造船所（Raylton Dixon & Co.)	77	1.6
ノーマンビー製鉄所（Normanby Iron Works)	77	1.6
ベル兄弟製鉄所（Bell Brothers)	73	1.5
クレイ・レイン製鉄所（Clay Lane Iron Works)	34	0.7
事　故	8	0.2
その他	2,939	61.1
計	4,807	100.0

出所）North Ormesby Hospital, Case Books, 1883-1888, 1885-1908, Teesside Archives, H/NOR 10/2, 3 より作成。

pital Council）は、こうした事態を憂慮し、「労働者の醵金額と彼らを雇っている雇用主の寄金とは対照的であると言わなければならない」し、「自分たちの面倒を自分たちでみている労働者の方が資本の所有者よりも奨励するに値する」と述べている。[24] 委員会はまた、「送り込んだ患者の治療費を賄うに充分な醵金をしようとしない工場主」を非難しさえしている。[25] 製鉄会社や鉄道企業は、既にこの頃、醵出制疾病保険制度に類似した制度に着手しているが、少なくともこの病院基金への分担金は雇用労働者のそれと比べると、明らかに小額であった。[26]

もともとノース・オームズビー病院開設の経緯は次のようなものであった。一八五八年にスノードン・ホプキンズ製鉄所で発生した給湯タンクの爆発事故による負傷工員の救急介護施設の欠如を深く憂慮した「キリスト教会修道女会」（Christ Church Sisterhood）の修道女メアリーによって、翌一八五九年にミドルズバラ市街地の民家を借りて小診療所（Cottage Hospital）として建設されたのである。[27] 興味深いことに、病院開設直後に、そして一八六一年に市街地を離れてより環境の良い郊外のノース・オームズビーにこの病院が移転する以前に、市内に別の篤志病院を建設する計画が立案された。計画立案後五年を経て市の中心部に建設されたノース・ライディング篤志病院（North Riding Infirmary）の設立に動いたのは、クリーヴランド製鉄工業地域の製鉄資本と市の統治機構を代表する市長、市参事会委員、市議会議員、都市役人、その他の地方有力者であった。新たな病院建設計画進行の背後に、聖十字架国教会修道会（Anglican Order of Holyrood）の主導の下に自然発生的に沸きあがり、地域医療機関として重要性を増してきたミドルズバラ小診療所に対する対抗意識が幾分かはあったものと考えられる。アイルランド移民の多いこの都市では、カトリックの利害は無視できなかった。しかし、次節で詳しく述べるように、この新たな篤志病院建設をめぐる利害の相克は、むしろ別のところにあったように思われる。

一八六〇・一八七〇年代のミドルズバラは、医療機関の建設ラッシュ時代を迎えていた。先述のノース・ライディング篤志病院のほか、天然痘、チフス等の感染症罹患患者のためのウェスト・レーン隔離病院（West Lane Isolation Hospital）が一八七二年に都市保健局長（Borough Medical Officer of Health）の監督下で開設された。この隔離病院は、一八七八年にミドルズバラ救貧院（Workhouse）に引き継がれ、罹患した被救恤窮民の治療のために、院内に医務室が設けられた。更に一九世紀末期には、再び病院建設運動が進行している。救貧法施行委員会（Poor Law Board of Guardians）管轄下のブルームランズ小児病院（Broomlands Children's Hospital）、ヘムリントン天然痘病院（Hemlington Smallpox Hospital）、クリーヴランド精神病院（Cleveland Asylum）の三つの医療機関が相次いで設立された。(28)

こうした動きは、絶頂期を迎えつつあったクリーヴランド製鉄工業の急速な進展と産業集積の深化に伴う社会的基盤整備への要請の結果であった。一八六一年五月二四日には、市街地にあった小診療所が郊外のノース・オームズビーに移転し、「ノース・オームズビー病院」が正式に開院した。同じ日に、コータムに「回復期患者保養施設」（Coatham Convalescent Home）が付属機関として開所されている。(29) 労働者の醵金が病院運営の基金として極めて重要な役割を果たしたのは、原理は篤志病院であったとしても、一八世紀的な中産階級の寄附・慈善原則ではなく、一九世紀に大きな意味を持ってくる協同組合・友愛組合原理によって運営されていたせいであろう。あるいは、ランカシャー綿工業地帯の一部（たとえば、オルダム）やヨークシャーの紡毛毛織物（woollen cloth）工業地帯でほぼ同じ時期に展開した職人層の小額の出資金による協同組合型の資本調達方式ともいうべきカンパニー・ミル（company mill：協同組合的共同出資企業）に類似した労働者自身による互助的な実践活動の一部と見做してよいであろう。他の場所と比べて格段に危険の多い環境の中で生きていくために労働者自らが採用した自己防衛策であり、福祉国家登場以前におけるセーフティ・ネット構築の一つの形態であった。(30)

一九世紀後半におけるミドルズバラの医療を担ったこれらの病院のうち、ノース・オームズビー病院とノース・ライディング篤志病院は、任意醵出制の資金で運営される自発的結社である。それ以外の五つの病院は、地方自治体か救貧当局の支援の下で経営されていた。福祉における私的原理と公的原理の並存、いわゆる「混合経済」(mixed economy) の下で医療福祉が実施されていたのである。このうち、ノース・オームズビー病院は、終始、設立の理念である宗教的・慈善的原理を踏み外すことはなかったが、既に見たように、設立直後から、製鉄・鉄道・化学をはじめとするクリーヴランド重化学工業労働者の醵金をその存立の基盤としていた。以下において、この医療機関の内部組織と運営の実態を検討しておこう。

設立発起人 (promoters) は、当初、この施設が特定の利害と結びつくことを極力避け、中立的かつ独立の医療機関として活動することに留意したように思われる。このことは、発起人たちが、労働者による基金徴収を実現するために病院内に労働者の団体である「労働者委員会」(The Working Men's Committee) を組織しただけではなく、この地域の雇用主に対して、雇用労働者を促して病院基金へ醵出するよう勧めることを依頼したことからも明らかである。[31] 更に、設立発起人自ら工場を訪れ、労働者に対して、週単位の醵金を要請している。[32] 地域の聖職者に対しても、病院への寄金を募る土曜・日曜慈善集会 (Hospital Saturday and Sunday Funds)、義捐金の収集、病院への寄附を呼びかけている。[33] しかし、醵金額、来院患者数の点で、ノース・オームズビー病院は次第に労働者、特に重化学工業労働者の疾病治療機関としての色彩を濃くしていく。実質的には、労働過程で常に危険に曝される機会の多い男子労働者の労働災害の治療機関としての役割を強めていくのである。一八五九年の設立後間もなく、一八六六年の「病院評議会」の設置以前に、既にミドルズバラ地域の主要な製鉄所のうちの四社、コクラン、ボルコウ・ヴォーン、サミュエルソン、スノードン・ホプキンズ製鉄所の労働者が病院の通常収入の二三%に当たる一一〇ポンドを醵金している。[34]

この地域の重化学工業企業で雇用される労働者は、当初から醵金徴収のための組織を病院内に設置する努力を惜しまなかった。「病院評議会」議事録は、病院内に設置された「労働者委員会」の代表が「醵金徴収および病院の利害に関わるその他の事項を処理するより良い組織を作るために、幾つかの提案を行った」と述べている。[35] 数年を経て、労働者の代表によって「病院評議会」に提案される問題を検討する小委員会の設置が決定され、次いで一八七〇年に「病院運営委員会」(House Committee) が正式に発足した。[36] 病院の存在と設立の趣旨、日常的な活動と運営の実態、治療内容について啓蒙し、併せて可能な限りの醵金によってこの病院を支えていくことをミドルズバラ地域の労働者に訴える目的で病院内に一八六七年に設置された「労働者委員会」は、病院運営が軌道に乗り始めた一八七〇年代初頭には、「受託者」としての役割を終え、「病院運営委員会」にその職務と権限を譲ったものと思われる。

「病院運営委員会」は、製鉄、鉄道、造船、化学工業企業等の各職場および友愛組合からの代表をもって構成される二〇~三六名から成る病院内の意思決定機関の一つであった。一八七八年の病院年次報告書によれば、この年の運営委員は二八名であり、地域代表が一三名、職場代表が一五名であった。職場代表の労働者と思われる者のうち、クリーヴランド製鉄工業を代表する製鉄所から九名、鍛鉄工場から一名、化学工場から二名、鉄道会社から二名、造船所から一名がそれぞれ運営委員を務めている。[37]「病院運営委員会」は、創立当初の暫定的な「労働者委員会」と比較すると、より整備され、正式に承認された組織であり、病院運営における労働者の利害をより直截に反映することのできる機構であった。[38] 一八七〇年代の後半以降、労働者による病院への醵金徴収制度が次第に整備・効率化され、既に見たように、労働者の醵金比率が病院の通常収入の六〇%を超えるようになっていた。労働者たちはこの病院を、自力で支え、運営する医療機関であり、利用可能な最も重要なセーフティ・ネットの一つであると見做し始めていたように思われる。「病院評議会」議事録が高く評価しているように、「自助努力」によって医療福祉を維持・継続するよう連合し、計画的にこの病院を支援しようとする動きが彼らの間に定着してきたのである。[39]

労働者からの醵金の一部は、各企業単位で賃金からの天引きという形で行われた。企業による「代理徴収」である。病院設立の初期には、病院内に組織された前述の「労働者委員会」あるいは、「労働者集会」(Working Men's Meeting) が各企業の労働者から徴収した醵金を病院に入金する仲介機関としても機能したように思われる。ミドルズバラ地域の有力な製鉄所の一つであるベル兄弟製鉄所の一八六〇年代後半の賃金台帳によれば、熟練・半熟練・未熟練高炉労働者は、一週間、あるいは二週間分の賃金のほぼ五％を費やして、予め緊急事態に備えていたことがわかる。[40]

ベル兄弟製鉄所は、雇用労働者の賃金から、以下のような費用を差し引いている。すなわち、会社雇用の医師(産業医)への醵金、ノース・オームズビー病院 (Cottage Hospital) への醵金、ローマ・カトリック基金 (Roman Catholic Fund) への醵金、疾病互助会 (sick club) への醵金、新聞閲覧室利用費 (News Room)、社宅家賃、前借金 (Money Advanced) である。ローマ・カトリック基金については、詳細は不明である。しかし、一八四七年に市内のサセックス通り (Sussex Street) に建設された聖マリア・ローマ・カトリック教会 (St. Mary) が一八五四年と一八六六年に増築され、一八六七年の時点で、必要な基金の目処が立ち次第、更に拡張することが意図されていたことを考慮すると、教会建設のための基金である可能性が高い。

製銑の比重が高いベル兄弟製鉄所には、高炉部門で働くアイルランド出身の未熟練労働者が多く、この点からもカトリック教会拡張基金への拠出金であると考えられる。[41] ノース・オームズビー病院への醵金としては、二週間分の賃金から二ペンスが差し引かれている。産業医への支払いに充てる基金として、四ペンス、あるいは六ペンス、疾病互助会への醵金として、一シリング四ペンスがそれぞれ差し引かれている。ベル兄弟製鉄所における労働災害の治療については、地方紙に次のような記事がある。「先週金曜日に、ベル兄弟製鉄所のポート・クラレンス工場 (Port Clarence Ironworks) において、ジョン・ガーヴィーという労働者が貨車に輪止めを掛けている最中に積載していた材木が落下し、顔面と前歯と舌に損傷を受けた。医師のヤング氏（Dr. Young）が急遽駆けつけ、痛みを軽減する治療を施し、舌を元に戻した」[42]。恐らく、このヤング医師はベル兄弟製鉄所の契約産業医であろう。

医療費、特に産業医、あるいは医療機関の運営基金に対する醵金を賃金から控除する制度については、「北部イングランド製鉄業者協会」の一八七一年一月五日の議事録に次のような記載がある[43]。製鉄労働者から提出された雇用形態についての変更要求項目の中に、労働者の医療費支払いの方法について以下のような言及がある。一八七一年以前に、可鍛鋳鉄工業労働組合と使用者団体との間で結ばれた協定、あるいは就業規則の第一四条は、「賃金から週一ペニーを産業医に、更に（……）病院（Infirmary）、あるいは病院の基金への醵金として、週二分の一ペニーを支払う労働者は、その支払いに鑑みて、就業中に疾病、あるいは事故に遭遇した場合には、余分の負担なく、内科的、外科的治療を受けることができる。醵金と引き換えに会社によって受け取られた入院切符は、治療を必要とする労働者の使用と便益のために用いられる」と規定している。また、同じく第一五条には、「既婚の労働者は、希望によって、更に週一ペニーを支払えば、彼が就業中にその妻と家族が内科疾患、あるいは外科的疾患に罹った場合には、彼らは、内科的、あるいは外科的治療を受けることができる。ただし、その妻が出産中の内科的治療には適用されない」とある。これらの規定は、それぞれの会社の事情によって、選択的であるとされている。従って、少なくとも、製鉄工業労働者に関しては、労働組合と使用者団体との間で、一八七〇年代以前に疾病・労働災害について、ある程度の強制力を伴った協約が締結されていたと考えられる。

少なくともこうした史料から判断する限り、この時代の疾病治療給付は企業内福利給付という形で、個々の企業単位で組織されていたのであろう[44]。また、企業内部において、労働者は賃金から差し引かれる病気欠勤中の休業補償積立金や産業医に対する支払いとは別に、労働災害に見舞われた労働者をノース・オームズビー病院に送るために、通常の互助会とは独立した会員制の疾病互助会を組織し、それを通じて基金へ醵金していた可能性が高い。疾病に見舞われた場合、疾病互助会会員は週一ペニーか、四分の一ペニーという小額の醵金額でこの基金を利用することが可能であり、会員の家族もまた病院治療を必要とする場合にはこの基金の恩恵に与ったものと思われる[45]。

醵金方法の実態については、不明なところが少なくない。しかし、任意醵出制医療福祉給付制度に加盟している労働者とその家族は、賃金から差し引かれた小額の醵金を担保に産業医の紹介を条件として、ノース・オームズビー病院における無料の診察を享受し得たことは確かである。ベル兄弟製鉄所の賃金台帳とノース・オームズビー病院の年次報告書から判断する限り、この段階では、企業は折半はもとより、雇用労働者の疾病・労働災害の治療に関して、応分の負担をしていたとは考えにくい。ノース・オームズビー病院に対する企業と雇用労働者の醵金額を比較した前掲の表7-5からわかるように、代表的な製鉄企業六社と鉄道会社の病院資金に対する出資額は一八六〇～一八八一年に平均して一三％弱を占めるに過ぎず、雇用労働者の醵金率を大幅に下回っている。また、クレイ・レイン、サウス・バンク製鉄所やジャーズ・ミルズ製鉄所の雇用労働者の醵金額はそれぞれ年平均五五ポンド、一五ポンドであるのに対して、企業としての醵金は全くない。特定の医療機関における雇用労働者の疾病・労働災害治療費を企業が幾分かでも負担するという制度は、一部に慣行として実施されていたかもしれないが、少なくともこの段階では、まだ定着していなかったように思われる。あるいは、労働者の医療福祉に対する雇用者側の消極的な姿勢は、後述するように、同じ時期に進行していた地方名望家による別の医療機関設立への動きと関連があると考える方が自然である。

一九世紀後半において、疾病による労働不能期間中に労働者が利用できる福利制度としては、この他に先にも簡単に紹介したように、労働組合の疾病休業補償給付があった。表7-8は、「蒸気機関工組合」(Steam Engine Makers Society) と「合同機械工組合」のミドルズバラ支部の醵金および支出の内訳とノース・オームズビー病院のそれを比較したものである[46]。組合に加盟している労働者は、「蒸気機関工組合」の場合には、支出総額の四四％、

表 7-8　ミドルズバラにおける労働組合およびノース・オームズビー病院の基金と支出（1876 年）

	合同機械工組合ミドルズバラ支部（組合員数 228 人）				蒸気機関工組合ミドルズバラ支部（組合員数 15 人）				ノース・オームズビー病院			
		£	s.	d.		£	s.	d.		£	s.	d.
基金収入	組合費・その他	515	11	8	組合費・その他	21	16	7	醵　金	230	6	6
	他支部からの寄金	110	0	0	他支部からの寄金	36	2	0	労働者からの醵金	646	15	11
	その他	36	3	3	その他	3	9	7	寄　附	611	5	9
	計	661	14	11	計	61	8	2	計	1,488	8	2
	1875年12月収支金額	1,269	18	5	1875年12月収支金額	21	11	8	1875年12月収支金額	426	8	4
	総　計	1,931	13	4	総　計	82	19	10	総　計	1,914	16	6
		£	s.	d.		£	s.	d.		£	s.	d.
支出	求職移動費	391	4	10	求職移動費	2	8	7.5	物的管理勘定	1,447	14	11
	失業手当	−	−	−	失業手当	13	10	0	疾病治療勘定	87	4	1
	疾　病	169	5	4	疾　病	23	16	4	設備・修理勘定	89	14	1
	葬儀費用	12	0	0	葬儀費用	5	0	0	病院設立勘定	284	5	0
	退職手当	4	8	0	退職手当	−	−	−				
	その他	39	12	11	その他	9	3	3.5	その他	5	18	5
	計	616	11	1	計	53	18	3	計	1,914	16	6
	1876年12月収支金額	1,315	2	3	1876年12月収支金額	29	19	10	1876年12月収支金額	−	−	−
	総　計	1,931	13	4	総　計	82	19	10	総　計	1,914	16	6

出所）*Amalgamated Society of Engineers, Yearly Report of Middlesbrough Branch*, 1876, Modern Records Centre, University of Warwic, MSS. 259/2/1/1 ; *Annual Report of the Income and Expenditure of the Steam Engine Makers' Society*, 1876, p. 198 より作成。

「合同機械工組合」の場合には、二八％と高率の医療費給付を享受している。他方、ノース・オームズビー病院は未組織労働者の治療も行っていた。図7-7および表7-9が示すように、二五～二九歳の男子労働者の治療例が最も多く、疾病も打撲・骨折、火傷が多く、入院理由の大半は、労働災害であったと思われる。病院年次報告書に記載された醵出金のうち労働者の職種が判明するものから見ると、製鉄工業の場合には、鋳型製造工（pattern-makers）、高炉労働者、鍛鉄工、鉄道業の場合には、「北東鉄道会社」の線路工夫、荷物保管所労働者、転轍作業員、機関車格納庫労働者、ドック労働者が定期的に醵金している。彼らの中には相当数の未組織労働者がいたものと思われる。労働組合、友愛組合、その他の共済会（benevolent societies）から排除されていた未組織労働者、例えば、製鉄工業に雇用される未熟練労働者にとって、任意原則に基づいて組織され、自らの醵金

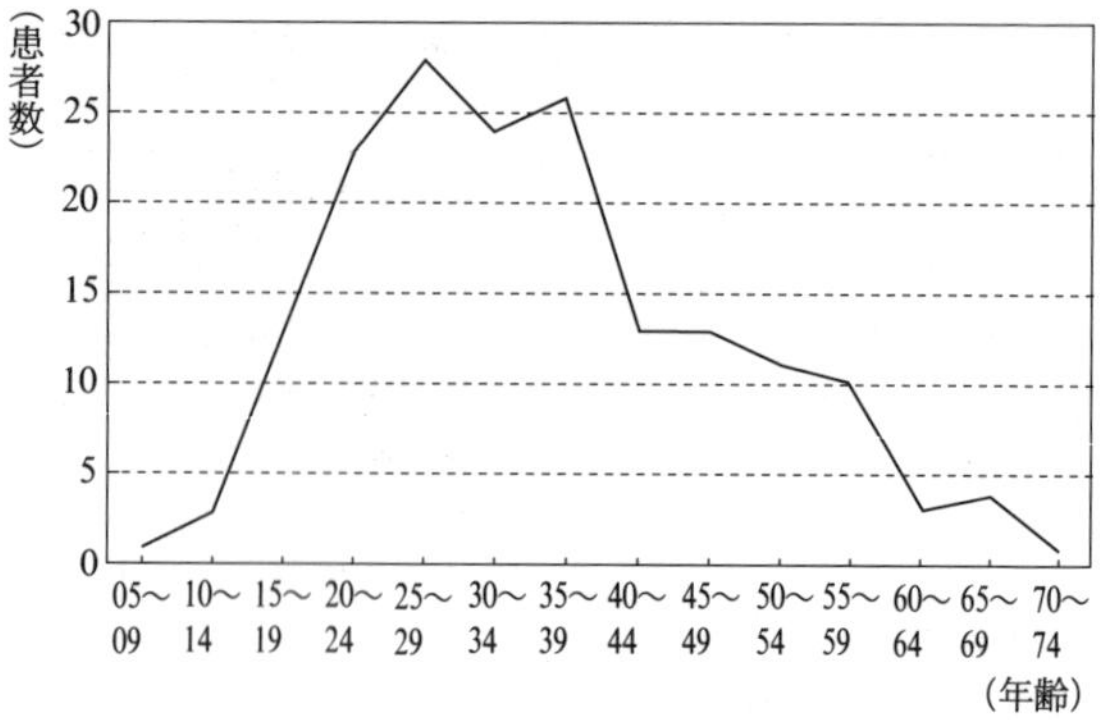

図 7-7　ノース・オームズビー病院における未熟練労働者入院患者（男子）の年齢構成（1883〜1908 年）

表 7-9　ノース・オームズビー病院における未熟練労働者の治療（1883〜1908 年）

疾病	挫傷・打撲傷	17（9.8）
	単純・複雑骨折	14（8.1）
	火　傷	11（6.4）
	脚部潰瘍	9（5.2）
	挫　傷	6（3.5）
	リューマチ	6（3.5）
	その他	110（63.5）
	計	173（100.0）
患者紹介企業	コクラン製鉄所（Cochrane & Co.）	38（22.0）
	ウィルソン・ピーズ製鉄所（Wilson, Pease & Co.）	13（7.5）
	アンダストン鋳造所（Anderston Foundry & Co.）	13（7.5）
	レイルトン・ディクソン造船所（Raylton Dixon & Co.）	10（5.8）
	クレイ・レイン製鉄所（Clay Lane Iron & Co.）	7（4.0）
	ノース・イースタン製鋼所（North Eastern Steel & Co.）	7（4.0）
	ボルコウ・ヴォーン製鉄所（Bolckow, Vaughan & Co.）	5（2.9）
	ベル兄弟製鉄所（Bell Brothers）	5（2.9）
	カーゴ・フリート製鉄所（Cargo Fleet Iron Works）	5（2.9）
	ノーマンビー製鉄所（Normanby Iron Co.）	5（2.9）
	その他	65（37.6）
	計	173（100.0）

注記）括弧内の数値は%。
出所）North Ormesby Hospital, Case Books, 1883–1908, Teesside Archives, H/NOR 10/3 より作成。

がその一部を構成するノース・オームズビー病院のような医療機関は、疾病や労働災害治療のための重要な拠り所であったであろう。彼らはそうした施設の運営に貢献することを誇りに思ったことであろう。
先に例証として挙げたベル兄弟製鉄所に限らず、ミドルズバラ地域の他の製鉄企業も雇用労働者のための企業内福利給付制度を整備していたと思われる。個々の企業単位で組織される福祉給付は、製鉄工業にとっては雇用主の利害に適うものであった。大半が資本財生産部門であることから、国内の景気変動に左右されやすく、また、輸出市場への依存度が高く、競争的な産業であったという製鉄工業の特性は、労働力、特に熟練労働力の調達を困難にしていた。[47] 熟練労働力不足と離職率の高さは、この時代の製鉄工業にとって深刻な問題であった。ヨークシャー北部の人口希薄地域に一九世紀の三〇年代という極めて遅い時期に、周辺の地域経済との有機的関連を考慮することなく人為的に建設されたミドルズバラの場合には、とりわけ、労働力調達、あるいは円滑な人的資源管理遂行の観点からしても、企業内福祉は重要な労務政策であった。産業構造が多様化せず、単一工業への依存が著しい、孤立した工業都市に労働力を吸引し、引き止めておくためには、医療福祉のみならず実行可能なあらゆる企業内福利給付制度の整備が要求されていたと思われる。フィッツジェラルド（R. Fitzgerald）が指摘するように、こうした環境の下では、雇用主は雇用の安定だけではなく、企業内福利給付の整備を通じて、内部労働市場の形成に努めたのである。他の産業部門と比べて相対的に中小規模の企業が多く、企業間競争も激しい製鉄工業ではなおさらこうした傾向は強かったであろう。[48]

加えて、雇用労働者、特に高炉部門の未熟練労働者に対する雇用主の家父長的温情主義も無視し得ない。一九世紀の中期以降に急成長を遂げた新興の製鉄工業都市、ミドルズバラの場合には、患者の多くは危険な職場で働き、致死率の高い労働災害に見舞われる確率が高い二〇代の血気盛んな男子であった。病院への出資と雇用労働者の生命・健康の維持は、都市基盤・住宅・公共空間の整備への出費と同様、製鉄資本による地域振興のためのある種のパターナリズムの発露であったという側面は否定できない。[49] 先に言及したベル兄弟製鉄所はアイルランド出身者を未熟練高炉労働者として多数雇用している。ベル兄弟製鉄所の経営者は、組合に未加入の未熟練労働者を制御し、労使紛争の際に雇用主に不利な行動を取らないよう日頃から留意し、温情主義を通して、労働者を管理する手段としても、企業内福利給付を実利的な観点から利用したのである。[50]

ミドルズバラに固有の医療福祉制度成立の背景にあった事情として、上に述べた要因のほかに次の事実を指摘しておかなければならない。第2章および6章で詳しく述べたように、急成長を遂げる製鉄工業が提供する熟練・半熟練、未熟練労働者の雇用機会と一八六〇年代後半から一八七〇年代前半に確立した「クリーヴランド式製鉄法」による高い生産性が可能にした相対的な高賃金が、ミドルズバラ労働者の「自助努力」によるセーフティ・ネットの構築を可能にしたもう一つの大きな要因であった。高炉部門のみならず、可鍛鋳鉄製品部門においてもミドルズバラの貨幣賃金の高さは注目に値する。ウェールズはもとよりその他の製鉄工業地域、例えばスタッフォードシャー、あるいはベルギーにおける製鉄工業労働者の貨幣賃金と比較してもミドルズバラの高賃金は際立っている。既に紹介したように、一八六四年一二月一〇日付けのボルコウ・ヴォーン製鉄所総支配人事務所から銑鉄の取引先であったウェールズのダウレイス製鉄所宛書簡によれば、「ウィトン・パーク製鉄所で働く鉄鉱石装入工等の日給は、貴社の同様の労働者の三〇%増しの賃金」を得ていた。[51]

一九世紀六〇年代の末期から一八七四年に至るまでの可鍛鋳鉄製品部門雇用労働者の実質賃金もまた着実に上昇している。不況が本格化する一八七五年から一八七九年までの四年間こそ実質賃金指数は低下を余儀なくされているが、それを除く一九世紀八〇年代末期まで、実質賃金も高水準を維持していた。[52] 熟練、未熟練を問わず、急速に展開する製鉄工業・鉄道・化学産業が提供する雇用機会と相対的な高賃金と高い生活水準が、自身の献金で病院運営に参加する経済的・精神的余裕をミドルズバラの労働者に与えたのである。ヴィクトリア朝中期ミドルズバラの労働者が享受することができた相対的な豊かさこそ彼らの独立への志向と自身のセーフティ・ネット構築への気概を育んだ要因であった。

エイザ・ブリッグズは、『ヴィクトリア朝の諸都市――輝かしい、興味尽きないその発展の歴史』(*Victorian*

Cities, A brilant and absorbing history of their development）の中で、ミドルズバラにおける労働者の特性として、友愛組合、労働組合、共済組合をはじめとする各種の自発的結社形成への強い志向性を指摘している[53]。危険な労働環境の下で生き残るために、「自助努力」によって自身の医療機関を育て上げ、セーフティ・ネットを作り上げた心性も自発的結社形成のそれと同根である。あるいは、労働者医療機関としてのノース・オームズビー病院への積極的参加こそ、自発的結社形成そのものであると言うべきであろう。ミドルズバラにおける自発的結社の数の多さと多様性の理由として、この都市が極めて新しい共同体であり、ほとんどの住民が移入者であって、古い人間関係から切り離され、古い絆から自由であったという事実をまず指摘しておかなければならない。

英国のあらゆる地域、あるいはヨーロッパ大陸諸国から、主として雇用と高賃金に引き寄せられ、熟練・未熟練を問わず大量の労働力を需要するこの都市に流入した住民の大部分が、少なくとも移住当初においては、強い帰属意識を感じることができるような集団を持たず、孤立感を深めていたことは確かであろう。整備されつつある都市という上位の社会と個人を繋ぐ中間集団としての友愛組合・労働組合・共済組合、その他生活全般に関わる互恵的な自発的結社を結成しようとする心理的な状況の中で生活していたことも確かであろう。イングランドの重化学工業地帯である北東部イングランドにおいて、ニューカッスル、ダラムはもとより、中世以来の長い伝統を誇るその他近隣の諸都市、ダーリントン、ストックトンといった競争相手の諸都市に伍して、伸び盛りの新興工業都市の住民としてのアイデンティティを涵養するためには、堅固で伝統的な人間関係の欠如という空洞を埋めるべき拠り所として、自発的結社を構築しなければならなかったのである。人間関係は希薄であり、新たな人間関係を意識して作り直さなければならなかった。あるいは作り直すことが、古い都市共同体と比べた場合、容易であったとも言い得るであろう。

中世・近世はもとより、近代の都市共同体からすら引き継ぐべき、「公式」（formal）の自発的結社の伝統もなく、精神的・物質的に支えあう拠り所のない労働者は、デュルケムの言う「職業的集団の中に看取するものは道徳的力である」、あるいは「中世的同業者組合もまた、その組合員にとって道徳的環境を構成するものであった」というような状況は望むべくもなかったであろう。[54] 彼らの間に、他の都市にもまして、各種の自発的結社が叢生した事情は、そうした精神的な空隙を埋める試みであったと言い得る。バンクスも述べているように、「一九世紀に作り出されたこの新しい文明において、都市的な生活が持っている全般的な特徴は、多様な種類の人々の協同を通じて達成される統合の一つであり、彼（デュルケム）によって、有機的連帯と活写された、本当に新しい生き方であった[55]」。

上述の要因とは別に、アノミー状態（*anomie*）からの脱出・解放の手段として、自発的な結社の形成を考える立場がある。デュルケムの言う諸機能の不統合によって生じる対立や葛藤を意味するアノミー状態からの解放の一手段として、自発的な結社を位置付けることもできる。同じく、デュルケムが『自殺論』で展開した概念としてのアノミー、すなわち、欲望の異常肥大と達成の困難性が醸成する不満・焦慮・絶望感である。[56] しかし、一九世紀後半から二〇世紀初頭のミドルズバラの住民を取り巻く社会経済的な環境は、この二つの意味におけるアノミー状態とはかけ離れていたと言わなければならない。個人の願望、この場合は主として経済的な願望と達成との乖離から生まれる無力感・劣等感・自己無価値論によって引き起こされるアノミー的な自殺の心理とはむしろ逆の心理が労働者階級にあったのではないかと考えられる。非常に過酷であり、危険に満ちてはいるが、単純な肉体労働がもたらす比較的高額の金銭的報酬、それを癒し、紛らわせる飲酒と刹那的な娯楽の追求という当時の一般的な製鉄工業労働者の生活スタイルから、デュルケムの言うようなアノミー的な状況の存在を想像することは困難である。[57] 事実、既に第4章で触れたように、自殺率はイングランドの一五の主要都市、あるいは製鉄工業都市のそれに比べてもかなり低かった。

ミドルズバラの住民の大部分は、処々方々からの、いわば「流れ者」であり、「根無し草」であるという意識を共有し、社会的にも経済的にもほぼ同じ階層に分類される同質的な集団であった。また、既に第4章において詳しく分析したように、人口の年齢構成においても、二〇〜二四歳、あるいは二五〜二九歳の男子という特定の年齢階層への集中が際立っていた。こうした状況の下では、スポーツ・娯楽、消費、医療、貯蓄、住宅、教育に関わる共通目的達成のために結集する団体が叢生したとしても不思議ではない。これらは単に労働者階級についてだけ言い得ることではない。一九世紀の六〇年代以降に相次いで形成された製鉄・鉄鉱石・石炭生産に関連する使用者団体についても、言えることである。重要なことは、そうした自発的結社の機能が、それぞれの目的に従って、住民の連帯感を強め、他方においてそうした結社に属する個人の自立性を高めたということである。それぞれの自発的な結社に属することが、自助の意識を涵養したのである。一九世紀の三〇年代という遅い時期に建設されたこの都市においては、人間の絆の再生は、少なくとも古くからの都市共同体と比べて、容易であった。

デュルケムが述べるように、都市、とりわけ大都市において、農村に支配的な、人々を同じような行動規範に縛り付ける人間関係、すなわち「機械的連帯」(*la solidatité mécanique*)から、互いに異なった、しかし相互に補完しあう人間関係、すなわち「有機的連帯」(*la solidarité organique*)への転換[58]が行われるとすれば、本書が対象としているミドルズバラにおいても、同様な傾向が存在したであろう。問題は、何故ミドルズバラにおいては、その他の大都市よりもそうした傾向がこの時期により強く出来したかである。短期間における急速な移入人口の増加と人口密度の高度化の結果生じた社会的な変化は、ミドルズバラの都市共同体に固有の性格を与えている。単に物理的な人口集中による人口密度(*densité matériale*)の高さだけではなく、大部分の人口が他所から流入したよそ者からなっていること、年齢が特定の階層に偏っていること、ほぼ同じ職業と労働・生活環境の中で生活の糧を得ていること、こうした局面にこそ、急速に人間関係の緊密性、デュルケムの言う精神的密度・道徳的密度(*densité *morale*）・動的密度（*densité dynamique*）あるいは社会的密度・精神的密接性（*densité sociale*）が高まる要因が胚胎していたと言うべきであろう。[59] バンクスもまた、ミドルズバラのこうした特性に注目して、「ミドルズバラのような都市が、他の大方の都市において見られるものとは違った、アメリカ西部のフロンティアに典型的に見られるような〝精神的密度〟・〝道徳的密度〟（moral density）の特徴を示す」ことを指摘している。[60]

ミドルズバラ地域における重化学工業労働者の労働災害の治療機関として一九世紀後半に重要性を増してきた篤志原則に基づくノース・オームズビー病院の誕生は、厳密に言えば、労働者の草の根の運動の成果であるとは言えない。一八六七年の「病院評議会」議事録には、「製鉄会社が雇用労働者を説得して、一人に付き毎週四分の一ペニーを病院に醵金するよう働きかけるであろう」[61]という指摘がある。設立の当初、労働者は、発起人や雇用主が尽力して始動させようとした運営・財政・基金徴収等の制度を受け入れ、どちらかと言えば、これに受動的に従っていた。しかし、運営が軌道に乗り始めると、労働者の疾病の治療には不可欠の医療機関として、彼らはこの病院を自らの目的に適う身近な存在と見做し、意欲的に参加するようになったのである。そして、ホセ・ハリス（Jose Harris）が述べるように、「草の根の参加民主主義」（grass-roots participatory democracy）を志向し、「自助努力」という労働者の伝統をある程度満足させる任意醵出制保険類似のこの制度を歓迎したのである。[62] 以後、彼らはこの病院を、自助を実現し、自分たちが支える医療施設として支援し続け、信頼に足るセーフティ・ネットであると誇りに思うようになった。[63] 職場に隣接するこの医療施設は、危険に満ちた労働環境が余儀なくさせる深刻な労働災害に対する恐怖を和らげたであろう。

他方、雇用主にとっても、次第に労働災害と救急医療に特化し始めたこの種の医療施設の設立と維持は、労働環境の改善と安全を掲げる雇用者の要求に応え、生産効率を上昇させる手段として明らかに自己利益に沿うものであった。[64] 製鉄工業の経営者にとって、雇用労働者の健康維持・怪我からの回復と生産性の高い労働力の確保は経営の根幹にかかわる死活問題であったであろう。その意味で、ミドルズバラ地域で展開した医療福祉制度の起源は、企業の間接的な関与と労働者の自助努力による自己実現の手段との混交物であった。また、それは一方における慈善原理と他方における労使双方の支援による任意醵出制保険の先駆形態との混合でもあった[65]。ノース・オームズビー病院の誕生は、労働者の自助と、健康で生産性の高い労働力の調達を実利的な目的とする企業家の家父長的温情主義、そして任意醵出制保険の魁という異質な要因の複雑な組み合わせの結果であった。

2　名望家層の地域統治と医療——ノース・ライディング篤志病院

同じく篤志原則によって運営されているとはいえ、前節で詳しく分析したノース・オームズビー病院とこの節で分析するノース・ライディング篤志病院は、著しくその性格を異にしている。一方は、製鉄・鉄道・化学産業労働者の労働災害を治療するために、労働者自身が醵金をし、運営に参画し、セーフティ・ネットとして構築した労働者の医療機関であった。他方、ノース・ライディング病院は、製鉄業者、鉄道経営者、ジェントリー、大土地所有者、市政に参加する地方名望家、高位聖職者（カトリック）が、都市の医療福祉における労働者医療機関の影響力と勢力拡大を懸念して、これに対抗して建設した、労働者・その他住民に対する有力者のパトロネッジ（恩顧）を旨とする医療機関であり、都市住民に対する政治的・社会的威信の獲得を目指した試みの一つであった。

従って、医療の内容と患者の階層はノース・オームズビー病院のそれと大同小異であって、大幅に変わりようがなかった。両者の受け入れ患者数・疾病の種類・その他の病院記録を比較しても、この点ははっきりしている。二つの医療機関に関する史料が双方とも得られる時期に関して、入院患者・外来患者数、病院死亡率（%）を比較し

表 7-10　ノース・オームズビー病院およびノース・ライディング篤志病院患者数（1873～1894 年）

	ノース・オームズビー病院			ノース・ライディング篤志病院		
	入院患者	外来患者	病院死亡率（%）	入院患者	外来患者	病院死亡率（%）
1873	240	450	2.9	378	556	6.3
1874	245	480	–	394	451	9.1
1890	521	1,186	6.1	683	2,110	4.1
1891	517	1,193	4.6	611	2,044	6.7
1892	469	1,069	4.5	472	1,809	6.1
1893	517	1,075	4.4	513	2,077	3.7
1894	552	1,047	2.9	666	2,263	6.5

出所）North Riding Infirmary, House Committee Minute Books, Teesside Archives, H/MI/2/1/4, folios 3-256, H/MI/2/1/5, folios 1-348 より作成。

た表7-10が示す通り、一八九〇年代以降、外来患者数においてノース・ライディング篤志病院が次第にノース・オームズビー病院を凌駕するようになるが、両者の間に目立った相違は見られない。死因から見た治療対象疾病の種類においても、両病院とも、骨折、創傷、火傷などの外科疾患、あるいは肺結核（phthisis）、肺炎、気管支炎、ヘルニアなどの内科的疾患が多く、特定の疾病に特化することはない。入院患者の病院死亡率は、三～九％前後であって、これまた顕著な相違はない[66]。

残念ながら、ノース・ライディング篤志病院については、「病院運営委員会」（House Committee）の議事録以外には、前節のノース・オームズビー病院の分析で用いた「症例記録」、「病院評議会」議事録、あるいは長期間継続する「病院年次報告書」等の史料はない。従って、ノース・オームズビー病院ほど詳しい分析をすることは困難であるが、「病院運営委員」議事録、地方新聞等から可能な限り具体的にこの病院の性格・規模・受け入れ患者数を追い、前節で検討したノース・オームズビー病院のそれと比較してみよう。以下は、一八六六年九月二八日付けの地方紙『ミドルズバラ・ニューズ・アンド・クリーヴランド・アドヴァタイザー』（*Middlesbrough News and Cleveland Advertiser*）からノース・ライディング篤志病院に関する記事を拾ったものである。「この病院の礎石は、州総監（Lord Lieutenant）であったゼットランド伯（The Earl of Zetland）によって、一八六〇年八月七日に置かれ、実際に患者が受け入れられたのは、一八六四年の六月であった。それぞれ一二床を持つ病棟四つ、手術室、外来患者のための複数の部屋、住み込み外科医、婦長、ポーター、その他病院内の様々な用途のための複数の部屋から成っていた。医療スタッフは、有能な住み込み外科医と五人の通いの外科医と内科医である。一八六四年の六月の開院から今日までの二年三カ月あまりの期間に、男女計四〇六名の入院患者が収容された。ほぼすべては、重篤の患者であった。このうち二九六名が退院し、六七名が病状改善、二九名が死亡した。死亡患者の大部分は入院直後に死亡した。工場や鉱山において受けた事故（accidents）による重症患者であった。外来患者の総数は、二五七名である[67]」。

また、九月二一日付けの同紙によれば、一八六六年九月六日からの一週間の入院患者数は、一四名、既に入院している患者数は一四名、計二八名で、そのうち完治退院患者数は三名、症状改善一名、入院患者数一六名、先週の外来患者数二二名、うち五名完治、改善一名、今週の外来患者数は二九名であった[68]。また、同じく、一八六六年一一月八日から一五日までの一週間の入院患者数は、一五名、新規入院患者数は四名、治癒・症状改善による退院は一〇、週末入院患者数は一九名、外来患者数は一九名、うち完治一名、症状改善一名であった[69]。この病院が治療対象とした疾病の種類の一端を示すものとして、以下の記事も紹介しておこう。

一八六四年六月二四日火曜日朝一〇時頃、ポート・クラレンスの「ベル兄弟製鉄所」の工場で、三一歳のピーター・トロッター（Peter Trotter）という労働者が重大な事故に見舞われた。この労働者は日常業務に従事中に、鉄鉱石運搬貨車から軌道に転落し、二両の貨車の車輪に右脚を完全に切断された。この哀れな労働者は、直ちに、ノース・ライディング篤志病院に搬送された。病院では、医師のクラスター氏が右足の損傷部分を切断した。右足は、最初に車輪によって、膝から切断され、医師は患者の安全のため、更に大腿部からの切断手段が必要と判断した。大腿部の手術は慎重に行われ、成功した。後日、木曜日に行われた調査によって、トロッターは体に受けた消耗とショックにより、極めて危険な状態にあることがわかった。[70]

死因審問（Inquest）：先週土曜日に、サワビー氏は、「キングズ・ヘッド・ホテル」（Kings Head Hotel）において、木曜日にポート・クラレンスの「ベル兄弟製鉄所」の工場で事故に遭遇したトロッターの死亡状況について死因審問を行った。記憶されている読者もおられるであろうが、本紙今週号で詳細を紹介したように、トロッデン（Trodden）〔ママ〕は独身の三〇歳あまりの男であった。木曜日に彼はポート・クラレンスの工場で新しい仕事に配属され、動いている貨車に飛び乗ろうとして足を滑らせ、二両の貨車に右脚を轢かれた。彼はノース・ライディング篤志病院に運ばれ、事故後一三時間半持ちこたえた。死因は失血と衰弱であった。検屍陪審は、「事故死」とする評決を下した。[71]

ノース・ライディング篤志病院建設に当たって、地方名望家層が「地域」とその統治を強く意識していたことは次の事実がこれをはっきりと示している。ノース・オームズビー病院が市内の住宅を借りて、小診療所（Middlesbrough Cottage Hospital）として、労働者に対する治療を開始して間もない一八五九年の末に、市庁舎会議室において、市長を議長として、有力な製鉄業者、市参事会員、その他産業界の代表者、高位聖職者二九名が集まり、新たな医療機関設立に向けて、討議を重ねている。この会合において、ミドルズバラの直近に、クリーヴランド地域全体を覆う、疾病と事故による傷害を治療する大規模な医療機関を建設すべきであること、そのために、既存の小診療所の実態を調査すべきこと、現在のようなミドルズバラ市だけを対象とする小規模な医療機関ではなく、それを引き継いで開設されるべき病院はクリーヴランド地域全体を包摂するものでなくてはならないこと等が決定された。

新しい病院の名称は「クリーヴランド地域病院」(Cleveland District Infirmary)とするべきであるとする案が、出席した製鉄業者から提出され、それに対して「クリーヴランド病院」とすべきであるとの修正案も提出された。最終的に、新しい病院の名称は、ヨークシャー北部(North Riding of Yorkshire)に広がる鉱物資源の恩恵を受けている地域に相応しい「ノース・ライディング地域の病院」(North Riding Infirmary)として、この地域の中で最も人口規模の大きなミドルズバラに設立されるべきことが決定された。[72] そして、北東部イングランドの有力な都市であるダーリントンとストックトン、更に南部ダラム州の他の都市の協力を要請し、併せて、規約作成に関するニューカッスル病院の協力を感謝したのである。いずれにしても、有力者、特に製鉄企業にとっては、労働災害の治療機関としての篤志病院は、クリーヴランド地域の盟主としてのミドルズバラ市内に、しかも「製鉄業者集積地域」から至近距離にある場所に建設されなければならなかった。

翌一八六〇年の二月九日にも市庁舎において市長を議長として病院への寄金と醵金を募るための会合が開催され、参加したボルコウ・ヴォーン製鉄所のヘンリー・ボルコウ、ジョン・ヴォーン、その他地域の有力者の提案によって、次のような決定がなされている。「ヨークシャー・ノース・ライディング地方の公的な便益ゆえに、この地域の中心であり、最も人口稠密なミドルズバラにこの病院は建設されるべきである。そのためには、ストックトン、ダーリントン並びに隣接する南ダラム地域の協力と貢献をお願いすべきである」、「ゼットランド伯をはじめ地域の四人の貴族を病院の総裁(Presidents)として任命する」。

また、「ミドルズバラ、ダーリントン、ストックトン、ワシントン(Washington)、ストークスリー(Stokesley)、レッドカー、リッチモンド(Richmond)等北東部イングランドの主要都市に在住する四五名の庶民院議員・聖職者・製鉄業者(この中にはノース・オームズビー病院に対して、労働者がその最大の醵金を行ったコクラン製鉄所の経営者が含まれている)、ダーリントン市長・ミドルズバラ市長・リッチモンド市長・ストックトン市長・ピーズ家の人々・新聞社主を病院の副総裁（Vice Presidents）として任命する」、「アイザック・ラウジアン・ベル、ジョージフ・ピーズ、その他七名の製鉄業者・有力者を病院の評議員（Trustees）として任命する」、「ミドルズバラ市長、市議会議員、市参事会議員、製鉄業者、ジョージフ・ピーズら二四名から成る病院敷地購入委員会を設置する」、「ナショナル・プロヴィンシャル銀行（National Provincial Bank of England）のミドルズバラ支店長を病院の収入役として任命する。収入役の口座は、この銀行のミドルズバラ支店に開設される」、そして「製鉄業者ギルクス氏とジョン・ピーコック（John Peacock）氏を理事会総会（General Court of Governors）が設立されるまでの事務局長として任命する」[73]等である。

設立後の病院役員には、北東部イングランドを代表する文字通りの貴顕紳士、ほぼすべての名望家と呼ばれるべき階層の人々が名を連ねている。地域有力者を網羅して、彼らの協力を仰ぎ、従来よりも広域を対象とする医療機関を建設することによって、地域統治を強化しようとする名望家の意図が明白である。[74]同時に、次のような事実に注目すべきであろう。すなわち、ノース・ライディング篤志病院の建設に際して、地域名望家と並んで、都市当局の関与が著しいという事実である。市長、市議会議員、市参事会議員、都市職員等の病院建設への積極的参加は、どちらかと言えば自然発生的に成立・発展したノース・オームズビー病院のそれとは対照的である。また、北東部イングランド諸都市との連携にも注目すべきであろう。近隣五都市の市長および庶民院議員への病院役員就任要請と協力依頼に見られるように、広域の共同体への働きかけが顕著である。J・ベニントン（J. Bennington）の「地域・都市統治」概念に拠りつつ、都市当局が地域の公的・私的・自発的諸組織、草の根の組織と協同して行う活動をも含むものとして、「統治」概念を敷衍したゴールドスミスとギャラード（Mike Goldsmith and John Garrard）の言う外部の諸団体との連携とネットワークの構築に当たるであろう。[75]

後述するように、ノース・ライディング篤志病院の創設時の基金は、ほぼ全面的に地域の有力者の寄附に仰いでいる。しかし、日常的な病院経費の調達はノース・オームズビー病院と同様、その大部分は労働者からの醵出金に依存している。例えば、一八七三年一月二四日の運営委員会の議事録には、アンドリュー・ブラウン二世（Mr. Andrew Brown Junior）が経営する工場の労働者がノース・ライディング篤志病院に一人当たり週一ペニーを醵金している旨の書簡が紹介されている。[76] ノース・オームズビー病院の場合と同様にミドルズバラの有力な友愛組合も一八六五年三月六日の地域部会において、ノース・ライディング篤志病院に対して、年一〇ポンド一〇シリング醵金することを決定している。[77] また、地方紙の記事には、「この地域の労働者とミドルズバラ港を訪れる船員は、この病院の価値を認識し、僅かずつではあるが、合計週八〇〇ポンドを醵金している」とある。[78]

病院運営のための経常的な資金収集について、地方紙はまた次のように伝えている。「病院運営のための基金収集は、次の通りに実施された。年一ギニー（二一シリング）を醵出した者は、外来患者一名、二ギニーを醵出した者は、外来患者二名か、入院患者一名を紹介する権利を有する。それ以上を醵出する者は、この比率で患者紹介権を有する。この慈善施設に一〇ポンドを寄附する後援者（benefactors）は、年一ギニーを醵出する者と同じ権利を終身にわたって与えられる。一〇ポンド以上を寄附する者は、上述の割合で、患者紹介権を与えられる。二ギニー以上を醵出する者は、役員・理事（governor）としての資格を与えられ、二ギニー毎に一名の入院患者を紹介する権利を与えられる。募金を組織する教会・附属礼拝堂の聖職者は、一〇ポンド一〇シリングの募金の払い込み後、一年間一名の入院患者か、二名の外来患者を紹介する権利を与えられる。そして、二〇ポンドの募金を組織した聖職者は、一〇年間役員としての資格を与えられる。二〇ポンド以上の寄附を行う宗教団体、世俗団体、商業、あるいは工業企業は、それぞれその団体が選出した一名を特別の権利を持つ職に就けることができる。五〇ポンド以上を遺贈する者は、終身役員・理事を任命することができる[79]」。

創立資金は、ミドルズバラがクリーヴランド製鉄工業地域の中心都市であることを強く印象付けるために、地域名望家が調達し、経常的な病院運営の費用は、先に例証としてあげたリーズ篤志総合病院が採用している一八世紀的な中産階級の寄附・慈善原則と、患者である労働者の醵金という原則の併用によって賄うという機構を採用している。その当時成功裏に運営されていたノース・オームズビー病院の運営方式を踏襲し、労働者による「自助」原理を尊重した上で、間もなく開設予定のノース・ライディング篤志病院もまた「自助原理」を貫くべきであるとの主張が新病院設立推進者の間では支配的であった。[80] 同時に、中産階級に対しては、患者紹介権というパトロネッジを獲得する機会を与え、相応の地位（respectability）を保持する手段をも与えるという配慮があったように思われる。ノース・オームズビー病院と異なる点は、結局、病院運営の実権を彼ら地方名望家が握ることであった。経常費を労働者からの醵金と有力者からの出資で賄い、病院運営と病院内の重要な意思決定機関の実権は名望家が握るという意図があったことは疑いない。

地方名望家層の意図は、設立準備の段階で既に明らかである。すなわち、労働者が実質的な運営権を握る既存の医療機関であるノース・オームズビー病院を可能ならば廃止し、名望家が主導権を握って建設しようとしている新しい病院を「新しい地域医療機関」（New District Hospital）と位置付け、[81] 資金援助しようというのである。参加した製鉄業者の一人が吐露しているように、新病院建設に賛同したこの地域の有力者たちの本音は、とりあえず新病院が軌道に乗るまでの二年間は既存のノース・オームズビー病院には従来よりも少ない資金援助を続けるが、その後は新たな病院がこれを引き継ぐことであった。[82]

最初に設立基金募集に応じた人々・団体と金額の詳細は、表7-11の通りである。[83] 大口の寄附を公表した個人と団体は、北東部イングランドの貴族、ストックトン・ダーリントン鉄道、ボルコウ・ヴォーン製鉄所、ギルクス・ウィルソン機械製造所、その他クリーヴランドの有力な製鉄業者、銀行、北東部イングランドを中心に鉄道・製鉄・鉱山・繊維・その他の事業を展開するクウェーカー教徒の資本家集団であるピーズ家である。また、一八五九

表 7-11　ノース・ライディング篤志病院設立基金応募者（1860 年）

寄附者名	£	s.	d.
ゼットランド伯爵（The Right Honorable Earl of Zetland）	200	0	0
フィヴァシャム卿（The Right Honorable Lord Feversham）	50	0	0
ストックトン・ダーリントン鉄道（The Stockton Darlington Railway Co.）	500	0	0
ボルコウ・ヴォーン製鉄所（Messrs. Bolckow and Vaughan）	500	0	0
計	1,250	0	0
ジョージフ・ピーズ（Joseph Pease, Esq.）	150	0	0
ジョン・ピーズ（John Pease, Esq.）	50	0	0
ヘンリー・ピーズ（Henry Pease, Esq., 庶民院議員）	50	0	0
ジョージフ・ウィットウェル・ピーズ（Joseph Whitwell Pease, Esq.）	50	0	0
ヘンリー・フェル・ピーズ（Henry Fell Pease, Esq.）	50	0	0
エドワード・ピーズ（Edward Pease, Esq.）	50	0	0
アーサー・ピーズ（Arthur Pease, Esq.）	50	0	0
ガーニィ・ピーズ（Gurney Pease, Esq.）	50	0	0
計	500	0	0
ギルクス・ウィルソン製鉄所（Messrs. Gilkes, Wilson & Co.）	100	0	0
ギルクス・ウィルソン・ピーズ製鉄所（Messrs. Gilkes, Wilson, Pease & Co.）	100	0	0
計	200	0	0
スノードン・ホプキンズ製鉄所（Messrs. Snowden & Hopkins）	200	0	0
ベル兄弟製鉄所（Messrs. Bell Brothers）	200	0	0
バーナード・サミュエルソン（Bernard Samuelson, Esq.）	100	0	0
ナショナル・プロヴィンシアル銀行（The National Provincial Bank of England）	100	0	0
J. バックハウス造船所（Messrs. J. Backhouse & Co.）	100	0	0
トマス・ライト・エルオン（Thomas Light Elwon, Esq.）	100	0	0
ジョン・ボーモント・ピーズ（John Beaumont Pease, Esq.）	50	0	0
W. E. ダンコム（The Honorable W. E. Duncombe, 庶民院議員）	25	0	0
ジョン・カステル・ホプキンズ（John Castell Hopkins, Esq.）	25	0	0
フォシック・ハックワース機関製作所（Messrs. Fossick & Hackworth）	20	0	0
リチャードソン・ダック造船所（Messrs. Richardson, Duck & Co.）	20	0	0
ジョージフ・テイラー（Joseph Taylor）	10	0	0
ヘンリー・トムソン（Henry Thompson, Esq.）	10	0	0
ジョージフ・ファームストン（Joseph Firmstone, Esq.）	10	0	0
アンソニー・ハリス社（Messrs. Anthony Harris & Co.）	5	0	0
ウォーナー・ルーカス・バレット製鉄所（Messrs. Warner, Lucas & Barret）	5	0	0
ニューサム・ブリュースター社（Messrs. Newsom & Brewster）	5	0	0
計	985	0	0
総　計	2,935	0	0

出所）*Middlesbrough Weekly News and Cleveland Advertiser,* February 18th, 1860 より作成。

年には、ミドルズバラ周辺の土地を大規模に所有する大地主トマス・ハスラーが市内に一エイカーの土地を寄贈し、併せて八〇ポンドの寄附を約束している。事実上の設立者であったヘンリー・ボルコウもまた、個人として五、〇〇〇ポンドの寄附を約束している。[84]

一八七二年から一八七五年までノース・ライディング篤志病院運営委員会（House Committee）の委員を務めた二六名のうち、職業・身分が判明する者は表7-12の通りである。彼らは、ほぼすべて市議会議員、市参事会員、市長を経験した地方名望家である。職業も製鉄業者、劇場主、新聞社主、聖職者、薬局経営者、食糧品販売業者をはじめとして、資産階級であった。[85]「ミドルズバラ土地開発会社」の利害も、運営委員の一人であり、同社の代理人であるアイザック・シャープによって、病院運営に反映されている。労働者代表が大半を占めるノース・オームズビー病院の運営委員会の構成とは対照的である。一八六四年の病棟完成、患者の受け入れに続いて、病院運営が軌道に乗り始めた六〇年代後半の市財政記録から、この病院の理念と拠って立つ基盤を推量することができる。一八六六〜一八六七年以降に市の財政記録に掲載されたノース・ライディング篤志病院への年間醵出金は表7-13の通りである。市予算から定期的に醵出金が支出されていることがわかる。[86]いわば、官民一体となってこの病院を支援する体制が整っていたのである。

他方、地方の名望家がこの病院を専ら営利の対象と見ていたのかどうか、この点については否定的にならざるを得ない。実際、設置以来この病院はたびたび財政的な困難に陥っている。むしろ、日常的に資金不足を経験していたと言うべきであろう。例えば、患者受け入れ二年後の一八六六年には既に病院は赤字解消のための資金援助を次のように訴えている。

病院建物と設備のために受け取った金額は、五、七七九ポンド八シリング三ペンスであり、支出は八、五五九ポ

表 7-12　ノース・ライディング篤志病院運営委員の職業・身分（1872〜1875 年）

カール・F. H. ボルコウ（Carl F. H. Bolckow, 製鉄業者ヘンリー・ボルコウの甥）
ジョン・ジヤーズ（John Gjers, 製鉄業者）
アイザック・シャープ（Isaac Sharp, 会計士・ガス供給業者，「ミドルズバラ土地開発会社」代理人，都市環境改善委員会委員）
エドガー・ギルクス（Edgar Gilkes, 製鉄業者，市議会議員，市長）
ジョン・ボーモント・ピーズ（John Beaumont Pease, 毛織物業者・製鉄業者，ダーリントン市参事会員）
ジョン・ダニング（John Dunning, 測量業者，市場等監査官，製鉄業者，市議会議員，市参事会員，市長）
H. G. レイド（H. G. Reid, 地方新聞社主）
ジョージ・オースティン司教座聖堂司祭（Rev. Canon George Austin, 聖職者）
ロバート・スティーブンソン（Robert Stephenson, 市議会議員，市参事会員，市長）
ジョン・イムソン（John Imeson, 劇場主，市議会議員，市参事会員，市長）
ジョン・ハンター（John Hunter, 劇場主，市議会議員）
トマス・ブレントナル（Thomas Brentnall, 食糧・青果業者，市議会議員，市参事会員，市長）
ヘンリー・トムソン（Henry Thompson, 薬局経営，市議会議員，市参事会員，市長）
トマス・ダルキン（Thomas Dalkin, 市議会議員，市参事会員，市長）
デイヴィッド・バックニー（David Buckney, 市議会議員）
トマス・ジョージ・ロビンソン（Thomas George Robinson, 市議会議員）
ジェイムズ・ジェニングズ（James Jennings, 市議会議員）
ジョン・ハンター（John Hunter, 市議会議員）
ジョージ・ハース（George Hearse, 市議会議員）
ジョン・フレデリック・ウィルソン（John Frederick Wilson, 製鉄業者，市議会議員，市参事会員）
ジョージフ・ハッチンソン（Joseph Hutchinson, 市議会議員）
ジョン・ラッシュフォード（John Rushford, 市議会議員）

出所）North Riding Infirmary, House Committee Minute Books, Teesside Archives, H/MI/2/1/4, folios 3-256 ; W. Lillie, *op. cit*., pp. 467-472, *et. passim* ; A. Orde, *Religion, Business and Society in North-East England, The Pease Family of Darlington in the Nineteenth Century,* Stamford, 2000, pp. 2, 4, 33, 64, *et passim* ; David M. Tomlin & Mary Williams, *Who was Who in 19th Century Cleveland,* Redcar, 1987, pp. 7-48 ; Ron Gott, *op. cit*., p. 99 より作成。

表 7-13　ノース・ライディング篤志病院へのミドルズバラ市の年間醵出金（1866〜1874年）

会計年度	醵出金
1866〜67	£10
1867〜68	£10
1868〜69	£35（矯正院［Reformatories and Industrial School］への醵出金を含む）
1869〜70	£40　10s.（矯正院への醵出を含む）
1870〜71	£45　10s.（矯正院・ハル訓練船［Hull Training Ship]，その他への醵出金を含む）
1872〜73	£35　10s.（矯正院・ハル訓練船，その他への醵出金を含む）
1873〜74	£35　10s.（矯正院・ハル訓練船，その他への醵出金を含む）

出所）*Borough of Middlesbrough, General District Revenue, etc.,* 1866-1874, Teesside Archives, CB/M/T より作成。

ンド一九シリング九ペンスであった。建設以来現在までの維持費として受け取った金額は、一、六八五ポンド九シリング四ペンスであり、支出は二、四四六ポンド一六シリング一一ペンスであった。従って、収入と支出双方の不足は明らかであり、積極的な援助なしにはこの施設の有効性は損なわれる。この事態を公表すれば、病院は援助の増加を期待できると「病院運営委員会」は信じている。病院維持と現在の患者数の平均、二〇〜三〇名を収容するには、最低年一、〇〇〇ポンドを必要とする。この病院の健全な運営のために、ノース・ライディング地方とダラム南部の住民の協力が待たれる。醵金と寄附は、病院事務長と基金収入役、あるいはミドルズバラとストックトンの「ナショナル・プロヴィンシアル銀行」が受け付けている。醵金と寄附に対しては、患者紹介切符（tickets of recommendation）が交付される。負債解消のための特別寄附を強く要望する。現在までのところ、既に以下のような特別寄附が公表されている。

ヘンリー・ボルコウ氏……五〇〇ポンド（工場で集められる金額を別として、ミドルズバラでこの金額が調達されるという条件付で）

J・P・ホーナング（J. P. Hornung）氏……二ポンド二シリング

C・E・ミューラー（C. E. Muller）氏……二ポンド二シリング。[87]

また、一八七三年に六九七ポンドの欠損が生じた際に、ボルコウ・ヴォーン製鉄所がこれを補塡している。[88]

重要なことは、地域統治を実現しようとするパターナリズムの発現形態の一つが医療であったということである。この地域の有力者たちは、労働者自身の自助努力の結晶とも言うべきノース・オームズビー病院とは異なった二本建ての資金調達方法と病院運営方式を採る医療機関を設立・制御し、地方名望家支配を実現しようとしたのである。こうした地方名望家層のパターナリズムは、医療福祉への支援に止まらない。例えば、病院設立に非常に積極的であった典型的な地方名望家であった製鉄業者のヘンリー・ボルコウは、医療施設の整備のほかに、一八六五年に一九、六〇〇ポンドを費やして九七エイカーの土地を買い上げ、同郷プロシャ出身のヴィクトリア女王の夫、アルバート公（Prince Albert）に因んでアルバート公園（Albert Park）として、一八六六年二月に市に寄贈している。[89] ヘンリー・ボルコウがこの公共空間の設置に費やした費用の総額は、一八六八年八月の正式の開園式までに三〇、〇〇〇ポンドを超える額に上った。[90] 他方、ボルコウはまた、第3章でも触れたように、労働者に初歩的な技術訓練を施す「ミドルズバラ職工協会」の設立と運営に尽力している。更に、教育に対する関心から、学校建設のために七、〇〇〇ポンドを寄附し、一八六九年、一八七三年、一八七四年に数校の事実上の設立者となっている。[91]

ハドソンが指摘するように、「新興の経営者層は都市行政、慈善、ほとんどの都市の社会的、文化的な生活を支配するようになる。地方統治機構や慈善、都市の義務への参加は、実業家の姿と威信を高めた。他方において、そのことは規則的な会合と儀式の機会を提供し、地域の商業エリートの統合と正当性を増加させたのである。性格の良さや信頼性、人格的な清廉さが、クラブや団体への文化的な援助と会員になることによって、示された[92]」。ノース・ライディング篤志病院設立時に、発起人、あるいは推進者として尽力した製鉄業者、鉄道経営者、聖職者、地方政治家等のクリーヴランドの有力者たちが形成するネットワークを垣間見ることができる。

地域統治の担い手の立場からすれば、名望家層にとって、労働者によって管理されるノース・オームズビー病院だけが地域における医療福祉施設であり続けるという事態の展開は芳しかろう筈もなく、ある種の危機感、あるいはそれほどではないとしても、後ろめたさを感じざるを得なかったであろう。労働者階級主導の医療福祉機関の設立とその効果的な実践を目の当たりにして、彼らの自尊心は少なからず傷つけられたものと思われる。この地域を基盤とする経済的・政治的・社会的・宗教的有力者にとって、ノース・オームズビー病院による住民医療の独占をそのまま放置しておくことは、指導者層・地域統治の当事者としての責務の放棄とも受け取られかねない屈辱的な事態であった。その意味において、ノース・ライディング篤志病院の提供する医療・治療は、製鉄業者、鉄道経営者、地主、カトリック教会等、地方名望家、有力者による地域統合・統治装置の一つであった。興味深いことに、ノース・ライディング篤志病院設立、公園・公共空間の設置、四回目の「都市環境改善委員会」獲得等の広義の社会的基盤の整備への動きが、一八六六年の大争議という深刻な労使対立の渦中で日程に上っている。恐らくは、あからさまな階級対立の出来という危機に直面した名望家層による地域統治の手段として、こうしたパターナリズムに基づく主導権の発揮を理解することができるであろう。この時期に現れた少なからぬ出来事の背後に、階級対立の回避、労働者の不信・反資本家感情を慰撫する地方名望家層の意図を読み取るべきであろう。

終　章　ヴィクトリア朝工業都市ミドルズバラの興隆と衰退

都市建設から一八五〇年直前までの臨界点、一八五〇年代の離陸、一八六〇年代後半における絶頂、一八八〇年代以降の飽和状態と凋落という工業発展の生命周期[1]をほんの一世代の間に経験した「鉄の時代」の象徴とも言うべき都市ミドルズバラが、クリーヴランドにおける地域工業化の過程で瞬く間に世界有数の製鉄工業都市に上り詰めたのは、幾つかの幸運の積み重ねによるところが大きかったと言わなければならない。安価で潤沢な鉄鉱石と良質の石炭（あるいはコークス）が入手可能であったこと、海外および国内沿岸地域市場への接近の便、鉄道・河川交通・港湾という良好な輸送設備に恵まれたこと、熟練工はもとより、企業家・技術者の流動的な職種間・地域間移動が活発であり、この時代の労働市場が比較的流動的であったこと、労働組合による求職移動補助制度の存在、鉄道網の整備が鉄の需要の急伸張と労働力の移動コストの低減の双方をもたらしたこと、製品市場（特に銑鉄とレール）の急膨張、建設都市の開放性といった僥倖に恵まれ、この都市は印象的な軌跡を辿ったのである。しかし、クラスター形成と長期的な地域の繁栄との間に決定的な関係があるわけではない。労働力・資本・工学技術および経営知識の供給という点で、地域は集積の経済効果を享受することができたが、そのことと当該の工業や地域が市場と技術的な変化に対処する能力を身につけ、持続的な成長を維持できるか否かということは別問題である。集積・クラスターがもたらす競争優位は、国民経済・国際経済における環境の変化に如何に対処できるかにかかっている。[2]

ミドルズバラが享受した僥倖は、他面で都市の成熟という点において、脆弱性をもたらさざるを得なかった。先にもふれたように、一九世紀の六〇年代に、指導的な製鉄業者ボルコウが公園を寄附し、曲がりなりにも公共空間が都市内部に形成され、殺風景な鉄の町にも憩いの場が提供された。[3] しかし、その他の社会的・文化的な基盤整備は不充分であった。それよりも重要なのは、急ぎ過ぎた都市形成が産業構造に歪みをもたらしたという点である。最大の問題は、労働力・技術・経営資源における製鉄工業への過度の傾斜であった。特にそれまで銑鉄、レール・その他鉄製品の主要な輸出市場であったアメリカやドイツにおいて、一九世紀の八〇年代以降輸入代替が進むにつれて、特異な産業構造を持つこの都市は新しい環境への適応に困難を感じ始めていた。もちろん、この都市は鋼生産への転換に成功し、ともかくも一八七三年恐慌を乗り切ることができた。しかし、長期的に見れば一九世紀の八〇年代以降、往時の活況を取り戻すことができず、単一産業依存型都市の弱点を露呈し始める。労働力・技術・経営資源における単一産業への過度の集中の結果、都市経済が硬直化し始めたのである。[4]

ミドルズバラが専らそれに依存した製鉄工業の特質として、次のような点が挙げられる。まず、高度に資源依存的であり、工業立地が資源賦存に大きく左右されるという点である。鉄鉱石・石炭（コークス）の賦存状況と、重量のある、嵩高な原料・燃料を生産地へ運搬し、製品を市場へ送る運輸交通手段の整備状況がこの産業の命運を握っていた。資源依存性という製鉄工業の特質は、産業立地に次のような性格を与える。すなわち、製鉄工業は、多くの場合、地域経済に根ざした古くからの定住地ではなく、既存の定住地から離れた未開発の炭鉱・鉄鉱石産地、あるいは専らそうした地域への接近の便に恵まれている場所に立地した。従って、製鉄工業中心地の産業構造は、長期間にわたって形成されてきた多様化したものではない。特定部門（炭鉱・製鉄・機械生産）に集中・傾斜したそれである。第5章表5-1に示した一八五一年から一八八一年に至る期間のミドルズバラの就業人口比率と製造業における製鉄工業部門就業者の比率を見れば、男子労働力の製鉄工業への特化が著しいことがわかる。このような産業構造を持つ地域は、裾野の広い、多様化した産業構造を持つ地域中心地と比較して、景気変動の影響を直《じか》に受けやすく、また構造転換が容易ではない。

ミドルズバラにおける製鉄工業の急速な発展がこの都市の産業構造に与える影響は、限られたものにならざるを得なかった。ハバカク（J. R. Habakkuk）がイギリスの繊維産業に関して、その著、『一九世紀におけるアメリカとイギリスの技術――労働節約的技術の追求』（*American and British technology in the nineteenth century ; the search for labour-saving inventions*）の中で指摘しているのとまさに同じような事態が展開したからである。[5] すなわち、二〇年あるいは三〇年という短期間における製鉄工業の急速な発展は、この都市の産業構造を多様化する方向には働かなかった。製鉄工業と市内の他の産業との関係は、前者が他部門における同等の急速な発展をもたらすようなものではなかったからである。製鉄工業において達成された技術革新もまた、他産業で簡単に導入されるようなものではなかった。更に、この都市は未熟練労働者の供給源として依存していたとはいえ、それ以外の局面では周辺農村との間に有機的な相互関連やネットワークを充分に構築したとは考えられない。ミドルズバラに多様化した産業構造が成立していれば、一種類の産業が不振に見舞われたとしても、他の産業がこれを補い、雇用に関しても全体としてその変動幅を狭めたであろう。しかし、事態はそうした方向には向かわなかったのである。[6]

一八七三年以降の不況をミドルズバラがともかくも凌ぐことができたのは、トマス・ギルクリスト（*Thomas-Gilchrist*）法に基づく製鋼業への転換に一応の成功を収めたからである。しかし、この都市が専らそれに依存した製鉄工業において技術革新が達成されたとしても、経済停滞期にそれがこの都市の経済全体に幅広い刺激を与えることはなかったであろう。技術革新が急速に浸透するのは、経済基盤が広く、多様化している場合に限られるからである。この点についても、ハバカクが指摘する通りである。[7] また、この時期以降の技術革新は、特定の産業部門における革新を他の産業部門のそれに応用し、異なる産業部門の技術の「他家受精」(cross-fertilisation)＝異部門間技術相互作用をもたらすような性格を持つものであった。しかし、ミドルズバラの場合、誕生以来その産業構造は多様化したものではなく、ほぼ単一の産業に特化するものであったために、このような技術上の相乗効果を期待することはできなかったのである。(8)

ミドルズバラが北東部イングランドの他の都市のように、新産業への切り替えに成功し、二〇世紀・二一世紀に繁栄した都市として生き残ることに失敗した原因として、次のような事実を指摘しておくべきであろう。すなわち、繊維工業、特にイギリスの伝統的な工業であり、中世・近世を通じて、国内的にも国際的にも、イギリス経済の屋台骨を支えた毛織物工業の欠如である。近世プロト工業化期に、周辺農村に問屋制家内工業を組織し、労働力の組織化、原料・半製品・完成品の集荷・流通を通じて周辺農村との間に有機的な関係を築き、地域経済に根を張る毛織物工業は、組織者である都市の商人の資本蓄積、マーケティング、経営管理技術・知識の集積、あるいは、農業を離れ、次第に工業生産に特化し始めた農民が技術を習得し、近代的な労働力として生まれ変わる訓練の機会をもたらした。

言うまでもなく、毛織物工業は消費財産業であり、国内市場向けの、粗質・中級毛織物が生産されている場合には、地域市場との直接的な結びつきが産業の成功の条件であった。産業革命期における毛織物工業の拡大は、紡績・織布、仕上げ工程における機械化を促す。各工程の機械化は、波及効果を伴って、在地の機械工業、動力機関製造部門、製鉄工業に刺激を与えるのである。(9)毛織物工業における技術革新は、ハバカクが指摘するように、異なる諸産業部門間の技術の「他家受精」をもたらすような性格を持つものであった。地域経済にしっかりと根を据え、地域の産業構造と労働力構成に多面的な影響を及ぼす毛織物工業が初期のミドルズバラに欠けていたことが、製鉄工業斜陽化後のミドルズバラ経済の伸び悩みにとって、決定的な要因ではなかったであろうか。

都市の持続性、都市経済の持続的な発展という視点から、本書が対象にしてきたミドルズバラと同じ地域の製鉄工業都市ダーリントンを比較すると、アルフレッド・マーシャルの『経済学原理』第二巻における次のような指摘は重要な意味を持っている。「他面、地域特化産業はその産業の作業が主として同じ種類のものであり、例えば強健な男子でなくては行えないようなものである場合には、労働市場に関してある種の不利をもってくることになる。婦人労働力や幼年労働力にたいして雇用を与えるところの繊維産業などの産業がないような鉄工地帯では、賃金は高く使用者にとって労務費は高くつくが、他方労働者にとっては家族当たりの平均の稼得は低いことになるのだ。しかし、この弊害に対する対策は明白である。近隣地区に補完的な性質をもった産業を発達させればよいわけである。こういうわけで、鉱業や機械工業の近傍に繊維産業が絶えず集積してくることになる。この集積がほとんど気がつかないようなかたちで徐々に行われることもあるが、たとえばバローのように、これまで婦人労働力や幼年労働力にたいしてほんの少ししか需要がなかったところへ、いろいろな種類の雇用を導入するために、大規模に計画的にその導入が行われた場合もある[10]」。

ダーリントンは、意識的に婦人労働力や幼年労働力に対して雇用を与える繊維産業を導入したわけではない。元来が中世以来の市場町であり、地域経済に深く根ざした交易中心地であり、近代初頭に毛織物工業が定着し、拡大していった場所である。こうした幅広い経済構造を持った古い定住地に、ミドルズバラとほぼ同じ時期に製鉄工業が接木されたのである。他方、ミドルズバラにおいては、「おもにひとつだけの産業に依存している地区は、その製品の需要が低下するとか、それが使う原料の供給が減少するとかすると、極端な不況に陥りやすかった」のである[11]。

ミドルズバラの場合には、「この弊害もまた大都市ないし大産業地帯にいくつかの異なった産業を強力に発達させることによって、かなりの程度まで回避できよう。ある産業が一時不況になっても、他の産業がこれに間接的に支持を与えられないものでもないからである。他の産業によってその地方の商店の収益が維持されるなら、不況産業の従業員に対しては貸し売りすることもできよう[12]」という事態は、以下に詳述するように、全面的には成功しなかったのである。製鉄工業の斜陽化がはじまった一九世紀八〇年代以降、この都市では女子人口の流出が目立つようになる。前世紀の初頭以来、何度となく、こうした単一産業依存の専業地域の脆弱性を補う試みがなされてきたし、第二次大戦中および戦後の都市再開発運動の中で、重要拠点として取り上げられ、詳細な社会調査に基づく復興計画が実行されたが、その実を充分に挙げることはできなかった。

単一産業依存型地域が、経済構造を変化させず、特定生産物に特化し続ける理由として、とりあえず説得的なのは、これまたノースの産業立地論である。ノースは、特に新興工業地域における産業集積の結果としてもたらされる特定産業への集中とその永続性、産業構造の多様化への阻害要因として、次のような傾向を挙げている。すなわち、第3章「クリーヴランドの産業集積」で詳しく分析したように、産業集積の形成過程において、新興工業地域が精力を傾けて追求した目標は、当該産地の製品を国内における他の産地および海外市場との競争に打ち勝って、伸張させることである。特に金属工業のような資源集約的な産業に高度に依存する新興工業地域においては、産業集積の深化の過程で達成された外部経済と技術の発展が、特産品生産における収穫逓減を充分緩和する傾向がある。その結果として、こうした種々の試みは、移出基地における変化を促進するよりもむしろ既存の特産品生産に対する地域の依存を強める結果を生む傾向がある。こうした保守的な傾向は、資本の役割によって、更に強化される。資本は、一般的に、輸出特産品産業の発展の過程において、新興工業地域に投下される傾向がある。地域内の企業が利益を蓄積し、地域の産業に対する投資の割合を増加させるまで、その地域は外部の資金の導入に期待せざるを得ない。外部の資本供給者は、新規の、未経験な企業よりも、既存の成功を収めた輸出産業に投資する傾向がある[13]。この点についても第3章で既に詳述した。輸出市場に大幅に依存する新興工業地域における技術革新の性格と資本供給のあり方が、産業集積のあり方に固有の性格を与えるのである。

原料鉄や加工鉄製品は、資本財（建設・設備投資財）であるため、国内の景気変動の影響を受けやすいという点も資源依存性に劣らず重要である。[14] 一般消費財と違って、銑鉄や加工鉄製品価格の変動幅も大きかった。先にも述べた一九世紀後半におけるイギリス製鉄工業の輸出依存度の高さが持つ意味も無視できない。輸出依存度の高さという要因は、価格変動のコントロールを一層困難にしたのである。他の産業よりも、外生的要因によって市場の動向が左右される傾向が強かったと言えるであろう。従って、需要は一般的には不安定である。[15] 創業の際の初期投資が比較的小規模で済んだという事実[16]も、企業間競争の激しさと経営基盤の脆弱性をもたらした。特に一九世紀七〇年代初期のブームの時期に新たに参入した企業の脆弱性・投機性が、一八七五年以降の不況期に深刻な結果をもたらしたのである。

製鉄工業の労働市場は、前述のように、少なくとも男子については、職種・熟練度の点で異質な要素を多く含む複合的な市場であった。いずれの部門、工程も未熟練労働者を多数抱えていたから、裾野の広い多様な労働力を需要する市場であった。固有の立地条件から、製鉄業者は労働力を他所から調達せざるを得ず、移住労働力への依存度は高かった。特に、他の場所で訓練され、技術を習得した熟練労働力を如何に調達し、定着させるかは製鉄工業経営の重要な鍵であった。更に、製鉄工業のそれぞれの工程で必要とされる激しい肉体労働は、男子労働力の圧倒的な優位をもたらした。労働力の性比の高さは、製鉄工業都市に共通の特質であった。[17] 他面、女性の雇用機会の絶対的・相対的な不足は、都市の安定的な発展、永続性という観点からすれば、決して有利な条件とは言えない。

同じく北東部イングランドの製鉄・機械産業都市でも、例えば、前述のダーリントンは一八世紀までに周辺の農業地域の流通の拠点、豊かな市場町（market town）に成長し、地域経済の中心としての機能を確立していた。また、商業中心地として蓄積された富が、様々な形で都市に還元投資され、基盤整備が進んでいた。一八世紀以降になると、食料品・繊維産業等の消費財産業の発展と地域経済の安定的な発展に不可欠の金融機構の整備[18]が進行し、ダーリントンは地域経済の中に有機的に組み込まれていった。消費財産業・商業の発展が、後背地および周辺都市との間で結ばれる有機的な関係を助長し、地域経済の凝集点としての立場を強化したのである。[19]この都市の場合、地域経済に深く根を下ろした産業構造が一八世紀までに定着し、製鉄工業・機械産業はそうした基盤の上に、ミドルズバラとほぼ同じ一九世紀半ばに接木されたと言うことができる。[20]

豊かな市場町としてのダーリントンと比較して、ミドルズバラは地勢的にも有利であるとは言えない。ミドルズバラの南部は、クリーヴランド丘陵が広がる人口希薄地帯であった。[21]ティーズ川を渡って、ダラム州に入れば、一転して人口密度は高くなり、タイン川までその状態は続く。都市のネットワークという点からすれば、ミドルズバラは、商業・流通・金融・情報における都市・市場町相互間の正のフィードバックからは取り残されていたのである。生産の拠点、あるいは移出基地[22]としてのミドルズバラの機能は、依存する工業が成長を続けている限り、破綻を免れていた。しかしながら、産業集積による地域経済の持続的な発展を考える場合、単に、製造業だけでなく、第三次部門における集積のあり方も考慮に入れなければならない。「商業集積やサーヴィス業集積[23]」が製造業集積と雁行して成長した場所では、持続的な経済発展は保障されたであろう。他方、第二次部門における産業集積の発展があったとしても、それに見合う第三次部門における集積が達成できなかった場所では、持続可能な経済発展の可能性は低かった。ミドルズバラという都市を考える場合、住民の需要の性格は重要な意味を持っている。住民の大部分が労働者階級であって、その所得の水準は、他の製鉄工業都市のそれと比較すると相対的に高かったことは否定できない。他方、その消費性向は独特のものであった。一言で言えば、非生産的な消費が多かったのではないかと考えられる。飲酒、ドッグ・レース、賭博をはじめとする、どちらかと言えば刹那的な出費が多かったのではないか。

大量に流入した労働者への日常生活必需品の供給や娯楽施設（例えば、パブ）、簡易宿泊施設（inns, boarding houses, lodging houses）を提供する小売商人・小規模店舗所有者の数は増えた筈である。激しい人口流入と流出を繰り返すこの都市において、変わらない需要を享受し得た業種は、大規模な商人でもなく、中産階級でもなく、下層の中産階級、すなわち、小売店主であったと思われる。需要はごく日常的な衣料・食料・飲料を主体とするものであって、洗練された、多様な商品に対するものではなかった。大部分は、画一的な消費需要であって、そのことがミドルズバラの産業構造に少なからぬ影響を与えたのである。都市住民の消費性向は、安価で、画一的な生活必需品を供給する小売小店舗の多数の存在を必然化させたと考えられる。また、職業分類の中で、大規模商人（merchants）に相当するものは少ない。このことは、大規模な商業的機能を担う階層の未成熟を物語っている。人口の大部分を占める労働者が持っていた画一的な消費構造、中間層の薄さ、豊かな中産階級の脆弱さ、これらの要因は都市の消費需要に固有の色彩を付与し、多様な消費に応える商業の育成を阻んだのである。

ミドルズバラにおける「中位」の人々の少なさ、中間層を構成する人口の相対的な少なさをもたらした他の要因として、製鉄工業自体における労働力の構成、職制の固有性が考えられる。他の重工業、例えば、機械産業の場合には、設計、技術、修理を担当する中間管理層は比較的重要な位置を占めていた。他方、製鉄工業の場合には、ごく少数の幹部と大多数の熟練・半熟練・未熟練労働者を繋ぐ中間管理職の比重は低かったのである。製鉄業で成功した経営者の多くは、生産の拠点、輸送基地としてのこの都市を重視し続けた。しかし、生活の場としては、これを忌避し、早々と郊外に移出していった[24]。成功した人々が、健康で、余裕のある生活を営みにくくしている物理的な条件が当初からミドルズバラにはあった。製鉄工業への特化から生じる環境悪化と労働慣習が生む文化的な貧困、潤いのなさ、製鉄工業労働者の過度の飲酒も都市の日常生活を殺伐なものとしたであろう[25]。洗練・上品さ（fashionability）を欠くという意味において中産階級以上の人々の生活の場としては、相応しくなかったのである。もちろん、成功した製鉄業者の多くが、企業家のパターナリズムの発露として、公園・学校・病院等、都市の基盤整備に熱心に取り組んだことは既に指摘した通りである[26]。しかし、彼らの取り組みは、自らが生活する場としての都市共同体に対するそれとは違っていた。他方、製鉄工業労働者とその家族は、不健康な環境に悩みながら、職場としての都市の工業地帯に居住を余儀なくされたのである[27]。

この点において、ミドルズバラは北東部イングランドの他の工業都市、ニューカッスル、ストックトン、ダーリントンとは性格を異にしていた。永続性という視点から都市を眺めた場合、地域経済に占める位置と同様、物理的な居住環境としての条件如何も極めて大きな意味を持っていた。もともとミドルズバラの市街地の多くは、既に第1章で指摘したように、塩性沼沢地を埋め立てて造成されたものである。ティーズ川に接する北部の旧市街地、あるいは西部地域には最高水位を下回る場所が少なくなかった。また、下水施設の不備によってもたらされる湿気による呼吸器疾患や消化器疾患の罹患率が高かった[28]。基本的に居住には不向きなこうした自然条件に加えて、製鉄工業が短期間に急速に発展した一九世紀の半ば以降、社会経済的な要因による環境悪化が加速したのである。急速な人口移入と住宅需要の急増の結果、建設業者は地価の高騰した宅地に可能な限り多数の住宅を建設し、密集した劣悪な居住環境の発生を余儀なくさせた。加えて、製鉄工業労働者に多く見られる職住近接が、煙害、粉塵災害、大気汚染に曝される危険を増加させたのである[29]。

都市人口の急膨張は、その他の基盤整備、例えば、排泄物処理、上下水道、排水設備の遅れを必然化させた[30]。一九世紀を通じて人口急増を経験したイギリスの他の工業都市も、多かれ少なかれ、居住環境・公衆衛生水準の悪化を逃れることはできなかった[31]。しかし、ミドルズバラの場合には、都市としての歴史が極めて浅く、都市当局は住宅・上下水道をはじめとする環境整備を実行する法的権限を遅くまで与えられていなかった[32]。また、第1章で分析したように、自治都市特権を獲得した一八五三年以降、市会に多くの代表を送った小商人たちは、彼ら特有の「小商人政治」と呼ばれる政治的行動様式を持っていた。地方税・市税の税負担を嫌い、その増額を極端に忌避しようとする保守的、硬直的な政治風土がこの都市の環境・基盤整備の遅れをもたらしたのである。

殊に、製鉄工業の斜陽化が明らかになりつつあった一九世紀の八〇年代以降には、都市内部に貧困層が沈殿し、彼らの低所得、居住環境悪化・健康状態劣化の兆しが露骨になってくる。公衆衛生、生活水準と環境要因に敏感に反応する幾つかの指標を挙げてこの点を検証しておこう。一九世紀の最末期におけるミドルズバラの乳児死亡率(生きて生まれてきた子＝live-birth に対する生後一年未満に死亡した子の割合)は、対千比一九五(一八九八年)、一八三(一八九九年)、一九八(一九〇〇年)であった。[33] ほぼ同時期、一九〇三年におけるイングランドとウェールズの平均乳児死亡率、対千比一三二、他都市の平均、一四四と比べて、ミドルズバラのそれは疑いもなく高かった。[34] 居住に不向きな自然条件と貧困・過密による環境悪化が重なって、こうした結果がもたらされたことは否定できないであろう。

詳細な死亡年齢を記録したミドルズバラの埋葬記録簿(burial registers)から、一八五四〜一八九九年の乳児死亡を幾つかの構成要素、すなわち、早期新生児死亡(生後一週間未満死亡)・新生児死亡(生後四週間未満死亡)・新生児後死亡(新生児期以後一年未満死亡)・死産(still birth)に分類し、それぞれの数値を巻末統計付録8に掲載しておいた。[35] 乳児死亡に関するこれらの数値を用いて、生活水準・環境要因と密接な関係があると考えられる指標のうち、とりあえず、死産率(生きて生まれてきた子＝live-birth に対する死産の割合)を見てみよう。一八八一年のミドルズバラにおける総出生数は、二、二九五、これに対して、カトリック教徒共同墓地における死産数を除く総死産数は、一五八であり、死産率は対千比六八・八であった。[36]

公衆衛生医務官年次報告書(*Annual Report of the Medical Officer of Health and the Chief Sanitary Inspector*)から算出したカトリック教徒共同墓地の死産を除く死産率も、対千比四七・五(一八九八年)、五三・七(一八九九

表終-1　ミドルズバラ出身者の移動先（イングランド・ウェールズ，1881 年）

州	ミドルズバラ出身者数	州総人口1)	比率2)
ダラム	3,221	887,859	362.8
ヨークシャー	4,926	2,945,064	167.3
ランカシャー	587	3,519,000	16.7
ミドルセックス	285	2,941,311	9.7
ノーサンバーランド	281	439,914	63.9
サリー	162	1,452,947	11.1
カンバーランド	140	254,055	55.1
スタッフォードシャー	138	949,076	14.4
ケント	122	1,019,072	12.0
リンカンシャー	109	477,190	22.8
ノーフォーク	106	454,941	23.3
グラモーガンシャー（ウェールズ）	60	515,619	11.6
チェシャー	58	654,977	8.9
ウォリックシャー	55	754,512	7.3
エセックス	55	590,092	9.3
ダービーシャー	52	468,351	11.1
ハンプシャー	42	606,455	6.9
ウスターシャー	39	386,683	10.1
ノッティンガムシャー	30	398,389	7.5
サフォーク	29	364,909	7.9
ケンブリッジシャー	27	188,545	14.3
グロスターシャー	27	583,353	4.6
サセックス	22	501,322	4.4
マンマスシャー	20	214,145	9.3
バークシャー	20	222,152	9.0
レスターシャー	19	328,883	5.8
デヴォンシャー	17	615,439	2.8
ウェストモアランド	15	64,970	23.1
ウィルトシャー	15	218,596	6.9
ドーセットシャー	12	194,198	6.2
ベッドフォードシャー	10	153,124	6.5
英国海軍	9	29,747	30.3
オックスフォードシャー	8	184,521	4.3
コーンウォール	8	336,622	2.4
サマセットシャー	8	368,019	2.2
シュロップシャー	7	256,481	2.7
フリントシャー（ウェールズ）	6	81,676	7.3
カナーヴォンシャー（ウェールズ）	6	120,678	5.0
ヘリフォードシャー	6	123,122	4.9
ハートフォードシャー	6	205,416	2.9
デンビーシャー（ウェールズ）	5	117,283	4.3
ハンティンドンシャー	5	60,632	8.2
バッキンガムシャー	5	179,417	0.6
ブレコンシャー（ウェールズ）	4	59,640	6.7
アングルシー（ウェールズ）	3	52,756	5.7
ペンブロークシャー（ウェールズ）	3	94,348	3.2
カマーセンシャー（ウェールズ）	3	126,495	2.4

ラトランドシャー	2	21,725	9.2
メリオネスシャー（ウェールズ）	1	54,233	1.8
カーディガンシャー（ウェールズ）	0	72,455	0.0
モンゴメリーシャー（ウェールズ）	0	68,867	0.0
ガーンジー島	0	34,276	0.0
マン島	0	56,066	0.0
ジャージー島	0	53,098	0.0
ラドノーシャー（ウェールズ）	0	24,506	0.0
その他	0	1,284	0.0
総　計	10,796	26,148,506	41.3

注１）History Data Service database (old version).
　２）州総人口10万人に対する比率。
出所）History Data Service database より作成。

年）、五四・一（一九〇〇年）、五九・五（一九〇一年）であった。[37] ミドルズバラに多数居住していたカトリック教徒の共同墓地に埋葬された死産児を加えれば、一九世紀末期・二〇世紀初頭のミドルズバラにおける死産率は、更に高くなるであろう。一九世紀および二〇世紀初頭のイングランド・ウェールズにおける推計死産率、対千比約四〇[38]と比較すると、ミドルズバラの死産率は、七・五ポイントから一九・五ポイントも高かったのである。死産率は、一般に母親の健康水準と強い相関があり、貧困層で高くなる傾向があるとされている。[39]

一九世紀末期、二〇世紀初頭のミドルズバラにおける死産の多さに関しては、自然死産か、人工的処置による人工死産かについて、医療関係者の間で議論が交わされている。特に一九〇〇年の乳児死亡率については、公衆衛生医務官ディングル（Dr. C. V. Dingle）が、乳児死亡数六六三（乳児死亡率対千比一九八）、死産数一八一（死産率対千比五四・〇）[40]に注目し、こうした高率な乳児死亡率・死産率が不自然なものであり、乳幼児死亡保険金と埋葬互助協会（burial club）給付金の受給を目的とした母親による意図的な放置（neglect）、育児放棄あるいは人工的処置等の人為的な要因によるのではないかとの疑念を表明している。[41] この段階ではまだ医師による死因調査後の埋葬許可証の発行という制度が成立しておらず、死産児は申請通りに埋葬されたから、こうした疑念に根拠がなかったわけではない。[42] 今となっては真相の究明は困難であるが、いずれにしても、貧困、母親の栄養摂取水準の低下、栄養不良による乳幼児の抵抗力の低下、居住環境の悪

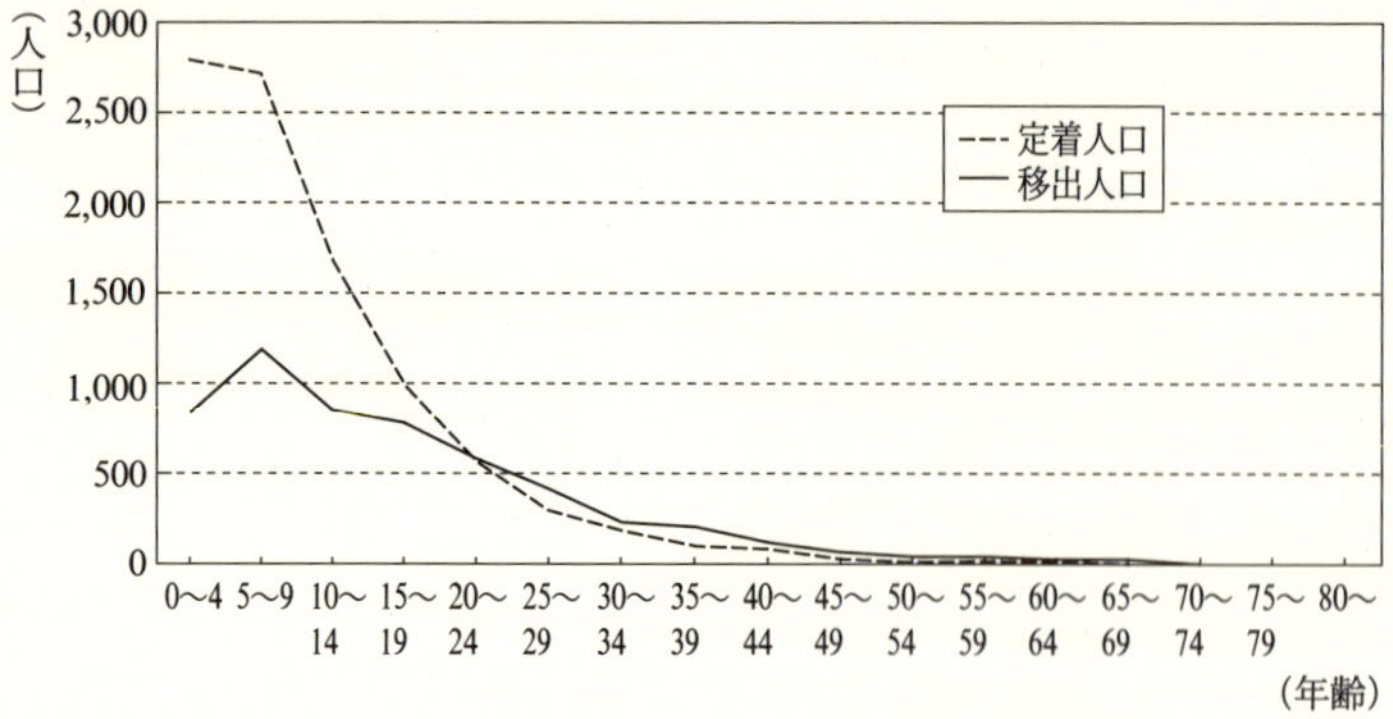

図終-1 ミドルズバラ出身者の年齢構成（男子移出人口と定着人口，1881 年）

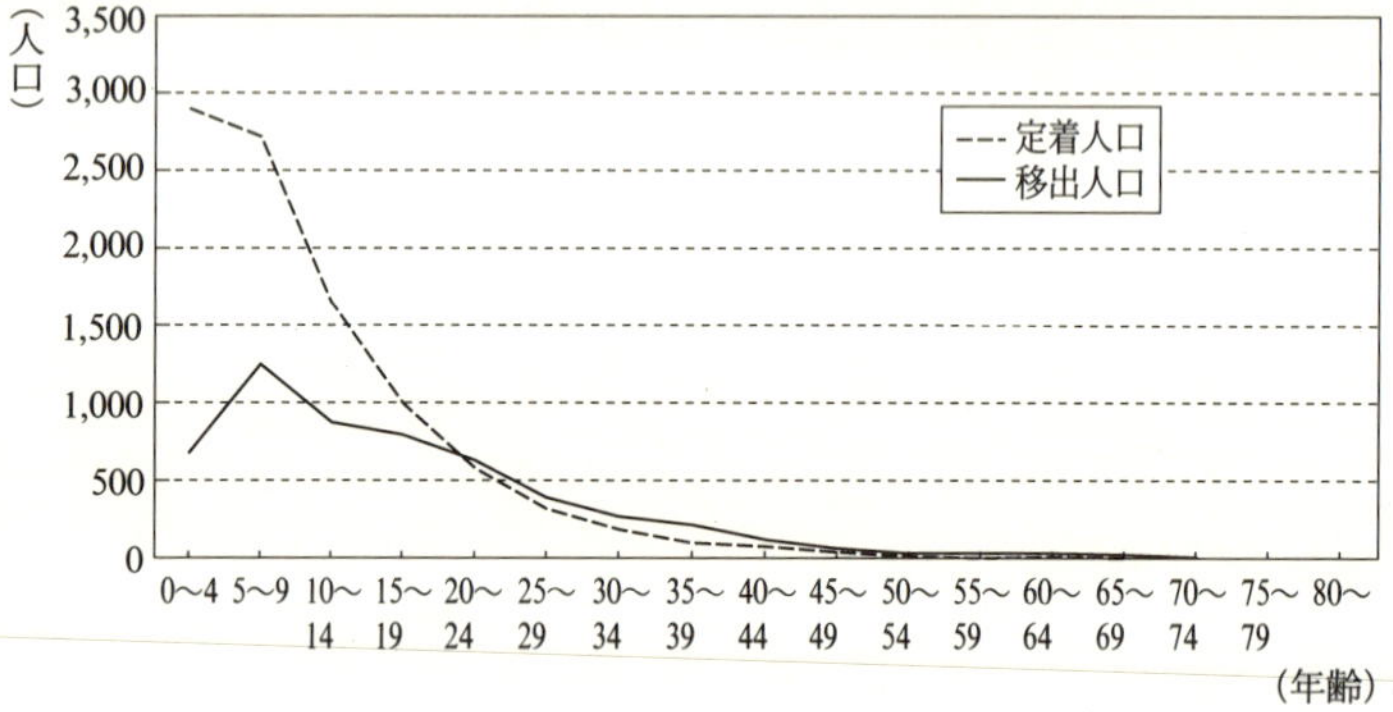

図終-2 ミドルズバラ出身者の年齢構成（女子移出人口と定着人口，1881 年）

化、衛生知識の欠如という複合的な要因が一九世紀八〇年代以降のミドルズバラにおける健康水準の低下をもたらしたと見做して誤りないであろう。

一九世紀末期におけるミドルズバラの衛生環境について、もう一点だけ付け加えておきたい。一八八七年から一八八八年にかけて、死亡率が極めて高い肺炎が蔓延し、一八八八年に三六九名が罹患している。この時期には、毎年冬期に、ミドルズバラの風土病のように、病名を特定することができないこの感染症による犠牲者が出ていた。劇症と死亡率の高さの点で、通常

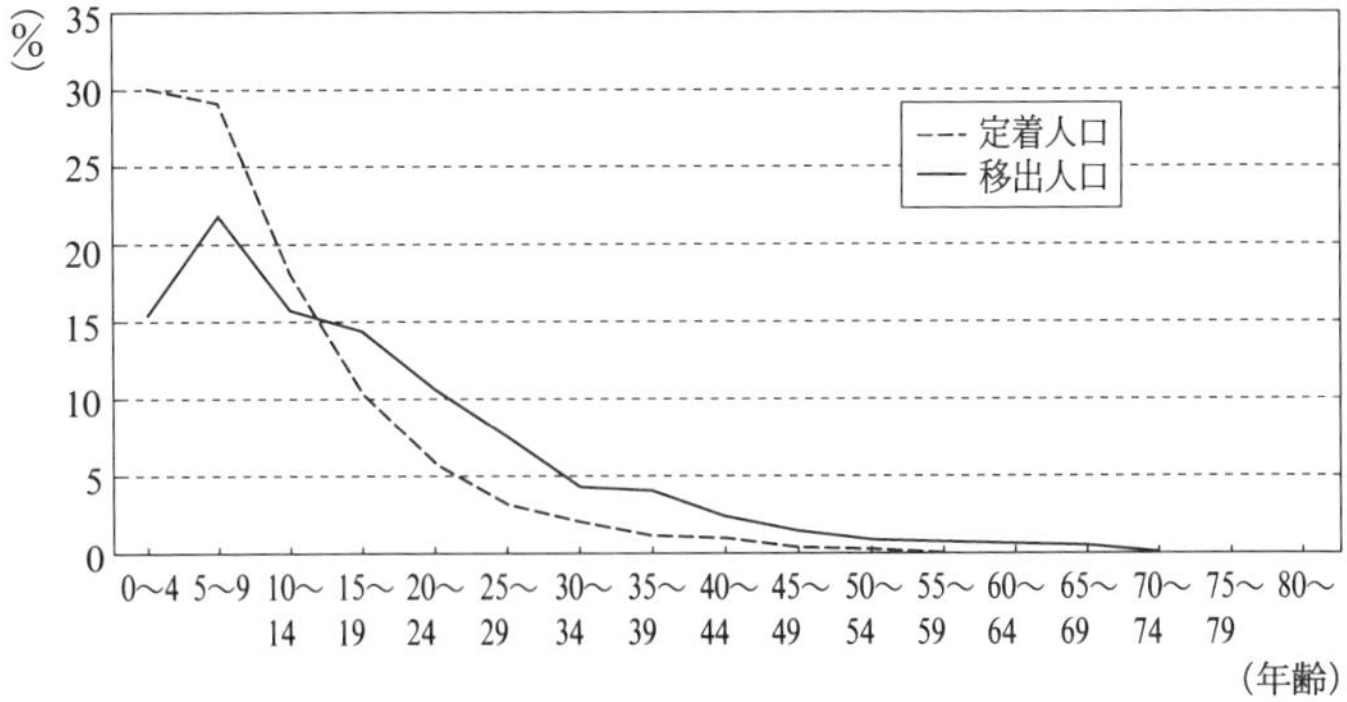

図終-3　ミドルズバラ出身者の年齢構成（男子移出人口と定着人口，比率，1881 年）

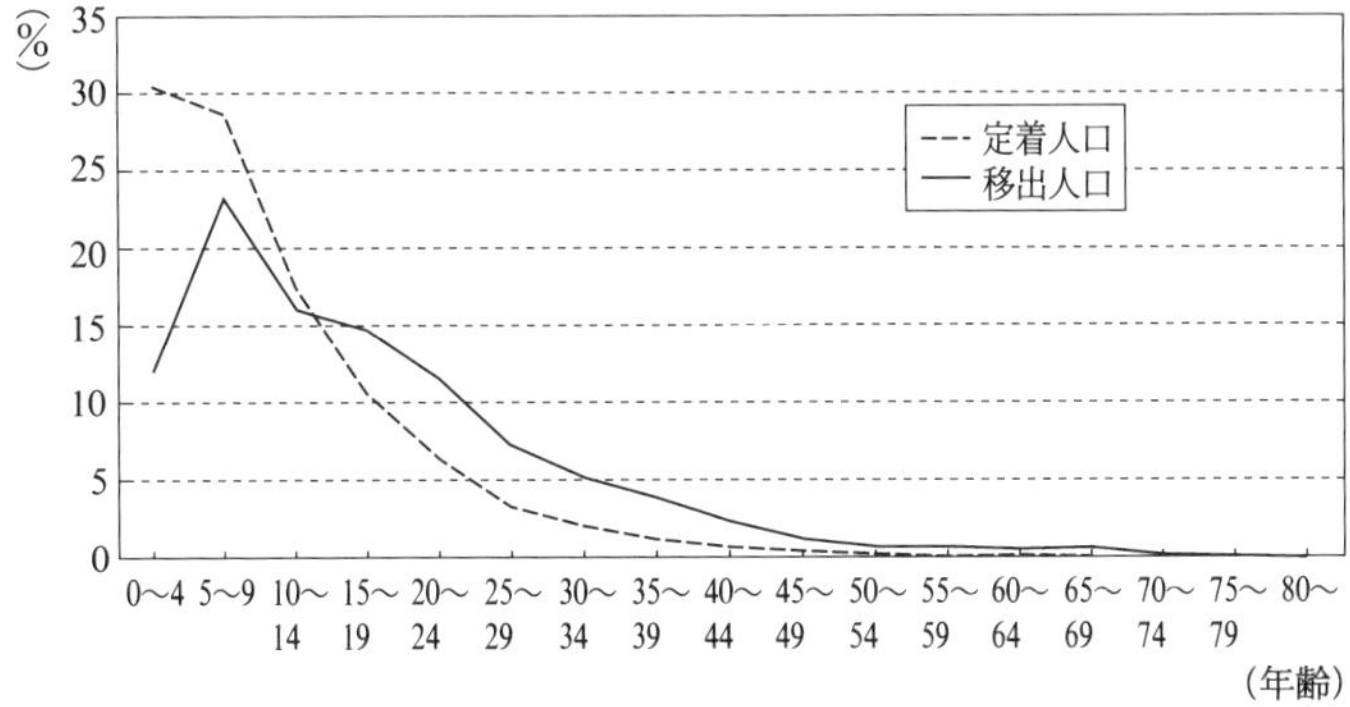

図終-4　ミドルズバラ出身者の年齢構成（女子移出人口と定着人口，比率，1881 年）

の肺炎でもなく、ましてや結核でもなく、この疾病について、医学者の見解は一致していなかった。エルシニア属ペスト（*Yersinia pestis*）、伝染性大腸菌（*Bacillus coli communis*）の一種であるとの説も出たが、結局、「ミドルズバラ型胸膜肺炎」（*Middlesbrough pleuropneumonia bacillus*）という病名が与えられた。[43] ミドルズバラが海港であり、ヨーロッパ、アジアとの交易の拠点であることがこの奇妙な肺炎の流行と関連があるとも考えられるが、他の場所では特定できない固有の疾病が長年にわたって地方病的流行を繰り返したという事実

表終-2　ミドルズバラ出身者の労働力率（15〜64歳，移出人口と定着人口，1881年）

［定着人口の労働力率（%）］

	男子人口	就業人口	労働力率	女子人口	就業人口	労働力率
	2,201	2,016	91.6	2,321	772	33.3

［移出人口の労働力率（%）］

移出先州名	男子人口	就業人口	労働力率	女子人口	就業人口	労働力率
ヨークシャー	1,097	1,001	91.2	1,212	507	41.8
ダラム	762	722	94.8	840	283	33.7
ランカシャー	167	162	97.0	141	78	55.3
ミドルセックス	79	69	87.3	64	27	42.2
サリー	31	27	87.1	30	11	36.7
スタッフォードシャー	26	22	84.6	25	9	36.0
ケント	21	20	95.2	21	4	19.0
その他州総計	320	301	94.1	277	103	37.2
計	2,503	2,324	92.8	2,610	1,022	39.2

出所）History Data Service database より作成。

自体、この都市の居住環境の悪さを象徴しているように思われる。

誕生後僅か半世紀あまりの間に、製鉄工業、産業集積、労使関係、医療福祉の局面で先端的な役割を担い、ある意味では、イギリス近代史の主流を形成し続けてきたミドルズバラも、前世紀初頭以降、苦難に満ちた歩みを始める。衰退の兆しは、既に一八八一年センサスの個票から算出した人口の性別・年齢別構成と労働力率に表れている。表終-1は、「歴史史料収集機関」（History Data Service）に所蔵されている一八八一年のイングランドおよびウェールズ全域の二、六一四万人分強のセンサス個票の出生教区に関する情報から、ミドルズバラで出生し、この都市に留まっている人口と他の地域に移出した人口をすべて洗い出し、移動先の州を単位に集計した結果を示したものである。[44] 予想されるように、直近のヨークシャーとダラムには、最も多くのミドルズバラ生まれの人口が移出している。ミドルズバラ生まれの人々が一八八一年のセンサス実施以前に、ヨークシャーには四、九二六人、ダラムには三、二二一人移出し、両州の一八八一年における総人口一〇万人当たり、それぞれ一六七・三、三六二・八の比率を占めるに至っている。

図終-1・図終-2は、ミドルズバラ生まれの人口のうち、センサスが実施された一八八一年の時点においてミドルズバラに留まっている人口と、移出し、他の州に居住する人口の年齢構成を示したものである。男女ともにミドルズバラからの移出者のうち二〇～二四歳以上の年齢階層は、絶対数においてミドルズバラ居住者を上回っている。更に図終-3・図終-4は、それぞれの母集団の総人口に対する各年齢階層の人口比率（％）を示したものである。男女とも、一五～一九歳から三五～三九歳までの年齢階層において、移出者の比率はミドルズバラに留まった人々のそれを大きく上回っている。一八八一年以前にミドルズバラで出生した人口のうち、労働力の中心となるべき年齢階層の移出が著しかったのである。両者の労働力率を比較した表終-2および図終-5・図終-6から明らかなように、移出者の労働力率はこの都市に留まった人口のそれよりも高い。特

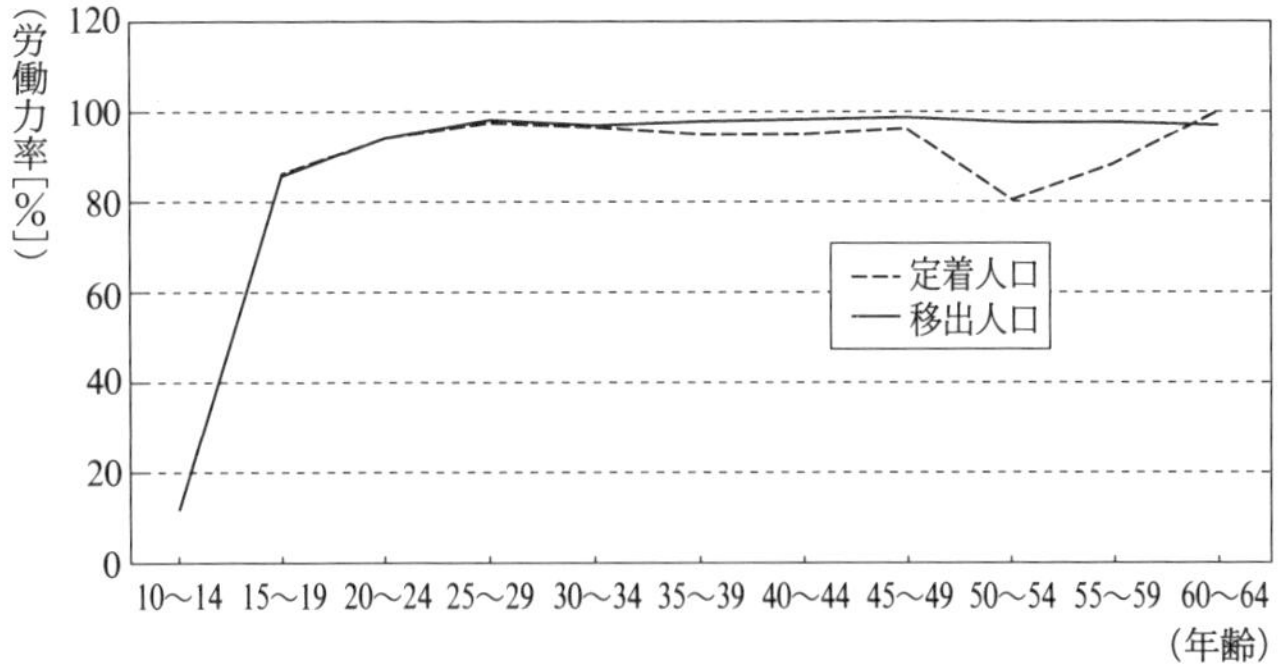

図終-5　ミドルズバラ出身者の年齢別労働力率（男子移出人口と定着人口，1881 年）

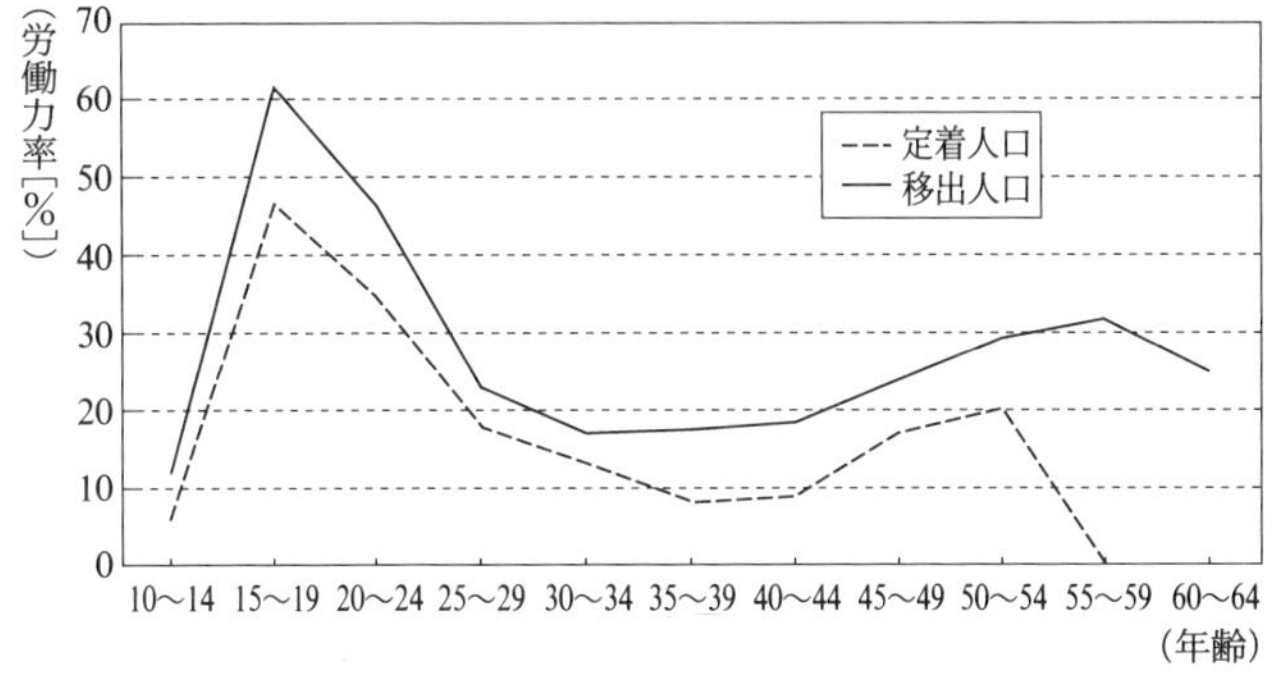

図終-6　ミドルズバラ出身者の年齢別労働力率（女子移出人口と定着人口，1881 年）

表終-3　ミドルズバラ出身者の年齢別労働力率（移出人口と定着人口，1881年）

年齢階層	男子		女子	
	定着人口	移出人口	定着人口	移出人口
10〜14	12.2	13.0	6.5	11.9
15〜19	85.4	85.3	46.6	61.8
20〜24	94.1	94.0	34.4	45.5
25〜29	97.3	98.1	17.8	23.0
30〜34	96.8	97.0	13.1	17.1
35〜39	95.2	97.7	8.0	17.6
40〜44	94.9	98.3	8.7	18.5
45〜49	96.4	98.6	17.1	23.8
50〜54	80.0	97.6	20.0	29.3
55〜59	87.5	97.4	0.0	31.6
60〜64	100.0	96.9	0.0	25.0
15〜64	91.6	92.8	33.3	39.2

出所）History Data Service database より作成。

に、女子について、この傾向が顕著である。一八八一年以前にミドルズバラからイングランド各地に移出していった女子の労働力率は、三九・二％であり、生まれて以来ミドルズバラに留まっている女子のそれ、三三・三％を上回っている。また、ミドルズバラ生まれであるか否かに関わりなく、一八八一年にミドルズバラに居住しているすべての女子の労働力率は更に低く、二三・六％である。

女子の労働力率が最も高い移出先は、ランカシャー（五五・三％）、次いで首都ロンドンを含むミドルセックス（四二・二％）、そして直近のヨークシャー（四一・八％）である。これらの地域に移出したミドルズバラ生まれの女子の労働力率が最も高かったのは、表終-3に示す通り、若年層の一五〜一九歳であった。この年齢階層の移出女子の労働力率は、六一・八％であり、ミドルズバラに留まった女子のそれ、四六・六％との差が最も著しい。これらの地域は、繊維工業労働者、家事奉公人としての雇用機会が多く、移出したミドルズバラ出身の女子の多くはこうした雇用機会に引き付けられたのであろう。いずれにせよ、上に挙げた幾つかの指標は、製鉄工業の斜陽化と雇用機会の縮小に直面したミドルズバラの労働力人口が都市内部において雇用機会を見出すことに困難を感じ始め、流出していったことを示すものである。もともと、ミドルズバラが依存していた製鉄工業や鉄道業は女子に対する雇用機会の少ない産業であり、衰退過程に入った中心産業の不振は、女子の移出を一層促進したのである。(45)

本書において詳しく見てきた一九世紀後半のミドルズバラの軌跡は、ある意味では、都市の「反面教師」としてのそれであったと言えるかもしれない。発生史的視点から見て、この都市は「自生的都市」(organic town)では無論ない。明らかに、人為的に計画された「建設都市」(planted town)である。一九世紀後半以降のミドルズバラは、理想的な都市、都市の理想像とはおよそかけ離れた道を歩まざるを得なかった。実際、二〇世紀中葉からの半世紀間に人口は一二、四八一人減少し、二〇〇一年には一三四、八五五人に低下を余儀なくされている。歴史家は未来学者ではないから、将来を予測することはできない。また、するべきではないであろう。本書でわれわれが分析してきたクリーヴランド地域とミドルズバラという都市が、ヴィクトリア朝の過去の栄光を単に引きずって、尚古趣味に陥ったまま将来も現状と同じ問題を解決せずに済ますのか、あるいは再生して、新しい都市共同体、工業都市の模範となり得るのか、それは誰にもわからないのである。(46)

あとがき

本書は、今から一〇年ほど前に、エディンバラ大学のロバート・モリス教授（Professor Robert J. Morris）の助言を一つのきっかけとして取り組むこととなった課題、「近代イギリスにおける都市化と工業化の歴史人口学的研究」をまとめたものである。教授には、それ以前に手がけていた同じく北部イングランド、ヨークシャー、ウェスト・ライディング地方の繊維工業都市、リーズの歴史人口学的分析が一段落し、同じ課題の次なる標的を模索していた頃、偶々、リーズと周辺地域の工業化と都市化の歴史人口学的な分析をまとめた拙著、*Industrialisation, Urbanisation and Demographic Change in England*, University of Nagoya Press, Nagoya, 1994 の書評の労をとっていただいた。モリス教授は、以下のような理由で、一九世紀後半におけるミドルズバラの都市化と人口変動の分析が必要であると説かれたのである。すなわち、ご自身が青年期の一時期、ミドルズバラに生活されていたことを告げられ、イギリス近代都市史に占めるその特異な位置と豊かな個性、本格的な学問的研究の少なさを理由に、この都市の分析を強く勧められたのである。

ミドルズバラを新しい課題として本格的に取り組むに当たって、もとより地域史の重視という従来からの視点は変えていない。分析対象とする産業に関しては、言うまでもなく、立地する工業の違いに伴って、繊維産業から製鉄工業への変化があった。こうして、図らずも、イギリス工業化の第一局面から第二局面へ、世界経済における大きなうねりの中のイギリス経済の二つの節目を分析することになったのである。都市の歴史人口学的分析の史料としては、以前に用いた主要な史料である教区登録簿・教区簿冊（parish registers）からセンサス個票（enumerators' books）への転換があった。

本書の骨子を成しているのは、新たな課題であるミドルズバラとクリーヴランドの地域史に関してこの一〇年間に執筆した学術誌の論文、共同執筆著書中の章、内外における研究報告である。既発表論文、研究報告の詳細は巻末に示した通りであるが、いずれも大幅な加筆・訂正を施してある。特に、二〇〇五年春から二〇〇六年春までの一年間のダラム大学歴史学部における在外研究中に収集した第一次史料、文献、あるいは研究会報告の際にいただいた多くの助言、疑問、指針に基づく分析は、本書で初めて公表するものである。従って、敢えて言えば、本書はほぼすべて書き下ろしであると言ってもよい。

本書が成るに当たっては、実に多くの方々からご教示・助言をいただいた。史料の所在や複写に関しても内外の多くの方々のご協力を仰いだ。今、すべての方々のお名前を挙げることは不可能であるが、以下の方々には、とりわけ深甚な感謝の意を表したい。前述のエディンバラ大学教授、モリス教授からはこの研究を手がけるきっかけをいただいただけではない。その後も、分析視角や史料に関して、貴重な助言をいただいた。利用した一九世紀ミドルズバラの第一次史料の大部分を所蔵するティーズサイド文書館（Teesside Archives）の文書館員の方々、特にデイヴィッド・ティレル（Dr. David Tyrell）氏、ジャネット・ベイカー女史（Dr. Janet Baker）には、史料の閲覧、複写、所在の確認などの点で、格別の便宜を図っていただいた。とりわけ、ベイカー女史は、筆者の煩瑣過ぎるほどの注文に対して、快く応えていただいた。女史の寛容な助力なしには、史料の充分な閲覧は到底不可能であったであろう。筆者が在外研究でエセックス大学歴史学部に滞在していた一九九八〜一九九九年当時、ティーズサイド大学の教授であったアンソニー・ポラード氏（Professor A. J. Pollard）には、史料の閲覧、研究会における報告、その他の点で大変お世話になった。同じくティーズサイド大学のバリー・ドイル博士（Dr. Barry Doyle, 現在は、ハダーズフィールド大学［University of Huddersfield］教授）からは、北東部イングランド史、特に医療福祉史に関して、多くのご教示をいただいた。また、リーズ大学のマルコム・チェイス博士（Dr. Malcolm Chase）からは、北東部イングランドの社会史・労働史について、貴重な助言をいただいた。

キングストン大学のピーター・ティリー氏（Mr. Peter Tilley）には、本書の中心的な部分の一つを成す人口分析、「センサス個票連結分析法」に関して、一方ならぬお世話になった。氏は、ご自身が開発したセンサス個票の名寄せプログラムを、遠く離れたアジアの研究者に寛容にも提供して下さり、その方法の詳細と結果の解釈などについて、度重なる著者の問い合わせにも懇切な説明をしていただいた。著者が「センサス個票連結分析」に集中して取り組んでいた時期のティリー氏とのイー・メイルのやり取りは、今振り返ってみると、自分でもあきれるほど頻繁であった。また、一九九八年当時、ティーズサイド大学大学院の学生であったロビーナ・ウィーズ女史（Mrs. Robina Weeds）は、ピーター・ティリー氏の「センサス個票連結分析」プログラムの入力書式に従って、ミドルズバラの一八五一年・一八六一年・一八七一年センサスのすべての個票の入力という集中力と時間と根気を要する厄介な仕事を引き受けて下さった。センサス調査員（enumerators）毎に筆跡の異なる、判読が困難な個票（enumerators' books）から、それぞれ個票番号・居所・姓名・続き柄・配偶関係・年齢・性別・職業・出生教区という一〇の属性を記録した七、四〇九人（一八五一年）、一七、七九九人（一八六一年）、二八、四〇一人（一八七一年）、合計五三、六〇九人の個人情報を入力するという膨大な作業を筆者のために引き受けて下さった女史に記してお礼申し上げる。

「クリーヴランド・ティーズサイド地方史協会」のジェフリー、ジェニー・ブラッディご夫妻（Mr. Geoffrey and Mrs. Jane Braddy）には、クリーヴランド地域史について、多くのご教示をいただいた。ともにミドルズバラ旧市街地出身のブラッディご夫妻は、同市における製鉄工業が終焉しつつあった時期を生きた経験を度々筆者に語ってくれた。ご夫妻のミドルズバラに関する思い出話は、まさに口述歴史（oral history）史料そのものであり、往時の製鉄工業都市のありのままの姿を彷彿とさせるものであった。また、クリーヴランド鉄鉱石の主鉱脈が走るエストンを挟んで、ミドルズバラと向き合う位置にあるギズバラ在住の産業考古学者、ジョン・ハリソン氏（Mr. John Harrison）には、ミドルズバラ、エストン、レッドカーをはじめ、往時のクリーヴランド製鉄工業の跡を案内していただき、製鉄工業の技術的側面について、懇切丁寧に説明していただいた。厚くお礼申し上げる。ノース・オームズビー病院の医長であった故ジェフリー・スタウト氏（Dr. Geoffrey Stout）からは、同病院の歴史のみならず、基礎的な医学知識についても多くのご教示をいただいた。

ダラム大学歴史学部のデイヴィッド・ロラソン教授（Professor David Rollason）、リンダ・ロラソン博士（Dr. Lynda Rollason）は、ともに中世史家であるが、史料の所在、文献、筆者の研究会報告に対する論評、イギリス近代史研究者の紹介をはじめ、大変お世話になった。特に、二〇〇五～二〇〇六年の著者の在外研究に際して、歴史学部および「北東イングランド史研究所」（North East England History Institute［NEEHI］）の特別研究員（visiting fellow）として受け入れていただき、研究条件を整えていただいた。同じくダラム大学およびサンダーランド大学の近代イギリス経済史・経営史研究者であり、筆者が滞英中に、数十年ぶりに『ヴィクトリア女王記念州史』（*Victoria County History*）のダラム州史（ダーリントン市史）を編集・上梓されたジリアン・クックソン博士（Dr. Gillian Cookson）には、北東イングランド近代経済史・経営史一般のみならず、史料の所在、筆者の研究課題についても貴重な助言をいただいた。ダラム大学歴史学部のラナルド・ミキ教授（Professor Ranald Michie）からは、本書の基本的な視点について、極めて重要な助言をいただいた。

わが国の経済史研究者からも、論文に対して、また、研究会・学会報告の際に、貴重な示唆をいただいた。とりわけ、大著『大英帝国の産業覇権――イギリス鉄鋼企業興亡史』の中で、中心的な課題として、クリーヴランド製鉄工業を分析された明治大学経営学部教授、安部悦生氏には、史料の所在、イギリス製鉄業の発展に関する基礎的な知識などの点で、貴重な助言をいただいた。記してお礼申し上げる。

本書執筆中の二〇〇八年二月に、ティーズサイド大学とティーズサイド文書館が、ティーズサイド鉄鋼関連史料の集中管理・修復とオンライン目録作成のための基金（Heritage Lottery Fund）を獲得した。北東部イングランドの鉄鋼関連史料の大部分は、既にティーズサイド文書館に収納され、目録作製も進んでいた。しかし、今回の基金獲得を機に、「英国鉄鋼関連史料収集計画」（The British Steel Archive Collection Project）として、幾つかの記録保管機関に分散していた史料をティーズサイド文書館が集中管理することとなった。ティーズサイド文書館以外に、多くの鉄鋼関連史料を保管していた「コーラス・北部地域記録センター」（Corus Northern Regional Centre）が所蔵していた記録は、既にティーズサイド文書館に移管されている。従来蓄積してきた基金に加え、今回の基金を利用して、一八四〇年代から一九七〇年代に至るまでの北東部イングランド製鉄工業に関する史料の収集と修復および目録作成事業が始まったのである。製鉄工業企業の経営記録、法律関連記録、設計図、写真を含む膨大な史料が今後系統的に収集・分類される筈である。世界各地の研究者だけでなく、地域の歴史愛好家を含めて、製鉄工業に関心のあるすべての人々の利用に供するために史料の集中管理、修復と目録作成を行うこの試みは極めて有意義であり、まことに喜ばしい限りである。

本書の骨子をなす課題研究に対しては、これまでに次のような研究助成金の交付を受けた。①平成一〇年度日本学術振興会特定国派遣研究者（一九九八年四月一日〜一九九八年一〇月三一日、研究課題「センサス原簿の統計分析に基づく一九世紀イギリスの都市化と労働移動」、種目［イギリス長期B人文社会系］、派遣先［エセックス大学歴史学部］）、②平成一一・一二・一三年度日本学術振興会科学研究費補助金（「一九世紀イギリス製鉄業都市の労働力移動」〔基盤研究（B）（2）〕〔課題番号一一四三〇〇一七）、③平成一四年度駒澤大学特別研究助成金共同研究「一九世紀イングランド都市の社会経済構造と消費生活の統計的分析」、④平成一六・一七・一八年度日本学術振興会科学研究費補助金（「一九世紀後半イギリス製鉄工業都市の労働移動と都市形成」）（基盤研究（C）（2））（課題番号一六五三〇二三四）、⑤平成一七年度駒澤大学公費在外研究員（国外長期）（研究課題「一九世紀後半イングランド北東部工業地帯における地域形成および都市の労働移動と医療制度の発展」、研究機関名：Department of History, University of Durham & AHRB (Arts & Humanities Research Board) Centre for North-East England History.

また、本書は独立行政法人日本学術振興会二〇〇八年度科学研究費補助金（研究成果公開促進費）の交付を受けて刊行される。

本書出版に当たって、名古屋大学出版会の三木信吾氏からは、煩雑な編集作業はもとより、著書の構成、その他の点で貴重な助言をいただき、細心の配慮をしていただいた。記してお礼申し上げる。最後に、私事にわたるが、妻裕子はイギリスの文書館における史料の撮影、統計作成のための史料の整理と計算をはじめとして、本書作成のために助力を惜しまなかった。また、二人の息子、俊介と亮介の励ましは筆者にとって大きな支えとなった。家族の協力に心から感謝する。

二〇〇九年二月

安元　稔

《著者略歴》

安《やす》元《もと》 稔《みのる》

1941年　大連市に生まれる

1970年　慶應義塾大学大学院経済学研究科博士課程修了

現　在　駒澤大学経済学部教授

著　書　『イギリスの人口と経済発展——歴史人口学的接近』（ミネルヴァ書房，1982年）

Industrialisation, Urbanisation and Demographic Change in England（名古屋大学出版会，1994年）

『統計制度の国際比較——ヨーロッパとアジアにおける社会統計の成立と展開』（編著，日本経済評論社，2007年）

製鉄工業都市の誕生

2009年2月25日　初版第1刷発行

定価はカバーに
表示しています

著 者　安 元　稔

発行者　金 井 雄 一

発行所　財団法人 名古屋大学出版会

〒464-0814　名古屋市千種区不老町1名古屋大学構内
電話(052)781-5027/FAX(052)781-0697

印刷・製本 ㈱クイックス　ISBN978-4-8158-0607-1

固有名詞索引

ア 行

アーヴィング　John Irving　23
アーサー公　Prince Arthur　62
アイサード　W. Isard　110
アイルランド　Ireland　6, 39, 165–166, 203, 209–212, 215, 220, 222, 229–235, 237–241, 244–245, 250–251, 266, 300, 304, 309
アクラム製鉄所　Acklam Ironworks　151
アクラム鉄管製作所　Acklam Pipe Foundry　124
アダムソン　George Adamson　29
アメリカ（合衆国）　4, 8, 81–82, 89, 93–95, 97, 100, 103–104, 110, 116, 162, 215, 222, 249, 257, 314
アライアンス英国内外火災・生命保険会社　Alliance, British and Foreign Fire and Life Insurance Company　23–24
アルバート公　Prince Albert　327
アルバート公園　Albert Park　327
アレン　R. C. Allen　132, 137
アンダストン鋳造所　Anderston Foundry　124
イタリア　97, 109
イデスリー伯　The Earl of Iddesleigh　110
イングランド　England　50, 63, 84, 92, 119, 168, 170–171, 187, 190, 193, 197, 199, 203–204, 212, 215, 218, 220, 222, 229, 231, 233–235, 241, 259, 276, 311–312, 339, 341, 344, 346
インド　82, 100, 103–104
インペリアル化学工業会社　ICI　10
ヴィクトリア女王　Queen Victoria　62, 327
『ヴィクトリア朝の諸都市』　*Victorian Cities*　310
ウィットビー　Whitby　123
ウィトン・パーク　Witton Park　79–80, 136, 200
ウィトン・パーク製鉄所　Witton Park Iron Works　111, 310
ウィリアムズ　Edward Williams　131, 248, 268, 275
ウィルソン，アイザック　Isaac Wilson　109, 117, 139, 144
ウィルソン，ジョン　J. F. Wilson　108, 117, 125
ウェールズ　Wales　63, 84, 97, 110, 119, 163, 165, 168, 170–171, 190, 193, 199, 203, 209–212, 215, 220, 222, 241, 259, 265, 276, 310, 339, 341, 344
ウェスト・ブロムウィッチ圧延工労働組合　The West Bromwich Millmen's Association　259
ウェスト・ライディング　West Riding of Yorkshire　295
ウェスト・レーン隔離病院　West Lane Isolation Hospital　300–301
ウェッブ夫妻　Sidney and Beatrice Webb　38, 57
ヴォーン　John Vaughan　48, 58, 77, 129, 137, 200, 319
ウォルヴァトン　Wolverton　21
ウォルヴァハンプトン　Wolverhampton　153
ウスターシャー　Worcestershire　281
ウッド　Edward Wood　268, 271
エアサム製鉄所　Ayresome Ironworks　135, 151
英領北アメリカ　British America　100, 103–104
エストン　Eston　57, 76, 113, 125, 136, 266
エストン鉱山　79–82, 111, 116, 136, 200, 250
エセックス　Essex　22–23
エリマス・クラブ　Erimus Club　148
エルウォン製鉄所　Elwon & Co.　136
エルシニア属ペスト　*Yersinia pestis*　343
オヴァレンド・ガーニィ商会　Overend, Gurney & Co.　22, 24, 29, 64, 257
オークランド炭田　22
オーストラリア　100, 103–104, 215

オーストリア　97
オームズビー　Ormesby　62
オームズビー製鉄所　Ormesby Ironworks　135
オドバー　A. J. Odber　255, 281
オトリー　Richard Otley　20, 35, 40, 53
オランダ　86, 97, 100, 103, 175

カ　行

カーディフ　Cardiff　163, 191
ガーニィ家　25
ガーニィ，サミュエル　Samuel Gurney　23-24
ガーニィ商会　23-24
ガーニィ，ジョージフ　Joseph Gurney　19-20, 22
可鍛鋳鉄工業労働組合　254, 269
カナダ　Canada　215
カンバーランド　Cumberland　92, 223, 254
『カンブリアン』　*The Cambrian*　200
ギズバラ　Guisborough　136
橘川武郎　117, 158
ギブソン　Francis Gibson　22-23
ギャラード　John Garrard　320
キリスト教修道女会　Christ Church Sisterhood　300
ギルクス　Edgar Gilkes　258, 320
ギルクス・ウィルソン機械製作所　Messrs. Gilkes and Wilson　75, 111, 116, 118, 322
ギルクス・ウィルソン・リーサム製鉄所・機械製作所　Gilkes, Wilson, Leatham and Co.　121
ギルクリスト，パーシー・カーライル　Percy Carlyle Gilchrist　106
クイーンズランド　Queensland　215
グラス　Ruth Glass　10
グラズゴウ　Glasgow　76, 142, 149, 153, 294
グラッドストウン　William Ewart Gladstone　1, 17, 62
グラモーガン　Glamorgan　203
クリーヴランド　Cleveland
——機械技術者協会　Cleveland Institution of Engineer　111, 130, 132, 140
『——技術者協会会報』　*The Proceedings of Cleveland Institution of Engineers*　130
——丘陵　Cleveland Hills　12, 336
——・クラブ　Cleveland Club　148
——式製鉄法　*Cleveland Practice*　6, 82-86, 113, 133-134, 137, 310
——州　Cleveland County　11-13
——精神病院　Cleveland Asylum　301
——製鉄業者協会　Cleveland Ironmasters' Association　87, 128, 139-140, 142, 156-157, 246, 248
——銑鉄証券発行埠頭倉庫　Cleveland Warrant Stores　90, 138, 149-151, 153-154, 157
——地域病院　Cleveland District Infirmary　319
——・ティーズサイド地方史協会　Cleveland and Teesside Local History Society　12
——鉄鉱石（鉱脈）　Cleveland Main Seam　9, 83
——病院　Cleveland Infirmary　319
——・ボルト・ナット製作所　Cleveland Bolt and Nut Works　123-124
クルー　Crew　21
クルードソン・ハーディ鉄管製作所　Crewdson, Hardy, and Co. Tube Works　124
グレイズデイル　Glaisdale　150
クレイ・レイン，サウス・バンク製鉄所　Clay Lane & South Bank Iron Works　297, 306
クロフト　Croft　75
クロンダイク　Klondike　61
クロンプトン　Henry Crompton　274-275, 279
『経済学原理』　*Principles of Economics*　109, 333
ゲイツヘッド　Gatestead　262
ケイン　John Kane　207, 248, 258, 263, 268, 275, 280
ケトル　Rupert Kettle　256, 273, 275, 277
『公衆衛生医務官年次報告書』　*The Annual Report of the Medical Officer of Health and the Chief Sanitary Inspector*　339

合同機械工組合　Amalgamated Society of Engineers　215, 220, 223, 306–307
コータム回復期患者保養施設　Coatham Convalescent Home　301
コーツ，ジョージ　George Coates　20
コーツ，ジョン　John Coates　20
ゴールドスミス　Mike Goldsmith　320
コーンウォール　Cornwall　41
コクラン・グローヴ製鉄所　Cochrane Grove and Co.　124
コクラン製鉄所　Messrs. Cochrane and Company　47, 297, 302, 319
コノル　William Connal　149–150
コンセット製鉄所　Consett Iron Co.　267

サ　行

サクラ　Charles Turner Thackrah　291
サミュエルソン　Sir B. Samuelson　131
サミュエルソン製鉄所　B. Samuelson and Co.　302
サルフォード　Salford　192
サンダーランド　Sunderland　169–170, 191, 218, 220, 223, 294
シェフィールド　Sheffield　50, 104, 106, 165, 169, 216, 294
『自殺論』　*Le Suicide : étude de sociologie*　312
シャーウッド・シドニー・アンド・スミス製鉄所　Messrs. Sherwood, Sydney and Smith　136
ジヤーズ　John Gjers　84, 135
ジヤーズ・ミルズ製鉄所　Gjers, Mills and Co.　135, 297, 306
シャープ　Isaac Sharp　53–54, 142, 324
『一九世紀におけるアメリカとイギリスの技術』　331
シュロップシャー　Shropshire　110
ジョイ社　Joy and Co.　123
ジョイス　James Joyce　2
蒸気機関工組合　Steam Engine Makers Society　306
商務省　Board of Trade　255
ジョーンズ，エリック・ライオネル　E. L. Jones　3
ジョーンズ兄弟無頭釘製作所　Jones Brothers, Cut Nail Works　124
ジョーンズ，ジョン　John Jones　131, 140, 248
ジョンソン　Paul Johnson　283
ジョン・ブラウン製鉄所　John Brown & Co.　106
シンパスチュア　Simpasture　75
スウィンドン　Swindon　21
スウェーデン　84, 135, 175
スウォンジー　Swansea　200, 294–295
枢密院　Privy Council　58
枢密院医務局　Medical Department of the Privy Council Office　31
スカンディナヴィア諸国　86, 97
スコットランド　Scotland　40, 77–78, 81, 84, 90–92, 97, 110–111, 120–121, 143, 149–150, 153, 165, 193, 199, 204, 212, 216, 220, 222, 241, 276
スコットランド銑鉄生産者協会　Scottish Pig Iron Association　149
スタッフォード　Stafford　235
スタッフォードシャー　Staffordshire　4, 92, 110, 153, 200, 204, 281, 310
ストックトン（ストックトン・オン・ティーズ）　Stockton　11–12, 18–19, 22–23, 36, 62, 74–75, 78, 123, 145, 201, 272, 311, 319, 326, 338
『ストックトン・ガゼット・アンド・ミドルズバラ・タイムズ』　*The Stockton Gazette and Middlesbrough Times*　201
ストックトン商工会議所　Stockton Chamber of Commerce　142
ストックトン・ダーリントン鉄道　Stockton and Darlington Railway　8–9, 18–19, 21–22, 25, 28–30, 35, 38, 53, 58, 74–75, 77–78, 81, 113, 116, 122, 144, 149–151, 158, 193, 322
スノードン・ホプキンズ製鉄所　Snowden & Hopkins Ironworks　300, 302
スペイン　97, 105–106
聖十字架国教会修道会　Anglican Order of Holyrood　300
『製鉄工業労働者新聞』　*Ironworkers Journal*　273, 277
聖マリア・ローマ・カトリック教会　St. Mary　304
セーブル　C. F. Sable　4, 10, 109
ゼットランド伯　The Earl of Zetland

316, 319
全英製鉄工業労働者組合　The Associated Iron Workers of Great Britain　259
全英鉄鋼協会　The Iron and Steel Institute　131
全国攪錬鉄工・打鉄工・圧延工等労働組合　National Association of Puddlers, Shinglers, Rollers, Millmen and Others　259, 262
全国合同可鍛鋳鉄工業労働組合　National Amalgamated Association of Malleable and Other Ironworkers　128, 207, 248
全国商工会議所連盟　The Associated Chambers　141
ソーナビー　Thornaby　12

タ　行

ダーウェント製鉄会社　Derwent Iron Company　267
ダービーシャー　Derbyshire　281-282
ダーリントン　Darlington　18, 22-23, 25, 34, 36, 42, 54, 74, 172, 218, 267-268, 272, 311, 319, 333, 335-336, 338
ダーリントン港　Port Darlington　18
ターンバル　J. Turnbull　187
『タイムズ』　*The Times*　76
タイン川　The River Tyne　336
タインサイド　Tyneside　128
ダウレイス　Dowlais　212
ダウレイス製鉄所　Dowlais Ironworks　77, 113, 199, 248-249, 310
ダブリン　Dublin　2, 76
ダラム（州）　Durham, County Durham　4, 11, 16, 18, 22-23, 36, 74, 80, 113, 119, 158, 200, 203-205, 212, 222, 229-231, 268, 311, 319, 326, 336, 344
チャップマン　Dennis Chapman　10
チャドウィック　Edwin Chadwick　62
中国　97
通商産業不況委員会　Royal Commission to inquire into Depression of Trade and Industry　110
ティーズ川　The River Tees　9, 11-12, 18-19, 21, 32, 61, 74, 77, 79-82, 84, 86, 113, 120, 122, 155, 158, 201, 229, 336, 338
ティーズ機械製作所　Tees Engine Works　145
ティーズ機関・可鍛鋳鉄製造工場　Tees Engine and Foundry Co.　121
ティーズサイド　Teesside　11-12, 80-81, 92, 137
ティーズサイド製鉄所　Teesside Ironworks　135
ティーズサイド特別市　Teesside County Borough　11
ディズレリー　B. Disraeli　62
デイル　David Dale　267, 271
デヴォンシャー公　Duke of Devonshire　131
鉄鋼協会　Iron and Steel Institute　111, 130-132, 140
『鉄鋼協会紀要』　*The Transaction (Journal) of the Iron and Steel institute*　130
『鉄・石炭業界誌』　*The Iron and Coal Trade Review*　131
デュルケム　É. Durkheim　189, 312-313
ドイツ　4, 41, 81, 86, 89, 93, 97, 100, 103-104, 116, 143, 175
登記本署　The General Register Office　180
『登記本署長官動態統計年次報告書』　*The Annual Report of the Registrar General*　180
トマス，シドニー・ギルクリスト　Sydney Gilchrist Thomas　106
トルコ　215

ナ　行

ナショナル・プロヴィンシャル銀行　National Provincial Bank　320, 326
南部スタッフォードシャー　South Staffordshire　119-120, 205, 258-259, 276, 279
南部スタッフォードシャー製鉄業者協会　South Staffordshire Ironmasters' Association　279
日本　97
ニューカッスル　Newcastle　54, 77, 169, 272, 294, 311, 338
ニューカッスル病院　Newcastle Hospital　319
ニュージーランド　New Zealand　215
ニューヨーク　New York　222

ノーサンバーランド　Northumberland　4, 16, 80, 204, 223, 268
ノース　D. C. North　110-111, 154, 158, 334
ノース・イースタン製鋼所　North Eastern Steel Co.　151
ノース・オームズビー　North Ormesby　300-301
ノース・オームズビー病院　North Ormesby Hospital　283-284, 291-293, 295-297, 300-302, 304-308, 311, 314-316, 318-322, 324, 326-327
ノース・ライディング篤志病院　North Riding Infirmary　300-301, 315-318, 320-322, 324, 327-328
ノッティンガム　Nottingham　76, 169, 267, 269, 277-278
ノッティンガム・レース織物労使調停委員会　274
ノリッジ　Norwich　22-23

ハ　行

バークベック　Henry Birkbeck　2-23, 28, 67
バークベック家　25
ハートリプール　Hartlepool　11, 78, 223
バーミンガム　Birmingham　16, 50, 55, 66, 142, 169, 171, 220, 233
バックハウス，ウィリアム　William Backhouse　19
バックハウス家　25
バックハウス，ジョナサン　Jonathan Backhouse　19
ハドソン　Pat Hudson　4, 25, 158-159, 327
ハバカク　J. R. Habakkuk　331-332
バララット　Ballarat　61
ハリス　J. Harris　314
バロウ・イン・ファーネス　Barrow-in-Furness　9, 21, 333
バンクス　J. A. Banks　188, 312, 314
ハンメル　E. A. Hammel　239
ピーズ　Pease
　エドワード・——二世　Edward Pease, the Younger　22-23
　ジョージフ・——　Joseph Pease Junior, or the Younger　18-20, 22-23, 26, 28-36, 41, 54, 64, 66-68, 78-79, 142, 145, 187, 320
　ジョン・——　John Pease　143
　——家（一族）　25, 34-35, 54, 142, 319, 322
　ヘンリー・——　Henry Pease　35, 67, 142-143
ピオリ　M. J. Piore　4, 10, 109
ビショップ・オークランド　Bishop Auckland　18
ビショップリー　Bishoplee　136
ヒックス　J. R. Hicks　255
ヒューズ　Thomas Hughes　275, 277
ヒル・アンド・ウォード鉄索製作所　Hill and Ward, Wire Works　124
ビルバオ　Bilbao　106
ファイフシャー　Fifeshir　77
ファロウズ　William Fallows　53-54, 129, 141
フィッツジェラルド　R. Fitzgerald　309
フーヴァー　E. M. Hoover　110, 112
プーリー　C. G. Pooley　187
フォックス・ヘッド製鉄所　Fox Head Co.　118
ブラッディ　Geoffrey Braddy　12
ブラッドフォード　Bradford　98
フランス　86, 89, 94, 96-97, 100, 103-104, 143, 215
ブリストル　Bristol　191
ブリタニア製鉄所　Britannia Ironworks　119
ブリッグズ　Asa Briggs　16, 310
ブルームランズ小児病院　Broomlands Children's Hospital　301
プロシャ　Preussen　34, 59, 77, 327
ベアリング　Francis Baring　23-24
ベアリング商会　23-24
ベドリントン製鉄所（株式会社）　Bedlington Iron Works　36
ベニントン　J. Bennington　320
ヘムリントン天然痘病院　Hemlington Smallpox Hospital　301
ベル　Sir Isaac Lowthian Bell　89, 110, 131, 139, 320
ベルギー　89, 94, 97, 100, 103, 175, 259, 310
ベル兄弟製鉄所　Bell Brothers Ironworks　2, 117, 131, 139, 304-306, 308-309, 317
ベルファースト　Belfast　220
ベレズフォード　Maurice Beresford　2

ポーター，J. H.　J. H. Porter　277
ポーター，マイケル　Michael E. Porter　3, 137
ポート・クラレンス工場　Port Clarence Ironworks　304, 317-318
北東鉄道会社　North Eastern Railway Company　73, 267
北部イングランド　92, 100, 110, 118-120, 140, 198, 220, 223, 232, 246, 254, 256, 273, 277, 279, 282
北部イングランド可鍛鋳鉄製品製造業労使仲裁・調停委員会（北部イングランド仲裁・調停委員会）　Board of Arbitration and Conciliation for the North of England Manufactured Iron Trade　6, 88, 118, 128-129, 131, 246, 248, 254-255, 266, 268, 270-275, 278-281
北部イングランド製鉄業者協会　North of England Iron Manufacturers' Association　128, 131, 140, 198, 246, 248, 267, 269
北部スタッフォードシャー　North Staffordshire　120
北部ヨークシャー（ノース・ライディング）　North Riding of Yorkshire　16, 41, 53, 60, 268, 309, 319, 326
ポップ　Andrew Popp　109, 117, 125
ホプキンズ・ギルクス製鉄所　Hopkins, Gilkes and Co.　119, 135, 248
ホプキンズ製鉄所　Hopkins and Co.　263
ホブスボウム　Eric Hobsbawm　215, 218
ポラード　S. Pollard　4, 224
ボルコウ　Henry Ferdinand William Bolckow　34, 48, 50, 53, 58-60, 62, 77, 129, 136-137, 139-141, 144-145, 258, 319, 324, 326-327, 330
ボルコウ・ヴォーン製鉄所（株式会社）　Messrs. Bolckow and Vaughan　44, 47-49, 58, 70-71, 75, 77-80, 105-106, 110, 112, 116, 118-119, 121, 128-129, 131, 136, 139-140, 144, 158, 199-201, 248-249, 257-259, 263, 268, 271, 302, 310, 319, 322, 326
ポルトガル　97

マ　行

マーサイア・ティッドフィル　Merthyr Tydfil　172, 201, 212, 248
マーシャル　Alfred Marshall　108-110, 333
マーティン　Simon Martin　22-23
マクルスフィールド　Macclesfield　76
マルタ　Malta　215
マンチェスター　Manchester　16, 50, 76, 98, 105, 148, 169-171, 216, 220, 223, 233
マンデラ　A. J. Mundella　256, 267, 269, 275
マンマスシャー　Monmouthshire　92, 119, 203, 205, 209, 220
ミドルズバラ　Middlesbrough
——型胸膜肺炎　*Middlesbrough pleuropneumonia bacillus*　343
——救貧院　Workhouse　301
——港　77, 94, 97, 99, 321
——市長　Mayor of Middlesbrough　34, 50, 57, 59-60, 71-72, 319-320
——商工会議所　Middlesbrough Chamber of Commerce　131, 138, 140-142, 144, 154
『——商工会議所月報』　*Monthly Journal of Middlesbrough Incorporated Chamber of Commerce, Teesside Chamber of Commerce Monthly Journal*　142
——小診療所　Middlesbrough Cottage Hospital　284, 300-301, 318
——職工協会　Middlesbrough Mechanics' Institute　111, 129-130, 327
——製鉄所住宅組合　Middlesbrough Iron Works Building Society　48
——製陶会社　Middlesbrough Pottery Company　41
——石炭積出埠頭会社　Middlesbrough Dock Company　28, 30
『——・タイムズ』　*The Middlesbrough Times*　284
——土地開発会社　The Owners of the Middlesbrough Estate　5, 9, 16, 22-32, 34-37, 40-41, 48-49, 51-52, 54-56, 58, 60, 64, 66-69, 72-73, 75, 77, 142-144, 324
——取引所（株式会社）　Middlesbrough Royal Exchange　131, 138, 142-145, 148, 150, 154
——取引所協会　Middlesbrough Exchange Association　145
『——・ニューズ・アンド・クリーヴラン

ド・アドヴァタイザー』 *Middlesbrough News and Cleveland Advertiser* 316
——文学・哲学協会 Middlesbrough Literary and Philosophical Society 142
ミドルセックス Middlesex 22-24, 29, 346
南ウェールズ South Wales 4, 77, 104, 113, 119-120, 172, 197, 199-201, 203, 205, 248-249, 276
メアリー Sister Mary 300
メクレンブルク Mecklenburg 34, 59, 77
メネレイアス William Menelaus 248-249
メリヤス編み製造工業労使調停委員会 267
モンテフィオーレ Mose Montefiore 23-24

ヤ・ラ行

ヤーム Yarm 74, 223
ヨークシャー Yorkshire 4, 11, 41, 53, 60, 203-205, 222, 229-231, 268, 295, 301, 344, 346
ヨーク・ジャンクション York Junction 74
ラスボーン・トマス・リチャードソン商会 Messrs. Rathbone & Richardson 68
ラスレット P. Laslett 239
ランカシャー Lancashire 4, 92, 105, 112, 120, 220, 222, 254, 301, 346
ランカシャー製鋼株式会社 Lancashire Steel Co. Ltd. 106
リーズ Leeds 16, 50, 98, 169, 223, 233, 293, 295
リーズ篤志総合病院 General Infirmary at Leeds 291, 293, 295, 322
リヴァプール Liverpool 149, 165, 169, 192, 233, 266
リチャードソン Thomas Richardson 20, 22-25, 29, 35, 64, 67-68
リチャードソン・オヴァレンド商会 Richardson, Overend & Co. 25
リッチモンド Richmond 319
リプリー Ripley 218, 220
リリー William Lillie 73
リンカン Lincoln 218
リンソープ Linthorpe 38, 62, 139, 163-164, 225-226, 228
リンソープ製鉄所 Linthorpe Ironworks 135, 145
ルクセンブルク 89
レイヴェンシュタイン E. G. Ravenstein 162
レイルトン・ディクソン造船所（株式会社） Raylton Dixon and Co. 125
レスター Leicester 76
レッドカー Redcar 319
連合王国 United Kingdom 1, 76, 81, 86, 90-93, 97, 104, 143
ロシア 86, 100, 103-104
ロスチャイルド Nathan Meyer Rothchild 23-24
ロスチャイルド家 23
ロック Max Lock 10
ロッシュ・ウィルソン・ベル製鉄所 Messrs. Losh, Wilson and Bell's Ironworks at Walker 77
ロンドン London 16, 18, 22-25, 29, 62, 64, 67, 169-170, 257, 346

事項索引

ア 行

麻織物工業 196
圧延工 rollers 197-198, 200, 245, 250, 258, 278
圧延（工場・作業） 78-79, 81, 118, 122-123, 197-199, 263, 268-269, 292
アノミー状態 *anomie* 312
鋳型 197
鋳型工 moulder 41, 196, 203, 205, 207, 212, 215
鋳型製造工 pattern-maker 307
鋳込み工 stocktakers 197
移出基地 export base 4, 6, 99, 108, 112, 154, 334, 336
移出基盤 82
溢出効果 125
移動性向 184, 187, 205, 212, 232, 235, 245, 247
移動歴 187, 220, 223
請負技師 contracting engineers 135
請負業者 contractors 135
受け取り証券 151, 153
親方圧延工 master rollers 197
親方撹錬鉄工 master puddlers, forehands 197-198, 207, 210, 249

カ 行

海港都市 19-20, 30, 50, 75
会社法（1862 年） Companies Act 142
会社法（1873 年） Companies Act 140
開頂炉 open top furnace 84
外部経済 111-113, 125, 159
外部効果 125
外部調達労働力 205, 207
化学工業 10, 128, 208, 251, 283, 285, 289, 291, 310, 315
拡大家族 extended-family 239-240
隔離病院 301
撹錬鉄 269, 292
撹錬鉄工 puddler 41, 91, 196-198, 203-205, 207-212, 229, 241, 244, 250-251, 258-259, 262-263, 275, 278, 292
撹錬鉄工場 118, 198, 205
撹錬鉄炉 puddling furnace 77-78, 81, 119-120, 122-123, 130, 263, 265, 275
加工（生産）費用 processing cost 112
家事奉公人 domestic servants 202-203, 346
ガス（製造所） 9, 25-26, 55, 60, 70
家族形態 239-240
家族主義 Familialism 109
可鍛鋳鉄製品製造労働組合 138, 305
可鍛鋳鉄／錬鉄 wrought iron, malleable iron 7, 75, 80-82, 86, 88-90, 99-100, 103, 113, 116, 118-119, 121-122, 125, 130, 138, 141, 153, 193, 197-199, 205, 209-210, 216, 248-250, 254, 257, 265-266, 273, 278, 292-293, 310
可鍛鋳鉄／錬鉄製造工 91
カトリック 328, 339, 341
煆焼 calcination 83
煆焼炉 calcining kiln 83
空売り筋 bear 156
仮証券 script 149
簡易宿泊施設 50, 337
患者紹介切符 tickets of recommendation 284
間接雇用 sub-contracting system, double-handed employment 197-198, 203, 205, 207, 265, 278
感染症 31, 342
機械工 engineers 41, 203-204, 207-209, 212, 216-217, 220, 222-223
機械工労働組合 204
機械的連帯 *la solidalité mécanique* 313
飢餓移動 233
機関工 engineman 248
企業間分業 117, 123, 125
企業内福利給付 308-310
企業別組合 247-248
求職移動補助制度 200, 209, 213, 215-216,

218, 220, 222-224, 247-248, 251, 329
救貧　1
救貧税（賦課台帳）　poor rate books　47, 51, 53, 55-56
教区登録簿（簿冊）　parish registers　174
恐慌（1873 年）　43, 94, 99-100, 123
共済組合　283, 285, 307, 311
競争優位　109, 157, 159
鏡鉄　spiegeleisen　249
共同組合　301
共同組合的出資企業　301
醵金　58, 213, 271, 284-285, 294-297, 300-307, 321, 326
醵出　302
醵出制保険　7, 284, 300
金融恐慌（1866 年）　90
クウェーカー教徒・主義　Quakers, Quakerism　18, 22, 24-25, 30, 145, 159, 267, 322
草の根の参加民主主義　grass-roots participatory democracy　314
九時間労働運動　Nine Hours Movement　258-259
クラスター　cluster　3, 108-109, 113, 117, 125, 128
倉荷証券　149-150, 154
グレイズデイル銑鉄証券発行埠頭倉庫　87, 156
経営者団体　247
経済地理学　109
警備・警察勘定　watch rate and police account　71
契約制医療機関　283
毛織物業者（毛織物工業）　196, 295, 332-333
下宿人　boarders　185, 210-211, 231
下宿屋　lodging house　237
結婚率　169, 185
権限授与書　warrant　149
権限証券　document of title　150
検査官　surveyor　38, 51, 54, 66
検屍陪審　coroner's jury　171, 318
建設都市　7, 16, 20, 329, 347
鉱滓　122
鉱滓（処理）工　slaggers　248, 292
鉱滓綿　slag wool　128
工業団地　10-11, 61
公衆衛生監督権　60, 164
公衆衛生法　Public Health Act　1, 60, 72
鉱石運搬工　248
鉱石装入工　chargers　197, 248, 292
控訴裁判所　court of appeal　256
鉱夫　196
小売商人（小売店主）　337
高炉主任　keeper　197, 248
高炉（職）工　blast-furnacemen　200, 207, 248, 278, 304, 307
高炉・溶鉱炉　blast furnace　75, 78, 80, 83-84, 87, 89, 92, 111, 113, 117-118, 122-123, 130, 134-136, 139, 197, 209, 216, 258-259, 262-263, 265-266, 292, 309
コークス　74, 77, 81, 83-84, 112-113, 118, 122, 141-142, 199, 250, 329-330
コークス充塡工　coke fillers　135
互助会所属医師　club doctors　284
個人的交換　personalized exchange　154
個別約款捺印証書　Deed of Covenants　35, 37
コモン・ロー　Common Law　52
婚外子（非嫡出）率　170
混合経済　mixed economy　302

サ　行

サーヴィス業集積　336
最小の国家　minimal state, minimalist state　1
裁定　276-277
裁定人　umpire　272, 275
作業時間係　292
産業医　305
産業集積　industrial agglomeration, industrial clustering　3-6, 8, 75, 108-113, 116-117, 122-123, 125, 128-130, 138, 142, 145, 157-159, 249, 251, 282, 301, 334-336, 344
産業（工業）立地　7, 108-110, 112-113, 203, 205, 209, 229, 330
産地形成　5, 108
ジーメンス副熱式高炉　Siemens Open Hearth Furnace　132
ジーメンス・マルタン工法　Siemens Martin Process　132
死因審問　inquest　171, 318
四季裁判所　Court of Quarter Sessions　56

識字率　170, 172
資源賦存依存（立地・集約）型産業　9, 76-77, 112, 330, 334
事故死　violent death　170, 172
自殺（率）　170, 172, 312
死産児（死産率）　339, 341
資産評価記録　26
市場取引税　56, 64, 67-68
自助努力（自助原理）　self help　7, 284, 303, 310-311, 314, 322
自生的都市　organic town　347
自然死産　341
下働き助手，見習い・契約労働者　under-puddlers, under-workers, under-hands, assistants, levelhands　197, 249, 262, 265, 278
自治都市　municipal borough　34, 56-58, 60, 72
自治都市設立勅許状　charter of incorporation　57, 164
自治都市（自治体）特権　incorporation　11, 54, 58-59, 61, 69, 71, 145, 338
疾病休業補償制度　284
疾病互助会　sick club　304-306
私的労災・疾病保障　7-8, 284
自発的結社　voluntary associations　139, 283, 311-312
死亡率　168, 171-172, 293, 342
資本形成（率）　133
資本装備率　84
社会的結合関係　7
社会的密度・精神的密接性　*densité sociale*　314
社宅　44, 304
就業規則　work rule　305
住宅組合　building society　49
集団的（発明・技術開発）　collective invention　111, 132-134, 137-138
柔軟な専門化　Flexible Specialization　109
熟練労働者（市場）　6, 41, 49, 77, 89, 112, 170, 193, 196, 198-199, 203-205, 207-210, 212-213, 215-216, 220, 223-224, 228-230, 232, 241, 244-245, 247-248, 250-251, 254, 256, 258-259, 263, 265, 278, 281, 292, 304, 309-311, 337
出生率　168, 171
取得費用　procurement cost　112
小規模小売店舗（経営者）　49-50, 337
商業集積　336
商工会議所　chamber of commerce　159
使用者団体（同業者団体）　129, 138, 142, 148, 159, 245-246, 248-249, 254, 256, 267, 305, 313
小商人政治　shopocracy　50, 338-339
消滅人口　181
症例記録　case books　285, 291-292, 316
職業病　291
職住近接　123, 338
職種間移動　245, 329
職種別組合　247-248
人口移動（性向）　6-8, 77, 162-163, 175, 181, 187, 337
人口移動法則　Laws of Migration　162
人口移入・移出（率）　6, 165, 168, 170-171, 173-175, 178-181, 184-185, 187-188, 190, 201-203, 208, 213, 226, 232, 235, 237-238, 244, 344
人工死産　341
人口増加（率）　7, 44, 53, 60, 66, 69, 71-72, 163-165, 170, 173, 188, 225, 313
人口登録簿　population registers　175
人口変動　162-163
人口密度　*densité matériale*　313
新生児後死亡　339
新生児死亡　339
垂直的統合　136
スライディング・スケール制　Sliding Scale　6, 254, 277-278
スライド制賃金決定委員会　248, 273-274
生活史　174, 187
生産都市　8-9
精神的密度・道徳的密度　*densité morale*　313-314
制定法　statutes　52-53
製鉄業者協会　270
製鉄業者集積地域　Ironmasters' District　86, 113, 122
製鉄工業労働者組合　270, 279
製陶業・製陶工場（会社）　9, 25, 40, 75
製陶工　41, 256
性比　sex ratio　165-168, 172, 179, 192, 196, 225, 233, 235
セイフティー・ネット　safety net　6, 283,

293, 301, 303, 310-311, 315
性別・年齢別人口　5-6, 8, 166, 168, 190, 344
性別・年齢別人口移動　173
精錬（所）　120, 199-200
精錬炉工　millfurnacemen　198
石炭　74-76, 81, 112-113, 120, 122, 125, 128, 137, 141, 145, 148, 199, 250-251, 277, 313, 329-330
石炭鉱山　78
石炭積み降ろし口　coal drops　28
石炭積出港　18-19
石炭積出埠頭（会社）　Dock Company　9, 25-26, 28-30
石炭輸出港　8-9
赤鉄鉱銑鉄　hematite pigs　136, 249
石灰石　122, 136, 197
櫛梳工　hackler　291
繊維産業（工業）　4, 195-196, 291, 295-296, 332-333, 336, 346
選挙人名簿　41
選挙法・選挙区改革運動　62
センサス個票　census enumerators' books　39, 173
センサス個票連結分析法　record linkage of the census enumerators' books　6, 8, 165, 174-175, 180, 185, 201-202, 207, 234
剪断工　shearers　278
銑鉄証券発行埠頭制度　warrant store system　87, 141, 143, 148-149, 154-157, 159
早期新生児死亡　339
造船業　82, 145, 204, 251, 285, 289, 291, 303
粗死亡率　168, 171-172
粗出生率　168, 171
粗鉄　crude iron　99
梳毛毛織物　worsted　195-196

タ　行

第三者執行　third party enforcement　154
貸借対照表　26, 28-29
多核家族　multiple-family　239
他家受精　cross-fertilisation　332
打鉄（工）　shingling, shinglers　197-198, 250, 263, 269, 278, 292
単一産業依存型都市　330, 334
段階的移動　stepwise migration　212, 241
単婚小家族（単純家族）　187, 239
鍛造工　blacksmiths　207, 212, 223
鍛鉄　120, 197, 199, 292
鍛鉄工　forger　41, 195, 198, 200, 278, 307
鍛鉄（工場）　forge　79, 99, 118, 123, 263, 268
治安官　constable　56, 66
治安判事　justices of the peace　52, 55, 258
治安判事裁判管轄権　a bench of Justices of the Peace　59
治安判事裁判所書記官　clerk of the peace　54-55
地域経済　5, 128, 138, 159, 330, 336, 338
地域工業化　4-7, 13
地域常任委員会　Local Standing Committee　266-267
地域（性）　region　2, 4, 109, 113
地域生産協同体　municipalism　4, 10-11, 109, 247
地区　district　109
地方行政法　72
地方公衆衛生局　Local Board of Health　60, 63
地方（地域）名望家　6, 145, 296, 306, 315, 318, 320-322, 324, 326-328
中央公衆衛生局　General Board of Health　60
中間管理職（層）　337
中間組織・団体　87, 129, 139
仲裁　255-256, 277-278
仲裁者　arbitrator　255
仲裁人　Referees　270-271
中産階級（中位の人々・中間層）　50, 225, 228, 295, 301, 322, 337
中心都市　metropolis　6, 108, 113, 141, 154, 157
中世都市　8, 113, 154
鋳造　197
鋳造工　founder　41, 196
鋳造所　foundry　98, 120, 205
鋳鉄　cast iron　99
調停者　conciliator　255
調停制度　255-256, 277
調停・仲裁委員会　268-270, 275-278
調停法　Conciliation Act　255
直接雇用　197
直接式鉱石巻き上げ機　84
賃金仲裁裁定制度（表）　6, 129, 198, 254, 266

賃率　247, 249, 256, 269, 274-275
定着人口　6, 174-175, 184-185, 187, 213, 235, 238
定着率　209, 235, 237, 245
手形割引業者　bill brokers　22, 25, 64
出来高払い賃金　197, 245-247, 259, 263, 269-270, 275
鉄鋼価格・賃金スライド制　274
鉄道都市　8-9, 18, 21, 74-75, 82
鉄道輸送基地　20-21
鉄板　plates　88-89, 100, 113, 118, 125, 141, 199, 257, 259, 268, 273, 276
等級混在銑鉄　153
同姓率法　isonymy analysis　234
統治　320, 328
同定不可能率（退出率）　turn-over rates　174, 180, 208
動的密度　*densité dynamique*　314
篤志総合病院　284, 293, 296, 301, 319
匿名性　191
都市環境改善委員会　Improvement Commissioners　38, 50, 52-55, 57-61, 63, 66-69, 71, 164-165
都市警備税　watch rate　71
都市圏　conurbation　109
都市自治体　Body Corporate　6, 38, 56
都市自治体法　An Act for the regulation of Municipal Corporations in England and Wales　57, 72
都市選挙区　61-62
都市統治　143
都市（復興）計画　10, 334
都市法人　municipal corporation　52
独居者（世帯）　240
徒弟制度　205-206
トマス・ギルクリスト工法　Thomas-Gilchrist Process　10, 107, 331
取引所　exchange　159
取引制度　140, 142, 153-154
取引費用　143, 153-154, 159
問屋制家内工業　332

ナ　行

内部調達率　208
内部調達労働力　205, 207-208
内部労働市場　245, 309
二重権力　9, 27, 31, 143
日給払労働者　day workmen　198
入院切符　284, 305
乳児死亡（率）　168, 172, 339, 341
乳幼児死亡保険金　341
任意醵出制医療福祉給付制度　301, 306, 314
ネットワーク　9, 79, 109, 113, 117, 138, 142, 217, 223, 320, 327, 331, 336
熱風送風　hot-blast　84
燃料炭　118
年齢別移出率　181
年齢別移入人口（率）　175
年齢別死亡率　180
農業労働者　203

ハ　行

配送費用　distribution, transfer cost　112
パターナリズム　（家父長的温情主義）　paternalism　6, 109, 284, 309, 326, 328
パトロネッジ　patronage　6, 284, 296, 315, 322
馬鈴薯飢饉　Potato Famine　233
犯罪　5, 13, 189-190
半熟練労働者（市場）　6, 41, 49, 193, 196, 198-199, 207-209, 212-213, 229, 245, 247, 304, 310, 337
比較優位　9, 77, 199
非個人的交換　impersonal exchange　154
病院運営委員会　House Committee　303, 316, 324
病院年次報告書　annual reports　285, 292, 303, 306, 316
病院評議会　Hospital Council　302-303
秤量工　（計量工）　weighman　245, 292
福祉資本主義　109
福祉の複合体　283
埠頭倉庫証券　dock warrant　150
プロト工業　332
閉頂炉　closed top furnace　84
ベッセマー式鋼　Bessemer steel　104
ベッセマー銑鉄　Bessemer pigs　249
ベッセマー転炉　Bessemer converter　104-105, 292
ベッセマー法　Bessemer process　201
法定相続産　hereditaments　24
棒鉄　bars　75, 88-89, 100, 103, 113, 118, 121, 141, 198-199, 257, 259, 268, 273, 276

マ　行

マーチャント・バンカー　merchant bankers　23-24
マイクロ・ヒストリー　Micro-History　2
埋葬記録簿　burial registers　339
埋葬互助協会　burial club　341
間借り人　lodgers　185, 210-211, 231, 241
マッシュルーム都市　Mushroom Town　61
未熟練労働者（市場）　6, 41, 49, 196-199, 203, 225, 229-232, 240-241, 244-246, 248, 250-251, 258, 262, 265, 292, 304, 307, 309-311, 335, 337
未組織労働者　280, 307
無頭釘　cut nail　124
紋章院　59

ヤ　行

焼入れ　heating　269
山形鉄　angles　88, 100, 103, 113, 118, 121, 141, 198, 257, 259, 268, 276
友愛組合　friendly societies　200, 215, 283, 285, 301, 307, 311
有機的連帯　*la solidalité organique*　312-313
有配偶率（平均・年齢別）　187, 210, 213, 230-231
優良商品性銘柄銑鉄　Good Merchantable Brand　153
輸送基地　8, 19, 75, 337
熔銑炉　cupola　98, 292-293
要素賦存依存型産業　76

ラ・ワ行

リート裁判所　court leet　52
旅行許可書　traveling certificates, traveling cards　213
旅行補助金　222
旅費支給帳簿　217
レール　75, 77-78, 82, 88-89, 99-100, 103-104, 113, 118-119, 121, 124, 132, 141, 198, 257, 259, 268, 273, 276, 330
歴史人口学　historical demography　8, 163
煉瓦製造工場　9, 25-26
労使合同会議　267
労使仲裁・調停委員会　88, 129, 138, 158-159, 247, 254, 256, 267, 274, 281
労働移動　213, 215, 224, 247, 251
労働協約　256
労働災害（労災）　6, 171, 283, 285, 289, 291-293, 304-305, 309, 314-315, 319
労働市場　6, 77, 173, 192-193, 196-197, 201, 205, 207, 215, 220, 224-225, 229, 231, 234, 245-249, 251, 329, 335
労働者委員会　Working Men's Committee　302-304
労働者集会　Working Men's Meeting　304
労働者住宅　9, 47, 169, 187, 200, 266
労働生産性　89
労働力率　228, 289, 344-346
渡り職人　tramping artisan　218

図表一覧

初出一覧

序　章　近代イギリスの地域工業化と都市
- 書き下ろし

第 1 章　都市建設
- 「イギリス近代都市の一類型――製鉄工業都市ミドルズブロウ」『龍谷大学経済学論集』第 41 巻第 1 号，2001 年
- 「一九世紀後半イギリス製鉄工業地域における都市形成と労働市場」（篠塚信義他編著『地域工業化の比較史的研究』所収）北海道大学図書刊行会，2003 年

第 2 章　製鉄工業の発展
- 「地域工業化と都市――19 世紀後半北東部イングランド製鉄業とミドルズバラ」『三田商学研究』第 48 巻第 5 号，2005 年

第 3 章　クリーヴランドの産業集積
- 書き下ろし

第 4 章　人口変動と人口移動
- Seminar paper : 'Labour Migration and the Making of Victorian Middlesbrough', Seminar at the Centre for Local History Studies, Kingston University, 2001
- 「都市と人口――ヴィクトリア朝英国都市の異端児ミドルズバラ」『環』【歴史・環境・文明】Vol. 17, 2004/Spring
- Seminar paper : 'Migration and Labour Market in Victorian Middlesbrough', University of Teesside, Centre for Local History Research and History Section (NEEHI on Teesside) Seminars, 2005
- Seminar paper : 'Population Migration and the Making of Victorian Middlesbrough', Cleveland and Teesside Local History Society, 2006

第 5 章　クリーヴランド製鉄工業の発展と労働市場の特質
- Seminar paper : 'Migrants in Middlesbrough in the Nineteenth Century : A possibility of study on a longitudinal migration profile and others', University of Teesside, Seminar at the Centre for Local History Research, 1998
- 'Migrants in Middlesbrough in the Nineteenth Century : A possibility of study on a longitudinal migration profile and others'『駒沢大学経済学論集』第 31 巻第 3 号，1999 年
- Seminar paper : 'Irish Migrants and the Making of Victorian Middlesbrough — A demographic approach', University of Sunderland, Department of History Seminar, 2006
- 「地域工業化と都市――19 世紀後半北東部イングランド製鉄業とミドルズバラ」『三田

商学研究』第48巻第5号，2005年

第6章　北東部イングランド製鉄工業における労使関係の展開

・書き下ろし

第7章　労働災害と医療福祉制度

- Seminar paper: 'Urban Morbidity Compared, Leeds and Middlesbrough in the Nineteenth Century', University of Lancaster, Department of Geography Seminar, 1998
- 「イギリスにおける工業化の一側面——都市化の意味するもの」『歴史と地理』（山川出版社），第556号，2002年
- Conference paper: 'Medical Care for Industrial Accidents in a late 19th Century British Voluntary Hospital — Self help, patronage, or contributory insurance ?', VIth International Conference of the European Association for the History of Medicine and Health, Oslo, Norway, 2003
- Seminar paper: 'The Welfare Scheme in mid-Victorian Middlesbrough: Self-Help, Patronage or Contributory Insurance ?', History Department Research Seminar, University of Durham, 2005
- 'Medical care for industrial accidents in a late 19th century British voluntary hospital —— self help, patronage, or contributory insurance ?', *Michael* (Publication Series of The Norwegian Medical Society), Vol. 3, No. 3, 2006

終　章　ヴィクトリア朝工業都市ミドルズバラの興隆と衰退

- Conference paper: 'Rise and fall of a British iron city in the late 19th century', 6th International Conference on Urban History, University of Edinburgh, 2002

統計付録

統計付録 1　ミドルズバラおよび北東部イングランド各地からの石炭

年　次	内陸販売							
	ダーリントン	ヤーム	ストックトン	ヨーク・ジャンクション	シンパスチュア	ミドルズバラ	クロフト	その他
1831/32[1)]	17,272	12,031	26,027			785	18,074	10,537
1832/33	15,566	13,201	26,762			799	18,788	13,098
1833/34	15,658	12,283	9,482		21,352	651	17,390	12,739
1834/35	16,364	14,047	13,798		21,365	2,886	15,689	14,764
1835/36	17,816	16,187	14,817		30,031	6,855	16,744	16,790
1836/37	21,457	16,170	12,913		111,243	9,554	23,423	17,016
1837/38	21,700	16,836	13,955		30,873	117,170	10,781	18,736
1838/39	—	—	—		—	—	—	—
1839/40	—	—	—		—	—	—	—
1840/41	26,992	15,114	21,629		104,506	22,950	56,506	79,709
1841/42	22,939	11,286	19,761	88,851	55,548	27,681	—	56,088[2)]
1842/43	19,400	11,255	16,298	88,768	40,681	28,179	—	29,909
1843/44	19,679	12,025	16,886	101,026	29,190	27,878	—	30,166
1844/45	—	—	—	—	—	—	—	—
1845/46	23,646	14,125	23,106	182,393	26,176	37,674	—	38,387
1846	18,963	15,130	25,186	204,816	3,801	54,817	—	63,881
1847	18,001	16,582	27,262	232,620	2,577	58,772	—	115,932

注 1）7月から7月まで。
　2）底荷を含む。
出所）Aggregate of Tonnage from Collieries, National Archives (Public Record Office), RAIL 667/444,

統計付録 2　ミドルズバラ・ストックトンの石炭販路（1848〜1849年）

［輸出］　（単位：トン）

ミドルズバラ	沿岸経由	323,953
	沿岸経由（未選別）	5,084
	直接輸出	55,340
ミドルズバラ計		384,377
ストックトン	沿岸経由	26,739
	沿岸経由（未選別）	—
	直接輸出	1,982
ストックトン計		28,721
輸出総計		413,098

［国内］　（単位：トン）

ミドルズバラ	駅	3
	操車場（Yard）	221
	石炭貯蔵所	12,344
	蒸気船用	7,468
	製造業者用（Round）	3,791
	製造業者用（Small）	19,035
	蒸気機関車用	286
ミドルズバラ計		43,148
その他国内集荷所		426,685
国内計		469,833
輸出・国内総計		882,931

出所）National Archives, RAIL 667/1446 より作成。

輸送（1831〜1847年）

（単位：トン）

内陸販売計	輸出			総　計
	ストックトン	ミドルズバラ	輸出計	
84,726	98,136	183,824	281,960	366,686
88,214	96,066	239,994	336,060	424,274
89,555	67,642	218,123	285,765	375,320
98,913	71,348	286,378	357,726	456,639
119,240	73,162	286,569	359,731	478,971
211,776	82,855	243,926	326,781	538,557
230,051	78,661	326,999	405,660	635,711
—	—	—	—	—
—	—	—	—	—
327,406	93,389	404,703	498,092	825,498
282,154	81,982	392,110	474,092	756,246
234,490	68,609	370,180	438,789	673,279
236,850	63,659	316,845	380,504	617,354
—	—	—	—	—
345,507	57,367	505,486	562,853	908,360
386,594	56,531	461,233	517,764	904,358
471,746	42,014	397,875	439,889	911,635

1443-1446 より作成。

統計付録 3　「ミドルズバラ土地開発会社」土地販売記録（1848〜1891年）

年	販売件数	面積総計（平方ヤード）	価格総計（£）
1848	4	2,408	1,053.3
1849	1	189	59.5
1851	1	354	118.6
1852	26	15,623	5,976.7
1853	13	57,531	9,886.7
1854	14	20,241	7,188.6
1855	33	34,622	13,078.9
1856	9	5,672	2,486.1
1857	16	28,681	8,544.2
1858	7	7,506	3,349.4
1859	14	19,788	7,506.2
1860	17	36,375	14,799.4
1861	7	10,622	5,133.7
1862	8	17,886	8,315.6
1863	17	32,624	15,324.2
1864	16	17,977	15,515.6
1865	33	65,430	32,117.9
1866	12	141,955	21,074.0
1867	6	10,532	2,765.7
1868	1	6,417	6,130.0
1869	4	6,698	4,558.0
1870	16	70,155	14,768.6
1871	28	60,516	27,960.4
1872	32	78,373	34,155.2
1873	19	185,996	41,896.4
1874	61	86,946	58,716.1
1875	18	27,136	24,169.5
1876	11	71,459	26,339.8
1877	5	14,257	7,583.4
1878	2	3,474	1,228.9
1880	1	6,365	1,750.1
1881	4	34,642	10,049.1
1882	8	6,808	3,599.2
1883	11	12,412	7,119.6
1884	8	15,160	7,017.8
1885	18	12,074	4,705.3
1886	18	16,257	5,575.8
1887	20	29,507	13,241.2
1888	10	8,617	4,412.3
1889	19	23,824	15,651.2
1890	17	11,611	7,188.9
1891	2	6,136	4,496.0

出所）Land Sales Agreement, The Owners of the Middlesbrough Estate, Teesside Archives, U/OME (2) 5/1-5/4 より作成。

統計付録 4　初期におけるミドルズバラの製鉄・機械生産（ボルコウ・ヴォーン製鉄所とギルクス・ウィルソン機械製作所，1849〜1858 年）

［ボルコウ・ヴォーン製鉄所］

年/月	納入先鉄道会社部署[1)]	受注会社	納入製品	個数	金額 (£. s. d.)	金額 (£. s. d.)	金額 (£. s. d.)
1849/9	Materials viz Rails	Bolckow & Vaughan	Re-rolling Rails	2		81-15-3	
/10	Goods Waggons	Bolckow & Vaughan & Others	Timber Waggons	7		177-0-0	
/11	Materials Rails, etc.	Bolckow & Vaughan & Others	Re-rolling Rails	3		15-19-1	
/12	Materials Rails, etc.	Bolckow & Vaughan & Others	Re-rolling Old Rails	1			353-6-9
1850/2	Materials Rails, etc.	Bolckow & Vaughan	Re-rolling Old Rails	7	102-9-10		
/6	Materials Rails, etc. for maintenance of way	Bolckow & Vaughan	Re-roling Rails	6	438-18-0		
/9	Maintenance for way	Bolckow & Vaughan & Others	Rails and Sleepers, etc.	4	3337-6-7		
/12	Maintenance for way	Bolckow & Vaughan, Howrett & Others	Rails and Sleepers, etc.	4	705-18-5		
1851/2	Maintenance for way	Bolckow & Vaughan & Others	Rails and Sleepers, etc.	7	710-2-7	710-2-7	
/4	Maintenance for way	Bolckow & Vaughan & Others	Rails and Sleepers, etc.	3	1665-6-5		1665-6-5
/5	Maintenance for way	Bolckow & Vaughan & Others	Rails, Sleepers, Stone Blocks	7	1155-16-10		1155-16-10
/6	Maintenance for way	Bolckow & Vaughan & Others	Rails & Sleepers	3	1278-13-3	1278-13-3	
/7	Maintenance for way	Bolckow & Vaughan & Others	Rails & Sleepers, Blocks	7	295-8-0		295-8-0
/9	Maintenance for way	Bolckow & Vaughan	New Rails	5	210-15-50		
/12	Stock of Materials	Bolckow & Vaughan & Harrison	Rails Sleepers, etc.	7	765-5-7		765-5-7
1853/1	Materials	Bolckow & Vaughan & Others	Rails, etc.	1	1971-1-1		
/4	Materials	Bolckow & Vaughan	Re-rolling Rails	8	206-11-5	1622-1-7	
/9	Materials	Bolckow & Vaughan, Gilkes & Co. Others	Rails Chains	1	832-3-7		
/10	Materials	Bolckow & Vaughan & Mounsey & Co. Others	Rails Chains, etc.	1	2335-3-7		
1854/5	Materials	Bolckow & Vaughan & Others	Rails, etc.	1	2027-18-1		
/6	Materials	Bolckow & Vaughan	Rails	9	2019-9-0		
/7	Materials	Bolckow & Vaughan & Others	Rails	8	850-19-7		
/8	Goods, Waggons	Bolckow, Harris, Kiching, Others	32 Goods Waggons, 6 Cattle Trucks, 50 Oil Cones,		3318-13-6		
			330 Coal Waggons, 1 Stone Waggon		6221-5-0		
/9	Goods, Waggons	Bolckow & Vaughan & Kiching, Others	Goods Waggons	8	1260-0-0		
/10	Goods, Waggons	Bolckow & Vaughan & Kiching, Others	Goods Waggons	9	1473-0-0		
1855/4	Materials	Bolckow & Vaughan & Snowdon & Co. Others	Rails & Freightage	9	5812-18-2		
/7	Materials	Bolckow & Vaughan	Rails	8	1028-11-3		

/8	Materials	Bolckow & Vaughan	Rails	8	956-18-0		
/8	Tunnel Branch	Bolckow & Vaughan	Tunnel Branch Railway	8	10-11-0		
1856/9	Wear Valley Land	Bolckow & Vaughan	Deposit on Land	1	190-0-0		
1857/4	Materials	Bolckow & Vaughan	Rails	10	3657-1-0		
/6	Materials	Bolckow & Vaughan & Snowdon & Co.	Rails	8	157-2-0		
1858/6	Materials	Bolckow & Vaughan & Hopkins	Rails	8	2027-10-6		

［ギルクス・ウィルソン機械製作所］

年/月	納入先鉄道会社部署[1]	受注会社	納入製品	個数	金額 (£. s. d.)	金額 (£. s. d.)	金額 (£. s. d.)
1850/1	Coal Waggons	G. & W. (Messrs. Gilkes & Wilson)	50 New Coal Waggons	4	650-0-0		
		Kitching	90 New Coal Waggons	9	1170-0-0		
/2	Repairs	G. & W.	Repairing Crane at Stockton	6	17-3-4		
/4	Repairs	G. & W.	Repair to Stockton Crane	3	4-6-2		
1851/4	Warehouses or Stations	G. W. & Others	Fitting for Doors of Towlaw Warehouse	3	11-3-6		
1852/1	Locomotive Engines	G. W.	1 Loco. Engine & Tender	1	2100-0-0		
/3	Locomotive Engines	G. W.	1 Loco. Engine	1	2100-0-0		
/4	Materials	G. W. & Others	Chains, Sleepers, Pins, etc.	1	587-15-8		
/7	Materials	G. W. & Others	Chains, Sleepers, etc.	1	370-14-0		
/7	Materials	G. W. & Others	Chains, etc.		28-6-8		
/10	Locomotive Engines	G. & W.	One New Locomotive Engine & Tender	2	2100-0-0		
/11	Locomotive Engines	G. & W.	New Loco. Engine & Tender	8	2100-0-0		
/11	Materials	G. & W.	Chains	8	0-15-2		
1853/9	Materials	Bolckow & Vaughan & Gilkes & Others	Rails, Chains etc.	1	832-3-7		
1854/3	Locomotive Engines	G. W.	2 Locomotive Engines & Tender	7	5000-0-0		
/3	Goods Waggons	Gilkes & Co. & Kitching	1 Guardran & Lead Waggons	7	280-0-0		
/5	Alterations & Improvement	G. W.	Improvement at Creasate works	3	2-11-10		
/11	Locomotive Engines	G. W. & Others	New Locomotive Engine, etc.	9	7522-12-10		
/12	Coal Waggons	G. W. & Others	New Coal Waggons, etc.	8	3168-0-0		
1855/1	Locomotive Engines	G. & W.	Extra Spring Hauling Gear to Loco. Engine	10	82-10-0		
/2	Locomotive Engines	G. & W.	New Loco. Engine	8	2527-10-0		
/3	Coal Waggons	G. W. & Others	234 New Coal Waggons, 14 Lime Waggons	9	4533-18-6		
/4	Locomotive Engines	G. W.	New Loco. Engine, etc.	9	5255-0-0		

/4	Bridges	G. W.	M'boro Foot Bridge	1	290-19-7	
/5	Coal Waggons	Gilkes & Co. A. Kitching & Others	190 New Coal Waggons	9	3440-0-0	
/6	Locomotive Engines	G. W. & Shildon Works	Loco. Engines	9	7427-10-0	12682-10-0
				11	3255-0-0	9&11
/8	Stations	G. W. & Ways Works & Others	M'boro Life Boat House	1	739-1-3	
/9	Locomotive Engines	G. W.	Locomotive Engine Gearing, Stockton Goods Warehouse	8	2627-10-0	
/11	Locomotive Engines	G. W.	1 New Loco. Engine No. 104	8	2700-0-0	
/12	Locomotive Engines	G. W. & A. Kiching	1 New Locomotive, etc.	8	2700-0-0	
1856/2	Locomotive Engines	G. W.	1 New Engine No. 106	7	2600-0-0	
/2	Stations	G. W.	M'boro Life Boat House	8	7-11-10	
/3	Locomotive Engines	G. W.	1 Locomotive Engine	8	2600-0-0	
/4	Locomotive Engines	G. W.	Additional amount for Engine No. 105	9	100-0-0	
/5	Dock	G. W.	Horsing slag to the Road Dock	1	70-19-6	
/6	Dock	Gilkes, Leatham & Co.	Horsing slag for Dock Channel	1	23-13-10	
/7	Durham Row Deviation	G. W.	Road Experimental Girders	1	5-10-0	
/8	Dock	G. W.	Horsing slag to New Road	1	41-10-10	
/9	Locomotive Engines	G. W. & Others	New Locomotive Engine	8	9677-0-0	
/9	Dock	G. W. Leatham & Co.	Horsing slag to Dock Channel Road	1	20-8-0	
/10	Dock	G. W.	Slag to Dock enhance Channel	1	22-19-0	
/11	Dock	G. W. Leatham & Co.	Slag for Dock enhance Road	1	21-5-0	
/12	Locomotive Engines	G. W.	2 New Loco. Engines	8	4940-0-0	
/12	Dock	G. W.	Forming Road Dock Enhancement Channel	1	22-19-0	
1857/9	Coal Waggons	G. W.	New Coal Waggons	8	2186-0-0	
/10	Coal Waggons	G. W. & A. Kitching & Others	New Coal Waggons	8	2051-0-0	
/11	Locomotive Engines	G. W.	1 Locomotive Engine	8	2380-0-0	
1858/1	Locomotive Engines	G. W.	1 Locomotive No. 125	8	2380-0-0	

注 1）ストックトン・ダーリントン鉄道/ウィアヴァリー・ミドルズバラ・レッドカー鉄道。
出所）Stockton & Darlington, Wear Valley and Middlesbrough & Redcar Railway Pay Bill, National Archives, RAIL/667/1428 より作成。

統計付録 5 「ミドルズバラ土地開発会社」土地販売記録（土地購入者，1848～1891 年）

年[1]	購入者	面　積 (平方ヤード)	価格総計 (£)
1848	Richard West of Middlesbrough, Ship & Engine Smith	700	350.0
	John Anderson of Witton le Wear	700	294.0
	Henry Whitwell	684	287.3
	Walter Gray of Middlesbrough	324	122.1
1849	Ann Rayner of Middlesbrough	189	59.5
1851	James Jowsey	354	118.6
1852	Thomas Ecles	180	66.2
	Thomas Dalkin	180	66.2
	Thomas Cooke	178	65.4
	Michael Satterthnaile Alsop	180	66.2
	George Chapman	424	222.6
	George Fidler	242	101.6
	George Fidler	242	101.6
	Thomas Bedford Gumersall	283	165.3
	Thomas Kay	157	65.9
	Isaac Wilson	455	191.1
	William Archers	1,843	580.6
	James Turner	700	220.5
	Robert Corpse	700	294.0
	John Smith & George Lennard	400	126.0
	Joseph Sharpe	1,080	396.9
	Robert Elliot	171	71.8
	William Bulmer	704	277.2
	William Bulmer	172	67.7
	John Dunning	704	277.2
	George Lennard	303	95.3
	George Lennard & George Fidler	681	214.5
	Robert Elliot	3,435	1,303.8
	Henry Thompson, George Bottomley, John Jordison, John Anderson, John White, William Gendle	615	258.3
	James Lidbetter	400	168.0
	Joseph Sharpe	914	335.9
	John Anderson	280	176.4
1853	John Robinson	481	252.5
	Thomas Y. Farmer	900	425.3
	John Anderson	2,100	882.0
	Joseph Sharpe	800	336.0
	Henry William Ferdinand Bolckow & John Vaughan	2,100	735.0
	Henry Thompson & Henry Sutton & Thomas Brentnall as Trustees for the Villa Building Society	10 building sites each having 80 feet & 135 feet	1,000.0
	Henry W. F. Bolckow, John Vaughan & William Evans, as Trustees for the Middlesbrough Iron Works Building Society	4,200	1,323.0
	John Dunning	805	274.7
	William Bulmer	805	274.7
	Peter Borrie	6 acres	3,600.0
	Joseph Sharpe	1,238	520.0
	John Stevenson	835	350.7
	Robert Thompson, William Fallows & Henry Thompson	2,212	812.9
1854	Robert Corpse	2,800	1,176.0
	Thomas Ingledew	883	394.0
	George Fidler, John Atkinson & Joseph Fidler	1,786	695.4
	Charles Lawson	653	308.5
	Robert Dobby & William Boldison	700	441.0
	Anthony Atkinson	2,220	275.2
	John Dunning & William Bulmer	3,445	1,039.9

年	購入者	面　積 (平方ヤード)	価格総計 (£)
	Robert Todd	1,734	728.3
	John Wilson of Middlesbrough	2,420	600.0
	Jonathan Ramsham	700	294.0
	Thomas Ray	700	312.4
	Joseph Bunnell Blossom	750	315.0
	Joseph Sharpe	700	294.0
	Alfred Hallam	750	315.0
1855	Francis Smith	750	315.0
	Johnston Worthy	750	315.0
	Johnston Worthy	750	295.3
	Anne Jackson	2,300	362.3
	John Graham & Thomas Lithgorr	700	292.3
	Edward Hudson & John Hudson	700	330.8
	Thomas Francis Dobby	700	312.4
	Charles Fisher	750	315.0
	British & Infant Schools	1,124	133.6
	Richard Fishwick	750	315.0
	Joseph Sharpe	2,100	845.0
	John Dunning	1,200	150.0
	William Bulmer	1,200	150.0
	Thomas Ray	400	189.0
	Anne Jackson	1,400	551.3
	Matthew Blakeston	700	330.8
	John Peacock	750	236.3
	John Attley of Morton	2,100	330.5
	William Brown & Robert Brown	766 2/3	322.0
	Robert Hanson	700	330.8
	James Turner	2,800	882.0
	George Chapman	634	166.4
	Thomas B. Gumersall	625	656.3
	John Dunning & William Bulmer	5,159	1,760.5
	Isaac Wilson on behalf of the Independent Congregation of Middlesbrough	940	296.1
	Ralph Moor of Redcar	666 2/3	315.0
	Alfred Compton Birchall of Darlington	239 8/9	151.1
	William Thwailes	666 2/3	315.0
	Henry Daughty	933	391.9
	William Evans	700	367.5
1856	Joseph Lightfoot of Howden	1,283 1/3	572.7
	Joseph Lightfoot of Howden	1,283 1/3	572.7
1855	William Grieve	666 2/3	210.0
1856	Joseph Sharpe	933 1/3	367.5
	Joseph Sharpe	933 1/3	441.0
	Thomas Matthews on behall of himself and the Denomination Known as the Society of Particular Baptists (Welsh)	380	119.2
	Johnston Worthy	633 1/3	299.3
	Thomas Vaux Farmer	297 5/9	156.2
	Alfred L. Birchall	194 5/9	87.5
	John Atkinson of Middlesbrough	933 1/3	441.0
	James Taylor and Thomas Taylor	700	294.0
	William Seymour, Walson Thompson, Richard Seymour, William Matthews	666 2/3	280.0
1857	John Anderson	1a. 3r. 10p.	1,631.3
	Robert Swordy, John Burnicle, Augustine Gurbutt & Jane Patterson	889	373.4
	Joseph Bunnell Blossom	444 1/2	186.7
	William Scrafton	2 acres	2,420.0
	William Fairbridge of Redcar	146 1/2	61.5
	Thomas Dalkin	933 1/3	392.0

年	購入者	面　積 (平方ヤード)	価格総計 (£)
	George B. Wray, Thomas Hook, Richard Potter, Thomas Campbell, James Morton, John Worthy and William Smith on behalf of the Wesleyan Association of Middlesbrough	766 2/3	214.6
	Benjamin Henry Loftus	1,333 1/3	525.0
	William Rayner	151 1/3	105.0
	Cuthbert Beadnell	10	7.5
	Cuthbert Beadnell	10	7.5
	Robert Hanson & John Tarran	136 2/3	401.8
	James Turner	2,039 4/9	856.6
	Joseph Sharpe	2,000	787.5
	George Wilson of Knaresbrough	700	294.0
	Joseph Sharpe	666 2/3	280.0
1858	Joseph Sharpe	1,333 1/3	560.0
	George Kirk, Builder of Middlesbrough	666 2/3	280.0
	Joseph Sharpe	706	296.5
	Robert Hanson	666 2/3	315.0
	Johnston Worthy	2,100	992.3
	Joseph Sharpe	633 1/3	299.3
	George Kirk, Builder of Middlesbrough	1,400	606.4
1859	Thomas Brentnall, William Laws & Elliott Baxter	700	330.8
	Jonathan Emerson	700	235.0
	William Tayler for and on behalf of the Trustees of the Middlesbrough Mechanics Hall Property	766 2/3	197.8
	John Spedding Smith	700	330.8
	George Kirk, Builder of Middlesbrough	650	273.0
	George Kirk, Builder of Middlesbrough	1,333 1/3	507.5
	Richard Potter	650	273.0
	Thomas Matthews	275	108.3
	Joseph Sharpe	2,000	787.5
	Johnston Worthy	2,697 2/9	1,026.6
	Thomas C. Taylor & John F. Wilkinson	3,500	1,341.4
	Thomas Dalkin	1,926 2/3	694.2
	George Fidler & Thomas Fidler	1,926 2/3	694.2
	Robert Elliot	1,962 1/3	706.4
1860	William Henderson & Joseph Hodgson	5,525 5/9	2,030.6
	Joseph T. Sharpe	3,482 1/3	1,279.7
	Thomas Bagnal Goodwin, William Laws, Robert Gill, Thomas Brentnall, Robert Lacy, George Fidler, William King & Thomas Lincoln as Trustees for the Wesleyan Methodists of Middlesbrough	3,500	1,102.5
	Adam C. Smith	378	150.0
	Henry Thompson	288	140.0
	Joseph Gorring	2,145 1/3	1,689.5
	James Turner	4,055 5/9	1,490.4
	Thomas Hutchinson & David D. Wilson	3,523	1,294.7
	Thomas Keay	2,733 1/3	1,040.3
	Evan Evans as Trustee for the Welsh Congregationalists	766 2/3	241.5
	William Laws & George Fidler	1,683 2/9	846.9
	William Laws & George Fidler	1,683 2/9	846.9
	Andrew Brow of Stockton in the County of Durham Engineer	1,041	437.2
	William Malthouse	12	20.0
	John Spedding Smith	1,066 2/3	539.0
	Richard Davies as Trustee of the Welsh Methodists	250	91.9
	Johnston Worthy	4,240 7/9	1,558.5
1861	John Postlethwaite of Coatham	533 1/3	233.3
	Mark Marvin of Eston Junction	1,436 2/3	754.2
	James Ingram	718 1/3	339.4
	Frederick Close, David D. Wilson & Thomas C. Hutchinson	800	252.0

年	購入者	面　積 (平方ヤード)	価格総計 (£)
	James Ingram Sen.	4,100	2,109.5
	Jonathan Emerson & George Bainbridge	933 1/3	490.0
	William Bulmer & Richard Potter	2,100	955.5
1862	John Spedding Smith	1,400	624.8
	Robert Sharpe	2,155	1,056.0
	George Barron & Kenhallm (?) Robinson	2,023 1/3	1,093.1
	Johnston Worthy	3,500	1,543.5
	James Turner	3,500	1,543.5
	George Kirk	1,807 7/9	911.4
	Richard Potter	2,100	882.0
	Richard Potter	1,400	661.5
1863	Joseph Hodgson	3,733 1/3	1,721.1
	Robert E. Sharpe	3,733 1/3	1,721.1
	Richard Potter	4,900	2,076.4
	William Boldison & William Alderson	1,570	989.1
	Johnston Worthy	2,632 1/2	1,658.5
	David D. Wilson & Thomas C. Hutchinson	3,033 1/3	1,298.5
	Francis J. Harker, Joseph Windrop & William Crossley	800	378.0
	Johnston Worthy	3,715	1,560.3
	Frederick Close	1,400	588.0
	George Armstrong	?	13.4
	Cuthbert Swinburne	766 2/3	322.0
	Thomas Dalkin of Middlesbrough	382	200.6
	John Richardson, Surgeon of Middlesbrough	1,839	965.5
	Cuthbert Swinburne	766 2/3	362.3
	George Kirk	1,533 1/3	623.9
	William Brown & Robert Brown	1,118 1/3	528.4
	William Bonterns on behalf of the Paticular Baptists	700	330.8
1864	William Taylor, Edgar Gilks & William Jones as Trustees for the Society of Friends	1,545	264.9
	William Brown & Robert Brown	1,106 2/3	522.9
	Thomas Chisman Taylor	1,400	643.1
	Thomas Chisman Taylor	1,400	643.1
	Thomas Sanderson, William Oliver & John Johnson	1,385	799.9
	George Meesham	1,400	643.1
	William Taylor	1,866	525.0
	Thomas Nichol	?	?
	Thomas Vaughan	1,113	642.8
	William Barker of Middlesbrough, Veterinary Surgeon	408	214.2
	John Hunter of Middlesbrough, Architect	306	192.8
	John Hunter & John Blake of Middlesbrough, Builders	1,495	7,848.8
	Thomas Wynn	1,586	1,284.0
	John Spedding Smith	1,100	530.8
	Cuthbert Swinburne	766	417.2
1865	Henry Foxton Craggs	885	528.1
	George Meesham	4,820	2,620.9
	George Meesham	700	340.8
	George Edward Davison	933	607.8
	Thomas Vaughan	702	452.8
	John Goldsbrough	1/2 acre 311 sq.yds	486.5
	Robert Lacy	5,040	3,217.1
	William Fidler	1,312	812.7
	Isaac Sharp & William Bulmer both of Middlesbrough	1 acre & 2,346 sq.yds	1,648.9
	James Ingram & John Ingram	2,520	1,310.9
	John Bruce	1,280	830.4
	Isaac Fidler	1,558	946.8
	Patrick Murdock	933	607.8

年	購入者	面　積 (平方ヤード)	価格総計 (£)
	William Bonterns on behalf of the Baptist Connection	800	519.0
	John Smiles Calvert	533	261.8
	John Livingstone & Robert Eastley Sharp	2,520	1,377.0
	David Marsden	464	292.3
	Jonathan Dickenson, Surgeon	1,066	859.5
	Patrick Murdock	2,460	1,601.0
	Robert Lacy	2,520	1,310.9
	William Barker	384	251.9
	William Jones & Co.	1 acre	1,000.0
	Thomas Chisman Taylor	2,400	675.0
1871	Smith Lelfe & Hannah Finsley Charles (Agreement to Mr. Dunning)	?	?
?	Gilkes Wilson Pease & Co. to Mr. Dunning	?	?
1866	Gilkes Wilson Pease & Co.	?	?
1865	Robert Henderson	72	60.0
	Stephen Wake & James Batty	2,520	1,377.0
	Joseph Allison of Eston	840	2,500.0
	Isaac & William Fidler and Richard Craggs (land)	4,063	1,816.5
	(cottages now built & standing thereon)	4,114	1,200.0
	Thomas Sanderson	600	204.0
1866	John Hunter & John Blake	1,947	1,461.6
	Jonas France & William Sealy Penney	3,833	2,012.3
	William Watson & Robert Lincoln	766	603.2
	Joseph Douthwaite Blackburn	2,464	1,420.7
	Livingstone & Joseph Blackburn	?	1,420.7
	Joseph Sharp & Robert Knaggs as Trustees for the Religious body called Primitive Methodists	1,278	536.8
	John Hunter, Builder of Middlesbrough	2,870	1,808.1
	Peter Unthank	492	516.6
	Thomas Chisman Taylor	840	575.4
1867	Geo. Barron & ? Robinson	773	487.0
1865	John Wainman	666	419.6
1864	Henry Chapman	1,100	462.0
1865	Rushford & John Wainman	2,840	1,921.0
	Thomas Vaughan	253	265.7
1866	H. W. F. Bolckow and Isaac Wilson as trustees for the persons intending to form The Copartnership called The Middlesbrough Exchange Company Ltd.	4,285	4,574.3
1867	Robert Stephenson	1/4 of an acre & there about	222.5
	Henry Foxton Craggs	1/4 of an acre & there about	210.0
1865	The Mayor, Aldermen & Burgesses of The Borough of Middlesbrough	875	689.1
1867	I. R. Bealey, H. W. F. Bolckow, W. R. Innes Hopkins and Isaac Wilson	1,866	420.0
	Wm. Jones and Co.	4,840	1,260.0
	Joseph Beaumont Pease	633	166.2
1869	Thomas Johnstone	872 (672 conveyed)	457.8
	John Jordison	539 (497 1/3 conveyed)	848.9
	David Dale of Darlington on behalf of the North Eastern Railway Co.	4,990	2,000.0
	William H. Blessley	539	1,261.3
1868	Henry Chapman Builder and William King Draper both of Middlesbrough	6,417	6,129.9
1870	Robert William Gibbs & James Clarke Barry	229	531.4
	W. H. Blepley	418	921.7
	Thomas Carter & Mary Eliza Harrison (land £1,700.0 & cottages £800.0)	1,840	2,500.0
	Robert William Gibbs	175	385.9
	John Livingstone	308	679.2
	John Jordison	449	990.0
	Robert Gilmore	340	160.7

年	購入者	面　積 (平方ヤード)	価格総計 (£)
	John Alcock Jones of Middlesbrough, Ephraim A. Jones of Londonderry Nova Scotia, William Sccope Aylton of Saltburn by the Sea and Charles Napoleon Hopkinson of Clifton York constituting the Sum of Jones Brothers and company for the sale and purchase of site of Apton Iron Works Middlesbrough	5 acres	2,500.0
	George Boagey & Anthony Scott	661	347.0
	John Johnson of Newport Rd. Middlesbrough	1,016	453.3
	Anthony Scott	664	348.6
	William Hurkess	1 acre 2 roods 1 p.	?
	Edward Willis Iwan, Herbert Arthur Iwan, Henry Smith & Thomas James Thompson for the sale and purchase of land at Middlesbrough	5 acres	3,000.0
1873	B. Samuelson on behalf of Britannia Iron Co.	20 acres	10,000.0
1871	Henry Almgill & William Albert Jackson, Builders	787	495.8
	Lewis & William Dodshon	620	488.3
	John Jordison	641 1/3	1,414.1
	Thomas Sanderson, Slater and Isaac Fidler, Stonemason	2,383 1/3	1,000.9
1870	Henry Chapman & Charles Linsley	7,840	4,116.0
1871	John Livingstone	444 7/9	980.7
1870	William Fallows	525	285.0
1871	John Close, Grocer of Middlesbrough	525	413.4
	William Oliver	4,359	2,288.5
	Anthony Scott	943	495.1
	Thomas Carter of Middlesbrough	2,870	1,506.8
	Anthony Scott of Middlesbrough	2,870	1,506.8
	John Hedley, John Smales Calvert, William Thomas Keay and Richard Archibold as Trustees for the English Presbyterian Church, Middlesbrough	1,050	826.9
	Richard Craggs & John Close both of Middlesbrough aforesaid	2,870	1,506.8
	Thomas Allen and Sons	4 acres	2,800.0
	Thomas Sanderson	328	201.6
	Thomas Dalkin	328	201.6
	Thomas Bargate, North Ormesby	1,459	1,700.2
	Edwin Lumley, Treasurer for, and as Trustees for the Methodist New Connexion	1,400	1,102.5
	William Hague Ainsworth, Lawrence Watson, David Morris & John Jackson as Trustees for the Particular Baptist Church of Middlesbrough	525	344.5
	Richard Craggs, George Boagey, and William Nuttall Wain, all of Middlesbrough	1,900	3,750.0
	George Pearson	2,520	1,323.0
	William Layler, Edgerfolks, as Trustees for the Society of Friends	2,150	677.3
	Andrew Brown	1 acre 0 rood 20 p.	940.0
	Thomas Bargate, Builder	2,870	1,506.3
1870	North Easten Railway Company	?	500.0
1871	Edgar Gilkes	1,244	326.6
1872	John Dunning of Southfield Villa Middlesbrough	2,229	293.6
	John Frederic Wilson	1,277	326.6
	William J. Williams, John Jones and John Williams as Trustees for the religions called "Welsh Baptists"	786	412.7
	Anthony Scott	1,668	1,039.9
	Samuel Alexander, Sadler	4,062	1,006.9
1871	William Jones of Great Ayton	622	163.3
1872	Robert Punch & William Robinson	656	413.3
	Charles Bell, John Calvert, John Atkinson, John S. Calvert, and Samuel Meir, as Trustees for the Middlesbrough Temperance Society	572	225.2
	W. I. Williams	801	1,682.1
	Robert Lloyd	622	163.3
	Thomas Chesman Tayler of Middlesbrough, Stonemason	2,168	1,365.9
	William H. Burnett & Charles Metcalf	2,870	1,506.8
	Theodore Fox, Jeremiah Head, Charles Emile,? Muller & Samuel Templeman, Loram Perchors of the Middlesbrough Wrought Nail Company Limited	3 a. 3 r. 18 p.	3,000.0

年	購入者	面　積 (平方ヤード)	価格総計 (£)
	John Joneson	622	163.3
	Thomas Bargate	1,050	823.9
	Henry Coatmane	622	163.3
	William Hodgson	459	241.0
	Anthony Scott	1,050	826.9
	Thomas Carter	1,050	826.9
	Maria Appleby	4,001	2,100.5
	Henry French	4,001	2,100.5
	Robert Todd	4,001	2,100.5
	John Jordison	4,001	2,100.5
	Maria Appleby	4,001	2,100.5
	James Tayler	4,001	2,100.5
	William Jones & Co. (Chemical Works)	3,086	810.1
	Isaac Altson, Jacob Wilks & Louis Smith & Abraham Nathan as trustees for the Congregation of the Jews in Middlesbrough	576	453.6
	Willilam Carling	1,231	762.8
	William Taylor	4,001	2,100.5
	John Headley, Surgeon	1,419	1,071.3
	J. W. Craster, M. R. C. S. H.	750	1,653.8
1873	Henry Watson, Solicitor	339	1,600.0
	Isaac Fidler of Middlesbrough	1,952	614.9
	John George Newby	3,529	2,779.1
	Robert Jones Roberts & David Pearce as trustees for the Welsh Presbyterians	286	300.3
	Robert Stephenson of Woodlands Rd.	1,344	423.4
	Thomas Sanderson, Slater of Middlesbrough	1,353	568.3
1872	H. W. F. Bolckow, W. R. I. Hopkins, Revd. F. W. Perney, as Trustees for the Building Committee of All Saints Church, Middlesbrough	2,044	3,219.3
1874	Messieurs William Ring & Thomas Sanderson	?	5,593.6
1873	H. G. Reid as trustees for a society intended to be called the Freehold Lands and Building Company Limited	16,700	8,783.0
	Henry Foxton Craggs	1,344	423.4
	The Mayor, Aldermen and Burgesses of the Borough of Middlesbrough	4,337	2,168.5
	William Ranson Jr.	881 2/3	717.4
	Punch Brothers	1,941	1,528.5
	The Mayor, Aldermen and Burgesses of the Borough of Middlesbrough	18,955	19,752.8
1866	Joseph Pease, John Pease and Henry Pease all of Darlington in the county of Durham Esquires (Vender : Thomas Snowdon of Stockton in the County of Durham Engineer)	25 a. 1 r. 32 p.	6,250.0
1873	Messrs. Hopkins Gilkes and Company Limited	983	1,032.2
	Robert Stephenson on behalf of the Cleveland Slag Working Company Ltd.	3 a. 0 r. 11 p.	3,600.0
	Richard Hill & Albert Thomas Hard	0 a. 3 r. 19 1/2 p. & 604 sq.yds	1,105.0
	The Tees Conservancy Commissioners	3 a. 1 r. 6 p.	3,287.4
	Joseph Whitwell Pease, Edward Pease, Arthur Pease, Charles Pease and Henry Pease all of Darlington in the county of Durham Esquires	?	100.0
1874	Anthony Scott & Joseph Stephenson Scott, Builders of Middlesbrough	4,646	2,439.2
	Henry Pease of Darlington in the county of Durham Merchant, Joseph Whitwell Pease of Hutton Hall in the North Riding of the County of York Esquire M. P. and Edward Pease Merchant and Charles Pease Manufacturer both of Darlington	2,266 1/2	1,500.0
	W. H. Blessley, Architect, Middlesbrough	295 1/9	300.0
	William King & George Bainbridge of Middlesbrough	3,764	1,976.1
	Revd. Benjamin Stubbs of Stockton	1,815	1,477.0
	William Ranson Jr. of Middlesbrough	236	371.7
	George & Allan Person, Builders of Middlesbrough	933	808.2
	William Thompson of Middlesbrough	2,327	1,454.4
	John Jordison of Middlesbrough	1,710	2,693.3

年	購入者	面　積 (平方ヤード)	価格総計 (£)
	W. J. Williams of Middlesbrough	656	861.0
	John Hodley of Middlesbrough M. D.	360	270.0
	William Pinder of Middlesbrough	1,524	800.1
	John Duncan	1,100	577.5
	William Green and Joseph Dean	933	636.8
	Joseph Dean and Joseph Hornsby Hartland	933	636.8
	John F. Wilson of Middlesbrough	711 1/9	373.3
	George Stanley of Newcastle on Tyne	1,797	1,132.1
	John Gjers, Ironmaster of Middlesbrough	356	186.9
	Edgar Gilkes, Ironmaster of Middlesbrough	711 1/9	373.3
	The Middlesbrough Assembly Rooms Company Limited	414 1/9	869.4
	Henry Cochrane, John George Swan & Edward Williams all of Middlesbrough	414	869.4
	William Hanson of Middlesbrough	356	186.9
	The Archdeacon of Cleveland, Revd. Adam Clarke Smith, Revd. George Alexander Blair and John Ellicton	3,436 5/9	1,804.2
?	Robert Stephenson	1,050	551.3
1874	George Boagey and John Stainsby	1,645	1,122.7
	William Douglas Thompson	1,166	734.6
	John Jordison of Middlesbrough	2,243	1,177.6
	Isaac Fidler and Charles Ginsley of Middlesbrough	1,400	735.0
	George Boagey and John Stainsby	1,830	1,249.0
	Charles Hudson of Stockton-on-Tees	873	687.5
	Thomas Brentnall	1,995 1/9	699.9
	Richard Cuthbert Johnson	2,100	1,323.0
	William Nuttall Wain	1,633	1,028.8
	George Boagey and John Stainsby	933 1/3	637.0
	William Taylor of Middlesbrough aforesaid Merchant	400	142.4
	Henry Poxton Craggs of Middlesbrough	405	212.6
	William Rawson Jr. of Middlesbrough	118	96.0
	John William Pease, Henry Fell Pease and John Frederick Wilson as Executor of the late Jos Beaumont Pease	342 8/9	180.1
	Franz Greemings & William Albert Jackson	1,768	1,392.3
	The Reverend George Austin the Vicar of Saint Pauls Church Middlesbrough aforesaid and John Gjers of Southfield Villas Middlesbrough and John Burrel Marshall of Melton St. Middlesbrough Churchwardens	913	107.8
	Bells Brothers Limited	356	186.9
	W. T. Keay of Middlesbrough	939	591.6
	Colin M. Dernnid & George Gunn both of Middlesbrough	1,260	992.3
	A. and J. S. Scott of Middlesbrough	1,872	1,179.4
	The School Board for the Borough of Middlesbrough by John Thomas Belk their clerk	7,243	4,448.3
	T. H. Richardson of Middlesbrough	2,520	1,984.5
	T. H. Richardson of Middlesbrough	2,520	1,984.5
	William Conway of Middlesbrough, Grocer	933	587.8
	William Conway of Middlesbrough	933	587.8
	Isaac Fidler and Charles Tinsley both of Middlesbrough	933	489.8
	Isaac Fidler and Charles Tinsley both of Middlesbrough	933	587.8
	William Jones Williams of Middlesbrough M. D.	2,145	2,252.3
	William Gerrie of Middlesbrough	2,412	1,752.0
	Robert L. Kirby and Charles Metcalf	937	836.3
	Maria Appleby of Middlesbrough	2,805	1,767.2
	R. C. Johnson of Middlesbrough	420	264.6
	Richard Hill and Albert Thomas Ward both of the same place, Wire Manufacturers	666	96.3
	Henry French of Middlesbrough	2,412	1,752.0
1875	John Punch and James Punch both of Middlesbrough	873	733.3
	Thomas Sanderson of Middlesbrough	11,228	6,828.6

年	購入者	面　積 (平方ヤード)	価格総計 (£)
1874	Henry Almgill of Middlesbrough	967	990.0
1875	Anthony Scott & Joseph Stephenson Scott of Middlesbrough	1,513	1,191.5
	Amos Hinton & John Birks both of Middlesbrough	69	144.9
	Frederick Close of Grove Hill, Middlesbrough	1,020	803.3
	Charles Hudson of Stockton on Tees, and Amos Hinton of Middlesbrough	555	1,019.8
	Amos Hinton of Middlesbrough & Charles Hudson of Stockton on Tees	868	1,822.8
	William Ring & George Bainbridge both of Middlesbrough	2,998	1,574.0
1874	William Richards of Middlesbrough	1,230	807.2
1875	Thomas Sanderson of Middlesbrough	1,470	1,157.6
	John Dunning of Middlesbrough	2,641	1,386.5
	Charles Hudson, Henry Bayley & Amos Hinton	1,046	2,196.6
	Charles Hudson, Henry Bayley & Amos Hinton	891	1,871.1
	Ernest Collins & John Matthew Thompson both of Middlesbrough	2 acres	2,400.0
	John Duncan of Middlesbrough	1,100	577.5
	John Duncan of Middlesbrough	732	384.3
	John Crossley of Stockton-on-Tees	727 2/3	458.3
1876	John Allcock Jones of Middlesbrough aforesaid Iron Manufacturer, Ephraim Allcock Jones of Londonderry in the Colony of Nova Scotia Engineer and Charles Napoleon Hopkinson of Clifton in the Suburbs of the City of York Gentleman of the second part and Jones Brothers Limited hereinafter called the puchasers of the third part	9,696 (2 acres)	?
	Thomas Sanderson of Middlesbrough	1,368	1,231.2
	Henry Brentnall and Francis Inglis both of Middlesbrough	8,220	4,110.0
	William Pinder of Middlesbrough	2,813	2,391.1
	Hopkins Gilkes & Company	4 acres	4,840.0
	The Middlebrough Owners	4 acres	4,840.0
	George Pottage & William Douglas Thompson both of Middlesbrough	2,222 2/9	2,000.0
	Robert Punch of Middlesbrough	821 7/9	493.0
	Anthony Scott & Joseph Stephenson Scott of Middlesbrough	1,653	1,317.0
	Robert Punch of Middlesbrough	2,726 7/9	2,454.1
	Robert Punch of Middlesbrough	3,218 1/3	2,663.4
1875	John Edward MacNay of Darlington aforesaid on behalf of the North Eastern Railway Company	1,270	1,000.0
1877	Thomas Dawson Ridley of Middlesbrough, Contractor	484 2/3	1,210.5
?	Gilkes Wilson Pease & Co. Tees Iron Works	3,454	1,727.0
1877	Ernest Collins of M. Engineer & Thomas Glanville Reak Merchant of M'bro	4,128 2/3	1,032.0
	George & Allan Pearson, Builders, Middlesbrough	5,833 1/3	5,154.0
	William Hanson of Middlesbrough	356	186.9
1878	Samuel Alexander Sadler of Middlesbrough	2,852	855.6
	Henry Robinson, Cleveland Terrace, Middlesbrough	622 2/9	373.3
1875	Amos Hinton of Middlesbrough	555	1,019.8
1880	Samuel Alexander Sadler of Middlesbrough	6,364 5/9	1,750.1
1881	William Connal and Company of Middlesbrough	32,845=6a. 3r. 5p. 23yds	8,210.0
	Thomas Imeson of Middlesbrough	736 2/9	1,100.0
	Henry Almgill of Middlesbrough Builder	282 8/9	155.1
	William Richards of Middlesbrough Ironfounder	778	584.0
1882	Henry Almgill of Middlesbrough Builder	1,680	840.0
	Annie Shepherd of 81 Grange Rd. Middlesbrough	540	324.0
	Charles Tinsley of Middlesbrough Builder	2,133	926.5
	Anthony Scott & Joseph Stephenson Scott of Middlesbrough Builders	560	280.0
	John Hedley M. D. of Middlesbrough	615	461.3
	Anthony Scott, Builder of Middlesbrough	288 2/9	172.8
	Punch brothers, Cabinet Makers, Middlesbrough	680 1/3	408.0
	Joseph Stephenson Scott of Middlesbrough, Builder	311 2/3	186.6
1883	George Robson of Middlesbrough, Solicitor	1,000	1,050.0
	Anthony Scott, Builder of Middlesbrough	297 7/9	178.7
	Charles Tinsley of Middlesbrough, Builder	2,852	998.5

年	購入者	面　積 (平方ヤード)	価格総計 (£)
	William Thompson, House Agent, Middlesbrough	689 2/9	723.7
	Henry Almgill of Middlesbrough, Builder	1,005	552.8
	Wilkinson & Tyerman, Slater of Middlesbrough	300 2/3	180.4
	Isaac Serginson, Builder of Middlesbrough	302 4/9	181.5
	Isaac Serginson, Builder of Middlesbrough	1,866 2/3	1,073.3
	Henry Almgill of Middlesbrough, Builder	1,755 5/9	1,009.4
	John Punch of Middlesbrough	1,100	550.0
1884	Thomas Taylor, Builder of Middlesbrough	454	227.0
1883	The Mayor, Aldermen & Burgesses of the Borough of Middlesbrough	1,243	621.5
1884	Thomas Sanderson of Middlesbrough, Borough Rd.	5,433 1/3	2,761.9
	Henry Almgill of Middlesbrough, Builder	497 2/9	447.5
	Thomas Taylor, Builder of Middlesbrough, 66 Fleetham St.	451	225.5
	Henry Almgill, Builder, Middlesbrough	348 2/9	313.4
	John Johnson, Builder, Acklam Terrace, Middlesbrough	1,242 1/9	1,117.9
	J. S. Scott, Builder, 23 Pembroke St. Middlesbrough	1,138 4/9	1,024.6
1885	Edwin Potter, Middlesbrough	502 4/9	251.2
	Thomas N. Mackinson Esq. of Saltburn by the Sea	1,779	934.0
	Mary Potter, Middlesbrough	562 4/9	281.2
	W. Dean, Builder, 8 Borough Rd. Middlesbrough	1,080	540.0
	E. Potter, Cargo Fleet Rd. Middlesbrough	120	60.0
	George Samuel Rhode Esq. of Saltburn by the Sea	830	166.0
	I. Serginson, Builder, Middlesbrough	1,504	451.2
	Thomas Watson, Builder, 34 Dunning Rd. Middlesbrough	1,634	490.2
	Mary Potter, Middlesbrough	180	90.0
	Thomas Rawlings of 16 Corporation Rd. Middlesbrough	360	180.0
	T. Bargate, Grange Rd. Middlesbrough	173 1/3	86.7
	Thomas Taylor of 82 Fleetham St. Middlesbrough	382 4/9	180.0
	Thomas Taylor of 82 Fleetham St. Middlesbrough	240	120.0
	Christopher Geddes of 54 Bolckow St. Middlesbrough	367 4/9	183.7
	Jonathan Ward, Builder, Redcar & Thomas Pawlings, 44 Marton Rd. M'bro	382 4/9	191.2
	William Ketchin, M. D. of The Grange, Middlesbrough	?	2,672.0
	Charles Tinsley, Builder of Saltburn by the Sea	1,976 2/3	500.0
1886	Thomas Taylor of 82 Fleetham St. Middlesbrough	555 5/9	277.8
	T. Sanderson of Borough Rd. Middlesbrough	2,571	750.0
1884	Sir Joseph Whitnell Pease of Hutton Hall near Guisbrough Baronet M. P. Arthur Pease M. P. and Henry Fell Pease both of Darlington in the County of Durham Esq.	0 a. 5 r. 0 p.	900.0
1886	Arthur Henry Whiphan of Middlesbrough their Agent of the first part and Her Majesty Principal Secretary of State for the War Department	543	271.5
	Jonathan Ward, Builder, Redcar & Thomas Bawlings, 44 Marton Rd. M'bro	1,613 1/3	665.5
	E. Copelan of 34 Ruby St. Saltburn by the Sea	161 2/9	56.4
	Henry Almgill of 123 Linthorpe Rd. Middlesbrough	2,857	865.0
	David Almgill, 22 Borough Rd. Middlesbrough, & John Dean, 11 Hartington Rd. Middlesbrough	2,397	865.0
	Thomas Lincoln of Grange Rd. Middlesbrough & George Black of Simpson St., Linthorpe	178	44.5
	T. Bargate, Grange Rd. Middlesbrough	250	125.0
	Thomas Taylor, Builder, of 179 Grange Rd. East, Middlesbrough	440	181.0
	W. Dean of No. 8 Woodlands Terrace, Borough Rd. Middlesbrough	1,049 7/9	450.0
	W. D. Thompson of Borough Rd. Middlesbrough	800	200.0
	Robert Wilkinson, Builder of 106 Grange Rd. W. Middlesbrough	1,080	460.0
	Walter Poll of Saltburn by the Sea	191 2/9	66.9
	William Haw Smith, Builder of Saltburn by the Sea	161 7/9	56.6
	Charles Ollevent of Saltburn by the Sea	323	131.1
	William Jones Williams, M. D. of Grange Rd. West, Middlesbrough	368	184.0
1887	Laurence Watson of North Park Rd. Middlesbrough	770	513.3
	Thomas Watson, Builder, 34 Dunning Rd. Middlesbrough	797 1/9	279.0

年	購入者	面　積 (平方ヤード)	価格総計 (£)
	Thomas Watson, Builder, 34 Dunning Rd. Middlesbrough	534	217.0
	Thomas Taylor of 179 Grange Rd. East, Middlesbrough	440	181.5
	Thomas Walker, Builder, Marton, near Middlesbrough	220	90.8
	Jonathan Ward, Builder, Redcar	440	181.5
	Stephen Day, Builder, of 16 Union St. Middlesbrough	312 4/9	156.2
	Wm. Dale of 3/4 Tarrar St. Middlesbrough	187 4/9	93.7
	William Whitenell, Esq. of Saltburn by the Sea	443 1/3	155.2
	Henry Almgill, Builder, Middlesbrough Linthorpe Rd.	3,753	2,158.0
	John Johnson, Builder, of Acklam Terrace, Newport Rd. Middlesbrough	3,599	2,001.5
	J. S. Scott, Builder, of Linthorpe Rd. Middlesbrough	3,581	1,993.0
	William Jones Williams, Esq., M. D. of Grange Rd. West, Middlesbrough	398 2/9	188.5
	J. Serginson of in the County of York	1,733	953.2
1886	Robert Isaac Conway, North Ormesby	717	賃借
1887	Laurence Watson of 4 Park Rd. Middlesbrough	463 1/3	266.4
	Charles Tinsley of Lune St. Saltburn by the Sea	1,694	931.7
	Arthur Henry Whiphan of M'bro. (The Cast Steel Foundry Company Limited a Company registered with liability limited by Shares and having its Registered Office at Middlesbrough)	7,886	1,970.5
	Thomas Watson, Builder, 34 Dunning Rd. Middlesbrough	878	351.2
	Jonathan Ward, Builder of Redcar	577 4/9	238.2
	The Revd. Samuel Barker, James MacDonald & Geo. R. Jackson, Minister, Trustees of the Richmond St. Primitive Methodist Chapel, Middlesbrough	800	320.0
1888	Jonathan Ward, Builder of Redcar	612	262.0
	Joseph Lood, Builder, of 116 Newport Rd. Middlesbrough	405 1/3	125.0
	David Almgill & John Dean, Builders, Middlesbrough	1,355	1,016.3
	Henry Almgill, Builder of Borough Rd. Middlesbrough	575	431.3
	Henry Dean, Builder, Middlesbrough	575	431.3
	William Haw Smith, Builder of Saltburn by the Sea	162 2/3	56.9
	Thomas Sanderson of Borough Rd. Middlesbrough	2,972	1,188.8
	Thomas Taylor, Builder, of 179 Grange Rd. East, Middlesbrough	666 2/3	283.3
	David Almgill & John Dean, Builders, Middlesbrough	557	360.0
	Thomas Watson, Builder, of Grange Rd. East, Middlesbrough	736	257.6
1889	J. R. Almgill, Builder, of Middlesbrough	811 1/9	441.4
	David Almgill & John Dean, Builders, Middlesbrough	2,002 5/9	1,402.0
	H. Almgill, Builder, of Linthorpe Rd. Middlesbrough	1,790	1,127.0
	Henry Dean, Builder of Middlesbrough	155 2/3	1,061.4
	William Richards, Ironfounder of Middlesbrough	1,648	940.0
	I. Serginson, Builder, of Linthorpe Rd. Middlesbrough	1,793 2/3	1,129.4
	George Lambert, Plumber of Albert Rd. Middlesbrough	800	300.0
	W. J. S. Scott, Builder, of Linthorpe Rd. Middlesbrough	459 7/9	333.3
	Thomas Watson, Builder, of 83 Grange Rd. East, Middlesbrough	870	348.0
	Stephen Day, of 70 Fleetham St. Middlesbrough	1,067 1/9	600.3
	R. Wilkinson, Builder, of Borough Rd. Middlesbrough	972 2/9	546.9
	Joseph T. Dean of 73 Church St. Middlesbrough	1,084 7/9	610.2
	Mark Gussn of 54 Garnet St. Middlesbrough	961 4/9	540.8
	The Revd. George Coates of 7 Cambridge Terrace, Borough Rd. East, Middlesbrough	306 1/3	122.5
	The School Board of Middlesbrough by Stein Clerk, John T. Beck Solicitor, Post Office Chambers, Middlesbrough	3,000	3,375.0
	W. D. Thompson of Grange Rd. East, Middlesbrough	274 5/9	100.0
	Jonathan Ward, Builder of Borough Rd. West, Middlesbrough	2,098 7/9	1,180.6
	David Almgill and John Dean, Builders of Middlesbrough	2,061	1,159.3
1889	J. T. McDonald, Esq. of Ormesby Rd. Middlesbrough	1,667	333.4
1890	Thomas Taylor, Builder of Middlesbrough	425	212.5
	James Neat of 52 Russell St. Middlesbrough	425	212.5
	The Revd. Robert Gaydon, Gratian Thomas Pickering and James McDonald representing the Primitive Methodist Church, all of Middlesbrough	1,058 4/9	1,323.1

年	購入者	面　積 (平方ヤード)	価格総計 (£)
	Henry and David Almgill, Builders, of Middlesbrough	1,065 7/9	601.7
	James Ward of 2 Severn St. Middlesbrough	266 2/3	133.3
	William Cook, 15 Pembroke St. & C. H. Douglas, 11 Westwood St. M'bro	425	212.5
	The Revd. J. S. L. Burn, Vicar of All Saints Church, Middlesbrough	1,001 8/9	667.9
	James Neat of 52 Russell St. Middlesbrough	266 2/3	133.2
	W. David Almgill, Builder of Middlesbrough	944	545.2
	John Livington, Brass Founder, Middlesbrough	714	657.0
	Franz Carl Edward Ralstkors	888 8/9	222.2
	Stephen Day, 16 Russell Rd. Middlesbrough	646 1/3	416.2
	Joseph Turner Dean of Southfield Rd. Middlesbrough	1,030 5/9	553.7
	Wm. Cook & Charles Henry Douglas of Middlesbrough	400	200.0
	David Almgill, Builder of Middlesbrough	935 2/3	539.7
	Thomas Taylor, Builder of 160 Borough Rd. East, Middlesbrough	558 1/3	279.2
	James Neat, Builder, Middlesbrough	558 1/3	279.2
1891	Henry & David Almgill, Builders of Middlesbrough	4,788	4,095.0
	W. Joseph Lord, Builder of Middlesbrough	1,347 1/2	401.0

注 1）購入者記入の順序は，原史料の順序による。
出所）Land Sales Agreement, The Owners of the Middlesbrough Estate, Teesside Archives, U/OME(2) 5/1-5/4 より作成。

統計付録 6 北部イングランド可鍛鋳鉄製品生産重量比
(1873〜1917 年)

(%)

年	レール (rails)	鉄板 (plates)	棒鉄 (bars)	山形鉄 (angles)
1873	54.0	26.5	12.7	6.8
1874	45.3	30.6	15.6	8.5
1875	43.3	31.1	18.2	7.4
1876	25.4	41.1	21.1	12.5
1877	9.2	54.2	19.7	16.9
1878	5.1	55.5	18.6	20.8
1879	2.3	59.1	22.0	16.6
1880	5.3	62.2	14.7	17.7
1881	2.6	65.4	11.8	20.2
1882	0.9	68.6	9.9	20.6
1883	0.4	66.9	12.4	20.3
1884	0.8	63.0	19.2	17.0
1885	1.0	57.9	24.8	16.3
1886	1.0	58.8	26.1	14.1
1887	0.9	60.2	25.9	12.9
1888	0.5	61.7	24.3	13.5
1889	0.9	62.0	24.5	12.6
1890	1.4	53.6	31.1	13.8
1891	1.3	53.1	31.1	14.5
1892	2.2	45.4	34.8	17.5
1893	2.6	39.6	41.6	16.2
1894	2.5	40.7	41.8	15.0
1895	2.8	43.5	41.6	12.1
1896	1.9	37.9	46.9	13.3
1897	2.3	40.0	45.8	12.0
1898	2.5	37.0	47.3	13.1
1899	2.4	35.4	49.3	13.0
1900	3.3	31.0	50.2	15.5
1901	1.6	27.7	58.6	12.1
1902	1.4	16.1	67.5	15.0
1903	1.4	18.4	65.0	15.5
1904	0.6	17.9	71.1	10.5
1905	0.8	12.4	76.9	9.8
1906	1.1	11.7	77.3	10.2
1907	1.2	8.8	80.1	9.7
1908	1.8	8.0	82.6	7.6
1909	0.9	16.8	75.0	7.2
1910	0.8	18.7	72.9	7.6
1911	0.5	14.9	79.9	4.7
1912	0.5	12.4	84.4	2.8
1913	0.6	10.8	86.2	2.4
1914	0.3	18.3	79.3	2.2
1915	0.1	14.4	83.7	1.8
1916	0.0	11.0	85.3	3.7
1917	0.2	4.0	94.5	2.2

出所) Board of Arbitration and Conciliation for North of England Manufactured Iron Trade, Mr. Waterhouse's Returns (Sales of Manufactured Iron), 3 Vols., 1869-1919, Modern Records Centre, University of Warwick, MSS. 365/BAC より作成。

統計付録7　北部イングランド可鍛鋳鉄製品統

年	レール (rails)			鉄板 (plates)			棒鉄 (bars)		
	出荷量 (トン)	平均価格 (£/トン)	総出荷額 (£)	出荷量 (トン)	平均価格 (£/トン)	総出荷額 (£)	出荷量 (トン)	平均価格 (£/トン)	総出荷額 (£)
1863	19,543	6.2	121,167	30,538	9.4	287,057	13,016	6.6	85,906
1864	16,434	7.2	118,325	40,173	9.0	361,557	10,111	7.9	79,877
1865	62,045	7.1	440,520	45,476	8.8	400,189	19,253	8.0	154,024
1866	96,275	7.0	673,925	35,463	8.1	287,250	22,451	7.4	165,015
1867	155,265	6.3	970,406	44,886	7.5	334,401	35,387	6.7	237,093
1868	174,154	5.9	1,018,801	68,247	7.0	477,729	46,601	6.4	295,916
1869	90,613	6.1	548,209	31,839	7.2	227,649	18,237	6.3	113,981
1870									
1873	280,655	11.1	3,096,901	136,442	12.5	1,713,400	65,635	12.5	820,211
1874	265,020	9.8	2,593,338	178,273	11.3	2,004,310	91,053	10.8	965,783
1875	246,218	7.3	1,791,112	173,417	8.7	1,518,556	101,642	8.5	856,736
1876	107,830	6.4	690,112	172,374	7.5	1,287,762	88,304	7.3	639,392
1877	36,750	6.0	220,569	214,724	7.0	1,495,374	78,132	6.8	530,099
1878	21,646	5.4	119,026	233,964	6.3	1,474,354	77,783	6.2	481,438
1879	6,700	4.9	32,944	173,701	5.5	947,773	64,763	5.5	352,124
1880	31,825	6.2	200,616	380,764	6.3	2,415,613	89,560	6.4	572,899
1881	15,905	5.3	83,199	391,467	6.2	2,428,009	70,490	5.9	418,014
1882	5,610	6.0	33,202	433,217	6.4	2,779,435	62,570	6.5	407,022
1883	2,905	5.7	16,612	440,157	6.2	2,701,610	80,932	6.2	504,439
1884	3,516	5.1	17,942	270,912	5.2	1,431,968	81,577	5.6	455,756
1885	3,494	4.6	16,121	205,935	4.8	992,189	87,863	5.1	449,775
1886	2,740	4.3	11,795	167,284	4.5	752,759	74,234	5.0	367,484
1887	2,089	4.3	8,922	136,492	4.5	614,188	58,817	5.0	292,724
1888	1,466	4.5	6,571	190,179	4.6	871,465	74,195	4.9	361,067
1889	2,892	5.4	15,758	209,224	5.5	1,157,509	82,900	5.9	464,783
1890	3,948	6.1	24,485	152,645	6.3	958,076	87,875	6.5	572,808
1891	3,427	5.2	17,712	133,695	5.6	744,630	77,857	5.9	459,018
1892	3,791	5.0	19,044	82,510	5.2	429,021	56,437	5.7	320,433
1893	3,790	4.5	16,983	59,447	4.6	274,033	62,075	5.2	321,112
1894	3,558	4.3	15,482	58,554	4.7	273,793	59,499	5.1	303,023
1895	3,464	4.3	14,954	53,548	4.5	242,739	51,565	5.0	258,395
1896	2,921	4.4	12,952	57,835	4.7	271,627	71,786	5.0	358,564
1897	3,421	4.8	16,304	60,522	4.9	295,542	69,185	5.3	365,468
1898	3,857	4.8	18,516	56,866	5.1	292,169	72,849	5.4	391,016
1899	3,789	5.5	20,720	56,801	6.2	349,920	79,029	6.3	498,079
1900	4,491	7.4	33,362	42,869	7.3	309,047	68,389	8.5	576,761
1901	1,531	6.0	9,334	26,085	7.2	188,621	55,300	6.7	368,208
1902	1,142	5.6	6,360	12,662	6.3	79,423	53,279	6.2	330,598
1903	869	5.7	4,956	13,514	6.1	82,989	47,550	6.2	294,899
1904	473	5.5	2,588	13,026	6.0	77,737	51,594	5.9	303,218
1905	602	5.6	3,345	8,828	6.0	52,784	54,541	5.9	322,097
1906	625	6.1	3,795	8,312	6.2	51,096	54,761	6.5	357,047
1907	943	6.8	6,495	5,912	6.7	39,388	53,991	7.2	387,506
1908	746	6.6	4,927	3,352	5.9	20,589	33,680	6.8	229,318
1909	321	5.6	1,779	5,740	5.8	33,298	26,325	6.5	170,012
1910	343	5.4	1,855	6,659	5.9	38,830	30,304	6.4	194,140
1911	263	5.6	1,491	8,032	6.1	49,187	42,847	6.3	268,474
1912	324	5.6	1,848	8,689	6.3	54,344	55,521	6.8	378,479
1913	370	6.3	2,340	6,854	6.6	44,252	51,311	7.5	386,309
1914	134	6.5	855	9,651	6.7	65,122	41,801	6.8	285,679
1915	35	7.7	258	7,288	8.1	57,534	41,142	8.4	344,896
1916	5	11.5	55	5,349	11.4	60,074	41,192	12.2	502,989
1917	21	16.3	341	1,311	13.7	17,739	39,015	13.5	528,043

出所）Board of Arbitration and Conciliation for North of England Manufactured Iron Trade, Mr. Water-
Modern Records Centre, University of Warwick, MSS. 365/BAC より作成。

計（1863～1917年）

山形鉄（angles）			総　計		
出荷量（トン）	平均価格（£/トン）	総出荷額（£）	出荷量（トン）	平均価格（£/トン）	総出荷額（£）
13,628	7.1	96,759	76,725	7.7	590,783
18,145	8.5	153,325	84,863	8.6	725,579
11,442	7.5	85,815	138,216	7.8	1,071,174
11,047	7.1	77,881	165,236	7.3	1,197,961
11,204	6.7	74,507	246,742	6.6	1,616,160
19,721	6.4	125,228	308,723	6.3	1,929,519
8,652	6.3	54,075	149,341	6.6	978,184
				7.1	
34,920	12.0	425,765	517,653	11.7	6,043,274
49,500	10.6	524,585	583,847	10.5	6,087,969
41,246	8.1	336,626	562,520	8.0	4,500,160
52,664	7.0	367,628	420,175	7.1	2,976,981
67,035	6.4	426,773	396,641	6.8	2,677,564
87,652	5.6	491,513	421,045	6.1	2,566,298
48,892	5.0	246,622	294,127	5.4	1,579,415
109,326	5.7	620,111	611,473	6.2	3,820,569
120,557	5.5	657,071	598,420	6.0	3,593,666
129,647	5.9	764,340	631,043	6.3	3,975,685
133,606	5.6	750,878	657,600	6.1	4,019,351
72,282	4.9	351,292	428,286	5.2	2,257,407
57,943	4.6	265,775	355,237	4.8	1,721,720
39,932	4.4	177,154	284,188	6.9	1,309,376
29,209	4.4	128,476	226,607	4.6	1,046,930
41,549	4.5	185,163	307,389	4.7	1,455,927
42,521	5.2	220,267	337,536	5.5	1,856,841
39,246	6.0	234,319	283,711	6.3	1,789,625
36,491	5.5	198,986	251,472	5.6	1,415,980
28,908	5.3	156,327	171,645	5.4	920,849
24,084	4.8	115,121	149,405	4.9	726,215
21,720	4.7	102,170	143,333	4.9	695,136
15,006	4.6	69,310	123,585	4.7	585,749
20,244	4.7	95,917	152,788	4.8	740,459
18,174	5.0	90,003	151,302	5.1	767,577
20,274	5.1	104,416	153,845	5.2	804,790
20,725	6.1	126,062	160,346	6.2	996,979
20,724	7.6	157,442	136,473	7.9	1,078,137
11,408	6.6	76,368	94,326	6.8	642,702
11,816	6.1	72,586	78,897	6.2	489,064
11,272	6.3	71,018	73,204	6.2	453,796
7,695	6.2	47,633	59,209	5.9	431,554
7,025	6.4	44,763	70,994	5.9	421,695
7,197	7.0	50,646	70,897	6.5	462,168
6,470	7.5	48,732	67,315	7.2	481,437
3,132	7.1	22,163	40,910	6.8	276,884
2,524	6.9	17,336	34,907	6.4	222,244
3,200	7.0	22,569	41,636	6.3	263,584
2,492	6.9	17,324	53,635	6.3	336,954
1,860	7.1	13,209	66,394	6.7	447,665
1,429	7.6	10,865	59,962	7.4	444,411
1,131	7.3	8,174	52,737	6.8	359,809
914	8.6	8,154	49,381	8.3	410,144
1,804	11.6	20,534	48,353	12.1	584,212
925	13.9	12,673	41,271	13.5	558,860

house's Returns (Sales of Manufactured Iron), 3 Vols., 1869-1919,

統計付録8　ミドルズバラにおける乳児死亡

年	早期新生児死亡計（生後1週未満死亡）	新生児死亡計（早期新生児死亡を除く生後4週=28日未満死亡）	新生児死亡計	新生児後死亡計（4週間以後1年未満死亡）	乳児死亡計（0歳～1年未満死亡）
1854	5	5	10	35	45
1855	8	14	22	90	112
1856	19	15	34	75	109
1857	23	20	43	113	156
1858	22	14	36	107	143
1859	24	19	43	119	162
1860	21	16	37	100	137
1861	20	28	48	114	161
1862	31	13	44	107	151
1863	23	33	56	121	177
1864	37	23	60	146	206
1865	50	43	93	163	256
1866	50	54	104	192	296
1867	39	41	80	209	289
1868	36	40	76	166	242
1869	40 (38)[1)]	40 (39)	80 (77)	171 (167)	251 (244)
1870	43 (33)	36 (29)	79 (62)	196 (168)	275 (230)
1871	52 (40)	73 (58)	125 (98)	288 (247)	413 (345)
1872	81 (45)	44 (21)	125 (66)	255 (136)	380 (202)
1873	72 (23)	45 (10)	117 (33)	257 (81)	374 (114)
1874	84 (0)	61 (1)	145 (1)	299 (4)	444 (5)
1875	76 (1)	61 (0)	137 (1)	308 (0)	445 (1)
1876	73 (1)	44 (0)	117 (1)	205 (1)	322 (2)
1877	43 (0)	51 (0)	94 (0)	237 (1)	331 (1)
1878	46 (28)	44 (38)	90 (66)	261 (168)	351 (234)
1879	55	40	95	167	262
1880	52	53	105	274	379
1881	53	43	96	204	300
1882	74	59	133	336	469
1883	67	56	123	227	350
1884	57	50	107	244	351
1885	59	42	101	238	339
1886	52	48	100	279	379
1887	47	66	113	207	320
1888	73	45	118	265	383
1889	67	46	113	275	388
1890	56	58	114	303	417
1891	68	49	117	300	417
1892	74	64	138	305	443
1893	61	66	127	334	461
1894	66	51	117	219	336
1895	72	46	118	337	455
1896	55	54	109	289	398
1897	66	55	121	299	420
1898	74	47	121	343	464
1899	60	54	114	310	424

注1）1869～1878年までの括弧内の数値は，旧埋葬地（Old Cemetery）の埋葬数（内数）。

出所）Linthorpe Road Cemetery, Ayresome Gardens, Burial Registers, 4th Sept. 1854–19th Dec., 1899, Teesside

(1854～1899 年)

死産計	不　明	乳児死亡計/新生児死亡計	新生児死亡計/新生児後死亡計	早期新生児死亡計/乳児死亡計
2	0	4.5 %	28.5 %	11.1 %
3	2	5.1	24.4	7.1
0	0	3.2	45.3	17.4
2	5	3.6	38.1	14.7
0	0	4.0	33.6	15.4
0	4	3.8	36.1	14.8
0	4	3.7	37.0	15.3
2	2	3.4	42.5	12.4
0	3	3.4	41.1	20.5
0	11	3.2	46.3	13.0
0	5	3.4	41.1	18.0
0	3	2.8	57.1	19.5
0	4	2.8	54.1	16.9
0	9	3.6	38.3	13.5
0	6	3.2	45.8	14.9
0 (0)	12 (12)	3.1 (3.2)	46.8 (46.1)	15.9 (15.6)
0 (0)	4 (4)	3.5 (3.7)	40.3 (36.9)	15.6 (14.3)
0 (0)	10 (7)	3.3 (3.5)	43.4 (39.7)	12.6 (11.6)
0 (0)	8 (3)	3.0 (3.1)	49.0 (48.5)	21.3 (22.3)
0 (0)	4 (4)	3.2 (3.5)	45.5 (40.7)	19.3 (20.2)
0 (0)	2 (0)	3.1	48.5	18.9
109 (0)	7 (0)	3.3	44.5	17.1
114 (0)	3 (0)	2.8	57.1	22.7
174 (0)	1 (0)	3.5	39.7	13.0
163 (98)	1 (0)	3.9 (3.5)	34.5 (39.3)	13.1 (12.0)
157	1	2.8	56.9	21.0
143	0	3.6	38.3	13.7
158	1	3.1	47.1	17.1
179	2	3.5	39.6	15.8
164	1	2.9	54.2	19.1
174	2	3.3	43.9	16.2
159	2	3.6	42.4	17.4
156	5	3.8	35.8	13.7
125	2	2.8	54.6	14.7
153	0	3.3	44.5	19.1
167	2	3.4	41.1	17.3
172	2	3.7	37.6	13.4
185	6	3.6	39.0	16.3
150	5	3.2	45.2	16.7
131	4	3.6	38.0	13.2
122	4	2.9	53.4	19.6
119	2	3.9	35.0	15.8
132	2	3.7	37.7	13.8
138	0	3.5	40.5	15.7
138	2	3.8	35.3	15.9
159	3	3.7	36.8	14.2

Archives, PR/ACK より作成。

統計付録 9　ミドルズバラにおける移入後居住期間と犯罪

年	出身者	居住期間0年	0～0.5年	0.5～1年	1～2年	2～3年	3～4年	4～5年	5～6年
1863	29	333	151	38	39	55	34	34	20
1864	34	272	274	83	91	53	46	38	56
1867	60	308	111	35	70	73	52	49	42
1868	51	301	97	73	63	32	35	51	31
1869	83	363	203	48	31	47	42	42	45
計	257	1,577	836	277	294	260	209	214	194
	4.4%[1]	27.1%	14.4%	4.7%	5.1%	4.5%	3.6%	3.7%	3.3%
1870	71	272	187	70	43	45	41	34	37
1871	67	398	181	63	75	63	40	36	49
1872	103	409	265	84	82	58	51	31	35
1873	125	431	175	107	86	58	33	39	31
1876	70	142	53	31	31	32	34	37	25
計	436	1,652	861	355	317	256	199	177	177
	7.3%	27.5%	14.3%	5.9%	5.3%	4.3%	3.3%	3.0%	2.9%
1881	161	238	64	29	27	14	14	18	22
1882	182	242	126	51	29	31	13	10	15
1883	184	217	120	23	50	38	18	12	10
1884	183	190	65	34	32	28	25	27	20
1886	177	139	44	10	6	17	10	9	16
1887	186	76	71	13	13	13	13	18	21
1889	234	190	112	23	21	16	10	20	16
計	1,307	1,292	602	183	178	157	103	114	120
	22.1%	21.8%	10.2%	3.1%	3.0%	2.7%	1.8%	1.9%	2.0%

[平均勾留件数]

1860年代	51.4	262.8	167.2	55.4	58.8	52.0	41.8	42.8	38.8
1870年代	87.2	330.4	172.2	71.0	63.4	51.2	39.8	35.4	35.4
1880年代	186.7	184.6	86.0	26.1	25.4	22.4	14.7	16.3	17.1

注 1）各年代における移入後居住期間別勾留件数比率。

出所）Middlesbrough Borough Clerk's Department, 2, Committee Minutes, Watch Committee Minute Books, from the Chief Superintendents, Later Chief Constables to the Watch Committees, CB/M/P, 23 & 24; Minutes, Town Council, Teesside Archives, CB/M/C39-60 より作成。

(勾留件数，1863～1889年)

6～7年	7～8年	8～9年	9～10年	10年以上	計
36	22	34	30	122	
43	37	53	29	180	
34	41	19	39	233	
32	30	26	34	214	
35	40	31	23	279	
180	170	163	155	1,028	5,814
3.1%	2.9%	2.8%	2.7%	17.7%	100.0%
43	54	31	25	264	
32	38	28	21	273	
29	30	31	16	122	
37	21	19	39	204	
27	19	11	10	153	
168	162	120	111	1,016	6,007
2.8%	2.7%	2.0%	1.8%	16.9%	100.0%
17	15	22	18	228	
12	25	10	20	225	
21	22	13	13	228	
9	10	7	13	194	
14	13	12	8	186	
15	15	10	11	170	
19	20	22	20	201	
107	120	96	103	1,432	5,914
1.8%	2.0%	1.6%	1.8%	24.2%	100.0%

36.0	34.0	32.6	31.0	205.6	
33.6	32.4	24.0	22.2	203.2	
15.3	17.1	13.7	14.7	204.6	

CB/M/C2/100, 101 & 102 ; Middlesbrough Police Records, Reports
Middlesbrough Borough Clerk's Department, 1, Minutes, Printed

統計付録 10　ミドルズバラにおける所得水準と犯罪（勾留件数，1863～1885 年）

週平均所得（シリング）	1863 年	1864 年	1867 年	1868 年	1869 年	1860 年代計	%
失業中	124	226	505	260	362	1,477	28.9
0～15s.	88	30	44	28	91	281	5.5
15～20s.	276	368	167	194	274	1,279	25.0
20～25s.	222	274	236	232	184	1,148	22.4
25～30s.	87	144	138	117	147	633	12.4
30～35s.	22	32	24	8	16	102	2.0
35～40s.							
40s. ～							
自　営	26	44	52	37	37	196	3.8
計	845	1,118	1,166	876	1,111	5,116	100.0

週平均所得（シリング）	1870 年	1871 年	1872 年	1873 年	1876 年	1870 年代計	%
失業中	224	300	212	252	167	1,155	22.3
0～15s.	64	54	44	29	13	204	3.9
15～20s.	162	106	74	33	18	393	7.6
20～25s.	374	336	280	266	98	1,354	26.2
25～30s.	96	123	231	121	66	637	12.3
30～35s.	90	218	325	275	106	1,014	19.6
35～40s.				58	33	91	1.8
40s. ～				102	19	121	2.3
自　営	41	54	34	53	24	206	4.0
計	1,051	1,191	1,200	1,189	544	5,175	100.0

週平均所得（シリング）	1881 年	1882 年	1883 年	1884 年	1885 年	1880 年代計	%
失業中	280	292	239	307	394	1,512	42.8
0～15s.	20	42	33	33	31	159	4.5
15～20s.	56	83	54	59	48	300	8.5
20～25s.	117	112	146	84	84	543	15.4
25～30s.	63	70	78	62	39	312	8.8
30～35s.	80	116	103	62	27	388	11.0
35～40s.	12	26	24	14	4	80	2.3
40s. ～	11	27	33	2	13	86	2.4
自　営	34	46	30	20	22	152	4.3
計	673	814	740	643	662	3,532	100.0

出所）Middlesbrough Borough Clerk's Department, 2, Committee Minutes, Watch Committee Minute Books, CB/M/C2/100, 101 & 102 ; Middlesbrough Police Records, Reports from the Chief Superintendents, Later Chief Constables to the Watch Committees, CB/M/P, 23 & 24 ; Middlesbrough Borough Clerk's Department, 1, Minutes, Printed Minutes, Town Council, Teesside Archives, CB/M/C39-60 より作成。

統計付録 11　ミドルズバラにおける識字率と犯罪（勾留件数，1861～1889 年）

	1861年	1863年	1864年	1867年	1868年	1869年			1860年代計	%
読み書き能力なし	326	553	576	528	587	672			3,242	50.6
読み書き能力不完全	250	266	439	409	430	563			2,357	36.8
読解力のみ										
読み書き能力良好	3	151	238	200	41	82			715	11.1
高等教育経験	4	17	36	29	12				98	1.5
計	583	987	1,289	1,166	1,070	1,317			6,412	100.0
	1870年	1871年	1872年	1873年	1876年				1870年代計	%
読み書き能力なし	578	618	637	617	312				2,762	46.1
読み書き能力不完全	594	688	680	654	304				2,920	48.8
読解力のみ				102	41				143	2.4
読み書き能力良好	45	42	28	19	15				149	2.5
高等教育経験		4	1	3	3				11	0.2
計	1,217	1,352	1,346	1,395	675				5,985	100.0
	1881年	1882年	1883年	1884年	1885年	1886年	1887年	1889年	1880年代計	%
読み書き能力なし	410	377	331	241	296	229	230	285	2,399	35.0
読み書き能力不完全	439	545	571	538	520	410	428	669	4,120	60.1
読解力のみ	31	51	59	54	23	17	27	19	281	4.1
読み書き能力良好	6	15	7	2	5	5	4	4	48	0.7
高等教育経験	1	3	1	2			2	1	10	0.1
計	887	991	969	837	844	661	691	978	6,858	100.0

出所）Middlesbrough Borough Clerk's Department, 2, Committee Minutes, Watch Committee Minute Books, CB/M/C2/100, 101 & 102 ; Middlesbrough Police Records, Reports from the Chief Superintendents, Later Chief Constables to the Watch Committees, CB/M/P, 23 & 24 ; Middlesbrough Borough Clerk's Department, 1, Minutes, Printed Minutes, Town Council, Teesside Archives, CB/M/C39-60 より作成。

統計付録 12　ミドルズバラにおける出身地と犯罪（勾留件数，1861～1889 年）

出身地	1861 年	1863 年	1864 年	1867 年	1868 年	1869 年			1860年代計	%
イングランド	293	405	506	546	469	650			2,869	44.8
アイルランド	221	447	623	486	477	497			2,751	42.9
スコットランド	24	52	57	55	54	84			326	5.1
ウェールズ	29	46	74	53	39	45			286	4.5
外　国	16	32	29	26	31	41			175	2.7
計	583	982	1,289	1,166	1,070	1,317			6,407	100.0

出身地	1870 年	1871 年	1872 年	1873 年	1876 年				1870年代計	%
イングランド	591	658	666	810	331				3,056	51.1
アイルランド	490	527	491	407	272				2,187	36.6
スコットランド	64	78	70	79	36				327	5.5
ウェールズ	40	53	62	63	27				245	4.1
外　国	32	36	57	36	6				167	2.8
計	1,217	1,352	1,346	1,395	672				5,982	100.0

出身地	1881 年	1882 年	1883 年	1884 年	1885 年	1886 年	1887 年	1889 年	1880年代計	%
イングランド	589	674	649	608	640	490	504	742	4,896	71.4
アイルランド	175	215	196	140	120	92	115	129	1,182	17.2
スコットランド	63	54	66	52	50	38	39	49	411	6.0
ウェールズ	47	32	36	22	21	25	25	36	244	3.6
外　国	13	16	22	15	13	16	8	22	125	1.8
計	887	991	969	837	844	661	691	978	6,858	100.0

出所）Middlesbrough Borough Clerk's Department, 2, Committee Minutes, Watch Committee Minute Books, CB/M/C2/100, 101 & 102 ; Middlesbrough Police Records, Reports from the Chief Superintendents, Later Chief Constables to the Watch Committees, CB/M/P, 23 & 24 ; Middlesbrough Borough Clerk's Department, 1, Minutes, Printed Minutes, Town Council, Teesside Archives, CB/M/C39-60 より作成。

引用史料・文献一覧

I　未刊行史料

National Archives (Public Record Office)

Aggregate of Tonnage from Collieries, RAIL 667/444, 1443–1446

Annual Police Reports, HO 63/8, Vols. 1 & 2

Census Enumerators' Books, HO 107/1258/1–6 (1841)

Census Enumerators' Books, HO 107/2383 (1851)

Census Enumerators' Books, RG 9/3685–3689 (1861)

Census Enumerators' Books, RG 10/4889–4895 (1871)

Census Enumerators' Books, RG 11/4852 (1881) (History Data Service)

Stockton & Darlington, Wear Valley and Middlesbrough & Redcar Railway Pay Bill, RAIL 667/1428

Teesside Archives

25 inches to 1 mile Ordnance Survey Map, 1895

Borough Council, Local Board of Health, 1854, CB/M/C 1/6

Borough Council, Local Board of Health and Burial Board, 1859, CB/M/C 1/8

Borough Clerk's Department, 2, Committee Minutes, Watch Committee Minute Books, CB/M/C2/100, 101 & 102

Copy of The Charter of Incorporation, 1853, CB/M/C (2) 14/5b

The Council Meeting Minute Books, North Ormesby Hospital, 1867–1907, H/NOR 1/1

Deed of Covenants amongst the Proprietors of the Town of Middlesbrough in the County of York, U/BSC 1/1

Improvement Commission and its Committees, Minute Book, CB/M/C 1/1, CB/M/C 1/2

Independent Order of Odd Fellows, Manchester Unity Friendly Society, 1a Minute Book, 1842–1872, Rose of England Lodge, U/OD 1/1

Land Sales Agreement, Owners of the Middlesbrough Estate, U/OME (2) 5/1–5/4

Linthorpe Road Cemetery, Ayresome Gardens, Burial Registers, 4th Sept., 1854–19th Dec., 1899, PR/ACK

Map of Middlesbrough 1845, U/OME/8/9

Map Showing Proposed Wards in Middlesbrough, OS Map, Yorkshire Sheet VI, CB/M/C (2) 9/57

Middlesbrough Estate Valuation for 1844 and 1855, U/OME (2) 4/34

Middlesbrough Police Records, Reports from the Chief Superintendents, Later Chief Constables to the Watch Committees, CB/M/P, 23 & 24

North Ormesby Hospital, Case Book, 1861–1870, H/NOR 10/1
North Ormesby Hospital, Case Books, 1883–1888, 1885–1908, H/NOR 10/2, 3
North Riding Infirmary, House Committee, Minute Books, H/MI (2) 1/4 and H/MI (2) 1/5
The Owners of the Middlesbrough Estate, Balance Sheets, 1845–1855, U/OME (2) 4/15
Plan of Ironmasters' District of Middlesbrough, 1866, CB/M/C (2) 9/9
Poor Rate Books, 1846, 1849, 1856, 1858, 1861, 1862, 1871, 1872, 1876, 1880, CB/M/T
Report of the Medical Officer of Health (Dr. J. Dickinson) on the sanitary condition of the Town as described in Dr. Buchanan's Report, 14th August, 1871, CB/M/C 5/15
Title Deeds, U/OME (2) 5/87, 88, 93, 95, 100

Modern Records Centre, University of Warwick

Amalgamated Society of Engineers, Monthly Reports, Yearly Reports, 1867, MSS. 259/2/1/15
Amalgamated Society of Engineers, Monthly Reports, 1867–1869, MSS. 259/4/14/3, 2–14
Amalgamated Society of Engineers, Yearly Report of Middlesbrough Branch, 1876, MSS. 259/2/1/1
Board of Arbitration and Conciliation for the North of England Manufactured Iron Trade, MSS. 365/BAC, Minute Books, Vol. 1, 22nd March 1869–11th July 1870
Board of Arbitration and Conciliation for the North of England Manufactured Iron Trade, Mr. Waterhouse's Returns (Sales of Manufactured Iron), MSS. 365/BAC, Vols. 1–3, 1869–1919
Cleveland Ironmasters' Association, Minute Book, MSS. 365/CIA Vols. 1 and 2, 7th July, 1866–31st July, 1876
North of England Iron Manufacturers' Association, Minute Books, MSS. 365/NEI, Vol. 1, 31st July, 1865–4th May, 1880

Glamorgan Record Office

The Dowlais Iron Company Collection, D/D G C5/11/2, D/D G C5/11/19, D/D G C5/11/20
The Dowlais Iron Company Collection, D/D G/A, Letter Books (in-coming), Iron & Steel, Vol. 1 (A–B), 1870–1876, 373–439, 1879–1882, 1884–1885
The Dowlais Iron Company Collection, D/D G C5/15, 16, On the Employment of Women and Children in the Iron Works of South Wales
General Laws of the National Association of Puddlers, Shinglers, Rollers, Millmen etc., adopted and approved by the Delegates of Staffordshire, Worcestershire, Derbyshire, and part of Yorkshire, at a meeting held at Mr. James Ashton's, Castle Inn, Brierly Hill, on Monday July 5th 1863, D/D G/C5/14
Rules of the Wednesbury Branch of the Philanthropic Society of Puddlers etc. Agreed at a Meeting held at Mr. William Sheldon's, Great Western Inn, Wednesbury, on Sept. 26th 1863, D/D G/C5/14

North Yorkshire County Record Office

Assessment of the County Rates for the North-Riding of the County of York, QFR 1/49/16, 1/50/17, 1/51/10, 1/53/10, 1/54/10, 1/55/11, 1/56/10, 1/57/10, 1/58/10, 1/58/23, 1/43/18 (1865–1884), QFR 1/43/18 (1859)

Leeds District Archives, Sheepscar Library

Admission and Discharge Registers of the General Infirmary at Leeds, 22nd September 1815–16th December 1817

Guildhall Library

Ledgers of the Alliance, British and Foreign Fire and Life Insurance Company, MS 14075/1 opening 231, 23rd September 1830

History Data Service

Census Enumerators' Books for Middlesbrough (1881)

Census Enumerators' Books for England and Wales (1881)

British Library of Political and Economic Science

Bell Brothers, Clarence Iron Works, Pay Books, Vol. 49, 1864–67, Coll Misc 0003

Middlesbrough Public (Central) Library

Copy of the Diary of Joseph Pease, MM1942

II 刊行史料

英国議会資料

British Parliamentary Papers, 1831 Census. Enumeration abstract, Vol. XXXVII [149.]

British Parliamentary Papers, Reports from Commissioners on Mining Districts with Appendices 1839–49, Mining District 1, Report from the Commissioner with Appendix 1846 [737.], Vol. XXIV

British Parliamentary Papers, Census of Great Britain, 1851, Population Tables, Pt. I, Vol. II, 1852–53 [1632.], Vol. LXXXVI

British Parliamentary Papers, 1851, Accounts and Papers : Population, Ages, Civil Condition, Occupations, & Birthplaces of the People, Vol. LXXXVIII, Pt. I, [1691–I.]

British Parliamentary Papers, 1851 Census Great Britain, Population Table I, 1852–53 [1631.], Vol. LXXXV, Map facing p. xlvi

British Parliamentary Papers, The Royal Commission on Trades Unions, Fifth Report, 1867–68, Vol. XXXIX, [3980–I.]

British Parliamentary Papers, Royal Commission on Trades Unions, 5th Report, 1868–69, Vol. XXXI, [4123–I.]

British Parliamentary Papers, Census of England and Wales, 1871, Population Tables, Area, Houses, and Inhabitants, Vol. II, 1872 [C. 676-I.], Vol. LXVI, Pt. II

British Parliamentary Papers, Census of England and Wales, 1871, 1873 [c. 872.], Vol. LXXII, Pt. I, Vol. III

British Parliamentary Papers, Census of England & Wales, 1881, Vol. III, Ages, Condition as to Marriages, Occupations, and Birth-Places of the People, 1883 [C. 3722.], Vol. LXXX

British Parliamentary Papers, Census of England and Wales, 1891, Area, Houses, and Population, Registered Areas and Sanitary Districts, Vol. II, 1893-94 [C. 6948-I.], Vol. CV

British Parliamentary Papers, Royal Commission to inquire into Depression of Trade and Industry, Second Report, 1886 [C. 4715.]

新　聞

The Cambrian

The Middlesbrough Times

The Middlesbrough Weekly News and Cleveland Advertiser

The Stockton Gazette and Middlesbrough Times

The Stockton and Hartlepool Mercury

The Times

定期刊行物

The Journal of the Iron and Steel Institute

The Proceedings of Cleveland Institution of Engineers

The Transactions of the Iron and Steel Institute

Monthly Journal of Middlesbrough Incorporated Chamber of Commerce

Teesside Chamber of Commerce Monthly Journal

Ironworkers Journal

年　報

Annual Report of the Income and Expenditure of the Steam Engine Makers' Society, 1876

Annual Reports of the Medical Officer of Health and Chief Sanitary Inspector, 1898-1901, Teesside Archives, CB/M/H2

Annual Reports, North Ormesby Hospital, The First to Fifty Ninth Report of the Cottage Hospital, North Ormesby, Middlesbrough, Middlesbrough, 1859-1917

Annual Reports of the State of the General Infirmary at Leeds, September 29th 1767-September 29th 1870, The General Infirmary at Leeds, Leeds, 1767-1870

Forty-Fourth Annual Report of the Registrar General of Births, Deaths, and Marriages in England (Abstracts of 1881), London, 1883

Forty-Fourth Annual Report of the Registrar General of Births, Deaths, and Marriages

of 1881, London, 1883
The Iron, Steel, and Allied Trades in 1877, Annual Report to the Members of the British Iron Trade Association, London, 1878
The Iron, Steel, and Allied Trades in 1878, Annual Report to the Members of the British Iron Trade Association, London, 1879
The Iron, Steel, and Allied Trades in 1880, Annual Report to the Members of the British Iron Trade Association, London, 1881
Middlesbrough Chamber of Commerce Reports, Middlesbrough Public (Central) Library, C669. 14
Supplement to the Forty-Fifth Annual Report of the Registrar General of Births, Deaths, and Marriages in England, London, 1885

制定法

Statutes at Large, 4 & 5 VICTORIAE, *Cap*. lxviii
18 & 19 VICTORIAE, *Cap*. cxxv
19 & 20 VICTORIAE, *Cap*. lxxvii
21 & 22 VICTORIAE, *Cap*. cxl
29 & 30 VICTORIAE, *Cap*. cxliii
37 & 38 VICTORIAE, *Cap*. cviii
40 VICTORIAE, *Cap*. xxx
51 & 52 VICTORIAE, *Cap*. xli

その他

An Abstract and the Statement of the Accounts and Funds of the Mayor, Aldermen, and Burgesses of the Borough of Middlesbrough, Under the Municipal Corporation Acts ; The Middlesbrough Improvement Acts, 1845 (*sic*), *1856, 1866, and 1874 ; the Local Government Act, 1858, and the Burial Board Acts, etc*. Middlesbrough Public (Central) Library, MMI 352. 17, 73483
An Abstract and Statement of the Accounts and Funds of the Mayor, Aldermen, & Burgesses of the Borough of Middlesbrough for the Year Ending the 30th of June, 1877, Teesside Archives, CB/M/T
Amalgamated Society of Engineers, Monthly Reports, Modern Records Centre, University of Warwick, MSS. 259/4/14/1–107
Board of Arbitration and Conciliation for the North of England Manufactured Iron Trade, First Members. Origin and Objects. Rules. Established 1869, Darlington, 1869
Borough of Middlesbrough, General District Revenue, etc., 1866–1874, Teesside Archives, CB/M/T
Circulars concerning the extension of the Stockton and Darlington Railway to Middlesbrough, 1828, Durham Record Office, D/PS 5/2
The Commissioners under the Middlesbro' (*Middlesbrough*) *Improvement Act*, 1841–1847, Teesside Archives, CB/M/T

Dr. Buchanan's Report on the Sanitary State of Middlesbrough-on-Tees, 1871, Middlesbrough, National Archives, MH/113/4
The List of Persons intituled to vote in the Election of two Knights to serve as members of Parliament for North Riding of the County of York, in respect of Property situate within the Town-ship of Middlesbrough, in the Parish of Middlesbrough in the said riding, Middlesbrough, July 27th, 1841, Middlesbrough Public (Central) Library, MMI 324 56361
Middlesbrough Borough Clerk's Department, 1, Minutes, Printed Minutes, Town Council, 1878-1900, Teesside Archives, CB/M/C39-60
Middlesbrough-On-Tees Medical Charities, Hospital Sunday March, 5th, 1872, Middlesbrough, 1872
Rules of the Amalgamated Society of Engineers, Machinists, Millwrights, Smiths, and Pattern Makers, 1874, Modern Records Centre, University of Warwick, MSS. 259
Rules of the Middlesbro's Mechanics' Institute and Library, established September 17, 1844, *Middlesbro'*, 1844, Middlesbrough Public (Central) Library, Mi 606, 80702
Statement and Account of the Commissioners under the Middlesbrough Improvement Act, 1847-1848, Teesside Archives, CB/M/T
Statement and Account of Income and Expenditure by (*of*) *The Commissioners under the Middlesbro' Improvement Act*, 1848-1852, Teesside Archives, CB/M/T
Statement of Income and Expenditure by the Commissioners, Acting under the Middlesbrough Improvement Act, 1852-1853, Teesside Archives, CB/M/T
Statement of Income and Expenditure by the Town Council of the Borough of Middlesbrough, Acting in the Capacity of Commissioners under the Middlesbrough Improvement Act, 1853-1854, Teesside Archives, CB/M/T
Statement of Income and Expenditure by the Corporation of Middlesbrough, Acting in the Capacity of Commissioners under the Middlesbrough Improvement Act, 1854-1855, Teesside Archives, CB/M/T
Ward's Middlesbrough Directory, Newcastle-upon-Tyne, 1851

III 欧文文献

Allen, R. C., 'Collective invention', *Journal of Economic Behaviour and Organization*, Vol. 4, No. 1, 1983
Andrews, R. B., 'Mechanics of the Urban Economic Base : Historical Development of the Base Concept', *Land Economics*, Vol. XXIX, No. 2, 1953
Armstrong, W. G., *et al*. (eds.), *The Industrial Resources of the District of the Three Northern Rivers, The Tyne, Wear, and Tees including the Reports on the Local Manufacturers*, London, 1864
Banham, J., *Backhouses' Bank of Darlington 1774-1836*, Papers in North Eastern History, Middlesbrough, 1999

Banks, J. A., 'The Contagion of Numbers' in *The Victorian City, Images and Realities*, ed. by H. J. Dyos, and M. Wolff, London & Boston, Vol. 1, 1973

Bell, C. and R., *City Fathers, The Early History of Town Planning in Britain*, Harmondsworth, 1972

Bell, I. L., *Notes on the Progress of the Iron Trade of Cleveland on the North-East Coast of England*, Middlesbrough, 1878

Bell, I. L., *Manufacture of Iron and Steel*, London, 1884

Bell, I. L., *The Trade of the United Kingdom Compared with That of the Other Chief Iron-Making Nations*, London, 1886

Bell, Lady Florence, *At the Works, A Study of a Manufacturing Town, Middlesbrough*, New York, repr., 1969

Beresford, M., *Time and Place, An Inaugural Lecture*, Leeds, 1961

Berridge, V., 'Health and medicine' in *The Cambridge Social History of Britain 1750-1950*, Vol. 3, *Social Agencies and Institutions*, ed. by F. M. L. Thompson, Cambridge, 1990

Birch, A., *The Economic History of the British Iron and Steel Industry 1784-1879*, London, 1967

Briggs, A., *Victorian Cities, A brilliant and absorbing history of their development*, Harmondsworth, repr., 1990

Bullock, I., *Spatial Adjustments in the Teesside Economy, 1851-81*, Unpublished Ph. D. thesis submitted to the University of Newcastle upon Tyne, 1970

Bullock, I., 'The Origins of Economic Growth on Teesside 1851-81', *Northern History*, Vol. IX, 1974

Burton, J. J., 'Some Notes on the Early History of the Cleveland Iron Trade', *Monthly Journal of the Tees-side Incorporated Chamber of Commerce*, Vol. I, No. 7, 1930

Cannon, J. (ed.), *The Oxford Companion to British History*, Oxford, 1997

Carr, J. C. and W. Taplin, *History of the British Steel Industry*, Cam. Mass., 1962

Casson, M. C., 'An economic approach to regional business networks' in *Industrial Clusters and Regional Business Networks in England, 1750-1970*, ed. by J. F. Wilson and A. Popp, Aldershot, 2003

Chapman, D., *A Social Survey of Middlesbrough, An inquiry into some of the factors relevant to the planning of urban communities made for the Ministry of Town and County Planning*, Pts. I-VIII, London, 1945-1946

Chase, M., '"Dangerous People"? The Teesside Irish in the 19th century', *North East Labour History Bulletin*, Vol. 28, 1994

Cherry, S., 'Beyond National Health Insurance, The Voluntary Hospitals and Hospital Contributory Schemes : A Regional Study', *Social History of Medicine*, Vol. 4, 1992

Cherry, S., *Medical services and the hospitals in Britain, 1860-1939*, Cambridge, 1996

Cherry, S., 'Before the National Health Services : financing the voluntary hospitals, 1900-1939', *Econ. Hist. Rev.*, Vol. L, No. 2, 1997

Cockcroft, J., 'The Great Strike in the Cleveland Iron Industry', *The Cleveland and*

Teesside Local History, No. 25, 1974
Cockerill, J. & J., 'Middlesbrough Pottery, 1834–1887', *Cleveland History*, Vol. 62, 1992
Cookson, G., *The Townscape of Darlington*, Woodbridge, 2003
Cookson, G., 'Quaker Families and Business Networks in Nineteenth Century Darlington', *Quaker Studies*, Vol. 8, No. 2, 2004
Cookson, G., *The Victoria History of the Counties of England, A History of the County of Durham, Darlington*, Woodbridge, 2005
'Correspondence', *Economic Journal*, Vol. XXIII, 1913
Croker, J. E., *Early Hospital Provision in Middlesbrough, 1859–1880*, Unpublished Dissertation Submitted for the M. A. Local History (C. N. A. A.) at Teesside Polytechnic, 1986
Crompton, H., *Industrial Conciliation*, London, 1876
Daunton, M. J., *Coal Metropolis, Cardiff 1870–1914*, Leicester, 1977
Davies, K., 'Maternal Mismanagement or Environmental Factors? : The High Rates of Infant Mortality in Middlesbrough 1890–1913', *Cleveland History*, Vol. 62, Spring, 1992
Day, A., 'A spirit of improvement: improvement commissioners, boards of health and central-local relations in Portsea' in *Urban Governance Britain and Beyond since 1750*, ed. by R. J. Morris and R. H. Trainor, Aldershot, 2000
Doyle, B. and R. Nixon, 'Voluntary Hospital Finance in North-East England : The Case of North Ormesby Hospital, Middlesbrough, 1900–1947', *Cleveland History*, Vol. 80, 2001
Doyle, B., 'Voluntary Hospitals in Edwardian Middlesbrough, A preliminary report', *North East History*, Vol. 34, 2001
Doyle, B., *A History of Hospitals in Middlesbrough*, Middlesbrough, 2004
Drummond, D. K., *Crewe : Railway Town, Company and People 1840–1914*, Aldershot, 1995
Durkheim, É., *De la division du travail social*, Paris, Quatrième Édition, 1922 : É. デュルケム著/井伊玄太郎訳『社会分業論』講談社，1998 年，上・下巻
Durkheim É., *Le Suicide : étude de sociologie*, Paris, Nouvelle edition, 1930, troisième trimestre, 1979 : É. デュルケム著/宮島喬訳『自殺論』中央公論社，1985 年
Ellmann, R., *James Joyce*, New York, 1977
Evans, N., 'Two paths to economic development : Wales and the north-east of England' in *Region and Industries, a perspective on the industrial revolution in Britain,* ed. by P. Hudson, Cambridge, 1989
Fitzgerald, R., *British Labour Management and Industrial Welfare 1846–1939*, London, 1988 : ロバート・フイッツジェラルド著/山本通訳『イギリス企業福祉論――イギリスの労務管理と企業内福利給付：1846–1939』白桃書房，2001 年
Fordyce, W., *History of Coal, Coke and Coal Fields and the Manufacture of Iron in the North of England*, London, 1860
Gjers, J., 'Description of the Ayresome Ironworks, Middlesbrough, with Remarks upon the Gradual Increase in Size of the Cleveland Blast Furnaces', *The Journal of the Iron*

and Steel Institute, No. 3, 1871
Gjers, J., 'President's Address', *The Proceedings of Cleveland Institution of Engineers*, 1878
Glass, R. (ed.), *The Social Background of a Plan, A Study of Middlesbrough*, London, 1948
Goldsmith, M. and J. Garrard, 'Urban governance : some reflections' in *Urban Governance Britain and Beyond since 1750*, ed. by R. J. Morris and R. H. Trainor, Aldershot, 2000
Gott, R., *Henry Bolckow—Founder of Teesside*, Middlesbrough, 1968
Green, E. M., *Royal Exchange : Marketing and Its Management in the Cleveland Pig Iron Trade, 1864-73*, Unpublished Dissertation Submitted for the M. A. Local History (C. N. A. A.) at Teesside Polytechnic, 1989
Griffiths, S., *Griffiths' Guide to the Iron Trade of Great Britain*, London, 1873
Gwynne, T., and M. Sill, 'Welsh Immigration into Middlesbrough in the Mid-Nineteenth Century', *Cleveland and Teesside Local History Society, Bulletin*, No. 31, 1976
Gwynne, T., and M. Sill, 'Census Enumeration Books, A Study of Mid-Nineteenth Century Immigration', *Local Historian*, Vol. 12, 1976
Habakkuk, J. R., *American and British technology in the nineteenth century : the search for labour-saving inventions*, Cambridge, 1967
Harris, J., 'Did British workers want the welfare state ? G. D. H. Cole's Survey of 1942' in *The Working Class in Modern British History*, ed. by J. Winter, Cambridge, 1983
Harrison, B. J. P., "Ironmasters and Ironworkers" in *Cleveland Iron and Steel, Background and 19th Century History*, ed. by C. A. Hempstead, Redcar, 1979
Harrison, J. K., 'The Development of a Distinctive Cleveland Blast Furnace Practice 1866-1875' in *Cleveland Iron and Steel, Background and 19th Century History*, ed. by C. A. Hempstead, Redcar, 1979
Harrison, J. K., *John Gjers : Ironmaster, Ayresome Ironworks, Middlesbrough*, Lelielaan : De Archaeologische Pers Nederland, 1982
Herson, J., 'Irish migration and settlement in Victorian Britain : a rural town perspective' in *The Irish in Britain, 1815-1839*, ed. by R. Swift and S. Gilley, London, 1989
Hicks, J. R., 'The Early History of Industrial Conciliation in England', *Economica*, New Series, No. 28, 1930
Higgs, E., *Making Sense of the Census, The Manuscript Returns for England and Wales, 1801-1901*, Public Record Office Hand Books, No. 23, London, 1989
Hobsbaum, E., *Labouring Men ; Studies in the History of Labour*, London, 1986
Hoover, E. M., *The Location of Economic Activity*, New York, 1948 : エドガー・M・フーヴァー著/春日茂男・笹田友三郎訳『経済活動の立地——理論と政策』大明堂, 1970年
Howard, N. P., 'The Strikes and Lockouts in the Iron Industry and the Formation of the Ironworkers' Unions, 1862-1869', *International Review of Social History*, Vol. XVIII, 1973
Hudson, P., *The Genesis of Industrial Capital, A study of the West Riding wool textile*

industry c. 1750～1850, Cambridge, 1986

Hudson, P., 'The regional perspective' in *Regions and Industries, a perspective on the industrial revolution in Britain,* ed. by P. Hudson, Cambridge, 1989

Hudson, P., *The Industrial Revolution*, London, 1992 : パット・ハドソン著/大倉正雄訳『産業革命』未來社，1999 年

Hudson, P., 'Industrial organization and structure' in *The Cambridge Economic History of Modern Britain*, Vol. 1, *Industrialisation, 1700-1860*, ed. by R. Floud and P. Johnson, Cambridge, 2004

Hudson, R., 'Institutional Change, Cultural Transformation, and Economic Regeneration : Myths and Realities from Europe's Old Industrial Areas' in *Globalization, Institutions and Regional Development in Europe*, ed. by A. Amin and N. Thrift, Oxford, 1994

Hudson, R., 'Restructuring Region and State : The Case of North East England', *Tijidschrift voor Economische en Sociale Geografie*, Vol. 89, No. 1, 1998

Isard, W., 'Some Locational Factors in the Iron and Steel Industry since the Early Nineteenth Century', *The Journal of Political Economy*, Vol. LVI, No. 3, 1948

Isard, W., 'The General Theory of Location and Space-Economy', *Quarterly Journal of Economics*, Vol. LXIII, No. 4, 1949

Jackson, Jr., J. H., *Migration and Urbanization in the Ruhr Valley 1821-1914*, New Jersey, 1997

Jeans, J. S., *Pioneers of the Cleveland Iron Trade*, Middlesbrough-on-Tees, 1875

Jeans, J. S., *Notes on Northern Industries : written for the Iron and Steel Institute of Great Britain*, London, 1878

Johnson, P., 'Risk, redistribution and social welfare in Britain from the poor law to Beveridge' in *Charity, self-interests and welfare in the English past*, ed. by M. Daunton, London, 1996

Jones, E. L., *The European Miracle ; Environments, economies, and geopolitics in the history of Europe and Asia*, 2nd edn., Cambridge, 1987 : E・L・ジョーンズ著/安元稔・脇村孝平訳『ヨーロッパの奇跡――環境・経済・地政の比較史』名古屋大学出版会，2000 年

Kirby, M. W., *Men of Business and Politics, The Rise and Fall of the Quaker Pease Dynasty of North-East England, 1700-1943*, London, 1984

Kirby, M. W., *The Origin of Railway Enterprise, The Stockton and Darlington Railway, 1821-1863*, Cambridge, 1993

Laslett, P., 'Family and household as work group and kin group : areas of traditional Europe compared' in *Family forms in historic Europe*, ed. by R. Wall, J. Robin and P. Laslett, Cambridge, 1983

Leonard, J. W., *Urban Development and Population Growth in Middlesbrough 1831-71*, unpublished Ph. D. thesis, University of York, Department of Economics, 1975

Lewis, R., R. Nixon and B. Doyle, *Health Services in Middlesbrough : North Ormesby Hospital 1900-1948*, Centre for Local Historical Research, University of Teesside, Middlesbrough, 1999

Lillie, W., *The History of Middlesbrough, an Illustration of the Evolution of English Industry*, Middlesbrough, 1968

Lock, M. (directed), *The County Borough of Middlesbrough, Survey and Plan*, Middlesbrough, 1946

MacDonagh, O., 'The Nineteenth-Century Revolution in Government: A Reappraisal', *The Historical Journal*, Vol. 1, No. 1, 1958

MacRaild, D. M. (ed.), *The Great Famine and Beyond, Irish Migrants in Britain in the Nineteenth and Twentieth Centuries*, Dublin, 2000

Marshall, A., *Principles of Economics*, 9th Edition, Vol. 1, London, repr., 1961: マーシャル著/馬場啓之助訳『マーシャル　経済学原理』II, 東洋経済新報社, 1966

Marshall, J. D., *Furness and the Industrial Revolution*, Barrow-in-Furness, 1958

Matthew, H. C. G., *Gladstone, 1809-1874*, Oxford, 1986

McCloskey, D. N., *Economic Maturity and Entrepreneurial Decline: British Iron and Steel, 1870-1913*, Camb. Mass., 1973

McCord, N. and D. J. Rowe, 'Industrialisation and Urban Growth in North-East England', *International Review of Social History*, Vol. XXII, 1977

Milne, G. J., *North-East England, 1850-1914, The Dynamics of a Maritime-Industrial Region*, Woodbridge, 2006

Mooney, G., 'Still-births and the Measurement of Urban Infant Mortality Rates c. 1890-1930', *Local Population Studies*, No. 53, Autumn, 1994

Morris, R. J., 'Clubs, societies and associations' in *the Cambridge Social History of Britain 1750-1950*, Vol. 3, *Social Agencies and Institutions*, ed. by F. M. L. Thompson, Cambridge, 1990

Morris R. J., 'Governance: two centuries of urban growth' in *Urban Governance Britain and Beyond since 1750*, ed. by R. J. Morris and R. H. Trainor, Aldershot, 2000

Moser, C. A. and W. Scott, *British Towns, A statistical study of their social and economic differences* (Centre for Urban Studies: Report No. 2), Edinburgh and London, 1961

Motouchi, N. and N. Tiratsoo, 'Max Lock, Middlesbrough, and a forgotten tradition in British post-war planning', *Planning History, Bulletin of the International Planning History Society*, Vol. 26, Nos. 1 & 2, 2004

North, D. C., 'Location Theory and Regional Economic Growth', *The Journal of Political Economy*, Vol. LXIII, 1955

North, D. C., *Institutions, institutional change, and economic performance*, Cambridge, 1990: ダグラス・C・ノース著/竹下公視訳『制度・制度変化・経済成果』晃洋書房, 1994年

Nossiter, T. J., *Influence, Opinion and Political Idioms in Reformed England, Case Studies from the North-east 1832-74*, Hassocks, 1975

Odber, A. J., 'The Origins of Industrial Peace: The Manufactured Iron Trade of the North of England', *Oxford Economic Papers*, New Series, Vol. 3, No. 2, 1951

Orde, A., *Religion, Business and Society in North-East England, The Pease Family of Darlington in the Nineteenth Century*, Stamford, 2000

Pickstone, J. V., *Medicine and Society : A History of Hospital Development in Manchester and Its Regions, 1752–1946*, Manchester, 1985
Pinker, R., *English Hospital Statistics 1861–1938*, London, 1964
Piore, M. J. and C. F. Sabel, *The Second Industrial Divide, Possibilities for Prosperity*, New York, 1984 : マイケル・J・ピオリ/チャールズ・F・セーブル著/山之内靖・永易浩一・石田あつみ訳『第二の産業分水嶺』筑摩書房，2002 年
Pollard, S., 'Town Planning in the Nineteenth Century : The Beginnings of Modern Barrow-In-Furness', *Trans. of the Lancashire and Cheshire Antiquarian Society*, Vol. LXII, 1952/53
Pollard, S., 'Labour in Great Britain' in *The Cambridge Economic History of Europe*, ed. by M. Postand and P. Mathias, Vol. VII, Pt. I, 1978
Pollard, S., *Peaceful Conquest, The Industrial Revolution of Europe 1760–1970*, Oxford, repr., 1982
Pooley, C. G., 'Welsh migration to England in the mid-nineteenth century', *Journal of Historical Geography*, Vol. 9, No. 3, 1983
Pooley, C. G., 'The longitudinal study of migration, Welsh migration to English towns in the nineteenth century' in *Migrants, Emigrants and Immigrations, A social history of migration*, ed. by C. G. Pooley and I. D. Whyte, London, 1991
Pooley, C. G. and J. Turnbull, *Migration and mobility in Britain since the eighteenth century*, London, 1998
Porter, J. H., 'Wage Bargaining under Conciliation Agreements, 1860–1914', *Econ. Hist. Rev.*, 2nd ser., Vol. XXIII, No. 3, 1970
Porter, J. H., 'David Dale and Conciliation in the Northern Manufactured Iron Trade, 1869–1914', *Northern History*, Vol. V, 1970
Porter, M. E., *On Competition*, Boston, 1998 : マイケル・E・ポーター著/竹内弘高訳『競争戦略論 I・II』ダイヤモンド社，1999 年
Pressat, R., *The Dictionary of Demography*, ed. by C. Wilson, London, 1985
Pressnell, L. S., *Country Banking in the Industrial Revolution*, Oxford, 1956
Ranger, W., *Report to the General Board of Health on a Preliminary Inquiry into the Sewerage, Drainage, and Supply of Water, and the Sanitary Condition of the Inhabitants of the Borough of Middlesbrough, in the North Riding of the County of York*, London, 1854
Ravenstein, E. G., 'The Laws of Migration', *Journal of the Statistical Society*, Vol. XLVIII, June, 1885
Reid, H. G. (ed.), *Middlesbrough and Its Jubilee, A History of the Iron and Steel Industries with Biographies of Pioneers*, Middlesbrough-on-Tees and London, 1881
Sabel C. and J. Zeitlin, 'Historical Alternatives to Mass Production : Politics, Markets and Technology in Nineteenth-Century Industrialization', *Past and Present*, No. 108, Aug., 1985
Schooling, Sir W., K. B. E., *Alliance Assurance 1824–1924*, London, 1924
Seth-Smith, M., *200 Years of Richard Johnson & Nephew*, Manchester, 1973

Sigsworth, E. M., 'Gateway to Death ? Medicine, Hospitals and Mortality, 1700–1850' in *Science and Society, 1600–1900*, ed. by P. Mathias, Cambridge, 1972

Smith, H. L., 'Influx of Population (East London)' in *Life and Labour of the People in London*, ed. by C. Booth, Vol. III, London, 1892

Smith, M. T., 'Isonymy analysis : the potential for application of quantitative analysis of surname distributions to problems in historical research' in *Human Biology and History*, ed. by M. T. Smith, London, 2002

Southall, H. R., 'The tramping artisan revisits : labour mobility and economic distress in early Victorian England', *Econ. Hist. Rev.*, Vol. XLV, No. 2, 1991

Southall, H. R., 'Mobility, artisan community and popular politics in early nineteenth-century England' in *Urbanizing Britain, Essays on class and community in the nineteenth century*, ed. by G. Kearn and W. J. Withers, Cambridge, 1991

Staber, U. H., 'The Social Embeddedness of Industrial District Networks' in *Business Networks, Prospects for Regional Development*, ed. by U. H. Staber, N. V. Schaefer, and B. Sharma, Berlin and New York, 1996

Stout, G., 'The 1888 pneumonia in Middlesbrough', *Journal of the Royal Society of Medicine*, Vol. 73, Sept., 1980

Stout, G., *History of North Ormesby Hospital*, Redcar, 1989

Taylor, D., 'The Infant Hercules and the Augean Stables : a Century of Economic and Social Development in Middlesbrough, *c.* 1840–1939' in *Middlesbrough, Town and Community 1830–1950*, ed. by A. J. Pollard, Stroud, 1996

Taylor, D., *Policing the Victorian Town, The Development of the Police in Middlesbrough c. 1840–1914*, Basingstoke, 2002

Thackrah, C. T., *The Effects of Arts, Trades, and Professions, and of Civic States and Habits of Living, on Health and Longevity*, London, 1832

Thane, P., 'Government and society in England and Wales, 1750–1914' in *The Cambridge Social History of Britain 1750–1950*, Vol. 3, *Agencies and Institutions*, ed. by F. M. L. Thompson, Cambridge, 1990

Tholfsen, T. R., *Working Class Radicalism in Mid-Victorian England*, London, 1976

Tilley P. and C. French, 'Record Linkage for Nineteenth Century Census Returns : Automatic or computer-aided ?', *History and Computing*, Vol. 9, 1997

Tomlinson D. M. and M. Williams, *Who Was Who in 19th Century Cleveland*, Redcar, 1987

Tomlinson, W. W., *The North Eastern Railway, Its Rise and Development*, London, 1914

Turner, J., 'The Frontier Revisited : Thrift and Fellowship in the New Industrial Town, c. 1830–1914' in *Middlesbrough, Town and Community 1830–1950*, ed. by A. J. Pollard, Stroud, 1996

Warren, K., *Consett Iron 1840 to 1980, A study in industrial location*, Oxford, 1990

Webb, S. and B., *English Local Government*, Vol. 4, *Statutory Authorities for Special Purposes with a Summary of the Development of Local Government Structure*, London, repr., 1963

Weindling, P., 'Linking Self Help and Medical Science: The Social History of Occupational Health' in *The Social History of Occupational Health*, ed. by P. Weindling, London, 1985
Welton, T. A., 'On the Distribution of Population in England and Wales and its Progress in the Period of Ninety Years from 1801 to 1891', *Journal of the Royal Statistical Society*, Vol. LXIII, Pt. IV, 1900
White, W., *Whites Directory*, Sheffield, 1867
Williams, M., *The Pottery that Began Middlesbrough*, Redcar, 1985
Wilson J. F. and A. Popp (eds.), *Industrial Clusters and Regional Business Networks in England, 1750–1970*, Aldershot, 2003
Woods, R., *The Demography of Victorian England and Wales*, Cambridge, 2000
Woollard, M., *The classification of occupations in the 1881 census of England and Wales*, Historical Censuses and Social Survey Research Group Occasional Paper, No. 1, Department of History, University of Essex, Colchester, 1999
Yasumoto, M., *Industrialisation, Urbanisation and Demographic Change in England*, Nagoya, 1994
Yasumoto, M., 'Migrants in Middlesbrough in the Nineteenth Century: A possibility of study on a longitudinal migration profile and others',『駒沢大学経済学論集』第 31 巻第 3 号，1999 年

IV 邦文文献

阿知羅隆雄「一九世紀英国新興工業都市の住民構成と移民——バロウ・イン・ファーニスの場合」（経済史研究会編『欧米資本主義の史的展開』所収）思文閣出版，1996 年
安部悦生『大英帝国の産業覇権——イギリス鉄鋼企業興亡史』有斐閣，1993 年
安部悦生「イギリス企業の戦略と組織」（安部悦生・岡山礼子・岩内亮一・湯沢威著『イギリス企業経営の歴史的展開』所収）勁草書房，1997 年
伊丹敬之「産業集積の意義と論理」（伊丹敬之他編『産業集積の本質——柔軟な分業・集積の条件』所収）有斐閣，1998・2003 年
大森弘喜『フランス鉄鋼業史——大不況からベル＝エポックまで』ミネルヴァ書房，1996 年
小野塚知二『クラフト的規制の起原——19 世紀イギリス機械産業』有斐閣，2001 年
金子勝「産業革命期における教区制度の動揺——イギリス近代国家の世俗化と統治原理の転換」『社会科学研究』第 35 巻第 6 号，1984 年
橘川武郎「産業集積研究の未来」（伊丹敬之他編『産業集積の本質——柔軟な分業・集積の条件』所収）有斐閣，1998・2003 年
橘川武郎「日本における産業集積研究の到達点と方向性——経営史的アプローチの重要性」『経営史学』第 36 巻第 3 号，2001 年
橘川武郎「地域経済活性化への経営史学の貢献」『経営史学』第 42 巻第 4 号，2008 年
小松芳喬『鉄道の生誕とイギリスの経済』清明会，1984 年

齊藤健太郎「技能・徒弟制・熟練供給——戦間期イギリス機械産業におけるトゥールメーカーを事例にして」『社会経済史学』第 68 巻第 1 号，2002 年
島浩二「19 世紀後半におけるイギリス住宅組合」『社会経済史学』第 59 巻第 3 号，1993 年
島田晴雄「年功制の史的形成について——戦前八幡製鉄所の事例研究」『三田學會雜誌』第 61 巻第 4 号，1968 年
島田晴雄「戦前八幡製鉄所における労働事情——面接聴取記録」『三田學會雜誌』第 62 巻第 1 号，1969 年
鈴木俊夫『金融恐慌とイギリス銀行業——ガーニィ商会の経営破綻』日本経済評論社，1998 年
砂川和範「産業集積における革新の担い手」（伊丹敬之他編『産業集積の本質——柔軟な分業・集積の条件』所収）有斐閣，1998・2003 年
高田実「福祉国家の歴史から「福祉の複合体」史へ——個と共同性の関係史をめざして」『「福祉国家」の射程』社会政策学会誌第 6 号，社会政策学会編，2001 年
高田実「イギリスにおける友愛組合と 1908 年老齢年金法」（高田実・鶴島博和編著『歴史の誕生とアイデンティティ』所収）日本経済評論社，2005 年
田中洋子『ドイツ企業社会の形成と変容——クルップ社における労働・生活・統治』ミネルヴァ書房，2001 年
時里奉明「官営八幡製鉄所の創業と都市社会の形成」（『福岡県史』通史編 近代 産業経済（一）所収）福岡県，2003 年
時里奉明「製鐵所創立期の福利政策——住宅を中心に」（『官営八幡製鐵所創立期の再検討』［清水憲一　平成 16 年度～平成 19 年度科学研究費補助金研究成果報告書］所収）2008 年
橋野知子『経済発展と産地・市場・制度——明治期絹織物の進化とダイナミズム』ミネルヴァ書房，2007 年
松塚俊三「タインサイドの資本家家族」『名古屋大学文学部研究論集』XCV 史学 32，1986 年
村岡健二『ヴィクトリア時代の政治と社会』ミネルヴァ書房，1980 年
本内直樹「戦後イギリス都市再建史研究の諸論点——新しい理想社会 New Jerusalem の後退をめぐって」『経済学雑誌』第 107 巻第 1 号，2006 年
山本健兒『産業集積の経済地理学』法政大学出版局，2005・2006 年
山本通『近代英国実業家たちの世界——資本主義とクエイカー派』同文館出版，1994 年
湯沢威『イギリス鉄道経営史』日本経済評論社，1988 年
米本義孝「訳者あとがき」ジェームズ・ジョイス/米本義孝訳『ダブリンの人びと』筑摩書房，2008 年
渡邉泉「18 世紀イギリスに登場した残高表——貸借対照表の萌芽」『大阪経大論集』第 58 巻第 1 号，2007 年

注

序　章

（1）P. Thane, 'Government and society in England and Wales, 1750-1914' in *The Cambridge Social History of Britain 1750-1950*, Vol. 3, *Agencies and Institutions*, ed. by F. M. L. Thompson, Cambridge, 1990, pp. 31-33, 37.

（2）H. C. G. Matthew, *Gladstone, 1809-1874*, Oxford, 1986, p. 169. 尚，本書では，イギリス，英国という一般的な国家の名称のほか，国家を構成する地域を特定し，正確を期す場合には，イングランド，ウェールズ，スコットランド，アイルランド，あるいは，連合王国（United Kingdom, イングランド・ウェールズ・スコットランド・アイルランド），グレート・ブリテン（Great Britain, イングランド・ウェールズ・スコットランド）という名称を用いる。

（3）P. Thane, *op. cit*., p. 33.

（4）1830 年代の「行政革命」を取り扱った文献として，例えば，O. MacDonagh, 'The Nineteenth-Century Revolution in Government : A Reappraisal', *The Historical Journal*, Vol. 1, No. 1, 1958, p. 57 ; 村岡健二『ヴィクトリア時代の政治と社会』ミネルヴァ書房，1980 年，248〜255 頁；金子勝「産業革命期における教区制度の動揺――イギリス近代国家の世俗化と統治原理の転換」『社会科学研究』第 35 巻第 6 号，1984 年，148〜151 頁を参照。

（5）M. Beresford, *Time and Place, An Inaugural Lecture*, Leeds, 1961, p. 4.

（6）R. Ellmann, *James Joyce*, New York, 1977, p. 520. 米本義孝「訳者あとがき」ジェームズ・ジョイス/米本義孝訳『ダブリンの人びと』筑摩書房，2008 年，474 頁。ジョイスのこの言説については，安田女子大学大学院教授米本義孝氏からご教示をいただいた。記してお礼申し上げる。

（7）E. L. Jones, *The European Miracle : Environments, economies, and geopolitics in the history of Europe and Asia*, 2nd edn., Cambridge, 1987, pp. xv-xvi : E・L・ジョーンズ著/安元稔・脇村孝平訳『ヨーロッパの奇跡――環境・経済・地政の比較史』名古屋大学出版会，2000 年，10 頁。

（8）M. E. Porter, *On Competition*, Boston, 1998, pp. 202, 204-205 : マイケル・E・ポーター著/竹内弘高訳『競争戦略論』II，ダイヤモンド社，1999 年，74, 77〜78 頁。

（9）P. Hudson, 'The regional perspective' in *Regions and Industries, a perspective on the industrial revolution in Britain*, ed. by P. Hudson, Cambridge, 1989, p. 22 ; S. Pollard, *Peaceful Conquest, The Industrial Revolution of Europe 1760-1970*, Oxford, repr., 1982, p. 39.

（10）M. J. Piore and C. F. Sabel, *The Second Industrial Divide, Possibilities for Prosperity*, New York, 1984, pp. 31-33 : マイケル・J・ピオリ/チャールズ・F・セーブル著/山之内靖・永易浩一・石田あつみ訳『第二の産業分水嶺』筑摩書房，2002 年，41

～44 頁を参照。

(11) *The County Borough of Middlesbrough, Survey and Plan*, directed by M. Lock, Middlesbrough, 1946, pp. 1-470.

(12) *The Social Background of a Plan, A Study of Middlesbrough*, ed. by R. Glass, London, 1948, pp. 1-256.

(13) D. Chapman, *A Social Survey of Middlesbrough, An inquiry into some of the factors relevant to the planning of urban communities made for the Ministry of Town and County Planning*, Pts. I-VIII, London, 1945-1946, Pt. I, pp. 1-86, Pts. II-III, pp. 1-34, Pts. IV-VIII, pp. 1-51. 第二次大戦後におけるイギリス都市再建史については，N. Motouchi and N. Tiratsoo, 'Max Lock, Middlesbrough, and a forgotten tradition in British post-war planning', *Planning History, Bulletin of the International Planning History Society*, Vol. 26, Nos. 1 & 2, 2004, pp. 17-19 ; 本内直樹「戦後イギリス都市再建史研究の諸論点――新しい理想社会 New Jerusalem の後退をめぐって」『経済学雑誌』第 107 巻第 1 号，2006 年，85～99 頁を参照。

(14) *The Oxford Companion to British History,* ed. by J. Cannon, Oxford, 1997, p. 218.

(15) M. W. Kirby, *Men of Business and Politics, The Rise and Fall of the Quaker Pease Dynasty of North-East England, 1700-1943*, London, 1984, p. ix より作成。

第 1 章

(1) A. Briggs, *Victorian Cities, A brilliant and absorbing history of their development*, Harmondsworth, repr., 1990, pp. 241-276.

(2) 北東部工業地帯とミドルズバラの関係については，とりあえず，I. Bullock, 'The Origins of Economic Growth on Teesside 1851-81', *Northern History*, Vol. IX, 1974, pp. 79-96 ; N. Evans, 'Two paths to economic development : Wales and the north-east of England' in *Region and Industries, a perspective on the industrial revolution in Britain*, ed. by P. Hudson, Cambridge, 1989, p. 203 等を参照。

(3) *The Times*, Saturday, Oct. 11th, 1862, p. 8 ; *Stockton and Hartlepool Mercury*, Oct. 11th, 1862, pp. 2-4 ; *Stockton Gazette and Middlesbrough Times*, Oct. 9th, 1862.

(4) C. and R. Bell, *City Fathers, The Early History of Town Planning in Britain*, Harmondsworth, 1972, p. 173 ; W. W. Tomlinson, *The North Eastern Railway, Its Rise and Development*, London, 1914, p. 190.

(5) M. W. Kirby, *Men of Business and Politics, The Rise and Fall of the Quaker Pease Dynasty of North-East England, 1700-1943*, London, 1984, pp. 22-25.

(6) *Circulars concerning the extension of the Stockton and Darlington Railway to Middlesbrough, 1828*, Durham Record Office, D/PS 5/2.

(7) Copy of The Diary of Joseph Pease, Middlesbrough Public Library, MM1942, p. 21 : (1827 年 10 月 19 日).

(8) *Ibid*., pp. 208-210 : (1828 年 8 月 18 日).

(9) *Ibid*., pp. 208-210 : (1828 年 8 月 18 日).

(10) *Ibid*., p. 275 : (1828 年 12 月 10 日).

(11) *Ibid*., pp. 262-263 : (1828 年 12 月 3 日).

(12) *Ibid*., pp. 262-263 : (1828年12月3日).
(13) *Ibid*., pp. 262-263 : (1828年12月3日).
(14) *Ibid*., p. 275 : (1828年12月10日).
(15) 尚，バロウ・イン・ファーネスについては，J. D. Marshall, *Furness and the Industrial Revolution*, Barrow-in-Furness, 1958, pp. 176-186, 222, 249-280 ; 阿知羅隆雄「一九世紀英国新興工業都市の住民構成と移民——バロウ・イン・ファーニスの場合」(経済史研究会編『欧米資本主義の史的展開』所収) 思文閣出版，1996年，83〜92頁を参照。C. and R. Bell, *op. cit*., p. 173.
(16) C. and R. Bell, *op. cit*., p. 171. 鉄道都市クルーの建設については，D. K. Drummond, *Crewe : Railway Town, Company and People 1840-1914*, Aldershot, 1995, pp. 9-34を参照。
(17) M. W. Kirby, *op. cit*., p. 22.
(18) S. Pollard, 'Town Planning in the Nineteenth Century : The Beginnings of Modern Barrow-In-Furness', *Trans. of the Lancashire and Cheshire Antiquarian Society*, Vol. LXII, 1952/53, p. 111. 企業家による新興工業都市の基盤整備については，松塚俊三「タインサイドの資本家家族」『名古屋大学文学部研究論集』XCV，史学32，1986年，106〜107頁を参照。
(19) Deed of Covenants amongst the Proprietors of the Town of Middlesbrough in the County of York, Teesside Archives, U/BSC 1/1.
(20) M. W. Kirby, *op. cit*., p. 136. これらの金融業者について詳しくは，鈴木俊夫『金融恐慌とイギリス銀行業——ガーニイ商会の経営破綻』日本経済評論社，1998年，30〜41頁を参照。
(21) H. G. Reid (ed.), *Middlesbrough and Its Jubilee, A History of the Iron and Steel Industries with Biographies of Pioneers*, Middlesbrough-on-Tees and London, 1881, p. 146. 尚，ストックトン・ダーリントン鉄道の開設については，小松芳喬『鉄道の生誕とイギリスの経済』清明会，1984年，107〜194頁。特にミドルズバラ支線の建設については，164〜170頁を参照。あるいは，湯沢威『イギリス鉄道経営史』日本経済評論社，1988年，7〜28頁；山本通『近代英国実業家たちの世界——資本主義とクエイカー派』同文館出版，1994年，176〜179頁を参照。
(22) M. W. Kirby, *op. cit*., p. 21.
(23) M. W. Kirby, *The Origin of Railway Enterprise, The Stockton and Darlington Railway, 1821-1863*, Cambridge, 1993, p. 77.
(24) Title Deeds, Teesside Archives, U/OME (2) 5/87, 88, 93, 95, 100.
(25) Guildhall Library, Ledgers of the Alliance, British and Foreign Fire and Life Insurance Company, MS 14075/1 opening 231, 23rd September 1830.
(26) Title Deeds, Teesside Archives, U/OME (2) 5/88 ; Title Deeds, Teesside Archives, U/OME (2) 5/386.
(27) Title Deeds, Teesside Archives, U/OME (2) 5/88.
(28) Sir W. Schooling, K. B. E., *Alliance Assurance 1824-1924*, London, 1924, p. 15.
(29) L. S. Pressnell, *Country Banking in the Industrial Revolution*, Oxford, 1956, pp. 114-115.

(30) 鈴木俊夫，前掲書，6〜7 頁，29 頁，33〜38 頁，*et passim*.

(31) L. S. Pressnell, *op. cit*., p. 114.

(32) P. Hudson, 'Industrial organization and structure' in *The Cambridge Economic History of Modern Britain*, Vol. 1, *Industrialisation, 1700–1860*, ed. by R. Floud and P. Johnson, Cambridge, 2004, p. 51.

(33) A. Orde, *Religion, Business and Society in North-East England, The Pease Family of Darlington in the Nineteenth Century*, Stamford, 2000, pp. 21–27.

(34) The Owners of the Middlesbrough Estate, Balance Sheets, 1845–1855, Teesside Archives, U/OME (2) 4/15. 尚，この時代のイギリスにおける貸借対照表・残高表 (balance) については，渡邉泉「18 世紀イギリスに登場した残高表——貸借対照表の萌芽」『大阪経大論集』第 58 巻第 1 号，2007 年，1〜11 頁を参照。

(35) W. Lillie, *The History of Middlesbrough, An Illustration of the Evolution of English Industry*, Middlesbrough, 1968, pp. 55–56.

(36) *Ibid*., p. 56.

(37) A. Orde, *op. cit*., pp. 21, 100.

(38) The Owners of the Middlesbrough Estate, Balance Sheets, 1845–1855, Teesside Archives, U/OME (2) 4/15.

(39) *Ibid*.

(40) A. Orde, *op. cit*., pp. 49–54.

(41) *Dr. Buchanan's Report on the Sanitary State of Middlesbrough-on-Tees, 1871*, National Archives (Public Record Office), MH/113/4, pp. 7–8.

(42) *The Social Background of a Plan, A Study of Middlesbrough*, ed. by R. Glass, London, 1948, p. 196 ; 19 世紀後半以降の急速な人口増加による地価高騰と狭隘な住宅建設・過密・環境悪化をめぐる「ミドルズバラ土地開発会社」，住宅建設業者，市当局との軋轢については，W. Ranger, *Report to the General Board of Health on a Preliminary Inquiry into the Sewerage, Drainage, and Supply of Water, and the Sanitary Condition of the Inhabitants of the Borough of Middlesbrough, in the North Riding of the County of York*, London, 1854, pp. 14–15 を参照。

(43) The Poor Rate Books, April, 1846, pp. 3–4, Teesside Archives, CB/M/T.

(44) The Poor Rate Books, June, 1861, p. 55, Teesside Archives, CB/M/T.

(45) The Owners of the Middlesbrough Estate, Balance Sheets, 1845–1855, Teesside Archives, U/OME (2) 4/15.

(46) Deed of Covenants amongst the Proprietors of the Town of Middlesbrough in the County of York, Teesside Archives, U/BSC 1/1, folio 11.

(47) W. Lillie, *op. cit*., p. 68.

(48) Deed of Covenants amongst the Proprietors of the Town of Middlesbrough in the County of York, Teesside Archives, U/BSC 1/1, folios 8–11.

(49) S. and B. Webb, *English Local Government*, Vol. 4, *Statutory Authorities for Special Purposes with a Summary of the Development of Local Government Structure*, London, repr., 1963, pp. 235–236, 347.

(50) *Statutes at Large*, 4 & 5 VICTORIAE, *Cap*. lxviii, p. 297.

(51) *British Parliamentary Papers, 1831 Census, Enumeration abstract*, Vol. XXXVII, p. 225.

(52) この時期におけるミドルズバラの人口増加率は，急速な人口増加を経験したウェールズの石炭工業都市，カーディフ (Cardiff) のそれを上回るほどであった。M. J. Daunton, *Coal Metropolis, Cardiff 1870–1914*, Leicester, 1977, p. 11. この時期におけるイングランドの主要工業都市の人口増加については，例えば，T. A. Welton, 'On the Distribution of Population in England and Wales and its Progress in the Period of Ninety Years from 1801 to 1891', *Journal of the Royal Statistical Society*, Vol. LXIII, Pt. IV, 1900, pp. 531, 547 を参照。

(53) Census Enumerators' Books, National Archives (Public Record Office), HO 107/1258/1–6. 1841 年センサスの問題点については，E. Higgs, *Making Sense of the Census, The Manuscript Returns for England and Wales, 1801–1901*, Public Record Office Hand Books, No. 23, London, 1989, pp. 7–10, 27–31 を参照。

(54) 建築関係の熟練職人の養成が困難であった建設都市，あるいは効率的に養成する条件が欠如していた都市への指物師の移入に関しては，H. L. Smith, 'Influx of Population (East London)' in *Life and Labour of the People in London*, ed. by Ch. Booth, Vol. III, London, 1892, pp. 96–97, 120–121, 141 を参照。

(55) J. and J. Cockerill, 'Middlesbrough Pottery, 1834–1887', *Cleveland History*, Vol. 62, 1992, pp. 23, 35 ; M. Williams, *The Pottery that Began Middlesbrough*, Redcar, 1985, p. 20.

(56) Map of Middlesbrough, 1845, Teesside Archives, U/OME/8/9 を参照。

(57) *The List of Persons intituled to vote in the Election of two Knights to serve as members of Parliament for North Riding of the County of York, in respect of Property situate within the Town-ship of Middlesbrough, in the Parish of Middlesbrough in the said riding, Middlesbrough, July 27th, 1841*, Middlesbrough Central Library, MMI 324 56361.

(58) Poor Rate Books, 1846, 1849, 1856, 1858, 1861, 1862, 1871, 1872, 1876, 1880, Teesside Archives, CB/M/T ; Assessment of the County Rates for the North-Riding of the County of York, North Yorkshire County Record Office, QFR 1/49/16, 1/50/17, 1/51/10, 1/53/10, 1/54/10, 1/55/11, 1/56/10, 1/57/10, 1/58/10, 1/58/23, 1/43/18 (1865–1884) ; QFR 1/43/18 (1859).

(59) Poor Rate Books, 1849, 1856, 1861, 1871, 1880, Teesside Archives, CB/M/T.

(60) Poor Rate Book, 1849, pp. 36–38, 41–43, Poor Rate Book, 1856, pp. 5, 36, 61–62, Teesside Archives, CB/M/T. 同じく北東部イングランドのコンセット製鉄所は，19 世紀 70 年代に約 1,500 戸の労働者用社宅を所有していた。J. S. Jeans, *Pioneers of the Cleveland Iron Trade*, Middlesbrough-on-Tees, 1875, p. 205. 尚，19 世紀後半におけるドイツ，クルップ社の労働者住宅，社宅建設については，田中洋子『ドイツ企業社会の形成と変容——クルップ社における労働・生活・統治』ミネルヴァ書房，2001 年，243～280 頁を参照；20 世紀初頭におけるフランス鉄鋼企業による労働者用社宅建設については，大森弘喜『フランス鉄鋼業史——大不況からベル＝エポックまで』ミネルヴァ書房，1996 年，173～176 頁を参照。また，わが国における官営

八幡製鐵所による福利政策としての住宅供給については，例えば，時里奉明「製鐵所創立期の福利政策——住宅を中心に」『官営八幡製鐵所創立期の再検討』（清水憲一 平成16年度～平成19年度科学研究費補助金研究成果報告書）2008年，127～151頁を参照；同じく第二次大戦以前における八幡製鐵所における社宅については，島田晴雄「戦前八幡製鉄所における労働事情——面接聴取記録」『三田學會雑誌』第62巻第1号，1969年，83～84頁を参照。

(61) Land Sales Agreement, Owners of the Middlesbrough Estate, Teesside Archives, U/OME (2) 5/1, Nos. 36, 37. 尚，この時代の住宅組合については，島浩二「19世紀後半におけるイギリス住宅組合」『社会経済史学』第59巻第3号，1993年，3～5頁を参照。また，移動と住宅取得に関しては，C. G. Pooley and J. Turnball, *Migration and mobility in Britain since the 18th century*, London, 1998, pp. 230, 246 を参照。

(62) Middlesbrough Estate Valuation for 1844 and 1855, Teesside Archives, U/OME (2) 4/34 ; Poor Rate Book, 1849, pp. 135-136 ; Poor Rate Book, 1856, pp. 41-42, Teesside Archives, CB/M/T.

(63) P. Thane, 'Government and society in England and Wales, 1750-1914' in *The Cambridge Social History of Britain 1750-1950*, Vol. 3, *Social Agencies and Institutions*, ed. by F. M. L. Thompson, Cambridge, 1990, p. 23. 尚，shopocracy については，T. J. Nossiter, *Influence, Opinion and Political Idioms in Reformed England, Case Studies from the North-east 1832-74*, Hassocks, 1975, pp. 144-145 を参照。

(64) A. Day, 'A spirit of improvement : improvement commissioners, boards of health and central-local relations in Portsea' in *Urban Governance Britain and Beyond since 1750*, ed. by R. J. Morris and R. H. Trainor, Aldershot, 2000, pp. 105, 111.

(65) R. Gott, *Henry Bolckow—Founder of Teesside*, Middlesbrough, 1968, p. 68 ; 1871年のブキャナンによるミドルズバラの公衆衛生に関する報告書にも環境悪化を改善する方策，条例遵守が不徹底であり，その実が挙がっていない点に関して言及がある。*Dr. Buchanan's Report on the Sanitary State of Middlesbrough-on-Tees, 1871*, National Archives, MH/113/4, pp. 6-7 を参照。

(66) Deed of Covenants amongst the Proprietors of the Town of Middlesbrough in the County of York, Teesside Archives, U/BSC 1/1, folio 8.

(67) S. and B. Webb, *op. cit*., pp. 274, 276.

(68) P. Thane, *op. cit*., p. 7.

(69) S. and B. Webb, *op. cit*., p. 276.

(70) *Statute at Large*, 4 & 5 VICTORIAE, *Cap*. lxviii, pp. 1425-1500.「都市環境改善委員会」の法的性格については，例えば，A. Day, *op. cit*., p. 102 を参照。

(71) Improvement Commission and its Committees, Minute Book, Teesside Archives, CB/M/C 1/1, p. 1.

(72) *Statutes at Large*, 4 & 5 VICTORIAE, *Cap*. lxviii, pp. 1425-1426 ; W. Lillie, *op. cit*., pp. 58-60, 68 ; *Ward's Middlesbrough Directory*, Newcastle-upon-Tyne, 1851, pp. 46-47.

(73) W. Lillie, *op. cit*, p. 80.

(74) A. Orde, *op. cit*, pp. 28–29.
(75)「都市環境改善委員会」の資格・権限の性格については，A. Day, *op. cit*., p. 104 を参照。
(76) S. and B. Webb, *op. cit*., p. 255.
(77) H. G. Reid, *op. cit*., p. 85.
(78) S. and B. Webb, *op. cit*., p. 276.
(79) I. Bullock, *op. cit*., pp. 85–86.
(80) Copy of The Charter of Incorporation, 1853, Teesside Archives, CB/M/C (2) 14/5b, pp. 1–8.
(81) Improvement Commission and its Committees, Minute Book, Teesside Archives, CB/M/C 1/2, p. 232.
(82) *Ibid*., p. 234.
(83) *Ibid*., p. 237.
(84) *Ibid*., p. 286.
(85) *Ibid*., p. 309.
(86) *Ibid*., p. 313.
(87) *Ibid*., p. 315.
(88) *Ibid*., p. 315.
(89) *Ibid*., pp. 310, 319 ; R. Gott, *op. cit*., p. 67.
(90) A. Day, *op. cit*., p. 112.
(91) W. Lillie, *op. cit*., pp. 162–163. ボルコウ・ヴォーン製鉄所について，詳しくは，安部悦生『大英帝国の産業覇権――イギリス鉄鋼企業興亡史』有斐閣，1993 年，129～280 頁を参照。
(92) R. Gott, *op. cit*., p. 69.
(93) *Statutes at Large*, 18 & 19 VICTORIAE, *Cap*. cxxv, pp. 1217–1221.
(94) R. Gott, *op. cit*., p. 69.
(95) *Statutes at Large*, 19 & 20 VICTORIAE, *Cap*. lxxvii, pp. 1161–1200.
(96) *Statutes at Large*, 21 & 22 VICTORIAE, *Cap*. cxl. pp. 2237–2270.
(97) *Statutes at Large*, 29 & 30 VICTORIAE, *Cap*. cxliii, pp. 1845–1899 ; 37 & 38 VICTORIAE, *Cap*. cviii, pp. 1–22 ; 40 VICTORIAE, *Cap*. xxx, pp. 1–29 ; 51 & 52 VICTORIAE, *Cap*. xli, pp. 257–355.
(98) R. Gott, *op. cit*., p. 71.
(99) *Ibid*., pp. 71–72.
(100) *Ibid*., pp. 71–72.
(101) *Ibid*., p. 74.
(102) *Ibid*., pp. 75–78.
(103) *Ibid*., p. 91.
(104) (*Statement and Account of Income and Expenditure*), *The Commissioners under the Middlesbrough Improvement Act, 1841–1850*, Teesside Archives, CB/M/T. 市財政報告書の名称は時期により多少変化している。
(105) S. and B. Webb, *op. cit*., p. 256.

(106) Improvement Commission and its Committees, Minute Book, Teesside Archives, CB/M/C 1/1, pp. 12–13.

(107) *The Commissioners under the Middlesbrough Improvement Act, 1841–1842*, Teesside Archives, CB/M/T.

(108) Improvement Commission and its Committees, Minute Book, Teesside Archives, CB/M/C 1/1, p. 70.

(109) *Ibid*., p. 71.

(110) *Ibid*., pp. 71–72.

(111) *Ibid*., p. 73.

(112) *Ibid*., p. 94.

(113) *Ibid*., pp. 119, 122.

(114) *The Commissioners under the Middlesbrough Improvement Act, 1843–1844*, Teesside Archives, CB/M/T.

(115) Improvement Commission and its Committees, Minute Book, Teesside Archives, CB/M/C 1/1, p. 134.

(116) *Ibid*., pp. 134–135.

(117) *The Commissioners under the Middlesbrough Improvement Act, 1845–1846*, Teesside Archives, CB/M/T ; Improvement Commission and its Committees, Minute Book, Teesside Archives, CB/M/C 1/1, pp. 205, 207, 209, 212, 213 ; Improvement Commission and its Committees, Minute Book, Teesside Archives, CB/M/C 1/2, p. 7.

(118) Improvement Commission and its Committees, Minute Book, p. 28, Teesside Archives, CB/M/C 1/2.

(119) *Ibid*., pp. 3, 73.

(120) Improvement Commission and its Committees, Minute Book, Teesside Archives, CB/M/C 1/2, p. 94.

(121) (*Statement and Account of Income and Expenditure*), *The Commissioners under the Middlesbro'* (*Middlesbrough*) *Improvement Act*, 1841–1852, Teesside Archives, CB/M/T ; *Statement of Income and Expenditure by the Commissioners Acting under the Middlesbrough Improvement Act*, 1852–1853, Teesside Archives, CB/M/T ; *Statement of Income and Expenditure by the Town Council of the Borough of Middlesbrough, Acting in the Capacity of Commissioners under the Middlesbrough Improvement Act*, 1853–1854, Teesside Archives, CB/M/T ; *Statement of Income and Expenditure by the Corporation of Middlesbrough, Acting in the Capacity of Commissioners under the Middlesbrough Improvement Act*, 1854–1855, Teesside Archives, CB/M/T ; *Borough of Middlesbrough, General District Revenue, etc.*, 1866–1874, Teesside Archives, CB/M/T.

(122) Improvement Commission and its Committees, Minute Book, Teesside Archives, CB/M/C 1/2, p. 183.

(123) *Borough of Middlesbrough, General District Revenue, etc., 1866–1874*, Teesside Archives, CB/M/T.

(124) *An Abstract and the Statement of the Accounts and Funds of the Mayor, Aldermen, and Burgesses of the Borough of Middlesbrough, Under the Municipal Corporation Acts ; The Middlesbrough Improvement Acts, 1845 (sic), 1856, 1866, and 1874 ; the Local Government Act, 1858, and the Burial Board Acts, etc.*, Middlesbrough Central Library, MMI 352. 17, 73483.

(125) Land Sales Agreement, Teesside Archives, U/OME (2) 5/2, Nos. 145, 148.

(126) W. Lillie, *op. cit*., p. 301.

(127) *An Abstract and Statement of the Accounts and Funds of the Mayor, Aldermen, & Burgenses of the Borough of Middlesbrough for the Year Ending the 30th of June, 1877*, Teesside Archives, CB/M/T, p. 7.

第2章

(1) N. McCord and D. J. Rowe, 'Industrialisation and Urban Growth in North-East England', *International Review of Social History*, Vol. XXII, 1977, pp. 34, 49–51, 62–63.

(2) M. W. Kirby, *Men of Business and Politics, The Rise and Fall of the Quaker Pease Dynasty of North-East England, 1700–1943*, London, 1984, pp. 22–25.

(3) Aggregate of Tonnage from Collieries, National Archives, RAIL 667/444, 1443–1446.

(4) W. Fordyce, *History of Coal, Coke and Coal Fields and Manufacture of Iron in the North of England*, London, 1860, pp. 162–164.

(5) J. J. Burton, 'Some Notes on the Early History of the Cleveland Iron Trade', *Monthly Journal of the Tees-side Incorporated Chamber of Commerce*, Vol. I, No. 7, 1930, p. 135.

(6) Stockton & Darlington, Wear Valley and Middlesbrough & Redcar Railway Pay Bill, National Archives, RAIL 667/1428.

(7) *Ibid*.

(8) A. Birch, *The Economic History of the British Iron and Steel Industry 1784–1879*, London, 1967, pp. 332–333 ; J. J. Burton, *op. cit*., p. 135 ; W. Lillie, *The History of Middlesbrough, an Illustration of the Evolution of English Industry*, Middlesbrough, 1968, pp. 70–71.

(9) I. Bullock, 'The Origin of Economic Growth on Teesside 1851–81', *Northern History*, Vol. IX, 1974, pp. 85–87 ; J. K. Harrison, 'The Development of a Distinctive Cleveland Blast Furnace Practice 1866–1875' in *Cleveland Iron and Steel, Background and 19th Century History*, ed. by C. A. Hempstead, Redcar, 1979, pp. 57–64, 74–79, 84–94 ; W. Isard, 'Some Location Factors in the Iron and Steel Industry since the Early Nineteenth Century', *Journal of Political Economy*, Vol. LVI, No. 3, 1948, p. 208 ; D. Taylor, 'The Infant Hercules and the Augean Stables : a Century of Economic and Social Development in Middlesbrough, c. 1840–1939' in *Middlesbrough, Town and Community 1830–1950*, ed. by A. J. Pollard, Stroud, 1996, pp. 54–55.

(10) *The Times*, 28th February, 11th April, 1826, 18th November, 1867.

(11) R. Gott, *Henry Bolckow—Founder of Teesside*, Middlesbrough, 1968, pp. 23-24.

(12) H. G. Reid (ed.), *Middlesbrough and Its Jubilee, A History of the Iron and Steel Industries with Biographies of Pioneers*, Middlesbrough-on-Tees and London, 1881, pp. 114-115 ; A. Birch, *op. cit*., pp. 332-333 ; W. Lillie, *op. cit*., pp. 70-71 ; ボルコウ・ヴォーン製鉄所について，詳しくは，安部悦生『大英帝国の産業覇権——イギリス鉄鋼企業興亡史』有斐閣，1993 年，129〜280 頁を参照。

(13) R. Gott, *op. cit*., pp. 24-25.

(14) *Ibid*., p. 25.

(15) *Ibid*., p. 27.

(16) *Ibid*., p. 27.

(17) *Ibid*., p. 27.

(18) A. Birch, *op. cit*., p. 333 ; D. C. North, 'Location Theory and Regional Economic Growth', *The Journal of Political Economy*, Vol. LXIII, 1955, pp. 247-249.

(19) R. Gott, *op. cit*., pp. 28-29.

(20) *Ibid*., pp. 28-29.

(21) *Ibid*. p. 32.

(22) W. Isard, *op. cit*., p. 208 ; I. Bullock, *op. cit*., pp. 84-85 ; D. Taylor, *op. cit*., pp. 54-55.

(23) Cleveland Ironmasters' Association, Secretary's Report for the Year 1880, University of Warwick, Modern Records Centre, Minute Books, Vol. 2, MSS. 365/CIA.

(24) I. L. Bell, *Notes on the Progress of the Iron Trade of Cleveland on the North-East Coast of England*, Middlesbrough, 1878, p. 14 ; I. L. Bell, *The Trade of the United Kingdom Compared with That of the Other Chief Iron-Making Nations*, London, 1886, p. 11 ; W. Isard, *op. cit*., p. 208 ; A. Birch, *op. cit*., p. 336 ; I. Bullock, *op. cit*., pp. 85-86 ; A. Briggs, *Victorian Cities, A brilliant and absorbing history of their development*, Harmondsworth, repr., 1990, p. 250.

(25) I. Bullock, *op. cit*., pp. 86-87.

(26) A. J. Odber, 'The Origins of Industrial Peace : The Manufactured Iron Trade of the North of England', *Oxford Economic Papers*, New Series, Vol. 3, No. 2, 1951, p. 204.

(27) I. Bullock, *op. cit*., pp. 89-91.

(28) W. G. Armstrong *et al*. (eds.), *The Industrial Resources of the District of the Three Northern Rivers, The Tyne, Wear, and Tees including the Reports on the Local Manufactures*, London, 1864, pp. 162, 179-181 ; W. Lillie, *op. cit*., pp. 100, 103 ; I. Bullock, *op. cit*., pp. 91-96.

(29) J. K. Harrison, *John Gjers : Ironmaster, Ayresome Ironworks, Middlesbrough*, Lelielaan : De Archaeologische Pers Nederland, 1982, pp. 10-11, 27, 60, 81.

(30) I. L. Bell, *Manufacture of Iron and Steel*, London, 1884, pp. 562-567.

(31) J. K. Harrison, *John Gjers*, pp. 10-11, 27, 60, 81.

(32) J. K. Harrison, 'The Development of a Distinctive Cleveland Blast Furnace Practice 1866-1875', pp. 57-64, 74-79, 84-94.

(33) ギズバラ（Guisborough）在住の産業考古学者ジョン・ハリソン（Mr. John Har-

rison）氏の私信による。

(34) J. Gjers, 'Description of the Ayresome Ironworks, Middlesbrough, with Remarks upon the Gradual Increase in Size of the Cleveland Blast Furnaces', *The Journal of the Iron and Steel Institute*, 1871, No. 3, pp. 202–217.

(35) J. S. Jeans, *Notes on Northern Industries : written for the Iron and Steel Institute of Great Britain*, London, 1878, p. 65 ; J. Gjers, 'President's Address', *The Proceedings of Cleveland Institution of Engineers*, 1878, pp. 30–54, Appendix Tables B, C. ; J. Gjers, 'Description of the Ayresome Ironworks', pp. 202–217.

(36) J. K. Harrison, 'The Development of a Distinctive Cleveland Blast Furnace Practice 1866–1875', pp. 57–64, 74–79, 84–94 ; J. K. Harrison, *John Gjers*, pp. 10–11, 27, 60, 81.

(37) 産業考古学者ジョン・ハリソン氏の私信による。

(38) J. J. Burton, *op. cit*., p. 135 ; W. Fordyce, *op. cit*., pp. 162–164 ; J. Gjers, 'President's Address', pp. 30–54, Appendix Tables B, C.

(39) I. Bullock, *op. cit*., pp. 85–87 ; J. Gjers, 'President's Address', pp. 30–54, Appendix Tables B, C.

(40) I. Bullock, *op. cit*., pp. 85–87 ; W. Fordyce, *op. cit*., pp. 162–164.

(41) Cleveland Ironmasters' Association, Minute Books, Vol. 1, 1866, Meeting held 22nd September, Modern Records Centre, University of Warwick, MSS. 365/CIA, pp. 104–105.

(42) Board of Arbitration and Conciliation for the North of England Manufactured Iron Trade, Mr. Waterhouse's Returns (Sales of Manufactured Iron), Modern Records Centre, University of Warwick, MSS. 365/BAC, Vol. 1, pp. 9–63.

(43) Board of Arbitration and Conciliation for the North of England Manufactured Iron Trade, Mr. Waterhouse's Returns (Sales of Manufactured Iron), Modern Records Centre, University of Warwick, MSS. 365/BAC, Vols. 1–3 ; J. J. Burton, *op. cit*., p. 135.

(44) I. L. Bell, *Manufacture of Iron and Steel*, pp. 562–567.

(45) *Ibid*., pp. 562–567.

(46) *The Iron, Steel, and Allied Trades in 1877, Annual Report to the Members of the British Iron Trade Association*, London, 1878, pp. 18–19 ; *The Iron, Steel, and Allied Trades in 1878, Annual Report to the Members of the British Iron Trade Association*, London, 1879, pp. 9–10 ; *The Iron, Steel, and Allied Trades in 1880, Annual Report to the Members of the British Iron Trade Association*, London, 1881, p. 10 ; E. M. Green, *Royal Exchange : Marketing and Its Management in the Cleveland Pig Iron Trade, 1864–73*, Unpublished Dissertation Submitted for the M. A. Local History (C. N. A. A.) at Teesside Polytechnic, Middlesbrough, 1989, pp. 122, 127.

(47) E. M. Green, *op. cit*., pp. 122, 127–128.

(48) *The Iron, Steel, and Allied Trades in 1877, Annual Report to the Members of the British Iron Trade Association*, London, 1878, p. 16.

(49) *Ibid*., p. 17.

(50) *Ibid*., p. 18.

(51) *Ibid*., pp. 27-28.

(52) *Ibid*., pp. 28-29.

(53) *Ibid*., p. 30. 尚，19 世紀第 4 四半期におけるイギリスとアメリカの製鉄工業における生産性については，D. N. McCloskey, *Economic Maturity and Entrepreneurial Decline : British Iron and Steel, 1870-1913*, Camb. Mass., 1973, pp. 81, 123, 125-127 を参照。

(54) *The Iron, Steel, and Allied Trades in 1877, Annual Report to the Members of the British Iron Trade Association*, London, 1878, p. 19 ; *The Iron, Steel, and Allied Trades in 1882, Annual Report to the Members of the British Iron Trade Association*, London, 1883, p. 19.

(55) Cleveland Ironmasters' Association, Secretary's Report for the Year 1880, Minute Book, Vol. 2, Modern Records Centre, University of Warwick, MSS. 365/CIA ; *The Iron, Steel, and Allied Trades in 1877, Annual Report to the Members of the British Iron Trade Association*, London, 1878, p. 39.

(56) *The Iron, Steel, and Allied Trades in 1880, Annual Report to the Members of the British Iron Trade Association*, London, 1881, pp. 12-13. 本文の数値と表のそれとの相違は，それぞれの年度における算定開始月の相違による。

(57) *The Iron, Steel, and Allied Trades in 1877, Annual Report to the Members of the British Iron Trade Association*, London, 1878, p. 19.

(58) *Ibid*., p. 19.

(59) *Ibid*., p. 19.

(60) *Ibid*., p. 19.

(61) *Ibid*., pp. 18-19 ; *The Iron, Steel, and Allied Trades in 1878, Annual Report to the Members of the British Iron Trade Association*, London, 1879, pp. 9-10 ; *The Iron, Steel, and Allied Trades in 1880, Annual Report to the Members of the British Iron Trade Association*, London, 1881, p. 10.

(62) Cleveland Ironmasters' Association, Secretary's Report for the Year 1880, Minute Book, Vol. 2, Modern Records Centre, University of Warwick, MSS. 365/CIA ; *The Iron, Steel, and Allied Trades in 1877, Annual Report to the Members of the British Iron Trade Association*, London, 1878, p. 39.

(63) Board of Arbitration and Conciliation for the North of England Manufactured Iron Trade, Mr. Waterhouse's Returns (Sales of Manufactured Iron), Modern Records Centre, University of Warwick, MSS. 365/BAC, Vol. 1, pp. 1-333.

(64) *The Iron, Steel, and Allied Trades in 1877, Annual Report to the Members of the British Iron Trade Association*, London, 1878, p. 89.

(65) Board of Arbitration and Conciliation for the North of England Manufactured Iron Trade, Mr. Waterhouse's Returns (Sales of Manufactured Iron), Modern Records Centre, University of Warwick, MSS. 365/BAC, Vol. 1, pp. 1-333.

(66) *The Iron, Steel, and Allied Trades in 1877, Annual Report to the Members of the British Iron Trade Association*, London, 1878, pp. 40-46.

(67) *Ibid*., p. 40.

(68) *Ibid*., pp. 43-44.
(69) *Ibid*., p. 60.
(70) *Ibid*., p. 61.
(71) *Ibid*., p. 65.
(72) R. Gott, *op. cit*., p. 47.
(73) *Ibid*., pp. 47-48.

第3章

(1) この点については，クラスターの誕生，進化，衰退を論じたポーターの議論を参照。M. E. Porter, *On Competition*, Boston, 1998, pp. 237-245 : マイケル・E・ポーター著/竹内弘高訳『競争戦略論』II，ダイヤモンド社，121〜133頁。
(2) R. B. Andrews, 'Mechanics of the Urban Economic Base : Historical Development of the Base Concept', *Land Economics*, Vol. XXIX, No. 2, 1953, p. 161 ; P. Hudson, 'The regional perspective' in *Regions and Industries, a perspective on the industrial revolution in Britain*, ed. by P. Hudson, Cambridge, 1989, p. 22 ; P. Hudson, *The Industrial Revolution*, London, 1992, p. 102 ; S. Pollard, *Peaceful Conquest, The Industrial Revolution of Europe 1760-1970*, Oxford, repr., 1982, p. 39 ; D. C. North, 'Location Theory and Regional Economic Growth', *The Journal of Political Economy*, Vol. LXIII, 1955, p. 248.
(3) M. J. Piore and C. F. Sabel, *The Second Industrial Divide, Possibilities for Prosperity*, New York, 1984, pp. 28-35 : マイケル・J・ピオリ/チャールズ・F・セーブル著/山之内靖・永易浩一・石田あつみ訳『第二の産業分水嶺』筑摩書房，2002年，36-47頁を参照。
(4) J. F. Wilson and A. Popp (eds.), *Industrial Clusters and Regional Business Networks in England, 1750-1970*, Aldershot, 2003, p. 3.
(5) A. Marshall, *Principles of Economics*, 9th Edition, London, repr., 1961, Vol. 1, pp. 268-269 : マーシャル著/馬場啓之助訳『経済学原理』II，東洋経済新報社，1966年，252頁。
(6) A. Marshall, *op. cit*., p. 269 : 前掲邦訳書，254頁。
(7) *British Parliamentary Papers, Royal Commission to inquire into Depression of Trade and Industry*, Second Report [C. 4715.] 1886, pp. 40-41.
(8) D. C. North, *op. cit*., pp. 245-258 ; W. Isard, 'The General Theory of Location and Space-Economy', *Quarterly Journal of Economics*, Vol. LXIII, No. 4, 1949, p. 483 ; W. Isard, 'Some Locational Factors in the Iron and Steel Industry since the Early Nineteenth Century', *The Journal of Political Economy*, Vol. LVI, No. 3, 1948, pp. 203-215 ; E. M. Hoover, *The Location of Economic Activity*, 1948, New York, pp. 7-9, 15-115 : エドガー・M・フーヴァー著/春日茂男・笹田友三郎訳『経済活動の立地——理論と政策』大明堂，1970年，7〜9，17〜90頁。
(9) D. C. North, *op. cit*., p. 248.
(10) *Ibid*., pp. 248-249.
(11) A. Birch, *The Economic History of the British Iron and Steel Industry 1784-1879*,

London, 1967, pp. 207-208.

(12) E. M. Hoover, *op. cit*., pp. 7-9, 15-115: 前掲邦訳書，7～9, 17～90 頁；尚，フーヴァーの産業立地論を平易に解説した文献として，例えば，山本健兒『産業集積の経済地理学』法政大学出版局，2005・2006 年，80～83 頁を参照。

(13) D. C. North, *op. cit*., p. 248, footnote 25.

(14) 産業集積，クラスター理論の立場から，この点を論じたものとして，M. C. Casson, 'An economic approach to regional business networks' in J. F. Wilson and A. Popp, *op. cit*., pp. 31-34 を参照；尚，19 世紀後半のバーミンガム（Birmingham）における金属加工業の産業集積については，砂川和範「産業集積における革新の担い手」（伊丹敬之他編『産業集積の本質――柔軟な分業・集積の条件』所収）有斐閣，1998・2003 年，265～299 頁を参照。

(15) J. K. Harrison, *John Gjers : Ironmaster, Ayresome Ironworks, Middlesbrough*, Lelielaan : De Archaeologische Pers Nederland, 1982, Figures 1, 2, 3.

(16) P. Hudson, 'Industrial organization and structure' in *The Cambridge Economic History of Britain*, Vol. 1, ed. by R. Floud and P. Johnson, Cambridge, 2004, p. 52.

(17) ボルコウ・ヴォーン製鉄所とダウレイス製鉄所との銑鉄取引については，Glamorgan Record Office, The Dowlais Iron Company Collection, D/D G/A, Letter Books (in-coming), Iron & Steel, 1870-1876, 1879-1882, 1884-1885.

(18) J. F. Wilson and A. Popp, *op. cit*., pp. 15-16.

(19) わが国における産業集積研究の現状については，橘川武郎「日本における産業集積研究の到達点と方向性――経営史的アプローチの重要性」『経営史学』第 36 巻第 3 号，2001 年，102～111 頁；伊丹敬之「産業集積の意義と論理」，橘川武郎「産業集積研究の未来」（伊丹敬之他編『産業集積の本質――柔軟な分業・集積の条件』所収）有斐閣，1998・2003 年，1～23 頁，301～316 頁を参照。

(20) 橘川武郎「日本における産業集積研究の到達点と方向性――経営史的アプローチの重要性」104 頁。

(21) Board of Arbitration and Conciliation for the North of England Manufactured Iron Trade, Mr. Waterhouse's Returns (Sales of Manufactured Iron), Modern Records Centre, University of Warwick, MSS. 365/BAC, Vol. 1, pp. 22-23.

(22) *Ibid*., Vol. 1, pp. 54-56 ; S. Griffiths, *Griffiths' Guide to the Iron Trade of Great Britain*, London, 1873, pp. 272-273.

(23) Board of Arbitration and Conciliation for the North of England Manufactured Iron Trade, Mr. Waterhouse's Returns (Sales of Manufactured Iron), Modern Records Centre, University of Warwick, MSS. 365/BAC) Vol. 1, p. 14 ; *The Iron, Steel, and Allied Trades in 1877, Annual Report to the Members of the British Iron Trade Association*, London, 1878, pp. 36-37.

(24) A. Birch, *op. cit*., p. 255 ; W. Lillie, *The History of Middlesbrough, an Illustration of the Evolution of English Industry*, Middlesbrough, 1968, p. 100.

(25) Stockton & Darlington, Wear Valley and Middlesbrough & Redcar Railway Pay Bill, National Archives, RAIL 667/1428 ; Map of Middlesbrough, 1845, Teesside Archives, U/OME/8/9 ; J. S. Jeans, *Notes on Northern Industries : written for the Iron and*

Steel Institute of Great Britain, London, 1878, pp. 143–149, 162 ; W. G. Armstrong *et al*. (eds.), *The Industrial Resources of the District of the Three Northern Rivers, The Tyne, Wear, and Tees including the Reports on the Local Manufacturers*, London, 1864, pp. 252, 258, 267 ; W. Lillie, *op. cit*., pp. 70–71.

(26) Plan of Ironmasters' District of Middlesbrough, 1866, Teesside Archives, CB/M/C (2) 9/9.

(27) Lady Florence Bell, *At the Works, A Study of a Manufacturing Town, Middlesbrough*, New York, repr., 1969, p. 4.

(28) S. Griffiths, *op. cit*., pp. 259–260, 272–273, 315.

(29) W. G. Armstrong *et al*., *op. cit*., p. 267.

(30) J. S. Jeans, *Notes on Northern Industries written for the Iron and Steel Institute of Great Britain*, London, 1878, Plan of Middlesbrough and South Stockton ; W. Lillie, *op. cit*., pp. 100, 102–103, 289–290.

(31) J. F. Wilson and A. Popp, 'Conclusion' in *Industrial Clusters and Regional Business Networks in England, 1750–1970*, ed. by J. F. Wilson and A. Popp, Aldershot, 2003, p. 280.

(32) W. G. Armstrong *et al*., *op. cit*., pp. 162, 179–181 ; W. Lillie, *op. cit*., pp. 100, 103, I. Bullock, 'The Origins of Economic Growth on Teesside 1851–81', *Northern History*, Vol. IX, 1974, pp. 91–95 ; R. Gott, *Henry Bolckow—Leader of Teesside*, Middlesbrough, 1968, p. 97 ; クリーヴランドにおける産業集積については，例えば，G. J. Milne, *North-East England 1850–1914, The Dynamics of a Maritime-Industrial Region*, Woodbridge, 2006, pp. 51–79 を参照。

(33) *Rules of the Middlesbro's Mechanics' Institute and Library, established September 17, 1844*, Middlesbrough, 1844, Middlesbrough Central Library, Mi 606 80702, pp. 1–4.

(34) *Middlesbrough Weekly News and Cleveland Advertiser*, 1859, 1860, 1861 等を参照。

(35) J. C. Carr and W. Taplin, *History of the British Steel Industry*, Cam. Mass., 1962, p. 45.

(36) 橘川武郎「日本における産業集積研究の到達点と方向性——経営史的アプローチの重要性」106～108 頁を参照。

(37) W. Lillie, *op. cit*., p. 109.

(38) *The Transactions of Iron and Steel Institute*, Vol. I, 1870, pp. 7–8.

(39) *Ibid*., p. 34.

(40) *Ibid*., pp. 35–36. 尚，クリーヴランド地域における技術の公開，企業による共有に関しては，J. S. Jeans, *Pioneers of the Cleveland Iron Trade*, Middlesbrough-on-Tees, 1875, p. 204 を参照。

(41) R. C. Allen, 'Collective invention', *Journal of Economic Behaviour and Organization*, Vol. 4, No. 1, 1983, pp. 1–24.

(42) R. Gott, *op. cit*., pp. 35, 43.

(43) *Ibid*., p. 43.

(44) *Ibid*., p. 45.

(45) P. Hudson, 'Industrial organization and structure', pp. 46–47.

(46) M. E. Porter, *op. cit*., pp. 197–198, 222–223: 前掲邦訳書，67 頁，101 頁。こうした産業集積内部におけるイノヴェーションのあり方については，特に，M. E. Porter, *op. cit*., p. 221: 前掲邦訳書，98〜99 頁。地域経済ネットワーク内における協調的競争については，M. C. Casson, *op. cit*., p. 42; C. Sabel and J. Zeitlin, 'Historical Alternatives to Mass Production: Politics, Markets and Technology in Nineteenth-Century Industrialization', *Past and Present*, No. 108, Aug. 1985, p. 144 を参照。

(47) この点については，U. H. Staber, 'The Social Embeddedness of Industrial District Networks' in *Business Networks, Prospects for Regional Development*, ed. by U. H. Staber, N. V. Schaefer and B. Sharma, Berlin and New York, 1996, pp. 150–152, 155–157 を参照。

(48) J. F. Wilson and A. Popp, *op. cit*., p. 15.

(49) Cleveland Ironmasters' Association, Minute Book, Vol. 1, 17th July, 1866–31st July, 1876, Modern Records Centre, University of Warwick, MSS. 365/CIA, folios 1–6, 30–31.

(50) 政府と中間団体に関するわが国の状況については，橋野知子『経済発展と産地・市場・制度——明治期絹織物の進化とダイナミズム』ミネルヴァ書房，2007 年，4, 12 頁を参照。

(51) この点について，クラスター論の立場から説得的な議論を展開している文献として，M. E. Porter, *op. cit*., pp. 258–260: 前掲邦訳書，151〜154 頁を参照。

(52) North of England Iron Manufacturers' Association, Minute Book, Vol. 1, Modern Records Centre, University of Warwick, MSS. 365/NEI.

(53) M. C. Casson, *op. cit*., p. 41.

(54) M. E. Porter, *op. cit*., p. 241: 前掲邦訳書，126 頁を参照。

(55) *Middlesbrough Weekly News and Cleveland Advertiser*, 5th Feb., 1864, No. 450. 尚，このような地域経済の全国組織との連携，国際市場との関わり，政府の経済政策に対する地域産業の利害の反映については，M. C. Casson, *op. cit*., pp. 22, 28–29 を参照。

(56) *Middlesbrough Chamber of Commerce Reports*, Middlesbrough Central Library, C669. 14.

(57) W. Lillie, *op. cit*., pp. 106–108.

(58) この点に関しては，U. H. Staber, *op. cit*., p. 164 を参照。

(59) E. M. Green, *Royal Exchange: Marketing and Its Management in the Cleveland Pig Iron Trade, 1864–73*, Unpublished Dissertation Submitted for the M. A. Local History (C. N. A. A.) at Teesside Polytechnic, 1989, Middlesbrough, p. 73.

(60) *Ibid*., pp. 19–20, 33.

(61) *Ibid*., pp. 40–41.

(62) *Ibid*., p. 3.

(63) *Ibid*., pp. 4–5.

(64) W. Lillie, *op. cit*., pp. 108–109; 安部悦生「イギリス企業の戦略と組織」(安部悦生・岡山礼子・岩内亮一・湯沢威編著『イギリス企業経営の歴史的展開』所収) 勁草書

房，1997 年，21〜26 頁を参照。

(65) *Middlesbrough News and Cleveland Advertiser*, 23rd Nov., 1866.

(66) R. Gott, *op. cit*., p. 63.

(67) Land Sales Agreement, Teesside Archives, U/OME (2) 5/2, No. 48.

(68) E. M. Green, *op. cit*, p. 45.

(69) D. M. Tomlinson and M. Williams, *Who Was Who in 19th Century Cleveland*, Redcar, 1987, p. 42.

(70) W. Lillie, *op. cit*., pp. 67-68.

(71) *Ibid*., p. 68.

(72) E. M. Green, *op. cit*., p. 93.

(73) *Ibid*., pp. 37, 95, 100.

(74) *Ibid*., p. 72.

(75) W. Lillie, *op. cit*., pp. 108-109.

(76) P. Hudson, 'Industrial organization and structure', p. 50.

(77) E. M. Green, *op. cit*., pp. 70, 86.

(78) *Ibid*., p. 98.

(79) M. C. Casson, *op. cit*., p. 39.

(80) J. C. Carr and W. Taplin, *op. cit*, p. 9.

(81) E. M. Green, *op. cit*., pp. 107-108.

(82) *Ibid*., pp. 121-122, 133.

(83) *Ibid*., pp. 128-129.

(84) *Ibid*., p. 111.

(85) 25 inches to 1 mile Ordnance Survey Map, 1895, Teesside Archives.

(86) 'Middlesbrough. Wednesday - The tone has been firm today - buyers offering 51s cash, and 52 s three months; sellers asking 51 s 6d. cash, 52 s 6d. three months, for Stockton and Darlington Company warrants Closing prices: F. o. b. warrants, cash buyers 51s, seller 51s 3d.; three months' open buyers 52 s, sellers 52 s 3d. About 6,000 tons done'. *The Middlesbrough Weekly News and Cleveland Advertiser*, 15th July, 1864, No. 472.

(87) 'Middlesbrough. Wednesday - Market very quiet. Mixed nombers warrants 53 s buyers, sellers 53 s 6d., No. 1 G. M. B. 54 s No. 3 GMB 51 s.
Glasgow, Wednesday - Market steady at 58s buyers, 58s1 1/2d sellers. No. 1 GMB 57s 6d No. 3 G. M. B. 56s 9d.
Wolverhampton, Wednesday'.
Ibid., 19th Aug., 1864.

(88) 第 2 章，表 2-3 参照。

(89) D. C. North, *Institutions, institutional change, and economic performance*, Cambridge, 1990, pp. 30-31：ダグラス・C・ノース著/竹下公視訳『制度・制度変化・経済成果』晃洋書房，1994 年，40〜41 頁。

(90) *Ibid*., pp. 22, 34-35, 57-58：前掲邦訳書，15, 29, 45〜46, 77〜79 頁。

(91) 'Correspondence', *Economic Journal*, Vol. XXIII, 1913, pp. 463-464.

(92) Cleveland Ironmasters' Association, Minute Book, Vol. 1, 17th July, 1866-31st July,

1876, Modern Records Centre, University of Warwick, MSS. 365/CIA, folios 56-57.

(93) *Ibid*., folio 58.

(94) 橘川武郎「日本における産業集積研究の到達点と方向性——経営史的アプローチの重要性」106～108 頁。

(95) D. C. North, 'Location Theory and Regional Economic Growth', pp. 248-249.

(96) A. Birch, *op. cit*., pp. 207-208.

(97) P. Hudson, 'Industrial organization and structure', p. 52.

(98) 同じ社会的集団に属する個人，例えばクウェーカー教徒であるという宗教的な紐帯が信用を媒介に，情報の共有を可能にし，取引費用を低減することによって商取引を円滑にするという側面に関しては，M. C. Casson, *op. cit*, p. 30 を参照。

第 4 章

(1) E. G. Ravenstein, 'The Laws of Migration', *Journal of the Statistical Society*, Vol. XLVIII, June, 1885, p. 215. 尚，イングランドの主要工業都市におけるイングランド以外からの移入人口比率と性比を示した表 4-1 を参照。公刊されたセンサス集計値を利用して 19 世紀中葉におけるミドルズバラの人口と経済発展を概観したものとして，J. W. Leonard, *Urban Development and Population Growth in Middlesbrough 1831-71*, unpublished Ph. D. thesis, University of York, Department of Economics, 1975, pp. 266-450, 500-515 を参照。

(2) Lady Florence Bell, *At the Works, A Study of a Manufacturing Town, Middlesbrough*, New York, repr., 1969, pp. 11-12 ; A. Briggs, *Victorian Cities, A brilliant and absorbing history of their development*, Harmondsworth, repr., 1990, p. 267 ; 1871 年におけるミドルズバラの出身地別人口構成については，*British Parliamentary Papers, Census of England and Wales, 1871*, 1873 [c. 872.] LXXII, Pt. I, Vol. III.

(3) J. A. Banks, 'The Contagion of Numbers' in *The Victorian City, Images and Realities*, ed. by H. J. Dyos and M. Wolff, London & Boston, Vol. 1, 1973, pp. 116-117.

(4) M. J. Daunton, *Coal Metropolis, Cardiff 1870-1914*, Leicester, 1977, pp. 9-12 ; T. A. Welton, 'On the Distribution of Population in England and Wales and its Progress in the Period of Ninety Years from 1801 to 1891', *Journal of the Royal Statistical Society*, Vol. LXIII, Pt. IV, 1900, pp. 531, 547.

(5) Map Showing Proposed Wards in Middlesbrough, OS Map, Yorkshire Sheet VI, Teesside Archives, CB/M/C (2) 9/57.

(6) Borough Council, Local Board of Health, 1854, Teesside Archives CB/M/C 1/6, p. 40 ; Borough Council, Local Board of Health and Burial Board, 1859, Teesside Archives, CB/M/C 1/8, p. 75 ; W. Lillie, *The History of Middlesbrough, an Illustration of the Evolution of English Industry*, Middlesbrough, 1968, pp. 473-474.

(7) Census Enumerators' Books, National Archives, HO 107/2383 (1851), RG 9/3685-3689 (1861), RG 10/4889-4895 (1871), RG 11/4852 (1881).

(8) *Ibid*.

(9) *Forty-Fourth Annual Report of the Registrar General of Births, Deaths, and Marriages in England* (*Abstracts of 1881*), London, 1883 ; *Supplement to the*

Forty-Fifth Annual Report of the Registrar General of Births, Deaths, and Marriages in England, London, 1885. 自殺率は，死亡総数に対する自殺件数（対千比）であり，1871～1881 年の平均である。ミドルズバラについては，1875～1880 年，マンチェスターについては 1874～1880 年の数値である。ミドルズバラの乳児死亡率は，オームズビー（Ormesby）・ソーナビー（Thornaby）を含む数値である。非嫡出子率は出生総計に対する非嫡出子数の比率（%），結婚率は総人口に対する結婚件数の対千比である。未成年女子結婚率は，女性結婚総数に対する未成年女子結婚数の比率（対千比）である。識字率（%）は，結婚当事者総数のうち結婚登録簿に署名することができた男女の比率である。

(10) イングランド・ウェールズの製鉄工業地域から無作為に抽出した 12 の都市の数値である。*Forty-Fourth Annual Report of the Registrar General of Births, Deaths, and Marriages in England* (*Abstracts of 1881*), London, 1883 ; *Supplement to the Forty-Fifth Annual Report of the Registrar General of Births, Deaths, and Marriages in England*, London, 1885.

(11) この方法の詳細については，P. Tilley and C. French, 'Record Linkage for Nineteenth Century Census Returns : Automatic or computer-aided ?', *History and Computing*, Vol. 9, 1997, pp. 122–132 を参照。

(12) J. H. Jackson, Jr., *Migration and Urbanization in the Ruhr Valley 1821–1914*, New Jersey, 1997, pp. 347–357.

(13) *British Parliamentary Papers, Census of England & Wales, 1881*, Vol. III, *Ages, Condition as to Marriages, Occupations, and Birth-Places of the People*, 1883 [C. 3722.] LXXX, p. 383 ; *Forty-Fourth Annual Report of the Registrar General of Births, Deaths, and Marriages of 1881*, 1883, pp. 78, 83 ; *Supplement to the Forty-Fifth Annual Report of the Registrar General of Births, Deaths, and Marriages in England*, 1885, p. 320.

(14) C. G. Pooley and J. Turnbull, *Migration and mobility in Britain since the eighteenth century*, London, 1998, pp. 17, 43, 49, 118, 120–122, 128, *et passim*.

(15) 'Increase of Middlesbrough. — It is reported that upwards of seventy labourers, with their families have left Wisbeach, in Cambridgeshire, for Middlesbrough, intending to obtain employment in the ironworks', *Middlesbrough News and Cleveland Advertiser*, 24th Jan., 1873, p. 2.

(16) Poor Rates Books, 25th April, 1846, pp. 3–5, 17th September, 1849, p. 5, 13th December, 1856, p. 53, 8th January 1858, p. 59, 15th June 1861, p. 55, Teesside Archives, CB/M/T.

(17) É. Durkheim, *De la division du travail social*, Paris, Quatrième Édition, 1922, p. 284 : É. デュルケム著/井伊玄太郎訳『社会分業論』講談社，1998 年，下巻，111～112 頁 ; J. A. Banks, *op. cit*., p. 111.

(18) J. A. Banks, *op. cit*., p. 112.

(19) É. Durkheim, *op. cit*., pp. 280–281 : 前掲邦訳書，下巻，106～107 頁。

(20) Borough Clerk's Department, 2, Committee Minutes, Watch Committee Minute Books, Teesside Archives, CB/M/C2/100, 101 & 102 ; Middlesbrough Police Records,

Reports from the Chief Superintendents, Later Chief Constables to the Watch Committees, Teesside Archives, CB/M/P, 23 & 24 ; *Middlesbrough Borough Clerk's Department, 1, Minutes, Printed Minutes, Town Council*, Teesside Archives, CB/M/C39-60.

(21) Annual Police Reports, National Archives, HO 63/8, Vols. 1 & 2.

(22) ミドルズバラにおける犯罪については, D. Taylor, *Policing the Victorian Town, The Development of the Police in Middlesbrough c. 1840-1914*, Basingstoke, 2002, pp. 52-77 を参照。

(23) Annual Police Reports, National Archives, HO 63/8, Vols. 1 & 2.

(24) R. Gott, *Henry Bolckow—Founder of Teesside*, Middlesbrough, 1968, p. 79.

(25) D. Taylor, 'The Infant Hercules and the Augean Stables : a Century of Economic and Social Development in Middlesbrough, *c*. 1840-1939' in *Middlesbrough, Town and Community 1830-1950*, ed. by A. J. Pollard, Stroud, 1996, p. 59.

第 5 章

(1) Census Enumerators' Books, National Archives, HO 107/2383 (1851), RG 9/3685-3689 (1861), RG 10/4889-4895 (1871), RG 11/4852 (1881).

(2) *British Parliamentary Papers, 1851, Accounts and Papers : Population, Ages, Civil Conditions, Occupations, & Birth-places of the People*, Vol. LXXXVIII Pt. I, [1691-I.], pp. cxxxiv, cxxxix, cxliv, cxlviii.

(3) この点については, M. Yasumoto, *Industrialisation, Urbanisation and Demographic Change in England*, Nagoya, 1994, pp. 126-127 を参照。

(4) On the Employment of Women and Children in the Iron Works of South Wales, The Dowlais Iron Company Collection, Glamorgan Record Office, D/D G C5/15, 16.

(5) A. Birch, *The Economic History of the British Iron and Steel Industry 1784-1879*, London, 1967, pp. 256-257.

(6) Census Enumerators' Books, National Archives, RG 9/3685-3689.

(7) North of England Iron Manufacturers' Association : Minute Books, Vol. 1, 31st July 1865-4th May 1880, University of Warwick, Modern Records Centre, MSS. 365/NEI, 5th January, 1871.

(8) *Ibid*., December, 1870.

(9) A. Birch, *op. cit*., p. 255 ; W. Lillie, *The History of Middlesbrough, an Illustration of the Evolution of English Industry*, Middlesbrough, 1968, p. 100.

(10) *British Parliamentary Papers, 1851, Accounts and Papers : Population, Ages, Civil Condition, Occupations, & Birth-places of the People*, Vol. LXXXVIII, Pt. I, [1691-I.], p. cclxxix.

(11) A. Birch, *op. cit*., p. 254.

(12) E. J. Hobsbawm, *Labouring Men : Studies in the History of Labour*, London, 1986, pp. 34-54 ; H. R. Southall, 'Mobility, artisan community and popular politics in early nineteenth-century England' in *Urbanizing Britain, Essays on class and community in the nineteenth century*, ed. by G. Kearn, and W. J. Withers, Cambridge, 1991,

p. 105 ; H. R. Southall, 'The tramping artisan revisits : labour mobility and economic distress in early Victorian England', *Econ. Hist. Rev.*, Vol. XLV, No. 2, 1991, pp. 281-283 ; S. Pollard., 'Labour in Great Britain' in *The Cambridge Economic History of Europe*, ed. by M. Postand and P. Mathias, Vol. VII, Pt. I, 1978, p. 152 ; S. Pollard, *Peaceful Conquest, The Industrial Revolution of Europe 1760–1970*, Oxford, repr., 1982, p. 23.

(13) A. Birch, *op. cit*., p. 261 ; 第二次大戦以前の八幡製鐵所における職工の募集については，島田晴雄「戦前八幡製鉄所における労働事情——面接聴取記録」『三田學會雑誌』第 62 巻第 1 号，1969 年，80, 86 頁を参照。

(14) *British Parliamentary Papers, Reports from Commissioners on Mining Districts with Appendices 1839–49, Mining District 1, Report from the Commissioner with Appendix*, 1846 [737.], Vol. XXIV, p. 29.

(15) 'WANTED, by Messrs. Bolckow, Vaughan, & Co., Limited, a thoroughly competent MANAGER, for their Ironstone Mines. He will be required to give the whole of his time and attention to the duties of the position, and to reside at or near the Mines. Applications to be addressed. General Manager, Messrs. Bolckow, Vaughan, & Co., Limited, Middlesbrough-on-Tees, on or before 10th March next'.
The Cambrian, 28th Feb., 1868.

(16) 'IRON WORKS.
ASSISTANT MANAGER AND ENGINEER.

A GENTLEMAN who has filled the above appointment is open to an engagement. Has for many years been engaged as Engineer to one of the largest Iron, Copper, and Tin-plate Works in South Wales, and for four years had the Management of Charcoal Blast Furnaces and Iron Works abroad, where the manufacture of Steel by the Bessemer, or Pneumatic process, was in operation. Unexceptionable reference given.
Address F. C. S. P. O. Methyr Tydvl. 164a'
The Stockton Gazette and Middlesbrough Times, 24th Oct., 1862.

(17) 「ミドルズバラ・センサス個票連結分析法（1851〜1861 年，1861〜1871 年）」による。センサスの職業分類については，M. Woollard, *The classification of occupations in the 1881 census of England and Wales*, Historical Censuses and Social Survey Research Group Occasional Paper, No. 1, Department of History, University of Essex, Colchester, 1999, pp. 1-51 を参照。尚，いずれのセンサス連結分析法によっても，1851 年と 1861 年の間に出生した人口は，移入人口として算出される。しかし，正確には，1851 年と 1861 年の間に対象地域で出生した者のうち，両親がその場所の出身者ではなく，移入者である者だけを移入人口とするべきであろう。本書では，このような考えのもとに，両センサス期間にミドルズバラで出生した者のうち，両親がミドルズバラ出身者である者を移入人口から除外した。

(18) 「移出」人口の中には，両センサス間に，結婚によって改姓した女性および死亡者が含まれている。実際の移出人口を算出するためには，こうした人口を教区登録簿・その他で同定し，除外することが必要であるが，とりあえずここでは両者を含んだ

数値をあげておいた。

(19) 「ミドルズバラ・センサス個票連結分析法（1851〜1861年・1861〜1871年）」による。

(20) P. Hudson, 'The regional perspective' in *Regions and Industries, a perspective on the industrial revolution in Britain*, ed. by P. Hudson, Cambridge, 1989, p. 22.

(21) Board of Arbitration and Conciliation for the North of England Manufactured Iron Trade, Mr. Waterhouse's Returns (Sales of Manufactured Iron), Modern Records Centre, University of Warwick, MSS. 365/BAC, Vol. 1, p. 14 ; *The Iron, Steel, and Allied Trades in 1877, Annual Report to the Members of the British Iron Trade Association*, London, 1878, pp. 36-37.

(22) *British Parliamentary Papers, The Royal Commission on Trades Unions, Fifth Report*, 1867-68, XXXIX, [3980-I.], q. 8472, p. 17.

(23) N. P. Howard, 'The Strikes and Lockouts in the Iron Industry and the Formation of the Ironworkers Unions, 1862-1869', *International Review of Social History*, Vol. XVIII, 1973, p. 399.

(24) E. Hobsbaum, *op. cit*., pp. 34-54 ; H. R. Southall, 'The tramping artisan revisits', pp. 281-283 ; 20世紀初頭のわが国製鉄工業における職工の移動率，企業内定着率については，島田晴雄「年功制の史的形成について——戦前八幡製鉄所の事例研究」『三田學會雜誌』第61巻第4号，1968年，48, 60〜67頁を参照。

(25) N. P. Howard, *op. cit*., p. 427.

(26) H. R. Southall, 'Mobility, artisan community and popular politics in early nineteenth-century England', p. 105；尚，合同機械工組合の求職移動補助制度については，小野塚知二『クラフト的規制の起原——19世紀イギリス機械産業』有斐閣，2001年，227〜228頁を参照。

(27) C. G. Pooley and J. Turnbull, *Migration and mobility in Britain since the eighteenth century*, London, 1998, p. 16.

(28) E. J. Hobsbawm, *op. cit*., pp. 34-54 ; H. R. Southall, 'Tramping artisans', pp. 281-283.

(29) *Amalgamated Society of Engineers, Monthly Reports*, Modern Records Centre, University of Warwick, MSS. 259/4/14/1-107 ; *Rules of the Amalgamated Society of Engineers, Machinists, Millwrights, Smiths, and Pattern Makers, 1874*, Modern Records Centre, University of Warwick, MSS. 259, pp. 63, 65-76, 104.

(30) *Amalgamated Society of Engineers, Monthly Reports*, Modern Records Centre, University of Warwick, 1867-1869, MSS. 259/4/14/3, 2-14.

(31) Amalgamated Society of Engineers, Monthly Reports, Yearly Reports, 1867, MSS. 259/2/1/15.

(32) Census Enumerators' Books, National Archives, HO 107/2383 (1851), RG 9/3687 (1861), RG 10/4893 (1871), RG 11/4851 (1881).

(33) S. Pollard, *Peaceful Conquest*, p. 23.

(34) S. Pollard, 'Labour in Great Britain', p. 152.

(35) この点については，M. Yasumoto, 'Migrants in Middlesbrough in the Nineteenth Century : A possibility of study on a longitudinal migration profile and others',『駒

沢大学経済学論集』第 31 巻第 3 号，1999 年，1-36 頁を参照。

(36) ウェールズからミドルズバラへの労働移動については，C. G. Pooley, 'Welsh migration to England in the mid-nineteenth century', *Journal of Historical Geography*, Vol. 9, No. 3, 1983, pp. 298-303 ; C. G. Pooley, 'The longitudinal study of migration, Welsh migration to English towns in the nineteenth century' in *Migrants, Emigrants and Immigrations, A social history of migration*, ed. by C. G. Pooley and I. D. Whyte, London, 1991, pp. 149-170 ; T. Gwynne and M. Sill, 'Welsh Immigration into Middlesbrough in the Mid-Nineteenth Century', *Cleveland and Teesside Local History Society, Bulletin*, Vol. 31, 1976, pp. 19-22 ; T. Gwynne and M. Sill, 'Census Enumeration Books, A Study of Mid-Nineteenth Century Immigration', *Local Historian*, Vol. 12, 1976, pp. 74-79 を参照。また，未熟練労働者の短距離移動については，C. G. Pooley and J. Turnbull, *op. cit*., pp. 70, 89 を参照。

(37) Census Enumerators' Books, National Archives, HO 1258/3-6 (1841), HO 107/2383 (1851), RG 9/3685-3689 (1861), RG 10/4893 (1871), RG 11/4852 (1881).

(38) この点については，M. T. Smith, 'Isonymy analysis : the potential for application of quantitative analysis of surname distributions to problems in historical research' in *Human Biology and History*, ed. by M. T. Smith, London, 2002, pp. 112-133.

(39) J. Herson, 'Irish migration and settlement in Victorian Britain : a rural town perspective', in *The Irish in Britain, 1815-1839*, ed. by R. Swift and S. Gilley, London, 1989, pp. 90, 102.

(40) C. G. Pooley and J. Turnbull, *op. cit*., pp. 67-68, *et passim* ; D. M. MacRaild (ed.), *The Great Famine and Beyond, Irish Migrants in Britain in the Nineteenth and Twentieth Centuries*, Dublin, 2000, pp. 124-130.

(41) P. Laslett, 'Family and household as work group and kin group : areas of traditional Europe compared' in *Family forms in historic Europe*, ed. by R. Wall, J. Robin and P. Laslett, Cambridge, 1983, pp. 516-523.

(42) *Board of Arbitration and Conciliation for the North of England Manufactured Iron Trade, First Members. Origin and Objects. Rules. Established 1869*, Darlington, 1869, p. 5. また，19 世紀イギリスにおける熟練労働者の労働市場の流動性については，例えば，齊藤健太郎「技能・徒弟制・熟練供給――戦間期イギリス機械産業におけるトゥールメーカーを事例にして」『社会経済史学』第 68 巻第 1 号，2002 年，49 頁を参照。

(43) The Dowlais Iron Company Collection, Glamorgan Record Office, D/D G C5/11/2, D/D G C5/11/19, D/D G C5/11/20.

(44) The Dowlais Iron Company Collection, Glamorgan Record Office, D/D G/A, Letter Books (in-coming), Vol. 1 (A-B), 1870-1876, 373-439.

(45) The Dowlais Iron Company Collection, Glamorgan Record Office, D/D G/A, Letter Books (in-coming), Vol. 1 (A-B), Bolckow, Vaughan & Company Ltd. to W. Menelause Esq., Dawlais Iron Works, Glamorgan, 16th Feb., 1874.

(46) D. C. North, 'Location Theory and Regional Economic Growth', *Journal of Political Economy*, LXIII, 1955, pp. 250-251.

(47) S. Pollard, 'Labour in Great Britain', p. 118.

(48) On the Employment of Women and Children in the Iron Works of South Wales, The Dowlais Iron Company Collection, Glamorgan Record Office, D/D G C5/15, 16 ; A. Birch, *op. cit*., p. 256.

(49) P. Hudson, 'The regional perspective', p. 22 ; S. Pollard, *Peaceful Conquest*, p. 36.

(50) S. Pollard, 'Labour in Great Britain', p. 121.

第6章

(1) A. J. Odber, 'The Origins of Industrial Peace : The Manufactured Iron Trade of the North of England', *Oxford Economic Papers*, New Series, Vol. 3, No. 2, 1951, p. 202.

(2) 1860年代における政府の労使関係・関連立法への関与は，主として，海軍工廠における労使関係と工場法によって導入された工場監察官に限られていた。この点については，例えば，H. C. G. Matthew, *Gladstone, 1809-1874*, Oxford, 1986, p. 169を参照。

(3) P. Thane, 'Government and society in England and Wales, 1750-1914' in *The Cambridge Social History of Britain 1750-1950*, Vol. 3, *Social Agencies and Institutions*, ed. by F. M. L. Thompson, Cambridge, 1990, pp. 50, 59.

(4) A. J. Odber, *op. cit*., p. 202.

(5) *Ibid.,* p. 202.

(6) *Ibid.,* p. 202.

(7) J. R. Hicks, 'The Early History of Industrial Conciliation in Engalnd', *Economica*, New Series, No. 28, 1930, pp. 25-39.

(8) *Ibid*., pp. 25-26.

(9) A. J. Odber, *op. cit*., p. 205 ; E. M. Green, *Royal Exchange : Marketing and Its Management in the Cleveland Pig Iron Trade, 1864-73*, Unpublished Dissertation Submitted for the M. A. Local History (C. N. A. A.) at Teesside Polytechnic, 1989, pp. 42-44, 121 ; ガーニィ商会の破綻に至る1866年の金融恐慌について詳しくは，鈴木俊夫『金融恐慌とイギリス銀行業――ガーニィ商会の経営破綻』日本経済評論社，1998年，161～209頁を参照。

(10) E. M. Green, *op. cit*., p. 122.

(11) Board of Arbitration and Conciliation for the North of England Manufactured Iron Trade, Mr. Waterhouse's Returns (Sales of Manufactured Iron), Modern Records Centre, University of Warwick, MSS. 365/BAC, Vol. 1, pp. 1-11.

(12) R. Gott, *Henry Bolckow—Founder of Teesside*, Middlesbrough, 1968, p. 45.

(13) T. R. Tholfsen, *Working Class Radicalism in Mid-Victorian England*, London, 1976, pp. 183-184 ; R. Gott, *op. cit*., pp. 53-54.

(14) R. Gott, *op. cit*., pp. 56-57.

(15) *Ibid*., p. 57.

(16) *Ibid*., p. 58.

(17) N. P. Howard, 'The Strikes and Lockouts in the Iron Industry and the Formation of the Ironworkers' Unions, 1862-1869', *International Review of Social History*, Vol.

XVIII, 1973, p. 419.

(18) *Middlesbrough News and Cleveland Advertiser*, 3rd Aug., 1866 ; *Middlesbrough News and Cleveland Advertiser*, 17th Aug., 1866 ; *The Times*, Tuesday 25th Sept., 1866, Thursday 27th Sept., 1866.

(19) R. Gott, *op. cit*., p. 61.

(20) N. P. Howard, *op. cit*., p. 397 ; General Laws of the National Association of Puddlers, Shinglers, Rollers, Millmen etc., adopted and approved by the Delegates of Staffordshire, Worcestershire, Derbyshire, and part of Yorkshire, at a meeting held at Mr. James Ashton's, Castle Inn, Brierly Hill, on Monday July 5th 1863, Glamorgan Record Office, D/D G/C5/14 ; Rules of the Wednesbury Branch of the Philanthropic Society of Puddlers etc. Agreed at a Meeting held at Mr. William Sheldon's, Great Western Inn, Wednesbury, on Sept. 26th 1863, Glamorgan Record Office, D/D G/C5/14.

(21) J. Cockcroft, 'The Great Strike in the Cleveland Iron Industry', *The Cleveland and Teesside Local History*, No. 25, 1974, pp. 4–5.

(22) *Ibid*., pp. 5–6.

(23) *Middlesbrough News and Cleveland Advertiser*, 23rd Nov., 1866.

(24) R. Gott, *op. cit*., p. 64.

(25) J. Cockcroft, *op. cit*, p. 7.

(26) *Middlesbrough News and Cleveland Advertiser*, 3rd Aug., 1866 ; E. M. Green, *op. cit*., p. 44.

(27) A. J. Odber, *op. cit*, p. 208.

(28) J. Cockcroft, *op. cit*, p. 6.

(29) *Ibid*., p. 7.

(30) *Ibid*., p. 8.

(31) *Middlesbrough News and Cleveland Advertiser*, 3rd Aug., 1866.

(32) Board of Arbitration and Conciliation for the North of England Manufactured Iron Trade, Mr. Waterhouse's Returns (Sales of Manufactured Iron), Modern Records Centre, University of Warwick, MSS. 365/BAC, Vol. 1, p. 25.

(33) A. J. Odber, *op. cit*., p. 208.

(34) K. Warren, *Consett Iron 1840 to 1980, A study in industrial location*, Oxford, 1990, pp. 23, 25, 81 ; A. J. Odber, *op. cit*., p. 207 ; J. S. Jeans, *Pioneers of the Cleveland Iron Trade*, Middlesbrough-on-Tees, 1875, p. 200.

(35) Land Sales Agreement, Teesside Archives, U/OME (2) 5/2, No. 57. 統計付録 5 を参照。

(36) J. H. Porter, 'Wage Bargaining under Conciliation Agreements, 1860–1914', *Econ. Hist. Rev*., 2nd ser., Vol. XXIII, No. 3, 1970, p. 462 ; A. J. Odber, *op. cit*., p. 209 ; J. R. Hicks, *op. cit*., p. 36 ; J. S. Jeans, *op. cit*., pp. 209–210.

(37) North of England Iron Manufacturers' Association, Minute Books, Vol. 1, 1865–1880, Modern Records Centre, University of Warwick, MSS. 365/NEI, pp. 163–164, 167–170, 176.

(38) *Ibid*., pp. 163–164.

(39) *Ibid.*, p. 176.

(40) *Ironworkers Journal*, 15th March, 1869, No. 4, New Series, 'The Demand for an Advance and the Proposed Established (*sic*) of Boards of Arbitration and Conciliation', pp. 1-4.

(41) *British Parliamentary Papers, Royal Commission on Trades Unions, Fifth Report*, 1867-68, Vol. XXXIX, [3980-I.], qu. 8329-8379, pp. 11-13; J. H. Porter, 'Wage Bargaining under Conciliation Agreements, 1860-1914', p. 461.

(42) Board of Arbitration and Conciliation for the North of England Manufactured Iron Trade, Modern Records Centre, University of Warwick, MSS. 365/BAC, Minute Book, Vol. 1, pp. 1-4.

(43) *Ibid.*, pp. 201-203.

(44) *Board of Arbitration and Conciliation for the North of England Manufactured Iron Trade, First Members. Origin and Objects. Rules. Established 1869*, Darlington, 1869, p. 5.

(45) *Ibid.*, p. 6.

(46) *Ibid.*, p. 6.

(47) *Ibid.*, p. 7.

(48) *Ibid.*, p. 7.

(49) *Ibid.*, pp. 7-8.

(50) *Ibid.*, p. 8.

(51) *Ibid.*, p. 9.

(52) *Ibid.*, p. 10.

(53) *Ibid.*, pp. 10-11.

(54) *Ironworkers Journal*, 1st May, 1869, No. 7, New Series, pp. 6-8.

(55) J. H. Porter, *op. cit.*, p. 463.

(56) *Ironworkers Journal*, 15th April, 1870, No. 22, pp. 3-7.

(57) *Ironworkers Journal*, 1st May, 1869, No. 7, New Series, pp. 6-7.

(58) *Ironworkers Journal*, 1st May, 1869, No. 7, New Series, p. 7.

(59) J. H. Porter, *op. cit.*, p. 464.

(60) J. R. Hicks, *op. cit.*, p. 37.

(61) J. H. Porter, *op. cit.*, p. 462; A. J. Odber, *op. cit.*, p. 206.

(62) H. Crompton, *Industrial Conciliation*, London, 1876, pp. 56-59.

(63) *Ibid.*, pp. 60-62.

(64) Board of Arbitration and Conciliation for the North of England Manufactured Iron Trade, Mr. Waterhouse's Returns (Sales of Manufactured Iron), Modern Records Centre, University of Warwick, MSS. 365/BAC, Vol. 1, pp. 1-333.

(65) *Ironworkers Journal*, 1st June, 1870, No. 25, pp. 1-6.

(66) J. H. Porter, *op. cit.*, p. 467.

(67) *Ibid.*, p. 470.

(68) *Ibid.*, p. 475, Appendix.

(69) A. J. Odber, *op. cit.*, pp. 218-219.

(70) *Ibid*., p. 219.
(71) H. Crompton, *op. cit*., p. 64.
(72) A. J. Odber, *op. cit*., p. 210.
(73) *Ibid*., p. 210.
(74) *Ibid*., p. 213.
(75) *Ibid*., pp. 214-215.
(76) *Ibid*., pp. 210-211.
(77) *Ibid*., p. 210.
(78) H. Crompton, *op. cit*., p. 67.

第 7 章

(1) S. Cherry, *Medical services and the hospitals in Britain, 1860-1939*, Cambridge, 1996, pp. 30, 41-53; 国家福祉と集団的な自助組織としての友愛組合による相互扶助の関係，国家年金の導入と友愛組合の態度については，高田実「イギリスにおける友愛組合と 1908 年老齢年金法」(高田実・鶴島博和編著『歴史の誕生とアイデンティティ』所収) 日本経済評論社，2005 年，123～140 頁を参照。
(2) P. Johnson, 'Risk, redistribution and social welfare in Britain from the poor law to Beveridge' in *Charity, self-interests and welfare in the English past*, ed. by M. Daunton, London, 1996, p. 246.
(3) J. Harris, 'Did British workers want the welfare state? G. D. H. Cole's Survey of 1942' in *The Working Class in Modern British History*, ed. by J. Winter, Cambridge, 1983, pp. 210-211; 高田実「福祉国家の歴史から「福祉の複合体」史へ——個と共同性の関係史をめざして」『「福祉国家」の射程』社会政策学会誌第 6 号，社会政策学会編，2001 年，30～33 頁。尚，19 世紀後半のクルップ社における企業内福祉制度，特に疾病金庫については，田中洋子『ドイツ企業社会の形成と変容——クルップ社における労働・生活・統治』ミネルヴァ書房，2001 年，225～242 頁；フランスのロレーヌ鉱山・鉄鋼業における社会福祉，パテルナリスムについては，大森弘喜『フランス鉄鋼業史——大不況からベル゠エポックまで』ミネルヴァ書房，1996 年，163～237 頁を参照；20 世紀初頭のわが国鉄鋼業における福利厚生施設については，島田晴雄「年功制の史的形成について——戦前八幡製鉄所の事例研究」『三田學會雑誌』第 61 巻第 4 号，1968 年，64～65 頁を参照。
(4) *Middlesbrough Times*, 15th Sept., 1860.
(5) The Council Meeting Minute Books, North Ormesby Hospital, 1867-1907, Teesside Archives, H/NOR 1/1.
(6) North Ormesby Hospital, Case Book, 1861-1870, Teesside Archives, H/NOR 10/1, North Ormesby Hospital, Case Books, 1883-1888, 1885-1908, Teesside Archives, H/NOR 10/2, 3. ノース・オームズビー病院における治療に関しては，J. E. Croker, *Early Hospital Provision in Middlesbrough, 1859-1880*, Unpublished Dissertation Submitted for the M. A. Local History (C. N. A. A.) at Teesside Polytechnic, 1986, pp. 49-73 を参照。
(7) *The First to Fifty Ninth Report of the Cottage Hospital, North Ormesby, Middles-*

brough, 1859-1917.

(8) S. Cherry, 'Beyond National Health Insurance, The Voluntary Hospitals and Hospital Contributory Schemes : A Regional Study', *Social History of Medicine*, Vol. 5, No. 4, 1992, p. 480.

(9) *The Eighth Annual Report of the Cottage Hospital, North Ormesby, Middlesbrough*, 1866, p. 3.

(10) Admission and Discharge Registers of the General Infirmary at Leeds, 22nd September 1815-16th December 1817, Leeds District Archives, Sheepscar Library ; *Annual Reports of the State of the General Infirmary at Leeds*, September 29th 1767-September 29th 1870, The General Infirmary at Leeds ; M. Yasumoto, *Indutrialisation, Urbanisation and Demographic Change in England*, Nagoya, 1994, pp. 131-135.

(11) C. T. Thackrah, *The Effects of Arts, Trades, and Professions, and of Civic States and Habits of Living, on Health and Longevity*, London, 1832, pp. 70, 72-78.

(12) この時期における平均入院期間については，R. Pinker, *English Hospital Statistics 1861-1938*, London, 1964, p. 111 を参照。

(13) *Annual Report of the Cottage Hospital, Middlesbrough*, 1862, p. 2. 尚，わが国における製鉄工業労働者の労働災害については，時里奉明「官営八幡製鉄所の創業と都市社会の形成」(『福岡県史』通史編 近代 産業経済（一）所収) 福岡県，2003 年，826〜828 頁を参照。

(14) ノース・オームズビー病院における病院死亡率は，*The First to Fifty Ninth Report of the Cottage Hospital, North Ormesby, Middlesbrough*, 1859-1917 より計算。リーズ篤志総合病院における 1815〜1817 年の病院死亡率は，Admission and Discharge Registers of the General Infirmary of Leeds, 1815-17 より計算。ノース・オームズビー病院における死因および病院死亡率は，North Ormesby Hospital, Case Book, 1861-1870, 1883-1888, 1885-1908, Teesside Archives, H/NOR 10/1, 2, 3 および *The First to Fifty Ninth Report of the Cottage Hospital, North Ormesby, Middlesbrough*, 1859-1917 より計算。

(15) R. Lewis, R. Nixon and B. Doyle, *Health Services in Middlesbrough : North Ormesby Hospital 1900-1948*, Centre for Local Historical Research, University of Teesside, 1999, p. 10.

(16) B. Doyle and R. Nixon, 'Voluntary Hospital Finance in North-East England : The Case of North Ormesby Hospital, Middlesbrough, 1900-1947', *Cleveland History*, Vol. 80, 2001, pp. 8-14.

(17) S. Cherry, 'Before the National Health Services : financing the voluntary hospitals, 1900-1939', *Econ. Hist. Rev.*, Vol. L, No. 2, 1997, pp. 318, 324.

(18) ロンドンおよび幾つかの地方都市における病院基金に対する労働者の醵金については，R. Pinker, *op. cit.*, pp. 152-154 を参照。

(19) *The Eighteenth Annual Report of the Cottage Hospital, North Ormesby, Middlesbrough, 1876*, pp. 10-13 ; *The Annual Report of the State of the General Infirmary at Leeds, from September 29th, 1856, to September 29th, 1857*, Leeds, 1857.

(20) 19 世紀初頭におけるリーズ篤志総合病院患者の疾病および病院基金については，M.

Yasumoto, *Indutrialisation, Urbanisation and Demographic Change in England*, Nagoya, 1994, pp. 113–156 を参照。

(21) *The First to Fifty Ninth Report of the Cottage Hospital, North Ormesby, Middlesbrough*, 1860–1881 より計算。

(22) North Ormesby Hospital, Case Book, 1861–1870, Teesside Archives, H/NOR 10/2, 3 より計算。

(23) North Ormesby Hospital, Case Books, 1883–1888, 1885–1908 より計算。

(24) *The Fifteenth Annual Report of the Cottage Hospital, North Ormesby, Middlesbrough, 1873*, p. 7.

(25) North Ormesby Hospital, Council Meeting Minutes Book, 1867–1907, Teesside Archives, H/NOR 1/1, Oct. 8, 1879.

(26) 20 世紀初頭東南部イングランド醵金制病院に対する雇用者の病院基金への貢献については，S. Cherry, 'Beyond National Health Insurance', pp. 478–479 を参照。

(27) G. Stout, *History of North Ormesby Hospital*, Redcar, 1989, pp. 5, 48–85.

(28) B. Doyle, *A History of Hospitals in Middlesbrough*, Middlesbrough, 2004, pp. 10–11. ミドルズバラにおける最初の感染症患者のための隔離病院であるウェスト・レーン隔離病院の建設については，*Dr. Buchanan's Report on the Sanitrary State of Middlesbrough-on-Tees in 1871*, Middlesbrough, National Archives, MH 113/4, pp. 4–5 を参照。

(29) *Stockton Gazette and Middlesbrough Times*, 24th May, 1861.

(30) P. Hudson, *The Genesis of Industrial Capital, A study of the West Riding wool textile industry c. 1750～1850*, Cambridge, 1986, pp. 21, 76–81, *et passim*; R. J. Morris, 'Clubs, societies and associations' in *the Cambridge Social History of Britain* 1750–1950, Vol. 3, *Social Agencies and Institutions*, ed. by F. M. L. Thompson, Cambridge, 1990, p. 40; J. V. Pickstone, *Medicine and Society: A History of Hospital Development in Manchester and Its Regions, 1752–1946*, Manchester, 1985, p. 11.

(31) North Ormesby Hospital, Council Meeting Minutes Book, 1867–1907, Teesside Archives, H/NOR 1/1, 1st July, 1868, 2nd Aug., 1871.

(32) North Ormesby Hospital, Council Meeting Minutes Book, 1867–1907, Teesside Archives, H/NOR 1/1, 27th Aug., 1867.

(33) *Middlesbrough-On-Tees Medical Charities, Hospital Sunday 5th March, 1872*, Middlesbrough, pp. 1–16.

(34) *The Second Annual Report of the Cottage Hospital, North Ormesby, Middlesbrough, 1860*, p. 3.

(35) North Ormesby Hospital, Council Meeting Minutes Book, 1867–1907, Teesside Archives, H/NOR 1/1, 8th Oct., 1869.

(36) North Ormesby Hospital, Council Meeting Minutes Book, 1867–1907, Teesside Archives, H/NOR 1/1, 13th Nov., 1869.

(37) *The Twentieth Annual Report of the Cottage Hospital, North Ormesby, Middlesbrough, 1879*, p. 4.

(38) 他の地域の病院における「病院運営委員会」については，V. Berridge, 'Health and medicine' in *The Cambridge Social History of Britain, 1750-1950*, Vol. 3, *Social Agencies and Institutions*, ed. by F. M. L. Thompson, Cambridge, 1990, p. 207. ノース・オームズビー病院のそれについては，B. Doyle, 'Voluntary Hospitals in Edwardian Middlesbrough, A preliminary report', *North East History*, Vol. 34, 2001, pp. 13-20 を参照。

(39) *The Ninth Annual Report of the Cottage Hospital, North Ormesby, Middlesbrough, 1867*, p. 6 ; *The Tenth Annual Report of the Cottage Hospital, North Ormesby, Middlesbrough, 1868*, p. 2.

(40) Bell Brothers, Clarence Iron Works, Pay Books, Vol. 49, 1864-67, Coll Misc 0003, British Library of Political and Economic Science.

(41) W. White, *White's Directory*, Sheffield, 1867, p. 555.

(42) *Middlesbrough Weekly News and Cleveland Advertiser*, 11th May, 1861.

(43) North of England Iron Manufacturers' Association : Minute Books, Vol. 1, July 31st 1865-May 4th 1880, University of Warwick, Modern Records Centre, MSS. 365/NEI.

(44) R. Fitzgerald, *British Labour Management and Industrial Welfare 1846-1939*, London, 1988, pp. 77-114 : ロバート・フイッツジェラルド著/山本通訳『イギリス企業福祉論――イギリスの労務管理と企業内福利給付：1846-1939』白桃書房，2001 年，119～175 頁；M. Seth-Smith, *200 Years of Richard Johnson & Nephew*, Manchester, 1973, p. 124.

(45) Lady Florence Bell, *At the Works, A Study of a Manufacturing Town, Middlesbrough*, New York, repr., 1969, pp. 118-125.

(46) Amalgamated Society of Engineers, Yearly Report of Middlesbrough Branch, 1876, Modern Records Centre, University of Warwick, MSS. 259/2/1/1 ; *Annual Report of the Income and Expenditure of the Steam Engine Makers' Society, 1876*, p. 198.

(47) R. Fitzgerald, *op. cit*., p. 77 : 前掲邦訳書，119 頁。

(48) *Ibid*., p. 3 : 前掲邦訳書，3～4 頁。

(49) *Ibid*., pp. 84-87 : 前掲邦訳書，129～137 頁を参照。

(50) M. Chase, '"Dangerous People" ? The Teesside Irish in the 19th century', *North East Labour History Bulletin*, Vol. 28, 1994, pp. 33-35.

(51) The Dowlais Iron Company Collection, Glamorgan Record Office, D/D G/C5/11/19.

(52) J. H. Porter, 'David Dale and Conciliation in the Northern Manufactured Iron Trade, 1869-1914', *Northern History*, Vol. V, 1970, p. 171 ; *The Times*, Tuesday 25th Sept., 1866, and Thursday 27th Dec., 1866.

(53) A. Briggs, *Victorian Cities, A brilliant and absorbing history of their development*, Harmondsworth, repr., 1990, p. 246 ; この点について詳述したものとして，J. Turner, 'The Frontier Revisited : Thrift and Fellowship in the New Industrial Town, c. 1830-1914' in *Middlesbrough, Town and Community 1830-1950*, ed. by A. J. Pollard, Stroud, 1996, pp. 98-99 を参照。

(54) É. Durkheim, *De la division du travail social*, Paris, Quatrième Édition, 1922, Livre

Premier, pp. xi, xiv : É. デュルケム著/井伊玄太郎訳『社会分業論』講談社，1998年，上巻，37～41頁。

(55) J. A. Banks, 'The Contagion of Numbers' in *The Victorian City, Images and Realities*, ed. by H. J. Dyos and M. Wolff, Vol. 1, London, 1973, p. 118.

(56) É. Durkheim, *Le Suicide : étude de sociologie*, Paris, Nouvelle edition, 1930, troisième trimestre, 1979, pp. 264-288 : É. デュルケム著/宮島喬訳『自殺論』中央公論社，1985年，292～320頁。

(57) 都市化の急速な進展と疎外・アノミーに関する新しい見解については，例えば，R. J. Morris, 'Governance : two centuries of urban growth' in *Urban Governance Britain and Beyond since 1750*, ed. by R. J. Morris and H. Trainor, Aldershot, 2000, pp. 10-11を参照。

(58) É. Durkheim, *De la division du travail social*, Livre III, pp. 393-394 : 前掲邦訳書，下巻，261～262頁。

(59) *Ibid*., Livre II, pp. 238-240 : 前掲邦訳書，下巻，49～51頁。

(60) J. A. Banks, *op. cit*., pp. 116-117.

(61) North Ormesby Hospital, Council Meeting Minutes Book, 1867-1907, Teesside Archives, H/NOR 1/1, 27th Aug., 1867.

(62) J. Harris, *op. cit*., p. 17.

(63) 他産業における労働者の医療福祉への積極的参加については，P. Weindling, 'Linking Self Help and Medical Science : The Social History of Occupational Health' in *The Social History of Occupational Health*, ed. by P. Weindling, London, 1985, p. 17.

(64) J. V. Pickstone, *op. cit*., p. 11 ; E. M. Sigsworth, 'Gateway to Death ? Medicine, Hospitals and Mortality, 1700-1850' in *Science and Society, 1600-1900*, ed. by P. Mathias, Cambridge, 1972, pp. 99-100.

(65) S. Cherry, *Medical services and the hospitals in Britain, 1860-1939*, p. 72.

(66) North Riding Infirmary, House Committee Minute Books, Teesside Archives, H/MI/2/1/4, folios 3-256, H/MI/2/1/5, folios 1-348.

(67) *Middlesbrough Weekly News and Cleveland Advertiser*, 9th Sept., 1866.

(68) *Middlesbrough Weekly News and Cleveland Advertiser*, 21st Sept., 1866.

(69) *Middlesbrough Weekly News and Cleveland Advertiser*, 23rd Nov., 1866.

(70) *Middlesbrough Weekly News and Cleveland Advertiser*, No. 469, 24th June 1864.

(71) *Middlesbrough Weekly News and Cleveland Advertiser*, No. 470, 1st July 1864.

(72) *Middlesbrough Weekly News and Cleveland Advertiser*, 11th Feb., 1860.

(73) *Middlesbrough Weekly News and Cleveland Advertiser*, 18th Feb., 1860.

(74) 19世紀における地域エリートの特色については，M. Goldsmith and J. Garrard, 'Urban governance : some reflections' in *Urban Governance Britain and Beyond since 1750*, ed. by R. J. Morris and R. H. Trainor, Aldershot, 2000, p. 17を参照。

(75) *Ibid*., p. 16.

(76) North Riding Infirmary, House Committee Minute Books, Teesside Archives, H/MI/2/1/4, folio 58.

(77) Independent Order of Odd Fellows, Manchester Unity Friendly Society, 1a Minute Book, 1842–1872, Rose of England Lodge, Teesside Archives, U/OD 1/1.
(78) *Middlesbrough Weekly News and Cleveland Advertiser*, 28th Sept., 1866.
(79) *Middlesbrough Weekly News and Cleveland Advertiser*, 28th Sept., 1866.
(80) *Middlesbrough Weekly News and Cleveland Advertiser*, 3rd Dec., 1859.
(81) *Middlesbrough Weekly News and Cleveland Advertiser*, 3rd Dec., 1859.
(82) *Middlesbrough Weekly News and Cleveland Advertiser*, 3rd Dec., 1859.
(83) *Middlesbrough Weekly News and Cleveland Advertiser*, 18th Feb., 1860.
(84) R. Gott, *Henry Bolckow—Leader of Teesside*, Middlesbrough, 1968, p. 92 ; W. Lillie, *The History of Middlesbrough, an Illustration of the Evolution of English Industry*, Middlesbrough, 1968, p. 176.
(85) North Riding Infirmary, House Committee Minute Books, Teesside Archives, H/MI/2/1/4, folios 3–256 ; W. Lillie, *op. cit*., pp. 467–472, *et. passim* ; A. Orde, *Religion, Business and Society in North-East England, The Pease Family of Darlington in the Nineteenth Century*, Stamford, 2000, pp. 2, 4, 33, 64, *et passim* ; D. M. Tomlin & M. Williams, *Who was Who in 19th Century Cleveland*, Redcar, 1987, pp. 7–48 ; R. Gott, *op. cit*., p. 99.
(86) *Borough of Middlesbrough, General District Revenue, etc., 1866–1874*, Teesside Archives, CB/M/T.
(87) *Middlesbrough Weekly News and Cleveland Advitiser*, 28th Sept., 1866.
(88) W. Lillie, *op. cit*., p. 176.
(89) R. Gott, *op. cit*., pp. 88–89.
(90) W. Lillie, *op. cit*., pp. 228–230.
(91) R. Gott, *op. cit*., pp. 88–89.
(92) P. Hudson, 'Industrial organization and structure' in *The Cambridge Economic History of Britain*, Vol. 1, ed. by R. Floud and P. Johnson, Cambridge, 2004, p. 50.

終　章

(1) J. F. Wilson and A. Popp, *Industrial Clusters and Regional Business Networks in England, 1750–1970*, Aldershot, 2003, p. 7.
(2) *Ibid*., p. 8 ; 前世紀後半以降における地域の一体性の崩壊と集積効果の喪失については，R. Hudson, 'Institutional Change, Cultural Transformation, and Economic Regeneration : Myths and Realities from Europe's Old Industrial Areas' in *Globalization, Institutions and Regional Development in Europe*, ed. by A. Amin and N. Thrift, Oxford, 1994, pp. 209–210 を参照。
(3) R. Gott, *Henry Bolckow—Founder of Teesside*, Middlesbrough, 1968, p. 91.
(4) イギリスの他の都市と比較した場合，前世紀前半におけるミドルズバラが社会階層・人口変動・居住環境の点で，どのような位置にあるのかを調査した興味深い分析として，C. A. Moser and W. Scott, *British Towns, A statistical study of their social and economic differences* (Centre for Urban Studies : Report No. 2), Edinburgh and London, 1961, pp. 17, 20–24, 92, 146–147 を参照。

(5) J. R. Habakkuk, *American and British technology in the nineteenth century : the search for labour-saving inventions*, Cambridge, 1967, p. 181.

(6) 日本の事例に基づいて，この点について言及したものとして，橘川武郎「地域経済活性化への経営史学の貢献」『経営史学』第 42 巻第 4 号，2008 年，62 頁を参照。

(7) J. R. Habakkuk, *op. cit*. p. 185.

(8) *Ibid*., p. 193.

(9) 18 世紀末期・19 世紀初頭のリーズにおけるこうした事態の展開については，M. Yasumoto, *Industrialisation, Urbanisation and Demographic Change in England*, Nagoya, 1994, p. 112 を参照。

(10) A. Marshall, *Principles of Economics*, 9th Edition, London, 1961, Vol. 1, p. 272 : マーシャル著/馬場啓之助訳『マーシャル経済学原理 II』東洋経済新報社，1966 年，272～273 頁。

(11) *Ibid*., p. 273 : 前掲邦訳書，273 頁。

(12) *Ibid*., p. 273 : 前掲邦訳書，273 頁。

(13) D. C. North, 'Location Theory and Regional Economic Growth', *The Journal of Political Economy*, Vol. LXIII, 1955, pp. 248-249.

(14) J. R. Hicks, 'The Early History of Industrial Conciliation in England', *Economica*, No. 28, 1930, pp. 35-37.

(15) *Ibid*., p. 28.

(16) *British Parliamentary Papers, 1851, Accounts and Papers : Population, Ages, Civil Condition, Occupations, & Birthplaces of the People*, Vol. LXXXVIII, Pt. I, [1691-I.], p. cclxxix ; R. Fitzgerald, *British Labour Management and Industrial Welfare 1846-1939*, London, 1988, pp. 3, 77, 84-87 : ロバート・フイッツジェラルド著/山本通訳『イギリス企業福祉論――イギリスの労務管理と企業内福利給付：1846-1939』白桃書房，2001 年，119～175 頁。

(17) M. Yasumoto, 'Migrants in Middlesbrough in the Nineteenth Century : A possibility of study on a longitudinal migration profile and others', 『駒沢大学経済学論集』第 31 巻第 3 号，1999 年，3-9 頁。

(18) J. Banham, *Backhouses' Bank of Darlington 1774-1836*, Papers in North Eastern History, No. 9, Middlesbrough, 1999, pp. 6-35 ; G. Cookson, 'Quaker Families and Business Networks in Nineteenth Century Darlington', *Quaker Studies*, Vol. 8/2, 2004, p. 120.

(19) G. Cookson, *The Victoria History of the Counties of England, A History of the County of Durham, Darlington*, Woodbridge, 2005, pp. 29-51.

(20) G. Cookson, *The Townscape of Darlington*, Woodbridge, 2003, pp. 40-102.

(21) *British Parliamentary Papers, 1851 Census Great Britain, Population Table I*, 1851-53 [1631.], Vol. LXXXV, Map facing xlvi.

(22) R. B. Andrews, 'Mechanics of the Urban Economic Base : Historical Development of the Base Concept', *Land Economics*, Vol. XXIX, No. 2, 1953, p. 161 ; P. Hudson, 'The regional perspective' in *Regions and Industries, a perspective on the industrial revolution in Britain*, ed. by P. Hudson, Cambridge, 1989, p. 22 ; P. Hudson, *The*

Industrial Revolution, London, 1992, p. 102 ; S. Pollard, *Peaceful Conquest, The Industrial Revolution of Europe 1760–1970*, Oxford, repr., 1982, p. 39 ; D. C. North, *op. cit*., p. 248.

(23) 橘川武郎「地域経済活性化への経営史学の貢献」61 頁。

(24) B. J. P. Harrison, 'Ironmasters and Ironworkers' in *Cleveland Iron and Steel, Background and 19th Century History*, ed. by C. A. Hempstead, Redcar, 1979, pp. 234–235. 尚，ミドルズバラにおける中産階級形成の脆弱性については，例えば，B. Doyle, 'Voluntary Hospitals in Edwardian Middlesbrough : A preliminary report', *North Eastern History*, Vol. 34, 2001, p. 9 を参照。

(25) J. A. Banks, 'The Contagion of Numbers' in *The Victorian City, Images and Realities*, ed. by H. J. Dyos, & M. Wolff, London, Vol. 1, 1973, pp. 116–17 ; A. Briggs, *Victorian Cities, A brilliant and absorbing history of their development*, Harmondsworth, repr., 1990, pp. 241–276 ; ミドルズバラにおける労働者階級の消費のあり方，飲酒，賭博については，例えば，Lady Florence Bell, *At the Works, A Study of a Manufacturing Town, Middlesbrough*, New York, repr., 1969, pp. 246–272 を参照。

(26) N. McCord and D. J. Rowe, 'Industrialisation and Urban Growth in North-East England', *International Review of Social History*, Vol. XXII, 1977, pp. 34, 49–51, 62–63.

(27) Lady Florence Bell, *op. cit*., p. 4.

(28) W. Ranger, *Report to the General Board of Health on a Preliminary Inquiry into the Sewerage, Drainage, and Supply of Water, and the Sanitary Condition of the Inhabitants of the Borough of Middlesbrough, in the North Riding of the County of York*, London, 1854, pp. 8, 16 ; *Dr. Buchanan's Report on the Sanitary State of Middlesbrough-on-Tees, Middlesbrough, 1871*, National Archives, MH/113/4, pp. 1–2, 4.

(29) Lady Florence Bell, *op. cit*., p. 4.

(30) *Dr. Buchanan's Report on the Sanitary State of Middlesbrough-on-Tees, 1871*, pp. 2–4 ; Report of the Medical Officer of Health (Dr. J. Dickinson) on the sanitary condition of the Town as described in Dr. Buchanan's Report, August 14th 1871, Teesside Archives, CB/M/C 5/15.

(31) 例えば，産業革命期リーズにおける環境悪化については，M. Yasumoto, *Industrialisation, Urbanisation and Demographic Change in England*, Nagoya, 1994, pp. 76–91 を参照。

(32) W. Ranger, *op. cit*., p. 18.

(33) *Annual Report of the Medical Officer of Health and Chief Sanitary Inspector*, 1898, p. 4, 1899, pp. 3, 8, 1900, p. 10, Teesside Archives, CB/M/H2.

(34) K. Davies, 'Maternal Mismanagement or Environmental Factors ? : The High Rates of Infant Mortality in Middlesbrough 1890–1913', *Cleveland History*, Vol. 62, Spring, 1992, p. 40.

(35) Linthorpe Road Cemetery, Ayresome Gardens, Burial Registers, 4th Sept., 1854–19th Dec., 1899, Teesside Archives, PR/ACK.

(36) Census Enumerators' Books for Middlesbrough (1881), History Data Service, Linthorpe Road Cemetery, Ayresome Gardens, Burial Registers, 4th Sept. 1854–19th Dec., 1899, Teesside Archives, PR/ACK, *Annual Report of the Medical Officer of Health and Chief Sanitary Inspector*, 1902, p. 16, Teesside Archives, CB/M/H2 より算出。

(37) *Annual Reports of the Medical Officer of Health and Chief Sanitary Inspector*, 1898–1901, Teesside Archives, CB/M/H2.

(38) R. Woods, *The Demography of Victorian England and Wales*, Cambridge, 2000, p. 257, f. n.

(39) R. Pressat, *The Dictionary of Demography*, ed. by C. Wilson, London, 1985, p. 84. 尚，19世紀末期・20世紀初頭のイギリスにおける死産率については，G. Mooney, 'Still-births and the Measurement of Urban Infant Mortality Rates c. 1890–1930', *Local Population Studies*, No. 53, Autumn, 1994, pp. 42–50 を参照。

(40) *Annual Report of the Medical Officer of Health and Chief Sanitary Inspector*, 1900, pp. 4, 10, 13.

(41) K. Davies, *op. cit*., p. 46.

(42) *Ibid*., p. 46.

(43) G. Stout, 'The 1888 pneumonia in Middlesbrough', *Journal of the Royal Society of Medicine*, Vol. 73, Sept., 1980, pp. 664–668.

(44) History Data Service database (old version).

(45) 北東部イングランド重化学工業地域における労働力の性比，年齢構成の特色については，R. Hudson, *op. cit*., p. 206 を参照。

(46) 旧産業地域，特に北東部イングランド重化学工業地域の衰退と再生の困難さについては，前世紀後半以来度々繰り返された再生のための具体的な政策を含めて，R. Hudson, *op. cit*., pp. 199, 201, 209 ; R. Hudson, 'Restructuring Region and State : The Case of North East England', *Tijidschrift voor Economische en Sociale Geografie*, Vol. 89, No. 1, 1998, pp. 15–28 を参照。